Wilfried Seibicke

Vornamen

Verlag für deutsche Sprache (VfdS) GmbH · Wiesbaden
1977

Beihefte zur MUTTERSPRACHE, 2
Herausgegeben von der Gesellschaft für deutsche Sprache, Wiesbaden

ISBN 3-88228-000-X
Einbandentwurf von Bruno Ollik, Wiesbaden

Gesamtherstellung:
Wiesbadener Graphische Betriebe GmbH, Wiesbaden
Printed in Germany

Inhalt

Vorwort

Seit die *Gesellschaft für deutsche Sprache* besteht, ist sie immer wieder um Beratung in Vornamenangelegenheiten gebeten worden. Aus den dabei gewonnenen Erfahrungen entstand der Plan zu einem Ratgeber, der 1962 unter dem Titel *Wie nennen wir unser Kind?* im Heliand-Verlag (Lüneburg) erschienen ist. Das Buch ist längst vergriffen. Seitdem haben sich aus der Beratungspraxis wie aus der Beschäftigung mit der Vornamenliteratur viele neue Gesichtspunkte und Einsichten ergeben; auch sind zahlreiche Namen und Namensformen hinzugekommen, so daß eine völlig neue Bearbeitung des Stoffes wünschenswert erschien. Dabei wurde wiederum bewußt auf alles verzichtet, was nur von geschichtlichem Interesse ist; um so mehr Wert wurde auf die ausführliche und gemeinverständliche Erörterung der Fragen gelegt, die bei Vornamenwahl und -gebrauch heute auftauchen können.

Es versteht sich von selbst, daß der Verfasser eines solchen Buches auf die Hilfe vieler Personen und Institutionen angewiesen ist. Herzlich gedankt sei an dieser Stelle den Standesämtern *Heidelberg*, *Freiburg i. Br.*, *Bielefeld* und *Stuttgart*, dem *Statistischen Amt* in *Karlsruhe*, dem *Verlag für Standesamtswesen* in Frankfurt a. M. und dem Direktor des *Fachverbandes der österreichischen Standesbeamten*, Herrn F. Deschka (Wien), sowie allen, die hier nicht namentlich genannt werden können und die doch auf vielfältigste Weise die Arbeit an diesem Buch gefördert haben.

Herausgeber und Verfasser hoffen, daß das Vornamenbuch sich als praktischer und jederzeit zuverlässiger Ratgeber bewähre.

Wiesbaden und Heidelberg, im März 1977

Gesellschaft für deutsche Sprache

Dr. Hans Schäfer
Vorsitzer

Dr. Wilfried Seibicke

1. Einleitung

Fragt uns jemand nach unserem vollen Namen, so geben wir in der Regel zuerst den Vornamen und danach den Familiennamen an: *Kurt Fischer*, *Marianne Holzmann* usw. Dabei wird der Familienname etwas stärker betont als der Vorname; er tritt hierbei als der gewichtigere Teil des vollen Namens auf. Wir verstehen das Wort *Vorname* daher gewöhnlich als ›Name *vor* dem Familiennamen‹, und so wird es auch im Wörterbuch[1] erklärt. Die Aufteilung in Vor- und Familienname ist zwar, geschichtlich gesehen, noch recht jung, nämlich erst wenige hundert Jahre alt, aber für alle jetzt lebenden Deutschen ist sie ganz selbstverständlich. Merkwürdig ist nur, daß der Vor-Name — der vorangehende Name — mehrere Vornamen enthalten kann, zum Beispiel *Anja Christine* oder *Peter Christoph* oder *Simone Kerstin Elisabeth*. Der volle Name einer Person besteht also nicht aus je einem Familien- oder Nach-Namen und einem Vor-Namen, der noch weiter unterteilt werden kann, sondern aus einem Familiennamen und *mindestens* einem Vornamen. Mit anderen Worten: Für mehrere Vornamen gibt es keinen Oberbegriff, der sie als Einheit gegenüber dem Familiennamen abhöbe. Auch das hängt mit der Entwicklung unseres Personennamensystems zusammen. Anfangs traten charakterisierende oder unterscheidende Bei-, Zu- oder Nachnamen zum eigentlichen und einzigen Individualnamen, dem heutigen Vornamen, hinzu. Solche zusätzlichen Namen konnten im Laufe des Lebens wechseln und innerhalb einer Familie sowie von Generation zu Generation verschieden sein:

DIETRICH {
(der) Müller
Friedrichs Sohn/Friedrichsen
(der) Lange
. . .

[1] HERMANN PAUL, *Deutsches Wörterbuch*; besorgt von WERNER BETZ; Tübingen ⁵1966, S. 765.

Als sich später ein gemeinsamer Beiname für alle Angehörigen einer Familie[2] herausgebildet hatte, übernahm dieser überindividuelle und Generationen überdauernde Name die Führung, und aus dieser neuen Sicht wurde der unterscheidende Name der Einzelperson zum Namen *vor* dem Familiennamen:

Dietrich Johann Gertrud Margarethe ...	} MÜLLER

Es ist also eine Veränderung in der Sehweise eingetreten, und nachdem der Familienname diese beherrschende Stellung eingenommen hatte, kam es nicht mehr darauf an, wie viele Namen davorgesetzt wurden:

Dietrich Johann Dietrich Johann Philipp August Maria Magdalena Elisabeth	} MÜLLER

Eine zusammenfassende Bezeichnung für die vor- und untergeordneten Namen erübrigte sich. Art und Anzahl der beigelegten Vornamen sind allerdings mit ihren Trägern zeitlebens verbunden, also nicht variabel wie die ursprünglichen Beinamen. Daran ändert sich auch nichts, wenn jemand anders gerufen wird, als er »eigentlich heißt«[3]. Frauen können bei der Eheschließung zwar den Familiennamen, aber nicht ihre(n) Vornamen ändern.

Aufgrund ihrer Entstehung aus Beinamen sind die Familiennamen auch von anderer Art als die Vornamen, so daß sich die beiden Namengruppen großenteils deutlich voneinander unterscheiden. *Müller*, *Becker*, *Schulze*, *Lange(r)*, *Groß(e)*,

[2] Das lateinische Wort *familia* bürgerte sich erst seit dem 16. Jahrhundert allmählich ein.

[3] Vgl. Abschnitt 2.3 »Der Rufname«.

Furtwängler, *Adenauer* zum Beispiel sind ebenso eindeutige Familiennamen, wie *Bettina*, *Helmut*, *Dirk*, *Maria* eindeutige Vornamen sind. Daneben gibt es noch eine Vielzahl aus Vornamen entstandener Familiennamen[4], die sich aber in irgendeiner Weise von den gebräuchlichen Vornamen unterscheiden und deshalb nicht — oder nur selten noch — als Vornamen vorkommen, zum Beispiel: *Heinrichs*, *Friedrichsen*, *Nannen*, *Seibold*, *Sievers*, *Mattes*, *Mattheis*, *Tönnies*. Allerdings kennen wir auch eine Reihe von Namen, die sowohl als Vor- wie auch als Familiennamen auftreten: *Dietrich*, *Ernst*, *Otto*, *Peter*, *Walter*, *Werner* und andere mehr. Namen wie *Otto Ernst* oder *Ernst Otto* lassen uns deshalb im Zweifel, ob wir jeweils zwei Vornamen vor uns haben oder eine Verbindung von Vor- und Familienname. Im zweiten Falle gibt, wie eingangs erwähnt, die Reihenfolge und die Betonung (*'Otto ''Ernst* bzw. *'Ernst ''Otto)* zu erkennen, welcher von beiden der Familienname ist. Wird der Vorname aus irgendeinem Grund nachgestellt, so ist er in geschriebener Sprache durch ein Komma vom Familiennamen zu trennen: *Ernst, Otto; Otto, Ernst.*

Die beherrschende Stellung des Familiennamens in unserem neuzeitlichen Personennamensystem vermag jedoch nichts daran zu ändern, daß die Vornamen nach wie vor den persönlichsten Teil unserers Eigennamens bilden, zu dem wir auch in einer besonders engen Beziehung stehen.[5] Die Eltern, die hierüber entscheiden dürfen, haben damit eine große Verantwortung, die zu reiflichem Überlegen zwingt. Die von ihnen ausgesuchten Vornamen sollen ja ein Leben lang einen Menschen begleiten. Die Fülle der Vornamen, die zur Auswahl stehen, ist verwirrend groß. Doch es gibt eine Reihe von Gesichtspunkten, die immer wieder als Hilfen bei der Namenwahl herangezogen

[4] Siehe z. B. KASPAR LINNARTZ, *Unsere Familiennamen*, Bd. 2: *Familiennamen aus deutschen und fremden Vornamen im ABC erklärt;* Bonn ³1959.

[5] »Zu unserem Vornamen haben wir im allgemeinen ein intimeres Verhältnis als zu unserem Nachnamen. Von graphologischer Seite wird darauf hingewiesen, daß der Vorname häufig sorgfältiger geschrieben wird, weil es sich um einen älteren Besitz handelt« (ROSA KATZ, *Psychologie des Vornamens;* S. 8).

werden.[6] Grundsätzlich aber gilt, vor allem für die Wahl des Rufnamens, der zweifellos der wichtigste ist:

Geben Sie nur solche Vornamen, die Sie selbst auch gern tragen würden. Versuchen Sie, sich in den künftigen Namensträger in allen Lebensstadien hineinzuversetzen, und bedenken Sie, wie der Vorname, zusammen mit dem Familiennamen, auf Sie wirken würde, wenn Sie ihn bei einem Fremden anträfen.

»Der Eigenname eines Menschen ist nicht etwa wie ein Mantel, der bloß um ihn herumhängt und an dem man allenfalls noch zupfen und zerren kann, sondern ein vollkommen passendes Kleid, ja wie die Haut selbst, ihm über und über angewachsen, an der man nicht schaben und schinden darf, ohne ihn selbst zu verletzen« (GOETHE). Wir vertragen es daher schlecht, wenn unser Name zur Zielscheibe des Spottes wird, und reagieren darauf meist empfindlich. Es sollte sich daher von selbst verbieten, dem Kind absichtlich einen Namen zu geben, der es dem Gelächter der Mitwelt aussetzt, und nach deutschem Recht dürfen Namen, von denen man annehmen muß, daß sie das Ansehen des Namensträgers schädigen, gar nicht eingetragen werden.[7] Aber man kann schon mit einfacheren und rechtlich zulässigen Mitteln die Mitbürger herausfordern, an einem Namen »zu schaben und zu schinden«, nämlich durch die Wahl ausgefallener, weithergeholter, zu anspruchsvoller Vornamen und solcher, die zum Familiennamen »passen wie die Faust aufs Auge«. Es ist zwar zu wünschen, daß sich allgemein eine größere Toleranz gegenüber ungewohnten Namen einstellt; diese Toleranz sollte aber auch nicht auf eine zu harte Probe gestellt werden. Originalitätssucht und Geltungsstreben sind allemal schlechte Ratgeber bei

[6] Siehe Kap. 3 »Zur Wahl der Vornamen«.

[7] Eine Reihe abschreckender Beispiele aus der absolut freien amerikanischen Vornamengebung kann man bei J. EICHHOFF nachlesen. Wenn manche Eltern schon zynisch genug sind, allen Ernstes Namen wie *Pillula, Ogino* oder *Gin* (»weil im Rausch gezeugt«) für ihre Kinder vorzuschlagen (s. E. Götz in: *ZZiv.*, 1971, S. 302), so kann man eine staatliche »Bevormundung« im Interesse der Kinder nicht mehr guten Gewissens völlig ablehnen.

der Namenwahl. Es kommt ja nicht nur auf die Haltung der Mitmenschen an, sondern in erster Linie darauf, daß das Kind sich mit seinem Namen befreundet. Natürlich kommt fast jedes Kind einmal in ein Alter, da es mit seinem Namen nicht mehr zufrieden ist. Das gehört zu den Auseinandersetzungen, in denen der Heranwachsende zu sich selbst findet, seine Persönlichkeit entwickelt (es gibt auch Zeiten, da der Jugendliche in seinen Namen geradezu verliebt ist), und hängt deshalb auch nicht unmittelbar von der Ungewöhnlichkeit des Namens ab, wenngleich bekannte und gebräuchliche Namen die Möglichkeiten, daß es zu Komplikationen kommt, verringern. Bei allzu »gesuchten« Vornamen indessen, die das Kind zum Außenseiter stempeln, können nachhaltige Störungen und Krisen auftreten.

Lutz Mackensen berichtet im Vorwort zu seinem Buch *3876 Vornamen* — leider ohne Quellenangabe —, der amerikanische Psychologe Dr. Robert Nikolay habe nachgewiesen, daß Leute, die ihren Vornamen als »peinlich« empfinden, leichter straffällig würden als andere. Das klingt sehr nach Namenmagie. Der Sache näher kommt da wohl die folgende Pressemeldung vom Oktober 1959: »Psychiater der amerikanischen Harvard-Universität haben festgestellt, daß Kinder mit außergewöhnlichen Vornamen weit stärker zu neurotischem Verhalten neigen als solche mit allgemein verbreiteten Vornamen. Dabei spielt zweifellos die Vererbung eine gewisse Rolle. Denn Eltern, die ihrem Kind einen ausgefallenen Vornamen geben, den es zeit seines Lebens mit sich herumtragen muß, befinden sich offensichtlich nicht in seelischem Gleichgewicht und geben diese Anlage durch Vererbung und Erziehung an ihre Nachkommen weiter. Aber die Belastung mit einem auffallenden Vornamen verstärkt vor allem im jugendlichen Alter diese Anlage noch weiter, da andere Kinder über den Namen spotten, während das betreffende Kind noch zu jung ist, um sich dessen wirksam zur Wehr zu setzen.«[8] Lassen

[8] Am Schluß dieses Berichtes ist offenbar etwas durcheinandergeraten; richtig müßte es heißen: »um sich dessen wirksam zu erwehren« oder: »um sich dagegen wirksam zur Wehr zu setzen«.

wir die Vererbung ruhig aus dem Spiel. Der Kern des Problems liegt offenbar nicht in der Rückwirkung außergewöhnlicher Namen auf ihre Träger, sondern in den Voraussetzungen, unter denen es zur Wahl extrem auffälliger Vornamen kommt, solcher Vornamen also, die jedermann aufhorchen lassen, über die man einfach »stolpern« muß und von denen nicht zu erwarten ist, daß sie Anklang und Nachfolge finden werden. Nach Meinung der Psychologen schlägt sich in der Wahl solcher Vornamen ein gestörtes Verhältnis der Eltern zu sich selbst, zum Leben und zur Umwelt nieder, und Kinder, die in einem solchen Klima aufwachsen, haben wenig Chancen, davon nicht angesteckt zu werden. Wenn nicht im Laufe ihrer Entwicklung genügend Gegenkräfte geweckt werden, können daraus Konflikte und Krisen entstehen, die unter ungünstigen Umständen womöglich zu persönlichen Katastrophen führen. Der Name spielt dabei insofern eine Rolle, als der Neurotiker seine Schwierigkeiten, Ängste usw. auf seinen Namen als eine Art zweites Ich oder Über-Ich projiziert, dem er sich in gleichsam magischer Weise hilflos ausgeliefert fühlt. Diese Darstellung ist sicherlich in einigen Punkten überzeichnet. Es ist außerdem zweifelhaft, ob die oben erwähnten Beobachtungen amerikanischer Psychologen verallgemeinert werden dürfen. Die amerikanische Vornamengebung unterliegt ja keinerlei obrigkeitlicher Kontrolle und Einflußnahme. Eine vergleichbare Untersuchung in Schweden ergab, »daß unter 600 Kriminellen kein einziger einen in Schweden nicht üblichen Vornamen hatte«[9]. Damit ist aber auch nur die Tatsache bestätigt, daß psychische Labilität, Neurosen und soziale Mißstände nicht durch unauffällige Namen behoben werden können. Daß außergewöhnliche Namen jedoch zu Kristallisationspunkten persönlicher und familiärer Spannungen werden können, dafür liefert gerade das Buch von Rosa Katz zahlreiche Beispiele.

Natürlich soll mit diesen Bemerkungen nicht einer ängstlichen Anpassung an das ganz und gar Unauffällige das Wort geredet werden. Eine solche Haltung entspringt ja einem Mangel an Selbstbewußtsein, und das ist ebenfalls kein guter Boden

[9] Rosa Katz, *a. a. O.* (Anm. 5), S. 31.

für die Entwicklung des Kindes zu einem freien, offenen, selbständigen und toleranten Menschen. Eine Warnung vor allzu ichbezogener, selbstsüchtiger Namengebung scheint mir dennoch am Platz zu sein. Niemals sollten Eltern ihr Recht, den oder die Vornamen für ihr Kind auszusuchen, dazu mißbrauchen, ihren »Spaß« damit zu treiben, sich selbst dabei in Szene zu setzen, ihr Kind mittels des Namens als ihren »Besitz« zu deklarieren, für sich zu »beschlagnahmen«. Ich halte es daher auch nicht für gut, wenn Kinder als lebende Plakate der Weltanschauung, der politischen Überzeugung, der »Bildung« oder irgendwelcher Extravaganzen ihrer Eltern umherlaufen müssen. Steckt dahinter nicht eine erste »autoritäre Manipulation«? Auch im Kinde gilt es schon die Persönlichkeit zu achten, die ihr Leben einmal in eigener Verantwortung gestalten soll.

Dazu gehört im Grunde auch, daß das Kind bei dem Namen gerufen wird, auf den es getauft oder im Geburtenbuch eingetragen ist. Das bedeutet für die Eltern, daß sie nur solche Vornamen geben, die sie später auch in ihrer vollen Form gebrauchen wollen. Was hat es für einen Sinn, auf dem Standesamt *Johanna* oder *Michael-Dieter* eintragen zu lassen und das Kind dann doch nur *Hanna*, *Hannchen* oder *Michael* – oder gar nur *Micha*, *Michi* – zu rufen? Natürlich paßt nicht jeder Vorname schon zu dem kleinen Wesen im Kinderwagen; und es ist begreiflich, daß Eltern und Geschwister auch dann noch an Kosenamen festhalten, wenn das Kind längst erwachsen ist. Dennoch sollten sich Mutter und Vater rechtzeitig daran gewöhnen, ihr Kind bei seinem »richtigen« Vornamen zu rufen, und die Schmeichelnamen auf besonders intime Gelegenheiten beschränken. Spiel- und Schulkameraden greifen sie sonst rasch auf, und dann wird der so Benannte sie schwer wieder los. Es ist kaum erfreulich, wenn man immer nur mit einem verstümmelten Namen oder einem zärtlichen oder scherzhaften Kosewort gerufen wird. Sobald das Kind entdeckt hat, daß es eigentlich einen anderen, würdigeren Namen trägt, kann in ihm leicht das Gefühl entstehen, nicht für voll genommen zu werden. Gerade in der Entwicklungs- und Reifezeit können dadurch unnötige Auseinandersetzungen heraufbeschworen werden. Im Abschnitt 6.1 wird denn auch von der Eintragung von Koseformen als Vornamen abgeraten. In der Welt der Stars mag es heute gang und gäbe sein, Koseformen und Spitznamen in die Öffentlichkeit zu tragen. Das hat seinen Grund nicht zuletzt in einer plumpen Anbiederei an das breite Publikum und sollte daher bei der Vornamengebung nicht zum Vorbild genommen werden.

Damit sind wir beim abschließenden Thema ›Gebrauch des Vornamens im gesellschaftlichen Umgang‹ angelangt. Im allgemeinen geht die Vornamen-Anrede mit dem Duzen zusammen. Unter Kindern und im Gespräch Erwachsener mit Kindern bis etwa zum 16. Lebensjahr ist dies durchweg üblich. Unter Erwachsenen gilt beides als Zeichen der nahen Bekanntschaft, der Vertrautheit oder auch einer gewissen Solidarität (zum Beispiel unter Arbeitskollegen, in einigen Parteien und — neuerdings — unter Studenten). Die Anrede mit *Herr, Frau* oder *Fräulein* + Familienname und *Sie* ist demgegenüber förmlicher, distanzierter, was jedoch keineswegs ausschließt, daß Leute, die einander siezen, trotzdem beste Freunde sind. Als Zwischenformen sind zu nennen:

1. Die Anrede mit dem Vornamen + *Sie* als halbvertrauliche Form. Sie hat sich in einigen Berufen mit engem persönlichem Kontakt bei der Arbeit eingebürgert, wird aber gewöhnlich von »oben« nach »unten« angewandt, genauer gesagt, von der höhergestellten männlichen zur untergebenen weiblichen Person, also etwa vom »Chef« zur Sekretärin. Darüber hinaus dient sie als Ausweg, wenn man nicht zu förmlich sein mag, ohne doch Duzbrüderschaft geschlossen zu haben.
2. Die zum Teil in Schulen (noch) gebräuchliche Anrede der Schüler mit dem Familiennamen bei gleichzeitigem *Du*. Mir gefällt diese Zwitterform, offen gesagt, nicht. »Meier, du übernimmst heute das Einsammeln der Hefte«, klingt mir irgendwie nach Kasernenhof, obwohl es dort diese Anrede gar nicht gibt. Etwas Unpersönliches schwingt auf jeden Fall darin mit, und ich fände es schöner, wenn die Lehrer die Mühe auf sich nähmen, sich die Vornamen der Schüler einzuprägen.

Die Anrederegeln haben sich im Laufe der Geschichte entwickelt und sind weder unwandelbar noch auf andere Sprachen und Kulturen übertragbar. Wahrscheinlich leben noch Menschen unter uns, die als Kind ihre Eltern mit *Sie* angeredet haben. Den meisten von uns ist das jedoch kaum mehr vorstellbar. In manchen Familien reden heute sogar die Kinder ihre Eltern mit Vornamen an. Warum auch nicht? Wichtig ist nur, daß diese Regelung nicht bloß Kumpelei und Kameraderie nach außen hin vortäuscht. – In England geht man bekanntlich sehr rasch zum Vornamen über. Das hat aber nichts mit Vertraulichkeit zu tun. Mit dem Vornamen bleibt man ja im Grunde eher incognito als mit dem »bürgerlichen« Familiennamen, unter dem wir in der Öffentlichkeit bekannt sind. Außerdem gibt es im Englischen keine Trennung zwischen *Du* und *Sie*, sondern man gebraucht in allen Fällen nur *Ihr (you)*, wie es bei uns zum Teil noch auf dem Dorf als höfliche Anrede anzutreffen ist.

Über alle weiteren Fragen im Zusammenhang mit den Vornamen geben die nachfolgenden Kapitel Auskunft. Darüber hinaus können Sie jederzeit anfragen bei der *Gesellschaft für deutsche Sprache*, Postfach 2669, 6200 Wiesbaden 1.

2. Rechtliche Vorschriften

Im Gegensatz zum Familiennamen, den das Kind unverändert von seinen Eltern übernimmt (wenn es nicht gerade ein Findling ist), werden die Vornamen seit alters nach freier Entscheidung der Eltern dem Neugeborenen beigelegt. Die Vornamengebung gehört damit in den Bereich des Privatrechts, und alle gesetzlichen Bestimmungen darüber dürfen das Grundrecht der freien Wahl der Vornamen nicht antasten. Der Staat hat also keinen unmittelbaren Einfluß auf die Namengebung; er kann nur darüber wachen, daß die Namen die ihnen zugewiesene Aufgabe, die freilich auch von öffentlichem Interesse ist, erfüllen, nämlich eine Person zu kennzeichnen, von anderen Personen zu unterscheiden, und zwar so, daß der Name seinen Träger nicht lächerlich oder verächtlich macht und nicht bei den Mitmenschen Anstoß erregt. Der Standesbeamte — als Vertreter des Staates in dieser Sache — wird sich demnach »darauf beschränken, in behutsamer Weise Anstößiges und Geschmackloses fernzuhalten« (FICKER, I, S. 161). Das ist nicht immer ein leichtes Amt, weil in Fragen des Geschmacks und der Wertvorstellungen die Ansichten oft auseinandergehen. Auf manche Streitfragen werden wir noch zu sprechen kommen. Zunächst aber wollen wir vorführen und erläutern, was die *Dienstanweisung für die Standesbeamten und ihre Aufsichtsbehörden* (abgekürzt: *DA*) zu sagen hat, die die Arbeit der Standesbeamten leitet und daher auch von den Eltern beachtet werden sollte.

2.1. Anmeldung und Eintragung der Vornamen

§ 254 Anzeigefrist

(1) Die Geburt ist binnen einer Woche dem zuständigen Standesbeamten anzuzeigen. [. . .]

Dabei werden in der Regel auch gleich die Vornamen eingetragen. Wem das Recht zusteht, die Namen zu erteilen, regelt

> § 262 (1) Das Recht zur Erteilung der Vornamen ergibt sich aus der Personensorge. Bei ehelichen Kindern steht dieses Recht den Eltern gemeinsam zu, in besonderen Fällen dem Ehegatten allein, der die Sorge für die Person des Kindes ausübt [. . .]. Bei nichtehelichen Kindern steht dieses Recht der Mutter zu.
> (2) Der Standesbeamte soll sich bei der Anzeige der Vornamen vergewissern, daß die Vornamen von den berechtigten Personen erteilt worden sind.

Gewöhnlich haben sich die Eltern schon vor der Geburt ihres Kindes überlegt, wie sie es nennen wollen, so daß die Geburtsanzeige reibungslos vor sich gehen kann. Man kann ja heute sogar schon vor der Niederkunft das Geschlecht des Kindes feststellen lassen. Wo das nicht geschehen ist, sollte man sich nicht darauf versteifen, daß es ein Junge (oder ein Mädchen) wird, und sich lieber auf beide Möglichkeiten vorbereiten.

Hausgeburten sind selten geworden. Die meisten Kinder kommen in der Klinik zur Welt, und dort übernimmt das dafür verantwortliche Personal auch gleich die Formalitäten der Anzeige (§ 256 *DA*, Abs. 1). Dabei ist besonders darauf zu achten, daß die Anmeldung der Vornamen in allen Einzelheiten dem Willen beider Elternteile entspricht, damit es nicht hinterher zu Berichtigungs- oder gar Änderungsverfahren kommt, die doch nur unnötigen Ärger einbringen. Deshalb sollten sich die Eltern unbedingt schon vor der Geburt ihres Kindes genauestens über die Anzahl, Form und Schreibweise der Namen absprechen.

Für den Fall, daß es irgendwelche Hindernisse bei der Anmeldung der Vornamen gibt, gilt der folgende Paragraph:

> § 263 Nachträgliche Anzeige der Vornamen
> (1) Können die Vornamen bei der Geburtsanzeige noch nicht angegeben werden, so müssen sie innerhalb eines Monats nach der Geburt angezeigt werden. Hierauf ist der Anzeigende hinzuweisen. [. . .]
> (3) Die Vornamen des Kindes können nachträglich auch einem anderen Standesbeamten als dem, der die Geburt des Kindes beurkundet hat, angezeigt werden [. . .].

Der Vollständigkeit halber sei noch erwähnt, daß für ein Kind, das nach der Geburt gestorben ist, Vornamen angezeigt werden können, doch ist dies nicht erforderlich (§ 262 *DA* Abs. 6). Totgeborene Kinder erhalten keinen Vornamen (§ 264 *DA* Abs. 2, letzter Satz).

2.2. Beschränkungen bei der Namenwahl

> § 262 (3) Bezeichnungen, die ihrem Wesen nach keine Vornamen sind, dürfen nicht gewählt werden. Das gleiche gilt von Familiennamen, soweit nicht nach örtlicher Überlieferung Ausnahmen bestehen. Mehrere Vornamen können zu einem Vornamen verbunden werden; ebenso ist die Verwendung einer gebräuchlichen Kurzform eines Vornamens als selbständiger Vorname zulässig.

Auf den ersten Blick leuchtet die Einschränkung zu Beginn des Paragraphen ohne weiteres ein: Als Vornamen sollen eben nur Vornamen und keine anderen Namen oder Wörter gewählt werden; denn sonst verlöre der Begriff ›Vorname‹ seinen Sinn. Aber genau an dieser Einschränkung entzünden sich immer wieder Streitfragen, die die Standesämter und ihre Aufsichtsbehörden, die Gerichte und — wie sich gezeigt hat — oft genug auch die *Gesellschaft für deutsche Sprache* beschäftigt haben und beschäftigen werden. Der springende Punkt ist dabei die Auslegung des Begriffs ›Vorname‹, also die Abgrenzung dessen, was (noch) als Vorname »seinem Wesen nach« zu gelten habe und was nicht (mehr). Der Gesetzgeber hat wohlweislich davon abgesehen, eine genaue Definition dieses Begriffs zu geben. Das dürfte auch kaum möglich sein, weil die Vornamen Bestandteil der Sprache sind und die Sprache sich ständig verändert. Es handelt sich hierbei also um eine Gebrauchsnorm, die sich im Laufe der Zeit wandelt. Über das Aufkommen neuer Namen und einige Probleme, die dabei auftreten können, vgl. Abschnitt 6.5. Hier soll nur angemerkt werden, daß den Standesbeamten nahegelegt ist, bei der Auslegung der oben angeführten Bestimmung großzügig zu verfahren, um das Recht der Eltern auf freie Namenwahl nicht willkürlich zu beschneiden.

Wenn der Standesbeamte jedoch nach reiflicher Überlegung zu der Ansicht gelangt, daß das von den Eltern gewählte

Sprachzeichen seinem Wesen nach kein Vorname sei, so kann er die Eintragung dieser »Benennung« verweigern. Die Eltern haben dann das Recht, dagegen Einspruch zu erheben, und es wird ein gerichtliches Verfahren eingeleitet, bei dem das Für und Wider gegeneinander abzuwägen ist. Gegen einen ablehnenden Bescheid dürfen die Eltern wiederum Einspruch erheben, und so kann sich das Verfahren unter Umständen über mehrere Instanzen hinziehen. Bis zur endgültigen Entscheidung bleibt die Eintragung im standesamtlichen Geburtenbuch offen. Die Eltern sollten es sich allerdings gründlich überlegen, ob sie eines seltsamen Namens wegen diese Belastungen auf sich nehmen wollen. Wenn man ihnen von vornherein zur Auflage machte, den Nachweis für die Existenz und Gültigkeit des gewünschten Namens selbst zu erbringen, würden manche von ihnen vielleicht doch lieber auf den außergewöhnlichen Vornamen verzichten (der überdies dem Kinde später vermutlich manchen Kummer machen wird). Vor allem aber sollte man sich vorher Gedanken über den oder die Namen machen und nicht hinterher anfragen, was denn das eigentlich für ein Name sei, woher er stamme und wie er richtig auszusprechen sei.

Als nichteintragungsfähig gelten im allgemeinen außer Familiennamen noch Titel[1], geografische Namen (Toponyme) und gebräuchliche Wörter[2]. Ausgeschlossen sind im Deutschen auch *Jesus* und *Christus* (wohingegen *Jesus* in Spanien[3] und *Christos* in Griechenland erlaubt sind und dort gar nicht selten vorkommen) sowie natürlich solche Namen, die dem Ansehen des Namensträgers schaden würden, wie etwa *Judas*, *Kain* (s. Anm. 46), *Barabbas*, *Satan*. Im zweiten Satz des Absatzes (3) ist auf Besonderheiten Rücksicht genommen, die sich aus landschaftlichem Brauchtum ergeben. In Ostfriesland zum Beispiel

[1] Die Eintragung der Namen *Princess Anne* ist daher 1963 abgelehnt worden; denn sie erwecken den Eindruck, das Kind entstamme einer Familie des Hochadels (*StAZ*, 1965, S. 75).

[2] Will jedoch ein Ausländer solche Namen eintragen lassen oder führt ein im Ausland Geborener solche Vornamen, so muß auch der deutsche Standesbeamte diese Namen eintragen. Zu einigen Ausnahmen und Grenzfällen in der deutschen Namengebung siehe Abschnitt 6.5.

[3] Siehe *StAZ*, 1961, S. 53; 1964, S. 165.

ist es üblich, zwischen Vor- und Familiennamen den Vatersnamen (mit den Endungen *-s*, *-n* oder *-sen*) einzufügen. Diese Zwischennamen, die für Mädchen und Jungen einer Familie gleich sind, werden dort, wo die Tradition noch lebendig ist, auch anerkannt[4]. Vater *Hinrich Garrelf* in Ostfriesland darf also seinen Sohn *Weert* mit dem vollen Namen *Weert Hinrichs Garrelf* und seine Tochter *Dedda* mit dem vollen Namen *Dedda Hinrichs Garrelf* eintragen lassen. Bekannt ist die Sitte der Vatersnamen (Patronymika) in der Gegenwart besonders aus dem Russischen, zum Beispiel: *Aleksandr Grigorjewitsch Sametow* = Alexander, Sohn des Grigor Sametow, oder *Amalja Iwanowna Sarnizyna* = Amalia, Tochter des Iwan Sarnizyn. Dort ist übrigens die Anrede mit Vor- und Vatersnamen üblicher als die mit dem Familiennamen. Auf eine alte Sitte geht die Wahl des Familiennamens als Vorname auch in Graubünden (Geschlechtsname der Mutter als Vorname) und im Tessin zurück[5]. Auch dort wird die Sitte vom Gesetzgeber respektiert.

Die Wahl mehrerer Varianten ein und desselben Vornamens (zum Beispiel *Albrecht Adalbert*, *Nikolaus Klaus*, *Peter Per*, *Heinrich Henning*, *Paul Paolo Paulus*, *Elisabeth Betty Isabella*[5a]) ist zwar nicht verboten, aber auch nicht zu empfehlen, vor allem dann nicht, wenn die etymologische Beziehung zwischen den Formen offenkundig ist und wenn — wie bei *Nikolaus Klaus* — einer der Vornamen (*Klaus*) als Rufform des anderen (*Nikolaus*) üblich ist.

§ 262 (4) Für Knaben sind nur männliche, für Mädchen nur weibliche Vornamen zulässig. Nur der Vorname *Maria* darf Knaben neben einem oder mehreren männlichen Vornamen beigelegt werden. Läßt ein Vorname Zweifel über das Geschlecht des Kindes aufkommen, so ist zu verlangen, daß dem Kinde ein weiterer, den Zweifel ausschließender Vorname beigelegt wird.

[4] Urteil des Bundesgerichtshofes — IV ZR 151/58 — vom 4. 2. 1959 (s. *StAZ*, 1959, S. 210); vgl. auch den Erlaß des Niedersächsischen Innenministers — I/4 2242 — vom 20. 4. 1950 und W. Lampe, *Über die ostfriesischen Zwischennamen*, in: *StAZ*, 1950, S. 283f.

[5] *Vornamen in der Schweiz*, [8]1965, S. 9.

[5a] Die letzten beiden Beispiele nach E. Götz, *ZZiv.*, 1971, S. 247.

Auch an dieser Bestimmung scheint zunächst alles klar und einleuchtend zu sein. Wir wissen im allgemeinen gut zwischen männlichen und weiblichen Vornamen zu unterscheiden. Eindeutig weiblich sind zum Beispiel *Anna, Brigitte, Margarete, Susanne* und alle davon abgeleiteten Formen (*Anja, Anita, Annette, Birgit, Brit, Britta, Grete, Grit, Margit, Suse, Suzette* usw.); auch alle Namen auf *-heid*(*e*), *-lind*(*e*), *-trud*(*e*) oder *-traud*(*e*) sind ausnahmslos Mädchennamen, und im allgemeinen gelten auch Namen, die auf *-a* oder *-e* enden, im Deutschen als weiblich. Eindeutig männlich hingegen sind etwa *Christian, Horst, Siegfried, Thomas, Walter,* alle Namen auf *-bert, -brecht, -hard, -rich* und Namen, die auf *-o* enden wie *Heiko, Ingo, Roberto.* Dennoch entdeckt man bei genauerem Hinschauen manche Ausnahme von der Regel und Namen oder Namensformen, die sich nicht mit derselben Sicherheit und Selbstverständlichkeit in eine der beiden Gruppen einordnen lassen[6]. Unter den heimischen Vornamen sind dies vor allem Kurz- und Koseformen auf *-ke* und auf *-i*, zum Beispiel *Eike* und *Toni*. Mehr darüber finden Sie in dem Abschnitt 6.1 »Kurz- und Koseformen«. Im Namenverzeichnis (S. 188ff.) ist außerdem jeweils vermerkt, ob ein Name sowohl männlich als auch weiblich verwendet werden kann, so daß hier nicht auf Einzelheiten eingegangen zu werden braucht.

Nur ein Fall soll noch erläutert werden, der die allgemeine Regel durchbrochen hat, daß deutsche — oder besser: germanische — Namen auf *-o* bei uns als männlich gelten. Ich meine den Fall *Ildiko* (oder *Ildico*), über den sogar im *Spiegel* berichtet worden ist. Auf Beschluß des Landgerichts Verden 1966[7] ist dieser Name trotz seiner — nach heutigem Sprachempfinden — männlichen Form als Mädchenname anerkannt worden. In der Begründung wurde darauf hingewiesen, daß *Ildiko* — neuhochdeutsch etwa *Hildchen* — vor mehr als 1500 Jahren im Ostgermanischen (also nicht in einer historischen Vorform des auf westgermanischem Boden entstandenen Deut-

[6] Siehe auch *StAZ*, 1961, S. 202 »Männlich und weiblich gebrauchte Vornamen«).

[7] Siehe MACKENSEN, S. 265.

schen, sondern in einer nur verwandten germanischen Sprache) ein Frauenname war und die letzte Frau des Hunnenkönigs *Attila* (*Etzel*), eine Germanin, diesen Namen getragen hat. Das ist zweifellos richtig. Aber was hat unser heutiges Deutsch mit dem Ostgermanischen des 5. Jahrhunderts gemein? Diese Begründung scheint mir zu weit hergeholt, aber die darauf basierende Entscheidung ist jetzt kaum mehr rückgängig zu machen; inzwischen haben auch noch andere Mädchen diesen Namen mitbekommen. Ich möchte nur den Standesämtern empfehlen, bei der Eintragung von *Ildiko* einen zweiten, eindeutig weiblichen Vornamen zu verlangen, damit nicht eines Tages auch Fräulein *Ildiko* zum Wehrdienst einberufen wird, wie es laut Zeitungsmeldungen schon mancher *Eike* widerfahren sein soll. Denn wer hat schon die in der Urteilsbegründung vorgebrachten historischen Kenntnisse?

Wie kompliziert die Lage ist, zeigt sich in voller Deutlichkeit erst, wenn man sich nach anderen möglichen Begründungen für *Ildiko* als Mädchenname umsieht. Wir wollen dazu vorerst diesen Namen unbeachtet lassen und uns einer zweiten Namengruppe zuwenden, die ebenfalls zu Unsicherheiten über das Geschlecht des Namensträgers beiträgt. Gemeint ist die Gruppe der aus dem Ausland übernommenen Namen (s. a. Abschnitt 6.4), zum Beispiel *Helge, Inger, Kai* und *Kim. Helge* ist ein schwedischer Jungenname, *Inger* dagegen ein skandinavischer Mädchenname, und so sollen sie bei uns auch eingetragen werden, obwohl sie — vom deutschen Sprachbau her gesehen — genau umgekehrt verwendet werden müßten, denn Namen, die auf *-e* ausgehen, sind bei uns als weiblich anzusehen[8]

[8] Inzwischen gibt es Belege dafür, daß *Helge* bei uns auch als Mädchenname vorkommt. Die formale Übereinstimmung mit zahlreichen anderen Mädchennamen ist eben zu groß. Wenn man die skandinavische Herkunft von *Helge* nicht kennt, kommt man nicht umhin, ihn als Nebenform zu *Helga* wie *Else* zu *Elsa*, *Hilde* zu *Hilda* usw. aufzufassen. — Die Macht der sprachlichen Form hat sich ebenfalls erwiesen, als 1971 in Flensburg *Wanja* als Mädchenname eingetragen wurde. Woher soll der deutsche Durchschnittsbürger auch wissen, daß *Wanja* eine russische Koseform von *Iwan* (= *Johann[es]*) ist?

Namen auf *-er* dagegen lassen (wegen *Dieter*, *Werner* usw.[9] und wegen ihrer äußerlichen Ähnlichkeit mit Wortableitungen auf *-er*, die immer männlich sind) an eine männliche Person denken. Was ist also wichtiger: die Verwendungsweise eines Namens in seinem Herkunftsland, die vielleicht nur einer Handvoll Menschen bei uns bekannt ist, oder unser Sprachgefühl (mit anderen Worten: die Regeln unseres Sprachgebrauchs)? Bisher ist man in strittigen Fällen so verfahren, daß man sich bei fremdsprachigen Namen nach ihrer Verwendung in der Fremdsprache gerichtet hat[10], und dabei wird es wahrscheinlich auch bleiben; denn diese Haltung ist zu rechtfertigen. Die Eltern, die sich einen Namen für ihr Kind aus einer anderen Sprache holen, wollen sich ja vom deutschen Sprachgebrauch (hier in der Namengebung) entfernen, und das kann gute Gründe haben: Vielleicht ist ein Elternteil ausländischer Herkunft, vielleicht will die Familie auswandern, vielleicht hat sie starke persönliche Beziehungen zu Menschen dieses Landes — und was dergleichen mehr ins Feld geführt werden kann. Außerdem würde es nur zu einer allgemeinen Verwirrung führen, wenn die Namen in jeder Sprache anders verwendet würden. Es ist deshalb zu verstehen, daß man sich auch im Deutschen im Gebrauch der fremden Vornamen nach ihrer Verwendung im Herkunftsland richtet. Man kann den Eltern höchstens den Rat geben, nicht unüberlegt neue ausländische Namen einzuführen. Im Grunde empfiehlt es sich jedoch schon hier — d. h., wo ein ausländischer Vorname bei uns nicht sofort als männlich oder als weiblich durchschaut wird, obgleich er in seinem Heimatland eindeutig ist —, einen zweiten, auch nach

[9] Siehe das rückläufige Namenverzeichnis, Kap. 10.

[10] Es sei denn, die ausländische Form konkurriert mit einer im Deutschen bereits üblichen Form. Beispiel: *Andrea* ist im Italienischen ein männlicher Name und entspricht dort unserem *Andreas*; im Deutschen ist *Andrea* jedoch nur als eindeutig weibliche Form zum Jungennamen *Andreas* bekannt und gebräuchlich. Deshalb darf *Andrea* bei uns nicht als Vorname für einen Jungen eingetragen werden, sofern es sich nicht um ein Kind italienischer Eltern handelt; denn es ist zu unterscheiden zwischen der Eintragung ausländischer Vornamen für deutsche Kinder und der für ausländische Kinder.

deutschem Namengebrauch eindeutig das Geschlecht kennzeichnenden Vornamen hinzuzufügen. Auf jeden Fall wird dies der Standesbeamte verlangen, wenn der Gebrauch des Namens auch in anderen Sprachen nicht festgelegt ist, also zum Beispiel bei *Kai* und *Kim*, die im Ausland sowohl von Männern als auch von Frauen geführt werden.

Kehren wir nun zu dem Fall *Ildiko* zurück. Statt auf das Ostgermanische hätten die Eltern nur auf das Ungarische zu verweisen brauchen. Dort ist der Name *Ildikó* nämlich noch heute als weiblicher Vorname lebendig — so lebendig sogar, daß er 1967 in Ungarn der zweitbeliebteste Name war! Auch auf dem Wege über das Ausland hätte man also den bislang im Deutschen nicht gebräuchlichen Vornamen als Mädchennamen hereinholen können, wie es beispielsweise mit *Kirsten* geschehen ist. Diese Form konnte früher zwar gelegentlich in niederdeutschen Mundarten für *Christian* gebraucht werden; unter dem Einfluß des dänischen Mädchennamens *Kirsten* hat sie sich aber, nachdem sie eine Zeitlang umstritten war, auch bei uns als eindeutiger Mädchenname durchgesetzt[11]. Unter dem Druck der oben dargelegten Fakten hat die *Gesellschaft für deutsche Sprache* denn auch ihren Widerstand gegen die Eintragung von *Ildiko* für ein Mädchen aufgegeben und rät nur zur Beigabe eines zweiten, eindeutig weiblichen Vornamens.

Nach diesen Erörterungen muß auch einmal die Frage gestellt werden, wozu die Regelung eigentlich dient, bei einem nicht-eindeutigen Einzelvornamen einen zweiten Vornamen zu verlangen, der das Geschlecht des Namensträgers zweifelsfrei zu erkennen gibt. Im öffentlichen Interesse kann sie nicht begründet sein; denn da im öffentlichen Verkehr nur der als Rufname gewählte Vorname in Erscheinung tritt, wird die Sprachgemeinschaft im täglichen Leben doch stets mit dem nichteindeutigen Namen konfrontiert und muß damit zurechtkommen. Für das Personenstandswesen und die Verwaltung aber würde ein amtlicher Vermerk »f« (feminin, femina) oder »m« (männlich, maskulin) das gleiche leisten wie ein zweiter Vorname. In den vor einigen Jahren eingeführten »Internationalen

[11] Siehe *StAZ*, 1962, S. 15.

Personenstandsurkunden« kommen diese Abkürzungen bereits vor, und es wäre zu wünschen, daß sie künftig allenthalben im öffentlichen Vordruckwesen verwendet würden. Bei der Benutzung von Rechenanlagen (Computern) wäre diese einstellige Kennzeichnung ohnehin bequemer. Natürlich soll damit nicht die grundsätzliche Trennung von Mädchennamen für Mädchen und Jungennamen für Jungen abgeschafft werden; vielmehr geht es darum, in Zweifelsfällen die nur für Verwaltungszwecke aufgenötigten Vornamen durch eine einfachere sachliche Kennzeichnung zu ersetzen.

Wie viele Vornamen ein Kind erhalten darf, ist nicht festgelegt, aber ihre Anzahl sollte sich in vernünftigen Grenzen halten; vgl. hierzu Kapitel 4 »Anzahl der Vornamen für ein Kind«.

Schließlich sei noch angemerkt, daß bei Transvestiten »zu einem das Geschlecht eindeutig bezeichnenden Vornamen ein weiterer geschlechtsneutraler Vorname zugelassen« werden kann[12].

2.3. Der Rufname

Mögen auch im Geburtenbuch mehrere Vornamen für einen Menschen eingetragen sein — gerufen wird er fast immer nur mit einem von ihnen. Meist ist im gesellschaftlichen und öffentlichen Leben überhaupt nur dieser eine Vorname bekannt, und wir kommen selten in die Lage, mit sämtlichen Vornamen unterschreiben zu müssen. Der Rufname ist also der wichtigste von allen unseren Vornamen. Man sollte deshalb meinen, daß er auch im Namenrecht besonders behandelt würde. Im gegenwärtigen Recht in der Bundesrepublik spielt er indessen gar keine Rolle mehr. In der *Dienstanweisung* von 1958 hieß es im § 172 (1) noch: »Wird ein Vorname als Rufname bezeichnet, so ist er durch Unterstreichen als solcher kenntlich zu machen.« Diese Anweisung war aber selbst damals kein Gesetz, und deshalb verfuhr man nicht in allen Bundesländern danach. In der neuen Dienstanweisung ist der Passus ganz weggefallen; den Begriff ›Ruf-

[12] Anmerkung zu § 262 *DA* Abs. 4.

name‹ gibt es hier nicht mehr. Alle einmal eingetragenen Vornamen einer Person sind demnach gleichberechtigt. Das heißt natürlich nicht, daß es jetzt keine Rufnamen mehr gäbe; denn natürlich wird sich jedermann wie bisher auf einen bestimmten Vornamen festlegen. Es wäre ja töricht und brächte nur Ungelegenheiten, wenn ein *Hans Günter Christian* (*Maurer*) heute als *Hans* (*Maurer*), morgen als *Günter* (*Maurer*) und übermorgen als *Christian* (*Maurer*) aufträte. Einem dieser Vornamen wird er den Vorzug geben, und es wird in der Regel der Vorname sein, der ihn von Kindheit an begleitet hat; doch immerhin hat er die Möglichkeit, einen anderen seiner Vornamen als Rufnamen zu wählen.

Wie aus dem Abschnitt »Namenrechtliche Bestimmungen in der DDR, in Österreich und in der Schweiz« (2.6) hervorgeht, ist nur in der Schweiz die Lage gleich. In der DDR ist der Standesbeamte verpflichtet, den Rufnamen bei der Beurkundung durch Unterstreichen kenntlich zu machen und ihn dadurch ein für allemal festzulegen, und in Österreich muß er ihn als ersten in der Reihe der gewählten Vornamen eintragen.

Für den Namenforscher bringt die Nicht-Festlegung des Rufnamens bei der Beurkundung eine Erschwernis; denn Veränderungen in der Beliebtheit bestimmter Vornamen lassen sich nun schwer ermitteln, weil stets sämtliche Vornamen erfaßt werden müssen, also auch die, die nur »auf dem Papier«, in der Urkunde also, existieren.

Die in Österreich verbindliche Reihenfolge: Rufname, weitere Vornamen, Familienname[13], ist zwar auch in den anderen deutschsprachigen Gebieten die Regel, aber es gibt doch zu viele Ausnahmen, als daß man sich darauf verlassen könnte. Man kann dem Namenseintrag *Christian Peter Sch.* folglich nicht entnehmen, ob der so Benannte *Christian* oder *Peter*

[13] Die Konvention, daß der Vorname dem Familiennamen voraufgeht, gilt nicht überall. In Ungarn ist es genau umgekehrt: *Ladó János* steht zum Beispiel auf dem Titelblatt des ungarischen Vornamenbuches (aber *János* ist der Vorname). Dem entspricht bei uns die mundartlich-umgangssprachliche, allmählich zurückgehende, aber in Teilen Bayerns und Österreichs noch sehr lebendige Redeweise vom *Schneider Sepp* oder der *Huber Theres[e]*.

gerufen wird. Vor allem *Johannes* wurde und wird als Beivorname nach alter Tradition[14] gern vor den Rufnamen gestellt: *Johannes Erich H.* — der Rufname ist *Erich*. Wo ein »moderner« und ein »altmodischer« Vorname beisammenstehen, ist der Rufname allerdings leicht zu erraten; denn fast allemal ist es der modernere Name.

Es gibt übrigens noch einen anderen Begriff ›Rufname‹ als den eben besprochenen. Hierunter ist die besondere Form eines Namens zu verstehen, mit der jemand tatsächlich gerufen, angesprochen wird. Um nur ein paar Beispiele zu nennen: Da ist der *Johannes*, den seine Frau wie auch seine Freunde und Kollegen nur *Jo* rufen (ein anderer wird vielleicht *Hannes*, ein dritter *Hänschen* genannt), der *Gustav*, der im vertrauten Umgang *Gus* (oder in Berlin *Täve*) heißt, die *Lieselotte*, die sich lieber mit *Lilo* anreden läßt, und die *Auguste*, die man nur unter dem Namen *Guschi* kennt. Manchmal ist es sogar ein Name, der mit den eingetragenen Vornamen überhaupt nichts zu tun hat, so etwa, wenn ein *Matthias Hermann Fritzsche* — aus oft nicht mehr auszumachenden Gründen — *Leo* genannt wird. Dann haben wir es mit einem Über- oder Spitznamen zu tun, allerdings mit einem, den der Betreffende (oder Betroffene) als Anredeform akzeptiert hat (während andere Spitznamen, wie die der Lehrer, den damit Bezeichneten gegenüber nicht angewandt werden dürfen). So kann es geschehen, daß sich hinter *Georg Heinrich Wilhelm Müller* (im Personenstandswesen), *Georg Müller* (im öffentlichen Leben) und *Schorsch[l]* — oder *Freddy* — *Müller* (im privaten Umgang) ein und dieselbe Person verbirgt. Kompliziert ist das aber nur in der Theorie, im täglichen Leben wirkt es sich nicht weiter aus, weil die volle urkundliche Form außer dem Namensträger nur wenigen bekannt ist und man ja im Umgang mit dem betreffenden Menschen in die Anredegewohnheiten hineinwächst. Für den formellen, rechtlichen Verkehr sind die Rufformen — wie wir sie im Unterschied zu den Rufnamen einmal nennen wollen — natürlich unwichtig und uninteressant; sie gehören ganz dem Privatleben an und dürfen dementsprechend in rechtskräftigen Unterschriften,

[14] Siehe Bach, I/2, § 307.

etwa im Personalausweis, nicht verwendet werden. In Ausnahmefällen können sich solche Formen, besonders Übernamen, so weit durchsetzen, daß der eigentliche Rufname darüber in Vergessenheit gerät und der Zusatz »genannt« nötig wird. Aber so etwas stellt sich natürlich erst im Laufe des Lebens heraus und spielt bei der Geburtsanzeige keine Rolle. Nur stößt man eben manchmal in Anzeigen auf eine in Klammern oder mit der Formel »genannt« hinzugefügte, vom »eigentlichen« Namen abweichende Rufform. Mit ihr soll denen, an die sich die Anzeige richtet, auf die Sprünge geholfen werden: »Ach, das ist ja der/die . . .!«

Unter den Rufformen gibt es viele, die auch als selbständige Namen eingetragen werden können (siehe oben § 262, Abs. 3). Eine scharfe Grenze ist da schwer zu ziehen. Einige Hinweise werden im Abschnitt »Kurz- und Koseformen« (s. unten 6.1) gegeben, und auch im Namenverzeichnis finden Sie gelegentlich Ratschläge für oder gegen die Eintragung einer bestimmten Rufform.

2.4. Die Schreibweise

Mit der standesamtlichen Eintragung der Vornamen in das Geburtenbuch wird zugleich deren Schreibweise festgelegt; sie ist von nun an die allein gültige und darf nicht eigenmächtig abgewandelt werden.

§ 262 (5) Die Schreibweise der Vornamen richtet sich nach den allgemeinen Regeln der Rechtschreibung, außer wenn trotz Belehrung eine andere Schreibweise verlangt wird. Wird eine andere Schreibweise verlangt, so soll der Standesbeamte dies aktenkundig machen.

Die Schreibweise der Vornamen im Namenverzeichnis (Kap. 9) entspricht den allgemeinen Regeln der Rechtschreibung. Häufiger vorkommende Abweichungen und Varianten sind verzeichnet. Als Grundlage und Hilfe für die amtlich richtige Schreibweise kann auch die jeweils letzte Ausgabe der *Duden-Rechtschreibung* herangezogen werden. Weitere Bemerkungen zur Schreibweise der Vornamen finden Sie auf den S. 77—87.

2.5. Die Vornamenänderung

Grundsätzlich sind die Vornamen in der Anzahl, Reihenfolge und Schreibweise, wie sie im Geburtenbuch eingetragen worden sind, für die Lebenszeit des Neugeborenen festgelegt und allein gültig. In allen amtlichen Urkunden müssen sie genau in dieser Form erscheinen. (Schon deshalb sollte man seinem Kinde nicht zu viele Namen mit nicht zu vielen Rechtschreibklippen mit auf den Weg geben.)

§ 58 *DA* (1) Die Vornamen sind richtig, vollständig und deutlich einzutragen.

(2) Die Vornamen sind in der Weise einzutragen, wie sie sich aus dem Geburtenbuch ergeben. Spätere Änderungen sind zu berücksichtigen.

Im letzten Satz ist auch von späteren Änderungen die Rede. Diese Möglichkeit gibt es, aber jede noch so geringfügige Änderung — und sei es bloß der Übergang von der Schreibweise *Karl-Heinz* zu *Karlheinz* oder umgekehrt — ist nur auf dem Wege einer behördlichen Namensänderung erlaubt, also auf Antrag und in einem besonderen Rechtsverfahren; denn diese Änderung des urkundlich festgelegten Namens ist keine Privatangelegenheit mehr, sondern eine Angelegenheit des öffentlichen Rechts. Nicht zuletzt deswegen sollten sich die Eltern vor der Eintragung alles genauestens überlegen.

Für die Vornamenänderung gelten dieselben Bestimmungen wie für die Änderung von Familiennamen:

§ 59 *DA* (1) Der Familienname oder die Vornamen eines Deutschen [. . .] können wirksam nur von der zuständigen deutschen Behörde geändert werden. Bestehen Zweifel darüber, ob [. . .] bei Deutschen, die in den unter fremder Verwaltung stehenden deutschen Gebieten gewohnt haben, eine wirksame Namensänderung vorgenommen worden ist, so ist der zuständigen Verwaltungsbehörde zu berichten.

Die Namensänderung muß beantragt werden. Antragsberechtigt ist bei der Änderung eines Vornamens der Namensträger selbst, bei Minderjährigen sind es dessen Eltern oder die sonstigen gesetzlichen Vertreter. Dem Antrag auf Änderung eines Vornamens wird nur stattgegeben, wenn ein wichtiger Grund vorliegt. Für die Namensänderung wird in der Regel eine Gebühr erhoben.

Nicht selten wird die Änderung der Vornamen bei der Adoption eines Kindes gewünscht und von der Behörde gewöhnlich auch genehmigt. Allerdings ist hier eine Warnung an die Adoptiveltern am Platz: Nutzen Sie die Ihnen gewährte Möglichkeit der Namensänderung nicht dazu aus, das ohnehin nicht ganz problemlose Eltern-Kind-Verhältnis zusätzlich durch einen außergewöhnlichen, hervorstechenden Vornamen zu belasten! Psychologen werden Ihnen bestätigen, daß solches »Überbieten« der sozialen Umgebung (hier: der üblichen Vornamen) Ausdruck einer Kompensation Ihrer besonderen Lage sein kann und daß sich dahinter nicht immer nur selbstlose Hingabe (»Das Beste ist für unser angenommenes Kind gerade gut genug!«), sondern leicht auch ein egoistischer Macht- und Besitzanspruch verbergen kann (»Wir zwingen dir diesen ungewöhnlichen Namen auf, binden dich dadurch an uns und stellen damit Forderungen an dich, die du einmal einzulösen haben wirst!«). Ich habe absichtlich starke Worte gebraucht, um die Problematik schärfer hervortreten zu lassen.

Zur Veranschaulichung sei von einem Fall berichtet, in dem die *Gesellschaft für deutsche Sprache* um Rat gefragt worden ist. Ein Ehepaar hat ein Kind namens *Walter* adoptiert und möchte diesen Vornamen ändern lassen. Als neuen Vornamen hat es sich aber nicht etwa *Michael* oder *Christian* oder *Mark(us)* oder einen anderen »modernen« oder wenigstens nicht ungebräuchlichen Vornamen ausgesucht, sondern — *Hadamar-Manuel*[15]. Die Aufsichtsbehörde, bei der die Namensänderung beantragt worden war, mußte sich nun erst einmal erkundigen, ob *Hadamar* wirklich als Vorname anzusehen sei. Dies mußten wir bestätigen. *Hadamar* ist ein zwar veralteter, aber nachweisbarer Männername (zu ahd. *hadu* ›Kampf‹ und *māri* ›berühmt‹). Wir haben jedoch Einspruch gegen die Koppelung der beiden Namen mit Bindestrich erhoben. Die Verbindung zweier Namen

[15] Die Namen sind natürlich geändert; tatsächlich war der gewünschte neue Name fast noch ungewöhnlicher.

mit einem Bindestrich ist nur dann gerechtfertigt, wenn damit angezeigt werden soll, daß die Kombination als ein Vorname gelten soll[16]. Da die so benannte Person das Recht hat, bei ihrem vollen Namen gerufen zu werden (sonst könnte man ihr ja gleich einen kürzeren Namen beilegen), und man außerdem diese Namenseinheit nicht in einen Ruf- und einen Zweitnamen zerlegen kann, also in der Öffentlichkeit immer mit der vollen Namensform unterschreiben muß, kommen sinnvollerweise nur solche Namenkopplungen in Betracht, die in dieser Hinsicht keine großen Schwierigkeiten bereiten. Bei dem sechssilbigen (!) Namen *Hadamar-Manuel* ist jedoch mit größter Wahrscheinlichkeit zu erwarten, daß weder die Eltern noch die Spiel- und Schulkameraden und später die Freunde, Bekannten und Arbeitskollegen jemals die außergewöhnlich lange und ausgefallene Namenverbindung verwenden werden. Verkürzungen und — unter Umständen spöttische, ironische oder gar bösartige — Verstümmelungen und Verballhornungen oder Beilegung eines Übernamens sind die zu erwartenden Folgen solcher Erschwernis beim Namengebrauch. Der Eintragung des gewünschten Namens ist deshalb höchstens unter der Bedingung zuzustimmen, daß der Bindestrich getilgt wird: *Hadamar Manuel.* Dann hat das Kind später wenigstens die Möglichkeit, zu entscheiden, welcher der beiden Vornamen künftig als Rufname gelten soll. — Schließlich hielten wir es aber auch für unumgänglich, auf die psychologische Seite der Angelegenheit hinzuweisen. Sinngemäß schrieben wir damals: Wir haben Verständnis dafür, daß die Eheleute dem Adoptivkind einen Namen geben möchten, der von ihnen selbst ausgesucht worden ist und ihnen besser gefällt. Es geht hier aber nicht um einen beliebigen anderen, vielleicht »moderneren« Vornamen als *Walter*, sondern um einen Namen ganz anderer Art, der in seiner auffälligen Ungewöhnlichkeit hohe — und wie wir meinen: überhöhte — Ansprüche stellt, die als schwere Hypothek auf dem heranwachsenden Kinde lasten können. Die Wahl des Vornamens *Hadamar-Manuel* läßt vermuten, daß die Eltern schon jetzt außergewöhnliche Anforderungen an das Kind zu stellen gewillt sind, und wenn es ihnen

[16] Siehe hierzu Abschnitt 6.2.1.

nicht gewachsen sein sollte, können daraus ernste seelische Störungen entstehen. Irgendwann wird der Heranwachsende ja auch erfahren, daß die Eltern nicht seine leiblichen Eltern sind und daß es die Adoptiveltern waren, die ihm den außergewöhnlichen Vornamen gegeben haben. Wenn sich bis dahin Schwierigkeiten wegen des Namens herausgestellt haben sollten, ist zu befürchten, daß aus dieser Situation Konflikte entstehen, die das Eltern-Kind-Verhältnis auf eine schwere Probe stellen werden. Wir möchten den Eltern daher dringend nahelegen, sich für einen gebräuchlicheren, weniger auffälligen Vornamen zu entscheiden, der das Kind nicht von vornherein als Außenseiter abstempelt. Diese Empfehlung gilt besonders dann, wenn das Kind bereits unter dem Namen *Walter* in der Umgebung bekannt ist. Falls es gar schon selbst seinen bisherigen Namen *Walter* kennt [das Alter des Kindes war uns unbekannt], sollte von einer Namensänderung abgesehen werden.

Seit 1975 gilt in der Bundesrepublik ein geändertes Adoptionsrecht, das Adoptionen erleichtert und hoffentlich dazu führen wird, daß mehr elternlose Kinder als bisher wieder in einer Familie Geborgenheit finden. Das kann zu einer Zunahme der Anträge auf Namensänderung führen, und eben deshalb ist an dem obigen Beispiel auf die psychologischen Probleme, die damit zusammenhängen, aufmerksam gemacht worden. Aus ihnen leitet sich die Bitte an alle künftigen Adoptiveltern ab, von der Möglichkeit der Namensänderung wirklich nur in begründeten Fällen Gebrauch zu machen und bei der Wahl des neuen Vornamens ausgefallene Namen und Namensformen zu meiden.

In das Kapitel »Vornamenänderung« fallen darüber hinaus die Probleme der deutschen Aussiedler, deren Vornamen in fremdsprachiger Form eingetragen worden sind. Ich zitiere hierzu aus einem der fast gleichlautenden Erlasse der Innenminister der Bundesländer[17]:

> »In der letzten Zeit haben sich insbesondere bei der Ausstellung von Ausweispapieren für Aussiedler Schwierigkeiten ergeben, wenn in den

[17] *StAZ*, 1972, S. 132 (Hessen); siehe auch *StAZ*, 1972, S. 194 (Rheinland-Pfalz) und S. 221 (Baden-Württemberg).

von ihnen vorgelegten Unterlagen der Vorname in fremdländischer Form eingetragen ist. Um den berechtigten Interessen dieses Personenkreises Rechnung zu tragen, ist dabei zunächst festzustellen, ob die Geburt der betroffenen Person in einem deutschen oder in einem ausländischen Personenstandsbuch beurkundet worden ist.

a) Ist die Geburt in einem deutschen Personenstandsbuch eingetragen und hat eine ausländische Behörde den Vornamen danach ohne Rechtsgrundlage geändert, z. B. slawisiert, so ist der Vorname in der ursprünglichen deutschen Form zu übernehmen [. . .].

b) Ist die Geburt nicht in einem deutschen Personenstandsbuch eingetragen und weisen die von der betroffenen Person vorgelegten Unterlagen einen fremdländischen Vornamen aus, so ist der Vorname in der deutschen Form in Personenstandsbücher, Personalausweise usw. einzutragen, wenn die Sorgeberechtigten glaubhaft darlegen, daß sie dem Kind einen deutschen Vornamen erteilt haben, daß der ausländische Standesbeamte den Namen jedoch in der ausländischen Form eingetragen habe. Kann die Frage nicht zweifelsfrei geklärt werden oder steht fest, daß der Name in der ausländischen Form erteilt worden ist, so bedarf es zur Eintragung eines deutschen Vornamens in Ausweispapiere, amtliche Unterlagen usw. einer Namensänderung [. . .].

Bei der Bearbeitung von Namensänderungsanträgen deutscher Aussiedler aus den Vertreibungsgebieten sollte von der zuständigen Behörde insbesondere berücksichtigt werden, daß der nichtdeutsche Vorname allgemein gegen den Willen der Eltern eingetragen wurde. Diese Zwangslage der Eltern, die sich aus der Volkstumspolitik des fremden Staates ergab, rechtfertigt die Annahme eines wichtigen Grundes, der [. . .] Voraussetzung für die Änderung eines Vornamens ist. Darüber hinaus sollte in diesen Fällen in Anbetracht der besonderen Umstände von der Erhebung einer Gebühr für die Namensänderung aus Billigkeitsgründen abgesehen werden. [. . .]

Im Hinblick darauf, daß die eingangs erwähnten Schwierigkeiten hauptsächlich bei der Beantragung von Ausweispapieren auftreten dürften, bitte ich die für die Ausstellung von Pässen und Personalausweisen zuständigen Stellen, die mit unserem Behördenaufbau noch wenig vertrauten Aussiedler entsprechend zu beraten. Es sollte diesem Personenkreis dabei auch nahegelegt werden, bei dem für ihren Wohnsitz zuständigen Standesbeamten einen Antrag auf Anlegung eines Familienbuches [. . .] zu stellen, damit sie in den Besitz vollwertiger deutscher Personenstandsurkunden gelangen.«

2.6. Namenrechtliche Bestimmungen in der DDR, in Österreich und in der Schweiz

2.6.1. Deutsche Demokratische Republik

Die »Vierte Durchführungsbestimmung zum Personenstandsgesetz vom 13. Oktober 1966« (*Gesetzblatt II*, 1966, S. 757) legt in § 6 fest[18]:

> »(1) Die Vornamen des Kindes sollen das Geschlecht des Kindes erkennen lassen. Bezeichnungen, die ihrem Wesen nach keine Vornamen sind, dürfen nicht beurkundet werden.
>
> (2) Bei mehreren Vornamen ist der Rufname durch Unterstreichen kenntlich zu machen.
>
> (3) Kann der Anzeigende die Vornamen des Kindes nicht angeben, müssen sie binnen Monatsfrist angezeigt werden. Sie sind am Rande der Geburtseintragung zu beurkunden.«

Zu beachten ist ferner die »Ordnung zur Gewährleistung eines einheitlichen Verfahrens in Personenstandsangelegenheiten« vom 7. September 1957. Es heißt hier unter I D 16:

> »Bei Namen fremden Ursprungs sind die der Fremdsprache eigentümlichen Schriftzeichen (Akzent, Häkchen usw.) zu verwenden. Werden in der Fremdsprache andere als lateinische Schriftzeichen verwendet, so ist der Name nach seinem Klang und nach den Lautregeln der deutschen Sprache in die Personenstandsbücher einzutragen. Hat eine ausländische Behörde den Namen eines deutschen Staatsangehörigen in die ausländische Form umgewandelt, so ist die deutsche Form anzuwenden.«[19]

2.6.2. Österreich

In Österreich gibt es ein einheitliches formelles Personenstandsrecht (»Matrikenrecht«) seit dem 1. 1. 1939. Zur Zeit steht eine Familienrechtsreform an, mit der unter anderem auch die Vorschriften über die Vornamenbeilegung geändert werden sollen. Die entsprechenden Gesetzesvorlagen konnten jedoch

[18] Den genauen Wortlaut verdanke ich einer Mitteilung der Redaktion der Zeitschrift *Sprachpflege* (Leipzig).

[19] Zitiert nach Fleischer (1968), S. 202; vgl. auch Witkowski (1973).

noch nicht verabschiedet werden, so daß bis auf weiteres die nachstehend aufgeführten Regelungen gelten[20].

a) Wahl der Vornamen

Die Vornamen werden dem Kind nach der Geburt von den Eltern formlos beigelegt. Die Beilegung der Vornamen entspringt der gemeinsamen Erziehungspflicht und dem Erziehungsrecht der Eltern. Bei Meinungsverschiedenheit der Eltern ist (noch) der Wille des ehelichen Vaters maßgebend. Dem nichtehelichen Kind gibt die Mutter den oder die Vornamen; ist sie verstorben, geht dieses Recht auf den Vormund (Amtsvormund) über.

Eingetragen werden die Vornamen gewöhnlich bei der Anmeldung des Kindes, also spätestens eine Woche nach der Geburt. Stehen sie zu diesem Zeitpunkt noch nicht fest, dann kann die Anzeige innerhalb eines Monats nachgeholt werden[21]. Mit der Eintragung in das Geburtenbuch ist die Anzahl, die Schreibweise und die Reihenfolge der Vornamen rechtsgültig festgelegt.

Die Anzahl der Vornamen ist zur Zeit gesetzlich nicht beschränkt. »Wird unter mehreren Vornamen ein Vorname als Rufname bezeichnet, so ist dieser an erster Stelle einzutragen. Ist jedoch die Bezeichnung eines Vornamens als Rufname nicht ausdrücklich erfolgt, so ist *grundsätzlich* der erste Vorname als Rufname anzusehen.«[22]

Der Rufname muß das Geschlecht des Kindes erkennen lassen. Kurz- und Koseformen, die in dieser Hinsicht nicht eindeutig sind (wie zum Beispiel *Toni* für *Anton* und *Antonie*, *Uli* für *Ulrich und Ulrike*, *Friedl* für *Friedrich* und *Friederike*), dürfen daher nicht an erster Stelle oder als einzige Vornamen eingetragen werden. Diese Regelung ist auch deshalb erforder-

[20] Ich danke Herrn *F. Deschka*, Direktor des *Fachverbandes der Österreichischen Standesbeamten*, für freundliche Beratung und für die Durchsicht des vorliegenden Textes.

[21] Einem totgeborenen oder bei der Geburt verstorbenen Kinde kann nach § 24 Abs. 2 des Personenstandsgesetzes kein Vorname gegeben werden.

[22] Bundesministerium für Inneres, Zl. 46.153—9/54 vom 5. 7. 1954.

lich, weil in der Geburtsurkunde nicht das Geschlecht des Kindes angegeben wird.

Als Vornamen nicht geeignet sind unsinnige oder anstößige Bezeichnungen, eigentliche Familiennamen, geografische Bezeichnungen. Sonst ist die Wahl der Vornamen keinen Beschränkungen unterworfen.

b) Schreibung und Übersetzung

Die einmal eingetragenen Vornamen sind immer in dieser Form und in der gleichen Reihenfolge zu führen.

Den Heimatvertriebenen österreichischer Staatsbürgerschaft wird auf Antrag gestattet, anstelle ihres in der ausländischen Geburtsurkunde eingetragenen fremdländischen Vornamens den ihm entsprechenden deutschen Vornamen sowohl im öffentlichen als auch im privaten Leben zu führen, wenn dem Kinde ursprünglich ein deutscher Vorname gegeben wurde und dieser im Geburtenbuch auch eingetragen worden ist. Die gleiche Regelung gilt für Personen, die in einem fremdsprachigen Staatsgebiet als österreichische Staatsbürger geboren sind, denen auch ein deutscher Vorname beigelegt worden ist, für die aber der ausländische Standesbeamte bei der Beurkundung der Geburt und folglich auch bei der Ausstellung der Geburtsurkunde eine fremdländische Namensform eingetragen hat. Ein Verzeichnis der übersetzbaren fremdländischen Vornamen ist aufgrund des Erlasses des Bundesministeriums für Inneres vom 24. März 1965 (Z 211.836-9) in der Zeitschrift *Österreichisches Standesamt*, 19, 1965, Nr. 7/8 (15. Juli 1965), S. 53—57, veröffentlicht worden.

Fremde müssen ihre Vornamen in Österreich in der Form führen, wie sie aus den maßgeblichen Urkunden hervorgeht.

c) Berichtigung und Änderung der Vornamen

Die Berichtigung der Schreibweise von Vornamen kann der Standesbeamte mit Genehmigung der Bezirksverwaltungsbehörde vornehmen. Handelt es sich jedoch um Personenstandsregister aus der Zeit vor dem 1. Januar 1939, dann ist für die Berichtigung der Landeshauptmann zuständig.

Ein Vorname kann unter sinngemäßer Anwendung der Voraussetzungen für die Änderung von Familiennamen behördlich geändert werden. Zuständig für die Bewilligung ist die Bezirksverwaltungsbehörde, in Städten mit staatlicher Polizeiverwaltung die Bundespolizeibehörde.

Auch eine andere Reihung der im Geburtenbuch eingetragenen Vornamen ist als Vornamenänderung anzusehen.

Den Antrag auf Vornamenänderung darf nur der Namensträger selbst oder dessen gesetzlicher Vertreter stellen.

2.6.3. Schweiz

Zivilgesetzbuch

Art. 274: (1) Während der Ehe üben die Eltern die elterliche Gewalt gemeinsam aus.
(2) Sind die Eltern nicht einig, so entscheidet der Wille des Vaters.

Art. 175: (3) Die Eltern geben dem Kind den Personennamen.

Eidgenössische Zivilstandsverordnung vom 1. Juni 1953:

Art. 69: (1) Die Vornamen des ehelichen und des außerehelichen anerkannten Kindes werden vom Vater und an seiner Stelle von der Mutter bestimmt [. . .]. Die Vornamen des außerehelichen, nicht anerkannten Kindes bestimmt die Mutter [. . .].
(2) Vornamen, die die Interessen des Kindes oder Dritter offensichtlich verletzen, insbesondere anstößige oder widersinnige sowie Vornamen, die allein oder zusammen mit andern das Geschlecht des Kindes nicht eindeutig erkennen lassen, werden zurückgewiesen.
(3) Totgeborene Kinder erhalten keine Vornamen.

Auch hier gibt es also Einschränkungen in der Vornamengebung nur, soweit sie sich aus dem Sinn des Vornamens selbst ergeben. Die Eltern können ihren Kindern so viele Vornamen geben, wie sie wollen (in der Regel werden es aber nicht mehr als drei Vornamen sein[23]), und sie können die Namen frei wählen.

[23] »Die *Zahl der Vornamen* ist vom Gesetz nicht beschränkt. Es ist aber zu bedenken, daß auch hier die Namengebungsfreiheit der Eltern Grenzen hat. Ein Kind mit einer Vielzahl von Vornamen wird im verwalteten Staat während seines ganzen Lebens mehr oder weniger Ärger haben. – Der Vorname soll den Träger als eine eigene Rechtspersönlichkeit kennzeichnen. Dieser Sinn wird aber gestört, wenn die Zahl der Vornamen über ein bestimmtes Maß hinausgeht« (*Vornamen in der Schweiz*, S. 7). Vgl. auch E. GÖTZ in *ZZiv.*, 1971, S. 300–302.

Die vier Nationalsprachen in der Schweiz mit ihren verschiedenen Namen und Namensformen sind selbstverständlich gleichberechtigt. Auch neue Namen sind zulässig; philologische oder ästhetische Gesichtspunkte sind bei ihrer Beurteilung nicht ausschlaggebend. In einer Entscheidung des Bundesgerichts (BGE 71, 1945, I 367) wurde festgelegt, daß »bloß deshalb, weil eine Bezeichnung als Vorname nicht gebräuchlich ist, ihre Eintragung nicht abgelehnt werden darf. Dagegen darf ein Familienname dann nicht als Vorname erteilt werden, wenn über die Personalien des Namensträgers Unklarheit entsteht.« Allgemein gilt die Regel, daß Mundartformen wie *Ruedi* (für *Rudolf*), *Robi* (für *Robert*) nicht in die Geburtsregister eingetragen werden: »Die Zivilstandsregister werden in der *Schriftsprache* geschrieben. Auch die Vornamen sind daher in der schriftsprachigen Form einzutragen. Abkürzungen und Koseformen sollen vermieden werden. Es steht den Eltern aber selbstverständlich frei, das Kind innerhalb der Familie so zu nennen, wie es ihnen beliebt.«[24] Die herkömmlichen, eingebürgerten Kurzformen *Balz* (für *Balthasar*), *Jost*, *Fritz* usw. dürfen jedoch eingetragen werden.

Ausländer können nach ihrem Heimatrecht gebräuchliche Vornamen anmelden, doch muß auch hier das Geschlecht des Kindes mit Gewißheit am Namen erkennbar sein.

Für die Schreibweise der Vornamen gibt es keine amtlichen Vorschriften. Den Begriff ›Rufname‹ kennt das Gesetz nicht.

Die Vornamen müssen gleich bei der Anmeldung des Neugeborenen (spätestens drei Tage nach der Geburt) angegeben werden. Eine nachträgliche Meldung von Vornamen ist nicht erlaubt. Grundsätzlich ist eine Änderung oder Vermehrung der Vornamen nur auf dem Wege der behördlichen Namensänderung möglich; zuständig sind hierfür die Behörden des Heimatkantons.

Weitere Hinweise findet man in der »Wegleitung« auf den ersten Seiten der Broschüre *Vornamen in der Schweiz*, herausgegeben vom Schweizerischen Verband der Zivilstandsbeamten, 11. Auflage, [Aarau] 1972.

[24] *Vornamen in der Schweiz*, S. 7.

3. Zur Wahl der Vornamen

Mit der Vorbereitung auf ein Kind beginnt für die Eltern die große Suche nach einem geeigneten Namen. Plötzlich wird man hellhörig für Namen, die man zu hören oder zu lesen bekommt, und prüft im stillen jedesmal, ob man sich das erwartete Kind mit diesem Namen vorstellen kann. Man greift zu Namenverzeichnissen und Namenbüchern und schaut aufmerksam Zeitungsanzeigen durch, um sich keine Anregung entgehen zu lassen. Die Auswahl ist groß, und je größer sie wird, desto schwerer fällt die Entscheidung.

Natürlich geht es nicht allen Eltern so. Einige wissen auch ohne langes Suchen — und manchmal sogar lange, bevor ein Kind unterwegs ist — ganz sicher: »Für unsere Tochter/unseren Sohn kommt nur der Name ... in Frage.« Woher ihnen der Name »zugeflogen« ist, können sie oft selbst nicht mehr angeben; das ist auch so individuell, daß sich daraus kein generelles Motiv für die Namenwahl ableiten läßt. Eines nur ist gewiß: Der Name gefällt den Eltern. Doch das trifft wiederum auf jede freie Entscheidung für einen bestimmten Namen zu; denn es wird kaum Eltern geben, die für ihr Kind einen Namen wählen, der ihnen zuwider ist. Gefallen am Namen ist also mit Sicherheit das Hauptmotiv aller Eltern bei der Auswahl, und natürlich hofft man, daß auch das Kind mit diesem Namen zufrieden sein wird. Sachlich begründen kann man dieses Gefallen kaum, und wie die Entscheidung zustande kam, läßt sich hinterher oft nur schwer angeben. Sehr viele und verschiedene Beweggründe können da ineinandergespielt haben. Es gibt aber auch Eltern, die sich auf den Rat und die Vorschläge von Familienangehörigen und guten Bekannten verlassen[25]. Warum

[25] Nach den Befragungen von G. Koss handeln rund 5% der Eltern so; siehe auch K. Wörter, S. 156.

nicht? Wenn der vorgeschlagene Name einem gar nicht gefällt, kann man ihn ja ablehnen, und im übrigen ist das Kind wichtiger als der Name.

Die hauptsächlichen Gesichtspunkte, von welchen sich Eltern bei der Namenwahl leiten lassen, werden im Folgenden einzeln vorgeführt und besprochen. Die drei ersten orientieren sich mehr am Namen selbst, die übrigen mehr an dem, was den Namen und seinen künftigen Träger mit anderen Trägern dieses Namens verbindet. Es braucht wohl nicht betont zu werden, daß die einzelnen Gesichtspunkte in Wirklichkeit nie so rein, so isoliert auftreten, wie sie hier — der übersichtlicheren Darstellung halber — einander gegenübergestellt werden.

3.1. Namen nach dem Klang

Daß der Name gut klingen soll, ist heute zweifellos der verbreitetste Grundsatz bei der Namenwahl, aber er ist gewiß auch früher kein geringes Leitmotiv gewesen. PULVERMACHER stellte schon 1902 fest: »Werfen wir noch einen Blick auf die heutige Namenwahl, so wird zugegeben werden müssen, daß dabei, wie schon seit langer Zeit, nicht die Bedeutung der Namen, sondern ihr äußerer Klang, ihre Vornehmheit häufig den Ausschlag gibt.«[26] Auch J. CHR. DOLZ, dem Verfasser eines Büchleins über *Die Moden in den Taufnamen* aus dem Jahre 1825, ist diese Beobachtung nicht entgangen[27]. Nur da, wo man in der Wahl nicht frei war und ist, wo also zum Beispiel die Namen der Paten automatisch auf das Neugeborene übergehen, spielt der Klang des Namens keine Rolle. Damit soll nicht gesagt sein, daß es denjenigen, die solchen Brauch befolgen, völlig gleichgültig wäre, ob die Namen angenehm oder häßlich klingen. Aber allein die Funktion, die diese Patennamen haben, verleiht ihnen eine gewisse Würde und Schönheit. Mag einem auch der eine weniger schön klingen als ein anderer: Es ist nicht mehr als eine nüchterne Feststellung, über die man mit einem Achselzucken

[26] PULVERMACHER, S. 31.

[27] DOLZ, S. 157; zur Frage der Bedeutung siehe auch Abschnitt 3.3.

hinweggehen kann. Die Frage nach dem Klang, nach der besonderen Lautgestalt, tritt erst in den Vordergrund, wenn derartige Rückbindungen an einen geachteten Brauch fehlen, und das ist in der Gegenwart zweifellos weithin der Fall. Dazu mag man sich stellen, wie man will; leichter geworden ist die Namenwahl dadurch jedenfalls nicht, und die Suche nach einem wohlklingenden Namen ist kein verächtliches Geschäft. Liebe und Verantwortungsgefühl offenbaren sich auch darin, und der Name, den man schließlich für den schönsten befunden hat, drückt letztlich auch einen Wunsch aus, den Wunsch nämlich, daß das Wesen und die Zukunft des Kindes der Schönheit des Namens entsprechen möge. »Der Trieb, sein Kind durch einen wohlklingenden Namen [. . .] zu adeln, ist löblich, und diese Verknüpfung einer eingebildeten Welt mit der Wirklichkeit verbreitet über das ganze Leben der Person einen anmutigen Schimmer« (Goethe).

Freilich, was die Schönheit, den Wohlklang eines Namens angeht, so gibt es offenbar keine allgemein und überzeitlich gültigen Maßstäbe. Schön klingt, was uns gefällt, und was gefällt, klingt uns auch schön. Der klangliche Eindruck ist deshalb kaum von den anderen Vorstellungen zu trennen, die ein Name erweckt und die das Urteil über seine »Schönheit« mitbestimmen. Es gehört folglich auch in diesen Zusammenhang, wenn untere Schichten die Namengebung höherer Schichten nachahmen, weil das Ansehen, das die höheren Schichten genießen, auf die Namen übertragen wird; sie werden nun selbst als »vornehm« und darum als schön empfunden.

In dem, was das Gefallen bestimmt, unterscheiden sich nicht nur die einzelnen Menschen, sondern ganze Epochen. Um 1900 haben die Eltern ebenfalls nach klangvollen Namen gesucht, und die sie für sich entdeckten, lauteten: *Paul, Karl, Willi, Max, Erich, Fritz, Otto, Franz, Walther* und *Margarethe, Gertrud, Martha, Frieda, Anna, Elsa, Marie, Charlotte, Hedwig, Erna* (unter den Mädchennamen sind aber auch einige, die mehr religiös begründet sind). Das sind die beliebtesten Namen, die Pulvermacher 1902 in seiner Untersuchung Berliner Namen ermittelte. Heute sieht die entsprechende Liste ganz anders aus, und dazwischen liegen noch manche Stufen der Wandlung im bevorzugten Klangbild der Namen[28]. In nochmals 70 Jahren werden sich die Namen, die den Eltern am besten gefallen, voraussichtlich wieder ganz anders anhören, und zwischendurch wird vielleicht die »Nostalgie«-Welle den Geschmack an Namen von gestern, vorgestern und vorvorgestern neu belebt haben. Seit einiger Zeit jedenfalls greift man mit Vorliebe zu mehrsilbigen, vokalreichen Vornamen. Dabei wird es wohl auch noch eine Weile bleiben; vorläufig zeichnet sich noch kein »Trend« zu einer neuen Art von Namen ab.

Im Einzelfall wirken allerdings schon heute die beliebtesten modernen Klangmuster gerade wegen ihres häufigen Auftretens eintönig und abschreckend. Koss berichtet, daß sich 1969/70 ein Ehepaar für *Werner* entschied, »um bewußt einen modernen Namen zu vermeiden[29]«; und mir schrieb schon in den sechziger Jahren eine Mutter, daß sie der vielen Mädchennamen auf *-a* und *-e* überdrüssig sei.

Von der raschen »Abnutzung« sind, so scheint es, vor allem die Mädchennamen betroffen. Offenbar spielt der Klang, die besondere Lautgestalt, bei ihnen eine wichtige Rolle. Das hängt wohl nicht zuletzt mit soziokulturellen Traditionen in der gesellschaftlichen Stellung der Frau zusammen. Ihr Familienname ändert sich — der Vorname bleibt. Vornamentraditionen werden daher üblicherweise eher in den männlichen Linien gepflegt. Mädchennamen haben — wie die Mädchen selbst — in erster Linie schön zu sein! Das ist eine noch weitverbreitete Einstellung (wenn auch allmählich den Jungen mehr zeitbedingte Namenästhetik zugestanden wird, wie die Liste der heutigen Namenfavoriten zeigt). Die Vornamen sind also für weibliche Personen von besonderer Bedeutung. Bezeichnend ist dafür das Verhalten von Studenten, als sie 1956/57 Testfragen, die sich auf männliche und weibliche Personen und deren Namen bezogen, schriftlich zu beantworten hatten. Bei den Frauen schrieben sie, »wenn sie bei ihren Eintragungen Abkürzungen gebrauchten, mehrfach die Vornamen aus und bezeichneten die Familiennamen nur mit den Anfangsbuchstaben

[28] Vgl. hierzu den Abschnitt 7.1.
[29] Koss, II, S. 164.

oder ließen sie ganz weg. Bei den Männernamen kam dies niemals vor.«[30] In dem Bericht heißt es weiter: »Man pflegt auch die Frauen, die im Leben von großen Männern eine Rolle gespielt haben, mit ihrem Vornamen zu benennen, nicht aber umgekehrt auch Männer, die durch eine Verbindung mit bedeutenderen Frauen bekannt wurden. So spricht man von GOETHES *Friederike*, *Lily*, *Ulrike* usw., aber von *Struensee* und *Schücking*[31]. Damit zu vergleichen ist auch der Usus beim Anführen von verkürzten Werktiteln. LESSINGS *Miss Sara Sampson* wird kurz *Sara* genannt, SCHILLERS *Wilhelm Tell* aber *Tell* (niemals: *Wilhelm*).«[32] Außerdem wird darauf hingewiesen, daß in den Zeitungen — zum Beispiel bei aufsehenerregenden Prozessen — die Frauen gewöhnlich mit Vor- und Zunamen oder überhaupt nur mit Vornamen genannt werden[33]. »Man wird daher wohl damit rechnen müssen, daß bei den Frauen noch heute die Vornamen stärkere Suggestionen ausüben als die Familiennamen, daß das Verhältnis zu den Familiennamen also ein anderes ist als bei den männlichen Trägern derselben Namen.«[34] Obwohl fremdartige, ausgefallene und auffällige Vornamen im allgemeinen Befremden erregen, läßt man sie bei Frauen noch am ehesten gelten; sie können hier sogar besonders anziehend, »apart« wirken. Noch ist nicht abzusehen, ob und in welcher Richtung sich hier ein Wandel vollziehen wird.

Wer seinem Kinde einen besonders gefällig klingenden Namen mitgeben will, wird unter anderem darauf achten, daß Vor- und Familienname zusammenstimmen. Gern läßt man aus diesem Grunde den Vornamen mit dem gleichen Laut beginnen, mit dem der Familienname einsetzt; mit anderen Worten, man bildet stabreimende Namen: *Bettina Brentano*, *Renate Richter*, *Heinrich Heine*, *Hermann Hesse*, *Kurt Kluge*, *Karl Kurt Klein*

[30] EIS, S. 23.

[31] STRUENSEE (1737—1772) war der Geliebte der schwedischen Königin MATHILDE; SCHÜCKING (1814—1883) verband eine innige Zuneigung mit der Schriftstellerin ANNETTE VON DROSTE-HÜLSHOFF.

[32] EIS, S. 24, Anm. 18.

[33] EIS, S. 23, Anm. 17.

[34] EIS, S. 23.

usw. Die Wiederaufnahme des Familiennamens in der Form des Vornamens verstärkt die Wirkung noch: *Petra Peters, Steffen Steffens.* Allerdings sollten die Glieder nicht vollständig übereinstimmen wie bei **Peter Peter* oder **Kurt Kurt.* Ein kleiner Unterschied muß schon bleiben, sonst hätten die Namensträger praktisch nur einen einzigen Namen.

Endreimende Namen wie *Klothilde Mathilde* (bei Vornamen), *Hermann Lehmann, Annette Wette* oder gar vollreimende wie *Käte Späte* gelten im allgemeinen nicht als wohllautend. Ebenso wird die Wiederholung gleicher Selbstlaute (Vokale) – *Friedrich Sieveking, Kurt Unruh, Heinrich Weinreich* – von vielen nicht sonderlich geschätzt. Damit Vor- und Familienname sich beim Sprechen deutlicher voneinander abheben, meiden manche Leute auch den Zusammenstoß gleicher Laute in der Fuge zwischen den beiden Namen: *Kurt Trautmann, Karl Lange.*

Über die einzelnen Laute denkt man jedoch meist nicht besonders nach; in solchen Fragen folgt man mehr dem Gefühl als nüchternen Überlegungen. Bewußter steht man schon dem Rhythmus gegenüber. Als Faustregel gilt: Zu einem kurzen Familiennamen paßt besser ein längerer Vorname und zu einem langen Familiennamen eher ein kurzer Vorname[35]. Aber hier wie bei allen anderen angeführten Punkten kann man natürlich genau entgegengesetzter Ansicht sein.

Wie man sieht, gibt es eine ganze Reihe von Möglichkeiten, Vor- und Familiennamen aufeinander abzustimmen. Dennoch kann man den besten, geeignetsten Namen auch mit ihrer Hilfe nicht »errechnen«. Was bei der endgültigen Entscheidung den Ausschlag gibt, bleibt uns selbst letztlich verborgen.

Zu erwähnen ist noch, daß manche Eltern Wert darauf legen, einen Vornamen zu finden, der nicht verkürzt oder verstümmelt werden kann oder normalerweise nicht verändert wird[36]. Das steht allerdings im Widerspruch zu den heute üblichen

[35] Siehe KROWATSCHEK, S. 69.

[36] Vgl. zum Beispiel KROWATSCHEK, S. 60, Anm. 57: »Nach Angaben einiger Befragten wird in ländlichen Bezirken der Vorname *Georg* gemieden, da er von den Dorfbewohnern sofort in *Schorsch* umgewandelt wird.«

mehrsilbigen Vornamen. Ob sich Kurz- und Koseformen fernhalten lassen, hängt indessen zu einem guten Teil vom Verhalten der Eltern selbst ab, indem sie stets mit gutem Beispiel vorangehen, ihr Kind öffentlich immer mit der vollen Namensform anreden und auch bei anderen darauf bestehen.

3.2. Die Herkunftsfrage (deutsche oder fremde Vornamen)

Unter den zehn beliebtesten Vornamen des Jahres 1972 in Heidelberg findet sich bei den Mädchen überhaupt kein »deutscher« Name und bei den Jungen nur einer (*Frank*). Auch anderswo sind zur Zeit die aus anderen Sprache entlehnten Vornamen in der Überzahl. Zweifellos sind dafür die derzeitigen Vorstellungen vom Wohlklang eines Namens ausschlaggebend und nicht etwa »Vaterlandslosigkeit« und »nationale Unterwürfigkeit«. Ein spürbarer Einfluß gegenwärtiger politischer Gegebenheiten ist darin nicht zu entdecken. Großenteils entstammen die Namen dem christlich-antiken Erbe — auch wenn sie heute kaum in bewußter Anknüpfung an dieses Erbe erteilt werden (zum Beispiel *Alexander*, *Christine*, *Christian*, *Claudia*, *Michael*, *Markus*, *Peter*, *Stefan*, *Susanne*) —, andere sind dem Französischen (*Nicole*, *Simone*) oder dem Russischen (*Tanja*, zum Teil auch *Anja*) entnommen.

Empfinden wir denn Namen wie *Peter* oder *Klaus* (aus *Nikolaus*) überhaupt als »Fremdlinge«? Im Vorwort zu den früheren Auflagen des Vornamenbuches *Hans und Grete* hat Ernst Wasserzieher folgende hübsche Anekdote erzählt: »Einer, der mir unbedingt zustimmte, daß wir undeutsche Namen zu vermeiden hätten, meinte mit Stolz: Seine Jungen hätten aber schöne deutsche Namen: Georg und Paul!« (*Georg* stammt aus dem Griechischen, *Paul* aus dem Lateinischen.) Mit *Peter* und *Klaus*, *Jochen*, *Jürgen*, *Anke*, *Antje* und vielen anderen steht es nicht viel anders; sie gehören längst zum festen deutschen Namenbestand. Viele Namen haben im Volksmund Formen angenommen, die uns heute vertrauter anmuten als manche altdeutsche Namen: *Hänsel* und *Gretel*, der deutsche (!) *Michel*, das *Ännchen* (von Tharau), das *Kathreinerle* und die

Bärbel. Aber auch Namen, die nicht diesen Grad der Anverwandlung oder Einverleibung erreicht haben, brauchen wir nicht als lästige Eindringlinge zu behandeln. Wie die vielen Lehnwörter, die im Laufe der Jahrhunderte in unsere Sprache eingegangen sind, gehören jetzt auch zahlreiche Lehnnamen zum lebendigen Sprachbesitz.

Was sind denn überhaupt »deutsche« Namen? Verstanden werden darunter gewöhnlich die aus germanischen Sprachbestandteilen gebildeten Namen, die unsere Vorfahren ungefähr im 8. bis 12. Jahrhundert gebraucht haben. (Allerdings gibt es auch unter ihnen schon Lehnformen; so ist das überaus häufig benutzte Namenglied *-rich* keltisch beeinflußt[37].) Wer kann aber heute ohne sprachgeschichtliche Kenntnisse wissen und entscheiden, ob ein beliebiger gebräuchlicher Name dieser Gruppe zugehört oder nicht? Soll man wirklich verlangen, daß sich jedes Elternpaar vor der Namengebung anhand der Vornamenbücher erst davon überzeugt, daß der gewünschte Name deutsch (im eben beschriebenen Sinne) ist? Die sprachhistorisch-etymologische Bestimmung eines Namens ist eine Angelegenheit der Wissenschaft; der lebendige Sprachgebrauch kümmert sich wenig darum und braucht es auch nicht zu tun. In dieser Sache hat schon DOLZ 1825 überzeugende Worte gefunden: »Nach meiner unvorgreiflichen Meinung würde die Forderung, lauter ursprünglich deutsche Namen zu wählen, bei aller Vaterlandsliebe, doch auch eine gewisse Einseitigkeit verrathen. So wie wir durch schöne ausländische Blumen unsere Gartenflora verschönern: so darf es uns auch erlaubt seyn, die schönen Namenblumen des Auslandes in dem Garten unsrer aufblühenden Menschheit blühen zu lassen. Nur die, mit der Deutschthümlichkeit bezeichnete, Vorliebe für das Deutsche kann die gänzliche Verbannung aller Fremdnamen fordern [...]. Der Einwurf: ›ein deutscher Knabe, ein deutsches Mädchen und ein griechischer oder römischer Name, welch ein Widerspruch!‹ klingt nicht viel gehaltvoller als: ›ein hoch- oder neudeutscher Knabe, ein neudeutsches Mädchen, und ein altdeutscher, ein, aus der altgothischen, oder fränkischen, oder

[37] Siehe auch FLEISCHER, *Personennamen*, S. 44.

alemannischen, oder altsassischen Mundart herrührender Name, welch ein Widerspruch!‹ Leite also der Name seinen Ursprung aus dem Aramäischen oder aus dem Arabischen, aus dem Griechischen oder Lateinischen, aus dem Alt- oder Neudeutschen her, hat er nur eine, für ein Menschenkind, als Träger desselben nicht unpassende, Bedeutung und in der Zusammensetzung seiner einzelnen Töne einen nicht auffallend mißtönenden Klang: so wird ihn das unbefangene Urtheil für einen, nicht nur im Kirchenbuche, sondern auch in der ganzen christlichen Gemeine zulässigen, Namen erklären, welchen jetzt lebende Menschenkinder zu tragen sich nicht schämen dürfen.«[38] Es stünde überdies einem Christen schlecht an, wollte er gegen die biblischen und heiligen Namen zu Felde ziehen. Gleichwohl brauchen wir nicht zu vergessen, daß es auch christliche und geheiligte Namen germanischen Ursprungs gibt. Nur ist eben für den aus religiösen Beweggründen handelnden Menschen die bloße sprachliche Herkunft unwichtig[39].

Die Vornamen werden im allgemeinen öfter nach dem Klang als nach der Bedeutung ausgewählt. Wer aber auf den ursprünglichen Sinn der Namen und ihrer Bestandteile achtet, wird nicht immer ermutigt werden, einen »deutschen« Namen zu wählen. Er wird seine Tochter wahrscheinlich lieber *Irene* (griechisch ›der Friede‹) nennen als *Hedwig* oder *Hildegund*; denn diese Namen bestehen nur aus germanischen Wörtern für ›Kampf, Krieg‹. Natürlich sind aber unter den sogenannten deutschen Namen nicht wenige, die keine so kriegerische Bedeutung haben.

Weiterhin ist daran zu erinnern, daß nicht jeder Deutsche einen deutschen Familiennamen führt. Dazu passen dann deutsche Vornamen nicht immer. Umgekehrt passen auch nicht alle ausländischen Vornamen zu allen deutschen Familien-

[38] Dolz, S. 158ff.

[39] »Wenigstens darf man mit Gewißheit voraussetzen, daß diejenigen Eltern, welche einer ihrer Töchter den Namen *Maria* gaben, keineswegs wollten, daß sie denselben in der, von den Sprachforschern aufgefundenen Wort-Bedeutung, sondern vielmehr im Hinblick auf die durch die heilige Geschichte gefeierte Trägerin dieses Namens führen sollte« (Dolz, S. 74).

namen. Namen wie *Camillo Hinterhuber*, *Priscilla Kunze*, *Olympia Meier*, *Cäsar Bäuchle* enthalten gleichsam einen Stilbruch. Doch sind unter Umständen auch in solchen Fällen Familientraditionen in der Namengebung maßgeblicher als der bloße Klang und die sprachliche Herkunft. Nur sollte man die Namen der Kinder nicht dazu benutzen, mit seiner »Bildung« zu protzen.

Ist ein Elternteil nicht deutscher Herkunft, so erhalten die Kinder gewöhnlich entweder einen in beiden Muttersprachen bekannten Vornamen oder einen bei uns und einen im Heimatland des anderen Elternteils gebräuchlichen. Sowohl bei dem international verbreiteten als auch bei dem im Deutschen gebräuchlichen Vornamen handelt es sich dann fast immer um einen ursprünglich griechischen, lateinischen, hebräischen Namen des christlich-antiken Erbes. Nach dem neuen Staatsangehörigkeitsrecht, das mit Beginn des Jahres 1975 in Kraft getreten ist, erhalten auch eheliche Kinder einer deutschen Mutter und eines ausländischen Vaters die deutsche — und damit meist doppelte — Staatsangehörigkeit. In den Vornamenstatistiken werden daher von nun an fremdländische Vornamen noch öfter als bisher erscheinen.

Wenig sinnvoll ist es, ausländische — vor allem weit hergeholte — Namen zu wählen, die einem nur zufällig zu Ohren gekommen sind. Manche arabischen, afrikanischen, indischen oder indonesischen Namen mögen reizvoll klingen, aber wenn keine engeren Beziehungen zu den Sprachen und Kulturen bestehen, aus denen sie kommen, dann sollte man lieber darauf verzichten. Dabei ist nicht so wichtig, daß diese Namen anderen als »deutschen« Ursprungs sind; zu bedenken ist vielmehr, daß die Träger solch außergewöhnlicher Namen im täglichen Leben aller Voraussicht nach Schwierigkeiten bekommen werden. Eines Tages taucht vielleicht sogar jemand auf, der die Betroffenen belustigt darüber aufklärt, daß der so apart klingende Name in seiner Heimat ›Schweinchen‹ oder ›Schreihals‹ oder noch Schlimmeres bedeutet (die Beispiele sind nicht erfunden!), daß er falsch geschrieben ist oder anders ausgesprochen werden müßte; und das könnte peinlich werden. Über die richtige Aussprache und Schreibweise sollte man sich gerade bei außergewöhnlichen ausländischen Namen vergewissern[40]. Nicht alle Namen lassen sich ohne weiteres eindeutschen.

Bei einigen fremdstämmigen Namen und Namensformen hat man sich dennoch schon an die deutsche Aussprache gewöhnt, so bei *Angela* (italienisch), *Pamela* (englisch), *Patrick* (englisch), *Simone* (französisch) und den irisch-englischen Verkleinerungsformen auf *-een*: *Ireen*, *Maureen* usw. (Der niederdeutsche *John* [jo:n] dagegen ist heimisches Produkt und hat mit dem englischen *John* [dʒon] nur die Herkunft von *Johann[es]* gemeinsam.) Wer aber seinen Sohn *James* oder seine Tochter *Deirdre* nennen will — der erste Name ist den meisten Deutschen in der englischen Aussprache bekannt, der zweite ist noch ganz fremd —, muß auch die richtige Aussprache beherrschen, wenn er sich nicht blamieren will; denn wenn jemand nach solchen fremdsprachigen Namen greift, dann erwartet man, daß ihm diese Fremdsprache nicht ganz unbekannt ist.

Eine der Aussprache gemäße »Übersetzung« ins deutsche Schriftbild ist weitaus seltener als die Anpassung der Aussprache an das Schriftbild. Geschriebenes ist nun einmal konservativer als Gesprochenes. In jüngster Zeit ist nur der englischen Kurzform *Mike* (von *Michael*) sehr schnell die Verwandlung in *Maik* gelungen, vermutlich jedoch mit Hilfestellung der ähnlich klingenden niederdeutsch-friesischen Namen *Maike* und *Meiko*[41].

3.3. Die Bedeutung der Vornamen

Sprachpfleger und Sprachkritiker führen immer wieder beredt Klage darüber, daß die Vornamen heute nicht (mehr) nach der Bedeutung ausgewählt werden, sondern hauptsächlich nach dem Klang. Es ist wahr, daß die wenigsten angeben können, was für eine Bedeutung in ihrem Namen steckt. Woher sollen sie es auch wissen, wenn sie nicht Sprachwissenschaft

[40] Vgl. hierzu die Beispiele *Klaif* (= engl. *Clive*), *SD*, 1974, S. 77f., und *Cerolein* (= engl. *Caroline*), *SP*, 1974, S. 151.

[41] Siehe W. Seibicke, 1968.

studiert haben? Denn in den meisten Fällen muß man die Geschichte der Sprache, in der ein Name beheimatet ist, weit zurückverfolgen, um die ursprüngliche Bedeutung des Namens oder seiner Bestandteile ermitteln zu können; und es gibt immer noch genug Namen, die selbst den Sprachwissenschaftlern Rätsel aufgeben. Spricht da nicht aus der Forderung, die Namen vorrangig nach der Bedeutung auszuwählen, eine Überheblichkeit der wenigen sprachgeschichtlich Gebildeten, auch wenn sich heute jedermann leicht ein Vornamenbuch mit Bedeutungsangaben — wie dieses — verschaffen kann? KARIN WÖRTER hat jedenfalls in ihrer Untersuchung festgestellt, daß die Ansprüche an die Bedeutung eines Namens mit dem Bildungsstand der Eltern steigen[42].

Aber haben denn die Namen überhaupt eine Bedeutung im gewöhnlichen Sinne? So wie die Wörter unserer Sprache anscheinend nicht (von wenigen Ausnahmen abgesehen, die weiter unten noch genannt werden). Wir kennen das von den Familiennamen her: Wer *Bäcker* (*Becker*) oder *Müller* heißt, braucht nicht Bäcker oder Müller von Beruf zu sein. Bei den Vornamen ist es nicht anders, sonst dürfte *Dieter* nur ein Heer- oder Volksführer, *Thomas* nur ein Zwillingskind, *Magdalena* nur ein Mädchen aus Magdala heißen usw. Viele der germanischen Namenglieder leben gar nicht mehr als Wörter in unserer Sprache (*hilt*, *gund*, *mar* u.a.m.) und können schon deshalb keine Bedeutung haben wie die entsprechenden gegenwartssprachlichen Wörter (*Kampf*, *berühmt* usw.). Nicht minder trifft das auf Namen aus fremden Sprachen zu. Doch selbst wenn die Bestandteile eines Namens noch als Wörter in unserer Sprache existieren, vielleicht sogar in ähnlicher Bedeutung wie früher (zum Beispiel *Siegfried*), kann man nicht sagen, *Siegfried* habe

[42] K. WÖRTER, S. 131. — Die Bedeutungsangaben, die man hier im Namenteil (Kapitel 9) wie in vielen anderen Namenbüchern findet, darf man überdies nicht zu wörtlich nehmen. Sie sind nur grobe Verständnishilfen. Die Bedeutung etwa von ahd. *adal* ist mit den neuhochdeutschen Wörtern *edel*, *vornehm* nur höchst ungenau erfaßt, weil mit ihnen Vorstellungen und Gedankenverbindungen geweckt werden, die in unsere Zeit gehören, aber keinesfalls auf das Althochdeutsche zutreffen. Vgl. hierzu auch die Vorbemerkungen zum Namenteil (Abschnitt 9.1.).

die Bedeutung ›Sieg und Frieden‹ wie *schwarzweiß* die Bedeutung ›schwarz und weiß‹ oder *Hemdhose* die Bedeutung ›Hemd und Hose‹ hat.

Wird nach der Bedeutung eines Namens gefragt, so ist damit gemeint: Welche Bedeutung hatten seine Bestandteile einstmals, als sie noch als Wörter im Gespräch gebraucht wurden und bevor sie zu Namen erstarrten? Es ist überwiegend sprachgeschichtliche Neugier, die uns treibt, den ursprünglichen, etymologischen Sinn eines Namens zu erforschen. Die Antworten, die der Sprachhistoriker darauf zu geben weiß, mögen unser Allgemeinwissen erweitern, sind aber für einen Namen nichts als interessante oder manchmal amüsante Zutat, die für seinen Gebrauch und seine Geltung nebensächlich ist.

Es hat allerdings eine Zeit gegeben, da man die Namen aus Wörtern der eigenen Sprache bildete und damit einen Heilswunsch aussprach, also wirklich etwas im Namen mitteilte. Bei den Indogermanen und den Germanen war es so, doch das liegt schon mehr als 1000 Jahre zurück. Im 17./18. Jahrhundert hat man unter christlichem Vorzeichen — im Pietismus — die Namenbildung aus dem Wortschatz der Gegenwartssprache neu zu beleben versucht; dafür legen Namen wie *Ehrenfried*, *Fürchtegott*, *Gotthelf*, *Leberecht*, *Traugott* Zeugnis ab. Sie bedeuteten und bedeuten noch heute wirklich das, was mit den in ihnen enthaltenen Wörtern, größtenteils in Satzform (deshalb nennt man sie auch *Satznamen*), ausgedrückt wird: »Fürchte Gott!«, »Lebe recht!« usw. Einige von ihnen haben sich bis heute gehalten[43]. Andere Versuche der Sprachreiniger des 17. bis 19. Jahrhunderts, aus dem Gegenwartswortschatz neue Namen zu bilden, sind erfolglos geblieben: Die *Himmelshulde* (für *Dorothea*), *Ritterhold* (für *Philipp*), *Lustinne* (für *Venus*), *Bluhminne* (für *Flora*), *Weidinne* (für *Diana*) PHILIPPS VON ZESEN (1619—1689) und die *Blumine*, *Duldine*, *Sanftine*, *Wollustine*, *Anmut(in)a*, *Heila* und *Wonna* CHRISTIAN HEINRICH WOLKES

[43] Strenggenommen sind diese Satznamen nicht eindeutig, weil die Aufforderung, die sie aussprechen, sowohl an Mädchen als auch an Jungen gerichtet sein kann (siehe *Fürchtegott* im Namenverzeichnis); sie wurden und werden aber gewöhnlich nur für männliche Personen gebraucht.

(1741–1825)[44] haben keinen Anklang gefunden; nur gelegentlich trifft man eine *Heila/Heile* oder eine *Bluma* an; sie verdanken ihren Namen jedoch kaum mehr WOLKES Anregungen (siehe das Namenverzeichnis). Solche sprechenden Namen haben auch den Nachteil, daß sie zum Vergleich mit der so benannten Person geradezu herausfordern, und wenn sich ›die Sanfte‹ dann als »Kratzbürste« oder »Drache« erweist und ›die Schlanke, Zarte‹ fast zwei Zentner wiegt, haben sie die Lacher gegen sich.

Für denjenigen, der sich bei der Namensuche nur nach der Bedeutung richtet, schrumpft überdies die Anzahl der wählbaren Vornamen beträchtlich. Es scheiden zum Beispiel aus: Namen, deren Bedeutung nicht geklärt ist; Namen, deren Sinn uns heute nicht mehr zusagt (etwa die kriegerischen germanischen Namen); Namen, die nach ihrer Entstehung und Bedeutung nicht sinnvoll auf Menschen angewandt werden können (also ursprüngliche Ortsnamen); Namen, deren Bedeutung für hier Geborene nicht zutrifft (Herkunftsnamen wie *Sabine*, *Sidonie*, *Magdalena*). Auch alle Kurz- und Koseformen kommen nicht mehr in Betracht; denn mit der Verkürzung des Namenwortes wird das Wort selbst und damit seine Bedeutung zerstört. *Heike* und *Grete* haben keine Bedeutung mehr; *Susi* ist kein ›Lilchen‹, sondern eben nur noch als Koseform von *Susanne* (hebräisch ›Lilie‹) bestimmbar. Schließlich kann auch die beste Bedeutung einen Namen nicht vor dem Veralten bewahren. Die Namen haben einen gewissen »Kurswert«, der in wechselnden Abständen fällt oder steigt. Daher gibt es zu jeder Zeit einige Namen, die als ausgesprochen altmodisch gelten und deswegen belächelt oder verlacht werden. Jeder Name aber, auch der »bedeutungsvolle«, soll doch seinem Träger wohl anstehen und ihn nicht dem Gespött preisgeben.

Mit den bisherigen kritischen Bemerkungen soll natürlich nicht der Spieß umgedreht und etwa behauptet werden, es sei töricht, auf die Bedeutung des Namens zu achten. Das wäre ebenso einseitig wie das Verwerfen der nach dem Klange ausgesuchten Vornamen. Letzten Endes ist es jedermanns Privatsache, nach welchen Gesichtspunkten er seine Wahl trifft, und

[44] Zitiert nach FLEISCHER, *Personennamen*, S. 62.

das eine Prinzip ist so gut wie das andere. Man wird ja heute auch nicht mehr von jedermann erwarten können, daß er noch an die Wirksamkeit magischer Kräfte im Namen glaubt, wie es vor langer Zeit selbstverständlich war. Das braucht indessen niemanden davon abzuhalten, seinem Kind einen Namen mit schöner, Gutes verheißender Bedeutung auf den Weg zu geben. Nicht wie oder worin man seine Zuneigung ausdrückt, sondern daß man sie in irgendeiner Weise auszudrücken wünscht, ist entscheidend.

Wie sehr man im allgemeinen doch noch in alten, magischen Vorstellungen befangen ist, zeigt sich besonders dann, wenn man erfährt, daß ein angenehm klingender Name, beim ursprünglichen Wortsinne genommen, eine ungute Bedeutung hat; denn dann wird man es sich dreimal (auch das ist eine magische Formel!) überlegen, ob man seinem Kinde diesen Namen geben soll. Dennoch würde ich heute den Namen *Perdita* nicht mehr ablehnen, bloß weil er von lateinisch *perditus* stammt und wörtlich etwa soviel wie ›die Verlorene, Hoffnungslose, Verworfene‹ bedeutet. Auch gegen *Asina* ist nichts einzuwenden, solange den Eltern nicht selbst Bedenken kommen, weil die lieben Mitmenschen dabei gar zu oft an lateinisch *asina* ›Eselin‹ denken[45]. Besonders Menschen mit nicht-alltäglichen Vornamen sind in dieser Hinsicht »gefährdet«, weil die Ungewöhnlichkeit des Namens die Aufmerksamkeit auf sich zieht und Fragen nach seiner Herkunft und Bedeutung herausfordert.

Wer hier als Berater herangezogen wird, ist in einer schwierigen Lage. Wenn er gefragt wird, kann er die etymologische Erklärung nicht verschweigen, obwohl es auf sie im allgemeinen nicht ankommt. Sprachgeschichtliche Kenntnisse hier, erläuternde Vornamenbücher dort führen eben doch manchen Mitbürger zum Wissen über die Wortbedeutung, und dann sind scherzhafte, ironische, spöttische oder gar gehässige Anspielungen nicht auszuschließen. Aus diesem sozialen Grunde vor allem sind Bedenken gegen Namen mit unguter Bedeutung anzumelden, und wenn abzusehen ist, daß ein Name seiner Bedeu-

[45] Siehe *SD*, 1969, S. 150f.

tung wegen dem Ansehen seines künftigen Trägers schaden wird, werden ihn die Standesbeamten nicht ohne weiteres eintragen[46]. Zugleich aber sei an die Toleranz derer, die mehr oder weniger zufällig etymologische Kenntnisse besitzen, appelliert, dieses Wissen nicht zum Schaden ihrer Mitmenschen auszunutzen. Die Bedeutung eines Namens sagt wirklich nichts aus über die Person, die ihn trägt, und über ihren Charakter. Viel wichtiger als die Etymologie ist, wie wir zu den Personen stehen: Abneigung gegen jemand überträgt sich fast automatisch auf den Namen, habe er auch die schönste Bedeutung, während ein verehrter, geliebter Mensch noch den verrücktesten Namen gleichsam zu adeln vermag.

3.4. Namen nach Vorbildern

Da sich Person und Name in unserer Vorstellung so schwer voneinander trennen lassen, ist es nicht verwunderlich, wenn die Bevorzugung eines Namens durch die Personen, die wir unter diesem Namen kennen, mitbestimmt ist. Das hat immer wieder dazu geführt, daß für die Kinder Namen gewählt werden, die den Eltern deshalb etwas bedeuten, weil ihnen bestimmte Namensträger als Vorbilder vor Augen schweben. Man denke nur an die christlichen Bräuche der Nachbenennung nach den Taufpaten oder nach einem Heiligen (vgl. Abschnitt 3.6). Der Name selbst ist dabei nicht so wichtig wie die Verbindung, die über ihn zwischen den Trägern desselben Namens hergestellt wird. Die Kinder werden damit dem Schutz der Namenvorbilder anvertraut, und diese sollen ihnen Ansporn sein, sich ihrer würdig zu erweisen. In den verweltlichten Formen der Namengebung nach Vorbildern, wovon in diesem Abschnitt die Rede ist, leben ähnliche Gedanken weiter, wenngleich stark abgeschwächt. Der Klanggestalt des Vornamens kommt hierbei aber häufig eine wichtigere Funktion zu; denn die Anzie-

[46] Auch Namen, die durch einen bestimmten Träger ein für allemal in Verruf geraten sind (z. B. *Judas*, *Kain*) werden abgelehnt, selbst bei schönster wörtlicher Bedeutung; siehe S. 13 f. sowie E. Götz in *ZZiv.*, 1971, S. 304 (*Kain*). Einen *Judas Thaddäus* belegt Heyd, S. 50, für das Jahr 1790.

hung, die von einer Person ausgeht, und die Verehrung und Zuneigung, die man ihr entgegenbringt, verschmelzen so fest mit deren Namen, daß man schließlich keinen schöneren, besseren Namen als eben diesen anzugeben weiß und ihn deshalb an das Kind weitergibt. Darin berührt sich diese Art der Namenwahl eng mit der nach dem Klang.

Die Vorbilder bei der Namenwahl können aus allen möglichen Bereichen stammen. Schaut man auf frühere Zeiten zurück, so fällt auf, daß damals die Namen der Landesherren und der Angehörigen der Herrscherhäuser weite Verbreitung fanden. Diese Tatsache könnte zu der voreiligen Annahme verleiten, sie seien sämtlich, wie andere Namen nach Vorbildern, aus Liebe und Verehrung übernommen worden. LOTHAR IRLE hat jedoch in seiner Doktorarbeit über die Vornamengebung im Siegerland nachgewiesen, daß die Hauptursache für die Weitergabe und Ausbreitung der herrscherlichen Namen vom Hofe über das Bürgertum bis hinunter zum Stadt- und Landvolk im Mechanismus des Patennamensystems[47] zu suchen ist: Der Landesherr gab als Pate seinen Namen an die Kinder der ihm am nächsten Stehenden weiter, diese wieder an ihre nächsten Verwandten, Bekannten und Untergebenen und so fort. Wo man indessen aus freien Stücken nach einem solchen Namen griff, sind auch so fragwürdige Motive wie Unterwürfigkeit und der eitle Wunsch, dem Kinde einen »vornehmen« Namen zu geben, mit im Spiel. Mit der Auflösung des Patennamensystems ist die Verbreitung dynastischer Namen rasch zurückgegangen, und nachdem die feudalen Herrschaftsformen überwunden waren, sind die wirklich aus Loyalität gewählten Namen nicht einfach durch die Vornamen bürgerlicher Staatsmänner und Politiker abgelöst worden. Dafür lassen sich mehrere Gründe anführen: 1. Es gibt nicht mehr die eine, alle anderen überragende Person des Landesherren oder Landes»vaters« als Inbegriff der Herrschaft und Hoheit; 2. der Familienname tritt jetzt in den Vordergrund und überschattet den Vornamen, während der Name des Monarchen nicht bloß privater Vorname, sondern sein Name schlechthin war und deshalb viel nachhaltiger wirken konnte;

[47] Siehe auch Abschnitt 3.6.

3. die Namen der Regierenden wechseln öfter. Mit den veränderten Herrschaftsformen hat sich wahrscheinlich auch das einstmals stärker emotional gefärbte Verhältnis der Regierten zu den Regierenden gewandelt, es ist nüchterner, rationaler geworden. All das hat dazu geführt, daß die Vornamen der Staatsmänner und Politiker in der Namengebung heute noch weniger eine Rolle spielen als je zuvor. Auch die Namen von Vorkämpfern religiöser und politischer Ideen werden nur in Einzelfällen zum Vorbild genommen. Einzig *Martin* (nach MARTIN LUTHER) ist in der nachreformatorischen Zeit als eine Art protestantischer Trutzname häufiger gegeben worden. Im allgemeinen sind derartige Namen kaum in der Lage, die Namengebung merklich zu beeinflussen oder gar eine Namenmode zu begründen, weil die Anschauungen der Bürger zu weit auseinandergehen, als daß ein einzelner Name öfter wiederkehrte. Die Vorbilder besitzen auch längst nicht die überzeitliche Gültigkeit etwa der durch das Christentum bekannt gewordenen Gestalten. Schließlich hat man mit »politischen« Namen schon schlechte Erfahrungen gemacht: Der Vorname *Adolf* zum Beispiel wird bei uns spätestens seit 1945 aus begreiflichen Gründen gemieden[48]. Auftrieb erhielten die politisch motivierten Namen nur in den Jahren nach der Oktoberrevolution in der Sowjetunion. Unter den zahlreichen Neubildungen, die die revolutionäre Ideologie widerspiegeln, finden sich mehrere zu Ehren W. I. LENINS, KARL MARX' und FRIEDRICH ENGELS': *Wilen, Wladilen, Wladlen* (Abkürzungen von *Wladimir Iljitsch Lenin*), *Lenin-Uljanow, Marx, Engels, Engelen* (aus *Engels* und *Lenin*)[49]; zweifellos ist

[48] Sofern er nicht durch familiäre oder religiöse Traditionen gestützt ist (WIMMER führt zwei Heilige dieses Namens an): In Heidelberg ist *Adolf* 1972 bis 1976 siebenmal als Beivorname gegeben worden, in Gernsbach von 1946 bis 1968 insgesamt sechsmal, davon nur einmal als Erstname (K. WÖRTER).

[49] BONDALETOV, S. 11. Zu den revolutionären Neubildungen (*Oktjabrina, Elektrofina* usw.) vgl. auch NIKONOV, S. 122. Ähnliche Erscheinungen sind im Deutschen nur in Ausnahmefällen anzutreffen, so etwa *Katzbachine, Landsturmine, Gneisenauette, Waterloo* zur Zeit der Freiheitskriege oder *Sedan, Sedania, Gravelotte* 1870/71; s. BÄHNISCH, S. 115, und FLEISCHER, *Personennamen*, S. 67.

auch die Beliebtheit des Vornamens *Wladimir* auf das Vorbild LENINS zurückzuführen[50]. Vergleichbare Entwicklungen hat es im deutschen Sprachgebiet nicht gegeben.

Ein anderer großer Bereich, aus dem in der Neuzeit schon manche Vorbilder geholt wurden, ist die Kultur- und Geistesgeschichte. Philosophen und Dichter, Musiker und Maler, Gelehrte, Forscher, Entdecker, Erfinder und andere Persönlichkeiten von Rang haben immer wieder bei der Namengebung Pate gestanden (im übertragenen Sinne natürlich). Neben den Namen bewunderter und gefeierter Künstler sind es aber auch oft die von Gestalten ihrer beliebtesten Werke. Als Beispiele seien nur *Selma* und *Oskar* aus der im 18. Jahrhundert mit Begeisterung aufgenommenen »Ossian«-Dichtung des Schotten MACPHERSON genannt und die Namen von Operngestalten RICHARD WAGNERS. Breitenwirkung erreichen solche Namen freilich nur selten auf direktem Wege. Eine Möglichkeit ist, daß die literarisch und musikalisch interessierten Kreise vorausgehen und die breiten Mittel- und Unterschichten diese Namen dann als »modern« und »vornehm« von jenen übernehmen; eine andere, daß sich Unterhaltungsschriftsteller die Namen für ihre Werke ausborgen und dadurch unters Volk bringen. Ein typisches Beispiel für die zweite Möglichkeit hat HARTMUT BECKERS gezeigt[51]: »Die Geschichte des modernen Rufnamens *Horst* beginnt in der Tat mit KLOPSTOCKS ›Hermanns Schlacht‹. Aber auch hier, bei der Geschichte des Namens *Horst* nach KLOPSTOCK, dürfte die Entwicklung auf verschlungeneren Pfaden verlaufen sein, als es den knappen Angaben der Handbücher zufolge den Anschein hat. Es ist wohl nicht so, daß der Rufname *Horst* im Gefolge der KLOPSTOCK-Begeisterung und der damit einsetzenden modischen Welle literarisch gelenkter

[50] Nach BONDALETOV, S. 13 und 15, stand *Wladimir* um 1900 noch an 7. Stelle, rückte in der nachrevolutionären Periode auf den 1. Platz und hielt sich nach dem zweiten Weltkrieg noch immer an 3. Stelle; s. auch NIKONOV, S. 124. *Josef*, der Vorname STALINS, scheint dagegen gemieden zu werden.

[51] BECKERS, S. 23f.; das Schauspiel *Hermanns Schlacht* des Dichters FRIEDRICH GOTTLIEB KLOPSTOCK (1724—1803) erschien 1787.

Rufnamengebung sogleich und unmittelbar im Namenschatz des deutschen Volkes heimisch geworden war. Zwischen KLOPSTOCKS ›Hermanns Schlacht‹ und dem nachweislichen Auftreten von *Horst* als wirklichem Ruf- und Taufnamen im letzten Viertel des 19. Jahrhunderts hat der Name allem Anschein nach noch geraume Zeit so gut wie ausschließlich literarisch gelebt. Im Einzelnen ist hier noch alles unerforscht. Es scheint jedoch so zu sein, daß der durch KLOPSTOCKS Autorität gewissermaßen ›geadelte‹ Name im ausgehenden 18. und frühen 19. Jahrhundert zunächst in die gern mit seltenem ›altdeutschem‹ Namengut prunkende Ritter- und Räuber-Literatur SPIESS-CRAMERscher Richtung Eingang gefunden hat [...]. Erst nachdem *Horst* durch die Trivialromane des 18./19. Jahrhunderts populär geworden war, dürfte er im späteren 19. Jahrhundert dann auch lebenden Personen als Ruf- und Taufname gegeben worden sein.« Moderufname ist *Horst* jedenfalls erst nach dem Ersten Weltkrieg geworden[52]. Sofern ihm dabei »Helden« aus der Unterhaltungsliteratur zur Verbreitung verholfen haben — und das gilt in der Hauptsache wohl nur für die Anfangsphase der Entwicklung —, ändert sich an der Namengebung nach Vorbildern nichts als die Herkunft der Vorbilder. So gesehen, macht es keinen Unterschied, ob sie aus der Weltliteratur oder aus Zeitschriftenromanen, Kitschfilmen, Rührstücken oder Fernsehserien stammen. (Hinter *Perdita* kann sowohl eine Gestalt aus WILLIAM SHAKESPEARES *Wintermärchen* als auch die Heldin eines Romanheftes stehen.) Die Reihe der Philosophen, Dichter, Musiker usw. setzt sich fort in Schlagerstars, Leuten aus dem Showgeschäft, Sportlern, lokalen Tagesgrößen. Es wäre überheblich, darüber die Nase zu rümpfen. Wer absichtlich nach einem »bedeutenden« Namen greift, um sich mit seiner Belesenheit und »Bildung« zu brüsten, handelt nicht ehrenwerter als derjenige, den ein echtes Gefühl für den Namen einer weniger dauerhaften Berühmtheit oder einer Figur aus der Trivialliteratur einnimmt. Letzterer hat nur den Nachteil, daß die Begeisterung rascher verfliegen, das Vorbild leichter durch ein anderes verdrängt werden kann.

[52] BECKERS, S. 24.

Im übrigen ist gleich hinzuzufügen, daß der Einfluß der Tagesgrößen auf die Namengebung weit überschätzt wird. Der kulturpessimistische Vorwurf, die Welt des Films, des Fernsehens, des Schlagers und des Sports beherrsche heutzutage auch hier die Szene, ist unbegründet. Niemand hat bisher einen überzeugenden Nachweis geführt oder auch nur zu führen versucht, und GERHARD KOSS hat bei seinen Befragungen nur wenige Fälle dieser Art aufspüren können. Er schreibt dazu: »Gering ist die Zahl der Rufnamen, die nach Persönlichkeiten des öffentlichen Lebens gewählt wurden. Lediglich zwei Rufnamen [von 96, W.S.] wurden nach Schlagersängerinnen ausgesucht. Bei unserem Material ist es keineswegs so, daß Film- und Plattenstars ausschlaggebend sind.«[53] Als einen wichtigen Grund führt er, gewiß zu Recht, den raschen Wechsel der Stars an.

Interessant ist bei der Namenwahl nach Vorbildern, besonders nach Gestalten aus der hohen oder niederen Literatur, daß selbst solche Personen Namenvorbilder abgeben können, deren Leben und Charakter gar nicht besonders vorbildlich sind oder die ein schweres Geschick zu tragen hatten. Das wäre unverständlich, wenn die Eltern dabei noch an eine Übertragung der Eigenschaften oder des Schicksals auf ihr Kind glaubten. Also

[53] KOSS, I, S. 156; die Abkürzung RN (= Rufname) wurde im Zitat aufgelöst. 1970 sind es 5 von 183 Rufnamen, davon 3 — *Alexandra, Manuela, Wilma* — nach Schlagersängerinnen und 1 — *Ramona* — aus dem Fernsehen; siehe KOSS, II, S. 164 und 166. Auch KROWATSCHEK kann nur zwei Fälle nennen: einmal *Marina* nach einem Schlager (1959) und einmal *Mathias* nach dem Schauspieler MATHIAS WIEMANN (1966). Aus Wien berichtet A. LIST: »Daß sich auch die Verehrung für die Sterne am Schlagerhimmel nicht allzu bedeutsam in den Vornamen niederschlägt, zeigt sich vielleicht am besten darin, daß im Jahre 1972 nur 5 Knaben [von mehr als 8000, W. S.] den Namen *Udo* erhielten, einer allerdings hört auf *Udo-Jürgen*« (Wien 1972, S. 4). B. LINK ist für Honnef und Wermelskirchen zu einem ähnlichen Ergebnis gekommen: »Hier und da sind Einflüsse aus Literatur, Musik, Film und Sport zu verspüren, ohne die starke Wirkung zu üben, die ihnen oft zugeschrieben wird« (LINK, S. 92, siehe auch S. 84—88). Vgl. auch Abschnitt 7.1, S. 167ff.

nicht der Wunsch »Werde auch so!« oder ähnliches leitet hier die Namenwahl, sondern Freude an der künstlerischen Gestaltung der Figuren und an den Werken, in denen sie vorkommen, ebenso wie Verehrung für ihren Schöpfer, aber auch tiefe Ergriffenheit. Ein Name kann, so seltsam es klingen mag, auch und gerade deshalb als schön empfunden werden, weil über seinen Träger heiße Tränen der Rührung und des Mitleidens vergossen wurden. Das Wort *Vorbild* meint in diesem Zusammenhang nur noch, daß den Eltern vor der Namengebung eine Gestalt bekannt geworden ist, die ihre Wahl beeinflußt hat.

Es soll nicht verschwiegen werden, daß die Wahl der Vornamen nach einem Vorbild auch eine Gefahr in sich birgt, die Gefahr nämlich, daß die Eltern dabei mehr an sich und ihre Selbstdarstellung denken als an das Kind und seine Zukunft. Das gilt gleichermaßen für Namen, die ein hohes kulturelles Niveau bekunden sollen, als auch für Namen, die politische Überzeugungeu kundgeben[54]. Genaugenommen hat der Komponist und Schriftsteller ERNST THEODOR WILHELM HOFFMANN (1776–1822) folgerichtiger gehandelt, als er seiner Verehrung für WOLFGANG AMADEUS MOZART (1756–1791) dadurch Ausdruck verlieh, daß er sich selbst in *Ernst Theodor Amadeus* umbenannte[55]. Dieser Weg steht freilich nicht jedem offen, er macht aber deutlich, daß das Angezogensein von einer Person und ihrem Namen eine ganz persönliche Angelegenheit ist, die nicht ohne weiteres übertragbar ist. Um die Kinder nicht zu sehr vorzubelasten, sollte man deshalb nach Möglichkeit von allen Namen absehen, die das Namenvorbild gar zu leicht erraten lassen wie *Che* (GUEVARA)[56] oder *Gotthold Ephraim* (LESSING). Wo die Beziehungen so eindeutig sind, fordern sie zum Vergleich mit den Vorbildern und damit unter Umständen zu billigem Witz und Spott heraus. In den fünfziger Jahren fand in

[54] Siehe Kapitel 1, S. 7.

[55] MOZARTS bekannter Vorname *Amadeus* geht allerdings selbst schon auf eine Umbenennung zurück; denn getauft worden ist der große Musiker auf die Vornamen *Johannes Chrysostomus Wolfgangus Theophilus*. *Amadeus* ist nur die von ihm bevorzugte »Übersetzung« von *Theophilus*.

[56] Siehe den Artikel *Che* im Vornamenverzeichnis (Abschnitt 9.3).

München ein Treffen »berühmter Namen« statt. Es waren erstaunlich viele Menschen zusammengekommen, die Vor- und Familiennamen mit bekannten Persönlichkeiten der Vergangenheit gemeinsam hatten: *Richard Wagner*, *Robert Schumann*, *Albert Einstein*, *Gotthold Ephraim Lessing* usw. Das Ganze war natürlich nur ein Spaß, eine Art Volksbelustigung, und ist anscheinend auch von allen Teilnehmern mit Humor getragen worden. In vielen Fällen ist die Namengleichheit vielleicht nicht einmal bewußt herbeigeführt worden. Warum sollten auch in allen Familien, die die Namen *Wagner* oder *Schumann* führen, die Vornamen *Richard* oder *Robert* tabu sein, bloß weil es schon einmal einen berühmten Namensvetter gegeben hat? Nur bei selteneren Namen und Namenkombinationen wie *Gotthold Ephraim Lessing* wirkt die »Wiederbelebung« doch ein wenig aufdringlich.

Zum Glück sieht man den meisten Vornamen nicht an, ob ein Vorbild und welches gegebenenfalls dahintersteht, weil die meisten Vornamen viel zu häufig vorkommen, als daß sie auf eine einzige Person bezogen werden müßten[57]. Die von den Eltern hergestellte Beziehung ist also für den Namensträger selbst und für die Menschen, mit denen er zusammenkommt, nicht zwingend. Dadurch besteht immer die Möglichkeit, der in der Namenwahl der Eltern beschlossenen Verpflichtung auszuweichen und sich einen anderen »Namenspatron« zu wählen, falls man auf eine derartige Beziehung überhaupt Wert legt. Letzten Endes muß und wird sich das Kind im Laufe des Lebens seine Vorbilder — unabhängig von der Namensübereinstimmung — selbst suchen. Diese Freiheit sollte ihm unbenommen sein; ein eindeutig festgelegtes Namensvorbild ist da nur lästig.

Ein Bereich ist bisher unerwähnt geblieben, obwohl er wahrscheinlich die größte Zahl der Namenvorbilder stellt. Seine Aufdeckung verdanken wir aber erst der Untersuchung von Gerhard Koss. Mehr als 10% der befragten Mütter[58] gaben

[57] Siehe auch Krowatschek, S. 66.

[58] 1969 waren es 16,6%, 1970 rund 12%; siehe Koss, I, S. 155, und II, S. 164.

nämlich an, daß sie den Namen für ihr Kind deshalb gewählt hatten, weil kleine Kinder von Verwandten oder Bekannten oder in der Nachbarschaft diesen Namen trugen. In gewissen bürgerlichen Kreisen — besonders in den oberen Schichten — ist das ein ganz unvorstellbares Namengebungsmotiv. Sofern man sich nicht (mehr) von familiären oder religiösen Traditionen leiten läßt, gilt hier das ungeschriebene »Gesetz«, daß der Name des Kindes möglichst individuell zu sein habe, d. h. in der Umgebung und im Bekanntenkreise einzig dastehe, sich von allen anderen abhebe. Es kommt nicht darauf an, daß der Name ungewöhnlich oder auffällig sei, er darf nur nicht in der Umgebung schon vorhanden, erst recht nicht mehrfach vorhanden sein. Für weite Kreise scheint dieser Gesichtspunkt jedoch unmaßgeblich zu sein. Deren Verhalten und seine Auswirkungen beschreibt Koss aufgrund seiner Beobachtungen so: »Die Äußerungen wie ›ein netter Junge‹ oder ›ein niedliches Mädchen‹ deuten jedenfalls darauf hin, daß noch eine andere Erwägung [als der Wunsch, nicht ›zurückzustehen‹, sich sozial anzupassen, W. S.] hereinspielt. Es scheint nämlich die Wunschvorstellung von Bedeutung zu sein, daß einmal das eigene Kind auch so ein netter Junge oder so ein niedliches Mädchen werden möchte. Dabei kann fast eine Art Rückkopplungseffekt eintreten, indem durch die psychologische Motivation für die Verbreitung von Modenamen gesorgt wird.«[59] Diese Überlegungen sind bei der Betrachtung der Modenamen im Abschnitt 7.2 mit zu berücksichtigen. Hier ist zunächst nur festzuhalten, daß es diese Ursache für die Wahl eines Namens gibt und daß sie offenbar sehr häufig auftritt. So erklärt sich auch die Verbreitung einzelner literarischer Vornamen: Nur zu einem geringen Teil ist die Literatur, die künstlerisch bedeutende wie die triviale, die unmittelbare Quelle; ist ein solcher Vorname erst einmal als Vorname lebender Personen in Erscheinung getreten, dann sorgen die engeren und weiteren Nachbarschaftsbeziehungen — sofern der Name dem Zeitgeschmack entgegenkommt, als »schick« empfunden wird — für seine rasche Vermehrung.

[59] Koss, I, S. 155f.

3.5. Vornamen als Bindeglieder in der Familie

Beziehungen zwischen den Namen verwandter Personen zu stiften — in erster Linie innerhalb der engeren Familie — war schon bei den Germanen nicht unerhört. Es geschah zunächst vor allem durch Namenvariation und Alliteration (Stabreim)[60], wie zum Beispiel im altdeutschen *Hildebrandslied* vom Anfang des 9. Jahrhunderts: *Heribrand* heißt der Großvater, *Hildebrand* der Vater, *Hadubrand* der Sohn; alle drei Namen beginnen mit *H*- und haben dasselbe Wort *-brand* im zweiten Glied. Hinzu trat die Nachbenennung, worunter wir »die Vererbung des vollen Namens von einer älteren Generation auf die jüngere Generation«[61] verstehen. Man hat also schon damals nicht ausschließlich auf die wörtliche Bedeutung der Namen geachtet. Magische Vorstellungen liegen aber wohl auch dieser Namenwahl zugrunde, sie haben sich nur von der Wortbedeutung auf die Beziehung zwischen den Namensträgern verlagert; denn sicherlich schwang — und schwingt vielleicht noch heute — der Gedanke mit, daß gemeinsame Namen die Eltern und die Kinder in geheimnisvoller Weise miteinander verbinden und daß die Eltern in ihren Kindern weiterleben werden wie ihre Namen in denen ihrer Kinder. Als Namengebungstradition ist die Nachbenennung jedenfalls noch heute recht lebendig[62].

Nach den Befragungen von GERHARD KOSS in Weiden (Oberpfalz) 1969 und 1970[63] haben rund 28% der Kinder [41,5% der Jungen, 15,2% der Mädchen] einen Vornamen nach den Eltern, nach den Großeltern oder aus Familientradition erhalten (s. Tab. 1).

Es sind, wie man sieht, vor allem die Jungen, die mit einem solchen Namen bedacht werden. Bei beiden Geschlechtern aber tritt der Vorname aus der Familie meist erst an zweiter oder dritter Stelle auf.

[60] DEBUS u.a., 1973, S. 386.

[61] *Ebenda.*

[62] Zum Fortleben der Tradition vgl. auch K. WÖRTER, S. 133ff., D. KROWATSCHEK, S. 64f., und I. RAVELING, S. 8—10.

[63] KOSS, II, S. 164 und 171.

Tabelle 1. Weiden (Oberpfalz)

	94 Jungen			99 Mädchen		
	Rufname	Beivorname	zus.	Rufname	Beivorname	zus.
nach den Eltern	10	14	24	1	6	7
nach den Großeltern	4	9	13	2	4	6
aus Familientradition	1	1	2	1	1	2
insgesamt	15	24	39	4	11	15

Aus den Geburtenlisten des Heidelberger Standesamtes konnten nur die Namen der Eltern zum Vergleich herangezogen werden, doch auch hier zeigt sich, daß nicht wenige Neugeborene einen elterlichen Vornamen mitbekommen:

Tabelle 2. Heidelberg (in Prozent)[64]

	Jungen			Mädchen		
	insgesamt	evangelisch	katholisch	insgesamt	evangelisch	katholisch
1972	20,9	21,9	12,9	9,6	8,0	11,9
1973	11,8	11,9	14,6	7,0	7,0	8,2
1974	14,2	18,1	14,0	8,2	10,6	7,2
1975	16,4	19,0	15,6	7,7	7,7	8,5
durchschnittlich	15,8	17,7	14,2	8,1	8,3	9,1

[64] 1972 wurden alle Eltern- und Kindernamen erfaßt, zwischen denen sich eine Beziehung herstellen ließ, also zum Beispiel auch *Annette* nach dem mütterlichen Vornamen *Marianne* wegen des gemeinsamen Elements *Anna*. Da es aber fraglich ist, ob sich die Eltern bei der Namenwahl dessen bewußt waren, sind späterhin nur noch die Fälle gezählt worden, wo entweder die Namen völlig übereinstimmten oder wo die Herleitung aus dem elterlichen Vornamen offenkundig war. Nennenswerte Verschiebungen haben sich daraus nicht ergeben; denn die Zahl der Zweifelsfälle ist gering.

Hier stehen ebenfalls die Jungen an der Spitze, und es ist hinzuzufügen, daß auch in Heidelberg die von den Eltern übertragenen Vornamen bei den Kindern gewöhnlich nicht an erster Stelle stehen. Bei den Jungen überwiegt im Mittel die Anzahl der Kinder, die den Namen des evangelischen Elternteils mitbekommen. Bei den Mädchen haben die Namen nach dem katholischen Elternteil einen leichten Vorsprung, doch ist zu beachten, daß hier manche der gleichlautenden Vornamen – wie *Maria, Elisabeth* – eher aus religiösen als aus familiären Gründen weitergegeben werden.

Die jüngste Vornamenuntersuchung, in der man der Rolle der Familientradition in der Namengebung nachgegangen ist[65], hat unter anderem zu folgenden Ergebnissen geführt:

1. Unter Flüchtlingen und Heimatvertriebenen wird »relativ häufig [. . .] an die Namen der Vorfahren angeknüpft oder an Namen, die auf irgendeine Weise die Bindung zur alten Heimat zum Ausdruck bringen« (389).

2. Nachbenennungen treten vor allem in Familien mit mehreren Kindern auf; sie betreffen die Jungen stärker als die Mädchen und unter ihnen wiederum zumeist die Erstgeborenen (391f.).

3. Wir treffen Nachbenennungen um so öfter an, je höher wir in der »Gesellschaftspyramide« steigen: Von den Kindern un- und angelernter Arbeiter erhielten nur 25% einen Namen aus der Familie; Eltern mit Abitur oder Fachhochschulabschluß gaben 32% ihrer Kinder einen solchen Namen; unter den Kindern, deren Eltern einen Universitäts- oder Hochschulabschluß haben, betrug ihr Anteil indessen 46% (391).

4. Am häufigsten kehren die Namen der Eltern und die der Großeltern bei den Kindern wieder (seltener die anderer Verwandter), und zwar meistens als zusätzliche Vornamen zum Rufnamen der Kinder (395)[66]. Dabei zeigt sich, daß in der

[65] DEBUS u.a., 1973, S. 385ff. Die im Folgenden eingeklammerten Seitenzahlen beziehen sich auf diese Arbeit.

[66] Entsprechende Beobachtungen bei G. KOSS und in Heidelberg (s.o.) sowie bei KROWATSCHEK, S. 64f.

Schicht der Arbeiter die Namen der Eltern bevorzugt werden, während unter den Akademikerkindern die Namen der Großeltern mit 55% überwiegen (393, 395)[67]. Es geschieht auch am ehesten bei Arbeitersöhnen, daß sie denselben Rufnamen wie der Vater führen (395).

5. In den letzten 25 Jahren scheint sich ein allmählicher Rückgang der Nachbenennung abzuzeichnen; »allein die Gruppe der Akademiker scheint eher geneigt, am Herkommen und an überkommenen Namengebungsprinzipien festzuhalten« (395). Daraus kultur- und gesellschaftskritische Schlüsse der Art zu ziehen, »daß die Isolierung und ›Anonymisierung‹ des einzelnen in der Gesellschaft immer weiter fortschreitet« (398), liegt zwar nahe, sollte aber dennoch mit sehr viel Vorsicht geschehen. Es ist noch nicht erwiesen, ob die Entwicklung überall gleich verläuft und ob von der Nachbenennung vor 50 oder 100 Jahren durchweg öfter Gebrauch gemacht wurde als um 1950. Vermutlich steht der Rückgang auch im Zusammenhang mit der Tendenz, dem Kinde nur einen Vornamen zu geben (siehe Kapitel 4). Ferner ist zu bedenken, daß familiäre Verbundenheit nicht schon dann als gelockert oder aufgehoben zu betrachten ist, wenn auf deren förmlichen Ausdruck in der Namengebung verzichtet wird[68].

Eine besondere Gruppe unter den Traditionsnamen in der Familie bilden jene »Leitnamen«, die — sei es als Erst-, sei es als Folgenamen (Beivornamen) — in allen Generationen wiederkehren, zum Beispiel:

Großvater:	*Walter*	*Johannes*
Vater:	*Bernd*	*Johannes*
Sohn:	*Stefan*	*Johannes*

[67] Vgl. Bach, I/2, §§ 467f. — Krowatschek, S. 64f., stellt einen insgesamt höheren Anteil von Großväternamen fest: 15,2% gegenüber 10,9% Väternamen; nach Verwandten — besonders nach Gefallenen — erhielten 23,9%, nach Freunden der Eltern 4,4% einen Vornamen.

[68] Unter einem anderen Blickwinkel könnte man den Rückgang der Nachbenennung vielleicht sogar als Ausdruck wachsender »antiautoritärer« Haltung deuten.

oder jeweils eine Generation überspringen:

Großvater: *Hermann*
Vater: *Friedrich*
Sohn: *Hermann*
Enkel: *Friedrich.*

Mitunter stößt man auch auf die Verbindung mehrerer Nachbenennungen, so etwa, wenn das Kind die Rufnamen beider Großväter (Großmütter) oder sowohl einen Vornamen vom Vater als auch einen vom Großvater mitbekommt. In der erwähnten Untersuchung wird außerdem der folgende Fall angeführt (399): Ein Junge erhielt den Vornamen *Peter-Christian,* weil der Vater *Peter* genannt wurde, obwohl dessen »richtige«, d. h. amtlich eingetragene Vornamen *Wilhelm Karl Hinrich* waren.

Die traditionsträchtigen Leitnamen bleiben in ihrer Form natürlich stets unverändert. Die übrigen Vornamen aus der Familie werden auch in abgewandelter Form weitergegeben. Es gibt da eine ganz Reihe von Variationsmöglichkeiten. Am einfachsten ist die Umgestaltung des Schriftbildes: *Klaus* → *Claus, Gerd* → *Gert* usw. (398). Nicht selten wechseln Vollformen mit Kurz- und Koseformen: Aus *Bärbel* wird *Barbara,* aus *Ingeborg Inge,* aus *Heinrich Heinz* — oder umgekehrt (399). Auch landschaftliche (mundartliche) und fremdsprachige Namensformen werden zur Abwechslung herangezogen (399). Man paßt sich in all diesen Fällen gern dem Zeitgeschmack an und »modernisiert« die Namen, indem man beispielsweise *Erich* in *Erik* oder *Eric, Heinrich* in *Hendrik, Katharina* in *Kat(h)rin* verwandelt. Beliebt sind weiterhin Namenkreuzungen, das sind Zusammenfügungen aus Bestandteilen vorhandener Namen, zum Beispiel[69]:

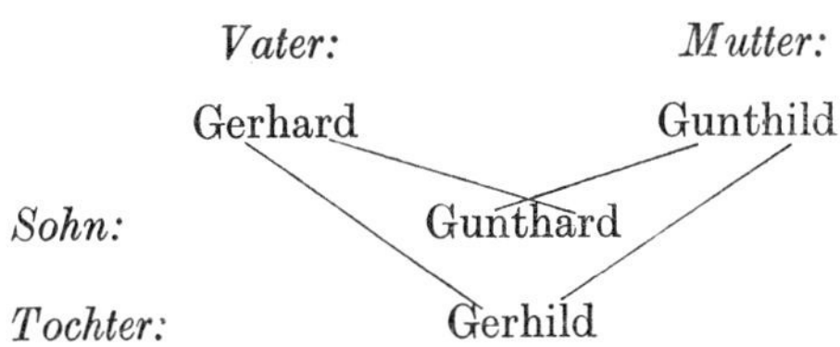

[69] Vgl. bei Debus u.a., 1973; *Wolfhart* aus *Wolf*gang + *Hart*mut, *Annegret* aus *Anna* + *Grete, Helmfried* aus Wil*helm* + Sieg*fried, Burghard* aus Hilti*burg* + Ger*hard* (S. 399ff.).

Dieses Verfahren war schon den Germanen bekannt. Während man aber in früheren Zeiten nur Namenglieder mit eigenständiger Bedeutung koppelte, fügt man heute manchmal auch Bruchstücke von Namen und Namengliedern zu neuen Gebilden zusammen (siehe Abschnitt 6.5). Eine andere Variante der Nachbenennung ist die Wiederaufnahme eines elterlichen Namens oder Namenbestandteiles im Namen des Kindes, zum Beispiel *Wolf* in *Wolfgang*, *Wolf(dietrich)* in *Wolf(stefan)* oder *Hans(-Werner)* in *Hans(-Peter)* (399). Hinzu kommt als »besondere Spielart der Abwandlung« (399) die Ableitung weiblicher Vornamen aus Männernamen und männlicher Vornamen aus Frauennamen: *Christian* aus *Christa*, *Petra* aus *Peter* usw. (siehe auch Abschnitt 6.3). »Hier weisen die Belege nach, daß Mädchennamen, die von Väternamen abgewandelt sind, wesentlich häufiger verwendet werden als vom Mutternamen abgewandelte Jungennamen. Auch in diesem Zusammenhang bestätigt sich somit die schon wiederholt aufgezeigte Ausrichtung der Namentraditionen auf die männliche Linie« (399). Schließlich gibt es auch Ableitungen von Vornamen aus Familiennamen, zum Beispiel *Thies* aus *Thiessen*, *Jens* aus *Jensen* (399)[70]. Ist der Familienname zugleich als Vorname bekannt, so kann er unverändert übernommen werden: GOETHES Enkel, der Komponist WALTHER WOLFGANG VON GOETHE (1818 bis 1885), soll den einen Vornamen zur Erinnerung an GOETHES Großmutter aus dem Geschlecht WALTHER erhalten haben[71].

In der bisher vorgestellten Art der Namengebung finden sich manche Gemeinsamkeiten mit den brauchtümlichen Vornamen des anschließenden Kapitels, nur sind die Bräuche hier auf die einzelne Familie beschränkt und können leichter durchbrochen und variiert werden. Auch sind nicht alle Kinder einer Familie gleichermaßen davon betroffen, sondern oft nur der älteste Sohn oder die älteste Tochter. Berührungen gibt es aber auch mit den Namen, die nach Vorbildern ausgewählt werden.

[70] In Heidelberg erhielt 1974 ein neugeborener Junge den Vornamen *Patrick* offensichtlich in Anlehnung an den Mädchennamen der Mutter, einer geborenen *Petrick*.

[71] H. E. WALTER, S. 274.

Zuneigung, Anhänglichkeit, Verehrung, Pietät sind zweifellos auch hier treibende Kräfte. Das zeigt sich nicht zuletzt in den Fällen, wo die Namen verstorbener oder im Kriege gefallener Familienangehöriger auf die Kinder übertragen werden[72]. Ausschlaggebend ist hier jedoch, daß die Namenwahl von familiären oder verwandtschaftlichen Beziehungen geleitet wird.

Außer der Nachbenennung gibt es noch zahlreiche andere Möglichkeiten, die familiäre Zusammengehörigkeit — über den gemeinsamen Familiennamen hinaus — in den Vornamen zum Ausdruck zu bringen. Da kehrt etwa der väterliche Vorname *Heinrich* in abgewandelter Form bei allen Söhnen wieder: *Heinz, Henning, Hendrik*; oder alle männlichen Nachkommen führen in ihrem Vornamen denselben Namenbestandteil: *Bernhard, Eberhard, Diethard* usw. (vgl. die zu Beginn des Kapitels erwähnten Namen aus dem *Hildebrandslied*)[72a]; oder es werden Beziehungen zwischen den Vornamen der Geschwister gestiftet, indem man alle mit dem gleichen Laut beginnen läßt: *Horst, Hildegard, Herbert, Hannelore* (wie schon bei den königlichen Brüdern *Gunther, Gernot* und *Giselher* im *Nibelungenlied*), oder Namen»geschwister« heranzieht: *Martin* und *Martina, Andrea* und *Andreas*. Es ist früher auch vorgekommen, daß Brüderpaare die gleichen Vornamen in etwas abgewandelter Form erhielten: *Johann* und *Johannes, Petrus* und *Peter, Matthias* und *Mattheis*[73]. Ein letztes Beispiel: Die *Wiener Sprachblätter* berichteten 1970 (S. 82) von einem »Namenreigen«, den der Vater *Bernhard P.* aus Wien für sich und seine fünf Söhne ausgedacht hatte; er verband alle Vornamen dadurch miteinander, daß er jeweils den zweiten Bestandteil des zweigliedrigen Namens zum ersten des nächstfolgenden machte:

[72] »Ursprünglich lag ihr [der Nachbenennung] wohl die Vorstellung zugrunde, wonach der Ahn im Enkel wiedererstand, was zugleich bedeutete, daß nur die Namen Verstorbener für die Vergabe frei waren« (Debus u.a., 1973, S. 386).

[72a] E. Götz berichtet in *ZZiv.*, 1971, S. 247, von einer Familie, in der alle Jungen *Hasso* als (ersten) Vornamen mitbekommen sollten.

[73] H. Renn, S. 329 (Beispiele aus dem Jahre 1669).

Bernhard - Hartwig - Wigbald - Baldfried - Friedbert - Bertwin. Allzuviel Künstelei und Spielerei ist jedoch nicht angebracht; sie wirkt unernst und läßt die Namen als wichtiger denn ihre Träger erscheinen.

3.6. Brauchtum in der Vornamengebung

Wenn man sich vor Augen hält, wie vielen Neugeborenen ein elterlicher Vorname mitgegeben wird (siehe den vorigen Abschnitt), darf man das gewiß einen Namengebungsbrauch nennen; möglicherweise ist es heute sogar noch der beständigste. Zwar sind auch die beiden ausschließlich religiös motivierten Bräuche, dem Kinde entweder Vornamen der Paten oder einen Heiligennamen beizulegen, noch keineswegs ausgestorben; sie scheinen aber mehr und mehr an Bedeutung zu verlieren. Am ehesten halten sie sich noch auf dem Lande und in katholischen Gegenden.

Die Anrufung eines oder einer Heiligen oder der Jungfrau Maria unterstellt das Kind deren Schutz und Beistand und soll es zugleich anspornen, sich des geweihten Namens als würdig zu erweisen und dem Schutzpatron in christlicher Haltung nachzueifern. Selbstverständlich hält man sich dabei zuerst an die örtlichen und regionalen Heiligen, und daraus ergibt sich dann eine Lagerung der Namen um bestimmte räumliche Zentren, die den Charakter einer Namenlandschaft mitbestimmen. Die Heiligenverehrung ist allerdings ganz auf katholische Gebiete beschränkt.

In den Namen der Paten als Taufnamen der Kinder begegnen sich — auf unterer Ebene gewissermaßen — ebenfalls Schutz- und Beistandsverpflichtung (der Paten) und Aufforderung (an das Kind), es den Namenvorbildern in christlicher Lebensführung gleichzutun. Mit dem Aufkommen dieses Brauches hängt wohl auch zusammen, daß zwei Vornamen zur Regel wurden. Außerdem verdanken wir ihm vielleicht die zahlreichen »movierten«, d. h. von Männernamen abgeleiteten weiblichen Formen, die besonders für das 17./18. Jahrhundert so charakteristisch sind: *Ernestine, Jakobine, Leopoldine* usw.; denn männliche Paten konnten nur auf diesem Wege ihren Namen an ihre weiblichen Patenkinder weitergeben. Dieses Patennamensystem ist mit der Zeit zu einem Namengebungsmechanismus erstarrt, der zur übermäßigen Vermehrung einiger weniger Vornamen führte, so daß die Namen kaum noch ihrer Aufgabe, Personen voneinander zu unterscheiden, gerecht werden konnten (siehe S. 49). Neben vielen anderen Faktoren hat diese Tatsache nicht wenig zur Aushöhlung des Brauches beigetragen. Sofern heute noch Patennamen auf das Neugeborene übertragen werden, rücken sie meist hinter den Rufnamen. Nach der schon wiederholt erwähnten Befragung von G. Koss haben aber 1969/70 im überwiegend katholischen Weiden (Oberpfalz) immerhin noch 126 von 193 Kindern, das sind gut 65%, Patennamen als Folgenamen (Beivornamen) erhalten[74].

Überall dort, wo das Patennamensystem im Rückgang begriffen ist, wird die Tendenz zunehmen, dem Kinde nur noch einen Vornamen zu geben; denn die Mehrnamigkeit ist nun nicht mehr begründet. Es ist aber keine zwangsläufige Entwicklung. Wir haben uns so sehr an Zweinamigkeit gewöhnt, daß für viele Eltern zu einem wohlklingenden Namen noch immer zwei Vornamen gehören (vgl. hierzu das nächste Kapitel).

Ans Überlieferte schließt sich auch an, wer bei der Namenwahl auf die bodenständigen mundartlichen Vornamen zurückgreift. Er hilft damit, die alten Namenlandschaften zu bewahren, die durch moderne Ausgleichsbewegungen in ihrem Bestand stark gefährdet sind (siehe Abschnitt 7.1).

Auf die Besonderheit der ostfriesischen Zwischennamen ist bereits auf S. 14 eingegangen worden.

[74] Koss, II, S. 171; vgl. auch Krowatschek, S. 64: Patennamen, meist als Beivornamen, 43,5%.

4. Anzahl der Vornamen für ein Kind

Es ist den Eltern nicht nur freigestellt, welche Vornamen, sondern auch wie viele Vornamen sie ihren Kindern geben wollen. Nun gibt es dafür eine natürliche Grenze; denn normalerweise wird niemand gleich mit einem vollen Dutzend aufwarten wollen — obwohl es auch das schon gegeben hat (s. u.). Man wird doch meist nur mit e i n e m Namen gerufen, womöglich noch in verkürzter Form; alle übrigen fristen in den amtlichen Urkunden ein verborgenes, papiernes Dasein. Deshalb sind schon manche Brautleute in Verlegenheit geraten, als sie auf dem Standesamt alle ihre Vornamen, noch dazu in der richtigen, d. h. urkundlich festgelegten Reihenfolge und Schreibweise angeben sollten, und es gibt noch manche andere Gelegenheit im Rechtsverkehr, wo man mit sämtlichen Vornamen unterschreiben muß. Selbst bei häufig vorkommenden Familiennamen genügen in der Regel zwei Vornamen zur Unterscheidung. In unserer »verwalteten Welt« sind wir ja alle so vielfältig erfaßt, daß der vollständige Name nicht mehr das einzige oder wichtigste Mittel ist, eine Person behördlich »festzustellen«.

Gelegentlich hat man versucht, die Anzahl der Vornamen für ein Kind auf dem Wege amtlicher Verfügungen einzuschränken. Die Magdeburger Kirchenordnung vom Jahre 1685 zum Beispiel ließ höchstens zwei Vornamen zu[75]. Eine ähnliche Bestimmung gibt es heute bei uns nicht. Dennoch ist der Standesbeamte nicht verpflichtet, jede beliebige Anzahl von Vornamen einzutragen. Im Jahre 1970 wollte ein Ehepaar in Hamburg seinem Kinde — sage und schreibe — dreizehn Vornamen beilegen. Der Standesbeamte hat das abgelehnt, und das Amts-

[75] DOLZ, S. 153; in der ČSSR darf dem Kind nur e i n Vorname erteilt werden (*StAZ*, 1972, S. 233), in Spanien sind nur zwei einfache Vornamen oder ein zusammengesetzter Vorname erlaubt (*StAZ*, 1970, S. 294f.).

gericht hat ihm recht gegeben[76]; denn für eine so lange Reihe von Vornamen lassen sich keine vernünftigen Gründe anführen, und für den künftigen Namensträger wäre sie eine Zumutung. In dem Beschluß des Amtsgerichtes Hamburg heißt es: »Wenn demnach eine Grenze zwischen Freiheit und nicht mehr tragbarer Schrankenlosigkeit gefunden werden muß, so dürften bis zu vier Vornamen herkömmlicher Sitte entsprechen und zugleich auch den [. . .] Belangen der Namensgeber und des Kindes [. . .] genügen.« Das bedeutet nun aber nicht, daß vier Vornamen allgemein als Höchstgrenze verbindlich festgelegt seien. Vor allem in Adelskreisen hält man noch an langen Namenreihen fest. So wurden zum Beispiel 1950 in Münster für eine kleine Gräfin acht und für einen kleinen Freiherrn sieben Vornamen eingetragen[77]; jeweils acht Vornamen erhielten auch 1961 der neugeborene Welfenprinz in Niedersachsen [78] und 1974 eine Tochter aus gräflicher Familie in Heidelberg. Ein rechter Sinn ist in dieser »Namenschleppe« nicht zu erblicken.

Im allgemeinen werden heute selten mehr als drei Vornamen gegeben, und selbst Kinder mit drei Vornamen trifft man nicht mehr sehr oft an. Noch 1950 hatten in Münster rund 19% aller Neugeborenen drei Vornamen erhalten[79], und im Jahr darauf hatten in Bremen 20% der neugeborenen Jungen drei bis fünf Vornamen mitbekommen[80]. Es ist aber anzunehmen, daß an diesen Orten, wie anderswo auch (s. Tabelle 3), die Dreinamigkeit inzwischen zurückgegangen ist.

Trotz einer gewissen Tendenz, den Kindern nur noch einen Vornamen zu geben, wird die Mehrnamigkeit noch lange nicht aussterben; denn sie ist vielfach durch Tradition gestützt. In manchen Fällen wurden — und werden noch immer — bestimmte Vornamen von Generation zu Generation weitergegeben; viele Kinder bekommen einen oder mehrere Paten-

[76] *StAZ*, 1970, S. 286.

[77] *StAZ*, 1951, S. 280.

[78] Malecki, S. 804. Nach W. Fleischer, *Personennamen*, S. 59, erhielt 1891 eine österreichische Erzherzogin 20 Vornamen!

[79] *StAZ*, 1951, S. 280.

[80] *StAZ*, 1953, S. 21.

namen, den Namen eines Familienangehörigen oder eines guten Freundes mit; in katholischen Kreisen fügt man dem Rufnamen gern den Namen eines Heiligen hinzu; in Friesland ist die Sitte noch verbreitet, den Jungen und Mädchen den Vatersnamen als zweiten Vornamen (Zwischennamen, s. S. 14) beizulegen; und auch die Standesämter tragen gelegentlich zur Mehrnamigkeit bei, indem sie bei Vornamen, die das Geschlecht des Namensträgers nicht eindeutig erkennen lassen, die Hinzufügung eines zweiten, in dieser Hinsicht eindeutigen Vornamens verlangen. Vielleicht wird es auch eines Tages wieder »schick«, mehrere Vornamen zu führen. Mehrnamigkeit bringt überdies den Vorteil mit sich, daß die Eltern abwarten können, welcher Vorname später am besten passen wird; die endgültige Entscheidung über den Rufnamen kann also noch etwas hinausgeschoben werden. Gewöhnlich werden Mutter und Vater zwar bei dem Namen bleiben, mit dem sie ihr Kind von Anfang an gerufen haben, und auch das Kind selbst wird in der Regel an dem von Elternhaus und Schule her gewohnten Vornamen festhalten. Immerhin bleibt die Möglichkeit, den Rufnamen zu wechseln, stets offen. (Zum Begriff ›Rufname‹ siehe Abschnitt 2.3.)

In Amerika darf man anstelle eines zweiten Vornamens einen Buchstaben eintragen lassen: *William R Smith, Paul C Miller, Harry S Truman.* Hinter den scheinbaren Abkürzungen muß sich also nicht immer ein voller Vorname verbergen[81]. Nach deutschem Recht sind solche »Buchstabennamen« nicht erlaubt. Nennt sich also ein Deutscher *Richard P. Hofmeister* oder *Karl F. Schmitz,* dann stehen die Buchstaben als Abkürzungen stellvertretend für einen vollen Namen[82].

Es empfiehlt sich, nicht mehr als zwei oder drei Vornamen zu geben. Erhält ein Kind nur einen Vornamen, dann soll er das Geschlecht des Namensträgers eindeutig erkennen lassen.

In den folgenden Absätzen wird die Verbreitung der Ein- und der Mehrnamigkeit sowie ihre Veränderung in diesem Jahrhun-

[81] *StAZ,* 1950, S. 284.

[82] Zu dieser vor allem unter Literaten und Journalisten anzutreffenden Art der Namensangabe und ihrem Aufkommen vgl. W. Betz, S. 187—189.

Tabelle 3. Anzahl der Vornamen (in Prozent)

	Jungen			*Mädchen*		
	1 VN	2 VNN	3 u. mehr VNN	1 VN	2 VNN	3 u. mehr VNN
1. Mannheim 1911 (nach SCHOTT)*	38,5	52,1	9,4	37,2	53,0	9,8
2. Mannheim 1923 (nach SCHOTT)	34,6	50,9	14,5	37,5	49,7	12,8
3. Heidelberg, Elterngeneration (ca. 1925–1955) der Neugeborenen 1972–75	30,2	56,1	13,7	30,3	56,8	12,9
4. Karlsruhe 1965	35,1	56,5	8,4	39,5	53,8	6,7
5. Heidelberg 1972–75	41,2	50,3	8,5	43,4	49,7	6,9
6. Karlsruhe 1972–75**	52,9	41,5	5,6	53,7	41,5	4,8
7. Kiel 1959 (nach F. RAST)	59,2	31,6	9,2	68,4	25,2	6,6
8. München 1958	64,9	28,9	6,2	66,5	27,4	6,0
9. Kiel 1967 (nach F. RAST)	74,0	22,7	3,3	82,2	15,2	2,7
10. Kiel 1970 (nach F. RAST)	75,3	20,2	4,6	84,2	13,5	2,3
11. Niedersachsen 1961 (nach MALECKI)	76,3	19,5	4,2	82,2	14,5	3,3
12. Flensburg 1961–1971 (im Durchschnitt)***	82,4	15,5	2,1	88,6	9,9	1,5

* Eheliche und nichteheliche Geburten.

** Eine wichtige Korrektur der angegebenen Werte s. S. 71.

*** In Flensburg schwanken die Prozentwerte im angegebenen Zeitraum bei 1 Vornamen (mit Einschluß der Doppelnamen):

	zwischen 78,0 und 89,6	(Jungen) bzw.
	zwischen 85,2 und 91,3	(Mädchen);
bei 2 Vornamen:	zwischen 8,8 und 18,6	(Jungen) bzw.
	zwischen 7,0 und 13,3	(Mädchen);
bei 3 und mehr Vornamen	zwischen 1,4 und 2,8	(Jungen) bzw.
	zwischen 1,1 und 1,9	(Mädchen).

dert etwas näher betrachtet. Die vorstehende Übersicht ist von der vierten Stelle an (Karlsruhe 1965) absichtlich nicht streng chronologisch geordnet, sondern nach dem Anstieg der Einzelvornamen bei den Jungen.

Die Tabelle läßt folgende Schlüsse zu:

1. Zwischen Jungen und Mädchen gibt es keine wesentlichen Unterschiede in der Verteilung der Vornamen. Die offensichtliche Übereinstimmung in den jeweiligen Prozentwerten zeigt überdies, daß die Zahlenverhältnisse gewisse Regelmäßigkeiten widerspiegeln und nicht rein zufällig sind.
2. Zwischen 1911 und 1955 scheint die Einnamigkeit zugunsten der Drei- und Mehrnamigkeit abgenommen zu haben. Dabei ist natürlich zu berücksichtigen, daß die 3. Position weniger Aussagekraft hat, weil darin Namen aus rund drei Jahrzehnten und von Menschen, die aus verschiedenen Gegenden stammen, zusammengewürfelt sind. In allen späteren Erhebungen liegt die Dreinamigkeit jedoch unter den Werten für die älteren Generationen; sie spielt heute anscheinend keine große Rolle mehr.
3. Die verhältnismäßig nahe beieinander liegenden Städte Mannheim, Karlsruhe und Heidelberg zeigen über all die Jahre hinweg eine ziemlich gleichmäßige Verteilung der Ein-, Zwei- und Mehrnamigkeit. Der Abstand zwischen der Ein- und der Zweinamigkeit hat sich allerdings überall aufgrund zunehmender Einnamigkeit verringert, und in Karlsruhe haben von 1972 an die Kinder mit nur einem Vornamen die mit zwei Vornamen bereits so weit überflügelt, daß sie die absolute Mehrheit bilden; aber noch klaffen die Prozentwerte nicht allzuweit auseinander.
4. In München und in Norddeutschland stellen die Kinder mit nur einem Vornamen sogar zwei Drittel und mehr.

Die nicht nach chronologischen Gesichtspunkten gewählte Darstellung macht deutlich: In norddeutschen Städten ist der Vorsprung der einnamigen Kinder am größten; dann folgen die größte Stadt Süddeutschlands und — in etwas weiterem Abstand — die fünftgrößte Stadt südlich der Mainlinie. Wenn man die

Daten für Karlsruhe 1965 und 1972ff. miteinander vergleicht, stellt sich ganz klar ein Anstieg in der Wahl eines einzigen Vornamens heraus. Es ist deshalb wohl nicht aus der Luft gegriffen, wenn man aus der Tabelle verallgemeinernd eine Entwicklung zugunsten der Einnamigkeit abliest, bei der der Norden der Bundesrepublik und die Großstädte die Schrittmacher sind. Demnach müßten die Werte für Mannheim (die viertgrößte süddeutsche Stadt) zur Zeit etwa bei denen für Karlsruhe oder zwischen diesen und jenen von München 1958 liegen, und in München selbst müßte die Zahl der einnamigen Kinder seit 1958 weiter zugenommen haben. Leider liegen hierzu keine statistischen Angaben vor.

Für die raschere Entwicklung in den Großstädten ist allerdings ein Faktor mitverantwortlich, der sich aus der Karlsruher Vornamenstatistik für 1973 ermitteln läßt, nämlich der starke Zustrom von Ausländern, bei denen Mehrnamigkeit von Hause aus seltener ist, in die Industriezentren. Das wird greifbar deutlich, sobald man die Prozentzahlen für alle 1973 in Karlsruhe geborenen Kinder mit denen vergleicht, die sich ergeben, wenn man die Ausländerkinder nicht berücksichtigt (von ihnen haben gut 80% nur einen Vornamen erhalten!):

Tabelle 4. Karlsruhe 1973 (in Prozent)

	Jungen			*Mädchen*		
	1 VN	2 VNN	3 u. mehr VNN	1 VN	2 VNN	3 u. mehr VNN
insgesamt	54,6	39,1	6,3	54,3	41,6	4,1
ohne Ausländerkinder	46,6	46,0	7,4	46,3	48,8	4,8
Differenz	−8,0	+6,9	+ 1,1	−8,0	+7,2	+0,7

Die Entwicklung schreitet also doch nicht so schnell voran, wie die Zahlen der Gesamtstatistik vorspiegeln. Trotzdem darf man annehmen, daß die Großstädte einen Vorsprung haben[83]. In Mittel- und Kleinstädten — besonders Oberdeutschlands —

[83] Aus Hamburg wird jedoch für 1973 gemeldet, »daß die Kinder größtenteils mehr als einen Vornamen erhielten« (Hamburg 1973, S. 285).

dürfte Mehrnamigkeit noch ausgeprägter vorhanden sein[84]. Zum Vergleich stand jedoch nur die Untersuchung KARIN WÖRTERS zur Verfügung. Sie hat für Gernsbach (Kreis Rastatt; 1967: 7100 Einwohner) folgende Verteilungen festgestellt[85]:

Tabelle 5. Gernsbach (in Prozent)

	Jungen			*Mädchen*		
	1 VN	2 VNN	3 u. mehr VNN	1 VN	2 VNN	3 u. mehr VNN
1930–1939	28,5	63,7	8,0	33,7	61,0	5,4
1940–1949	24,1	63,0	12,9	29,4	62,4	8,7
1950–1959	27,5	58,0	14,4	23,5	67,8	8,6
1960–1968	35,4	55,5	9,2	37,0	57,0	6,0

Auffällig sind die relativ hohen Werte für drei und mehr Namen zwischen 1940 und 1959 (besonders bei den Jungen) und die Höchstwerte für Einnamigkeit in der Zeit von 1960 bis 1968. Vergleicht man die Tabelle mit der großen Übersicht weiter vorn, so gewinnt man den Eindruck, daß vom zweiten Weltkrieg an bis weit in die fünfziger Jahre hinein drei und mehr Vornamen in Gernsbach noch recht beliebt waren; mit Beginn der sechziger Jahre nimmt die Einnamigkeit auf Kosten der beiden anderen Gruppen beträchtlich zu.

Wie unterschiedlich die Situation in den verschiedenen Landstrichen ist, zeigt die Untersuchung von HANS BERGER zur Namengebung in Frutigen (Berner Oberland). Aus seinen Zusammenstellungen geht hervor; (1) Einnamigkeit ist bei Jungen und Mädchen stets vorherrschend geblieben (60% und mehr); (2) Zweinamigkeit kommt erst Mitte des 19. Jahrhunderts auf und erreicht ihren Höchststand bei den Jungen 1940–44 mit rund 40%, bei den Mädchen bereits 1915–19 mit rund 37%,

84 Nach I. RAVELING, S. 9, trugen auch in Ostfriesland noch 66,1% der zwischen 1945 und 1952 geborenen Kinder zwei und 15% drei oder mehr Vornamen!

85 Nach der statistischen Übersicht, S. 6; die Bindestrichnamen sind allerdings von mir aus Gründen der Vergleichbarkeit zur Gruppe der einfachen Vornamen hinzugerechnet worden.

danach sinken die Prozentwerte wieder stetig, und 1960–64 erhielten nur noch rund 20% der Jungen und rund 16% der Mädchen zwei Vornamen; (3) mehr als zwei Vornamen sind in Frutigen nie üblich gewesen[86].

Die Ursachen dieser Tendenz, den Kindern nur einen Vornamen zu geben, sind bisher nicht erforscht. Das starke Gefälle von Süden nach Norden läßt an eine konfessionell bedingte Entwicklung denken, da im Norden der Protestantismus überwiegt und im Süden der Katholizismus. Dann wäre aber auch in den süddeutschen Großstädten die evangelische Bevölkerung die treibende Kraft, und das kann zur Zeit nur eine Vermutung sein. Im gemischtkonfessionellen Heidelberg — mit einem leichten Übergewicht evangelischer Einwohner — zeigt ein Vergleich zwischen den Vornamen der 1972, 1973 und 1974 geborenen Kinder und denen ihrer Eltern (s. S. 74), daß Einnamigkeit durchweg erheblich zugenommen hat, besonders aber bei den evangelischen Kindern und unter diesen wiederum vor allem bei den Mädchen[87].

Da aber die evangelischen Eltern im Durchschnitt mehr Vornamen tragen als die katholischen, hat diese Entwicklung vorerst nur zu einem Ausgleich zwischen den Konfessionen geführt. (In den evangelischen Kreisen wird demnach, so scheint es, eine einstmals verbreitete Vorliebe für mehrere Vornamen allmählich wieder abgebaut.) Einzig und allein die evangelischen Jungen erhalten im allgemeinen noch mehr Vornamen als alle übrigen Kinder, und dies wohl nicht zuletzt deshalb, weil hier der Anteil der Kinder mit drei und mehr Vornamen noch immer

[86] In der Stadt Bern dagegen ist die Mehrnamigkeit noch — oder wieder — häufiger anzutreffen: Bei 1208 Kindern (60,9 %) der im Jahre 1967 Geborenen hielten die Eltern einen Vornamen für ausreichend; 730 (36,7 %) bekamen zwei, 45 (2,3 %) drei und 2 Kinder (0,1 %) sogar vier Vornamen. Die Verteilung ist bei Jungen und Mädchen annähernd gleich. Aber wie in Karlsruhe müssen sich auch hier die Ausländerkinder etwas öfter (66 %) als die Schweizerkinder (59 %) mit einem einzigen Vornamen begnügen (Bern 1967, nach einem Bericht von Hans Herzog).

[87] Seit 1974 zeichnet sich erneut ein leichtes Ansteigen der Mehrnamigkeit (drei und mehr Vornamen) besonders bei den evangelischen Mädchen ab. — Bindestrichnamen sind stets als ein Name gezählt worden.

Tabelle 6. Heidelberg 1972—74

Von 100 Personen tragen:	1 VN			2 VNN			3 u. mehr VNN		
	1972	1973	1974	1972	1973	1974	1972	1973	1974
evangelische									
Mütter rd.	30	28	28	57	56	57	14	16	15
Töchter rd.	45	43	47	49	50	44	6	7	9
Differenz	+15	+15	+19	−8	−6	−13	−8	−9	−6
katholische									
Mütter rd.	30	32	32	57	58	58	14	10	11
Töchter rd.	39	43	41	55	52	53	6	5	6
Differenz	+9	+11	+9	−2	−6	−5	−8	−5	−5
evangelische									
Väter rd.	26	25	27	56	58	58	18	18	15
Söhne rd.	38	39	42	52	51	48	10	10	9
Differenz	+12	+14	+15	−4	−7	−10	−8	−8	−6
katholische									
Väter rd.	36	36	34	55	55	56	10	10	10
Söhne rd.	42	44	42	53	50	49	5	6	9
Differenz	+6	+8	+8	−2	−5	−7	−5	−4	−1

Tabelle 7. Durchschnittliche Anzahl der Vornamen je Person (Heidelberg 1972—74)

	evangelisch			im Durchschnitt	*katholisch*			im Durchschnitt
	1972	1973	1974		1972	1973	1974	
Mütter	1,85	1,89	1,89	1,88	1,80	1,78	1,80	1,79
Töchter	1,61	1,64	1,62	1,62	1,68	1,63	1,66	1,66
Differenz	−0,24	−0,25	−0,27	−0,26	−0,12	−0,15	−0,14	−0,13
Väter	1,92	1,93	1,88	1,91	1,75	1,75	1,76	1,75
Söhne	1,74	1,71	1,68	1,71	1,63	1,62	1,67	1,64
Differenz	−0,18	−0,22	−0,20	−0,20	−0,12	−0,13	−0,09	−0,11

verhältnismäßig hoch ist. In dieser Gruppe werden auch am häufigsten noch Namen der Eltern als Beivornamen vergeben (s. S. 57ff).

Einen Versuch, soziale Unterschiede in der Namenverteilung zu ermitteln, hat SIGMUND SCHOTT 1925 (S. 235ff.) im Rahmen seiner Untersuchung der 1911 und 1923 in Mannheim erteilten Vornamen unternommen. Er ging dabei von zwei annähernd gleich bevölkerten Stadtteilen aus: 1. der Oststadt, dem bevorzugten Wohnviertel der wohlhabenden Bevölkerung, 2. dem Waldhof, einem Vorstadtviertel und ausgesprochenen Arbeiterquartier. Die Auszählung der Jungennamen erbrachte folgende Vergleichszahlen:

Tabelle 8. Mannheim

Von je 100 Neugeborenen waren	in der *Oststadt*			auf dem *Waldhof*		
	ein-namige	zwei-namige	drei-namige	ein-namige	zwei-namige	drei-namige
1911:	33,1	51,3	15,6	54,3	39,9	5,8
1923:	14,9	56,1	28,9	27,4	64,1	8,5

Daraus geht hervor, daß Mehrnamigkeit vor allem im bürgerlichen Viertel anzutreffen ist; auffällig ist in dieser Gruppe weiterhin die starke Zunahme dreinamiger Kinder auf Kosten der einnamigen. Im Arbeiterviertel überwog 1911 Einnamigkeit; 1923 aber hatte die Zweinamigkeit gewaltig zugenommen. Man kann darin, wenn man will, ein auch in der Sprachgeschichtsforschung bekanntes Modell gesellschaftlichen Wandels wiedererkennen: Die oberen Schichten gehen in einer bestimmten Entwicklung voran (Oststadt 1911: überwiegend Zweinamigkeit), die unteren Schichten folgen ihnen in einem gewissen zeitlichen Abstand und treiben die Tendenz sogar noch weiter (Waldhof 1923); inzwischen aber weichen die Oberschichten in eine andere Richtung aus (Oststadt 1923: starke Zunahme der Dreinamigkeit). Demnach wäre zu erwarten, daß die Unterschichten nach einiger Zeit wiederum »nachziehen«

und die Oberschichten sich erneut absetzen (etwa durch Rückkehr zur Einnamigkeit oder durch Übergang zu neuen Namen wie Doppelformen und Bindestrichnamen [s. Abschnitt 6.2], die dadurch Prestigewert erhalten). Für solche Verallgemeinerungen bildet eine Untersuchung wie diese allerdings eine zu schmale Grundlage. SCHOTT hat außerdem gezeigt (S. 237), daß Zwei- und Dreinamigkeit schon 1911 bei nichtehelichen Kindern noch stärker ausgeprägt ist als bei den oberen Schichten! Sollte vielleicht die »bürgerliche« Anzahl der Vornamen helfen, den »Makel« der Nichtehelichkeit ein wenig auszugleichen? — Ein ähnlicher Versuch, anhand der Heidelberger Unterlagen Unterschiede im Verhalten sozialer Schichten aufzudecken, scheiterte an den Schwierigkeiten, die schon SCHOTT (S. 235) beschrieben hatte: »Versucht man [. . .] das Verhalten eines bestimmten Berufes in Rücksicht auf die Namengebung für seine Kinder zu ermitteln, also etwa die Volksschullehrer, Geistlichen, Fabrikanten usf. gesondert zu betrachten, so erweist sich regelmäßig die Zahl der Geborenen als viel zu dürftig für irgendwelche Schlußfolgerungen. Bildet man aber umfassende Berufsgruppen, um größere Zahlen zu erhalten, wie Arbeiter, Kaufleute usf., so löst sich die ganze Untersuchung in nichtssagende Allgemeinheiten auf. Unser Material reicht also n i c h t a u s, um die Frage nach den Beziehungen zwischen Beruf und Namengebung zu beantworten. Für die unmittelbare Kombination von Namengebung und sozialer Schicht der Eltern gilt etwa das gleiche; auch hier erhält man nur verwaschene Bilder ohne deutlich ausgeprägte Linien.« Möglicherweise spielen heute bei der Entscheidung über die Anzahl der Vornamen so viele individuelle Faktoren herein, daß die Suche nach deutlichen Unterschieden zwischen den sozialen Schichten ergebnislos verlaufen muß.

5. Die Rechtschreibung der Vornamen

»Bis zur Jahrhundertwende gab es in Deutschland wie auch in anderen Ländern keine Vorschriften über die Rechtschreibung von Familiennamen und Vornamen [. . .]; erst das Bürgerliche Gesetzbuch, das seit 1900 gilt, brachte die ersten Bestimmungen mit sich.«[88] Die »Orthographische Konferenz« vom Juni 1901 schuf danach die Voraussetzungen für eine amtliche Rechtschreibregelung, die 1902 in Kraft trat. Seitdem muß jeder, der auch nur einen Buchstaben an seinem Familiennamen ändern will, gute Gründe dafür ins Feld führen; denn das Gesetz läßt nur in Sonderfällen und nur auf dem Rechtswege eine Änderung der Schreibweise zu.

Auch an unseren Vornamen dürfen wir, sobald sie im Geburtenbuch stehen, ohne behördliche Genehmigung nichts mehr ändern. Aber es ist den Eltern grundsätzlich freigestellt, in welcher Schreibweise sie den oder die Vornamen ihres Kindes eintragen lassen wollen[89]. Da tauchen auch schon die Schwierigkeiten auf; denn für manche Vornamen gibt es verschiedene Schreibweisen, zwischen denen man wählen kann, zum Beispiel *Helmut*, *Hellmuth*, *Helmuth* oder *Burghard*, *Burkhart*, *Burkart*, *Burckhardt*. Man tut deshalb gut daran, rechtzeitig Auskünfte über die gebräuchliche oder ungebräuchliche, regelhafte oder willkürliche Schreibweise eines Vornamens einzuholen und sich nach reiflicher Überlegung für eine Form zu entscheiden, damit man nicht bei der Anmeldung der Geburt in Verlegenheit gerät und überstürzt eine Entscheidung trifft, die man hinterher bereut. Der Standesbeamte und die *Gesellschaft für deutsche Sprache* werden die Eltern in dieser Frage jederzeit gern beraten.

[88] Walter, S. 29.

[89] Zur Rechtslage s. Abschnitt 2.4.

Grundsätzlich gilt, daß die Schreibweise nach den Regeln der zur Zeit gültigen Rechtschreibnorm allen anderen Formen vorzuziehen ist. Die Standesbeamten sind daher angewiesen, die Vornamen bei der Beurkundung in der amtlich festgelegten Schreibweise einzutragen, es sei denn, daß von den Eltern etwas anderes ausdrücklich verlangt wird. Maßgebend für die »richtige« Schreibweise ist in Deutschland heute der DUDEN[90]. Er enthält zwar nicht alle gebräuchlichen Vornamen — welches Nachschlagewerk vermöchte das überhaupt! —, doch kann man aus den allgemeinen Rechtschreibregeln[91] und den Beispielen die normgerechte Schreibung auch der nicht verzeichneten Vornamen leicht erschließen.

In vielen Fällen läßt freilich auch der DUDEN verschiedene Schreibweisen nebeneinander gelten: *Cosima* — *Kosima*, *Günter* — *Günther*, *Josef* — *Joseph*, *Rainer* — *Reiner* u.a.m. Eine strenge Reglementierung ist weder beabsichtigt noch erreichbar. Wie alle sprachlichen Erscheinungen unterliegen auch die Vornamen und ihr Schriftbild der Veränderung. Deshalb wird es immer Ausnahmen und Schreibvarianten geben; heute werden diese, morgen jene Formen bevorzugt. Außerdem hat die Tradition hier ein Wort mitzureden: Vornamen, die seit Generationen in einer Familie üblich sind, werden gewöhnlich in ihrer herkömmlichen Form weitergegeben. Doch ist gleich einschränkend hinzuzufügen, daß die Tradition weniger am zeitbedingten schriftlichen »Kleid« als am Namen selbst hängt. Da wir den Lebensstil, die Sprache, die Kleidung vergangener Zeiten nicht unverändert übernehmen, brauchen wir uns nicht an überholte Schreibgewohnheiten zu klammern. Unsere Vorfahren selbst haben sich nicht gescheut, Veränderungen, Neuerungen einzuführen, und wir dürfen es ebenso halten[92].

[90] *Duden. Rechtschreibung der deutschen Sprache und der Fremdwörter.* (= *Der Große Duden*, 1) Mannheim/Wien/Zürich [17]1973. — *Der Große Duden*, Leipzig [17]1976. — Hinsichtlich der Rechtschreibung der Vornamen bestehen zwischen diesen beiden Werken keine wesentlichen Unterschiede.

[91] Im Mannheimer *Duden* bes. S. 54; im Leipziger *Duden* S. 612ff.

[92] Man denke nur an die »Einverleibung« der biblischen Namen.

Etwas anderes ist es, wenn Vornamen nach bestimmten historischen Vorbildern gegeben werden; denn mit der neuen Schreibweise würde die Beziehung zu diesem Vorbild verwischt werden. Wer zum Beispiel seinen Sohn nach dem Dichter RAINER MARIA RILKE (1875—1926) nennen will — der eigentlich mit Vornamen *René Maria* hieß —, wird lieber die Schreibweise *Rainer* beibehalten, obwohl auch *Reiner* möglich wäre.

5.1 Allgemeine Richtlinien

Oberster Leitsatz ist die möglichst umfassende Anwendung der allgemeinen Rechtschreibregeln. Dadurch soll eine im großen und ganzen einheitliche Schreibung gewährleistet sein, die allen — auch denen, die keine fremde(n) Sprache(n) beherrschen — das Erlernen der »richtigen« Schreibweisen erleichtert. Sprachgeschichtlich nicht gerechtfertigte Buchstaben sind deshalb fernzuhalten; für ein und denselben Laut soll nach Möglichkeit dasselbe Schriftzeichen verwendet werden. Gewisse Abweichungen sind jedoch zulässig. Einige Besonderheiten und Zweifelsfälle werden weiter unten besprochen.

Die Vereinheitlichung, die in der Rechtschreibkonferenz von 1901 zustande kam, betrifft rückwirkend alle früheren Namenschreibweisen, so daß wir eigentlich *Otfried* VON WEISSENBURG, *Walter* VON DER VOGELWEIDE, *Jakob* GRIMM usw. schreiben müßten. Unter Germanisten würde das jedoch geradezu als ein Sakrileg aufgefaßt werden. Und wer würde es wagen, *Josef* HAYDN zu schreiben? Die historischen Schreibweisen *Otfrid, Walther, Jacob, Joseph* sind in diesen Fällen zu fest verwurzelt. Sie sind auch insofern gerechtfertigt, als man sie noch heute bei der Namengebung eintragen lassen darf. Nur solche Varianten, die in der Gegenwart nicht mehr üblich sind, wie zum Beispiel *Fridrich* — so schrieb SCHILLER selbst des öfteren seinen Vornamen —, werden nicht übernommen.

Vor willkürlichen Abwandlungen des Schriftbildes (zum Beispiel *Volquin* statt *Folk-* oder *Volkwin, Carsthen* statt *Karsten, Hellmuth* statt *Helmut, Catherina* statt *Katharina* oder *Caterina, Cay* statt *Kay*) wird gewarnt. Sie entspringen nicht selten einem Geltungsbedürfnis der Eltern und werden dementsprechend von der Sprachgemeinschaft als prätentiös, d. h. als anspruchsvoll, anmaßend, selbstgefällig bewertet. Überdies belasten sie den Namensträger unnötigerweise, weil er stets darauf aufmerksam machen und »falsche« Schreibungen »berichtigen« muß.

Aus anderen Sprachen übernommene Vornamen werden in der fremden Schreibweise wiedergegeben, wenn diese — aus sprachlichen Gründen oder ihrer Bekanntheit wegen — nicht unbedenklich durch die deutsche Schreibweise ersetzt werden kann:

Annette, Anita, Charles, Germaine, Jean, Jeannette, Katharina, Matthew, Matthias, Sibylle, Thomas usw.

Fremde Schriftzeichen, für die es keine Entsprechungen und keinen gleichwertigen Ersatz in unserem Schriftsystem gibt[93], müssen dabei mit übernommen werden, zum Beispiel *é* in *André* und *Andrée*, *René* und *Renée*, *è* in *Geneviève* (beide Zeichen sind bei uns von Fremdwörtern her bekannt; die Akzente ` und ´ finden Sie deshalb auf jeder normalen deutschen Schreibmaschine) oder *ž* in manchen slawischen Namen (*Božena* u. a.). Nur wo solche Zeichen keine Funktion mehr haben, können sie weggelassen werden. So schreiben wir heute etwa *Adele* [a'de:lə], obwohl die Ursprungsform französisch *Adèle* [a'dɛl] ist.

Von willkürlichen Eindeutschungen und Veränderungen fremdsprachiger Vornamen ist abzuraten[94]. Volkstümlich gewordene Formen wie *Schorsch* für *Georg* (nach französisch *Georges* [ʒɔrʒ]) oder die überraschend schnelle Einbürgerung von *Maik* für englisch *Mike* [maik] sind Ausnahmen, die man nicht verallgemeinern darf[95]. Einige vereinfachende Abwand-

[93] Vgl. dagegen unten den Abschnitt 5.2. i »Umlautzeichen«.

[94] Siehe die ausführliche Stellungnahme dazu in: *SD*, 1972, S. 200ff., sowie die Beispiele für verunglückte Eindeutschungsversuche in: *SD*, 1974, S. 77f. (*Klaif* für engl. *Clive*); *SP*, 1973, S. 174 (*Schaklin* für *Jacqueline*), 1974, S. 151 (*Cerolein* für engl. *Caroline*), 1975, S. 151 (*Fraenk* und *Sendy* für engl. *Frank, Sandy*). Abzulehnen ist auch die Form *Nadin-Veronic* (statt *Nadine-Véronique*), die 1975 in Heidelberg eingetragen wurde.

[95] *Schorsch* ist übrigens kaum als amtliche, eintragungsfähige Namensform anzusehen; s. auch Anm. 36. — Zur Eindeutschung von *Mike* s. W. Seibicke, 1968.

lungen sind allerdings schon recht geläufig geworden: *Anette* statt *Annette*, *Jeanette* statt *Jeannette*, *Jeanine* statt *Jeannine*, *Mathias* statt *Matthias*. Umgekehrt sind durch Anlehnung an bekannte Namensformen auch erweiterte Schreibweisen wie *Annita*, *Annemone* entstanden. Schriftlich findet man noch Buchstabenvertauschungen wie *Sybille* statt *Sibylle*. Derartige Abweichungen von der Rechtschreibnorm werden von uns nicht empfohlen und erscheinen daher in der Regel nicht in der alphabetischen Namenfolge (Kap. 9), sondern höchstens in den Erläuterungen hinter der korrekten Form. Mit abweichenden Schreibkonventionen in anderen Sprachen (zum Beispiel engl. *Appolonia*, *Philip*) wird ebenso verfahren. Ausgenommen sind nur ein paar häufiger anzutreffende Schreibvarianten, die im Alphabet an entfernterer Stelle einzuordnen sind; doch wird dann stets auf die normgerechte Schreibweise verwiesen.

Einige Schwierigkeiten bereiten Namen aus Sprachen, die ein eigenes Schriftsystem besitzen, zum Beispiel das Russische, das Bulgarische, das Griechische, das Türkische, das Arabische, das Neuhebräische. Grundsätzlich werden diese Namen bei der Beurkundung mit den Buchstaben unseres Alphabets wiedergegeben, auch wenn es sich um Kinder ausländischer Eltern aus diesen Sprachgebieten handelt. Der Standesbeamte muß sich dann auf die Angaben der Eltern oder zufällig anwesender oder hinzugezogener Berater verlassen. Es gibt zwar Tabellen und Regeln für die buchstabengetreue Übertragung (Transliteration) aus den verschiedenen Schriftsystemen ins Deutsche, aber man kann nicht erwarten, daß jeder Standesbeamte für alle jemals auftretenden Fälle gerüstet und in der Transliteration geschult ist. Außerdem könnte nur ein Spezialist in jedem Einzelfall beurteilen, ob die von den Eltern angegebene Namensform korrekt ist; denn auch in anderen Sprachen gibt es mundartliche Formen und Rechtschreibfehler. Daher verwundert es nicht, wenn man in den standesamtlichen Geburtenlisten auf »Fehler« und schwankende Schreibweisen für ein und denselben Namen stößt. Diese Ungenauigkeiten müssen in Kauf genommen werden. — Wenn deutsche Eltern einen Namen aus einer solchen Sprache wählen, darf man voraussetzen, daß sie entweder ihn in einer bereits gebräuchlichen transkribierten Form kennengelernt haben oder selbst genügend Sprachkenntnisse besitzen, um ihn in angemessener Weise ins deutsche Alphabet übertragen zu können. Wer sich dabei nicht sicher fühlt, sollte lieber zuvor einen Fachmann zu Rate ziehen oder — noch besser — auf einen derartigen Namen verzichten.

Eltern, die ihren Kindern ausländische Vornamen geben, sollten sich auch im klaren darüber sein, daß die fremde Form und Schreibweise auch die fremde Aussprache erfordert:

Lucienne [ly'sĭɛn], *Madeleine* [mad'lɛ:n]; *James* [dʒe:ms], *Mary* ['mɛ:ri] usw.

Im Vornamenverzeichnis werden einige Aussprachehinweise gegeben.

5.2. Beachtenswerte Einzelregeln

a) *ai* oder *ei*

Die Formen mit *ai* bewahren eine alte oberdeutsche (bayerisch-österreichische) Schreibgewohnheit. Wir können sie gelten lassen, wo sie sich fest eingebürgert haben, doch sollte man sie nicht grundlos vermehren:

Reiner oder *Rainer*, *Reimund* oder *Raimund*, aber n i c h t: *Hainrich*, *Haidemarie* usw.

Beibehalten ist *ai* auch in *Maike* < *Maria* (dagegen *Meike*, *Meiko* < *Mein-*). Neu hinzugekommen sind *Maik* (als Eindeutschung von englisch *Mike*) und der seiner Herkunft nach nicht sicher geklärte Vorname *Kai*.

b) *c* oder *k*

Die Schreibung mit *k* ist bei deutschstämmigen (germanischen) Vornamen stets vorzuziehen; ältere *chl*-Verbindungen werden heute ebenfalls mit *kl*-wiedergegeben:

Erika, *Karl*, *Konrad*, *Kurt*, *Oskar*; *Klodwig*, *Klothilde*.

Bei den fremdstämmigen Vornamen schwankt die Schreibweise: *k*-Schreibungen verdienen aber im allgemeinen den Vorzug, zum Beispiel:

Angelika, *Bianka*, *Kamilla*, *Karola*, *Kaspar*, *Klaus*, *Konstanze*, *Kornelius*, *Kreszentia*, *Mark(us)*, *Nikolaus*, *Nikola*, *Nikoletta*, *Viktor*,

obwohl zur Zeit eine Neigung besteht, die *c*-Schreibungen wiederzubeleben: *Bianca*, *Carina*, *Carola*, *Carolin(e)*, *Claudia*,

Corin(n)a, Cornelia, Nicola usw.[96]. Ausschließlich mit *c* erscheinen *Carmen* und *Nicole.* Mit *Christ-* gebildete Vornamen können nach skandinavischem Vorbild und in Anlehnung an die von *Christian(e)*, *Christine* abgeleiteten niederdeutschen bzw. nordischen Formen *Karsten, Kirsten, Kerstin* ebenfalls mit *K-* geschrieben werden: *Kristian, Kristine, Kristin*[97]. Bei der erst nach dem zweiten Weltkrieg aufgekommenen Form *Kristin* ist diese Schreibweise sogar zu empfehlen, weil sie den Namen im Schriftbild deutlicher von dem Wort *Christin* (»Sie ist eine fromme Christin«) abhebt, wenn auch Verwechslungen kaum zu befürchten sind. Die Beschlüsse des OVG Münster 1962 und des LG Hildesheim 1965[98], denen zufolge *Kristin* nicht eingetragen werden dürfe, sondern nur *Christin* (noch dazu nur als männlicher Vorname!), müssen als verfehlt oder doch zumindest als überholt angesehen werden[99].

c) *c* oder *z*

Fremde Namen, die sich vor längerer Zeit eingebürgert haben, sind auch in der Schreibweise allmählich unserer Sprache angepaßt worden; diese eindeutschenden Schreibweisen haben Vorrang:
Felizitas, Kreszenz, Zita usw.
Es gibt jedoch einige Namen, deren eingedeutschte Formen so gut wie nie benutzt werden, zum Beispiel *Cäcilie, Celia.*

d) *d* oder *t*

Nach der amtlichen Rechtschreibung werden die Bestandteile *-(b)ald, -bold, -bod, -fried, -gard, -gund, -hard, -hild, -(h)old, -lind, -mund, -nand, -rad, -tr(a)ud, -wald, -ward* am Ende eines

[96] In Heidelberg kamen im ersten Halbjahr 1974 auf 76 *c*-Schreibungen nur 2 *k*-Schreibungen: einmal *Nikola*, einmal *Karina.* Bei *Marcus*: *Markus* stand das Verhältnis 11:24, bei *Marc*:*Mark* 9:1, bei *Marco*:*Marko* 10:1.

[97] Statt dessen erscheint *Karsten* neuerdings in Heidelberg überwiegend in der Form *Carsten.*

[98] *StAZ*, 1964, S. 136, und 1966, S. 234.

[99] Siehe *SD*, 1972, S. 201, und *StAZ*, 1971, S. 135.

Namens mit *d* geschrieben (diese Schreibweise erklärt sich aus den ehemals latinisierten Formen *Hildegardis*, *Gerhardus*, *Conradus* usw):
Bernhard, *Gertrud*, *Hildegund*, *Siegward*, *Otfried* usw.
Treten die genannten Bestandteile in ihrer einsilbigen Form als erste Glieder eines Vornamens auf, so werden sie vielfach (wie in mittelhochdeutscher Zeit) mit *-t* geschrieben:
Gunthild, *Hartmut*, *Nantwig*, *Ratbod*, *Trautwin*, *Waltrun*.
Sind sie jedoch durch ein *-e* oder *-o* erweitert, so bleibt die *d*-Schreibung, der Aussprache gemäß, erhalten:
Gundomar, *Radebert*, *Waldemar* usw.
In anderen Fällen hat der Einfluß von häufigen Kurzformen, von gleichen oder anklingenden Wörtern der Gemeinsprache die Schreibweise mit *-d* durchgesetzt:
Hildburg (wegen *Hilde*), *Bodwin* (wegen *Bodo*), *Friedrich* (wegen *Friede*) usw.
Ausnahmen treten gewöhnlich dort auf, wo Beziehungen zu gegenwartssprachlichen Wörtern hergestellt werden, also etwa bei *-hart* (zum Eigenschaftswort *hart*: *Gerhart*), *-wart* (zum Hauptwort *Wart* ›Hüter‹: *Siegwart*), *-traut* (zum Eigenschaftswort *traut*: *Waltraut*). Auch *Hellmut* geht manchmal auf die sprachgeschichtlich unzutreffende Deutung ›heller Mut‹ zurück.

e) *f* oder *ph*

Die für das griechische φ (Phi) eingeführte *ph*-Schreibung ist nach unserer Rechtschreibnorm in Namen germanischer Herkunft fehl am Platze. Also nicht: *Adolph(ine)*, *Alphons(ine)*, *Ralph*, *Rudolph*, sondern:
Adolf(ine), *Alfons(ine)*, *Ralf*, *Rudolf*.
Aber auch bei den meisten der griechischen oder über das Griechische vermittelten ausländischen Namen hat sich die einfachere deutsche Schreibung mit *f* weitgehend durchgesetzt:
Josef, *Raffael*, *Sofie*, *Stefan(ie)*.
Nur bei *Christoph(er)* überwiegen noch die Formen mit *ph*.

f) *i* oder *ie*

Die germanisch-deutschen Namenglieder *fried* und *sieg* werden in Übereinstimmung mit den gleichlautenden Wörtern der

deutschen Gegenwartssprache regelmäßig mit *ie* geschrieben: *Frieda, Friedrich, Siegfried, Sieglinde, Siegmund.*
Ausnahmen machen *Fridolin, Sigismund* (gelegentlich auch: *Sigmund*), *Sigune* und einige Namen(sformen), die wir aus dem Nordischen übernommen haben, zum Beispiel *Sigrid, Sigurd.*
Trotz langer Aussprache des *-i-* werden die Namenglieder *gis, win* und die weibliche Endung *-ina/-ine* nur mit *i* geschrieben: *Gisela, Alwin(e), Janine* usw.; also nicht: *Giesela, Alwiene, Janiene,* wie manchmal anzutreffen.
Die Schreibweise schwankt bei *Lies-* (zu *Elisabeth*), zum Beispiel: *Liesa — Lisa, Liesbeth — Lisbeth, Lieselotte — Liselotte.*

g) *i* oder *y*

y ist in allen Stellungen zu meiden:
Alois, Evelin(e), Ivonne, Kai, Mirjam, Silvia, Emmi, Henni, Willi usw.
Die Schreibweise mit *-y* bei den Kurz- und Koseformen geht auf englischen Einfluß zurück. Sie ist am ehesten noch bei englischen Formen gerechtfertigt, die leicht als solche erkennbar sind: *Betsy, Billy, Lizzy, Mary.* Sonst ist *i*-Schreibung auch bei fremdstämmigen Kurz- und Koseformen angebracht:
Betti, Fanni, Jenni, Toni usw.
In Zweifelsfällen ist die eindeutschende Schreibweise vorzuziehen.

h) *t* oder *th*

Wo das *h* nicht ursprünglich zum Wort gehört, wird es grundsätzlich weggelassen:
Almut, Berta, Erdmute, Helmut.
Auch in Fällen, wo das *h* sprachgeschichtlich berechtigt ist, geht man vielfach zu einfachem *t* über:
Dieter, Günter, Gunter, Walter, Bertold, Tilde usw.
Das gilt auch für eine Reihe fremdstämmiger Namen wie zum Beispiel:
Artur, Käte, Katrin, Tekla, Teo, Torsten.
Allerdings scheinen die *th*-Schreibungen hier wie bei den zuvor genannten deutschstämmigen Namen wieder zuzunehmen.

Nach dem Vorbild bekannter Namen aus der Geschichte wird das *h* beibehalten in:
Lothar, Mathilde, Roswitha, Thusnelda und den mit *Theo(de)*-gebildeten Namen germanischen Ursprungs: *Theoderich, Theobald* usw.

i) Umlautzeichen

Die Umlaute sind auch bei fremdländischen Vornamen durch die Umlautzeichen *ä, ö, ü* wiederzugeben:
Änne, Kät(h)e, Cäcilie, Lätizia; *Björn, Jürgen, Günt(h)er* usw.
Umschreibungen durch *ae, oe, ue* gehören nicht zur deutschen Rechtschreibnorm. Das dänisch-norwegische Umlautzeichen *ø* ist stets durch *ö* zu ersetzen:
Björn, Börge, Jörn, Sören.

k) *v* oder *f*

Da wir *Volk* mit *v* schreiben, müßten wir alle mit diesem Wort gebildeten Namen ebenso schreiben. Diese Schreibweise (unter lateinischem Einfluß entstanden) ist anzuraten, wenn der Zusammenhang mit *Volk* noch erkennbar ist. Wo dagegen die alte *f*-Schreibung — besonders in Kurzformen und mundartlichen Namenvarianten — bis heute lebendig geblieben ist, kann sie ohne Bedenken beibehalten werden:
Volker, Volkhilde, Volkmar, Volkward, Volkwin, aber auch: *Folkwin*; *Focko, Fokke, Folko, Fulbert.*
Bei den niederdeutschen Namen *Detlef, Olaf* u. ä. hat die Schreibung mit *f* Vorrang. Für den ursprünglich schwedischen Namen *Gustav* ist die Form *Gustaf* noch selten anzutreffen.

l) *v* oder *w*

Bei deutschstämmigen Namen ist die Schreibweise mit *w* die Regel:
Swante, Roswitha (Ausnahme: niederdeutsch *Levin*).
Namen skandinavischer Herkunft sollten ebenfalls mit *w* unserem Schriftbild angepaßt werden:
Arwed, Swen (aber dänisch *Svend*).
Zur Zeit sind *Sven* und *Svenja* jedoch gebräuchlicher.

In Namen russischer Herkunft entspricht dem kyrillischen Schriftzeichen B unser *w*:
Wera, Wanja, Wladimir, Iwan, Lew, Boleslaw usw.
Die Form *Vera* ist jedoch schon so lange eingebürgert, daß *Wera* noch als ungewohnt erscheint. Bei der Übertragung russischer Namen lateinischer Herkunft hält man sich an die bei uns gewohnte Schreibform, also zum Beispiel *Viktor* (nicht: *Wiktor*).

m) Zusammenschreibung

Eine Anzahl heute geläufiger Vornamen ist aus ursprünglich selbständigen Namen oder deren Kurzformen zusammengefügt. Sie haben nur e i n e n Hauptton und werden deshalb als e i n Name behandelt, also zusammengeschrieben:
Annemarie, Hannelore, Ingelore, Lieselotte, Marianne, Marlies, Rosemarie, Hansjörg, Karlheinz, Wolfdieter.
Die eine Zeitlang beliebten »Bindestrichnamen« *Hans-Georg, Ernst-Albert, Anna-Luisa, Bianca-Sibylle* uws.[100] verstoßen gegen die Regeln der Rechtschreibung. Entweder sollen die beiden Bestandteile zusammen einen einzigen Vornamen bilden, und dann ist Zusammenschreibung am Platze, oder man beläßt jedem Element seine Selbständigkeit, und dann ist der Bindestrich überflüssig. Auf jeden Fall gibt derjenige, der zwei Vornamen mit einem Bindestrich koppelt, damit zu verstehen, daß die Verbindung als ein Ganzes betrachtet werden soll[101].

[100] Siehe Abschnitt 6.2.1.

[101] Siehe W. SEIBICKE, *Karl-Ludwig ist ein Vorname*; in: *StAZ*, 1960, S. 259.

6. Erweiterungen des Vornamenbestandes

Die überaus lange — und noch nicht einmal vollständige — Liste von Vornamen, die den Eltern heute zur Auswahl zur Verfügung steht (s. Kap. 9), ist das derzeitige Ergebnis vielfältiger Wandlungen in der Geschichte der Namengebung und des Namengebrauchs. Vor zweihundert, fünfhundert oder noch mehr Jahren hätte ein entsprechendes Verzeichnis ganz anders ausgesehen. Viele Namen sind im Laufe der Zeit aus dem Gedächtnis der Sprachgemeinschaft geschwunden; aber die Zahl der neu hinzugekommenen hat diese Verluste mehr als wettgemacht. Zur Vermehrung und Veränderung des Vornamenbestandes haben vor allem beigetragen:

— die teils willkürliche, teils unwillkürliche Abwandlung der ursprünglichen Form im Munde der Sprecher;
— die Verknüpfung bekannter Namen und ihrer Varianten zu neuen Einheiten;
— die Umformung von Männernamen in Frauennamen und (seltener) umgekehrt mit den Mitteln der Ableitung;
— die Entlehnung von Namen und Namensformen aus anderen Sprachen und Kulturen;
— die Einführung neuer Namenstämme durch Übernahme aus dem allgemeinen Wortschatz und durch Neuschöpfung.

Diese fünf Erscheinungen werden im Folgenden eingehender erläutert.

6.1. Kurz- und Koseformen

Es sei gleich vorausgeschickt, daß sich die Bezeichnungen ›Kurzform‹ und ›Koseform‹, wörtlich genommen, nicht völlig decken; denn Kurzformen brauchen nicht immer zärtliche Zuneigung auszudrücken, wie das im Wort *Koseform* enthaltene Verb *kosen* erwarten läßt, und Koseformen sind keineswegs immer kürzer als die ihnen zugrunde liegenden Namen, weil man zu ihrer Bildung auch zusätzliche Verkleinerungsendungen benutzt. Nun ist freilich die Bezeichnung *Verkleinerung* in diesem Zusammenhang nicht ganz zutreffend. Mit *Häuschen* oder *Häuslein* bezeichnen wir zwar ein kleines Haus, und ebenso kann *Hänschen* das noch kleine Kind im Unterschied zum großen, erwachsenen Hans meinen. Aber auch einen großen, erwachsenen Hans kann man *Hänschen* rufen. Wenn damit etwas verkleinert wird, dann ist es höchstens der Abstand von Mensch zu Mensch. Es geht hier also nicht um die Angabe eines objektiven, meßbaren Größenverhältnisses, sondern um den Ausdruck eines Gefühls persönlicher Annäherung. In einem allgemeineren Sinne wird deshalb mit dem sprachwissenschaftlichen Fachwort *Koseform* (auch: *Hypokoristikum*) jede Form erfaßt, die eine Verminderung oder Überwindung von Distanz und Fremdheit zum Inhalt hat, auch wenn die Gefühle dabei nicht gleich in Zuneigung, Zärtlichkeit, Hingabe umschlagen. In dieser Sicht aber erweisen sich die Kurzformen, die doch erst im vertrauten Umgang entstehen und dort ihren Platz haben, zugleich als Koseformen. Jedenfalls fällt es äußerst schwer, eine scharfe Grenze zu den Koseformen zu ziehen, zumal beide Erscheinungen — die Verkürzung und die »Verkosung« — oft Hand in Hand gehen, wie zum Beispiel bei *Susi* oder *Sannchen* für *Susanne*, *Berti* oder *Bertel* für *Berthold* und *Albert* usw.; hierzu kann man auch die Formen zählen, die zwar insgesamt nicht kürzer sind als der ursprüngliche Name, diesen aber in leicht verkürzter Form enthalten, zum Beispiel *Ann-i*. Aus dem Rahmen fallen allerdings diejenigen Koseformen, die infolge des zusätzlichen Wortbildungselementes tatsächlich länger sind als die Ausgangsformen: *Ännchen* gegenüber *Anna*, *Fridolin* (drei Silben) gegenüber *Friedrich* usw. Da aber allen genannten Namenvarianten der Ausdruck persönlicher Beziehung gemeinsam ist, können wir ›Koseform‹ als übergeordneten Begriff nehmen und erfassen damit auch die Kurzform als eine Untergruppe. Daher wird im Namenteil die einfache Abkürzung *KF* für beide Begriffe verwendet; an dem beigefügten vollen Namen wird jeder leicht erkennen, ob die KF zugleich auch eine Kurzform ist oder nicht.

Zu den zweigliedrigen germanischen Namen sind schon recht früh Kurz- und Koseformen gebildet worden. Man bediente sich dazu meist bestimmter Wortbildungsmittel, die sich in mehr oder weniger veränderter Form zum Teil noch heute im Vornamenschatz wiederfinden:

-o bei männlichen und *-a* bei weiblichen Namen: *Kuno* zu *Konrad* (älter: *Kuono* und *Kuonrāt*), *Ada* oder *Adela* zu *Adelheid(e)*;

-i: altdeutsch *Kuoni* zu *Kuonrāt*, neuhochdeutsch *Bruni* zu *Brunhilde, Sigi* zu *Siegfried* oder *Sieglinde*; diese Formen gehören vornehmlich nach Süddeutschland, haben sich aber mittlerweile über das ganze deutsche Sprachgebiet ausgebreitet; nach englischem Muster wird *-i* auch oft durch *-y* ersetzt (*Willy* statt *Willi*);

-l-: lebt heute in Formen wie *Friedel, Christ(e)l, Dorle* fort;

-(t)z: *Heinz* zu *Heinrich, Fritz* zu *Friedrich, Lutz* zu *Ludwig, Utz* zu *Ulrich* (älter: *Uodalrīch*); Mädchennamen sind in neuerer Zeit nicht mehr davon betroffen (früher zum Beispiel: *Metze* zu *Mechthild*).

Seltener sind Koseformen auf *-ing* (*Henning* zu *Henrik, Heinrich*) und *-mann* (*Karlmann*).

Sprachwissenschaftlich unterscheidet man zwischen ein- und zweistämmigen Kurzformen, je nachdem, ob in ihnen nur einer der beiden Bestandteile des ursprünglichen Vollnamens (s. *Kuno*) oder noch ein Rest des zweiten Bestandteiles enthalten ist (z. B. *Timo,* wo das *-m-* zum zweiten Glied von *Diet-mar* gehört). Zu den einstämmigen Kurzformen gehören auch die — in der Mehrzahl jüngeren — Formen *Wolf, Hein, Will, Fried, Bert, Hilde* usw., die ohne Zuhilfenahme eines eigenen Wortbildungsmittels durch Abtrennung eines Namengliedes entstanden sind.

Eine besondere Gruppe bilden die im Kindermund entstellten Namen, die sogenannten Lallformen: *Atto, Poppo, Nanna, Dodo, Lulu* usw.

Eine andere reich fließende Quelle verkürzter Namen sind die Mundarten. Durch Zusammenziehen und Verschleifen haben sich hier zahlreiche neue Namensformen herausgebildet; so wurde *Bernhard* zu *Bernd*, *Gerhard* zu *Gerd*, *Adolf* zu *Alf*, *Rudolf* zu *Rolf*, *Wilhelm* zu *Willem*, *Wilm* oder *Wim*. Mitunter werden sie als unechte Kurzformen bezeichnet und von den oben genannten echten Kurzformen getrennt behandelt. In der schriftlichen Überlieferung treten sie vor dem 13./14. Jahrhundert nur vereinzelt in Erscheinung[102].

Entlehnung aus fremden Sprachen hat weitere Kurz- und Koseformen hinzugebracht: *Axel*, *Betty*, *Bill*, *Bob*, *Ilonka*, *Jenny*, *Mike*, *Netti*, *Sandra* und *Annette*, *Babette*, *Jeannette*, *Evelyn*, *Maureen* und viele andere. Auch die niederländisch-friesischen Formen auf *-tje* (*Antje*, *Heintje* usw). gehören hierher, obwohl sie mit den niederdeutschen *-ke*-Formen verwandt sind. Zur Zeit sind außerdem Koseformen slawischer Herkunft beliebt: *Sonja*, *Tanja*, *Natascha*, *Mischa*, *Sascha*, *Wanja*.

Sobald sich ein fremder Name erst einmal eingebürgert hatte, blieb er von mundartlichen Verkürzungen nicht verschont. Neben Zusammenziehungen wie *Johann* zu *Jan*, *Johannes* zu *Jens*, *Elisabeth* zu *Elsbeth*, *Katharina* zu *Kat(h)rin* finden wir hier auch viele Silbenkürzungen: *Max(imilian)*, *(Ju)liane*, *(Jo)achim*, *(Jo)hanna*, *(E)lis(a)beth* oder *(E)lisa(beth)*, ohne Rücksicht auf die sprachlichen Bestandteile, die ja doch nur wenige Sprachkenner anzugeben wissen.

Erst nach dem zweiten Weltkrieg hat sich eine neue Art von Namenkürzung eingestellt; sie beruht auf dem Verzicht der weiblichen Endung *-a* oder *-e*: *Karolin*, *Christin*, *Leonor*, *Evelin*, *Susan(n)* (die letzteren nach engl. *Evelyn* und *Susan*). Die Möglichkeiten dafür sind allerdings begrenzt, zumal einige Namen durch den Wegfall der Endung ihren eindeutig weiblichen Charakter verlieren würden.

Manche der altdeutschen Kurzformen erkennen wir kaum noch als solche wieder (z. B. *Otto*), und in sehr vielen Fällen haben sie ihren Charakter als Koseform eingebüßt (*Kuno*, *Heinz*, *Henning*, *Eike*). Die hierfür verwendeten Wortbildungsmittel sind ja auch nicht mehr alle in unserer Sprache lebendig; wir können zum Beispiel keine neuen Kurzformen auf *-(t)z* mehr bilden. Als produktive Mittel zur Bildung von Koseformen

[102] Siehe FLEISCHER, *Personennamen*, S. 22.

stehen uns heute hauptsächlich zur Verfügung: *-i*, *-chen* (aus älterem *k+īn*), *-lein* (aus älterem *-l+īn*) und *-el* oder *-le*, hier und da auch noch *-mann*. Sie können sogar mehrfach miteinander kombiniert werden: *Heinz*, *Heinzel*, *Heinzelmann*, *Heinzelmännchen*. Dies Beispiel und die zahllosen vergleichbaren Bildungen auf *-i*, *-chen*, *-lein*, *-el* und *-le* (*Susi*, *Rudi*, *Hannchen*, *Hänschen*, *Cilein* [zu *Cäcilie*], *Hänsel* und *Gretel*, *Bärbel*, *Hannel[e]*, *Peterle*, *Dorle* usf.) machen indessen deutlich, daß wir hier sehr familiäre, private Anredeformen vor uns haben, weil uns der »kosende« (hypokoristische) Charakter der Bildungen durchaus bewußt ist. Als Rufformen[103] im vertrauten Umgang ist gegen sie nichts einzuwenden, doch als »bürgerliche«, öffentliche, amtliche Namen sind sie wenig geeignet. Solange die Namensträger klein sind, mag es noch angehen, aber zu Erwachsenen, die im öffentlichen Leben stehen, wollen die Namen *Annelie*, *Gustl*, *Friedel*, *Kät(h)chen*, *Gabi*, *Hansi*, *Reni*, *Lotti*, *Uli* nicht recht passen. Bei der Namengebung sollte man daher nicht bloß an das Baby denken, sondern — so schwer es auch fallen mag — bereits an den künftigen Erwachsenen. Sicherlich haben auch Sie schon bei der ersten Begegnung mit einem Menschen, den Sie bis dahin nur dem Namen nach kannten, überrascht festgestellt, daß Sie ihn sich viel jünger vorgestellt hatten, und dazu hat Sie vielleicht nur die jugendliche, um nicht zu sagen: kindertümliche Form des Vornamens verleitet. Welche Vornamen als »jugendlich« empfunden werden, ist indessen nicht bei allen Menschen und zu allen Zeiten gleich. Theodor Storm (1817—1888) schrieb in einem Gelegenheitsgedicht *Zur Taufe*:

»Eins aber weiß ich ganz gewiß:
Bedeutsam sind die Namen!
So schickt für Mädchen *Lisbeth* sich,
Elisabeth für Damen.«

Ob *Lisbeth* heute noch als ausgesprochen mädchenhaft empfunden wird, darüber ließe sich wohl streiten. Dem einen oder anderen mögen auch *Lutz*, *Utz* und ähnliche Kurzformen noch

[103] Zu diesem Begriff vgl. Abschnitt 2.3.

als unpassend für ein »ausgewachsenes Mannsbild« erscheinen. Solche individuellen Urteile oder Vorurteile lassen sich natürlich nicht verallgemeinern.

Durchweg verniedlichend wirken jedoch die Formen auf *-chen* und *-lein*. Das hängt wohl damit zusammen, daß diese Endungen auch zur Bildung von Kose- und Verkleinerungsformen von Wörtern benutzt werden. In den standesamtlichen Vornamenlisten findet man daher nur wenige dieser Formen als eingetragene Vornamen, und so sollte es auch bleiben. Wir raten allen Eltern dringend davon ab, solche Kosenamen zu wählen, und würden es begrüßen, wenn die Standesämter die Eintragung solcher Formen grundsätzlich ablehnten. Auch Lallformen wie *Lu, Lulu, Li, Susu, Jo* halten wir als offizielle Vornamen für nicht geeignet. Unter den Namen auf *-i* (oder *-y*) und *-(e)l* gibt es allerdings einige, die sich fest eingebürgert und dadurch etwas von ihrer Vertraulichkeit, Intimität verloren haben, zum Beispiel *Bärbel, Christ(e)l, Rudi, Toni, Willi (Willy)*. Sie werden deshalb im Namenverzeichnis aufgeführt.

Wie *Toni* haben viele dieser Formen den Nachteil, daß sie das Geschlecht des Namensträgers nicht eindeutig erkennen lassen. *Berti* kann sowohl zu *Berta* als auch zu *Albert*, *Gustl* zu *August* oder *Auguste, Friedel* zu *Friedrich* oder *Friederike, Maxi* zu *Max(imilian)* oder *Maximiliane* gebildet sein. Im Oberdeutschen ist *Christ(e)l* noch heute auch Kurz- und Koseform zu *Christian*[104]. Es hat allerdings den Anschein, als würden über einen festen Stamm männlicher Koseformen (z.B. *Rudi, Willi*) hinaus Namen auf *-i* oder *-ie* am ehesten für Mädchen eingetragen: *Gusti* (HUBER), *Hansi* (KNOTEK), *Sigi* (HARREIS), *Maxie* (HERBER), *Winnie* (MARKUS), um nur einige bekannte Beispiele zu nennen. Auch die Namen auf *-el* sind größtenteils Mädchen vorbehalten. Für männliche Personen sind diese Formen wohl nicht »seriös« genug.

Die gleichen Unsicherheiten wie bei den Kosenamen auf *-i* und *-el* treten übrigens auch bei den niederdeutschen Namen auf *-ke* auf. Im Niederdeutschen ist *-ke* eine Verkleinerungssilbe wie *-chen* im Hochdeutschen und kann daher zur Bildung von

[104] Vgl. HEYD, S. 30f. (1940—1949).

Koseformen sowohl männlicher als auch weiblicher Namen verwendet werden. Eindeutig sind nur die Fälle, wo der ursprüngliche Vollname ein reiner Mädchenname ist, also zum Beispiel *Anke* (zu *Anna*), *Silke* (zu *Gisela*), *Maike* (zu *Maria*). Bei *Eike*, *Heike*, *Onke*, *Joke* und vielen anderen Formen dagegen ist die Beziehung nicht eindeutig. Ein Niederdeutscher wird aufgrund sprachlicher Tradition noch manche dieser Formen verhältnismäßig sicher als männlich oder weiblich einstufen können, nicht aber derjenige, der in der Hochsprache oder in dialektgefärbter mittel- und oberdeutscher Sprache aufgewachsen ist. Ihm ist die Endung *-ke* fremd; er versteht sie daher auch nicht als Koseform und beurteilt sie nur von ihrer sprachlichen Gestalt her. Da aber Namen auf *-e* im Deutschen in der Regel weiblich sind, hört er aus all diesen Formen Mädchennamen heraus. So ist etwa der Name *Eike*, der im Niederdeutschen bevorzugt für Jungen gebräuchlich war (EIKE VON REPGOW ist ein bekannter niederdeutscher Geschichtsschreiber und Rechtskundiger; er lebte in der ersten Hälfte des 13. Jahrhunderts), außerhalb Niederdeutschlands als moderner Mädchenname aufgenommen und verbreitet worden, und inzwischen führen auch in Norddeutschland viele Mädchen diesen Namen, wogegen ja von der niederdeutschen Sprache her nichts einzuwenden ist. Es bleibt abzuwarten, ob sich der Gebrauch aller sprachlich nicht eindeutigen *-ke*-Formen einmal ganz auf weibliche Personen einpendeln wird. Bis dahin ist es — zumindest in den Gebieten, wo beide Verwendungsweisen möglich sind — ratsam, einen zweiten Vornamen zur eindeutigen Markierung des Geschlechts hinzuzufügen, sofern man nicht lieber auf kennzeichnende Wortbildungsmittel wie *-o (Eiko, Imko)* für Jungen und *-(e)a (Imka, Imkea)* für Mädchen ausweicht.

Nach diesem Überblick läßt sich zusammenfassend sagen:

Koseformen, soweit sie als solche noch kenntlich sind, gehören in den vertrauten Umgang, nicht in die Öffentlichkeit. Von ihrer standesamtlichen Eintragung sollte deshalb abgesehen werden. Viele Koseformen lassen außerdem das Geschlecht des Namensträgers nicht erkennen; in solchen Fällen ist es erforderlich, einen zweiten Vornamen beizugeben, aus dem das Geschlecht eindeutig hervorgeht.

Werfen wir nun noch einen Blick auf die wechselnde Rolle der Kurz- und Koseformen in der Geschichte der Namengebung. So alt sie ihrer Entstehung nach auch sind, mit dem Aufkommen »amtlicher« Namenfestlegung in den Kirchenbüchern[105] treten sie allmählich zurück. Rücksichtnahme auf die religiösen Namenspatrone und ihre vollen Namensformen sowie auf die Latinisierbarkeit der Namensformen — denn die Eintragungen in die Kirchenbücher sind jahrhundertelang in lateinischer Sprache abgefaßt worden — veranlaßte die Pfarrer, die mundartlichen »Verunstaltungen« der Namen zugunsten der Vollformen zurückzudrängen. Um die im Volksmund manchmal bis zur Unkenntlichkeit entstellten Vollnamen immer richtig wiedererkennen zu können, legten sie sich nicht selten erklärende Namenlisten an. Eine solche Liste, die der Pfarrer in Kirchen a. d. Sieg 1672 dem Taufbuch voranschickte, hat Lothar Irle in seiner Dissertation wiedergegeben[106]:

»Ehl aus diminutiue Ehlgen — Adelheidis
Nette aus dimin. Nettgen — Johannetta
Beil aus Beilgen — Sybilla
Fräw aus Fräwgen — Veronica
Leen aus Leengen — Helena
Plon aus poloni — Appolonia
phei aus pheigen — Sophia
[. . .]
Meckel — Mechtildis
Jüttgen — Jutta
Cüngen — Cunegundis
Demuth — Timothea«

[105] »Die Führung von Kirchenbüchern begann schon im Frühmittelalter, wurde seit dem 14. Jahrhundert zunehmend vorgeschrieben und im 16. Jahrhundert bei beiden Konfessionen allgemein. [...] Vor der Einführung staatlicher Register über den Personenstand (im Deutschen Reich 1.1.1876) dienten sie zugleich als staatliche Urkunden« (*Brockhaus-Enzyklopädie*, Bd. 10; Wiesbaden [17]1970, S. 184; die Abkürzungen im Originaltext wurden aufgelöst).

[106] Irle, S. 33; *-gen* lies als *-chen*, *-äw* als *-äu*.

Daß solche Listen notwendig waren, beweist, wie üblich die Verwendung solcher Formen war. Wahrscheinlich waren den meisten Leuten die zugehörigen Vollformen gar nicht bekannt; sie erfuhren sie erst vom Pfarrer, und außer bei der Taufe, Hochzeit und Beerdigung und in entsprechenden urkundlichen Eintragungen wurden sie kaum verwendet. Allmählich aber nahm man in bürgerlichen Kreisen, wohl auch aufgrund des wachsenden Schriftverkehrs, die vollen Namen aus freien Stücken an und legte auf ihre Beibehaltung Wert. Die Kurz- und Koseformen blieben, soweit man sie als solche erkannte, fast ganz auf den privaten, familiären Verkehr beschränkt, besonders auf den Umgang mit Kindern — »so schickt für Mädchen *Lisbeth* sich«, hieß es in den oben zitierten Versen Theodor Storms! — und mit dem Dienstpersonal, vor allem, wenn es vom Lande kam. Erst in der zweiten Hälfte des 19. Jahrhunderts wurde es, aus noch ungeklärten Gründen, mehr und mehr üblich, auch Kurzformen wie *Fritz*, *Max*, *Willi*, *Hans*, *Frieda*, *Erna*, *Ella*, *Elsa*, *Trude*, *Lotte* eintragen zu lassen[107].

Wilhelm Hesterkamp hat in seiner Untersuchung der Vornamengebung in Essen-Werden seit 1870 ebenfalls festgestellt, daß die Zahl der Kurz- und Koseformen um die Jahrhundertwende und danach ständig zunahm. Einen ersten Höhepunkt (mit gut 20%) erreichte die Entwicklung in den zwanziger Jahren, einen zweiten und dritten (mit jeweils rund 25%) in den vierziger Jahren. Bis 1960 (hier endet die Untersuchung) bleibt ihr Anteil dann ziemlich konstant bei etwas über 20%[108]. Natürlich sind es nicht immer dieselben Kurzformen. Einige verschwinden wieder, neue kommen hinzu: sie bleiben also von modischen Strömungen nicht unberührt.

Ähnliche Tendenzen läßt auch die Studie von Bernhard Link für die Orte Honnef (südöstlich Bonn) und Wermelskirchen (nordöstlich Köln) erkennen. Für die 13 männlichen Kurzformen *Bernd*, *Dieter*, *Fritz*, *Gerd*, *Hans*, *Heinz*, *Jochen*, *Klaus*,

[107] Vgl. Nathan Pulvermachers Untersuchung der Vornamen um 1900 in Berlin.

[108] Siehe Hesterkamp, S. 36—76, bes. das Diagramm auf Seite 72.

Kurt, Max, Ralf, Rolf, Udo ergibt sich hier folgende Entwicklung (in absoluten Zahlen)[109]:

1900–1909:	41 Belege
1910–1919:	60 Belege
1920–1929:	104 Belege
1930–1939:	98 Belege
1940–1949:	102 Belege
1950–1956:	83 Belege

Auch hier erreicht die erste Welle in den zwanziger Jahren ihren Höhepunkt; sie geht ebenfalls in der Folgezeit kaum zurück, scheint aber in den fünfziger Jahren, die nicht mehr vollständig erfaßt sind, zu einer neuen Aufgipfelung anzuschwellen[110]. Von 1900 bis 1919 sind nur die Namen *Fritz, Hans, Heinz, Kurt, Max* vertreten; zwischen 1920 und 1929 kommen *Rolf, Gerd* und *Dieter* hinzu, zwischen 1930 und 1939 *Bernd, Jochen, Klaus* und in den vierziger Jahren *Ralf (Ralph)* und *Udo*. Von ihnen bleibt *Jochen* ganz auf das katholische Honnef beschränkt; *Bernd, Ralf* und *Udo* kommen nur im evangelischen Wermelskirchen vor. Überhaupt scheint die evangelische Bevölkerung bei der Einführung der Neuerung voranzugehen, und zwar sowohl zeitlich als auch mengenmäßig: Die Kurzformen tauchen hier gewöhnlich etwas früher auf und sind mit rd. 21% der zwischen 1900 und 1956 erteilten Vornamen — gegenüber 11% bei den katholischen Kindern — insgesamt zahlreicher vertreten, wenn sich auch einzelne Formen in katholischen Kreisen größerer Beliebtheit erfreuen (*Dieter, Klaus, Hans* und der schon erwähnte *Jochen*). Der Hauptgrund für das unterschiedliche Verhalten ist in der größeren Traditionsgebundenheit der katholischen Kirche zu suchen. Link berichtet vom katholischen Pfarramt Honnef: »Die beiden ersten Pfarrer nach der Jahrhundertwende haben offensichtlich neue Namenformen nicht berücksichtigt, denn statt der Kose-, Kurz- und auch Doppelnamen schrieben sie grundsätzlich die alten und dazu

[109] Kurzformen in Doppelformen mit oder ohne Bindestrich sind hierbei nicht berücksichtigt.

[110] Vgl. auch Kettmann, S. 239: »Zwischen 1952 und 1955 ist [in Halberstadt, W. S.] ein Zug zu Kurzformen unverkennbar [...]«

noch latinisierten Vollformen auf.«[111] Erst 1935 ging man dazu über, die Namen in deutscher Sprache einzutragen[112]. Aber noch in den vierziger und fünfziger Jahren ließen sich nicht alle von den Eltern gewünschten Kurzformen durchsetzen: »Ein in Honnef 1943 geborener Junge wurde als *Rudolf* in den Listen eingetragen, aber stets *Rolf* gerufen; ein 1954 geborenes Mädchen namens *Heidi* steht in den Listen als *Adelheid* verzeichnet. Die Eltern nämlich wollten ihre Kinder *Rolf* bzw. *Heidi* genannt wissen; da es aber keine Heiligen mit diesen Namen gibt — und ein Namenspatron wird schon deswegen gefordert, damit man an seinem Gedächtnistag den Namenstag begehen kann, der in der katholischen Bevölkerung eine größere Rolle spielt als der Geburtstag —, mußten die entsprechenden Vollformen *Rudolf* und *Adelheid* auf dem Pfarramt und, damit keine Unstimmigkeit eintrat, auch auf dem Standesamt angegeben werden.«[113] In dieser Form gelangten die unverkürzten Namen schließlich auch in die Schülerlisten. »Bei der Anmeldung ihres Kindes in die Schule baten die Eltern jedoch den Lehrer, ihr Kind *Rolf* bzw. *Heidi* zu rufen«, fährt LINK in seinem Bericht fort. Im tatsächlichen Namengebrauch wird der Unterschied zwischen den Konfessionen demnach nicht so groß sein, wie es nach den schriftlichen Unterlagen der Behörden den Anschein hat. Aber ganz aufgehoben wird er vermutlich auch in der Praxis nicht sein; denn die Haltung der Kirche und ihrer Vertreter wirkt sich natürlich auf die allgemeine Einstellung der Gläubigen gegenüber neuen Namensformen aus, so daß Kurzformen, wie andere Neuerungen auch, in diesen Kreisen schwerer Eingang finden.

KARIN WÖRTER meldet aus dem Städtchen Gernsbach (Kreis Rastatt) einen Rückgang der Kurzformen von 1930 bis 1968; als modern galten sie auch dort vornehmlich in den fünfziger Jahren[114]. Das scheint indessen nur für die männlichen Einzel-

[111] LINK, S. 5.

[112] LINK, S. 4; möglicherweise trat in dieser Zeit eine neue Vorschrift über die Führung der Kirchenbücher in Kraft.

[113] LINK, S. 4.

[114] WÖRTER, S. 160.

und Doppelvornamen mit 28 bzw. 34,4% zuzutreffen; bei den weiblichen Einzelvornamen wird der Höchststand (22%) erst in den Jahren 1960—68 erreicht[115].

Ein Vergleich zwischen den Vornamen der Väter und denen der Söhne anhand der Heidelberger Standesamtslisten 1972 und 1973 bestätigt im großen und ganzen die vorigen Beobachtungen, wenngleich die Untersuchungsansätze nicht direkt miteinander vergleichbar sind. 18,9% der Väter haben einen der elf häufigsten Kurznamen *Hans, Dieter, Heinz, Rolf, Bernd, Fritz, Gerd, Udo, Max, Leo, Theo*[116]; unter den katholischen Vätern sind es nur 14,5%, unter den evangelischen dagegen 23,4%. Bei den Söhnen hat sich der Abstand zwischen den beiden Konfessionen verringert: Die zehn häufigsten Kurzformen *Dirk, Jens, Hans, Ralf, Dieter, Jochen, Bernd, Heinz, Heiko, Jan* werden von 12,2% der katholischen Kinder getragen; bei den evangelischen macht ihr Anteil noch 15,3% aus. Man kann daraus allerdings nicht schließen, daß die Kurzformen insgesamt zurückgegangen seien; denn unter den Namen der Neugeborenen entdeckt man eine ganze Reihe neu eingeführter Kurz- und Koseformen, vornehmlich aus dem niederdeutschen und dem slawischen (russischen) Sprachbereich. Es ist aber fraglich, ob diese Formen in der Mehrzahl überhaupt als Kurz- und Koseformen erkannt werden. Wenn das nicht der Fall ist, hat es wenig Sinn, bei der Suche nach Motiven und Modeströmungen in der Namengebung weiterhin mit dem abstrakten sprachwissenschaftlichen Begriff ›Kurzform‹ zu arbeiten.

Leichter sind die heimischen Koseformen zu erkennen. Nach den standesamtlichen Unterlagen aus Heidelberg zeichnet sich ein starker Rückgang in der Vergabe von Koseformen sowohl bei männlichen als auch bei weiblichen Personen ab. Von den

[115] Siehe die Prozentangaben bei Wörter, S. 54, 58f., 64 und 71.

[116] Reihenfolge in abnehmender Häufigkeit; das Vorkommen dieser Namen in Doppelformen ist wiederum unbeachtet geblieben. — In Hamburg stellten die Kurz- und Koseformen 1973 bei den Jungen wie bei den Mädchen jeweils rund ein Zehntel der 60 häufigsten Vornamen (Hamburg 1973, S. 285).

Müttern tragen noch knapp 5% eine Koseform auf *-(e)l*, *-i* bzw. *-y* oder — seltener — auf *-chen* und *-le*; am häufigsten sind *Christ(e)l*, *Bärbel*, *Heidi*, *Anni*, *Emmi*, *Kät(h)chen*. Bei den Mädchen sind es nur noch 2%; an der Spitze stehen hier Formen auf *-i* oder *-y* (an erster Stelle *Heidi*), es folgen die auf *-el* (hauptsächlich *Christel* und *Bärbel*), nur je einmal sind *Dorle* und *Lottchen* belegt. Männliche Personen tragen seltener Koseformen[117], und mit Ausnahme von *Friedel* sind es nur Formen auf *-i* oder *-y*. Bei den Vätern begegnen vor allem *Willi*, *Rudi* und *Harry*, bei den Söhnen *Willi*, *Rudi* und *Toni*. Nimmt man den für unser Sprachgefühl ebenfalls als Koseform klingenden Vornamen *Axel* hinzu, dann führen 3,1% der Väter, aber nur 1,6% der Söhne einen solchen Namen. Wie die nachstehende Tabelle zeigt, ist es wiederum in erster Linie die evangelische Bevölkerung, die Koseformen eintragen läßt:

Tabelle 9. Koseformen in Heidelberg 1972/73 (in Prozent)

	Mütter	Töchter	Väter	Söhne
evangelisch	6,9	2,5	4,0	1,8
katholisch	2,7	1,5	1,8	1,4

Nicht einbezogen sind hierbei die zur Zeit recht beliebten russischen Koseformen wie *Sascha*, *Mischa* u. a., die allein schon formal von den üblichen deutschen Koseformen abweichen; entsprechend wären bei den Mädchen *Tanja*, *Natascha* und ähnliche Namensformen hinzuzurechnen.

6.2. Doppelformen

Das Wort *Doppelform* (abgekürzt: DF) bezeichnet in diesem Buch einen Namen, der aus der Verbindung zweier selbständiger Vornamen hervorgegangen ist, wie beispielsweise *Annemarie* aus *Anna* und *Maria* oder *Karlheinz* aus *Karl* und *Heinz*.

[117] Siehe auch ZOPFY, S. 210.

Die Kombinationen werden manchmal auch *Doppel(vor)namen* genannt. Im namenkundlichen Schrifttum hat dieser Fachausdruck jedoch noch eine andere Bedeutung; man spricht hier von Doppel(vor)namen, wenn ein Kind zwei Vornamen erhalten hat. Damit keine Mißverständnisse aufkommen, verwenden wir für die im Folgenden zu beschreibenden Neubildungen, nach einem Vorschlag von Bernhard Link[118], die Bezeichnung *Doppelform*.

Im Verhältnis zu den Kurzformen sind die Doppelformen eine ziemlich junge Erscheinung. Entstehen konnten sie erst, nachdem man dazu übergegangen war, dem Kind mehr als einen Vornamen zu geben. Von frühen Ausnahmen abgesehen, breitete sich diese Sitte etwa seit dem 16. Jahrhundert aus, zuerst beim Adel des deutschen Südens und Südwestens, dann beim städtischen Bürgertum dieser Landstriche, und von dort aus griff sie allmählich nach Norden und Osten über[119]. Im persönlichen Umgang freilich wurden diese Doppelnamen anscheinend als zu umständlich oder zu feierlich empfunden, und man zog sie in der Anrede wieder zu einem einzigen Namen zusammen, wobei man auch auf die vertraulicher klingenden Kurz- und Koseformen dieser Namen zurückgriff. So wurde aus *Anna Maria*: *Annemarie*, *Annemie*, *Annemirl*, aus *Maria Anna*: *Marianne*, *Marianderl*, aus *Maria Sibylle*: *Marizebill*, aus *Anna Katharina*: *Annekätter(le)*, aus *Anna Barbara*: *Annebärbel*, aus *Elisabeth Charlotte*: *Lieselotte*, aus *Johann Georg*: *Hansjörg*, aus *Johann(es) Joachim*: *Hansjochen* usw. Die Doppelformen blieben allerdings wie die Kurzformen lange Zeit auf den nicht-formellen mündlichen und schriftlichen Verkehr beschränkt. Erst im ausgehenden 19. Jahrhundert treten sie als neue Vornamenformen in den Geburtenregistern

[118] Link, S. 5; andernorts kann man auch die Bezeichnung *Doppelrufname* lesen; sie ist jedoch nicht ganz zutreffend, weil diese Namenkombinationen nicht nur als Rufnamen vorkommen. Man könnte auch von *zusammengesetzten Namen* oder einfach *Zusammensetzungen* reden, aber zusammengesetzt sind auch *Sieg-fried*, *Diet-mar*, *Theo-dor*, *Niko-laus* u.v.a.

[119] Fleischer, *Personennamen*, S. 58.

auf[120]. Offenbar machten die Mädchennamen dabei den Anfang[121]; hier schien man sich am wenigsten gedrängt zu fühlen, an den förmlichen Vollnamen festzuhalten. In den zwanziger Jahren unseres Jahrhunderts nimmt ihre Zahl – erst zögernd, dann immer schneller – zu. Die Jungennamen ziehen bald nach, so daß man nun von einer beginnenden Modeströmung sprechen kann, die nach 1930 weiter anschwillt. Die Städte machen dabei offenbar die Vorreiter[122]. Den traditionellen Verbindungen werden jetzt auch neue Kombinationen hinzugefügt: *Heidemarie, Heidelore, Lieselore, Anneheide, Hansgerd, Wolfalbert* usw. Wie die Bindestrichnamen (s. u.) anschaulich vor Augen führen, werden nunmehr grundsätzlich alle Namen und deren Kurzformen miteinander kombinierbar.

Überraschenderweise vollzieht sich diese Entwicklung im Gefolge des Anstiegs der Kurzformen. »Es lassen sich also drei Wellen beobachten: Zuerst die Vollformen [...], in den 20er und 30er Jahren die Kurzformen [...] und dann die Doppelformen [...]«[123], jedoch nicht etwa so, daß die Doppelformen die mittlerweile aus der Mode gekommenen Kurzformen abgelöst hätten; vielmehr erleben beide Gruppen von den dreißiger Jahren an eine gemeinsame Blütezeit, wenn auch der Anteil der Doppelformen prozentual fast immer hinter dem der Kurzformen zurückbleibt[124]. Es ist zwar begreiflich, daß erst das Vertrautwerden mit den Kurzformen die Voraussetzung für die neuen Namenkombinationen schafft, die anfangs hauptsächlich aus Kurzformen oder kurzen Vollnamen gebildet sind (s. *Anneliese, Marianne, Hannelore, Lieselotte, Hans-Karl, Karl-Heinz,* oder *Karlheinz, Horst-Dieter* u. ä.); trotzdem ist es erstaunlich, daß zwei so gegensätzliche Tendenzen wie die Neigung zu kurzen

[120] BECKE, 1947, S. 24f.

[121] In Essen-Werden begegnen die ersten weiblichen Doppelformen 1914, und noch 1924 gibt es kein männliches Gegenstück (HESTERKAMP).

[122] Nach BECKE, *a.a.O.*, macht ihr Anteil 1933 bis 1937 in der Stadt Greifswald bereits 13,5% aus, auf dem umliegenden Lande dagegen erst 3,5%; vgl. auch KETTMANN, S. 239, für die fünfziger Jahre.

[123] LINK, S. 25.

[124] In Essen-Werden überrunden die Doppelformen nur einmal (1944) die Kurzformen; siehe HESTERKAMP, 1964, S. 72.

und die zu langen Namen gleichzeitig die Namengebung beeinflussen. Steht hinter dem Anstieg der Doppelformen vielleicht eine Reaktion auf die Anregung der Nationalsozialisten, Kurznamen als Vornamen zu verwenden, weil Kurznamen als »besonders kraftvoll« galten?[125] In Essen-Werden jedenfalls steigt die Kurve bis 1944 (20%) an und fällt danach wieder stetig ab (1960: rd. 5%). Nach anderen Beobachtungen bringen jedoch die fünfziger Jahre eine erneute Belebung, und zwar vor allem der Bindestrichnamen bei den Jungen[126]. Überhaupt wäre es angebracht, die Entwicklung nach Geschlechtern getrennt zu verfolgen. Zwar werden die Mädchennamen als erste von ihr erfaßt, aber zeitweise werden sie von den Jungennamen überflügelt (die Bindestrichnamen sind die ganze Zeit über weitgehend den Jungennamen vorbehalten). Bei den Jungen der Geburtsjahrgänge 1935–45 an der Wolfsburger Oberschule kamen auf 100 verschiedene Namen 45 Vollformen, 15 Kurzformen und 40 Doppelformen, bei den Mädchen 61 Vollformen, 21 Kurzformen und nur 18 Doppelformen. »Daraus ergibt sich, daß man für die Mädchen lieber die wohlklingenden Vollnamen als die kurzen Rufnamen wählt und die Jungen dadurch entschädigt, daß man ihnen anspruchsvolle Doppelnamen [= Doppelformen, W. S.] gibt[127].« Rund 11% der Jungen, aber nur etwa 5,5% der Mädchen dieser Schule haben eine Doppelform als Vornamen mitbekommen[128]. Auch am Gymnasium in Bayreuth sind unter den Schülern der Schuljahre 1952–1969/70 mehr Jungen als Mädchen mit einer Doppelform[129]. Freilich darf man nicht übersehen, daß in den erwähnten Berichten nicht alle Bevölkerungskreise, sondern hauptsächlich Kinder der Mittel- und Oberschicht erfaßt sind.

[125] Siehe Herrle, S. 21.

[126] Siehe z.B. Kettmann, S. 237ff., Link, S. 92; nach den Materialien der Untersuchung Karin Wörters sind die Bindestrichnamen auch in Gernsbach (Kreis Rastatt) in den fünfziger Jahren sehr beliebt gewesen.

[127] Herrle, S. 20; siehe auch Wörter, S. 87.

[128] Nach den Angaben von Herrle, S. 21, errechnet.

[129] Jungen: über 80/0; Mädchen: gut 60/0; Becke, 1969/70, S. 9.

Heute sind die Doppelformen allem Anschein nach nicht mehr so sehr gefragt. In der Regel dürften heute unter hundert Kindern nur noch zwei bis vier mit einem solchen Vornamen bedacht werden[130].

6.2.1. Bindestrichnamen

Eine besondere Gruppe unter den Doppelformen bilden die schon mehrfach erwähnten Bindestrichnamen vom Typ *Karl-Heinz, Hans-Otto, Eva-Maria.* Mit Bindestrichen verbundene Vornamen kann man schon früher in Urkunden finden[131], doch handelt es sich in jenen Zeiten nur um ein orthographisches Mittel, die zwei Vornamen leicht erkennbar vom Familiennamen abzuheben. Eine Eintragung wie *Johannes-Georg Schulze* besagt demnach nur, daß der Träger dieses Namens *Johannes* und *Georg* als Vornamen bekommen hat. Die echten Doppelformen, die von den Namengebern tatsächlich als ein einziger Vorname gedacht sind, kommen erst Ende des 19. Jahrhunderts auf. Während man bei den Mädchennamen jedoch ohne weiteres zur Zusammenschreibung übergeht, scheint man bei den Jungennamen gewisse Hemmungen zu haben. Mit der Beliebtheit der Doppelformen in den zwanziger und dreißiger Jahren und später noch einmal in den fünfziger Jahren steigt auch die Zahl der Bindestrichnamen bei den Jungen steil an; sie überflügeln nicht nur stets die Zusammenschreibungen in der eigenen Gruppe der Doppelformen, sondern lassen auch die Bindestrichnamen der Mädchen weit hinter sich zurück. Anfangs scheint es nur eine Sache des Schriftbildes zu sein, daß man lieber *Karl-Heinz, Hans-Jürgen, Hans-Joachim, Wolf-Dieter* schreibt, obgleich doch die in gleicher Weise gebildeten

[130] In Heidelberg lagen 1972 die Werte bei 3,6% für die Mädchen und bei 2,8% für die Jungen (von ihren Eltern führen dagegen noch 12,5% der Mütter und 6,7% der Väter einen solchen Vornamen), in Karlsruhe bei gut 2% für die Mädchen und bei rund 3% für die Jungen (ohne Ausländerkinder).

[131] »In den Kirchenbüchern von St. Marien in Greifswald sind die frühesten Doppelnamen [= zwei Vornamen, W. S.] durch Bindestrich zusammengezogen« (Becke, 1947, S. 24).

Mädchennamen gewöhnlich zusammengeschrieben werden: *Anneliese, Heidelore, Heidemarie, Marieluise* usw. Noch sind es Namenkombinationen, die – gesprochen oder geschrieben – zu einer Einheit verschmelzen. Am beliebtesten sind bei den Mädchennamen die Kombinationen mit *Maria/Marie* (an erster und an zweiter Stelle), *Anna, Eva, Luise* (fast nur an zweiter Stelle). Bei den Jungennamen erscheinen an erster Stelle *Hans* und *Karl* am häufigsten, in weitem Abstand folgen *Klaus, Heinz, Wolf, Horst, Ernst*[132]. An zweiter Stelle treten *Heinz* und *Peter* besonders zahlreich auf; ihnen schließen sich *Joachim, Jürgen, Dieter* an. *Karl-Heinz* ist die bei weitem bevorzugte Kombination. Unter den Zusammensetzungen mit *Hans* bilden *Hans-Jürgen, Hans-Joachim, Hans-Peter, Hans-Dieter, Hans-Georg* die Spitzengruppe. Das sind auch die Formen, die am ehesten zusammengeschrieben werden. Mit der Zeit aber wird der Bindestrich immer unentbehrlicher, weil man mehr und mehr dazu übergeht, beliebige Namen miteinander zu verbinden. Jetzt erst werden die Bindestrichnamen zu einer rechten Modeerscheinung; der Kombination sind praktisch keine Grenzen mehr gesetzt: *Heinrich-Joachim, Hermann-August, Jasper-Andreas, Michael-Christian, Mike-Harras, Nikolaus-Alexander, Stefan-John, Ulrich-Lorenz, Walter-Richard, York-Dietrich* und bei den Mädchen, wenn auch etwas seltener: *Andrea-Susanne, Britta-Isabel, Franziska-Willyamina, Frauke-Vera, Madeleine-Henriette, Silvelyn-Claudine, Juliane-Christine, Susanne-Annette.* Je unerwarteter die Zusammenstellung, desto besser! Sogar bereits gebräuchliche Zusammenschreibungen *(Karlheinz, Heidemarie, Marieluise)* werden nun wieder aufgelöst *(Karl-Heinz, Heide-Marie, Marie-Luise).*

[132] Vgl. z.B. Becke, 1947, S. 25: Mit *Hans* begann mehr als die Hälfte (54,8%), mit *Karl* ein reichliches Viertel (28,9%) aller vergebenen Bindestrichnamen; an dritter Stelle standen Verbindungen mit *Ernst.* — Nach H. Naumann, 1973, S. 82, traten in Magdeburg in den ersten Jahrzehnten (1924, 1934, 1944) vor allem *Hans, Klaus* und *Horst* als Erstglieder auf; sie wurden nie als Zweitglieder verwendet, wie auch umgekehrt die mit ihnen verbundenen Zweitglieder nur ganz selten Erstglieder von Bindestrichnamen abgaben.

Die Entwicklung kann man auch an den Mustern der Namenbildung ablesen. Über 90% der gekoppelten Jungennamen haben im ersten Glied einen einsilbigen Vornamen. Hierin zeigt sich deutlich der Zusammenhang mit den Kurzformen; diese sind zwar beliebt, scheinen aber klanglich nicht recht zu befriedigen, so daß man einen zweiten Namen hinzufügt. Auf das einsilbige Glied folgt nun meist eine zweisilbige Namensform. Der Hauptton liegt dabei gewöhnlich auf der ersten Silbe des zweiten Namens (Typ: *Hans-Jürgen*, x-x́x). Es sieht so aus, als würde auf diese Weise ein von vielen Mädchennamen (*Annette, Luise, Maria, Sieglinde* usw.) bekanntes Klangmuster für die Jungennamen erobert, unter denen es seltener anzutreffen ist. Eine Variante dieses Typs entsteht, sobald weniger geläufige Vornamen im ersten Glied verwendet werden, die ihren Akzent nicht ganz verlieren (Typ: *Falk-Detlef*, x̀-x́x). Eine andere Variante bilden die Kopplungen mit einem dreisilbigen Zweitnamen (Typen: *Hans-Michael*, x-x́xx und *Hans-Joachim*, x-x́xx oder x̀-xx́x). – Eine andere Gruppe sind die Verbindungen aus zwei einsilbigen Vornamen (Typ: *Karl-Heinz*, x-x́ oder x́-x). Der Name *Karl-Heinz (Karlheinz)* tritt zwar schon früh auf und wird noch heute gern gegeben, aber er hat keine rechte Nachfolge gefunden. In den analogen Bildungen, die die Ausbreitung der Bindestrichmode hervorbringt (*Karl-Horst, Paul-Hans* usw.), stoßen die beiden Akzente zu hart aufeinander (x́-x́). Am ehesten ist noch *Hans-Jörg* mit *Karl-Heinz* vergleichbar. – Schließlich kommen mit der Mode auch mehrsilbige Erstglieder auf (Typ: *Armin-Udo* x́x-x́x), und danach kann man alle nur erdenklichen Kombinationen finden. – Unter den zusammengesetzten Mädchennamen sind am verbreitetsten die Typen *Hannelore* (x́x-x̀x) und *Annemarie* (x́x-xx̀). Hinzu treten Neubildungen nach dem Muster von *Marie-Luise* (xx̀-xx́x), und auf dem Höhepunkt der Bindestrichmode wird auch hier jede beliebige Verbindung möglich, ohne Rücksicht darauf, ob sich die beiden Glieder noch zu einer Einheit zusammenfügen.

Mit dieser Ausweitung hat sich die Mode selbst ad absurdum geführt und scheint denn auch seit einiger Zeit glücklicherweise überwunden zu sein. Übriggeblieben ist ein bescheidener Anteil von 3% und darunter; bei den Mädchen, wo die Bindestrichnamen ohnehin nie so zahlreich waren, liegt ihr Anteil heute in der Regel sogar noch unter 2%. Allerdings kehrt man nur zum Teil zu den leicht zu sprechenden und zu schreibenden Mustern zurück, so daß noch immer ein warnendes Wort angebracht ist.

Gegen die Mehrzahl der Kopplungen gibt es nämlich einen triftigen Einwand: Die *Katharina-Ines* und die *Jutta-Annemarie*, der *Stefan-Godehard* und der *Hadamar-Manuel* (s. S. 24ff.) – und wie sie alle heißen mögen – haben wenig Aussicht, jemals mit ihrem vollen Namen gerufen zu werden, weil das zu umständlich ist. Wozu aber dient ein Name, wenn er nur auf dem Papier steht und sein Träger nie mit ihm angesprochen wird? Selbst wenn die Eltern wider Erwarten an der vollständigen Doppelform festhalten sollten, ist doch abzusehen, daß unter den Kameraden und Freunden in der Schule und im späteren Leben einer der Namensbestandteile den Sieg davontragen wird, sofern der Name nicht gar willkürlich entstellt wird oder ein ganz anderer, vielleicht ein Spitz- oder Neckname, dafür eintritt. Für den Namensträger selbst ist es auch lästig, beim Unterschreiben einen langen Namen ausschreiben zu müssen, und die Abkürzungen *K.-I.*, *S.-G.* usw. wirken auch nicht sehr ansprechend. Man kann aber auch nicht einen der beiden Namensbestandteile einfach weglassen; im amtlichen Verkehr ist es nicht erlaubt, und außerdem würde dann die Eintragung eines Bindestrichnamens ihren Sinn verlieren. Wer für sein Kind eine solche Form wählt, muß sich also klarmachen, daß er ihm damit einen Vornamen gibt, der als Name unteilbar ist. Im Zusammenfügen liegt ja die Funktion des Bindestrichs. Er läßt zwar die Elemente der Verbindung deutlicher hervortreten als im zusammengeschriebenen Wort oder Namen, so daß die Teile ihr eigenes Gewicht behalten; deshalb wendet man ihn vornehmlich an, um unübersichtliche oder mehrdeutige Zusammensetzungen leichter erfaßbar und durchschaubar zu machen. Aber es führt kein Weg daran vorbei, daß das, was mit einem Bindestrich gekoppelt ist, als ein Ganzes, als eine Einheit aufzufassen ist[133]. Wir empfehlen deshalb:

[133] W. Seibicke, *Karl-Ludwig ist ein Vorname*; in: *StAZ*, 1960, S. 259.

Doppelformen, die leicht über die Zunge gehen, sollten – wo immer möglich – in einem Zuge geschrieben werden: *Hansjürgen*, *Annemarie* usw. (aber: *Kai-Uwe*). Andere Verbindungen jedoch, die – gesprochen oder geschrieben – nicht zu einem Ganzen verschmelzen wollen (etwa *Stefangodehard*, *Ursularenate*), bei denen also auch der dickste Bindestrich nicht über ihre Unvereinbarkeit hinweghilft, sind als Vornameneinheiten im Grunde unbrauchbar. Man verzichte dann lieber auf den Bindestrich und gebe dem Kinde zwei selbständige Vornamen *(Stefan Godehard, Ursula Renate)*.

Die Erschwernis, die eine ungewöhnliche, sperrige Namenkopplung mit sich bringt, wirkt überdies auf die Mitmenschen leicht als eine Herausforderung und bringt den Namensträger und seine Eltern dann in den Ruf der Überheblichkeit, des Sich-besser-Dünkens.

Wo und wann genau und aus welchen tieferen Gründen die Vorliebe für die Bindestrichnamen entstand, ist noch ungeklärt. Einige Anzeichen deuten darauf hin, daß die protestantischen Mittel- und Oberschichten in den nord- und mitteldeutschen Städten tonangebend gewesen sein könnten, zumindest bei den Jungennamen[134].

6.3. Abgeleitete (movierte) Vornamen

In den zusammengesetzten Namen germanischen Ursprungs gelten einige Endglieder als Kennzeichen weiblicher Vornamen (zum Beispiel *-burg*, *-borg*, *-gard*, *-gund*, *-hild*, *-lind*, *-traud*, *-trud*), andere als Kennzeichen männlicher Vornamen (zum Beispiel *-bert*, *brecht*, *-fried*, *-hard*, *-rad*, *-mar*[135], *-ward*). Diese Unterscheidung hat sich – aus Gründen, auf die hier nicht eingegangen werden kann, – sehr früh herausgebildet. Leider er-

[134] Genauer dazu demnächst W. Seibicke: *Zur Geschichte der Bindestrich-Vornamen*; in: *Name und Geschichte* [Arbeitstitel], *Festschrift* für Henning Kaufmann, München 1977.

[135] Einzige Ausnahme: *Dagmar*.

faßt sie nicht alle Endglieder: Neben *Helmut m* steht *Almut w*, neben *Nantwig m* steht *Heilwig w*. In solchen Fällen kann man sich nur nach der üblichen Verwendung richten. Bei selten gebrauchten Vornamen, deren Einordnung unter die männlichen oder die weiblichen Vornamen folglich ungewiß ist (z.B. *Erdmut*), empfiehlt sich ein zusätzliches Merkmal, das die weibliche Form eindeutig kennzeichnet (hier: *Erdmut-e*). Mit Hilfe solcher formaler Mittel kann man zu sehr vielen männlichen Vornamen weibliche Gegenstücke bilden, und auf diese Weise hat sich der Bestand an weiblichen Namensformen im Laufe der Jahrhunderte beträchtlich vermehrt. In der Sprachwissenschaft nennt man diese Ableitung von Frauennamen aus Männernamen *Movierung* oder *Motion*. Geschichtlich läßt sich die Erscheinung bis in die indoeuropäische Vorzeit zurückverfolgen[136], wenn sich auch die sprachlichen Mittel dafür zum Teil geändert haben.

Als besonders fruchtbar haben sich folgende Ableitungselemente erwiesen:

-a oder *-e*: *Albert* – *Alberta, Alberte; Roland* – *Rolande; Wilfried* – *Wilfriede* usw. *-a* wird im Niederdeutschen und Friesischen auch verwendet, um die geschlechtsneutralen Kurzformen auf *-ke* eindeutig weiblich zu machen: *Eike* – *Eikea; Gebke* – *Gebkea*. Echte Movierung liegt vor in *Rolfkea* (zu *Rolf* oder *Rolfke*).

-ina, -ine: *Albert* – *Albertina, Albertine; Jakob* – *Jakobina, Jakobine; Konrad* – *Konradine* usw. Die Endung *-ina* ist aus dem Lateinischen übernommen worden. Sie ist besonders häufig im 17./18. Jahrhundert anzutreffen. Vielleicht hat der Brauch, die Kinder nach ihren Paten zu benennen, zur Vermehrung dieser und anderer abgeleiteter Formen beigetragen[137]; denn so konnten die Namen männlicher Paten leicht an Mädchen weitergegeben werden.

[136] Vgl. G. Schramm, S. 120ff.

[137] Siehe Abschnitt 3.6; »In Vorpommern wird das Bewußtsein für Abhängigkeit und Gleichheit der Formenentsprechung bei Männern und

-*is*: *Bertrad* – *Bertradis*; *Reinhold* – *Reinholdis*; *Richard* – *Richardis* usw. Auch diese Endung ist dem Lateinischen entlehnt.

Selten sind -*in* (*Gottliebin*) und -*ea* (*Jakobea*).

Die Endungen -*a*, -*e*, -*ina*, -*ine*, -*is* dienen außerdem zur bloßen Erweiterung weiblicher Formen: *Alburg* – *Alburga*; *Friedhild* – *Friedhilde* (vgl. auch -*burge*, -*garde*, -*gunde*, -*linde* und entsprechende Formen auf -*a*)[138], *Josefa* – *Josefine*; *Alheid* – *Alheidis* (vgl. auch -*burgis*, -*gundis*, -*hildis*, -*lindis*). Dadurch wurde die Liste der weiblichen Vornamen nochmals beträchtlich erweitert.

Ein Sonderfall der Ableitung eines Frauennamens aus einem Männernamen ist *Andrea* im Deutschen und in den skandinavischen Sprachen[139]. Es ist schwer vorstellbar, daß man einfach das -*s* der männlichen Namensform *Andreas* weggelassen habe; denn dann müßten wir zum Beispiel auch **Tobia* zu *Tobias* oder **Matthia* zu *Matthias* bilden können. Möglicherweise ist *Andrea* mit Hilfe des movierenden (zur weiblichen Form erhebenden) -*a* aus französisch *André* abgeleitet oder aus der französischen weiblichen Form *Andrée* durch Ersetzung des -*e* durch -*a* (vgl. *Louise* : *Louisa*) entwickelt worden. Das muß schon vor langer Zeit geschehen sein; denn in Schweden ist *Andrea* bereits 1693 bezeugt[140]. Wann und wo *Andrea* im deutschen Sprachgebiet erstmals auftaucht, ließ sich bisher nicht feststellen.

Ob es auch den umgekehrten Weg von Frauennamen zu Männernamen gibt oder gegeben hat, ist sehr zweifelhaft. Es hat zwar den Anschein, als sei *Amalius* erst nachträglich zu dem bekannten und im 17./18. Jahrhundert recht beliebten

Frauen durch das Patennamenbrauchtum auch weitgehend ins Volk getragen [...]« (Becke, 1947, S. 100).

138 Vom Standpunkt der Gegenwartssprache aus spielt es keine Rolle, wie die Formen im einzelnen geschichtlich zu erklären sind.

139 Im Italienischen ist *Andrea* = *Andreas*!

140 Otterbjörk, S. 142.

Frauennamen *Amalia* gebildet; tatsächlich aber stehen beide Formen schon im Lateinischen nebeneinander. Denkbar ist allerdings, daß die Namengeber um 1890[141] selbständig, d. h. ohne Kenntnis der ursprünglichen lateinischen Form, aus *Amalia* (vielleicht einem Vornamen der Mutter, der Großmutter oder einer Patin) einen männlichen *Amalius* gemacht haben. Deutlicher ist die »Vermännlichung« bei *Gesinus*, das ich mir nur als männliche Bildung zu *Gesine, Gesina* erklären kann. Weitere Beispiele für Männernamen aus Frauennamen sind kaum aufzutreiben.

6.4. Entlehnungen aus anderen Sprachen

Schaut man sich die Liste der Vornamen an, die in Heidelberg 1972–1974 mehr als zehnmal vergeben worden sind und die zusammen jeweils rd. 85% aller erteilten Mädchen- bzw. Jungennamen ausmachen, dann stellt man schnell fest, daß die Mehrzahl von ihnen nicht aus dem altdeutschen Vorrat, sondern aus anderen Sprachen stammt, seien es nun nah oder weitläufig oder gar nicht verwandte Sprachen.

I. Mädchen (insgesamt 6237 Vornamen)[142]

mehr als 100mal:	Alexandra, Christine/-a, Claudia, Maria/Marie (F), Nicole, Sandra, Stefanie, Susanne, Tanja;
50–100mal:	Andrea, Anja, Anna/-e, Annette, Barbara, Christiane, Daniela, Elisabeth (F), Eva, *Heike*, Julia, Katharina, Kat(h)rin, Katja, Kerstin, Manuela, Melanie, Michaela, Monika, Petra, Sabine, Silke, Simone, Sonja, *Ulrike*, Ursula (F);
40–49mal:	Anke, Bettina, Bianca, Carmen, Gabriele/-a, Isabel(la/-e), Karin, Marion, Martina, Renate (F), Silvia;
30–39mal:	Angelika, Beate, Birgit, Brigitte (F), Diana, Dorothea/-ee, *Inge* (F), Jutta, Margaret(h)e/-a (F), Miriam, Ruth (F), Yvonne;

141 WILHELM, S. 28.

142 (F) bedeutet: Überwiegend oder gar ausschließlich als Folgename, also an zweiter, dritter usw. Stelle, auftretend. — Die Namen werden in der am häufigsten gebrauchten Schreibweise wiedergegeben.

20–29mal: Christa (F), Corinna, Cornelia, *Elke*, Erika (F), Carolina/-e, Helga (F), Ingrid (F), Iris, Johanna (F), Judith, Kirsten, Nathalie, Nina, Regine/-a, Sibylle, *Ute/Uta*, Verena;

10–19mal: Angela, Anita, Annemarie (F), Antje, Astrid, Britta, Carola, Carolin, Charlotte, Christel, Constanze, Dagmar, Doris, Ellen, Est(h)er, Evelin(e), Lore (F), *Heidi*, Helene (F), *Hildegard* (F), Ilse, Ingeborg (F), Irene (F), Jasmin, Jeannette, Juliane, Karen, Liese-lotte (F), Luise (F), Maike/Meike, Maja/Maya, Marianne (F), Marlies(e) (F), Nadine, Natascha, Patricia, Rebekka, Rosa (F), Rosemarie (F), *Roswitha* (F), Sara(h), Tatjana, Therese/Theresia, Tina, Vera, *Waltraud* (F).

II. Jungen (insgesamt 6641 Vornamen)

mehr als 200mal: Alexander, Christian, Markus, Michael;

100–199mal: Andreas, *Frank*, Klaus, Martin, Matthias, Oliver, Peter (F), Stefan, Thomas, Thorsten;

50–99mal: Carsten, Christoph, Daniel, *Dirk*, Georg, *Günt(h)er* (F), Hans, Holger, Jens, Jochen, Johann(es), Jörg, Jürgen, *Karl* (F), Marc, Ralf, Steffen, Sven, Tobias, *Uwe*, *Werner* (F), *Wolfgang*;

40–49mal: *Bernd*, *Dieter*, *Gerhard* (F), *Heinz* (F), *Helmut* (F), Jan, Kai, Marco, Philipp, *Rainer*, Sascha, *Walt(h)er* (F);

30–39mal: Florian, *Heiko*, *Horst* (F), *Ingo*, Joachim, Manfred (F), *Robert*, *Roland* (F), *Rüdiger*, *Volker*, *Wilhelm* (F);

20–29mal: Alfred, André, Axel, *Bernhard*, Boris, Christopher, Erich (F), Erik, Felix, Franz (F), *Friedrich* (F), Harald, *Heinrich* (F), *Herbert* (F), *Hermann* (F), Josef (F), Patrick, Paul (F), René, *Richard* (F), *Rolf*, *Rudolf* (F), Sebastian, *Timo*, *Ulrich*, *Willi* (F);

10–19mal: Achim, *Albert*, Armin, Arthur, Björn, Clemens, Dominik, *Ernst* (F), *Fritz* (F), *Gerd*, Gregor, Guido, *Hendrik*, *Henning*, Jakob, Johann, *Kurt* (F), Lars, *Lothar* (F), *Ludwig* (F), Maik, Manuel, Mario, Mike, Nikolaus, Ni(e)ls, Olaf, *Otto* (F), *Siegfried* (F), *Tim(m)*, *Udo*.

Die Namen altdeutscher Herkunft sind durch Schrägdruck hervorgehoben[143]. Wie man sieht, ist ihre Zahl vor allem bei den

[143] Einige Grenzfälle, wie *Armin* oder *Meike*, sind unbezeichnet geblieben.

Mädchen sehr klein, während bei den Jungen immerhin mehr als ein Drittel zu dieser Gruppe gehört. Die Beobachtung, daß Mädchennamen gern aus anderen Sprachen geholt werden, kann man immer wieder machen; alle Untersuchungen der neuzeitlichen Vornamengebung in Deutschland bestätigen das. Anscheinend empfindet man die fremdsprachigen Namen als klangvoller, und auf den Wohlklang kommt es hier offenbar in erster Linie an (s. auch S. 34 ff.).

Zu beachten ist auch, daß hinter manchem deutschen Namen ein »F« steht, was bedeutet, daß er nicht oder nur selten an erster Stelle steht, also kaum noch als Rufname verwendet wird. Häufig werden es Namen sein, die aus Tradition von den Eltern, Großeltern oder Paten an die Kinder weitergegeben werden. Im tatsächlichen Namengebrauch, in der Anrede im täglichen Leben, werden sie deshalb noch seltener vorkommen als in der vorstehenden Übersicht.

Nun darf man aber auch nicht vergessen – und das schränkt die obige Bemerkung über den Reiz des Fremden wieder ein –, daß die Herkunftsbestimmung eine rein sprachwissenschaftliche Angelegenheit ist, die mit den Vorstellungen und Gefühlen, die ein Name erweckt, wenig zu tun hat (siehe Abschnitt 3.2). Wer keine sprachgeschichtlichen Kenntnisse besitzt – und dazu gehören doch wohl die meisten Menschen –, wird bei Durchsicht der Liste erstaunt fragen, warum dieser oder jener Vorname nicht als »deutsch« gekennzeichnet worden sei: zum Beispiel *Anke, Silke, Erika, Ilse, Antje, Helga, Ingrid, Brigitte, Jutta* und *Peter, Hans, Jörg, Jürgen, Manfred, Ralf, Erich, Franz.* Es sind Namen, die uns längst so vertraut geworden sind, daß sie gar kein Gefühl der Fremdheit mehr aufkommen lassen. Zum Teil sind sie auch nach deutschem Sprachgebrauch abgewandelt worden (wie etwa *Anke, Silke, Jörg*), und eine Reihe der niederländischen und nordischen Namensformen steht aufgrund der Sprachverwandtschaft unseren einheimischen Formen ohnehin sehr nahe.

Es ist jedoch nicht zu leugnen, daß trotz solcher Abstriche noch immer eine ziemlich lange Liste von Vornamen übrigbleibt, deren fremdsprachige Herkunft – zumindest heute noch – leicht ins Auge fällt, weil sie erst in jüngster Zeit bei uns Eingang gefunden haben oder wieder belebt worden sind. An dieser Liste sind hauptsächlich folgende Sprachen beteiligt (die Namen hinter dem Doppelpunkt stellen keine vollständige Aufzählung dar, sondern sind nur einige Beispiele):

a) das Lateinische: *Beate, Carol(in)a, Constanze, Cornelia, Diana, Julia(ne), Silvia – Dominik, Felix, Florian, Markus;*
b) das Griechische: *Alexandra, Corinna, Iris, Melanie – Alexander, Christoph, Nikolaus, Sebastian;*
c) das Hebräische: *Esther, Daniela, Judith, Miriam, Rebekka, Sara(h) – Daniel, Michael, Tobias, Thomas;*
d) das Spanische und Italienische: *Bianca, Carmen, Isabel(la), Manuela, Sandra, Tina – Manuel, Marco, Mario;*
e) das Französische: *Marion, Nadine, Nat(h)alie* (in der Aussprache [nata'li:] oder ['natali.]), *Nicole, Simone, Yvonne – André, Guido, René;*
f) das Russische: *Katja, Natascha, Nina, Sonja, Tanja, Tatjana, Vera – Boris, Sascha;*
g) die nordischen Sprachen: *Britta, Karen, Karin, Kerstin, Kirsten – Axel, Björn, Erik, Holger, Lars, Ni(e)ls, Olaf, Sven, Thorsten;*
h) das Englische: *Evelin(e), Patricia – Christopher, Mike (Maik), Oliver, Patrick;*
i) außereuropäische Sprachen: *Jasmin, Maja* (sofern diese Form nicht zu *Maria* gehört).

Diese Aufstellung bedarf allerdings der Erläuterung; denn es ist nicht ohne weiteres einzusehen, warum zum Beispiel *Patricia* unter die englischen Namen eingereiht ist. Wir müssen aber jeweils unterscheiden zwischen der Sprache, der ein Name entlehnt worden ist, und der Sprache, der er – oder seine Vorform – entstammt. *Patricia* ist seinem Ursprunge nach zweifellos ein lateinischer Name, aber er ist wahrscheinlich erst nach dem Vorbild englischer Namensträgerinnen bei uns eingeführt worden[144], nachdem auch *Patrick* im Deutschen Liebhaber gefunden hatte. *Patrick* selbst läßt sich ebenfalls auf das Lateinische *(Patricius)* zurückführen. Der Name ist mit der Christianisierung nach Irland gekommen und hat dort weite Verbreitung gefunden. Er ist aus dem Irischen ins Englische übernommen worden und erst in jüngster Zeit vom Englischen ins Deutsche

[144] Das geht auch aus einer Anfrage (an die *Gesellschaft für deutsche Sprache*) nach der Aussprache des Namens hervor.

gelangt. Bei Entlehnungen ist also nicht die etymologische Herleitung eines Namens entscheidend, sondern die jeweils vorletzte Station auf seiner Wanderung durch die Sprachen. Daraus ergeben sich freilich manche Unsicherheiten bei der Einordnung; denn nicht immer ist eine sichere Zuweisung möglich. Der Vorname *Kai* zum Beispiel kann sich sowohl an dänisch-schwedisch *Kaj* als auch an englisch *Kay* anschließen, und möglicherweise ist bei der Übernahme für Jungen eine andere Sprache Vorbild als bei der Übernahme für Mädchen. Die Aufschlüsselung nach Sprachen, wie sie oben vorgenommen worden ist, stellt also notwendigerweise eine Vereinfachung und einen Versuch dar. Maßgebend waren dabei Überlegungen, in welcher Sprache die entlehnte Namensform ihre charakteristische Gestalt erhalten hat und von welcher Sprache her sie am leichtesten zu uns dringen konnte. Dabei muß selbstverständlich völlig außer acht bleiben, auf welchen Wegen oder Umwegen ein fremdsprachiger Vorname tatsächlich die deutschen Eltern erreicht hat, die ihn dann ihrem Kinde mitgegeben haben. Es ist ja nicht ausgeschlossen, daß beispielsweise ein russischer Vorname erst in der deutschen Synchronisation einer amerikanischen Verfilmung eines russischen Stoffes die Aufmerksamkeit auf sich zieht. Aber er bleibt natürlich dennoch ein russischer Vorname. Überhaupt sind die wenigsten ausländischen Namen, die auf den Standesämtern eingetragen werden, direkt aus den Fremdsprachen entlehnt. Sobald sie ein paarmal in den Verkehr gebracht worden sind, beeinflussen diese »lebenden Beispiele« die weitere Verbreitung am Ort und in der Umgebung, ohne daß nun noch nach der Herkunftssprache gefragt wird. Die Angabe, aus welcher Sprache ein Name übernommen ist, betrifft also lediglich das Namenmuster, den Namen als Typ *(type)*, und nicht den konkreten Einzelfall *(token)*. Bei der Verbreitung eines fremdsprachigen Namens liegt der »Reiz des Fremden« daher doch wohl mehr in seiner Neuartigkeit als in seiner Herkunft aus dem Ausland. Auf die gleiche Weise könnte auch ein in Vergessenheit geratener und deshalb »fremd« anmutender Name eines Tages wieder zu neuem Leben erweckt werden. – Zu guter Letzt ist auf eine weitere Inkonsequenz der obigen Aufschlüsselung hinzuweisen: Kaum einer der als griechisch, lateinisch oder hebräisch bezeichneten Vornamen ist, wenn er heute eingetragen wird, wirklich diesen Sprachen entlehnt, sondern ihren längst zu »toten« Sprachen erstarrten Vorformen[145]; eigentlich handelt es sich hier um Anleihen bei der eigenen Vergangenheit bzw. bei einer seit Jahrhunderten bestehenden Tradition, deren Ursprünge allerdings in diesen Sprachbereichen zu suchen sind. Die Namen sind durch die Bibel, durch Geschichtswerke und viele andere Vermittler bei uns, wie in vielen anderen Sprachen, schon vor langer Zeit bekannt geworden und bis heute bekannt geblieben – auch als griechische, lateinische, hebräische Namen bekannt geblieben. Daß solche Namen zur Zeit gefragt sind, ist strenggenommen ein ganz anderer Vorgang, als wenn heute ein russischer, französischer, nordischer oder englischer Name entlehnt wird. Im übrigen trifft das aber auch auf manche dieser Namen zu; man denke nur an *Olga* oder *Marion* – Namen, die schon den Eltern und Großeltern nicht mehr fremd waren.

Die oben vorgestellte Aufgliederung soll also – mit den angegebenen Einschränkungen – vor Augen führen, aus welchen Sprach- und Kulturkreisen die heute gebräuchlichen Vornamen überwiegend genommen sind. In dieser Zusammensetzung hebt sich die gegenwärtige Namengebung von der vor fünfzig oder hundert Jahren deutlich ab. Neben der Bevorzugung bestimmter klangvoller Namen aus der christlich-antiken Tradition, die unter den Eltern und Großeltern selten oder gar nicht (mehr) vertreten waren – wie etwa *Alexandra* und *Miriam*, *Alexander* und *Markus* –, zeichnet sich ein Hang zu französischen, slawischen, nordischen und englischen Namen ab. Der Eindruck wird bestätigt, wenn man noch eine Stufe tiefer steigt zu den Namen, die im angegebenen Zeitraum (1972–74) in Heidelberg weniger als zehnmal gewählt worden sind. Hier

[145] Ganz abgesehen davon, daß die altgriechischen Namen meist über das Lateinische und die hebräischen Namen über das Altgriechische und/oder Lateinische zu uns gelangten. Hier ist nun doch — aus sprach- und wissenschaftsgeschichtlichen Gründen — der etymologische Gesichtspunkt ausschlaggebend.

findet man am ehesten echte Entlehnungen, das heißt solche Namen, die die Eltern im Bewußtsein der fremdsprachigen Herkunft geben und die deshalb erkennen lassen, von welchen Sprachen man sich vorzugsweise anregen läßt[146]. Auch von dieser Gruppe genügt eine Auswahl zur Veranschaulichung (die Ziffer hinter dem Namen gibt an, wie oft er gewählt worden ist):

französische Vornamen: *Denise* 6, *Jeannine* 5, *Madeleine* 3, *Germaine* 2, *Chantal* 2, *Colette* 2, *Désirée* 2, *Pascale* 2 – *Marcel* 8, *Pascal* 4, *Pierre* 4, *Raoul* 3, *Yves* 3;
nordische Vornamen: *Berit* 5, *Birt(h)e* 5, *Gunilla* 2 – *Jörn* 9, *Peer* 4, *Gunnar* 3, *Helge* 3, *Sören* 3, *Frithjof* 2, *Knut* 2;
slawische Vornamen: *Nadja* 8, *Tamara* 8, *Anuschka* 2, *Dunja* 2, *Feodora* 2, *Lara* 2 – *Nikolai* 8, *Mirko* 6, *Roman* 5, *Kolja* 4;
englische Vornamen: *Pamela* 8, *Vanessa* 7, *Jennifer* 5, *Kim* 5, *Jessica* 3, *Maureen* 3, *Debora* 2, *Gwendolyn* 2 – *Dennis* 6, *Norman(n)* 6, *Edward* 4, *John* 4, *Steve* 3, *Gordon* 2, *Kim* 2, *Nick* 2, *Robin* 2.

Ähnliche Beobachtungen kann man auch an anderen Vornamensammlungen der letzten zehn bis zwanzig Jahre machen. Was bisher nur aufgrund von Ermittlungen in einer mittelgroßen Stadt Südwestdeutschlands vorgeführt worden ist, gilt in großen Zügen für das gesamte Bundesgebiet. Daß die nordischen Namen in Heidelberg und überhaupt in Süd- und Mitteldeutschland einen anderen Stellenwert haben als, sagen wir, in Schleswig-Holstein, versteht sich von selbst; ebenso verhält es sich mit den französischen Namen in Norddeutschland. Selbstverständlich stimmen die Namenlisten der einzelnen Orte nie völlig überein, weder in der Reihenfolge der beliebtesten Namen noch in den einzelnen Namen selbst, die in den unteren Rängen auftreten; einige Namen bleiben weg, andere kommen hinzu. Aber im großen und ganzen sind überall die gleichen Tendenzen festzustellen. Sogar in der DDR erfreuen sich Namen aus dem französischen, englischen und nordischen Sprachgebiet großer

[146] Natürlich finden wir hierunter auch zusätzliche Belege für die anderen Sprachbereiche, zum Beispiel: *Tabea* 2, *Benjamin* 5, *David* 4 (hebr.), *Ramona* 8, *Marina* 3, *Tino* 4, *Rafael* 3, *Alberto* 2, *Dino* 2 (ital.-span.), *Stella* 3, *Romana* 3, *Olivia* 2, *Fabian* 6 (lat.). Außerdem fallen auf: *Ilona* 9, *Ilonka* 2 (ungar.), *Saskia* 9 (ndländ.; vgl. *Antje* unter den 10- bis 19mal vergebenen Vornamen).

Beliebtheit. Allerdings werden dort andere Namen bevorzugt, und die slawischen Namen treten – mit Ausnahme des tschechischen Mädchennamens *Jana* – weniger in Erscheinung (siehe Abschnitt 7.1).

Entlehnungen haben zu allen Zeiten stattgefunden, im Bereich der Namen ebenso wie im Wortschatz, je nachdem, mit welchen anderen Sprachen man in Berührung kam oder welchen kulturellen und politischen Einflüssen man ausgesetzt war. Die erste große und am längsten anhaltende Welle fremder Namen brachte die Christianisierung mit sich: Biblische Namen, Namen von Heiligen und Märtyrern ergänzten den Vorrat an überkommenen germanischen Namen und drängten diese zeitweise stark zurück. Alttestamentliche und neutestamentliche Namen wechselten miteinander ab. Auf die einzelnen Schübe einzugehen, ist hier nicht der Ort[147]. *Johannes*, *Nikolaus*, *Petrus* und hier und da auch *Jakob* laufen dabei allen übrigen Namen den Rang ab. »Auf die Namen der Dresdener Ratsmitglieder bis 1500 verteilen sich die *Johannes*, *Nikolaus* und *Petrus* wie folgt:

	14. Jh.	15. Jh.
Johannes	30,5%	33,6%
Nikolaus	23,7%	13,4%
Petrus	15,2%	3,7%

Gelegentlich ist die Reihenfolge auch etwas anders. In Bern folgt 1375/76 *Johannes* (184mal) auf *Petrus* (192), danach *Nikolaus* (34) und *Jakob* (15). In Breslau steht *Nikolaus* (26,4%) in der Zeit von 1361–1400 vor *Johannes* (20,2%)«.[148] Unter den Mädchennamen nehmen *Margarethe*, *Katharina*, *Elisabeth*, *Anna*, *Ursula* eine Vorrangstellung ein. Das Zeitalter des Humanismus brachte weitere griechisch-lateinische Namen aus der Lektüre antiker Schriftsteller hinzu; alte deutsche Namen wurden manchmal übersetzt (zum Beispiel *Gerhard* in *Erasmus*, *Jost* in *Justus*). Französische Vornamen kamen im 17./18. Jahrhundert in Mode (*Lisette*, *Henriette*, *Annette*,

[147] Siehe hierzu FLEISCHER, *Personennamen*, S. 46ff.; BACH, §§ 274ff.
[148] FLEISCHER, *a.a.O.*, S. 51; siehe auch Abschnitt 7.2.

Babette, Charlotte, Louise, Adele, Emil, Eduard, Louis). Daneben machte die Schäferpoesie des Rokoko (18. Jahrhundert) mit neuen griechischen und lateinischen Namen bekannt *(Damis, Chrysander, Doris, Phyllis, Chlorinde, Lucinde)*, freilich mehr in der Literatur als im Leben. Von der zweiten Hälfte des 18. Jahrhunderts an holt man sich des öfteren Namen aus dem englischen Sprachgebiet (*Selma, Oskar; Willy, Harry, Edwin, Ellen, Edith, Ellinor, Jenny, Betty, Lizzy* u. a.). Auch die slawischen und die nordischen Sprachen steuern immer wieder neue Elemente bei *(Ludmilla, Olga, Wanda; Ladislaus, Nepomuk, Stanislaus, Wenzel – Gudrun, Ingrid, Sigrid; Gustav, Helge, Hjalmar, Knut).*

Überall da, wo man mit anderssprachiger Bevölkerung in Berührung kommt – sei es in gemischten Siedlungsgebieten, sei es in unmittelbarer Nachbarschaft fremdsprachiger Völker, mit denen man über die Grenzen hinweg verkehrt –, bleiben Wort- und Namenanleihen nicht aus. Aber nicht allen diesen Lehnnamen gelingt es, sich allgemein im Sprachgebiet durchzusetzen; meist bedürfen sie dazu der Hilfe der Literatur oder anderer kultureller Kräfte. Ich vermute daher, daß sie in der Vergangenheit zunächst auf höhere Schichten beschränkt waren und erst in einigem zeitlichen Abstand von den unteren Schichten aufgegriffen wurden. Sicherlich gibt es diese Erscheinung noch heute, aber sie läßt sich viel schwerer fassen. Die Streuung der neu aufgenommenen Vornamen ist jetzt, wie es scheint, in allen Bevölkerungsschichten groß. Sprachkenntnisse, literarische Bildung und unmittelbarer Kontakt sind nicht unbedingt erforderlich; Fernsehen, Film, Zeitungen und Zeitschriften bieten täglich ein breites Spektrum von Namen aus aller Welt dar, von denen sich einige mit der Zeit einprägen. Aber natürlich erweitern auch Auslandsreisen die Namenkenntnisse. Bei dieser Sachlage ist es nicht verwunderlich, daß nicht die Namen einiger »Stars« das Bild bestimmen, sondern die Wahl auf viele verschiedene Vornamen fällt.

Hält man sich an MACKENSENS Vornamenbuch, so gewinnt man den Eindruck, daß auch den ausländischen Gastarbeitern mehr und mehr Namen abgeguckt werden. Da liest man zum Beispiel türkische Namen wie *Ayşe, Dilek, Emina, Hatice,*

Hülya, Filiz, Inci, Kerima, Neriman, Sevda, Şükran, Yaşar (weibl.) und *Bilent (= Bülent), Erdal, Ertugrul, Hakan, Karim, Nihat, Orhan, Ümit, Ufuk* (männl.), deren türkische Herkunft zum Teil gar nicht erkannt worden ist, aber auch spanische Namen wie *Concepción, José* (w.!), *Presentación, Reyes*, italienische wie *Addolorato* (sic!), *Enza*, jugoslawische wie *Nevanka, Parbora, Salwa, Branco* (!), griechische wie *Evangelos, Konstandinula* (!), *Labrini (= Lambrini), Niku* und viele andere fremdartige Namen[149]. Tatsächlich haben diese mit der Namengebung deutscher Eltern nichts zu tun. Aus den Orts- und Jahresangaben bei MACKENSEN geht hervor, daß sich der Verfasser von den Standesamtslisten, in denen die Namen deutscher und ausländischer Kinder gewöhnlich nicht getrennt aufgeführt sind, dazu hat verleiten lassen, die Ausländernamen zu den im Deutschen gebrauchten Namen hinzuzuzählen. Dadurch entsteht ein arg verzerrtes Bild. Vielleicht kommt es einmal dazu, daß auch von diesen Namen einige übernommen werden. Vorläufig aber spielen sie in der Namengebung bei uns keine Rolle. Sozialpsychologische Gründe sprechen auch dagegen, daß gegenwärtig Namen von Gastarbeitern rasch Nachahmung finden; denn die soziale Stellung dieser Menschen ist zu niedrig, ihr Ansehen in der Gesellschaft zu gering, als daß man sich ihnen irgendwie anzugleichen versuchte. Eher ist zu erwarten, daß Namen, die leicht mit Gastarbeitern in Verbindung gebracht werden könnten, gemieden werden. Man kann hingegen beobachten, daß ausländische Eltern ihren Kindern Namen geben, die bei uns gebräuchlich und zur Zeit beliebt sind[150] – wahrscheinlich ist dies ein Anzeichen dafür, daß diese Familien gewillt sind, in der Bundesrepublik zu bleiben –, oder daß sie zu übernational verbreiteten Vornamen greifen, mit denen die Kinder weder hier noch in der Heimat auffallen.

[149] Die Schreibweise der ausländischen Namen ist bei MACKENSEN nicht selten fehlerhaft. — Ähnlich irreführend ist die Namenliste im Sonderheft »Schwangerschaft« 1976 der Zeitschrift *Eltern*, S. 72f.; s. dazu W. SEIBICKE: *Vorsicht, Falle! Offener Brief an die Zeitschrift »Eltern«*; in: *SD*, 1976, S. 131—133.

[150] K. WÖRTER meint sogar (S. 66), daß Italiener ihren Kindern besonders gern norddeutsche Vornamen geben.

Zu guter Letzt ist noch an die Aussiedler aus Polen zu erinnern. Sie haben einige polnische Namen mitgebracht (zum Beispiel *Biruta, Danuta, Roman*), die vielleicht dereinst in den Grundstock unseres Namenvorrates eingehen werden.

6.5. Neue Namen

Die größte Gruppe unter den neuen Namen bilden die Übertragungen aus dem Wortschatz der Pflanzenbezeichnungen, besonders Blumennamen. Sie treten ausnahmslos als Mädchennamen auf. Man muß dabei allerdings unterscheiden zwischen Blumennamen, die als Vornamen verwendet werden, und Vornamen, die fälschlich als Blumennamen verstanden werden. So ist *Erika* zum Beispiel ursprünglich die weibliche Form zu *Erich*, nordisch und niederdeutsch *Erik*. Aber es gibt daneben das Wort *Erika* als Bezeichnung des Heidekrauts. Da die beiden Bezeichnungen äußerlich übereinstimmen, kann man sie miteinander verwechseln, und weil sicherlich nicht jeder weiß, wie es zu dem Vornamen *Erika* gekommen ist, werden nicht wenige Eltern bei der Namengebung an die Pflanze Erika gedacht haben, und auch die *Erika* genannten Töchter selbst werden ihren Namen so auslegen. *Rose, Heide, Linde* haben ihrem Ursprung nach ebenfalls nichts mit den gleichlautenden Pflanzennamen zu tun, vielmehr sind es Kurzformen von *Roswitha, Adelheid, Sieglinde* und ähnlichen zweigliedrigen Namen; vermutlich gehört auch *Birke* hierher. Dennoch liegt der Gedanke an die gleichnamigen Pflanzen stets nahe. Nimmt man nun noch fremdländische Namen wie *Viola, Violetta, Fleur, Flora* (der anfangs wohl als Name der personifizierten Blumengöttin vergeben wurde), *Daisy* (englisch ›Maßliebchen‹) hinzu, dann wird begreiflich, warum im Laufe der Zeit immer mehr Blumennamen als Mädchennamen Verwendung gefunden haben, ganz abgesehen davon, daß man Mädchen gern mit Blumen vergleicht. (Was ist hier Ursache und was Folge?) Um nur ein paar Beispiele zu nennen: *Akelei, Amaryllis, Anemone, Azalee, Cosmea, Hortensia, Iris*. Ob auch der aus dem Orient stammende Name *Jasmin* hierher gehört, ist nicht ganz sicher.

Mit solchen Namen ist die Abgrenzung zwischen »echten« und »unechten« Vornamen unscharf geworden. Als gebräuchliche *Wörter* unserer Sprache dürften sie eigentlich nicht als Vornamen »ihrem Wesen nach« (siehe Abschitt 2.2) angesprochen werden. Aber wenn nun einmal *Viola* zulässig ist, warum sollte es dann *Anemone* nicht auch sein? Je mehr Pflanzennamen als Mädchennamen akzeptiert werden, um so schwerer fällt es, neue Übertragungen dieser Art zurückzuweisen. Sogar *Rapunzel* ist schon als Vorname eingetragen worden. Es ist vielleicht nicht überall in Deutschland bekannt, daß *Rapunzel* eine aus dem Mittellateinischen entlehnte landschaftliche Bezeichnung für den Feldsalat ist. Die Eltern scheinen eher an die Gestalt aus dem GRIMMschen Märchen gedacht zu haben, doch in der Geschichte, die der Name bei jedem in Erinnerung ruft, wird ja der Name gerade aus dem Pflanzenwort hergeleitet:

Ein Ehepaar wünscht sich sehnlich ein Kind. Als die Frau endlich schwanger geht, bekommt sie unbändigen Appetit auf Rapunzeln, die im Garten der Nachbarin, einer Zauberin, wachsen. Der Ehemann steigt nachts heimlich über die Mauer, um den Wunsch seiner Frau zu erfüllen, wird aber beim dritten Mal von der Besitzerin ertappt und nur unter der Bedingung freigelassen, daß das Kind ihr überlassen werde. So geschieht es denn auch, und die Zauberin erteilt dem Mädchen, das von der Frau geboren wurde, den Namen *Rapunzel*.

So weit die Geschichte. Die Benennung nach einer Gemüsepflanze ist hier durch die Vorgeschichte, den übermächtigen Schwangerschaftsappetit der jungen Frau und den Diebstahl des Mannes, hinreichend begründet; für eine Märchenfigur jedenfalls genügt diese Benennungsmotivation völlig. Eine andere Frage ist es aber, ob man einer realen Person eine Freude macht, wenn man diesen Namen auf sie überträgt. Angesichts des »sprechenden« Charakters solcher Namen – man denke etwa auch an *Schneewittchen* – und der Bekanntheit der Geschichten, in denen sie vorkommen, sollte man sie lieber in ihrer Märchenwelt belassen. Aus ähnlichen Gründen werden die Standesbeamten Blumennamen, deren Benennungen aus dem Wortschatz der Gegenwartssprache verständlich sind, zurückweisen: *Maßliebchen* (statt *Daisy*), *Tausendschön* usw.

Es hat in den letzten zweihundert Jahren auch nicht an Versuchen gefehlt, Familiennamen und geographische Bezeichnungen (Örtlichkeitsnamen oder Toponyme) in Vornamen überzuführen, teils mit Hilfe von Ableitungsendungen (Suffixen), teils durch unveränderte Übernahme. »Die Begeisterung im Freiheitskampf gegen Napoleon hat [...] recht merkwürdige Blüten von Vornamen hervorgebracht: Mädchen wurden *Blücherine* und *Gneisenauette*, ja sogar *Katzbachine* (nach der Schlacht an der Katzbach, 1813) und Jungen *Waterloo* (1815) genannt, auch *Landsturmine* begegnet. – Eine Urenkelin Ernst Moritz Arndts, 1872 in Koblenz geboren, erhielt die Namen *Claudia Caroline Sedanie Arndt* (nach der Schlacht bei Sedan, 1870). Der auch sonst in jenen Jahren vorkommende Name *Sedanie* mag immerhin an *Sidonie* angelehnt sein, ebenso wie *Gravelotte* (1870) an *Charlotte*. Aber *Napoleon* verlor seine Anziehungskraft nicht völlig: Um 1900 erscheint der Vorname in Berlin. Auch *Bismarck*, *Zeppelin*, *Hindenburgia* sind als Vornamen verwendet worden. In Mecklenburg soll in der Zeit der faschistischen Herrschaft sogar der Name *Hitlerine* gegeben worden sein[151].« Die Beispiele sind wohl abschreckend genug, so daß vor ihrer Nachahmung nicht ausdrücklich gewarnt zu werden braucht, und der Verwendung unveränderter Familiennamen als Vornamen hat der Gesetzgeber inzwischen einen Riegel vorgeschoben. Auch geographische Bezeichnungen sind als Vornamen nicht mehr zugelassen, doch hier gibt es Grenzfälle. Gewiß, *Berlin*, *Rom*, *Prag* oder *Rügen* sind als Vornamen nicht geeignet, obwohl *Rü-gen* schon eine starke Ähnlichkeit mit *Jür-gen* hat. Muß man jedoch bei *Cortina* heute noch unbedingt an Cortina d'Ampezzo denken, den Ort, wo 1956 die VII. Olympischen Winterspiele ausgetragen wurden? Es gibt doch so viele Mädchennamen auf *-(t)ina*, daß *Cortina* unter ihnen kaum auffällt. (Viel aufdringlicher wirkt da der 1972 während der Olympischen Spiele in München tatsächlich eingetragene Jungenname *Olympus*[152]!) Ähnlich steht es mit dem Namen

[151] Fleischer, *Personennamen*, S. 67.
[152] Zeitungsmeldung vom September 1972.

Kolmar, der äußerlich sehr gut zu den zahlreichen Jungennamen auf *-mar* paßt. Hier und da werden immer wieder solche Grenzfälle durchgehen, weil man diesen Formen den Personennamen- oder Vornamencharakter nicht völlig absprechen kann. Solange es bei Einzelfällen bleibt – und bislang haben sie keine spürbare Nachfolge gefunden –, entsteht daraus keine Gefahr.

Der Verwendung von *Germania* als Vorname geht eine Personifizierung der lateinischen Landesbezeichnung *Germania* ›Germanenland‹ voraus. Ohne diese Zwischenstufe, aber zweifellos in Anlehnung an die bei solchen Bildungen immer mögliche Deutung als Name für eine weibliche Symbolgestalt, ist vor kurzem *Silesia,* die latinisierte Bezeichnung für *Schlesien,* als Mädchenname gewählt worden. – Wie *Che* und *Eitel* zu Vornamen wurden, ist im Namenteil dieses Buches kurz beschrieben. Ihre Entwicklung ist so außergewöhnlich, daß sie kaum Schule machen wird.

Neue Namen entstehen nicht nur durch die Umwandlung von Wörtern in Namen und von Eigennamen anderer Art in Vornamen, wovon eben die Rede war, sondern auch durch die Zusammenfügung von Namenbruchstücken zu neuen Formen. Mit der weiter vorn (S. 50) erwähnten Bildung *Wladlen* aus *Wlad(imir) Len(in)* in der Sowjetunion ist dieses Verfahren bereits angedeutet worden. Charakteristisch daran ist, daß Silben oder Lautfolgen zweier verschiedener, getrennt existierender Namen zu einer noch nicht dagewesenen Lautgestalt vereinigt werden. So ist aus *An(na)* + *Cla(us)* der neue Name *Ancla* gebildet worden, aus *Helm(ut)* + *(Gis)ela: Helmela,* aus *In(geborg)* + *Ja(kob): Inja,* aus *Ja(kob)* + *Ma(ria): Jama,* aus *Ha(ns)* + *Jo(achim)* (oder *Jo[sef]*): *Hajo;* wahrscheinlich gehört auch *Muthgard* (aus *[Hel]muth* + *[Hilde]gard, [Edel]gard* oder einem ähnlichen Namen) hierher. Auf den ersten Blick ähnelt diese Methode der altüberlieferten Kombination aus zweigliedrigen Namen (*Siegfried* + *Gertud* = *Gerfried, Friedger, Siegtrud,* siehe Abschnitt 3.5); ein wesentlicher Unterschied besteht jedoch darin, daß hier eben nur *Teile* der Namenglieder (oder Namen) und nicht die Namenglieder selbst neu zusammengestellt werden. Diese Art der Neubildung scheint erst in jüngster Zeit aufgekommen zu sein[153]. Angeregt worden ist sie vielleicht von verwandten Erscheinungen im Wortschatz, wo nach amerikanischem Vorbild[154] Wortfragmente zu neuen Wörtern vereinigt werden, zum Beispiel *Motor* + *Hotel* zu *Motel*, *Kur* + *Urlaub* zu *Kurlaub* wie engl. *smoke* ›Rauch‹ + *fog* ›Nebel‹ zu *smog*. Sofern das Ergebnis der »Operation« so ausfällt wie bei den obengenannten Namen, die sich in ihrer Klanggestalt dem Reigen herkömmlicher Formen recht harmonisch einfügen, ist dagegen nichts einzuwenden. Es können ja auch »normale« Namenformen daraus hervorgehen, zum Beispiel *Insa* aus *In(go)* + *Sa(bine)* (s. auch *Hajo* im Vornamenverzeichnis).

[153] Zu einigen vereinzelten Vorläufern vgl. BACH, § 320 (S. 56).

[154] Das Russische ist zwar in ähnlicher Weise produktiv (außer *Wladlen* und den anderen in Abschnitt 3.4 angeführten Beispielen — weitere bei BONDALETOV, S. 11 — vgl. *Agitprop, Komintern, Komsomol* u.a.m.), aber daß von daher die Namengebung bei uns beeinflußt worden wäre, ist unwahrscheinlich.

7. Namenmoden und Namenlandschaften

7.1. Modenamen und modische Namen

»Alles in der lieben veränderlichen Welt ist dem allgewaltigen Zepter der Mode unterworfen. Diese selbst aber scheint wieder der Herrschaft eines sogenannten Zeitgeistes, die bald ausgebreiteter bald beschränkter, bald von längerer bald von kürzerer Dauer ist, unterthänig seyn zu müssen. Auch bei den Namen, welche die lieben Menschenkinder [...] tragen, ist diese Herrschaft der Mode nicht zu verkennen«.[155] Dieser Ausspruch, vor hundertfünfzig Jahren geprägt, ist noch heute unverändert gültig. Vielleicht ist man geneigt, hinzuzufügen, daß die Mode heute schneller und gründlicher wechsle als früher und daß sie weiter um sich greife, weil immer weniger Menschen an überlieferten Normen festhalten. In den Modeerscheinungen drückt sich ja auch sozialer Wandel aus[156], und solcher Wandel vollzieht sich in der heutigen Gesellschaft anscheinend in kürzeren Abständen als in der Vergangenheit. Aber im allgemeinen sind derartige Veränderungen in der Geschichte nichts Ungewöhnliches und haben schon unsere Vorfahren beschäftigt. Die Mode ist, wie RENÉ KÖNIG schreibt, »seit altersher ein Lieblings-

[155] Siehe DOLZ, S. 3.

[156] »Die Beschäftigung mit der M[ode] ist also ausgerichtet auf den ›sozialen Wandel‹, nur daß sie sich gewissermaßen auf die Analyse der Oberflächenschicht sozialen Geschehens beschränkt und (zumeist) die tieferen Veränderungen des sozialen Systems nicht berührt, die struktureller Natur sind. Gelegentlich aber werden modische Wandlungen auch zum Ausdruck fundamentalster und entscheidendster Wandlungen [...]« (RENÉ KÖNIG, Artikel *Mode* im *Wörterbuch der Soziologie*, hrsg. von W. Bernsdorf u.a., Stuttgart ²1969, S. 717).

thema der Philosophen«[157] und reizt heute Soziologen und Kulturkritiker nicht minder. Doch auch derjenige, der sich keine Gedanken darüber macht, woher Moden kommen, auf welchen Wegen sie sich ausbreiten und wie sie sich auf das Verhalten der Menschen auswirken, beobachtet mit Neugier, was um ihn herum vorgeht, sei es als interessierter oder amüsierter Zuschauer, sei es in der Absicht, sich dem gerade Gängigen anzupassen oder von ihm abzusetzen. »*In der Mode* sein«, meinte der Philosoph IMMANUEL KANT vor fast zweihundert Jahren, »ist eine Sache des Geschmacks; der *außer* der Mode einem vorigen Gebrauch anhängt, heißt *altväterisch*; der gar einen Wert darin setzt, außer der Mode zu sein, ist ein *Sonderling*. Besser ist es aber doch immer, ein Narr in der Mode als ein Narr außer der Mode zu sein [...]«.[158]

Um festzustellen, was sich zur Zeit in der Vornamengebung tut, sieht man zuerst darauf, welche Namen die Eltern besonders oft vergeben. Schön wäre es, wenn nach einem festen Plan an verschiedenen Orten der Bundesrepublik regelmäßig alle Namen der Neugeborenen ausgezählt würden; denn es ist nicht zu erwarten, daß überall dieselben Namen an der Spitze stehen. Leider können wir uns nicht auf solche systematischen Untersuchungen stützen und müssen daher versuchen, aus einigen zufällig greifbaren Listen auf die allgemeinen Tendenzen zu schließen. Für 1973 stehen fünf Statistiken zur Verfügung, vier davon aus dem südwestdeutschen Raum[159]. Die zwanzig häufigsten Namen sind dort (kursiv gesetzt sind die Vornamen,

[157] KÖNIG, *a.a.O.*

[158] IMMANUEL KANT, *Anthropologie*, 1798, ^{2}1800, § 68 (»A. Vom Modegeschmack«), zitiert nach der Ausgabe in 12 Bänden, hrsg. von W. Weischedel (Theorie-Werkausgabe), Bd. 12, Frankfurt a. M. 1964, S. 571f.

[159] Die Heidelberger Liste habe ich selbst aus den Geburtsanzeigen zusammengestellt, die mir das Standesamt regelmäßig zukommen läßt (nur eheliche Kinder; die Kinder ausländischer Ehepaare habe ich nicht berücksichtigt). Herrn BECHTLE danke ich für seine statistischen Ermittlungen in Stuttgart, Herrn ROLF STADEL für seine Jahresberichte aus Freiburg i. Br. und Herrn Direktor SPYRA für die Überlassung der Unterlagen aus dem Statistischen Amt der Stadt Karlsruhe.

die in allen vier Städten in dieser Spitzengruppe vorkommen)[160]:

Mädchen 1973

Heidelberg	Karlsruhe	Freiburg i. Br.	Stuttgart
Tanja	*Nicole*	Tanja	*Sabine*
Sandra	Tanja	*Sandra*	*Claudia*
Stefanie	*Sandra*	*Sabine*	*Christine*
Claudia	Susanne	*Claudia*	Petra
Nicole	*Alexandra*	*Silke*	*Alexandra*
Christine	*Claudia*	*Nicole*	Anja
Alexandra	*Christine*	*Michaela*	*Nicole*
Simone	*Sabine*	*Alexandra*	*Sandra*
Melanie	*Silke*	*Christine*	*Melanie*
Michaela	*Michaela*	Stefanie	Sonja
Susanne	Andrea	*Daniela*	*Daniela*
Sabine	*Daniela*	Katja	*Michaela*
Andrea	*Melanie*	Susanne	Birgit
Silke	Stefanie	Petra	*Simone*
Bianca	*Simone*	Anja	*Silke*
Anja	Manuela	*Simone*	Bianca
Kerstin	Petra	Manuela	Gabriele
Manuela	Martina	[*Melanie*][161]	Monika
Kat(h)rin	Silvia	Kat(h)rin	Silvia
Daniela	Sonja	Annette]	Andrea

[160] Den Vornamen *Maria*, der in der Stuttgarter Liste an dritter Stelle erscheint, habe ich in meiner Übersicht weggelassen, weil er nur noch selten als Erstname eingetragen wird. Zur näheren Begründung siehe S. 131. — Hier und in den folgenden Tabellen habe ich die Schreibweise der Namen weitestgehend vereinheitlicht.

[161] Die drei letzten Namen sind hier und bei den Jungennamen eingeklammert, weil sie in der Vorlage nur mit dem Vermerk »in letzter Zeit erscheinen ...« an die Liste angeschlossen sind. Daraus geht nicht hervor, ob die Namen tatsächlich diese Position einnehmen.

Jungen 1973

Heidelberg	Karlsruhe	Freiburg i. Br.	Stuttgart
Michael	*Michael*	*Andreas*	*Alexander*
Christian	*Christian*	*Stefan*	*Andreas*
Stefan	*Markus*	*Michael*	*Markus*
Markus	*Thomas*	*Markus*	*Michael*
Thomas	*Andreas*	*Christian*	*Stefan*
Andreas	*Stefan*	*Thomas*	Mark
Alexander	*Alexander*	Frank	*Thomas*
Thorsten	*Matthias*	Ralf	Tobias
Frank	*Thorsten*	*Alexander*	*Matthias*
Mark	Sven	*Matthias*	*Oliver*
Matthias	Frank	*Dirk*	*Christian*
Oliver	*Oliver*	Martin	*Dirk*
Carsten	Martin	Daniel	Ralf
Daniel	Daniel	*Oliver*	Robert
Dirk	Tobias	*Thorsten*	*Thorsten*
Martin	Patrick	Patrick	Jan
Christoph	Mark	Carsten	Peter
Jens	*Dirk*	Christoph [161]	Johannes
Jörg	Heiko	Jürgen	Jens
Steffen	Marco	Manfred	Jörg

Wie man sieht, sind die Übereinstimmungen recht groß, wenn sich auch die Reihenfolge von Stadt zu Stadt ein wenig verschiebt. Von den insgesamt 29 Mädchennamen kehren 11 in allen vier Reihen wieder: *Alexandra, Christine, Claudia, Daniela, Melanie, Michaela, Nicole, Sabine, Sandra, Silke, Simone;* von ihnen kommt nur *Daniela* nirgendwo über den elften Platz hinaus. Bei den Jungen ziehen sich ebenfalls 11 der insgesamt 32 Vornamen durch alle Reihen: *Alexander, Andreas, Christian, Dirk, Markus, Matthias, Michael, Oliver, Stefan, Thomas, Thorsten;* von ihnen bleibt nur *Dirk* ausschließlich in der unteren Hälfte. Je dreimal erscheinen 7 Mädchen- und 4 Jungennamen: *Andrea, Anja, Manuela, Petra, Stefanie, Susanne, Tanja – Daniel, Frank, Mark, Martin;* je zweimal 4 Mädchen- und 7 Jungennamen: *Bianca, Kat(h)rin, Silvia, Sonja – Christoph, Jens, Jörg, Carsten, Patrick, Ralf, Tobias;* je einmal 7 Mädchen- und 10 Jungennamen: *Annette, Birgit, Gabriele, Katja, Kerstin, Martina, Monika – Heiko, Jan, Johannes, Jürgen, Manfred, Marco, Peter, Robert, Steffen, Sven.* Die Übereinstimmung wäre wahrscheinlich noch größer, wenn die Auszählung überall nach den gleichen Grundsätzen vorgenommen worden wäre. In den Listen für Heidelberg, Karlsruhe und Freiburg i.Br. sind nur die an erster Stelle eingetragenen

Heidelberg 1973

Mädchen		Jungen	
Erstnamen	alle Vornamen	Erstnamen	alle Vornamen
Tanja	Christine	Michael	Michael
Sandra	Nicole	Christian	Christian
Stefanie	Tanja	Stefan	Alexander
Claudia	Sandra	Markus	Stefan
Nicole	Stefanie	Thomas	Thomas
Christine	Claudia	Andreas	Andreas
Alexandra	Maria (!)	Alexander	Markus
Simone	Susanne	Thorsten	Thorsten
Melanie	Alexandra	Frank	Peter (!)
Michaela	Michaela	Mark	Matthias
Susanne	Simone	Matthias	Oliver
Sabine	Elisabeth (!)	Oliver	Klaus (!)
Andrea	Andrea	Carsten	Marc
Silke	Melanie	Daniel	Frank
Bianca	Ursula (!)	Dirk	Martin
Anja	Sabine	Martin	Carsten
Kerstin	Silke	Christoph	Wolfgang (!)
Manuela	Katharina (!)	Jens	Georg (!)
Kat(h)rin	Bianca	Jörg	Daniel
Daniela	Anja	Steffen	Werner (!)

Vornamen (Erstnamen) erfaßt worden, die in der Regel auch die späteren Rufnamen abgeben. In Stuttgart dagegen sind sämtliche Vornamen ausgezählt worden, jedoch nicht von allen Neugeborenen, sondern nur in einer Stichprobe von insgesamt 1000 Kindern. Das führt zwangsläufig zu Verschiebungen in der Reihenfolge, wie man aus der vorstehenden Gegenüberstellung anhand der Unterlagen aus Heidelberg feststellen kann (am wenigsten freilich bei den Jungennamen).

Einige Namen werden besonders gern als Erstnamen – und damit zumeist als Rufnamen –, andere häufiger als Folgenamen (an zweiter oder dritter Stelle) gegeben. Es tauchen jetzt auf einmal auch Namen auf, die nicht als »modern« gelten können. Wahrscheinlich sind es in der Hauptsache Namen aus der Familie oder von Paten. So sind wohl zum Beispiel auch *Robert* und *Monika* in der Stuttgarter Liste zu bewerten. Wären dort ebenfalls nur die Erstnamen ausgezählt worden, stieße man sicherlich auf weitere »Bekannte« unter den ersten 20 Vornamen.

Zumindest die Vornamen, die mehr als einmal in den ersten vier Listen vertreten sind, kann man mit Sicherheit zu den beliebtesten Vornamen des Jahres 1973 zählen. (Sie sind übrigens überall vertreten und geraten nur infolge des willkürlichen Schnittes hinter dem 20. Namen hier und da ins Hintertreffen.) Man kann im allgemeinen damit rechnen, daß in den genannten vier Städten mindestens jedes zweite Kind einen dieser 29 + 32 = 61 Vornamen als Erstnamen erhalten hat[162].

Es könnte allerdings sein, daß diese Feststellungen nur für Südwestdeutschland gelten. Zum Glück können wir für 1973

[162] In Heidelberg bestreiten die ersten 20 Mädchennamen rd. 47% (in Karlsruhe rd. 44%), die ersten 20 Jungennamen rd. 55% (in Karlsruhe rd. 45%), alle 29 Mädchennamen rd. 54% (in Karlsruhe rd. 51%) und alle 32 Jungennamen rd. 64% (in Karlsruhe rd. 51%) sämtlicher im Jahre 1973 vergebenen Erstnamen. In Karlsruhe liegen die Werte durchweg etwas niedriger, weil hier in der Gesamtzahl auch die Ausländerkinder enthalten sind.

wenigstens eine Liste aus einem anderen Landstrich zum Vergleich heranziehen, nämlich die aus Hamburg:

1973

Mädchen		Jungen	
Hamburg	Südwestdeutschland[163]	Hamburg	Südwestdeutschland
Nicole	*Alexandra*	*Stefan*	*Alexander*
Tanja	*Christine/-a*	*Michael*	*Andreas*
Stefanie	*Claudia*	Sven	*Christian*
Melanie	*Daniela*	*Andreas*	*Dirk*
Christine/-a	*Melanie*	*Christian*	*Markus*
Sandra	*Michaela*	*Markus*	*Matthias*
Bianca	*Nicole*	Marco	*Michael*
Claudia	*Sabine*	Jan	*Oliver*
Kathrin	*Sandra*	André	*Stefan*
Nina	Silke	*Mark*	*Thomas*
Alexandra	Simone	*Oliver*	*Thorsten*
Maike	Andrea	*Matthias*	Daniel
Daniela	Anja	*Thomas*	*Frank*
Michaela	Manuela	*Alexander*	*Mark*
Katja	Petra	*Frank*	*Martin*
Yvonne	*Stefanie*	*Thorsten*	Christoph
Britta	Susanne	*Dirk*	Jens
Sabine	*Tanja*	*Martin*	Jörg
Sonja	*Bianca*	Lars	Carsten
Julia	*Kathrin*	Sascha	Patrick
	Silvia		Ralf
	Sonja		Tobias

Erstaunlicherweise ergeben sich wiederum zahlreiche Übereinstimmungen: Jeweils 14 Vornamen sind beiden Namenreihen gemeinsam! Außerdem finden wir *Marco* und *Sven*

[163] Die Ordnung der südwestdeutschen Namen folgt der oben, S. 129f., ermittelten Verteilung: zuerst die Namen, die in allen vier Städten vorkommen, dann die dreimal und schließlich die zweimal vertretenen.

auch in Karlsruhe, *Jan* in Stuttgart und *Katja* in Freiburg wieder (s. o.). Es bleiben somit nur 5 Mädchen- und 3 Jungennamen als Hamburger Besonderheit übrig: *Britta, Julia, Maike, Nina, Yvonne – André, Lars, Sascha.* Natürlich ist die Reihenfolge anders als in den Listen aus den südwestdeutschen Städten.

Die Beliebtheit einzelner Namen offenbart sich auch darin, daß sie in mehrfach abgewandelter Form auftreten. Man braucht nur einmal die vollständigen Statistiken daraufhin durchzusehen. Bei den Jungen bildet *Markus* zusammen mit *Mark*, *Marco* und *Marcel* die absolute Spitze; es folgt *Stefan* mit *Steffen;* aber auch *Andreas* und *André*, *Christian* und *Carsten* (eine niederdeutsche Form von *Christian*), *Michael* und *Mike/Maik*, *Jan* und *Jens* (zu *Johann/Johannes*) oder *Jörg*, *Jürgen*, *Jörn* und *Jürn* (zu *Georg*) bestreiten jeweils recht ansehnliche Anteile. Bei den Mädchen überwiegt *Christine/Christina* mit den Varianten *Kerstin*, *Kirsten*, *Kristin*, *Christiane;* beliebt sind ferner die Namen»familien« um *Katharina (Kathrin, Katja, Karen, Karin)*, *Brigitte* (*Birgit*, *Birte*, *Britta* usw.) und *Anna (Anja, Anke, Antje, Annika)*. Bemerkenswert ist schließlich, daß sich unter den Spitzenreitern mehrere Namenpärchen oder -geschwister befinden: *Alexandra* und *Alexander*, *Christine* und *Christian*, *Michaela* und *Michael*, *Stefanie* und *Stefan*, *Andrea* und *Andreas*, *Daniel* und *Daniela* (die beiden letztgenannten Paare nicht in Hamburg; dort erscheinen *Andrea* und *Daniel* erst an späterer Stelle).

In den jüngsten Statistiken aus Freiburg i. Br., Karlsruhe und Heidelberg zeichnen sich, abgesehen von den unausbleiblichen Verschiebungen in der Reihenfolge, keine umwälzenden Veränderungen ab.

Von den 20 Spitzenreitern des Jahres 1973[164] sind in Freiburg noch 16, in Heidelberg noch 15 und in Karlsruhe noch 13 vorhanden. *Manuela* ist aus allen drei Listen geschwunden; *Sabine* und *Silke* sind in Karlsruhe und Heidelberg zurückgetreten, *Michaela* ist in Freiburg und Heidelberg ausgeschieden. Unter den neu hinzugekommenen Namen treten zweimal auf: *Julia*

[164] Vgl. die Tabelle S. 128.

Mädchennamen 1975

Freiburg i. Br.	Karlsruhe	Heidelberg
Sandra	Sandra	Sandra
Stefanie	Stefanie	Tanja
Claudia	Melanie	Christine
Tanja	Nicole	Stefanie
Simone	Tanja	Nicole
Katja	Christine	Daniela
Andrea	Kathrin	Katja
Melanie	Claudia	Andrea
Silke	Nadine	Simone
Alexandra	Sonja	Julia
Kerstin	Alexandra	Anja
Nicole	Anke	Yvonne
Daniela	Julia	Claudia
Sabine	Daniela	Kathrin
Christine	Andrea	Susanne
Sonja	Britta	Melanie
Heike	Michaela	Nadine
Kathrin	Simone	Alexandra
Susanne	Anja	Petra
Anja	Bianca	Kerstin

und *Nadine*, beide zugleich in Heidelberg und in Karlsruhe. Vergleicht man die drei Reihen untereinander, zeigen sich wiederum große Übereinstimmungen: 13 Namen sind überall vertreten *(Alexandra, Andrea, Anja, Christine, Claudia, Daniela, Kathrin, Melanie, Nicole, Sandra, Simone, Stefanie, Tanja)*, 6 Namen kommen je zweimal vor (*Katja, Kerstin* und *Susanne* in Freiburg und Heidelberg, *Sonja* in Freiburg und Karlsruhe, *Julia* und *Nadine* in Karlsruhe und Heidelberg). Von den restlichen 9 Namen sind 5 bereits aus den 1973er Listen bekannt: *Michaela, Sabine* und *Silke* (in allen drei Städten), *Petra* (Karlsruhe und Freiburg), *Bianca* (Heidelberg), so daß nur *Anke* und *Britta* (beide in Karlsruhe), *Heike* (in Freiburg) und *Yvonne* (in Heidelberg) bemerkenswerte Ausnahmen bilden. Von diesen 4 Namen muß man *Yvonne* sicherlich als modischen »Emporkömmling« ansprechen. Ihm gesellen sich *Nadine* und *Julia* zu, die 1973 in den drei Städten noch nicht die Spitzengruppen erreicht hatten. Die Vorliebe einerseits für norddeutsche, andererseits für französische Namen wird hier sehr deutlich.

Bei den Jungen sieht es nicht wesentlich anders aus.

Jungennamen 1975

Freiburg i. Br.	Karlsruhe	Heidelberg
Michael	Michael	Christian
Stefan	Markus	Markus
Christian	Andreas	Thorsten
Matthias	Thorsten	Michael
Thomas	Christian	Andreas
Markus	Stefan	Alexander
Andreas	Alexander	Stefan
Daniel	Thomas	Frank
Mark	Sven	Tobias
Alexander	Frank	Sven
Oliver	Daniel	Oliver
Frank	Oliver	Thomas
Martin	Sascha	Mark
Patrick	Marco	Daniel
Tobias	Martin	Jens
Christoph	Jens	Sascha
Sven	Matthias	Christoph
Dirk	Jan	Martin
Jan	Mark	Dirk
Jürgen	Sebastian	Matthias

Hier kehren von den jeweils 20 Spitzenreitern des Jahres 1973[165] sogar noch mehr wieder als bei den Mädchennamen: in Freiburg und Karlsruhe jeweils 16 und in Heidelberg sogar 17. Gar nicht mehr vertreten ist *Carsten*. Unter den neu hinzuge-

[165] Vgl. die Tabelle S. 129.

kommenen Namen tauchen je zweimal auf: *Tobias* und *Sven* (beide in Freiburg und Heidelberg), *Sascha* (in Karlsruhe und Heidelberg) und *Jan* (in Freiburg und Karlsruhe). Allen drei Listen aus dem Jahre 1975 sind 14 Namen gemeinsam: *Alexander*, *Andreas*, *Christian*, *Daniel*, *Frank*, *Mark*, *Markus*, *Martin*, *Matthias*, *Michael*, *Oliver*, *Stefan*, *Sven* und *Thomas;* 7 Namen kommen zweimal vor: *Tobias*, *Christoph*, *Dirk* (in Freiburg und Heidelberg), *Jan* (in Freiburg und Karlsruhe), *Sascha*, *Jens* und *Thorsten* (in Karlsruhe und Heidelberg). Übrig bleiben 4 Namen, von denen sich jedoch 1973 *Patrick* schon in Freiburg und Karlsruhe, *Jürgen* in Freiburg und *Marco* in Karlsruhe in der Spitzengruppe befanden. Als modische Neuheit erweist sich somit *Sebastian* (Karlsruhe); ihm schließen sich *Jan* und *Sascha* an, die 1973 in den Listen noch fehlten (*Jan* war aber 1973 in Stuttgart und *Sascha* in Hamburg bereits vertreten, s. oben; und in Bielefeld hatte *Sascha* 1974 sogar schon den 6. Platz erobert, s. die Tabelle auf S. 143).

Drei Jahre sind anscheinend ein zu kurzer Zeitraum, um tiefgreifende Veränderungen der Vornamenmode beobachten zu können. Erweitern wir also unser Blickfeld, und schauen wir uns einmal die Übersicht an, die ich aus den verschiedensten Quellen für die Jahre 1965 bis 1975 zusammengestellt habe. Die Untersuchungen und Umfragen, die dieser Zusammenstellung zugrunde gelegt werden konnten, sind zwar planlos über das Gebiet der Bundesrepublik verteilt und schwer miteinander vergleichbar, weil man nicht überall nach den gleichen Grundsätzen vorgegangen ist[166]; um so überraschender ist die Entdeckung, daß trotz dieser ungleichen Voraussetzungen die

[166] Bad Ems: Jahrgang 1968, alle Vornamen? (*Lahn-Zeitung*, Bad Ems, 14. 2. 1969. — Bielefeld: vermutlich alle Vornamen der vollständigen Jahrgänge 1974 und 1975 (ich danke Frau VOIGT vom Standesamt Bielefeld-Mitte für die beiden Aufstellungen). — Flensburg: vermutlich alle Vornamen der vollständigen Jahrgänge. — Freiburg i. Br.: alle Rufnamen (Erstnamen) der vollen Jahrgänge; auf die Klammern (siehe Anm. 161) wurde hier verzichtet. — Gottesdienst: Umfrage bei »152 insgesamt in etwa typischen Pfarreien des Sprachgebietes« nach den »Hauptnamen ihrer Täuflinge im Jahre 1968. 138 Pfarreien teilten die Taufnamen von insgesamt 10332 Kindern mit.« *Maria* — an 7. Stelle

Listen gleichförmiger ausfallen, als man nach der gängigen Meinung vom rasch wechselnden Modegeschmack erwarten sollte.

48 Jungennamen reichen aus, sämtliche 49 Listen mit den 10 beliebtesten Namen zwischen 1965 und 1975 zu füllen. Lassen wir die *Gottesdienst*-Umfrage, die sich ausschließlich an katholische Pfarrämter richtete, und die Auszählung in den niederbayerischen Landkreisen beiseite, so genügen bereits 42 Namen[167], und von diesen wiederum kommen 9 nur je ein-

[weiter S. 142 →]

genannt — ist in meiner Übersicht weggelassen worden. — Heidelberg: alle Erstnamen der vollen Jahrgänge (siehe auch Anm. 159). — Hamburg: 1. Vierteljahr 1968, nur Erstnamen (1. bis 6. Platz); 2. Halbjahr 1973, nur Erstnamen. — Karlsruhe: alle Rufnamen der vollen Jahrgänge (1975 nur von Kindern deutscher und österreichischer Eltern). — Kiel: alle Vornamen (nach F. Rast), 1970 in Klammern die Reihenfolge der Erstnamen. — Koblenz: vermutlich alle Erstnamen des 1. Halbjahres 1967 (*Rhein-Zeitung*, Koblenz, 21. 10. 1967). — Köln: (alle ?) Vornamen der Neugeborenen der Monate April 1966 bis April 1967 (briefliche Mitteilung des Statistischen Amtes der Stadt Köln). — München: 1. Vierteljahr 1965 und 1970, zwei Drittel der Neugeborenen 1974, alle Ruf- bzw. Erstnamen. — Niederbayern: 1. Vierteljahr 1966, alle Erstnamen. — Stuttgart: sämtliche Vornamen aus einer Stichprobe von je 1000 (1966: 2000) Neugeborenen, ohne *Maria* (siehe Anm. 160). — Westberlin: alle Rufnamen, Januar bis September 1967. — Wickert-Umfrage[n]: Ergebnisse von Repräsentativumfragen der Tübinger Wickert-Institute (nach Zeitungsmeldungen). — Wiesbaden: alle Rufnamen des Jahres 1967.

Die Vergleichbarkeit der Listen ist weiterhin dadurch erschwert, daß in einigen Statistiken jede Namensform eigens aufgeführt wird, in anderen dagegen verwandte (z.B. *Jörg* und *Jürgen*, *Brigitte* und *Birgit*) und fälschlich für verwandt gehaltene Namensformen (z.B. *Axel* und *Alexander*, *Rainer* und *René* in Westberlin 1967) zusammengefaßt wurden. Wo es möglich war, habe ich die unterschiedlichen Angaben auf einen gemeinsamen Nenner gebracht. Daraus erklären sich gelegentliche Abweichungen von der Reihenfolge in den Quellenschriften. *Christine* und *Christina* habe ich unter *Christine* zusammengefaßt. — Soweit es die statistischen Unterlagen erlaubten, habe ich außerdem den prozentualen Anteil des Spitzenreiters mit angegeben.

[167] Es fallen weg: *Bernhard*, *Franz-Xaver*, *Helmut*, *Johann/Hans*, *Josef*, *Manfred*.

Jungennamen

1965

Karlsruhe:	Andreas 6,3%	Thomas	Michael	Ralf
München:	Thomas 6,9%	Stefan	Michael	Christian
Flensburg:	Frank 5,3%	Michael	Thomas	Ralf

1966

Stuttgart:	Michael 6,7%	Andreas	Thomas	Stefan
Niederbayern:	Josef 6,2%	Johann	Christian	Thomas
Köln:	Michael 6,4%	Frank	Thomas	Rolf
Flensburg:	Frank	Michael	Stefan	Dirk

1967

Wickert-Umfrage:	Thomas rd. 6%	Andreas	Stefan	Michael
Stuttgart:	Michael 8,3%	Andreas	Markus	Alexander
Wiesbaden:	Michael 6,5%	Thomas	Andreas	Stefan/ Steffen
Koblenz:	Thomas	Stefan	Michael	Klaus
Köln:	Michael 6,1%	Markus	Thomas	Andreas
Kiel:	Andreas/ André 5,0%	Stefan	Michael	Thomas
Flensburg:	Stefan 5,4%	Frank	Michael	Dirk
Westberlin:	Andreas 6,7%	Thomas	Michael	Stefan

1968

Stuttgart:	Oliver 8,3%	Michael	Stefan	Markus
Gottesdienst:	Thomas	Andreas	Michael	Christian
Bad Ems:	Michael 7,2%	Stefan	Dirk	Markus
Hamburg:	Stefan	Thomas	Michael	Frank
Flensburg:	Stefan 6,8%	Michael	Thomas	Dirk

Jürgen	Stefan	Matthias	Uwe	Markus	Martin
Andreas	Robert	Peter	Wolfgang	Markus	Klaus
Stefan	Dirk	Jörg	Thorsten	Kai	Bernd
Frank	Markus	Jürgen	Ralf	Oliver	Matthias
Franz-Xaver	Manfred	Helmut	Martin	Michael	Stefan
Stefan	Andreas	Hans	Peter	Karl	Wolfgang
Thomas	Ralf	Jörg	Kai	Jan	Hans
Frank	Peter	Ralf	Markus	Jürgen	Jörg
Thomas	Ralf	Oliver	Jürgen	Martin	Peter
Mark(us)/ Marco	Jürgen/ Jörg	Frank	Ralf	Matthias	Alexander
Frank	Markus	Dirk	Jürgen	?	?
Frank	Stefan	Rolf	Jörg	Dirk	Hans
Frank	Dirk	Jörg	Thorsten	Marc(o)	Olaf
Thomas	Jörg	Thorsten	Ralf	Jan	Andreas
Carsten	Christian	Frank	Thorsten	Oliver	Matthias
Andreas	Thomas	Peter	Martin	Alexander	Frank
Markus	Stefan	Peter	Martin	Bernhard	Robert
Frank	Thomas	Andreas	Christoph	Alexander	Oliver
Andreas	Oliver	?	?	?	?
Frank	Sven	Thorsten	Ralf	Jan	Kai

1969				
Stuttgart:	Michael 6,6%	Alexander	Markus	Andreas
Flensburg:	Stefan 6,3%	Frank	Michael	Dirk
1970				
Wickert-Umfrage:	Michael	Andreas	Markus	Stefan/Steffen
Stuttgart:	Michael 7,4%	Andreas	Markus	Oliver
München:	Michael 7,2%	Christian	Thomas	Andreas
Kiel:	Marc(o)/ Markus 4,9%	Andreas/ André	Michael/ Mike	Stefan
(Erstnamen:	Stefan 4,5%	Michael	Sven	Martin
Flensburg:	Michael 5,4%	Stefan	Thomas	Sven
1971				
Stuttgart:	Michael 8,5%	Oliver	Thomas	Alexander
Karlsruhe:	Michael	Andreas	Markus	Thomas
Flensburg:	Michael 5,2%	Frank	Thomas	Stefan
1972				
Stuttgart:	Michael 7,1%	Stefan	Andreas	Oliver
Freiburg i. Br.:	Michael	Markus	Thomas	Andreas
Karlsruhe:	Michael 5,8%	Andreas	Stefan	Thomas
Heidelberg:	Christian 4,7%	Markus	Michael	Thomas
Flensburg:	Sven	Thomas	Jan	Mark
1973				
Stuttgart:	Alexander 5,7%	Andreas	Markus	Michael
Freiburg i. Br.:	Andreas	Stefan	Michael	Markus
Karlsruhe:	Michael 4,4%	Christian	Markus	Thomas
Heidelberg:	Michael 6,0%	Christian	Stefan	Markus
Hamburg:	Stefan 3,9%	Michael	Sven	Andreas

Stefan	Oliver	Frank	Peter	Christian	Jürgen
Sven	Thomas	Thorsten	Ralf	Jörg	Andreas
Frank	Thomas	Christian	Matthias	Ralf	Peter
Alexander	Stefan	Thomas	Peter	Martin	Christian
Stefan	Alexander	Markus	Robert	Martin	Oliver
Oliver	Martin	Matthias	Sven	Thomas	Christian
Matthias	Andreas	Oliver	Marco	André	Markus)
Thorsten	Dirk	Frank	Jan	Ralf	Mark
Markus	Andreas	Stefan	Peter	Frank	Christian
Christian	Stefan	Martin	Thorsten	Alexander	Matthias
Dirk	Sven	Thorsten	Mark	Jan	Kai
Martin	Frank	Peter	Christian	Mark	Alexander
Christian	Stefan	Frank	Oliver	Martin	Matthias
Christian	Markus	Thorsten	Oliver	Matthias	Martin
Frank	Andreas	Stefan	Alexander	Matthias	Thorsten
Stefan	Michael	Lars	Dirk	Frank	?
Stefan	Mark	Thomas	Tobias	Matthias	Oliver
Christian	Thomas	Frank	Ralf	Alexander	Matthias
Andreas	Stefan	Alexander	Matthias	Thorsten	Sven
Thomas	Andreas	Alexander	Thorsten	Frank	Mark
Christian	Markus	Marco	Jan	André	Mark

1974				
München:	Markus 6,7%	Christian	Andreas	Michael
Freiburg i. Br.:	Markus	Michael	Stefan	Christian
Karlsruhe:	Markus rd. 7%	Michael	Andreas	Alexander
Heidelberg:	Markus 6,0%	Michael	Thorsten	Christian
Bielefeld:	Markus ca. 4,4%	Christian	Michael	Andreas
1975				
Freiburg i. Br.:	Michael	Stefan	Christian	Matthias
Karlsruhe	Michael 5,9%	Markus	Andreas	Thorsten
Heidelberg:	Christian 5,7%	Markus	Thorsten	Michael
Bielefeld:	Michael ca. 4,9%	Christian	Mark	Markus

mal und 6 nur je zweimal vor[168]. Es bleiben danach noch (42—9—6=) 27 Namen übrig, die verbliebenen 442 Plätze[169] zu besetzen. Das ist wahrhaftig nicht viel. Große, plötzliche Veränderungen hat es in diesen elf Jahren offenbar nicht gegeben. Die meisten der Namen, die 1965 in Karlsruhe, München und Flensburg am häufigsten vergeben worden sind, werden noch heute gern und oft gewählt. *Michael* fehlt in überhaupt keiner der 49 Listen, *Stefan* nur in zweien; *Thomas* kommt 43mal vor, *Andreas* 41mal, *Markus* 35mal, *Frank* 31mal, *Christian* 28mal,

[168] Je einmal: *Bernd* (Flensburg 1965), *Carsten* (Westberlin 1967), *Christoph* (Bad Ems 1968), *Florian* (München 1974), *Karl* (Köln 1966), *Lars* (Flensburg 1972), *Olaf* (Kiel 1967), *Sascha* (Bielefeld 1974), *Uwe* (Karlsruhe 1965); die Kieler Erstnamenliste 1970 ist hierbei unberücksichtigt geblieben. — Je zweimal: *Jens* (Bielefeld 1974, 1975), *Klaus* (München 1965, Koblenz 1967), *Robert* (München 1965, 1970), *Rolf* (Köln 1966, 1967), *Tobias* (Stuttgart 1973, Heidelberg 1975), *Wolfgang* (München 1965, Köln 1966). Die Nebenformen *Mike* und *Steffen* sind hierbei nicht berücksichtigt.

[169] 47 Listen mit je 10 Vornamen = 470 Positionen. Davon sind abzuziehen: 7 nichtbelegte Plätze sowie (9 + 12 =) 21 Plätze für die nur ein- oder zweimal bezeugten Vornamen.

Stefan	Thomas	Alexander	Florian	Martin	Matthias
Daniel	Andreas	Frank	Thomas	Alexander	Matthias
Thomas	Stefan	Christian	Daniel	Oliver	Matthias
Andreas	Stefan	Alexander	Matthias	Thomas	Frank
Stefan	Sascha	André	Jens	Mark	Alexander
Thomas	Markus	Andreas	Daniel	Mark	Alexander
Christian	Stefan	Alexander	Thomas	Sven	Frank
Andreas	Alexander	Stefan	Frank	Tobias	Sven
Andreas	Alexander	André	Marco	Jens	Sven

Alexander 24mal, *Matthias* 18mal, *Oliver* und *Thorsten* je 16mal. Diese 11 Namen besetzen allein schon 348 – das sind 72% – aller (490—7=) 483 verfügbaren Listenplätze. Außerdem führt *Michael* 22mal die Reihen an! Erst in weitem Abstand folgen *Markus* (6mal), *Stefan* (5mal), *Andreas* und *Thomas* (je 4mal). Da vier dieser fünf Namen aber schon 1965 recht beliebt sind, müssen ihre Anfänge weiter zurückliegen. Tatsächlich standen *Michael* und *Thomas* bereits 1957/58 an der Spitze der beliebtesten Jungennamen[170]; *Stefan* erscheint an einigen Orten ebenfalls schon ab 1957 unter den ersten zehn Namen, *Andreas* ab 1959[171]. Anhand mehrerer Einzeluntersuchungen läßt sich der Aufstieg dieser Namen einigermaßen verfolgen.

[170] Ergebnis einer DIVO-Umfrage (siehe Seibicke, 1962, S. 36); siehe auch Wiesbaden 1957, Kiel 1957 u. 1958, Westberlin 1959 (März, Juni, September); in Niedersachsen standen die beiden Namen an dritter und vierter Stelle (Malecki). — Nach einem Zeitungsbericht vom 5. 10. 1949 über die Vornamen in Geburtsanzeigen war *Thomas* — zusammen mit *Christine* bei den Mädchen — sogar schon damals führend.

[171] *Stefan*: Wiesbaden 1957, Offenbach 1958 (*StAZ*, 1959, S. 307). — *Andreas*: Westberlin 1959 (an dritter Stelle), Niedersachsen 1961 bereits an erster Stelle (Malecki).

Nach BERNHARD LINK kommt *Michael* in der katholischen Volksschule in Honnef bei Bonn zwischen 1900 und 1930 nur einmal als Rufname vor[172]. In den dreißiger Jahren steigt die Anzahl der Belege auf 10 und zwischen 1950 und 1956 auf insgesamt 21 (der Höhepunkt liegt in den Jahren 1951/52). Von 2 Belegen in den vierziger Jahren abgesehen, gesellt sich *Thomas* ab 1951 hinzu (1951–56: 10 Belege). *Stefan* kommt zwar nur auf 5 Belege in den fünfziger Jahren, doch das sind ebenso viele, wie in der Zeit von 1900 bis 1950 registriert wurden. *Andreas* tritt noch gar nicht hervor (1900–1956: 6 Belege, über den ganzen Zeitraum verstreut). In der evangelischen Volksschule in Wermelskirchen nordöstlich von Köln, die LINK zum Vergleich heranzieht, ist vor 1953 überhaupt keiner der 4 Namen vertreten, und *Andreas* ist selbst am Ende des Untersuchungszeitraumes (1956) noch nicht in Sicht. *Michael* begegnet zwischen 1953 und 1956 insgesamt dreimal, *Thomas* 2mal und *Stefan* ebenfalls 2mal[173].

WILHELM HESTERKAMP hat die Vornamengebung in Essen-Werden von 1914 bis 1960 untersucht. Aus seiner Darstellung ergibt sich folgende Entwicklung von *Michael* und *Thomas* als Erstnamen[174]:

	Michael	*Thomas*
1947:	1 Eintragung	2 Eintragungen
1952:	4 Eintragungen	4 Eintragungen
1955:	21 Eintragungen	7 Eintragungen
1959:	19 Eintragungen	19 Eintragungen
1960:	48 Eintragungen	39 Eintragungen

Andreas taucht ebenfalls 1947 zum erstenmal auf, spielt aber noch 1959 mit nur 4 Eintragungen keine große Rolle (HESTERKAMP stellt ihn S. 103 auf den elften Platz der »Modenamen« dieses Jahres). *Stefan* kommt etwas später auf, erreicht jedoch 1959 mit 10 Eintragungen immerhin den fünften Platz.

In INGEBORG SCHUCHS Arbeit über die Vornamengebung in Neckargemünd bei Heidelberg zwischen 1870 und 1960 stoßen wir nur auf *Michael* (1950 2mal, 1955 1mal, 1960 7mal) und *Thomas* (1955 2mal, 1960 4mal). Mit zusammen 10 Eintragungen rangiert *Michael* hier auf dem ersten Platz vor *Jürgen* (7) und *Thomas* (6).

In München haben *Thomas* und *Michael* bereits 1958 den 6. bzw. den 4. Platz erreicht (und sind seitdem nicht wieder unter diese Ränge ge-

[172] Nach LINK, L 9—12 und E 5—10; Vorkommen in Bindestrichnamen sind hier mitgezählt.

[173] LINK, E 15—18.

[174] HESTERKAMP, S. 33, 57—59, 103 (einschließlich zweier Bindestrichnamen 1960).

sunken!). *Andreas* und *Stefan* standen dort 1958 noch an 17. bzw. 25. Stelle, befinden sich aber seit 1965 stets unter den ersten fünf Namen. (Vgl. den Bericht in der *Münchener Statistik* 1976, H. 3, S. 72f.)

Dem Bericht von Horst Naumann über neun Einzeluntersuchungen aus dem Gebiet östlich der Elbe sind die folgenden Angaben entnommen[175].

	Michael +	*Mike*	*Thomas*	*Stefan* +	*Steffen*	*Andreas*
1924:	1	–	–	–	–	2
1934:	–	–	–	–	–	–
1944:	39	–	21	7	2	6
1954:	55	–	77 (VII)	71 (X)	31	74 (IX)
1964:	91 (IX)	101 (VIII)	172 (IV)	11	147 (VI)	198 (II)
zus.:	186	101	270	89	180	280

Die 4 Namen, auf die es uns ankommt, rücken allesamt erst von 1944 an ins Blickfeld; zehn Jahre später sind sie fast durchweg in die Spitzengruppe aufgestiegen, und 1964 haben sie sich noch weiter nach vorn geschoben – mit Ausnahme von *Stefan*, der von der Nebenform *Steffen* abgelöst worden ist. Ähnlich ergeht es *Michael:* Bevor er sich an die Spitze setzen kann, spaltet sich die englische Kurzform *Mike* ab und entzieht ihm die Mehrzahl der Stimmen, so daß *Michael* nicht die Vorzugsstellung genießen kann, die ihm in der Bundesrepublik zufiel. Davon profitiert *Andreas*, der nun als Sieger unter den 4 Namen hervorgeht; er wird nur noch von *Uwe* überrundet, der noch steiler aufsteigt: 1954 steht er mit 41 Belegen noch an 20. Stelle, 1964 nimmt er mit 213 Belegen den ersten Platz ein.

Nimmt man noch die Berichte aus Borna bei Leipzig von 1965 bis 1975 hinzu (s. S. 160f.), so findet man *Michael* und *Thomas* stets unter den ersten 10 Namen, *Thomas* sogar 5mal an erster Stelle. Diese beiden Namen erweisen sich somit auch in der DDR als überaus beständig. *Andreas* hingegen fällt Ende der sechziger Jahre wieder zurück und taucht nur 1971 noch einmal auf dem zehnten Platz auf. Auch er

[175] Außer Magdeburg, Drebkau (Bez. Cottbus) und Dohna (Bez. Dresden) betreffen die Untersuchungen Orte im Bezirk Karl-Marx-Stadt (ehem. Chemnitz). Die Zahlen geben an, wie viele Belege die neun Untersuchungen insgesamt erbracht haben; die römischen Zahlen (in Klammern) bezeichnen die erreichte Position unter den zehn ersten Namen.

hat seinen Platz einer Namenvariante räumen müssen: der französischen Form *André*. *Steffen* ist ebenfalls seit 1972 nicht mehr »im Rennen«.

So wenig Beweiskraft jede dieser Beobachtungen für sich genommen haben mag, ergibt sich doch aus allen zusammen mit ziemlicher Gewißheit, daß *Michael* und *Thomas* – und in ihrem Gefolge *Stefan* und *Andreas* – spätestens zu Beginn der fünfziger Jahre als neue Namenlieblinge hervortreten. Nach ersten Ansätzen in der Mitte der vierziger Jahre leiten sie nunmehr einen tiefgreifenden Wandel in der Vornamengebung ein: den Übergang zu den vollklingenden Namen biblischer und antiker Herkunft, die noch heute – wenn auch neuerdings von französischen und englischen Namen und Namenvarianten begleitet oder bedrängt – die Namengebung beherrschen. Ein Zusammenhang dieses Umbruchs mit den geschichtlichen Ereignissen, dem Ende der Naziherrschaft und dem politischen und wirtschaftlichen Neubeginn nach dem Kriege, ist wahrscheinlich, ohne daß man genau angeben könnte, was diesen Wandel bewirkt und gerade in diese und keine andere Richtung gelenkt hat. Vielleicht spielt hierbei die bewußte oder unbewußte Abkehr von den während der Nazizeit propagierten germanischen Namen und Kurznamen eine Rolle. Bemerkenswert ist außerdem, daß sich die Veränderung noch gesamtdeutsch vollzieht. Doch sie ist keineswegs auf Deutschland beschränkt: In Zürich gehörten *Andreas* 1954–58 und 1960–68, *Thomas* 1958–68, *Stefan* 1962–68 und *Michael* 1965–68 zur Spitzengruppe; alle vier sind 1967 auch in Bern, *Andreas*, *Thomas* und *Michael* 1968 und 1972 in Wien unter den ersten zehn Jungennamen[176].

[176] Interessant ist in diesem Zusammenhang ein Blick über die Grenzen des deutschen Sprachgebietes: Nach einer brieflichen Mitteilung des im Frühjahr 1975 verstorbenen ungarischen Kollegen Dr. Sándor Mikesy lag 1967 in Budapest *István* (= *Stefan*) auf dem 8., *Tamás* (= *Thomas*) auf dem 9. und *András* (= *Andreas*) auf dem 11. Platz. In ganz Ungarn nahm — nach J. Ladó — *István* im selben Jahr sogar den 4. Platz ein, während *Tamás* und *András* an 13. bzw. 18. Stelle folgten. Auch in der ČSSR sind *Tomáš* (= *Thomas*) und *Michal* (= *Michael*) seit 1965 des öfteren unter den zehn ersten Namen anzutreffen (nach F. Kopečný, S. 28).

Kann man Namen, die seit rund 25 Jahren zu den meistgewählten gehören, noch als Modenamen bezeichnen? Um noch einmal KANT zu zitieren: »Alle Moden sind schon ihrem Begriffe nach veränderliche Lebensweisen. Denn, wenn das Spiel der Nachahmung fixiert wird, so wird diese zum *Gebrauch;* wobei dann auf den Geschmack gar nicht mehr gesehen wird. Die Neuigkeit ist es also, was die Mode beliebt macht [...].« *Michael*, *Thomas*, *Stefan* und *Andreas* aber – und noch manche andere derzeit gebräuchliche Namen – haben heute nichts Neuartiges mehr an sich. Zum Generationen überdauernden Bestand beliebter, wenn auch selten den ersten Platz erreichender Jungennamen scheinen zum Beispiel auch *Martin* und *Matthias* (vor allem in Süddeutschland), *Frank* (besonders nördlich des Mains), *Peter*, *Jürgen/Jörg* und *Rolf/Ralf* zu gehören. Von den letztgenannten Paaren sind die norddeutschen Formen *Jörg* und *Ralf* zunehmend südwärts gedrungen, verlieren aber, wie es scheint, gegenwärtig insgesamt an Anziehungskraft, während *Frank* in Süddeutschland noch immer »Boden gewinnt«. Im Absteigen scheint *Peter* begriffen zu sein, desgleichen *Wolfgang* (in Wien 1972 noch unter den ersten zehn Namen), *Klaus* und *Uwe*. Als veraltet oder veraltend müssen überdies – zumindest in den Städten – gelten: *Bernd*, *Hans*, *Karl* und *Robert*. Im süddeutschen Sprachgebiet wird *Robert* allerdings immer noch recht gern gewählt.

Als neue Namen der sechziger Jahre sind *Markus* – der eindeutige Sieger des Jahres 1974 –, *Alexander*, *Oliver* und *Christian* einzustufen. Außer *Oliver* nehmen diese Namen vermutlich vom süddeutschen Sprachraum (einschließlich Österreich und der deutschsprachigen Schweiz) ihren Ausgang und strahlen von dort nach Norden aus, gleichsam eine Gegenströmung bildend zur Nord-Süd-Bewegung der kürzeren und klanglich anders strukturierten norddeutschen und nordischen Namen, von denen *Thorsten* und *Sven* nach 1970 sogar südlich des Mains in die »Hit-Listen« einziehen. Jedenfalls ist *Markus* in Bern schon 1948 – und 1967 und 1971 wieder – unter den ersten zehn Namen, und in Zürich behauptete er zusammen mit *Marco*, *Marcel* und *Marc* von 1958 bis 1968 ununterbrochen den ersten Platz. Interessanterweise bevorzugt man in Flensburg, der nördlichsten Stadt der Bundesrepublik, die kürzere Variante *Mark* (ab 1970), die den norddeutschen und den nordischen Namen vom Typ *Dirk, Jens, Jörg, Lars, Sven* besser entspricht. In Kiel tritt *Markus* erst 1970 zu *Mark* und *Marco* hinzu[177], und in Borna bei Leipzig erscheint bisher nur die (italienische) Nebenform *Marco* (1973). *Alexander* taucht erst neuerdings in den norddeutschen Spitzengruppen auf (Bielefeld). In Kiel finden wir diesen Namen 1970 noch an 16. Stelle und in Hamburg 1973 auf dem 14. Platz. *Christian*, 1974 und 1975 in Bielefeld unter den ersten zehn Namen, steht zwar schon 1959 in Berlin auf dem 11. Platz, und wir begegnen ihm 1961 in Uelzen (südlich Hamburg)[178] auf dem 9. und 1970 in Kiel auf dem 10. Platz, doch sein Hauptverbreitungsgebiet scheint auch er gegenwärtig im süddeutschen Sprachraum zu haben[179]; von dort kommen anscheinend die Anstöße, den für veraltet gehaltenen »*Krischan*«, der einst in Norddeutschland sehr verbreitet war, neuzubeleben. – Ob den jüngsten Aufsteigern *Tobias* (1973) und *Daniel* (1974)[180] weitere Erfolge auch nördlich des Mains beschieden sein werden, bleibt abzuwarten.

Das Bild, das die Tabelle der Mädchennamen darbietet, ist im großen und ganzen ähnlich, aber bei näherem Hinsehen entdeckt man doch, daß es hier etwas lebhafter zugeht. 49 Namen werden benötigt, um sämtliche 49 Reihen zu füllen. Zieht man wiederum die Ergebnisse der *Gottesdienst*-Umfrage

[177] *Markus* rangiert 1970 unter den Erstnamen mit 40 Belegen sogar noch vor *Mark* (31 Belege), aber hinter *Marco* (58 Belege); siehe F. RAST, S. 4, 29 (Anm. 34). *Marco* paßt ebenfalls gut zu den niederdeutsch-friesischen Jungennamen auf *-ko*: *Heiko, Helmko, Hilko, Folko* usw.

[178] In Gesamtniedersachsen erreichte er in diesem Jahr jedoch nur den 26. Platz (MALECKI, S. 809).

[179] In Linz stand er 1961 auf dem 1., 1962 auf dem 2. und 1965 wieder auf dem 1. Platz, in Wien 1968 auf dem 3. Platz. In Zürich gehörte er 1966 bis 1968 zu den beliebtesten Jungennamen.

[180] *Daniel* gehört 1967 in Bern und schon seit 1956 in Zürich zur Spitzengruppe. In Borna bei Leipzig begegnet er 1972 und 1974 unter den ersten zehn Namen.

und der Auszählung in den niederbayerischen Landkreisen ab, bleiben noch 46 Namen übrig[181]. 9 von ihnen werden nur je einmal genannt, 5 nur je zweimal[182]. In die verbleibenden 444 Plätze der 47 Reihen teilen sich also (46—9—5=) 32 Namen – immerhin 5 Namen mehr als bei den Jungen! Anders als bei jenen kommt hier auch nur ein einziger Name öfter als 40mal vor (bei den Jungen sind es vier Namen). Am häufigsten stößt man in sämtlichen 49 Reihen auf *Claudia* (44mal); es folgen *Sabine* mit 37, *Andrea* mit 35, *Christine* mit 33, *Petra* mit 28, *Nicole*, *Susanne* und *Tanja* mit je 25, *Sandra* mit 24, *Alexandra* mit 20 und *Anja* mit 19 Nennungen. Diese 11 Namen bestreiten 315 – oder 65% – aller 483 verfügbaren Stellen; das sind 33 Stellen weniger als bei den entsprechenden Jungennamen. Außerdem ist der am meisten genannte Mädchenname, *Claudia*, nicht – wie *Michael* bei den Jungennamen – zugleich der Name, der die meisten Reihen anführt. In dieser Hinsicht wird *Claudia* (6mal) von *Nicole* und *Tanja* (je 8mal) überflügelt, obwohl *Tanja* erst 1968 und *Nicole* erst 1969 in den Spitzengruppen erscheint. Dafür ist der Abstand zwischen den Favoriten viel geringer als bei den Jungennamen (*Michael:* 22mal, als nächster *Markus:* 6mal). Unmittelbar auf *Claudia* folgen *Anja* und *Sabine* (je 5mal), dann *Petra* (4mal), *Sandra* (alle 1975!) und *Christine* (je 3mal). Es kann nun eigentlich nicht mehr verwundern, daß die Spitzenreiter unter den Mädchennamen fast immer geringere Prozentanteile erlangen als ihre männlichen

[181] Es fallen weg: *Elisabeth, Maria, Renate.* Ließe man in Niederbayern *Maria* und *Elisabeth* als hauptsächliche Zweit- oder Folgenamen beiseite, so würde sich an dieser Berechnung nichts ändern; denn auch die auf *Brigitte* folgenden Namen *Ingrid* und *Anita* kommen in keiner anderen Liste vor.

[182] Je einmal: *Angelika* (München 1965), *Beate* (Karlsruhe 1965), *Bianca* (Hamburg 1973), *Birte* (Flensburg 1967), *Brigitte* (Köln 1966), *Maike* (Flensburg 1967), *Nina* (Hamburg 1973), *Ursula* (Köln 1967), *Ute* (Koblenz 1967). — Je zweimal: *Katja* (Heidelberg, Freiburg i. Br. 1975), *Marika* (Köln 1966, 1967), *Monika* (Köln 1965, 1970), *Nadine* (Karlsruhe und Bielefeld 1975), *Silvia* (Köln 1967, Bad Ems 1968). — Die Kieler Erstnamenliste ist hier und im folgenden unberücksichtigt geblieben.

Mädchennamen:

1965				
Karlsruhe:	Susanne 6,2%	Sabine	Petra	Andrea
München:	Petra 6,6%	Sabine	Claudia	Christine
Flensburg:	Susanne 4,4%	Anja	Sabine	Petra
1966				
Stuttgart:	Claudia 4,3%	Sabine	Petra	Susanne
Niederbayern:	Petra 5,3%	Maria	Christine	Andrea
Köln:	Petra 6,9%	Claudia	Marika	Andrea
Flensburg:	Anja 5,5%	Susanne	Petra	Sabine
1967				
Wickert-Umfrage:	Sabine ca. 6,0%	Claudia	Petra	Susanne
Stuttgart:	Sabine 5,7%	Christine	Claudia	Andrea
Wiesbaden:	Claudia 5,0%	Petra	Christine	Andrea
Koblenz:	Petra	Claudia	Sabine	Andrea
Köln:	Claudia 6,6%	Petra	Sabine	Silvia
Kiel:	Andrea 3,9%	Susanne	Anja	Christi(a)ne
Flensburg:	Anja 3,7%	Claudia	Susanne	Sabine
Westberlin:	Claudia 3,8%	Sabine	Susanne	Petra
1968				
Stuttgart:	Christine 6,5%	Alexandra	Sabine	Susanne
Gottesdienst:	Sabine	Andrea	Birgit/ Brigitte	Petra
Bad Ems:	Anja 6,4%	Manuela	Christine	Birgit
Hamburg:	Claudia	Anja	Stefanie	Andrea
Flensburg:	Anja 3,9%	Britta	Claudia	Susanne

Christine	Claudia	Martina	Heike	Annette	Beate
Monika	Gabriele	Andrea	Susanne	Angelika	Karin
Kirsten	Martina	Britta	Birgit	Andrea	Bettina
Andrea	Christine	Bettina	Martina	Birgit	Annette
Claudia	Monika	Gabriele	Elisabeth	Renate	Brigitte
Gabriele	Karin	Sabine	Brigitte	Martina	Susanne
Britta	Andrea	Claudia	Martina	Kirsten	Birgit
Heike	Andrea	Birgit	Anja	Martina	Christine
Annette	Alexandra	Karin	Petra	Gabriele	Heike
Sabine	Susanne	Martina	Anja	Michaela	Bettina
Birgit Gabriele	Heike Marika	Ute Andrea	Martina Anja	? Birgit	? Ursula
Martina	Petra	Sabine	Claudia	Britta	Birgit
Andrea	Petra	Britta	Birgit	Ulrike	Birte
Martina	Andrea	Christine	Manuela	Heike	Birgit
Claudia	Petra	Birgit	Gabriele	Karin	Anja
Claudia	Gabriele	Susanne	Christine	Monika	Karin
Petra	Alexandra	Claudia	Silvia	Sonja	Tanja
Susanne Andrea	Sabine Sabine	? Kirsten	? Petra	? Silke	? Tanja

1969				
Stuttgart:	Christine 4,5%	Claudia	Bettina	Susanne
Flensburg:	Anja 4,0%	Claudia	Tanja	Petra
1970				
Wickert-Umfrage:	Alexandra ca. 5%	Sabine	Nicole	Claudia
Stuttgart:	Alexandra 5,2%	Susanne	Sabine	Tanja
München:	Sabine 5,3%	Petra	Claudia	Andrea
Kiel:	Nicole 4,6%	Tanja	Christi(a)ne	Anja
(Erstnamen:	Nicole 5,2%	Tanja	Anja	Claudia
Flensburg:	Andrea 3,9%	Tanja	Petra	Nicole
1971				
Stuttgart:	Nicole 4,0%	Petra	Tanja	Birgit
Karlsruhe:	Tanja	Alexandra	Nicole	Sabine
Flensburg:	Tanja 5,3%	Nicole	Sandra	Claudia
1972				
Stuttgart:	Claudia 3,9%	Sandra	Christine	Simone
Freiburg i.Br.:	Tanja	Sandra	Petra	Andrea
Karlsruhe:	Nicole 4,6%	Tanja	Christine	Sabine
Heidelberg:	Tanja 4,7%	Nicole	Sandra	Christine
Flensburg:	Tanja	Sandra	Nicole	Claudia
1973				
Stuttgart:	Sabine 3,7%	Claudia	Christine	Petra
Freiburg i.Br.:	Tanja	Sandra	Sabine	Claudia
Karlsruhe:	Nicole 3,4%	Tanja	Sandra	Susanne
Heidelberg:	Tanja 4,2%	Sandra	Stefanie	Claudia
Hamburg:	Nicole 7,1%	Tanja	Stefanie	Melanie

Alexandra	Nicole	Sabine	Martina	Ulrike	Heike
Nicole	Andrea	Sandra	Kerstin	Sabine	Maike
Stefanie	Susanne	Christine	Andrea	Anja	Martina
Claudia	Andrea	Petra	Simone	Nicole	Karin
Christine	Susanne	Monika	Alexandra	Michaela	Birgit
Claudia	Susanne	Britta	Kathrin/ Katharina	Sandra	Sabine
Britta	Sandra	Petra	Stefanie	Sabine	Susanne)
Sandra	Claudia	Anja	Sabine	Sonja	Stefanie
Christine	Sabine	Anja	Susanne	Ulrike	Andrea
Susanne	Claudia	Manuela	Christine	Sandra	Simone
Britta	Andrea	Martina	Silke	Kerstin	Anja
Andrea	Nicole	Michaela	Alexandra	Tanja	Melanie
Alexandra	Sabine	Claudia	Silke	Nicole	Michaela
Sandra	Michaela	Petra	Claudia	Daniela	Susanne
Anja	Simone	Claudia	Michaela	Stefanie	Andrea
Andrea	Kerstin	Petra	Sonja	Daniela	?
Alexandra	Anja	Nicole	Sandra	Melanie	Sonja
Silke	Nicole	Michaela	Alexandra	Christine	Stefanie
Alexandra	Claudia	Christine	Sabine	Silke	Michaela
Nicole	Christine	Alexandra	Simone	Melanie	Michaela
Christine	Sandra	Bianca	Claudia	Kathrin	Nina

1974				
München:	Christine 3,8%	Sabine	Stefanie	Kathrin
Freiburg i. Br.:	Tanja	Nicole	Stefanie	Sandra
Karlsruhe:	Nicole 5,5%	Tanja	Christine	Claudia
Heidelberg:	Nicole 5,0%	Sandra	Tanja	Stefanie
Bielefeld:	Stefanie ca. 5,8%	Melanie	Tanja	Sandra
1975				
Freiburg i. Br.:	Sandra 3,7%	Stefanie	Claudia	Tanja
Karlsruhe:	Nicole/ Nicola 4,3%	Stefanie	Tanja	Sandra
Heidelberg:	Sandra 3,7%	Tanja	Christine	Stefanie
Bielefeld:	Sandra ca. 6,2%	Stefanie	Melanie	Nicole

Gegenstücke[183]. Dort liegt der Durchschnitt bei 6,1%, hier bei 4,9%. Aus alldem geht klar hervor, daß die Eltern bei den Mädchennamen mehr auf Abwechslung sehen und demzufolge keinen Namen für längere Zeit über alle anderen hinausheben. Hierzu stimmt die Feststellung in dem Bericht aus München 1974 (S. 70), daß »dem Einfallsreichtum der Eltern bei den Knaben noch engere Grenzen gesetzt waren als bei den Mädchen«, und weiter: »Wie stark die Konzentration auf wenige Vornamen besonders bei den Knaben ist, zeigt die Tatsache, daß vier Bubennamen für ein rundes Viertel der männlichen deutschen Neugeborenen ausreichten. Einen der vier Spitzenreiter bei den Mädchennamen fanden wir dagegen nur bei jedem siebten weiblichen Münchner Kindl deutscher Nationalität.« Deshalb läßt sich auch eine so einschneidende Verände-

[183] Eine überraschende Ausnahme bringt die Hamburger Statistik 1973, wo der Favorit unter den Mädchennamen sein Gegenstück unter den Jungennamen weit hinter sich läßt. Das liegt vielleicht daran, daß es neben *Markus* die Varianten *Mark* und *Marco* gibt; denn alle drei Formen zusammen ergeben 9% und überragen somit wiederum den Spitzenreiter unter den Mädchennamen (*Nicole*: 7,1%).

Andrea	Daniela	Alexandra	Claudia	Sandra	Susanne
Melanie	Andrea	Claudia	Christine	Alexandra	Silke
Sandra	Michaela	Andrea	Daniela	Alexandra	Sabine
Christine	Claudia	Sabine	Susanne	Manuela	Melanie
Nicole	Kathrin	Alexandra	Andrea	Julia	Sabine
Simone	Katja	Andrea	Melanie	Silke	Alexandra
Christine	Melanie	Julia	Nadine	Sabine	Alexandra
Nicole	Daniela	Katja	Andrea	Simone	Julia
Tanja	Christine	Kathrin	Claudia	Nadine	Sonja

rung, wie sie um 1950 unter den Jungennamen eintrat, bei den Mädchennamen nicht feststellen; die Namen sind ständig in Bewegung. Natürlich gibt es auch unter ihnen einige, die über eine geraume Zeit hinweg im Schwange bleiben. Anhand von Statistiken aus früheren Jahren lassen sich *Susanne, Sabine, Petra, Andrea* und *Monika* bis in die fünfziger Jahre hinein zurückverfolgen. Etwa zu dieser Zeit löst auch *Birgit* die herkömmliche Namensform *Brigitte* ab[184]. Mit *Christine* gelangen

[184] Die Nebenform *Birgit* bekommt aber schon in den sechziger Jahren in Norddeutschland (Kiel, Flensburg, Westberlin) zwei Konkurrenten: *Birte* und (vor allem) *Britta*. Zur Ablösung von *Birgit* und *Birte* durch *Britta* in Kiel vgl. F. Debus, 1974, S. 460. — Einige der obengenannten Namen waren früher schon einmal im Schwange: 1902 heißt es von den »neuen« und »neuesten« Namen *Susanne, Sabine, Brigitte* — und den Jungennamen *Klaus* und *Peter* —, daß sie ihr Aufkommen einer »Neigung zu simplen, durchweg kirchlichen Namen« verdanken, die »zum Teil längst, und zwar nicht bloß in den oberen Schichten, aufgegeben waren« (Pulvermacher, I, S. 24). *Brigitte* wird sogar ausdrücklich als altmodisch bezeichnet (*a.a.O.*, Anm. 5). Auf den damaligen Betrachtes machten diese Namen »teilweise den Eindruck des gesucht Naiven, der künstlich Einfachen«!

wir sogar bis in die vierziger Jahre zurück[185]. *Anja* und *Claudia* dagegen scheinen erst zu Beginn der sechziger Jahre in die Spitzengruppen aufzusteigen[186]. Modenamen der jüngsten Vergangenheit sind *Tanja, Alexandra, Sandra, Melanie, Nicole, Simone, Sonja, Stefanie, Michaela.* Ob sich mit *Bianca, Daniela, Julia, Katja* und *Kathrin, Nadine* und *Nina* die Favoriten der nächsten Jahre ankündigen, ist schwer vorauszusagen. Eindeutig zurückgefallen ist der Name *Gabriele.* Einer Repräsentativbefragung zufolge stand er 1957/58 in der Bundesrepublik an erster Stelle[187]; in unserer Übersicht ist er 1968 zum letztenmal vertreten. Aber auch *Annette, Bettina, Karin* und *Martina* sind merklich zurückgegangen.

Zusammenfassend kann man sagen, daß die Mädchennamen in stärkerem Maße Veränderungen unterliegen als die Jungennamen. Die beliebtesten Jungennamen werden dafür im allgemeinen öfter gewählt. Nicht nur ihr Spitzenreiter liegt meistens etwas über dem der Mädchennamen; auch die ersten zehn oder zwanzig Namen zusammengenommen ergeben bei den Jungen gewöhnlich mehr Prozente als bei den Mädchen, wie die folgende Gegenüberstellung zeigt (Angaben in %):

1972	Heidelberg		Karlsruhe		Stuttgart		Wien	
	m.	w.	m.	w.	m.	w.	m.	w.
Spitzenreiter	4,7	4,7	5,8	4,6	7,1	3,9	6,7	5,5
1.–10. Name	37,1	30,2	34,0	29,0	36,1	32,0	42,0	32,8
1.–20. Name	52,7	48,5	47,6	44,6	54,2	50,8	57,1	51,2

Richtet man sich nur nach der Häufigkeit, so ist die »Mode« bei den Jungennamen ausgeprägter. Aber wir hatten ja ge-

[185] In der Zusammenstellung Horst Naumanns steht *Christine* östlich der Elbe schon 1944 und 1954 an zweiter Stelle. In Bern hatte der Name 1948 den 10. Platz, 1958 den 4. Platz inne. Vgl. auch Anm. 170.

[186] Das trifft für *Claudia* auch in Zürich zu.

[187] DIVO-Pressedienst 1961; siehe Seibicke, 1962, S. 35. — In Zürich hielt sich *Gabriela* 1968 noch immer auf dem 4. Platz.

sehen, daß die beliebtesten Jungennamen länger im Schwange bleiben, so daß man sie nicht eigentlich als Modenamen ansprechen kann. Man halte nur einmal gegeneinander

die zehn beliebtesten

Jungennamen		Mädchennamen	
	a) in Flensburg		
1966	1971	1966	1971
Frank	*Michael*	Susanne	Tanja
Stefan	*Frank*	*Martina*	Nicole
Michael	*Thomas*	Kirsten	Sandra
Thomas	*Stefan*	Sabine	Claudia
Dirk	*Dirk*	*Britta*	*Britta*
Ralf	Sven	*Anja*	Andrea
Jörg	Thorsten	Gabriele	*Martina*
Andreas	Mark	Birgit	Silke
Bernd	Jan	Petra	Kerstin
Kai	*Kai*	Marion	*Anja*
	b) in Karlsruhe		
1965	1972	1965	1972
Andreas	*Michael*	*Susanne*	Nicole
Thomas	*Andreas*	*Sabine*	Tanja
Michael	*Stefan*	*Petra*	*Christine*
Ralf	*Thomas*	Andrea	*Sabine*
Jürgen	Christian	*Christine*	Sandra
Stefan	*Markus*	*Claudia*	Michaela
Matthias	Thorsten	Martina	*Petra*
Uwe	Oliver	Heike	*Claudia*
Markus	*Martin*	Annette	Daniela
Martin	*Matthias*	Beate	*Susanne*

c) in Stuttgart

Jungennamen		Mädchennamen	
1966	1973	1966	1973
Michael	Alexander	*Claudia*	*Sabine*
Andreas	*Andreas*	*Sabine*	*Claudia*
Thomas	*Markus*	*Petra*	*Christine*
Stefan	*Michael*	Susanne	*Petra*
Frank	*Stefan*	Andrea	Alexandra
Markus	*Thomas*	*Christine*	Anja
Jürgen	Tobias	Bettina	Nicole
Ralf	*Matthias*	Martina	Sandra
Oliver	*Oliver*	Birgit	Melanie
Matthias	Christian	Annette	Sonja

Nach sieben Jahren kehren in der Liste der Jungennamen in Karlsruhe und Stuttgart jeweils 7 Namen wieder, in Flensburg noch 6. Den Listen der Mädchennamen dagegen sind in Karlsruhe 5, in Stuttgart 4 und in Flensburg nur noch 3 Namen gemeinsam. Der Wunsch nach Abwechslung ist besonders deutlich an dem Austausch der dänischen Namensform *Kirsten* durch die schwedische Variante *Kerstin* abzulesen.

Die andere Einstellung gegenüber den Jungennamen, die deren Bestand über längere Zeit hinweg bewahren hilft, erkennt man auch, wenn man die Namenliste aus München mit der aus den niederbayerischen Landkreisen vergleicht. Von der Münchener Spitzengruppe des Jahres 1965 (1. Quartal) trifft man 1966 (1. Quartal) auf dem Lande nur 4 Jungennamen an: *Christian, Thomas, Michael* und *Stefan*, und alle sind etwas weiter hinten plaziert, weil mehrere althergebrachte Vornamen sich nicht verdrängen ließen. Bei den Mädchennamen dagegen kommen 7 Namen in beiden Listen vor: *Petra, Christine, Andrea, Claudia, Monika, Brigitte* und *Gabriele*, und *Petra* nimmt beide Male den ersten Platz ein. Mit anderen Worten: Bei den Mädchennamen paßt man sich schneller den Modeströmungen an, die – wie man wohl zu Recht annimmt – von den Städten ausgehen.

Aus der DDR stehen mir außer der Darstellung HORST NAUMANNS, die mit dem Jahre 1964 endet, nur die zehn Jahresberichte aus Borna bei Leipzig (1965–67 und 1969–75) und einer aus Bernau bei Berlin (1973/74) in der Zeitschrift *Sprachpflege* sowie eine Zeitungsmeldung über die beliebtesten Vornamen in Ostberlin zur Verfügung. In den jeweils 13 Reihen kommen insgesamt 23 Jungen- und 29 Mädchennamen vor:

Thomas (13mal), *Michael, Mike* (je 12mal), *Jens* (11mal), *Heiko, Mario* (je 8mal), *Jörg, René, Steffen* (je 7mal), *Andreas, Sven, Uwe* (je 6mal), *Daniel* (4mal), *André, Dirk, Enrico, Marco* (je 3mal), *Frank, Matthias, Ronny, Thorsten* (je 2mal), *Christian, Jürgen* (je 1mal); der Name, der in keiner Liste fehlt, nämlich *Thomas*, steht auch am häufigsten (5mal) an der Spitze;

Annette, Kathrin (je 13mal), *Manuela* (11mal), *Silke* (8mal), *Ines, Jana, Kerstin* (je 7mal), *Heike, Simone* (je 6mal), *Grit, Mandy* (je 5mal), *Anja, Anke, Birgit, Katja* (je 4mal), *Daniela, Sandra* (je 3mal), *Andrea, Doreen, Peggy, Yvonne* (je 2mal), *Bianca, Claudia, Diana, Jacqueline, Nicole, Petra, Silvia, Ute* (je 1mal).

Von diesen Namen sind in den 70er Jahren verschwunden: *Frank, Uwe – Andrea, Birgit, Petra, Silvia, Ute*. Im Rückgang begriffen zu sein scheinen auch: *Andreas, Jörg, Steffen – Grit, Heike, Ines, Kerstin, Simone*. Unter den Neulingen der letzten Jahre fallen besonders ins Auge: *Jana* (seit 1969), *Anja* (der 1972 in Borna den erst 1969 erschienenen Vornamen *Anke* ablöst), *Mandy* (seit 1971), *Diana* (1971+73), *Sandra* (1972+74+75), *Katja* (1973, aber 1967 schon einmal in Ostberlin) – *René* (seit 1970), *Dirk* (1970+71+73), *Enrico* (1972–74), *Sven* (seit 1972, davor schon 1967 in Ostberlin), *Daniel* (1972+74+75), *André* (seit 1973).

Trotz einer Reihe von Gemeinsamkeiten mit der Vornamengebung in der Bundesrepublik (*Thomas, Michael, Andreas, Birgit, Heike* und neuerdings *Christian, Daniel, Marco, Sven, Anja, Bianca, Claudia, Daniela, Sandra, Silke, Yvonne*) zeigen sich doch auch merkliche Unterschiede, wenn man einmal unterstellt, daß die Vornamengebung in Borna als einigermaßen repräsentativ angesehen werden kann. Einerseits ist die

[weiter S. 162 →]

Jungennamen:

1964 (Naumann):	Uwe	Andreas	Jens	Thomas
1965:	Jens (8,3%)	Uwe	Mike	Steffen
1966:	Jens (6,4%)	Mike	Andreas	Uwe
1967:	Thomas (7,6%)	Jens	Jörg	Uwe
(Ostberlin 1967):	Andreas	Mario	Jörg	Thomas
1969:	Thomas (7,8%)	Jens	Mike	Jörg
1970:	Thomas 5,9%	Jörg	René	Jens
1971:	Thomas 7,6%	René	Jens	Mario
1972:	René 5,4%	Thomas	Sven	Mike
1973:	René 5,4%	André	Sven	Mike
(Bernau 1973/74):	Marco	Mario	Michael	Sven
1974:	Thomas 5,1%	Jens	René	Sven
1975:	Ronny 6,3%	Michael	Jens	René

Mädchennamen:

1964 (Naumann):	Kerstin	Kathrin	Heike	Simone
1965:	Kathrin (8,5%)	Heike	Kerstin	Annette
1966:	Kathrin (8,1%)	Heike	Silke	Kerstin
1967:	Kathrin (9,0%)	Annette	Ines	Heike
(Ostberlin 1967):	Birgit	Kerstin	Simone	Manuela
1969:	Kathrin (9,6%)	Annette	Silke	Jana
1970:	Kathrin 9,4%	Annette	Anke	Silke
1971:	Kathrin 7,4%	Annette	Jana	Anke
1972:	Kathrin 4,4%	Annette	Manuela	Jana
1973:	Kathrin 4,9%	Annette	Anja	Mandy
(Bernau 1973/74):	Daniela	Kathrin	Doreen	Nicole
1974:	Kathrin 5,5%	Annett/e	Sandra	Mandy
1975:	Yvonne 8,1%	Anja	Sandra	Kathrin

Frank Jörg	Steffen Thomas	Jörg Andreas	Mike Heiko	Michael Mario	Mario Michael
Matthias	Thomas	Jörg	Steffen	Heiko	Michael
Mario	Steffen	Heiko	Andreas	Mike	Michael
Frank Michael	Uwe Mario	Jürgen Steffen	Heiko Heiko	Sven Uwe	? Thorsten
Mike	Dirk	Heiko	Thorsten	Steffen	Michael
Michael	Mike	Heiko	Steffen	Dirk	Andreas
Daniel	Enrico	Jens	Michael	Mario	Heiko
Thomas	Marco	Enrico	Michael	Dirk	Jens
Mike Enrico	René Michael	Daniel Mike	Thomas André	Matthias Ronny	Christian Daniel
Thomas	Sven	André	Marco	Daniel	Mike/Maik

Andrea Ines	Annette Silke	Ines Simone	Silvia Grit	Ute Birgit	Petra Andrea
Simone	Ines	Annette	Grit	Manuela	Birgit
Kerstin	Grit	Silke	Simone	Manuela	Birgit
Kathrin Kerstin	Katja Anke	Annette Heike	? Grit	? Ines	? Manuela
Ines	Kerstin	Jana	Manuela	Simone	Grit
Manuela	Heike	Ines	Mandy	Silke	Diana
Mandy	Peggy	Anja	Silke	Claudia	Sandra
Diana	Katja	Manuela	Jana	Jacqueline	Silke
Bianca Jana	Yvonne Anja	Manuela Daniela	Anke Doreen	Katja Manuela	Annett/e Katja
Annett	Mandy	Manuela	Daniela	Jana	Peggy

Ausrichtung nach dem Norddeutschen hier fast noch stärker spürbar als in der Bundesrepublik (s. *Dirk, Frank, Jens, Jörg, Heiko, Steffen, Uwe; Anja, Anke, Heike, Silke;* hinzu kommen die nordischen Namen *Lars, Thorsten, Sven* und *Kerstin*) – vielleicht deshalb, weil der süddeutsche Einfluß fehlt. Andererseits fällt die Vorliebe für bestimmte ausländische, hauptsächlich französische, englische und italienische Namen auf, die diesseits der Grenze viel seltener gewählt werden: *René, Jacqueline, Enrico, Mario, Doreen, Mandy, Mike, Peggy, Ronny, Jana* (tschech.)[188]. Interessant ist weiterhin, daß *Simone* in der DDR früher unter den Spitzenreitern auftritt als in der Bundesrepublik, nämlich schon ab 1964 (bei uns erst ab 1970), und daß *André, Kathrin* und *Katja* in jüngster Zeit auch hier nach vorn drängen.

Vergleicht man anhand von Horst Naumanns Tabellen die beliebtesten Namen von 1954 mit denen von 1964, stellt man bei den Mädchennamen einen tiefgreifenden Wandel fest: Von den ersten zehn Namen des Jahres 1954 ist zehn Jahre später nur noch *Petra* übriggeblieben; zwei Namen – *Silvia* und *Ute* – sind aus der nächstfolgenden Zehnergruppe aufgestiegen; sechs Namen – *Kerstin, Kathrin, Heike, Andrea, Annette, Ines* – kamen 1954 nur vereinzelt vor, und *Simone* war damals überhaupt noch nicht vertreten. Ähnlich steil aufgestiegen ist der Jungenname *Mike;* auch er ist 1954 noch gar nicht belegt. *Mario* war 1954 noch ganz selten, *Steffen* hat *Stefan, Jörg* hat *Jürgen* abgelöst.

Eine weitere Besonderheit der Listen aus Borna ist, daß der Favorit unter den Mädchennamen von 1965 bis 1974 derselbe

[188] Vgl. dazu R. Gläser, 1974, S. 14: »Die Vornamengebung der DDR zeigt seit einigen Jahren eine deutliche Tendenz zur Bevorzugung ausländischer, oft sogar exotischer Vornamen. Erhebungen in Form von Stichproben, die bei einigen Standesämtern des Bezirks Leipzig vorgenommen wurden, ergaben, daß vor allem skandinavische, englische, romanische und slawische Vornamen begehrt sind, wobei *Jens, Torsten, Uwe*; *Brian, Carry, Lawrence, Keith, Mike, Pamela, Petula*; *Denise, Yvette, Marcel*; *Jana, Tamara, Nadja* und *Sascha* zu den beliebtesten gehören.«

geblieben ist: *Kathrin*, von 1967 an auf dem zweiten Platz begleitet von *Annette* (neuerdings überwiegend in der kürzeren Form *Annett*). Soviel Stabilität ausgerechnet unter den Mädchennamen ist verblüffend. Demgegenüber herrscht bei den Jungennamen, obgleich *Thomas* immer wieder an die Spitze drängt, größere Beweglichkeit; schon auf dem zweiten Platz wechseln die Namen mehrmals. Nimmt man noch hinzu, daß die Spitzenreiter der Mädchennamen in sechs von zehn Fällen[189] höhere Prozentanteile auf sich vereinigen als die der Jungennamen, scheinen die weiter oben für die Bundesrepublik getroffenen Feststellungen geradezu auf den Kopf gestellt zu sein. Bis 1971 – und erneut 1975 bei den Mädchen – sind die Prozentwerte für die Spitzenreiter außerdem erstaunlich hoch; auch in dieser Hinsicht weichen die Ergebnisse vom anderswo Üblichen ab.

Wie sehr die Prozentwerte für die Spitzenreiter auch schwanken mögen, selten hat ein Favorit der letzten 25 Jahre 10% erreicht oder gar überstiegen. Es besteht daher wenig Anlaß, sich über Einförmigkeit in der Vornamengebung zu beklagen. Um wieviel eintöniger war da die Namengebung in früheren Jahrhunderten! Im Traunviertel (Österreich) soll einst jeder Fünfte *Heinrich* geheißen haben[190]. Auch *Konrad* muß weit verbreitet gewesen sein; denn nur so ist die Redewendung *Hinz und Kunz* (= *Heinrich und Konrad*) für ›jedermann‹ zu erklären. Von den Ratsmitgliedern in Dresden trugen im 14. Jahrhundert knapp 70%, im 15. Jahrhundert noch über 50% einen der drei Vornamen *Johannes, Nikolaus, Peter* (s. oben S. 118). »Die Eintönigkeit des Namenschatzes läßt sich daran ermessen, daß im Jahre 1498 im Münsterland 80 Prozent der Männer auf die zehn beliebtesten Namen hörten. Ähnliche Verhältnisse herrschten

[189] Für die Zeit vor 1970 sind genaue Berechnungen leider nicht möglich, weil in den Berichten nur die durchschnittliche Anzahl der neugeborenen Jungen und Mädchen mitgeteilt wird. Daher sind die entsprechenden Prozentwerte in der Tabelle in Klammern gesetzt.

[190] LANGER-WAMSER, S. 8; auf S. 31 heißt es sogar: »jeder vierte Mann«.

in Städten wie Lübeck oder Braunschweig« (G. MÜLLER 1973, S. 203). Aus Coburg berichtet OTTOMAR WILHELM: »Auffallend ist auch [im Jahre 1598] die Einförmigkeit der Namengebung, welche im 17. Jahrh. noch größer wird: auf 174, d. i. mehr als die Hälfte der Schüler, kommen nur 6 verschiedene Namen. Schon ist *Johannes* auch hier, wie in allen anderen Gegenden Deutschlands der weitaus beliebteste Vorname. 80 Schüler – der 4. Teil – heißen *Johannes*; außerdem kommt dieser Name noch 7mal bei den Doppelnamen vor.«[191] Wenig später trägt schon fast jeder dritte den Namen *Johannes*. Noch im 18. Jahrhundert sieht es im Siegerland nicht besser aus: »1730–39 wurden 34,98% *Johannes* genannt, dazu kamen 36,63% mit Doppelvornamen, deren erster Bestandteil *Johannes* war. Bis 1830 hießen so über 50% Jahrzehnt für Jahrzehnt *Johannes*.«[192] Zum *Hans* (= *Johannes*) gesellte sich die *Grete* (= *Margarethe*), die es zeitweise auf über 20% brachte[193]. Auch die *Liese* (= *Elisabeth*), die *Käthe* (= *Katharina*), die *Hanne* (= *Johanna*) und die *Anna* waren früher in großer Zahl vertreten, wenn auch keiner dieser Namen so oft vergeben wurde wie *Johannes*. Die gebräuchlichsten Namen unserer Zeit mit ihren 4 bis 10% kommen dagegen jedenfalls nicht an. Die Palette der Namen ist bunter geworden, und je mehr Namen zur Auswahl stehen, desto mehr flacht sich die Kurve der Häufigkeitsverteilung ab. Daß es trotzdem immer noch und immer wieder eine kleine Gruppe von Namen gibt, die von vielen Eltern bevorzugt wird – mit 20 Jungen- und 20 Mädchennamen erfaßt man rund die Hälfte aller Erst- und Einzelvornamen –, ist andererseits ein Zeichen dafür, daß unsere Gesellschaft noch nicht in lauter Einzelgänger zerfallen ist.

In diesem Zusammenhang ist vielleicht die folgende Beobachtung an den Namen der 1972–1974 in Heidelberg Geborenen interessant: Bei Kindern, die katholisch getauft werden sollen, wirkt sich die Namenmode stärker aus als bei Kindern,

[191] WILHELM, S. 13.

[192] IRLE, S. 10.

[193] FLEISCHER, *Personennamen*, S. 52; vgl. auch G. MÜLLER, 1973, S. 203.

die evangelisch getauft werden sollen. In der nachstehenden Übersicht der zehn häufigsten Vornamen zeigt ein davorgesetztes Sternchen an, welche Gruppe die andere um $5^0/_{00}$ oder mehr überragt (in Klammern sind die absoluten Zahlen hinzugefügt):

Mädchen			Jungen		
$^0/_{00}$ (3340)	kathol. $^0/_{00}$ (1499)	evangel. $^0/_{00}$ (1841)	$^0/_{00}$ (3465)	kathol. $^0/_{00}$ (1573)	evangel. $^0/_{00}$ (1892)
43,1 Tanja	*47 (70)	40 (74)	54,3 Michael	*58 (91)	51 (97)
40,1 Nicole	*47 (71)	34 (63)	49,9 Markus	*59 (93)	42 (80)
38,6 Sandra	39 (58)	39 (71)	47,6 Christian	50 (78)	46 (87)
32,3 Christine	*35 (53)	30 (55)	37,2 Stefan	*42 (66)	33 (63)
30,8 Stefanie	31 (46)	31 (57)	36,4 Andreas	37 (58)	36 (68)
27,6 Claudia	26 (39)	29 (53)	36,1 Thomas	*39 (62)	33 (63)
23,7 Simone	*27 (41)	21 (38)	32,6 Frank	*36 (56)	30 (57)
22,2 Alexandra	*31 (47)	15 (27)	31,2 Thorsten	32 (51)	30 (57)
20,7 Anja	19 (29)	22 (40)	29,2 Alexander	29 (45)	30 (56)
20,7 Michaela	17 (25)	*24 (44)	23,4 Matthias	25 (39)	22 (42)
299,8	320 (479)	284 (522)	377,9	406 (639)	354 (670)

Jedesmal stehen fünf Sternchen in der Spalte »kathol.«, und nur bei den Mädchennamen taucht es am Ende der Reihe auch einmal in der Spalte »evangel.« auf. Am größten ist die Differenz bei *Markus*, *Alexandra* und *Nicole*. Begreiflicherweise zeigen die zehn Namen zusammengenommen dann auch ein deutliches Übergewicht auf katholischer Seite, besonders bei den Jungen. Unter den nächstfolgenden Namen werden für katholische Kinder bevorzugt (in Klammern der Vorsprung in $^0/_{00}$): *Monika* (13), *Diana* (12), *Manuela, Daniela, Katja, Sonja, Karin, Dagmar* (je 7), *Yvonne* (6), *Silvia, Angelika, Judith* (je 5) – *Marco* (8), *Klaus* (6), *Jürgen, Daniel, Wolfgang, Maik* (je 5), für evangelische Kinder hingegen: *Kerstin* (11), *Anke* (10),

Petra, Dorothea/Dorothee, Anne (je 6), *Eva, Corinna* (je 5) – *Dirk, Mark* (je 12), *Sascha* (10), *Oliver* (9), *Jörg, Ingo* (je 7), *Jan* (6), *Jochen, Uwe* (je 5). An der Verteilung der Namen *Markus, Marco, Mark* und *Jürgen, Jörg* erkennt man auf evangelischer Seite eine deutliche Neigung zu den kürzeren Formen (in Klammern wiederum die absoluten Zahlen):

	kathol. ‰	evangel. ‰
Markus + *Marco*	73 (115)	49 (92)
Mark	10 (16)	22 (41)
Jürgen	17 (27)	12 (23)
Jörg	10 (15)	17 (31)

Mit *Dirk* und *Jan* stehen noch zwei einsilbige Formen dem *Maik* auf katholischer Seite gegenüber. Entsprechend finden sich bei den für katholische Kinder bevorzugten Mädchennamen mehr vier- und dreisilbige Namen *(Manuela, Daniela, Angelika; Monika, Diana, Silvia)* als bei denen für evangelische Kinder *(Dorothea/Dorothee, Corinna)*. Dazu paßt auch, daß die norddeutschen und nordischen Namen, die meist kürzer sind und weniger volle Vokale enthalten, besonders gern für evangelische Kinder gewählt werden. Zu den schon erwähnten Namen *Kerstin, Anke, Dirk, Jörg, Jan, Uwe* stellen sich u. a. noch *Antje, Kirsten, Björn, Lars, Henning, Ni(e)ls*. Das bedeutet allerdings nicht, daß man sich auf katholischer Seite dieser Modeströmung verschlösse. *Silke, Heike, Birgit, Steffen, Ralf, Sven, Karsten, Holger, Kai, Heiko* verteilen sich ziemlich gleichmäßig auf beide konfessionellen Gruppen. Der schon seit den dreißiger Jahren bekannte, aus dem Schwedischen entlehnte Name *Karin* ist sogar bei den katholischen Mädchen in der Überzahl. Das ist jedoch eine Ausnahme; häufiger sind hier Namen französischer Herkunft anzutreffen *(Nicole, Simone, Yvonne)*.

Auch wenn diese Namen nicht alle die Spitzengruppe erreichen, sind sie doch als modern oder modisch anzusprechen, weil sie erst in jüngster Zeit mehrfach vergeben worden sind und dem gegenwärtigen Bild der Namengebung seine charakteristische Färbung geben. Hierzu gehören in Heidelberg außerdem: *Melanie, Julia, Bianca, Kat(h)rin, Miriam, Nathalie, Pamela, Nina* sowie *Oliver, Tobias, Mario.* Neben den norddeutschen und nordischen Namen spielen dabei solche französischer, slawischer und englischer Herkunft eine Rolle. Ins Auge fallen zur Zeit auch – wie schon erwähnt – mehrere »Namengeschwister«: *Alexandra* und *Alexander, Christine* und *Christian, Michaela* und *Michael, Stefanie* und *Stefan, Andrea* und *Andreas, Daniela* und *Daniel.* Bislang übten die Mädchen- und die Jungennamen keinen nennenswerten Einfluß aufeinander aus; die Namengebung verlief in beiden Gruppen weitgehend unabhängig voneinander. 1960 waren nur *Petra* und *Peter, Andrea* und *Andreas* annähernd gleich beliebt. Eine weitere Eigenheit der gegenwärtigen Namengebung, worauf ebenfalls schon hingewiesen wurde[194], ist der Gebrauch einiger Namen in mehrfach abgewandelter Form. Die noch in den fünfziger Jahren modischen Bindestrichnamen dagegen sind heute kaum mehr gefragt.

Was den Geschmackswandel, das Aufkommen neuer und die plötzliche Ausbreitung zuvor kaum beachteter Vornamen nun eigentlich veranlaßt, ist noch ungeklärt. Das Angebot an fremden, ungewöhnlichen Namen im Fernsehen, im Film, in der Unterhaltungsliteratur und im Sport ist gewiß sehr reichhaltig – zu reichhaltig, als daß sich von daher erklären ließe, warum gerade die heute beliebten und nicht irgendwelche anderen Namen herausgegriffen wurden. Man kann dieses Angebot mit einem Warenhauskatalog vergleichen: Er lenkt die Aufmerksamkeit auf eine begrenzte Menge von Waren verschiedener Art und Herkunft, aber ihre Zahl ist immer noch so groß, daß man nicht voraussagen kann, welcher Artikel sich als Verkaufsschlager erweisen wird. Anscheinend wirken sich die sogenannten Massenmedien überwiegend in solch indirekter

[194] Siehe oben S. 133.

Weise auf die Namenwahl aus, indem sie ganz allgemein den Blick in gewisse Richtungen lenken[195]. Hier und dort mögen sie auch die ersten Anstöße geben; denn es ist nicht zu bezweifeln, daß sich Eltern bei der Namensuche von Fernsehsendungen, Schlagern, Schlagerstars, Illustriertenromanen usw. anregen lassen. Eindeutig ist die Sachlage bei Namen, die erst auf diesem Wege bei uns bekannt geworden sind, so etwa bei *Wencke* (nach Wencke Myhre), *Pirkko* (nach Pirkko Manola), *Rabea* (nach Rabea Hartmann), *Rouven* (nach dem Sohn der Sängerin Dalia Lavi), *Nicki*. Aber so klare Fälle sind äußerst selten – dem Namen *Perdita* beispielsweise sieht man nicht an, ob er einem Groschenroman oder Shakespeares *Wintermärchen* entnommen ist –, und vor allen Dingen bleiben solche Namen ganz vereinzelt; in allen Häufigkeitslisten erscheinen sie erst ganz am Ende. Eine bemerkenswerte Ausnahme ist der Name *Marika*, der im April 1966 und 1967 in Köln unter den ersten zehn Namen erscheint und hinter dem, wie ich vermute, als »Patin« die damals bejubelte deutsche Eiskunstläuferin Marika Kilius stand. Doch außer in Köln habe ich diesen Namen in keiner Spitzengruppe und auch sonst nicht unter den häufiger gegebenen Vornamen wiedergefunden. Damit ein auf solche Weise bekannt gewordener Name sich weiter ausbreitet und gar bis in die »Hit-Listen« aufsteigt, müssen offenbar andere sozialpsychologische Kräfte mitwirken. Uwe Seeler und Manuela (die eigentlich Doris Wegener heißt) mögen den Beliebtheitsgrad dieser Namen gesteigert haben, aber allem Anschein nach haben sie doch nur einen schon bestehenden Trend verstärkt. Mit anderen Worten: Namen von »Stars« findet man nur dann in großer Zahl wieder, wenn sie ohnehin dem Zug der Zeit entgegenkommen. Weder Heintje noch Hildegard Knef, noch Willy Millowitsch, noch

[195] Vgl. Bosshart, S. 102: »Der Einfluß der Massenmedien auf die Namengebung kann demnach auch nicht stark und selten direkt sein. Die Massenmedien leisten aber dennoch einen Beitrag zur Namenkultur. Sie helfen mit bei der Verbreitung moderner Namen, sie üben also eine vermittelnde Rolle aus. Sie vergrößern die Auswahl, machen Namen bekannt und vertraut, schaffen oft ein sympathisches Bild von bestimmten Namen und bereiten so eine mögliche Übernahme ›schöner‹ Namen vor.«

HANS-JÜRGEN BÄUMLER – um auch den Partner der MARIKA KILIUS zu nennen – haben die Namengebung zu beeinflussen vermocht. Eher ist es umgekehrt: Man achtet im Showgeschäft und in der Unterhaltungsindustrie sehr wohl darauf, was beim Publikum »ankommen« könnte, und paßt sich bewußt den vorhandenen Modeströmungen an. Aus solchen Überlegungen dürfte zum Beispiel DORIS WEGENER zu ihrem Künstlernamen *Manuela* gekommen sein. Die Zeitschrift *Petra* hat, wie in ihrem ersten Heft zu lesen war, ihren Namen nach dem damals (1962) beliebtesten Mädchennamen erhalten, und das Statistische Amt der Stadt München berichtete 1965 (S. 164): »Aus praktischen Gründen erkundigen sich u. a. Geschäfte für Kinderausstattung und Patengeschenke nach den gangbarsten Taufnamen, ferner Verlage, wenn sie für ihre Romanserien attraktive Frauennamen suchen.« Diese Art Rückkopplung[196] trägt wahrscheinlich nicht wenig dazu bei, daß Entwicklungen in der einmal eingeschlagenen Richtung bestärkt und in Gang gehalten werden[197]. Es hatte sich ja gezeigt, daß die sogenannten Namenmoden keineswegs von heute auf morgen wechseln, nicht einmal bei den für Modisches anfälligeren Mädchennamen; und bei den Jungennamen treten einschneidende Veränderungen wohl höchstens alle zwanzig bis dreißig Jahre ein. Wenn man freilich die heute gebräuchlichen Vornamen mit denen der dreißiger Jahre und diese wiederum mit dem Gros der Namen um 1900 vergleicht, stechen die Unterschiede ins Auge. Das ist jedoch ganz normal. Warum sollten ausgerechnet die Vornamen das einzig Unveränderliche in einer sich ständig wandelnden Welt sein?

[196] Unter *Rückkopplung* versteht man »die Beeinflussung eines Geschehens durch die Rückwirkung (Feedback) der Folgen auf seinen weiteren Verlauf« (*Brockhaus-Enzyklopädie*, Bd. 16, Wiesbaden 1973, S. 197).

[197] Vgl. dazu BOSSHART, S. 103: »Es besteht also gleichsam eine wechselseitige Namen-Beeinflussung zwischen Kommunikatoren und Rezipienten der Massenmedien. Beide Seiten vermitteln sich die zur jeweiligen Zeit ›schönsten‹ und beliebtesten Vornamen und bestärken so den jeweils bestehenden Trend. Man muß also, was Namen betrifft, eher von einer Vermittlerrolle als von Einflüssen der Massenmedien sprechen, wobei meist Vornamen vermittelt werden, die sowieso schon sehr beliebt sind.«

Wenn ein neuer Name oder Namenstyp erst einmal da ist, trägt sicherlich die Nachahmung zu seiner Ausbreitung bei. Durch Befragungen hat GERHARD KOSS herausgefunden, daß mehr Eltern, als man erwartet hätte, auf Namen von Kindern in der Umgebung zurückgreifen[198]. Auch LOUIS BOSSHART kommt in seiner Untersuchung der Vornamengebung im Kanton Schaffhausen zu dem Ergebnis: »Gut 85% aller Befragten haben nämlich die Namen, die sie ihren Kindern gaben, zum ersten Mal in ihrer Bekanntschaft, Verwandtschaft oder in ihrer nächsten Umgebung gehört.«[199] Auf eine andere Möglichkeit der gegenseitigen Beeinflussung weist FRIEDEMANN RAST hin: »Die Tatsache, daß sehr häufig (so oft, daß es sich nicht mehr um Zufälle handeln kann!) im Geburtenregister unmittelbar aufeinanderfolgend eingetragene Kinder ein und denselben Vornamen tragen, läßt sich vielleicht als Bestätigung für die Dominanz des persönlichen Einflusses (›personal influence‹) auf die Namens-Entscheidung interpretieren. Wie ich bei Rückfrage in der Universitäts-Frauenklinik erfuhr, haben die werdenden Mütter in der ›Schwangerenberatung‹ häufig Gelegenheit, sich über ihre Probleme miteinander zu unterhalten. Womöglich erörtern sie dort auch die Vornamen der erwarteten Babies [sic!] – ganz abgesehen von den Gesprächen in Familie und Nachbarschaft.«[200] Eine wichtige Bedingung für diese Art der Namenvermittlung ist meines Erachtens, daß zwischen den Austauschpartnern – wenigstens bis zur Geburt und Namengebung des Kindes – keine ständigen persönlichen Kontakte bestehen. BOSSHART hat nämlich auch festgestellt, daß sich gleiche Vornamen am ehesten in »Blockquartieren« häufen: »Hier wohnen also viele Menschen auf kleinem Raum. Die Wahrscheinlichkeit, daß so zwei gleiche und dazu noch häufige Namen sehr nahe beieinander zu liegen kommen, ist damit größer als in weniger dicht besiedelten Räumen. Dazu kommt [sic!] als ausschlaggebender Grund für eine Massierung von gleichen Namen die sehr geringen Kon-

[198] Siehe oben S. 55f.

[199] BOSSHART, S. 105.

[200] RAST, S. 18.

takte der Bewohner von Blockwohnungen untereinander. Die meisten der auf dieses Problem hin angesprochenen Eltern in Blockquartieren gaben an, zur Zeit der Namengebung geglaubt zu haben, mit den gewählten Namen im näheren Umkreis allein zu sein. Mangelnde Kommunikation von Bewohnern gleicher Häuser hat also abnehmenden Individualismus in der Namengebung zur Folge, oder umgekehrt ausgedrückt: die Anonymität moderner Massensiedlungen hat einigen Einfluß auf die Namengebung, ganz besonders auf die Bildung von Modenamen, auf Namen also, die sich an einem Ort mangels Verbindung der Einwohner untereinander überdurchschnittlich stark verbreiten können.«[201] In den Städten ist daher die Konzentration auf bestimmte Namen in der Regel stärker als auf dem Lande. »In einem Dorf, wo [...] jeder fast jeden kennt (,) und wo man gegenseitig vielfach verwandt und verschwägert ist, kommen in der untersuchten Zeit gleiche Namen seltener mehrfach vor als in größeren Ortschaften und Städten. Ein Träger eines bestimmten Namens genügt, um diesen Namen auf einige Zeit zu ›blockieren‹.«[202] Diese Erklärung des »Modegefälles« von den städtischen Ballungsgebieten aufs Dorf leuchtet ein.

Ob es heute noch zutrifft, daß neue, »moderne« Namen in den oberen Gesellschaftsschichten aufkommen und sich durch Nachahmung allmählich in den darunterliegenden Schichten ausbreiten, ist fraglich. Derartige sprachsoziologische oder soziolinguistische Untersuchungen bereiten erhebliche methodische Schwierigkeiten und sind deshalb noch rar[203]. Nach meinem Eindruck trifft auch hier – mutatis mutandis – zu, was René König in dem S. 26 erwähnten Wörterbuchartikel mit Blick auf die Mode in der Kleidung äußert: daß sich nämlich »der modische Wettbewerb insbesondere in den jüngeren Altersklassen der Mittelschichten« entfaltet, »während die Oberschichten eher modisch zurückhaltend werden«.

[201] Bosshart, S. 76ff.

[202] Bosshart, S. 79.

[203] Zu nennen sind vor allem die Arbeiten von Debus, Bosshart, Koss, Krowatschek, Rast. Zu den methodischen Schwierigkeiten vergleiche man auch das Zitat von S. Schott am Schluß des Kapitels 4.

Erfreulicherweise geht der jüngste statistische Bericht über die Vornamen in München im Jahre 1974 auch auf Fragen der sozialen Unterschiede in der Namengebung ein (*Münchener Statistik* 1976, H. 3, S. 70–78). Zugrunde gelegt wurde die »klassische« Einteilung in Arbeiter, Angestellte, Beamte und Selbständige. Sie ist zwar, wie ausdrücklich gesagt wird, recht grob, aber eine stärkere Differenzierung hätte zu kleine Gruppen mit zu niedrigen Zahlenwerten ergeben, die keine Aussagekraft mehr gehabt hätten. Die »vergleichende Gegenüberstellung der 40 im Durchschnitt gebräuchlichsten Buben- und Mädchennamen« kommt zu folgenden Ergebnissen:

> »Es bestehen zwischen den Schichten deutliche rangliche Verschiebungen innerhalb der insgesamt weitgehend identischen Spitzenreitergruppen, und zwar derart, daß die Gruppe der ›Selbständigen‹ bevorzugt bislang seltenere Namen in Spitzenpositionen wählt.
> Bei der relativen Häufigkeit der beliebtesten Namen zeigen sich insbesondere bei den Buben deutliche schichtspezifische Besonderheiten.« (S. 75)

Die Gegenüberstellung der zehn beliebtesten Jungennamen

bei den ›Selbständigen‹ (in %)

I.	Christian	5,8		
	Florian	5,8		
	Stefan	5,8	27,0 (I.–III.)	
II.	Alexander	5,0		
III.	Andreas	4,6		
IV.	Thomas	4,2		43,2 (I.–VII.)
V.	Michael	3,5		
VI.	Christoph	3,1		
VII.	Markus	2,7		
	Martin	2,7		
	Matthias	2,7		
	Philipp	2,7		
	Sebastian	2,7		

bei den ›Arbeitern‹ (in %)

I.	Thomas	9,7		
II.	Markus	8,2		
	Michael	8,2	40,6 (I.–IV.)	
III.	Christian	7,9		
IV.	Andreas	6,6		
V.	Stefan	4,8		58,5 (I.–IX.)
VI.	Alexander	4,5		
VII.	Robert	3,4		
VIII.	Jürgen/ Jörg(en)	2,9		
IX.	Peter	2,3		

zeigt in der Gruppe ›Arbeiter‹ eine stärkere Konzentration auf bestimmte Vornamen. Jeder der ersten fünf Namen erreicht hier einen höheren Prozentanteil als der beliebteste Jungenname bei den ›Selbständigen‹, und der Favorit *(Thomas)* ragt mit 9,7% weit über alle anderen hinaus. Die entsprechenden Werte in den Gruppen ›Angestellte‹ und ›Beamte‹ liegen zwischen den beiden Extremen, aber doch näher bei den ›Selbständigen‹.

Diese Verteilung wiederholt sich tendenziell, wenngleich stark abgeschwächt, bei den Mädchennamen. Mit 5,4% geht *Sabine* bei den ›Arbeitern‹ allen anderen Spitzenreitern voran: *Andrea* (›Beamte‹) 4,2%, *Christine* (›Angestellte‹) 4,2%, *Julia* (›Selbständige‹) 3,9%. Im allgemeinen aber ist der Abstand zwischen den Extremwerten (die ›Beamten‹ und ›Angestellten‹ liegen wieder dazwischen) nur gering:

›Selbständige‹ (in %)

I.	Julia	3,9		
	Maria	3,9		
II.	Christine	3,4	17,5 (I.–III.)	
	Stefanie	3,4		
III.	Anna/Anne	2,9		
	Alexandra	2,9		30,0 (I.–IV.)
	Barbara	2,9		
	Sabine	2,9		
IV.	Andrea	1,9		
	Daniela	1,9		
	Katrin	1,9		

›Arbeiter‹ (in %)

I.	Sabine	5,4		
II.	Claudia	4,6		
III.	Alexandra	4,3	20,5 (I.–V.)	
IV.	Daniela	3,5		
V.	Andrea	2,7		
	Michaela	2,7		
	Nicole/			33,4 (I.–VI.)
	Nicola	2,7		
	Sandra	2,7		
VI.	Stefanie	2,4		
	Tanja	2,4		

Schichtspezifische Unterschiede zeigen sich auch in der Wahl einzelner Vornamen (die Rangstufen entsprechen den römischen Ziffern in den Tabellen oben): »*Florian*, in der Reihung aller männlichen Rufnamen 1970 noch auf Rang 14, bis 1974 auf den 8. Platz vorgerückt, zählt zur absoluten Spitze bei den ›Selbständigen‹. Er liegt bei den ›Arbeitern‹

erst im 11. Rang. *Philipp,* in der Vergleichsuntersuchung 1970 nicht plaziert, 1974 bereits die Nummer 16, ist 7. bei den ›Selbständigen‹. Bei den ›Arbeitern‹ rangiert er noch auf Platz 15; auch *Sebastian* taucht 1970 nicht in der Gruppe der ersten 30 auf, kam 1974 auf die 19. Stelle im Durchschnitt aller Bubennamen und findet sich bei den ›Selbständigen‹ ex aequo [in gleicher Höhe, W. S.] mit *Philipp* auf Rang 7; er ist 14. bei den ›Arbeitern‹. – *Julia,* 1970 nicht unter den ersten 30 Mädchennamen, 1974 an 12. Stelle, ist bei den ›Arbeitern‹ nicht unter die ersten 20 gekommen, findet sich jedoch bei den ›Selbständigen‹ an der Spitze zusammen mit *Maria,* die ebenfalls 1970 nicht im Vorderfeld auftauchte, 1974 aber auf den 17. Platz vorrückte. Bei den ›Arbeitern‹ nimmt sie im Gegensatz zur 1. bei den ›Selbständigen‹ erst die 9. Position ein. Ähnlich ist es mit *Katrin,* die vom 21. Rang (1970) auf den 4. (1974) vorrücken konnte. Bei den ›Arbeitern‹ liegt sie immer noch an 12. Stelle, während sie bei den ›Selbständigen‹ bereits den 4. Rang einnimmt.« (S. 75 u. 78)

Bemerkenswert ist noch, daß bei den Jungen die ›Arbeiter‹ an den traditionellen Vornamen *Robert, Jürgen* und *Peter* festhalten (unter den ›Selbständigen‹ trifft man in dieser Statistik überhaupt keinen *Jürgen* mehr an), wohingegen es bei den Mädchen die ›Selbständigen‹ sind, die althergebrachte Vornamen wie *Maria, Anna* und *Barbara* (wieder) bevorzugen. Von den bundesweit verbreiteten Vornamen-Lieblingen, die auch bei den ›Arbeitern‹ beliebt sind, fehlt in dieser Gruppe der ›Selbständigen‹ *Michaela* völlig, *Tanja* und *Claudia* sind nur je einmal, *Nicole* zweimal und *Sandra* dreimal vertreten.

Der Münchener Bericht schließt mit der Feststellung: »Die beschriebenen Beispiele bieten ausreichend Grundlage zu der Annahme, daß Innovationen auf der Palette der gebräuchlichsten Vornamen derzeit überwiegend von der Schicht der ›Selbständigen‹ ausgehen. Inwieweit und mit welcher zeitlichen Phasenverschiebung sie andere Berufsgruppen erreichen, kann noch nicht zuverlässig bestimmt werden, da die notwendige Schichtendifferenzierung erstmalig im Rahmen der vorliegenden Arbeit erfolgte. Aus der in vier bis fünf Jahren anstehenden

Folgeuntersuchung dürften zu diesem Punkt konkrete Aussagen abzuleiten sein.« (S. 78)

Für wissenschaftliche Untersuchungen ist hier noch ein weites Arbeitsfeld.

7.2. Namenlandschaften

Die 49 Namenreihen des vorigen Abschnittes zeigen so viele Übereinstimmungen, daß aus den Namen selbst kaum noch Rückschlüsse auf ihre landschaftliche Zugehörigkeit möglich sind; die Reihen sind nahezu beliebig austauschbar. Nur die niederbayerischen Landkreise und die norddeutschen Städte – Hamburg, Flensburg, Kiel, zum Teil auch Westberlin – weisen merkliche Eigenheiten auf: Dort sind es die religiös bestimmten Traditionsnamen *Josef*, *Franz-Xaver*, *Maria*, *Elisabeth* und einige in den Städten nicht mehr als modern empfundene Namen wie *Johann*, *Renate*, *Ingrid* und *Anita*[204], hier eine Reihe typisch niederdeutscher Namen und solche aus der skandinavischen Nachbarschaft: *Carsten*, *Jan*, *Dirk*, *Kai*, *Lars*, *Olaf*, *Birte*, *Britta*, *Kerstin*, *Maike*. Die besondere Lautgestalt und Bildeweise der niederdeutschen sowie der an der Nordseeküste verbreiteten friesischen Vornamen (zum Beispiel *Abbo*, *Boje*, *Hajo*, *Ingwer*, *Momme*, *Ommo*, *Onno*, *Tjark*, *Didda*, *Dortje*, *Gerritdina*, *Tjadine*) kennzeichnen heute noch die beiden ausgeprägtesten Namenlandschaften des deutschen Sprachgebietes. Sie heben sich deutlich von den überwiegend katholischen Gebieten im Westen und Süden ab, in denen biblische und Heiligennamen weiterleben, wenngleich die örtlichen und kleinräumigen Besonderheiten mehr und mehr schwinden. Immerhin wird man einen neugeborenen *Pirmin* am ehesten noch in der Pfalz, einen *Severin* oder *Quirin* in und um Köln, einen *Fridolin*[205] um Säckingen und allgemein im Südwesten

[204] Zu den beiden letztgenannten Namen siehe Anm. 181.

[205] Vgl. W. Betz, S. 185f. Betz macht hier auch auf das Desiderat einer »Geographie der Vornamengebung« aufmerksam. — In Heidelberg ist *Fridolin* von Januar 1972 bis Dezember 1975 insgesamt dreimal vergeben worden.

antreffen. *Franz*, *Josef* (»Seppl«), *Xaver*, *Aloys*, *Ignaz*, *Luitpold* und *Ruprecht* gelten noch immer als vorwiegend bayerische Namen; *Urs*, *Reto*, *Orell* weisen nach der Schweiz; *Beat*, *Donat*, *Egid(ius)* und ähnliche Formen sind nach meinen Beobachtungen ebenfalls in den süd(west)lichsten deutschsprachigen Gebieten am häufigsten zu finden, *Philomena* und *Philomela* (auch mit *F*- geschrieben) hauptsächlich in Südbayern und Tirol; *Robert* schließlich ist südlich des Mains gewiß zahlreicher vertreten als in Mittel- und Norddeutschland. Von diesen Namen taucht – außer *Urs* und *Beat* in der deutschen Schweiz[206] – keiner in den »Hit-Listen« auf, aber ihre Verbreitung gibt doch der Namengebung allgemein ihr besonderes landschaftliches Gepräge. Nur fehlt es leider an einschlägigen Untersuchungen. Je nach der Nachbarschaft werden auch bestimmte nordische, niederländische, französische, italienische, slawische Namen einen höheren Anteil an der Gesamtheit der vergebenen Vornamen haben.

Bevölkerungsbewegungen und Geschmackswandlungen, verbunden mit der Suche nach neuen, »unverbrauchten« Vornamen, führen zu einem ständigen und anscheinend immer lebhafter werdenden Austausch zwischen den ursprünglichen Namenlandschaften, die sich durch Sprache, Kult und Brauchtum voneinander unterschieden. Der friesische Jungenname *Uwe* hatte sich vor einiger Zeit weite Bereiche des deutschen Sprachgebietes erobert, und inzwischen dringen die niederdeutschen Namen *Heike*, *Silke*, *Dirk* und die nordischen *Thorsten* und *Sven* immer weiter nach Süddeutschland vor. In Heidelberg beispielsweise sind darüber hinaus *Carsten*, *Jan*, *Kai*, *Björn*, *Lars* und *Ni(e)ls*, *Kerstin*, *Kirsten*, *Kirstin* und *Maike* spätestens seit 1970 keine Fremdlinge mehr. Es gibt jedoch, wie wir festgestellt hatten[207], auch eine Süd-Nord-Wanderung gewisser Vornamen. Der eigentlich in Österreich beheimatete *Florian* etwa hat in Heidelberg seit 1972 zu-

[206] Nach der Häufigkeitsliste in dem Büchlein *Kennen Sie die seit 25 Jahren in der Schweiz beliebtesten Vornamen von Mädchen und Knaben?* steht *Urs* auf dem 6., *Beat* auf dem 9. Platz.

[207] Siehe S. 147.

nehmend mehr Liebhaber gefunden (1972: 10, 1973: 13, 1974: 14, 1975: 16 Belege) und nimmt im zweiten Halbjahr 1973 in Hamburg mit 22 Belegen den 33. Platz ein. Es mag zur Zeit noch ein wenig befremden oder erheitern, einen *Florian* plattdeutsch »snacken«, einen *Sven* schwäbeln und einen *Thorsten* bairisch sprechen zu hören, doch das ist wahrscheinlich nur eine Sache der Gewöhnung, und die ausgeprägtesten Dialektmerkmale schleifen sich ja in der Umgangs- oder Alltagssprache, vor allem in den Städten, auch immer mehr ab. Die Aussichten für ein Fortbestehen landschaftlicher Eigentümlichkeiten in der Namengebung sind gering; ganz aussterben werden sie dennoch – hoffentlich – nicht so bald.

8. Die gedruckte Geburtsanzeige

Für die öffentliche Bekanntgabe einer Geburt haben alle Zeitungen eine eigene Rubrik. Wie solche Geburtsanzeigen gewöhnlich aussehen, zeigen die folgenden Muster[208].

Markus
6.8.1976

Susanne hat ein Brüderchen bekommen!

In großer Freude

Herta Fein, geb. Silbermann
Dieter Fein
Würzburg

STATT KARTEN!

Wir freuen uns über die Geburt unseres Sohnes

Christoph Rüdiger Wolfgang

Waltraud Richter
z. Z. Heiliggeist-Krankenhaus

Karl Richter
Saarbrücken
Schmollerstr. 4

---

[208] Siehe auch Joachim Stave, *Ein guter Brief gewinnt*; Gütersloh 1968, S. 114f.

Christiane

20. 5. 1976

Glücklich und dankbar
geben wir die Geburt unserer Tochter bekannt

Hilde Beyer, geb. Weber
Hartmut Beyer
Hamburg-Blankenese

KATRIN
2. 9. 1976

Die Geburt ihrer zweiten Tochter
geben bekannt

Luise Birkner · **Hermann Birkner**

Köln-Braunsfeld

Voller Dankbarkeit und Freude zeigen wir die Geburt unserer Tochter **Claudia Brigitte** an.

Irmgard und *Klaus Riedel*
Neckarsteinach

Zwischen mehrere Vornamen gehören keine Kommas! In der Unterschrift wird der Name der Frau immer zuerst genannt; ihr Mädchenname braucht dabei nicht unbedingt angegeben zu werden. Wenn man »die Geburt unseres Sohnes/unserer Tochter« schreibt, passen andere Namen als die der Eltern nicht unter die Anzeige; die Namen älterer Geschwister sollten dann lieber wegbleiben.

Wem es Spaß macht, der kann sich natürlich auch originellere Texte einfallen lassen, vor allem für die gedruckten Briefkarten, die man Freunden, Verwandten und Bekannten zuschicken möchte. Der Fantasie sind da keine Grenzen gesetzt. Hier ein paar Beispiele aus meiner Sammlung:

FAMILIENCHRONIK G. Z......

Mit zweitägiger Verspätung gemäß väterlicher Prognose hat unsere erste Tochter **Nina** unter folgenden Umständen das Licht der Welt erblickt:

Datum	31. Dezember 1960
Genaue Zeit	5.55 Uhr
Ort	Krankenhaus Jerusalem
Gewicht	4200 Gramm
Erste Reaktion	protestierte unverzüglich schreiend und gestikulierend gegen die »Ruhestörung«
Allgemeiner Eindruck	selbstbewußt und vorlaut, zukünftige Primadonna
Es grüßen herzlich	der stolze Vater Günter, die glückliche Mutter Inge-Ursula

0,0035 t Stahl angekommen!

Über die Geburt
ihrer Tochter **SANDRA**
freuen sich

Marlies und **Peter Stahl**

ICH BIN DA!

Ganz genau seit Dienstag,
23. Dezember 1969, 13.37 Uhr.

Peggy

soll ich heißen, so sagen Karlheinz und Gisela Mayer. Das sind meine Eltern. Die können stolz auf mich sein.

Gewicht	3150 g
Länge	530 mm
Haarfarbe	dunkelblond
Augen	blau
Zähne	keine
Stimme	72 Phon

Im Augenblick sind Mutti und ich noch in der Universitäts-Frauenklinik auf Zimmer 204. Aber bald sind wir beide zu Hause bei unserem Papa.

Die Illustrierte *HÖR ZU* hat im Oktober 1973 folgende Anzeige aus der *Oldenburgischen Volkszeitung* abgedruckt:

Ich

Nils, am 7. September in Vechta geboren,
werde meinem Bruder
Jan-Willem Hempelmann
helfen, Mama und Papa zu erziehen.

Der Bundestagsabgeordnete Dr. Hermann Mörchen hat es sogar verstanden, die Geburtsanzeige mit einem Wahlaufruf zu verbinden (*SPIEGEL* 1972, Nr. 39, S. 182):

jan henrik mörchen
ist am 2. September 1972 zur Welt gekommen.

Um der Zukunft unseres Kindes willen
bitten wir alle, die sich mit uns freuen,
bei der nächsten Wahl SPD zu wählen.

9. Die Vornamen und ihre Erklärung

9.1. Vorbemerkungen

Das Verzeichnis enthält gut 6000 verschiedene Namenformen. Doch auch diese Menge ist nur ein Ausschnitt aus dem nahezu unerschöpflichen Namenschatz, zu dem alle Zeiten und Landschaften, verwandte und fremde Kulturen beigesteuert haben und unablässig beisteuern. In der Gegenwart wirklich lebendig ist davon natürlich immer nur ein kleiner Teil. Es wäre deshalb wenig sinnvoll, an dieser Stelle alle in der Geschichte auffindbaren Namen zusammenzutragen. Andererseits wird man sich kaum mit einem Vornamenbuch zufriedengeben, das nur die gegenwärtig verbreitetsten Namen erfaßt. Ein Kompromiß war bei dieser Lage unausweichlich. Von den »modernen« Vornamen sollte natürlich keiner fehlen. Weiterhin war an viele altdeutsche Namen zu erinnern, auch wenn sie zur Zeit nicht gefragt sind. Gerade der Wunsch, dem Kinde einen besonderen Namen zu geben, kann manchen schon verschollen geglaubten Vornamen wieder zu Ehren bringen. Auch aus der eigenwilligen Namenwelt des niederdeutsch-friesischen Sprachgebietes, die sich seit einiger Zeit über ihre Heimat hinaus großer Beliebtheit erfreut, sollte ein nicht zu knapp bemessener Ausschnitt geboten werden. Darüber hinaus ist eine Anzahl seltener Namen und Namensformen aus der neuhochdeutschen Vornamengebung seit etwa 1600 aufgenommen worden, vor allem solche, die Gegenstand einer Anfrage waren oder sein könnten. Die Liste, die auf diese Weise zustande kam, stellt notgedrungen eine subjektive Auswahl dar. Mir kam es hauptsächlich darauf an, daß der Benutzer auf möglichst viele Fragen Antwort erhält.

Man darf diese Sammlung daher nicht mit einer Liste empfehlenswerter Vornamen verwechseln! Auf sprachpflegerische

Gesichtspunkte ist dennoch auch hier nicht völlig verzichtet worden. Von den Kurz- und Koseformen, die noch sehr intim oder kindlich wirken und die oft das Geschlecht des Namensträgers nicht eindeutig erkennen lassen, sind nur die gebräuchlichsten aufgenommen und diese in der alphabetischen Folge gewöhnlich durch *Schrägdruck* — wie andere nicht zu empfehlende Vornamen auch — als nicht ganz vollwertige Namen gekennzeichnet worden. Außerdem soll ein * vor einem Namen anzeigen, daß Bedenken gegen seine Eintragung bestehen. Die Warnung wird überdies im Artikel meist direkt ausgesprochen und kurz begründet. Aber auch sonst wird bei Gelegenheit ausdrücklich von der Wahl einer bestimmten Form abgeraten.

Die Schreibweise der fettgedruckten Namen entspricht in der Regel der geltenden Rechtschreibnorm (Duden-Rechtschreibung); geläufige Varianten und einige Ausnahmen sind jedoch, schon um des schnelleren Auffindens willen, ebenfalls berücksichtigt.

Die Bedeutungsangaben fußen auf dem wissenschaftlichen Schrifttum, das am Schluß des Buches verzeichnet ist. Eigene etymologische Nachforschungen habe ich nicht angestellt. Maßgebend waren für mich vor allem: das Duden-*Lexikon der Vornamen*, die Vornamenbücher von Wasserzieher und van der Schaar, das Oxford Dictionary of English Christian Names und das Biblisch-Historische Handwörterbuch (für die biblischen Namen). Bei widerstreitenden Erklärungen habe ich entweder die verschiedenen Ansichten nebeneinander gestellt oder mich für eine von ihnen entschieden. Die Literaturhinweise in eckigen Klammern haben nicht zuletzt die Aufgabe, nachprüfbar zu machen, woher die Erklärungen stammen. Bei den häufig wiederkehrenden germanischen Namenbestandteilen hätte dieses Verfahren jedoch zuviel Platz beansprucht. Deshalb ist in diesen Fällen auf Quellenangaben verzichtet worden. Auch hier müssen subjektive Entscheidungen des Verfassers in Kauf genommen werden. Immerhin habe ich mit Fragezeichen, die die Fragwürdigkeit einer Erklärung signalisieren, nicht gespart und lieber »Herkunft und Bedeutung ungewiß« o. ä. geschrieben, als forsch eine fantasievolle, aber nicht beweisbare Deutung anzubieten. Die Bedeutungsangaben können sowieso nicht mehr sein als grobe Übersetzungsvorschläge. Wer sich nicht intensiv in die Sprache, Geschichte und Kultur vergangener Epochen eingearbeitet hat, wird dadurch leicht fehlgeleitet. Die Bedeutung von althochdeutsch *adal* beispielsweise ist mit den neuhochdeutschen Wörtern *edel, vornehm* nur unzulänglich erfaßt, weil damit Vorstellungen geweckt werden, die in unsere Gegenwart gehören, aber kaum für die ehemaligen Sprecher des Althochdeutschen zutreffen. Und die »Übersetzung« des Namengliedes *heid* (in *Adelheid, Heidrun* usw.) — um noch ein Beispiel zu nennen — mit ›Art, Wesen, Gestalt‹ greift nur eine von mehreren möglichen Verwendungsweisen heraus, die dieses sprachliche Zeichen einstmals hatte. Trotz dieser Einwände mochte ich auf die etymologischen Angaben ebensowenig verzichten wie sicherlich auch der künftige Benutzer; denn eine verständliche Neugier treibt uns immer wieder, nach dem »Sinn«, d. h. der sprachlichen Motivation eines Zeichens — sei es ein Name oder ein Wort — zu fragen. Allerdings gebe ich bei den zusammengesetzten Namen die »Bedeutung« der Bestandteile getrennt an und versuche nicht, sie als Ganzheit, wie eine neuhochdeutsche Zusammensetzung, zu deuten. Das mag mancher bedauern, aber die Erkenntnisse der historischen Sprachwissenschaft lassen eine solche Gesamtdeutung nicht zu. Es bleibt daher jedem selbst überlassen, ob und wie er die Bestandteile zu einem sinnvollen Ganzen vereinigen will.

In eckigen Klammern habe ich außer den schon erwähnten Literaturhinweisen noch zahlreiche Quellenangaben, vor allem bei ungewöhnlichen Vornamen, hinzugefügt. Sie sollen nicht nur bezeugen, daß die Namen tatsächlich vergeben worden sind und woher sie in meine Vornamenkartei gelangten, sondern zugleich Fingerzeige geben, wann und wo sie aufgekommen sein könnten — Fingerzeige für künftige namengeschichtliche Nachforschungen also. Bei der Sammlung von Namen aus Standesamtslisten unterlaufen einem außerdem leicht Namen ausländischer Kinder (s. dazu den Schluß des Abschnittes 6.4), und ich habe auch schon erlebt, daß scheinbar neue Namen in Zeitungsanzeigen und -berichten ihr Dasein einzig und allein dem Druckfehlerteufel verdankten. Deshalb ist bei der Aufnahme und

Weitergabe seltener Vornamen Vorsicht geboten. Die Zusätze in eckigen Klammern liefern nicht selten Anhaltspunkte für die Beurteilung einer Namensform, weil man ihnen auch entnehmen kann, daß es sich um eine seltene oder eine altertümliche Form handelt, die man nicht ungeprüft übernehmen sollte. — Schließlich sind auch sämtliche Vornamenauskünfte, die bis *Dezember* 1975 in der Zeitschrift DER SPRACHDIENST der *Gesellschaft für deutsche Sprache* veröffentlicht worden sind, verzeichnet.

Die meisten der in den Namenartikeln verwendeten Abkürzungen sind unschwer zu vervollständigen. Einer Erklärung bedürfen:

AG	= Amtsgericht	LG	= Landgericht
ags.	= angelsächsisch	m.	= männlich
ahd.	= althochdeutsch	mhd.	= mittelhochdeutsch
as.	= altsächsisch	NF(F)	= Nebenform(en)
bes.	= besonders	OVG	= Oberverwaltungsgericht
DF	= Doppelform		
dt.	= deutsch	s.	= siehe
eigtl.	= eigentlich	urspr.	= ursprünglich
Erw.	= Erweiterung(en)	vgl.	= vergleiche
frz.	= französisch	viell.	= vielleicht
hpts.	= hauptsächlich	VN(N)	= Vorname(n)
Jh.	= Jahrhundert	w.	= weiblich
KF(F)	= Kurz- und/oder Koseform(en)	Zs(s).	= Zusammensetzung(en)

Hinweise zu den Betonungsangaben:
Der untergesetzte Strich bedeutet ›betonte Länge‹ (z. B. **Nata̲lie**), der untergesetzte Punkt betonte Kürze (z. B. **Fenẹlla**). Angaben dieser Art sind nur dort gemacht worden, wo es angebracht erschien.

Die Aussprache fremdsprachiger Namen ist des öfteren durch eine phonetische Umschrift erläutert, die sich im wesentlichen an die Zeichen der *Association Phonétique Internationale* (*API*) hält. Zu beachten sind vor allem folgende Sonderzeichen:

ˈ zur Kennzeichnung des Haupttones; das Zeichen steht stets *vor* der betonten Silbe; Beispiel: [ˈpɛtrik] = *Patrick*;

~ über einem Vokal zur Kennzeichnung der Nasalierung; Beispiel: frz. [ʃã'tal] = *Chantal*;
: nach einem Vokal zur Kennzeichnung der Länge; Beispiel: [e:] wie in dt. *Schnee*;
ɛ offener *e*-Laut wie in dt. *hätte*;
ɔ offener *o*-Laut wie in dt. *hoffen*;
ə schwachtoniger Laut wie am Ende des Wortes *Mitte*: ['mitə];
ð stimmhafter Engelaut wie in engl. *that*;
θ stimmloser Engelaut wie in engl. *thing*;
ʃ stimmloser Engelaut wie in dt. *schön*: [ʃö:n];
ʒ stimmhafter Engelaut wie in *Garage*: [ga'ra:ʒə];
z stimmhafter Engelaut wie in dt. *Segen*: ['ze:gən];
v stimmhafter Engelaut wie in dt. *Wein*: [vaen];
x stimmloser hinterer Engelaut wie in dt. *ach*: [ax];
ç stimmloser vorderer Engelaut wie in dt. *ich*: [iç];
ŋ Nasal wie in dt. *Enge*: ['ɛŋə].

9.2. Vornamen für weibliche Personen

Aaltje NF von *Altje*

Abelina, Abeline w. Erw. von *Abel*, hebr. 'Hauch', oder von mundartl. *Abele*, das zu altsächs. *aval* 'Kraft' gehört [Hartig] oder KF von *Adelberta* ist (s. *Abelke*)

Abelke niederdt. KF, vermutl. zu *A(de)lberta*

Abelone dän. Form von *Apollonia*

Abigail hebr. 'mein Vater jauchzt'

Achillina w. Erw. zu *Achill(es)* [Basel 1945; Mackensen]

Ada KF von Zss. mit *Adal-*, auch bibl. Name, hebr. 'Zier, Schönheit'

Adalberga ahd. *adal* 'edel, vornehm' + *berga* 'Schutz, Zuflucht'

Adalberta, -berte w. Form zu *Adalbert*, ahd. *adal* 'edel, vornehm' + *beraht* 'glänzend'

Adalburg ahd. *adal* 'edel, vornehm' + *burg* 'Schutz, Zuflucht'

Adalgard ahd. *adal* 'edel, vornehm' + *gard* 'Zaun, Schützerin' (?)

Adalie vermutl. KF von Zss. mit *Adal-*, ahd. *adal* 'edel, vornehm' [*Die liebenswürdige A.*, Roman von Chr. Fr. Hunold, genannt Menantes, 1702, nach dem Frz.]

Adda, Addie, Addy KFF von Zss. mit *Adal-*, *Adel-*; vgl. aber *Addi* unter den m. VNN!

Adela KF von Zss. mit *Adel-*, bes. *Adelheid*

Adelaida, Adelaide aus frz. *Adélaïde* = *Adelheid*

Adelberga NF von *Adalberga*

Adelberta, -berte NF von *Adalberta*

Adelburg(a) NF von *Adalburg*

Adele aus frz. *Adèle* = *Adela*

Adelfrieda, -friede w. Form zu *Adalfried*, ahd. *adal* 'edel, vornehm' + *fridu* 'Friede'

Adelgard NF von *Adalgard*

Adelgonda, -gonde NF von *Adelgunde*

Adelgund(e), -gundis ahd. *adal* 'edel, vornehm' + *gund* 'Kampf'

Adelheid(e) ahd. *adal* 'edel, vornehm' + *heit* 'Art, Wesen, Gestalt'; früher sehr verbreitet, in der Literatur des 18./19. Jhs. als Name adliger Ritterdamen beliebt

Adelhild(e) ahd. *adal* 'edel, vornehm' + *hiltja* 'Kampf'

Adelina, Adeline Erw. von *Adela*

Adelinde ahd. *adal* 'edel, vornehm' + *lind* 'sanft, mild'

Adelmut(e) ahd. *adal* 'edel, vornehm' + *muot* 'Sinn, Geist, Gemüt'

Adelrun(e) ahd. *adal* 'edel, vornehm' + *rūna* 'Geheimnis, Zauber'

Adeltraud, -trud ahd. *adal* 'edel, vornehm' + *trūd* 'Kraft, Stärke'

Adely NF von *Adela* [1968 Gottesdienst 160]

**Adi* KF von w. und m. VNN, die mit *Adal-* gebildet sind; auch *Ady*

Adina Erw. von *Ada* (?) [Gestalt in der Oper *Der Liebestrank* von Donizetti, 1832; Bielefeld 1974/75]

Adna Herkunft und Bedeutung unbekannt [Gestalt in dem Roman *Der Aufstand der Männer* von J. Tralow, 1953]

Adolfa w. Form zu *Adolf*, ahd. *adal* 'edel, vornehm' + *wolf* 'Wolf'; veraltete Schreibweise: *Adolpha*

Adolfina, -fine Erw. von *Adolfa*; veraltete Schreibweise: *Adolphina, -phine*
Adonia w. Bildung zu *Adonis*, hebr. 'Herr'
Adorata lat. 'die Verehrte', frz. *Adorée*
Adriana, -ane w. Form zu *Adrian*, lat. 'aus (der Stadt) Adria (Hadria bei Venedig)'; poln. *Adrianna*
Adrienne [adri'ɛn] frz. Form von *Adriane*
Afra lat. 'Afrikanerin, Punierin'
Agatha, Agathe griech. 'die Gute'
Agda schwed. Form von *Agathe*
Aglaia, Aglaja griech. 'Glanz, Pracht', Name einer der drei Grazien
Agna schwed. KF von *Agnes, Agneta*
Agnes ['a:gnɛs oder 'aŋnɛs] zu griech. *(h)agnós* 'keusch, rein, geweiht', später in Verbindung gebracht mit lat. *agnus* 'Lamm' [SD 1965, 166, bestand noch auf der Aussprache: 'agnɛs]
Agnese, Agneta, Agnete, Agnita NFF von *Agnes*
Aida arab.-ital., Bedeutung ungeklärt [Oper von VERDI, 1871]
Aila finn.-lapp. VN, viell. identisch mit *Helga* [OTTERBJÖRK] oder *Alice, Alisa* [VILKUNA]
Aimée [ɛ'me:] frz. Form von *Amata*
Aina finn. 'immer'; im Estn. als NF von *Anna* aufgefaßt, schwed. 1901 anstelle von *Aquilina* [SP 1976, 170]
Aino finn., als Name umgedeutetes *ainoa* 'die einzige (Schwester)', Gestalt im finn. Nationalepos *Kalevala*; wegen der Endung *-o* im Deutschen nicht eindeutig w. [VILKUNA; SP 1967, 170]
**Akelei* eigentlich Name einer Pflanzengattung, lat. *Aquilegia*, zu *aquila* 'Adler'
Akulina russ. Form von *Aquilina*, zu lat. *aquila* 'Adler'
Alba lat. 'die Weiße' [Freiburg i. Br. 1974]
Alberga NF von *Adalberga*
Alberta NF von *Adalberta*
Albertina, -tine Erw. von *Alberta*
Albina, Albine w. Form zu *Albin*, ahd. *alb* 'Elf, Naturgeist' + *wini* 'Freund', oder zu lat. *albus* 'weiß'
Albinia Erw. von *Albina*
Albrada ahd. *alb* 'Elf, Naturgeist' + *rāt* 'Rat(geber), Beratung'
Albrun(a), -rune ahd. *alb* 'Elf, Naturgeist' + *rūna* 'Geheimnis, Zauber'
Alburg(a), -burgis NFF von *Adalburg*
Alda KF von Zss. mit *Adel-*
Aldegund(e) NF von *Adelgunde*
Aldina Erw. von *Alda*
Aldona Erw. von *Alda* oder w. Form zu *Aldo*, ital. KF von *Aldobrando* = *Adalbrand*, ahd. *adal* 'edel, vornehm' + *brand* 'Feuer, Schwert'
Aleida, Aleide, Aleit NFF von *Adelheid(e)*
Aleke NF von *Alke*
Alena, Alene (tschech.) KF von *Magdalena*, im Russ. von *Jelena* = *Helene* [SP 1973, 88]
Alenka ungar. und slaw. KF von *Alena* [Heidelberg 1972]
Alessa ital. KF von *Alessandra*
Alessandra ital. Form von *Alexandra*
Aletta, Alette (frz.) KFF von *Adelheid* [HARTIG 132f.]
Alexa KF von *Alexandra*
Alexandra w. Form zu *Alexander*, griech. 'Verteidiger, Schützer'
Alexandrina, -drine Erw. von *Alexandra*

Alexia KF von *Alexandra* oder w. Bildung zu *Alexis*, griech. 'Hilfe, Abwehr', lat. *Alexius*

Alfa KF von Namen, die mit *Alf-* gebildet sind, auch schwed. [Bremen 1966, Mackensen]

Alfhild(e) zu ahd. *alb* 'Elf, Naturgeist' + *hiltja* 'Kampf'

Alfonsa w. Form zu *Alfons*, ahd. *adal* 'edel, vornehm' + *funs* 'bereit, willig, eifrig'; veraltete Schreibweise: *Alphonsa*

Alfonsine Erw. von *Alfonsa*; veraltete Schreibweise: *Alphonsine*

Alfrada NF von *Albrada*

Alfreda w. Form zu *Alfred*, altengl. *ælf* 'Elf, Naturgeist' + *rǣd* 'Rat(geber), Beratung'

Alfrun NF von *Albrun*

Alftrud zu ahd. *alb* 'Elf, Naturgeist' + *trūd* 'Kraft, Stärke'

**Algeth* niederdt.-fries. Form, viell. zu *Adalgard* [Raveling; Düsseldorf 1968, Mackensen]; läßt zumindest außerhalb des niederdt.-fries. Sprachgebietes das Geschlecht des Namensträgers nicht eindeutig erkennen

Algonda, -gonde, Algunde NFF von *Adelgunde*

Alheid, -heidis NFF von *Adelheid*; auch *Alheit*

Alice [engl. 'ɛlis, frz. a'li·s, dt. a'li:sə, 'ali:s, volkssprachl. auch a'li:tsə] normann. KF von *Adelheid, Elisabeth, Alexandra*; [SP 1967, 171]; frz. und engl. Koseform: *Alison* [frz. ali'zõ, engl. 'ɛlisən]

Alida, Alide KF von *Adelheid*

Alina, Aline NF von *Adelina*; auch schwed., ungar. und slaw. VN, im Slaw. wohl zu *Helene* gehörig

Alinda, Alinde KF von *Adelinde*

Alisa NF von *Alice* (?)

Alison s. *Alice*

Alita niederländ. NF von *Adelheid*

Alix KF von *Alexandra*

**Alja* (slaw.) KF von w. und m. VNN, die mit *Al-* beginnen, hpts. von *Alexander* und *Alexandra*; wegen dieser doppelten Verwendungsmöglichkeit als standesamtlich einzutragender Mädchenname nicht empfehlenswert

Alke, Alkje KFF von Zss. mit *Adel-*, bes. *Adelheid, Adelgunde* [SP 1967, 233]; die NF *Alken* ist nicht eindeutig weiblich

Alla schwed. KF von *Alexandra, Alice* u. ä. Namen, auch russ. Mädchenname; schwed. NFF *Alli, Ally*

Allegra amerikan. VN italienischen Ursprungs, ital. 'die Lebhafte'; die Schreibweise *Alegra* ist nicht zu empfehlen

Alli, Ally s. *Alla*

Alma lat.-span. 'die Nährende, Segenspenderin' oder KF von Zss. mit *Amal-*

Almoda, -modis, Almut NFF von *Adelmut*(*e*); auch: *Almuth*

Aloisia w. Form zu *Alois*, ahd. *alwīsi* 'der sehr Weise' (?); veraltete Schreibweise *Aloysia*

Alphonsine s. *Alfonsine*

Alraune NF von *Adelrune*

Alrike NF von *Adelrike*, einer w. Bildung zu *Adalrich*, ahd. *adal* 'edel, vornehm' + *rīhhi* 'mächtig, Herrscher'

Alrun(a), -rune NFF von *Adelrun*(*a*) oder *Albrun*(*a*)

Alste fries. Bildung zu Namen mit *Adal-*, viell. zu *Adalswinde*, ahd. *adal* 'edel, vornehm' + *swind* 'stark, recht' [Raveling]

Altje niederdt., niederländ., fries. KF von *Adelheid*

Altraud, -trud NFF von *Adeltraud*

Alwara vermutl. zu *Adel-*, zweiter Bestandteil ungeklärt; auch *Alvara*
Alwine w. Form zu *Alwin, Adalwin*, ahd. *adal* 'edel, vornehm' + *wini* 'Freund'
Alwy Herkunft und Bedeutung ungeklärt [Schauspielerin ALWY BECKER], viell. KF von *Adelwine, Alwine* o. ä. Namen, vgl. schwed. *Alvi, Alvy*
Ama KF von Namen, die mit *Ama(l)*- beginnen
Amabella zu lat. *amabilis* 'liebenswert', angelehnt an ital.-span. *bella* 'die Schöne'; engl. *Amabel*
Amalberga ahd. *amal* Bedeutung ungeklärt + *berga* 'Schutz, Zuflucht'
Amalberta w. Form zu *Amalbert*, ahd. *amal* Bedeutung ungeklärt + *beraht* 'glänzend'
Amalburg(a) ahd. *amal* Bedeutung ungeklärt + *burg* 'Schutz, Zuflucht'
Amalfrieda, -friede ahd. *amal* Bedeutung ungeklärt + *fridu* 'Friede, Schutz'
Amalgard ahd. *amal* Bedeutung ungeklärt + *gard* 'Zaun, Schützerin' (?)
Amalgunda, -gunde, -gundis ahd. *amal* Bedeutung ungeklärt + *gund* 'Kampf'
Amalia, Amalie KF von Zss. mit *Amal-*; engl. *Amely*
Amalinde, -lindis ahd. *amal* Bedeutung ungeklärt + *lind* 'sanft, mild'
Amanda lat. 'die zu Liebende, Liebenswerte'
Amarante griech. 'die nie Welkende, Unvergängliche', Blumenname
Amaryllis griech. 'die Glänzende, Leuchtende' (?), Bezeichnung einer Zierpflanzenfamilie
Amata lat. 'die Geliebte'
Ambrosia w. Form zu *Ambrosius*, griech.-lat. 'unsterblich'
Ambrosine Erw. von *Ambrosia*
Amelia, Amelie NFF von *Amalie*; frz. *Amélie* [ame'li·]
Amelinda, -linde NFF von *Amalinde*
Amely s. *Amalia*
Amina ital., Bedeutung unbekannt
Amke niederdt.-fries. KF von Zss. mit *Amal-*
Amöna, Amöne lat. *amoena* 'anmutig, lieblich', auch Latinisierung von *Meina* (s. d.) [SD 1972, 101+173+207]; auch *Amoena*
Amrei oberdt.-österreich. KF von *Annemarie*
Amrit Herkunft und Bedeutung unbekannt [Celle 1967, MACKENSEN; München 1974]
Amy ['e:mi] engl. KF von *Amata*
Ana (span.) NF von *Anna* oder KF von Namen, die auf *-(i)ana* enden [Karlsruhe 1967, MACKENSEN; Heidelberg 1972]
Anastasia griech. 'die Auferstehende, Auferstandene'
Ancla Neubildung aus *Anna* + *Claus* [Hamburg 1957]; besser: *Ankla*
Andra KF von *Alexandra* [Trier u. Freiburg i. Br. 1973]
Andrea w. Form (Rückbildung) zu *Andreas*, griech. 'der Mannhafte' (ital. *Andrea* = *Andreas*!) [StAZ 1956, 144]
Andreana bulgar. NF von *Andrejana*; Erw. von *Andrea* [SP 1976, 106]
Andrée [ã'dre:] frz. = *Andrea*
Anemone Blumenname (Buschwindröschen), zu griech. *ánemos* 'Wind'; die Schreibweise *Annemone* mit Anlehnung an *Anna* ist nicht empfehlenswert [SD 1970, 74]

Anette s. *Annette*

**Anfried* vermutl. Neubildung aus *Anna* + *-fried* [RAVELING]; zwar werden mit *Anna* nur w. Namen gebildet, aber weil *An-* diese Beziehung nicht mehr erkennen läßt und *-fried* sonst nur in m. VNN vorkommt (vgl. den sehr ähnlichen Namen *Arnfried*), ist *Anfried* als Mädchenname nicht geeignet

Angela [dt. aŋ'ge:la, ital. 'andʒɛla] griech. 'Bote (Gottes), Engel'

Angelia Erw. von *Angela*

Angelika griech. 'die Engelhafte'; selten auch *Angelica*; frz. *Angélique* [ãʒe'lik]

Angelina [andʒɛ'li:na] ital. Erw. von *Angela*

Angrit vermutl. Neubildung aus *Anna* + *Margrit*; besser: *Anngrit*

Aniela [a'nĭɛla] poln. = *Angela* [SP 1974, 151], NF *Aniola* [SP 1973, 88]

Anika, Anike NFF von *Annika*, russ. und bulgar. KF von *Anna* [Heidelberg 1972; SP 1974, 106]; auch *Anica*, ungar. *Anikó* [SD 1975, 134]

Anissa NF des russ. Namens *Anisja*, zu griech. *ánysis* 'Erfüllung, Vollendung' [Lüneburg 1971; SP 1974, 106]

Anita span. KF von *Anna* oder *Juanita*; auch *Annita* (nicht zu empfehlen)

Anitra Herkunft und Bedeutung unbekannt

Anja NF von *Anna*, auch KF von Namen mit *Arn-* [V. D. SCHAAR]

Anjanette Erw. von *Anna* in Anlehnung an *Annette* [Schauspielerin ANJANETTE COMER]

Anjuscha, Anjuschka slaw. KFF von *Anna*, auch *Juliana*

Anjutta vermutl. Neubildung aus *Anna* + *Jutta*; in der Form *Anjuta* wohl auch Erw. von *Anja* [RAVELING], bulgar. von *Anna* [ILČEV 51]

Anka niederdt., slaw. und ungar. KF von *Anna*; auch *Ankea*

Anke niederdt. KF von *Anna*

Ankla s. *Ancla*

Ann engl. ['ɛn] und skandinav. Form von *Anna*

Anna hebr. 'die Begnadigte', Name der Mutter Mariens; früher auch w. Form zu altdt. *Anno*, einer Kurzform von *Arnold*

Annabarbara DF aus *Anna* + *Barbara*, griech. 'die Fremde'; KF: *Annebärbel*

Annabella, Annabell(e) DF aus *Anna* + *Bella*, ital.-span. 'die Schöne', oder Umgestaltung von *Amabel(la)*; auch *Anabel* [Heidelberg 1975, nicht zu empfehlen]

Annabeth DF aus *Anna* und einer KF von *Elisabeth* [Frutigen 1960—64, BERGER 285]

Annalena, -lene DF aus *Anna* und einer KF von *Magdalena* oder *Helena*

Annalisa DF aus *Anna* und einer KF von *Elisabeth* oder *Luise*

Annalotte DF aus *Anna* + (*Char*)*lotte* [Karlsruhe 1975]

Annamaria DF aus *Anna* + *Maria*

Annamira DF aus *Anna* und einer KF von *Mirabella* [Heidelberg 1973]

Annbritt schwed. DF aus *Anna* und einer KF von *Brigitte*

Anncharlott DF aus *Anna* + *Charlotte*

Anne, Änne NFF von *Anna*

**Annebert* Kombination aus *Anna* + *-bert* (ahd. *beraht* 'glänzend'); da aber Namen auf *-bert* sonst m.

sind, ist diese Form nicht zu empfehlen

Annebarbara NF von *Annabarbara*; KF: *Annebärbel*

Annedore DF aus *Anna* und einer KF von *Dorothea* oder *Theodora*

Annegard Kombination aus *Anna* + *-gard*, ahd. 'Zaun, Schützerin' (?)

Annegerda DF aus *Anna* + *Gerda*

Annegret DF aus *Anna* und einer KF von *Margarete* [SD 1969, 60 u. 96]

Anneheide DF aus *Anna* und einer KF von *Adelheid(e)*

Annekät(h)e DF aus *Anna* und einer KF von *Katharina*

Annekat(h)rin DF aus *Anna* und einer KF von *Katharina*

Anneke niederdt.-niederländ. KF von *Anna*

Annelene, Annelen ['anəle:n] NFF von *Annalena*; die verkürzte Form *Annelen* ist nicht zu empfehlen, weil das Schriftbild die richtige Betonung und Aussprache nicht deutlich erkennen läßt

Anneli oberdt. KF von *Anna*; auch *Annelie*

Annelies(e) NF von *Annalisa*; auch *Annelis(e)*

Anneline DF aus *Anna* und einer KF von *Karolina* oder anderen Namen auf *-lina* [Heidelberg 1972]

Annelore DF aus *Anna* + *Lore*, einer KF von *Eleonore* oder NF von *Laura*

Annelott(e) DF aus *Anna* und einer KF von *Charlotte*

Anneluise DF aus *Anna* + *Luise*

Annemarei oberdt. NF von *Annemarie*

Annemargret DF aus *Anna* und einer KF von *Margarete*

Annemarie NF von *Annamaria*

Annemarlen DF aus *Anna* + *Marlene* [SP 1975, 186]

Annemie KF von *Annemarie*

Annemine DF aus *Anna* und einer KF von *Wilhelmine*

**Annemone* s. *Anemone*

Annerose DF aus *Anna* + *Rosa*

Annestine schwed. DF aus *Anna* und einer KF von *Christine*

Annetilde DF aus *Anna* und einer KF von *Mathilde*

Annetraud(e), -trud Kombination aus *Anna* + *-traud(e)*, ahd. *trūd* 'Kraft, Stärke'

Annette aus dem Frz. übernommene KF (Verkleinerung) von *Anna*, der frz. Aussprache entsprechend in der DDR neuerdings häufig in der Form *Annett*; öfters auch in der vereinfachten, aber nicht gerechtfertigten Schreibweise *Anette*

Anngrit s. *Angrit*

Anni KF von *Anna*; auch *Anny*

Anniela Erw. von *Anna* [Gernsbach 1966, K. WÖRTER]; vgl. auch *Aniela*

Annika schwed. KF von *Anna* [SD 1972, 32f.]

Annina, Annine Erw. von *Anna* [MÉTRAUX 20; München 1974]

Anninka poln. KF von *Anna*

Anntraud NF von *Annetraud*; auch *Anntraut*

Annunziata ital. 'die Verkündigte', Beiname Mariens; der Name bezieht sich auf das Fest Mariä Verkündigung, 25. März

Ansberga german. *ans* 'Gottheit' + *berga* 'Schutz, Zuflucht'

Anselma w. Form zu *Anselm*, german. *ans* 'Gottheit' + *helm* 'Helm, Schutz'

Ansetraud german. *ans* 'Gottheit' + ahd. *trūd* 'Kraft, Stärke'

Ansgard german. *ans* 'Gottheit' + *gard* 'Zaun, Schützerin' (?)

**Ante* KF von Namen, die mit *An-* oder *Ant-* beginnen, nicht ganz eindeutig weiblicher VN [Gottesdienst 1968, 160]

Antina, Antine niederdt.-niederländ. Erw. von *Anna*

Antje niederdt.-niederländ. KF von *Antine*

Antoinette [ãtŏa'nɛt] frz. KF (Verkleinerung) zu *Antonia*

Antonẹlla ital. Erw. zu *Antonia*

Antonia, Antonie w. Form zu *Anton*, lat. *Antonius* 'aus dem Geschlecht der Antonier', Bedeutung ungeklärt

Antonina, Antonita Erw. von *Antonia*

Anuscha, Anuschka slaw. KFF von *Anna*; ungar. *Annuska* ['anuʃka] [*Anuschka*: SD 1968, 38; Basel 1972, Nabholz 153; Karlsruhe 1973; Heidelberg 1973: zweimal]

Apollonia griech. 'dem Gott Apoll geweiht'; die Schreibweise *Appolonia* (nach engl. *Appoline*) ist nicht zu empfehlen

Aquilina s. *Akulina*

Arabella Herkunft und Bedeutung sind nicht sicher geklärt; als span. Name kann *A.* 'kleine Araberin' bedeuten, aber auch schott. Herkunft ist möglich

Ạranka ungar. Übersetzung von *Aurelia*, abgeleitet von *arany* 'Gold' [Wiesbaden 1962]

**Archila* Herkunft und Bedeutung unbekannt [Bremen 1966, Mackensen]

Aretha auch *Areta*, angloamerikan. VN, vielleicht arab. Ursprungs [Bremen 1966, Mackensen]

Arhild NF von *Arnhild*

Ariadne griech., Bedeutung ungeklärt

Ariane frz. Form von *Adriane* oder *Ariadne*

Arianna ital. Form von *Ariadne*

Ariẹtta Verkleinerung von *Ariane, Arianne*? [Berlin 1967, Mackensen]

Ạrista griech. 'die Beste, Vornehmste'

**Arit* Herkunft und Bedeutung unbekannt [Flensburg 1957, Mackensen]; nicht zu empfehlen, weil die Form das Geschlecht des Namensträgers nicht erkennen läßt

Arka niederländ.-fries. KF von Namen, die mit *Arn-* gebildet sind, auch russ. KF [SD 1970, 38]

Arlene engl. VN, vielleicht irischen oder normann. Ursprungs, Bedeutung nicht geklärt; dt. Aussprache: [ar'le:nə]

Arlette frz. VN normannischen Ursprungs (zu german. *hari* 'Heer, Volk' ?), ältere Form *Harlette*, so hieß die Mutter Wilhelms des Eroberers (11. Jh.) [ab 1937, Métraux 33; SP 1962, 25]

Armella w. Form zu frz. *Armel*, Name eines bretonischen Heiligen, lat. *Armagilus* [Dauzat, Britschgi; München 1974]; auch: *Armilla* [Rule, Wells, Ladó]

Armgard NF von *Irmgard*

Armida, Armide ital., Herkunft und Bedeutung ungeklärt [Name einer schönen Zauberin in T. Tassos Epos *Das Befreite Jerusalem*, 1581]

Armilla s. *Armella*

Arnalde NF von *Arnolde*

Arndine w. Erw. zu *Arnd*, eine KF von *Arnold*, s. *Arnolde*

Arnfrieda, -friede w. Form zu *Arnfried*, ahd. *arn* 'Adler' + *fridu* 'Friede, Schutz'

Arngard ahd. *arn* 'Adler' + *gard* 'Zaun, Schützerin' (?)

Arnhild(e) ahd. *arn* 'Adler' + *hiltja* 'Kampf'

Arnika ungar. KF von *Arnolde* [Bielefeld 1976]

Arnka KF von Namen, die mit *Arn-* gebildet sind

Arnolde w. Form zu *Arnold*, ahd. *arn* 'Adler' + *walt* 'gebieten, Herrscher'

Arnoldine Erw. von *Arnolde*

Arntraud, -trud ahd. *arn* 'Adler' + *trūd* 'Kraft, Stärke'

Arsene w. Form zu griech.-lat. *Arsenius* 'der Kraftvolle' [Trier 1966, MACKENSEN]

Artura w. Form zu *Art(h)ur*

Asbirg, Asgard skandinav. Formen von *Ansberga* bzw. *Ansgard*

**Asina* vermutl. Erw. von schwed. *Asa*, einer KF von Namen, die mit *As-* (german. *ans* 'Gottheit') gebildet sind; wegen der möglichen Assoziation mit lat. *asina* 'Eselin' nicht zu empfehlen [SD 1969, 150f.]

Asja russ. KF von *Anastasia* [SP 1967, 86; Freiburg i. Br. 1972; Bielefeld 1976]; auch: *Assja*

Aspasia griech. 'die Liebliche'

Assunta ital. 'die (in den Himmel) Aufgenommene', Beiname Mariens; der Name bezieht sich auf das Fest Mariä Himmelfahrt, 15. Aug.; Maria Assunta, 7. April

Asta KF von *Anastasia*, *Astrid*, *Augusta*

Astrid skandinav. Name, vermutl. zu german. *ans* 'Gottheit' + altnord. *friðr* 'schön'

Athalia hebr. 'Gott ist erhaben, Gott hat seine Größe gezeigt' (?); frz. *Athalie* [ata'li:]

Aud, Auda zu isländ. *auðr* 'Besitz, Reichtum'

Audrey ['odri·] engl. VN, vermutl. zu altengl. *Æðelðryð* = *Edeltraud*

Augusta, Auguste w. Form zu *August(us)*, lat. 'erhaben, ehrwürdig'

Augustina, -ine w. Form zu *Augustin*, einer Erw. von *August(us)*, s. *Augusta*

Aurelia, Aurelie w. Form zu *Aurelius*, lat. 'aus dem Geschlecht der Aurelier', Bedeutung ungeklärt (zu *aurum* 'Gold' ?); frz. *Aurélie* [ore'li·]

Aurica rumän., vermutl. zu *aur*, lat. *aurum* 'Gold'

Aurora lat. 'Morgenröte' [Flensburg 1964]; vgl. griech. *Eos*, engl. *Dawn*

Austine NF von *Augustine*

Auxilia zu lat. *auxilium* 'Hilfe, Beistand' [Gottesdienst 1968, 160]

Ava viell. zu altsächs. *aval* 'Kraft' [HARTIG 138]

Avila Erw. von *Ava* [literar. Gestalt in einer Erzählung H. F. BLUNCKS, 1888—1961]

Axinja russ., vermutl. NF von *Xenja*

Ayno s. *Aino*

Azalea, Azalee eigtl. Pflanzenname, zu griech. *azaleos* 'trocken, dürr' [AG Koblenz 1959, StAZ 1960, 241]

Babette [frz. ba'bɛt, dt. ba'bɛtə] frz. KF von *Barbara*, auch von *Elisabeth*; entsprechend der frz. Aussprache gelegentlich auch *Babett* geschrieben [SD 1970, 39]

Babro NF von *Barbara* [Hamburg 1961]

Balbina, Balbine lat. 'die Stammlerin' Name der Tochter des hl.

Quirin [Koss, St. Quirin 30; Heyd 1860 u. ö.]

Balda KF von Zss. mit *Balde-, Balt-*

Baldegund(e) ahd. *bald* 'kühn' + 'Kampf'

Balthild(e) ahd. *bald* 'kühn' + *hiltja* 'Kampf'

Baltrun ahd. *bald* 'kühn' + *rūna* 'Geheimnis, Zauber'

Barbara griech. 'die Fremde'; Koseform: *Bärbel*

Barbe frz. KF von *Barbara*

Barberina, -rine Erw. von *Barbara*

Barbi oberdt. Koseform von *Barbara*

Barbla, Barbli Spiel- und Koseformen von *Barbara* [*Barbla*: Wedel 1965, s. a. Berger 109]

Barbro schwed. Form von *Barbara*

Barendina NF von *Berendina* [Mannheim 1923, Schott 232]

Baronika Herkunft und Bedeutung unbekannt, viell. NF von *Veronika* ? [Heidelberg 1972]

Bartina niederdt.-fries. VN, abgeleitet von Namen, die mit *-bart* = *-bert* gebildet sind

Bart(h)olomea w. Form zu *Bart(h)olomeus*, hebr. 'Sohn des Talmaj'

Basilea, Basilia zu griech. *basileus* 'König'

Bastienne [bas'tiɛn] frz. w. Form zu *Bastien*, einer KF von *Sebastian*

Bathilde, -hildis ahd. *badu* 'Kampf' + *hiltja* 'Kampf'

Bea KF von *Beate, Beatrix*

Beanke niederdt.-fries. VN, viell. zu *Bern-* [v. d. Schaar; Bielefeld 1976: *Beanca*]

Beata, Beate lat. 'die Glückliche'

Beatrice [frz. bea'tri:s, ital. bea'tri:tʃə] = *Beatrix*

Beatrix lat. 'die Beglückende'

Beeke s. *Beke*

Begonia eigtl. Name einer Zierpflanze, benannt nach Michael Bégon (1638–1710) [F. C. Müller]

Beke niederdt. KF von *Elisabeth* oder *Berta*; auch: *Beeke*

Bele KF von *Elisabeth*, auch *Berta* oder *Gabriele*; die NF *Bela* ist wegen ihrer Übereinstimmung mit dem ungar. Männernamen *Béla* nicht eintragungsfähig

Belina viell. NF von *Belinda* [Düsseldorf 1968, Mackensen]

Belinda engl. VN, vermutl. zu *Betlindis*, einem urspr. german. Namen, dessen erster Bestandteil nicht geklärt ist; zweiter Bestandteil ist *-lind* 'sanft, mild'

Bella ital., span. 'die Schöne', auch KF von Namen, die auf *-bella* enden, z. B. *Annabella, Isabella, Mirabella*; früher auch KF von *Barbara, Elisabeth, Berta*

Bendine niederdt.-fries. NF von *Bernhardine*

Benedetta ital. = *Benedikta*

Benedikta, -e w. Form zu *Benedikt*, lat. 'der Gesegnete'; auch: *Benedicta*

**Bengi* Herkunft und Bedeutung unbekannt [Berlin 1967, Mackensen], läßt das Geschlecht des Namensträgers nicht eindeutig erkennen, daher nicht empfehlenswert

Benigna [be'niŋna] lat. 'die Gütige'

Benita span. = *Benedikta*

Bente, Bentje niederdt.-fries. KFF von *Benedikta*; *Bente* auch dän.

Beppa Lallform von ital. *Giuseppa* = *Josefa*

Berendina, -dine NF von *Bernhardine* [1879: SP 1976, 170]

Berenike makedon.-griech. 'die Siegbringende' [Freiburg i. Br. 1974]; frz. *Bérénice* [bere'ni:s]

Bergisa Erw. von Namen, die mit *-berg(a)* 'schützen, Zuflucht' gebildet sind (?)
Bergit(a) NF von *Birgit*
Bergunda, -gunde ahd. *bero* 'Bär' + *gund* 'Kampf'
Berit dän.-schwed. NF von *Birgit*; die Schreibweisen *Berid* und *Berrit* sind nicht zu empfehlen
Berlinde, -lindis ahd. *bero* 'Bär' + *lind* 'sanft, mild'
Berna KF von Zss. mit *Bern-*
Bernadette frz. Verkleinerungsform von *Bernarde* = *Bernharde*
Bernalde w. Form zu *Bern(w)ald*, ahd. *bero* 'Bär' + *walt* 'gebieten, Herrscher'
Bernarda, Bernarde roman. Formen von *Bernharde*
Bernetta, Bernette Neubildung zu Namen, die mit *Bern-* gebildet sind [Hzt. Coburg vor 1900, Wilhelm 27], oder aus *Petronilla* entwickelt [14. Jh., Münsterland, Hartig 98f., 253]
Bernfriede w. Form zu *Bernfried*, ahd. *bero* 'Bär' + *fridu* 'Friede, Schutz'
Berngard ahd. *bero* 'Bär' + *gard* 'Zaun, Schützerin' (?)
Bernharde w. Form zu *Bernhard*, ahd. *bero* 'Bär' + *harti* 'stark, fest'
Bernhardine Erw. von *Bernharde* [Heidelberg 1975]
Bernhild(e) ahd. *bero* 'Bär' + *hiltja* 'Kampf'
**Berni* KF von w. und m. Namen, die mit *Bern-* gebildet sind
Bernolde NF von *Bernalde*
Berta, Berte KF von Zss. mit *Bert-* oder *-bert*; Koseform *Bert(e)l*; die Schreibweise *Bertha* ist heute veraltet
Bertfriede w. Form zu *Bertfried*, ahd. *beraht* 'glänzend' + *fridu* 'Friede, Schutz'
Bertgunde ahd. *beraht* 'glänzend' + *gund* 'Kampf'
Bertha s. *Berta*
Bertheide Neubildung aus dem alten Namenbestandteil *bert*, ahd. *beraht* 'glänzend' + *Heide*, KF von *Adelheide*
Berthild(e) ahd. *beraht* 'glänzend' + *hiltja* 'Kampf'; auch: *Bertilda*
Bert(h)olda, Bert(h)olde w. Form zu *Berthold*, ahd. *beraht* 'glänzend' + *walt* 'gebieten, Herrscher'
Bertina, -tine Erw. von *Berta*, auch KF von *Albertina*
Bertita Erw. von *Berta* (?)
Bertlinde, -lindis ahd. *beraht* 'glänzend' + *lind* 'sanft, mild'
Bertolda s. *Bertholda*
Bertrada, Bertrade, Bertradis w. Formen zu *Bertrad*, ahd. *beraht* 'glänzend' + *rāt* 'Rat(geber), Beratung'
Bertraud(e), -trud(e) ahd. *beraht* 'glänzend' + *trūd* 'Kraft, Stärke'; auch: *Bertraut*
Bertrun ahd. *beraht* 'glänzend' + *rūna* 'Geheimnis, Zauber'
Beryl engl. VN, eigtl. Name eines Edelsteins, ind.-griech. 'Kristall, kristallklar'; dt. Schreibweise auch *Beryll*, ungar. *Berill*
Bess, Bessie, Bessy engl. KFF von *Elisabeth*
**Bethina*, von *Elisabeth* abgeleiteter VN, besser: *Bettina*
Betlindis s. *Belinda*
Betta, Bette, *Betti* KFF von *Elisabeth*; auch: *Betty*
Bettina Erw. einer KF von *Elisabeth*
Bianka ital. *Bianca* 'die Weiße, Helle, Glänzende' (= *Blanka*)
Biankamaria ital. *Biancamaria*, DF aus *Bianka* + *Maria*

Biankarose ital. *Biancarosa*, DF aus *Bianka* + *Rosa* 'Rose'
**Bib(b)i* Lallform von *Brigitte*
Bibernell(e) eigtl. Pflanzenname, zu lat. kindersprachl. **pipinella* 'kleines Ding' nach den dunkelroten Blütenköpfchen der Wiesenpflanze; auch *Pimpinelle*, *Pimpernell(e)* [Hamburg 1964]
Bibiana, Bibiane lat., Bedeutung ungeklärt (zu *Viviana* ?)
Bibianka Erw. von *Bibiane*
Bibrette Herkunft und Bedeutung unbekannt
**Biggi* oberdt. KF von *Brigitte*, *Birgit*
Bilbea eigtl. Pflanzenname, Herkunft und Bedeutung unbekannt
Bilhild(e) ahd. *billi* 'Schwert, Streitaxt' + *hiltja* 'Kampf'
Bilke niederdt.-fries. KF von *Sibylle* oder *Bilhild*
Bille KF von *Sibylle*
Bina, Bine KF von *Sabine*, *Jakobine* u. ä. Namen
Binia Erw. von *Bina* ? [Basel 1972, Nabholz 153]
Binka, Binke schwäb. Formen von *Benigna* [Wasserzieher]
Bionda ital. 'die Blonde' [Berlin 1967, Mackensen]
Birga Spielform von *Brigitte*, *Birgit* [s. Martin Walser: *Das Einhorn*, Roman, 1966]
Birgit, Birgitta nord. Formen von *Brigitte*; selten auch *Birgid*, *Birgitt*
Birka, Birke vermutl. w. Form zu *Birk(le)*, *Bürk(i)*, alemannischen KFF von *Burkhard* (ahd. *burg* 'Schutz, Zuflucht' + *harti* 'stark, fest') oder NF von *Brigitte*, *Birgit*; heute gewöhnlich mit der Vorstellung des schlanken, zartgrünen Baumes mit der hellen Rinde in Verbindung gebracht
Birkhild Neubildung aus *Birka* und dem alten Namenglied *-hild*, ahd. *hiltja* 'Kampf' [SP 1975, 58]
Birte dän. Form von *Brigitte*; seltener *Birthe*
Biruta poln. Name, viell. litauischen Ursprungs, Bedeutung ungeklärt
Biserka Herkunft und Bedeutung unbekannt [Linz 1967; Mackensen]
Blanche ['blãʃ] frz. Form von *Blanka*
Blanchette [blã'ʃɛt] frz. Verkleinerung von *Blanche*
Blanda lat. 'die Freundliche, Schmeichelnde'
Blandina, -dine Erw. von *Blanda*
Blanka zu *blank* 'hell, glänzend'
Blide KF von *Blidhilde*
Blidhild(e) ahd. *blīdi* 'froh, heiter' + *hiltja* 'Kampf'
Blonda 'die Blonde' [Bad Dürkheim 1966; Mackensen]
Blondine Erw. von *Blonda*
Bluma Neubildung des 19. Jhs. zu *Blume*, vgl. den schwed. VN *Blomma* 'Blume'
Bobba Herkunft und Bedeutung ungewiß (s. den m. VN *Boppo*)
Bodil dän. Form von *Bothilde* (?) [Hamburg 1961; Flensburg 1972; SP 1975, 58: als nicht eindeutig nicht empfohlen]
Bogdana slaw. w. Form zu *Bogdan* 'Gottesgeschenk' (= *Theodor*), tschech. auch *Bohdana*
Bona lat. 'die Gute'; engl. KF *Bonnie*
Bonifatia w. Form zu *Bonifatius*, lat. 'der gutes Geschick Verheißende'
Borghild NF von *Burghild* [Karlsruhe 1973]
Bothild(e) schwed. VN, auch *Botilda*, entspricht ahd. *boto* 'Ge-

bieter, Bote' oder *badu* 'Kampf' + *hiltja* 'Kampf' [OTTERBJÖRK]
Branda w. KF von Zss. mit *-brand*, z. B. *Hildebrand*
Branka w. Form zu *Branko*, slaw. KF von *Branislaw/Bronislaw* 'schützen, verteidigen' + 'Ruhm, Ehre' [BRANKA MUSULIN, dt. Pianistin jugoslawischer Herkunft]
Brena Herkunft und Bedeutung unbekannt [Karlsruhe 1967, MACKENSEN]
Brenda engl. = *Branda*
Bridget ['bridʒit] engl. = *Brigitte*
Briga, Brigga KFF von *Brigitte*
Brigida, Brigide latinisierte Form von *Brigitte*; die Schreibweise *Brygida* ist nicht zu empfehlen [SP 1972, 257]
Brigitta, Brigitte kelt. 'die Hohe, Erhabene'
Bringfriede w. Form zu *Bringfried*, einer Neubildung des 20. Jhs., wörtlich 'Bring Friede!'
Brinja Herkunft und Bedeutung unbekannt
Brit(t), Brita, Britta KFF von *Brigitta*
Bronislawa w. Form zu *Bronislaw*, slaw. 'schützen, verteidigen' + 'Ruhm, Ehre'; auch: *Bronislava*
Bronja slaw. KF von *Bronislawa*
Bruna, Bruneke (niederdt.), **Bruni** KFF von *Brunhild(e)*, angelehnt an ahd.-mhd. *brūn* 'braun'
Brunhild(e), Brünhild(e) ahd. *brunni* 'Brünne, Brustpanzer' + *hiltja* 'Kampf'; die Schreibweise mit *-nn-* (so bei RICHARD WAGNER im *Ring des Nibelungen*) ist selten
Brünne KF von *Brünhild(e)*
Bruntje fries. KF von *Brunhild(e)*
Burga KF von Zss. mit *-burg(a)*, z. B. *Walburga, Notburga*
Burghild(e) zu ahd. *burg* 'Schutz, Zuflucht' + *hiltja* 'Kampf'
Burgit Neubildung, viell. aus *Burga* + *Birgit* oder *Margit* [SP 1973, 234]
Burglind(e) zu ahd. *burg* 'Schutz, Zuflucht' + *lind* 'sanft, mild' [Zwickau zw. 1956 u. 66, SP 1974, 88]
Burgunde vermutl. Neubildung, etwa 'Burgunderin, aus Burgund', zu ahd. *burg* 'Schutz, Zuflucht' + *gund* 'Kampf' [SP 1973, 216]

Cäcilia, Cäcilie lat. 'aus dem Geschlecht der Cäcilier', zu lat. *caecus* 'blind'; auch: *Cecilie*
Caesarine s. *Cäsarine*
Calla schwed. KF von *Karoline*
Camilla s. *Kamilla*
Candida lat. 'die Weiße, Fleckenlose, Lautere'; auch: *Kandida*
Cara zu lat. *carus* 'lieb, wert'; auch *Kara*
Carda, Cardy KFF von *Ricarda*, s. *Karda*
Careen s. *Kareen*
Caren s. *Karen*
Carina ital. 'die Hübsche' (?) oder KF von *Katharina*, ital. *Caterina*; dt. Schreibweise: *Karina*
Caritas lat. 'Liebe, Nächstenliebe, Wohltätigkeit'; auch *Charitas*
Carla s. *Karla*
Carlotta ital. = *Charlotte*; span. *Carlota*
**Carly* KF von *Karl* und *Karla*, daher nicht zu empfehlen
Carmela span. NF von *Carmen*
Carmelia Erw. von *Carmela* [Duderstadt 1961: *Carmelia-Margot*, MALECKI 813]
Carmelina Erw. von *Carmela* [Gottesdienst 1968, 160]

Carmen span., hergeleitet von *Virgen del Carmen* 'Jungfrau (Maria) vom Berge Karmel'

Carmina Erw. von *Carmen* [Karlsruhe 1973]

**Carol* engl. KF von *Caroline*, aber auch von *Carolus*; im Deutschen als Mädchenname nicht zugelassen [AG Hamburg 1967, s. StAZ 1967, 300f.]

Carola latinisierte Form von *Karla*; dt. Schreibweise: *Karola*

Carolina, Carolin(e) Erw. von *Carola*, engl. auch *Carolyn*; dt. Schreibweise: *Karolina, Karolin(e)*

Carrie, Carry engl. KFF von *Carol(in)a*

Carsta, Carstine s. *Karsta, Karstine*

Cäsarina, -rine w. Bildung zu *Cäsar*, lat. *Caesar*, Bedeutung unsicher, oft mit lat. *caedere* 'schlagen, (heraus)schneiden' in Verbindung gebracht; *C.* 1823 und 1896 in Siegen als Beivorname für Mädchen, die durch Kaiserschnitt (sectio caesarea) zur Welt gebracht wurden [Irle 10]

Cassandra s. *Kassandra*

Caterina ital. = *Katharina*; frz. *Cathérine*

Cathleen s. *Kathleen*

**Cayen* Herkunft und Bedeutung unbekannt (zu *Kai*?) [Flensburg 1969]; der Form nach eher als m. VN anzusprechen

Cecilia s. *Cäcilia*

Cecily [ˈsɛsili] engl. = *Cäcilie*

Celestina [tʃɛ-] ital. = *Cölestina*

Celia KF von *Cäcilia*

Celina, Celine Erw, von *Celia* [*Celine*: Freiburg i. Br. und Bielefeld 1976]; frz. *Céline* [seˈliːn]

Cella KF von *Marcella*

Centa w. KF zu *Vincent*, lat. 'der Siegende'

Cesarina, -rine [tʃɛsaˈriːna] ital. w. Erw. von *Cesare* = *Cäsar*

**Cezanne* viell. künstlich gebildeter Name mit Anlehnung an *Anne* [Hamburg 1965]; *Cézanne* ist aber der Familienname eines berühmten frz. Malers (1839 bis 1906), daher als VN nicht geeignet

Chantal [ʃãˈtal] südfrz. 'Stein, Mauerstein', urspr. Familienname

Charis griech. 'Anmut, Liebreiz, Huld, Gnade'

Charitas NF von *Caritas*

Charlotte frz. w. Erw. von *Charles* = *Karl*

**Chérie* frz. 'Geliebte', bes. in der Anredeform *ma chérie* 'meine Liebe, mein Liebling' auch bei uns weithin bekannt; als Wort der frz. Sprache für die Eintragung als Mädchenname im Deutschen nicht geeignet

Chloe [ˈkloːeː] griech. 'junges Grün, junger Zweig'

Chlothilde s. *Klothilde*

**Chris* engl. KF von *Christiane, Christina, Christabel*, aber auch von *Christian, Christopher*, daher höchstens in Verbindung mit einem eindeutig w. VN eintragungsfähig

Chrischona wahrscheinlich von *Christ(i)ana*, Name einer legendären Heiligen aus der Gesellschaft der hl. Ursula, beigesetzt in der Nähe von Basel (ehemals Wallfahrtsstätte, jetzt protestant. Pilgermission); die Kirche *Chrischone* wird auch in dem alemann. Mundartgedicht *Die Marktweiber in der Stadt* von J. P. Hebel erwähnt

Christa KF von *Christi(a)na*

Christabel engl., vermutl. DF aus *Christa* + *Bella*, lat. 'die Schöne'

Christamaria DF aus *Christa* + *Maria*

Christarose DF aus *Christa* + *Rosa*

Christdore DF aus *Christa* + *Dora*

Christel KF von *Christa*, *Christi(a)ne*; auch *Christl*; im Oberdeutschen auch KF von *Christian*!

Christelrose DF aus *Christel* + *Rosa*

Christhild(e) Neubildung des 18. Jhs. aus *Christ* 'Christ(us)' und dem alten Namenbestandteil *hilde*, ahd. *hiltja* 'Kampf'

Christiana, Christiane griech.-lat. '(zu) Christus gehörend, christlich, Christin'

Christin ['kristi:n] moderne NF von *Christine*; der Name ist bereits mehrfach belegt und entgegen früheren Entscheidungen (OVG Münster 1962, s. StAZ 1964, 136, und LG Hildesheim 1965, s. StAZ 1966, 234) als Mädchenname — und nur als Mädchenname — eintragungsfähig (Bayer. OLG 1970, s. StAZ 1971, 135); vom Schriftbild her eindeutiger ist die skandinavische Schreibweise *Kristin* [SD 1972, 201]

Christina, Christine NFF von *Christiane*

Christl s. *Christel*

Christophine w. Erw. zu *Christoph(orus)*, griech.-lat. 'Christusträger'

Christophora w. Form zu *Christophorus*, griech.-lat. 'Christusträger'

Chrysantha w. Form zu *Chrysanthos*, griech. 'Goldblume'

Cilia, Cilli KFF von *Cäcilia*; auch: *Cilly* [*Cilia*: MÉTRAUX 32]

Cinderella ['sindərɛla] frz.-engl. 'Aschenputtel' [München 1974]

Cindy ['sindi·] engl. KF von *Cinderella*

Cinja Herkunft und Bedeutung unbekannt [Flensburg 1972]

Cissy ['sisi] engl. KF von *Cecily* = *Cäcilie*, auch KF von *Franziska*

Claartje niederländ.-fries. KF von *Klara*

Claire ['klɛ:r(ə)] frz. = *Klara*

Clara s. *Klara*

Clarelia Erw. von *Clara*

Clarina s. *Klarina*

Clarinda, Clarinde s. *Klarinda*

Clarissa Erw. von *Clara*; engl. auch *Clarice*

Clarita (span.) Erw. von *Clara*

Clasina s. *Klasina*

Claudette [klo'dɛt] frz. Verkleinerung von *Claudia*

Claudia lat. 'aus dem Geschlecht der Claudier', zu lat. *claudus* 'lahm'; dt. Schreibweise *Klaudia*; die frz. Form *Claude* ['klo:d] darf bei uns nicht allein als Mädchenname eingetragen werden, weil sie von der m. Form *Claude* = *Claudius* nicht unterscheidbar ist

Claudine Erw. von *Claudia*, frz. Aussprache [klo'di:n], dt. Schreibweise: *Klaudine*

Claudinette [klodi'nɛt] frz. Erw. von *Claudine*

Clea s. *Klea*

Clelia Herkunft und Bedeutung unbekannt

Clematis eigtl. Pflanzenname (Waldrebe), griech. 'Ranke, Zweig'

Clemente w. Form zu *Clemens*, lat. 'der Milde, Gnädige'

Clementia lat. 'Milde, Gnade'; dt. Schreibweise: *Klementia*

Clementina, -tine Erw. von *Clementia*; dt. Schreibweise: *Klementine*

Cleoph(e)a s. *Kleoph(e)a*

Clivia eigtl. Name einer Zierpflanze, angeblich benannt nach

Lady CLIVE, einer engl. Herzogin (†1866) [SD 1974, 77f.]
Clodia lat. NF von *Claudia*
Coleda Gestalt einer kathol. Legende, Herkunft und Bedeutung unbekannt [nach 1900 im Siegerland, IRLE 12]
Cöleste, Cölestina, -tine lat. 'zum Himmel gehörig, dem Himmel geweiht'; NFF: *Celestine, Zölestine*, frz. *Célestine*
Coletta KF von *Nicoletta*, einer w. Verkleinerung zu *Nikolaus*, griech. 'Sieg' + 'Volk'; frz. *Colette* [ko'lɛt]
Columba, Columbina zu lat. *columba* 'die Taube'
Concordia lat. 'Eintracht, Friede'
**Connie*, auch *Conny*, KF von *Cornelia*, engl. auch von *Constance* = *Konstanze*, aber ebenso von *Konrad*
Consilia w. VN zu lat. *consilium* 'Rat, Beratung'
Constanze s. *Konstanze*
Cora KF von *Cordelia, Cordula*, niederländ. auch von *Cornelia*; s. a. *Kora*
Coralie niederländ. 'Perle' [Heidelberg 1974]
Cordelia NF von *Cordula* [Gestalt in SHAKESPEARES Drama *König Lear*]; dt. Schreibweise: *Kordelia*
Cordula lat. Verkleinerung von *cor* 'Herz'; dt. Schreibweise: *Kordula*
Coretta, Corette Erw. von *Cora* [Heidelberg 1972]
**Corin* frz. Form von *Quirin(us)*, urspr. Name des Kriegsgottes der Sabiner ('Lanzenschwinger' ?) als Mädchenname nicht geeignet [Flensburg 1972]; dagegen sind niederländ. *Corien* und *Corine* als Erweiterungen von *Cora* eintragungsfähig [V. D. SCHAAR]
Corina Erw. von *Cora* oder NF von *Corinna* oder w. Bildung zu *Corin*
Corinna s. *Korinna*
Cornelia lat. 'aus dem Geschlecht der Cornelier', Bedeutung ungeklärt; dt. Schreibweise: *Kornelia*
Corona lat. 'Kranz, (Blüten)-Krone'; dt. Schreibweise: *Korona*
Corrie, Corry engl. KF von *Cornelia* oder *Cordelia, Cordula* [*Corrie*: Heidelberg 1974; *Corry*: Karlsruhe 1973]
Cortina wahrscheinlich nach dem Ort Cortina d'Ampezzo, wo 1956 die olympischen Winterspiele stattfanden [Essen-Werden vor 1960, HESTERKAMP 96]
Cosetta, Cosette [ko'zɛt] frz. Verkleinerung von *Nicole*, einer w. Form zu *Nikolaus*, griech. 'Sieg' + 'Volk'
Cosima griech. 'die Ordnungsliebende, Ordentliche, Sittsame'; dt. Schreibweise: *Kosima*
Cosine viell. NF von *Cosette* [Offenbach 1958, MACKENSEN]
Crescentia s. *Kreszentia*
Crisia, Criska Herkunft und Bedeutung unbekannt
Cynthia griech.-lat. 'vom Berge Kynthos (auf der Insel Delos)', Beiname der Göttin Artemis [SP 1966, 121; München 1974]

Dafne griech. *Daphne* 'Lorbeer(baum)', Name einer Sagengestalt, Nymphe [Hamburg 1961; Basel 1965, MACKENSEN; Karlsruhe 1973]; auch: Daphna [SP 1975, 122]
Dagmar aus dem Dän. entlehnter w. VN, urspr. wohl Männername, slaw. *Dragomir* 'lieb, teuer' + 'Friede' oder *Dagomar*, zu kelt. *dago-* 'gut' + ahd. *māri* 'berühmt'

Dagny nord. 'neuer Tag'

Daisy ['de:zi·] engl. 'Maßliebchen, Gänseblümchen', eigtl. Pflanzenname

Dalila NF von *Delila(h)* [Reutlingen 1968, MACKENSEN]

Damaris griech., zu *dámār* 'Gattin Ehefrau' oder *dámalis* 'junge Kuh, Kalb' [BHH]

Dana nord. und slaw. KF, hpts. von *Daniela*, schwed. auch w. Form zu *Dan* ('Däne' oder hebr. *dān* 'Richter'), slaw. auch KF von *Bogdana* u. ä. Namen

Danela NF von *Daniela* [Hamburg 1967]

Dania NF von *Danja*

Daniela w. Form zu *Daniel*, hebr. 'Gott richtet' oder 'Gott ist mein Richter'

Daniella (ital.), **Danielle** (frz.) = *Daniela*

Danja slaw. KF von *Daniela, Darja, Bogdana* [Gottesdienst 1968, 160; SP 1973, 88]; Erw.: *Danjana* [SP 1975, 122]

Danka KF von Zss. mit *Dank-*, s. *Dankrade*; serbokroat. 'die Gegebene, Geschenkte' [SP 1966, 88]

Dankrade w. Form zu *Dankrad*, ahd. *danc* 'Denken, Gedanke; Erinnerung; Dank' + *rāt* 'Rat(geber), Beratung'

Danuta poln., Bedeutung unbekannt

**Dany* frz. und engl. KF von *Danielle, Daniela*, aber auch von *Daniel*, daher als Mädchenname nicht geeignet

Daphne s. *Dafne* [Karlsruhe 1975; Heidelberg 1976]

Dargard vermutl. Neubildung mit dem alten Namenglied *-gard* 'Zaun, Schützerin' (?), erster Bestandteil ungeklärt [Lüneburg, 20. Jh.]

Daria w. Form zu *Darius*, pers.-lat. 'der das Gute bewahrt' [Bielefeld 1974/75; Heidelberg 1975; Freiburg i. Br. 1976]

Darja russ. KF von *Dorofeja* = *Dorothea*

Darwine vom Familiennamen des engl. Naturforschers CHARLES DARWIN (1809—1882) abgeleiteter Mädchenname [Ende 19. Jh.]

Davida w. Form zu *David*, hebr. 'Geliebter, Liebling'

Davina engl. (schott.) NF von *Davida* [Bielefeld 1976]

Dawn ['dɔ:n] engl. literarischer Mädchenname [20. Jh., ODECN], zu engl. *dawn* 'Tagesanbruch, Morgendämmerung'; vgl. *Aurora, Eos* [Freiburg i. Br. 1976]

Dea KF, viell. von *Deodata, Andrea, Desideria* [OTTERBJÖRK]

Deba KF von *Debora(h)* [SP 1964, 42]

Debora(h) hebr. 'Biene' (= griech. *Melitta*); die Schreibweise *Deborah* ist englisch; engl. KFF: *Debbie, Debby* [Bielefeld 1975]

Debra engl. KF von *Debora(h)* [Wiesbaden 1967]

Deda, Dedda, Deetje norddt. KFF von Zss. mit *Diet-*; s. a. *Deta*

Deike norddt. KF von Zss. mit *Diet-* oder von *Adelheid* [HARTIG 134]; gelegentlich auch m. VN

Deirdre engl. Name irischen Ursprungs, Bedeutung unsicher ('die Tobende' ?); wegen der Ausspracheschwierigkeiten — ir. ['djerədre], engl. ['di:rdri] — bei uns nicht zu empfehlen [ODECN; Brockhaus-Enzyklopädie, Bd. 4; SD 1969, 154f.]

Dela (rhein.) KF von *Adele* [WASSERZIEHER] oder *Ottilie* [MACKENSEN]; NF: *Della*

Delfine zu griech. *delphis* 'Delphin', frz. Aussprache [dɛl'fi:n]
Delia griech. 'von der Insel Delos (stammend)', Beiname der Göttin Artemis [Niedersachsen 1961: zweimal, MALECKI 815; SP 1967, 186; Wiesbaden 1962; München 1974; Heidelberg 1975]
Delila(h) bibl. Name, hebr. 'die mit herabwallendem Haar' [DUDEN-Lexikon]; die Schreibweise *Delilah* ist englisch; NF: *Dalila(h)*
Della s. *Dela*
Delona Herkunft und Bedeutung unbekannt, Erw. von *Dela*?
Delphine s. *Delfine*
Demut NF von *Dietmute* oder in die Namengebung eingedrungenes Wort der oberdt. Kirchensprache, ahd. *deomuoti* 'Demut' [Bocholt 1390, HARTIG 146; Görlitz 1315, JECHT I, 7], um 1600 gleichgesetzt mit *Timothea* [IRLE 33, 38]
Denise [də'ni:z] frz. w. Form zu *Denis*, griech.-lat. *Dionysius* 'dem Gott Dionysos geweiht'
Deodata lat. 'von Gott gegeben', eigtl. *Adeodata*
Desideria lat. 'die Erwünschte, Ersehnte'
Désirée [dezi're:] frz. = *Desideria*
Deta niederdt. KF von Zss. mit *Diet-*
Diana, Diane lat., Name der röm. Jagd- und Mondgöttin
Dianne NF von *Diane* [20. Jh.]
Didda niederdt. KF von Zss. mit *Diet-*
Dido griech., urspr. phöniz. Mondgöttin, sagenhafte Königstochter aus Tyros und Gründerin Karthagos, bekannt aus der lat. Aeneas-Dichtung VERGILS [Heidelberg 1973; Zweitname einer Tochter der Filmschauspielerin CHRISTINE KAUFMANN]
Diederike w. Form zu *Diederich* = *Dietrich*, ahd. *diot* 'Volk' + *rīhhi* 'mächtig, Herrscher'
Dieta w. KF von Zss. mit *Diet-*
Dietberga ahd. *diot* 'Volk' + *berga* 'Schutz, schützen'
Dietberta w. Form zu *Dietbert*, ahd. *diot* 'Volk' + *beraht* 'glänzend'
Dietburg(a) ahd. *diot* 'Volk' + *burg* 'Schutz, Zuflucht'
Dietgard ahd. *diot* 'Volk' + *gard* 'Zaun, Schützerin' (?)
Dietgund(e) ahd. *diot* 'Volk' + *gund* 'Kampf'
Diethild(e) ahd. *diot* 'Volk' + *hiltja* 'Kampf'
Dietlind(e), -lindis ahd. *diot* 'Volk' + *lind* 'sanft, mild'
Dietmunda, -munde w. Form zu *Dietmund*, ahd. *diot* 'Volk' + *mund* 'Schutz, Schützer'
Dietmute w. Form zu *Dietmut*, ahd. *diot* 'Volk' + *muot* 'Sinn, Geist, Gemüt'
Dietrade w. Form zu *Dietrad*, ahd. *diot* 'Volk' + *rāt* 'Rat(geber), Beratung'
Dietrun ahd. *diot* 'Volk' + *rūna* 'Geheimnis, Zauber'
Dilia KF von *Odilia*
Dina KF von Namen, die auf *-dina* oder *-tina* enden, z. B. *Bernhardina, Leopoldina, Christina*; NFF: *Dine, Dini*
Dina(h) hebr., viell. zu *dīn* 'Streit' [BHH], auch KF von Namen, die auf *-dina* enden; im schweizer. Kanton Tessin w. Form zu *Dino* [HARTWIG 150]; die Schreibweise *Dinah* scheint aus dem Englischen übernommen zu sein
Diotima [di'o:tima oder dio'ti:ma] griech. 'die Gottgeweihte'
Dita NF von *Dieta*; auch: *Ditha* (nicht zu empfehlen)

Ditte NF von *Didda* oder dän. KF von *Edith* oder *Dorothea*

**Dodo* Lallform von *Dorothea*; *Dodo* wird aber auch als m. VN gebraucht! [Bielefeld 1976]

Dolitta Herkunft und Bedeutung unbekannt [Hamburg um 1945–50]

Dolly engl. KF von *Dorothy* = *Dorothea*

Dolores span., gekürzt aus *Nuestra Señora de los Dolores* 'Unsere Frau der Schmerzen', Beiname Mariens (vgl. lat. *mater dolorosa* 'schmerzensreiche Mutter')

Domenica ital. Form von *Dominika* [Frutigen-Zürich 1943, MÉTRAUX 33]

Dominika w. Form von *Dominikus*, lat. *Dominicus* 'dem Herrn gehörend'; auch Bezeichnung für den Sonntag („Tag des Herrn") und daher Name für Sonntagskinder; auch *Dominica*

Dominique [domi'nik] frz. Form von *Dominika* und *Dominikus*! Im Deutschen gegenwärtig nur als Mädchenname zulässig

Donata, -e w. Form zu *Donat(us)*, lat. 'der (Gott oder von Gott) Geschenkte'

Doortje niederländ. KF von *Dorothea, Theodora*

Dora, Dore KF von *Dorothea, Theodora*

Doreen [dɔ'ri:n, auch do're:n], engl. Name irischer Herkunft Verkleinerung von *Dorothy* = *Dorothea* [Bremen 1968, MACKENSEN; Heidelberg 1973; SP 1967, 57, und 1973, 42; Bielefeld 1974: zweimal]

Dorette frz. Verkleinerung von *Dorothée* = *Dorothea* [Hzt. Coburg vor 1900, WILHELM 27]

Doriet ['dɔri:t] NF von *Dorit*

Dorika vermutl. Erweiterung von *Dora* [Bad Godesberg nach 1950]

Dorina Erw. von *Dora* [DUDEN-Lexikon; in Nürnberg seit etwa 1960, MACKENSEN; Gernsbach 1966, K. WÖRTER 98; Karlsruhe und Hamburg 1973]

Dorinda, -rinde ital. literarischer Name, Erw. von *Dora, Doris* [V. D. SCHAAR; BURGIO 197]

Doris griech. 'Dorierin' oder KF von *Dorothea, Theodora*

Dorit KF von *Dorothea* oder Erw. von *Dora* [Bremen 1966, MACKENSEN]; auch *Dorith*

Dorkas griech. 'Gemse, Gazelle'

Dorothea, Dorothee [auch: doro'te:(ə)] griech. 'Gottesgeschenk'; Lallformen: *Dodi, Dodo, Dody*; engl. *Dorothy*, frz. *Dorothée*

Dorrit engl. KF von *Dorothy* = *Dorothea*

Dort(h)e, Dört(h)e, Dortje KFF von *Dorothea*

Dory engl. KF von *Dorothy* = *Dorothea*

**Dotzi* Lallform von *Dorothea*, als amtliche Namensformen nicht zu empfehlen

Draginja vermutl. slaw. Herkunft, zu Namen, die mit *Drag(o)-* 'lieb, teuer' gebildet sind

Dubravka tschech., urspr. *Dobravka*, von der Mitte des 13. Jhs. an *Dúbravka* (poln. *Dąbrówka*), heute *Doubravka* (= 'Eichenwald'); die Etymologie des Namens ist umstritten (zu slaw. *dobr-* 'gut' ?). *Dobravka* hieß die Tochter des böhm. Herrschers BOLESLAV I. (929–972), die den poln. Herrscher MIESZKO I. heiratete [KOPEČNÝ; Linz 1967, MACKENSEN]

Duglore Neubildung, viell. in Anlehnung an *Douglas* und *Lore*

Dunja slaw. KF zu russ. *Awdotja*, einer volkssprachl. Form für *Ewdokia* = griech. *Eudokia* 'Wohlgefallen, Wunsch' (?); bekannt aus PUSCHKINS Novelle *Der Postmeister* (1831), neuerdings durch die jugoslaw. Filmschauspielerin und Sängerin DUNJA RAJTER [Flensburg 1966; München 1974; Heidelberg 1975 u. 1976]

Dürte, auch **Dürten** niederdt.-fries. KF von *Dorothea*

Dyveke dän.-schwed. Mädchenname niederländ. Herkunft, 'Täubchen' (= *Columba*) [OTTERBJÖRK; Hvad skal barnet hedde; v. d. SCHAAR unter *Duive*; *Dyveke* hieß die aus Amsterdam stammende Geliebte des dän. Königs CHRISTIAN II., gest. 1517]; besser: *Düveke*

Ebba KF von Zss. mit *Eber-*; in den nord. Sprachen viell. auch KF von *Eilburg* u. ä. Namen [OTTERBJÖRK]; in seinem Roman *Unwiederbringlich* (1891; Kap. XIII) bringt TH. FONTANE den Namen fälschlich mit *Eva* in Verbindung

Ebergard ahd. *ebur* 'Eber' + *gard* 'Zaun, Schützerin' (?)

Eberharda, -harde w. Form zu *Eberhard*, ahd. *ebur* 'Eber' + *harti* 'stark, kühn'

Eberhardina, -dine Erweiterung von *Eberharde* [18. Jh., HEYD 32]

Eberhild(e) ahd. *ebur* 'Eber' + *hiltja* 'Kampf'

Eberta KF von *Eberharda*

Ebertine Erweiterung von *Eberta*

Eda schwed. KF von *Edwardina*, *Edwine*

Edburg(a) zu altengl. *ead* 'reich, Besitz' + *burg* 'Schutz, Zuflucht'

Edda KF von Zss. mit *Ed-*, bes. *Edith*

Edelberta, -berte NF von *Adalberta*

Edelburg(a) NF von *Adalburg*

Edelgard NF von *Adalgard*

Edelinde NF von *Adelinde*

Edelmira, -mire (span.) w. NF von *Adalmar* (?)

Edeltraud, -trud NF von *Adeltraud*

Edigna Herkunft u. Bedeutung ungeklärt; sel. *E.* angeblich Tochter König HEINRICHS I. von Frankreich, um 1100 n. Chr.

Edina ungar., Herkunft ungewiß, viell. zu *Eda* oder *Edna* [LADÓ; SP 1974, 250]

Edite NF von *Editha*

Edith altengl. *ead* 'reich, Besitz' + *gyth* 'Kampf'; seltener: *Edit*

Editha Erw. (Latinisierung) von *Edith*; poln. *Edyta*

Edla dän. und schwed. KF von Zss. mit *Edel-*

Edmonda, Edmunda, -munde w. Form zu *Edmund*, altengl. *ead* 'reich, Besitz' + *mund* 'Schutz, Schützer'

Edna engl. Name hebr. Ursprungs (viell. mit *Adina* zusammenhängend), Bedeutung ungeklärt [Hamburg 1967 u. ö.]

Eduarde w. Form zu *Eduard*, engl. *Edward*, altengl. *ead* 'reich, Besitz' + *weard* 'hüten, Schützer'

Eduardine w. Erw. von *Eduard(e)*

Edwardina, -dine w. Erw. von *Edward*, s. *Eduarde*

Edwina, -wine w. Form zu *Edwin*, altengl. *ead* 'reich, Besitz' + *wine* 'Freund'

Effi KF von *Elfriede*

Egberta, -berte w. Form zu *Egbert*, ahd. *agi*, *ecka* 'Schneide, Schwert' + *beraht* 'glänzend'

Egbertine Erw. von *Egberta*
Ehmi w. gebrauchte Koseform zu *Ehm*, einer niederdt. KF von Zss. mit *Egin-*, *Ein-* [EHMI BESSEL, Schauspielerin]; NFF: *Emi*, *Emy* [Gernsbach 1942, K. WÖRTER]
Ehrengard nhd. *Ehre* oder ahd. *arn* 'Adler' + *gard* 'Zaun, Schützerin' (?)
Ehrentraud, -trud nhd. *Ehre* oder ahd. *arn* 'Adler' + *trūd* 'Kraft, Stärke'
**Eibe* KF von Zss. mit *Eg-*, z. B. *Egbert*(*a*); im Fries. auch m. VN! Erschwerende Schreibweise: *Eybe* [Flensburg 1969]
Eike niederdt. KF von Zss. mit *Eg-*, *Eck-*; heute meist als Mädchenname gebräuchlich, im niederdt. Gebiet empfiehlt es sich jedoch, einen zweiten, das Geschlecht eindeutig kennzeichnenden VN hinzuzufügen (s. S. 94). Eindeutig w. Formen sind: *Eikea*, *Eika* [SD 1971, 92; 1972, 30f.]
Eila viell. finn. (vgl. *Aila*), auch nord. NF von *Elin* = *Helene* [OTTERBJÖRK], außerdem KF von Zss. mit *Eil-* und mundartl. (hess.) von *Elisabeth* [WASSERZIEHER; Niedersachsen 1961, MALECKI 815]
Eilburg german. *agil* 'Schneide, Schwert' (?) + ahd. *burg* 'Schutz, Zuflucht'
Eileen ['aili:n] engl. Name irischer Herkunft, entweder ir. Form von *Evelyn* oder *Helen* [ODECN] oder zu einem kelt. Wort mit der Bedeutung 'angenehm' [V. D. SCHAAR; Karlsruhe 1973; SP 1966, 249, und 1973, 42]; eingedeutschte Schreibweise: *Eilin* (nicht zu empfehlen)
Eiltraud, -trud german. *agil* 'Schneide, Schwert' (?) + ahd. *trūd* 'Kraft, Stärke'
Eina schwed. w. Form zu *Einar*, nord. 'Einzelkämpfer, der allein kämpft' [OTTERBJÖRK; DUDEN-Lexikon]
Einharde w. Form zu *Einhard*, german. *agin*, *egin* 'Spitze (der Waffe), Schwertschneide' + ahd. *harti* 'stark, fest'
Eiske fries. KF von Zss. mit german. *agi*(*n*)- 'Schwert' [RAVELING; V. D. SCHAAR]
Eka KF von Zss. mit *Eg-*, *Eck-* (s. *Egberta*), auch von *Erika*
**Ekke* KF von Zss. mit *Eg-*, *Eck-*, auch als m. VN gebräuchlich! [Niedersachsen 1961, MALECKI 813]
Ela KF von *Elisabeth* [BERGER 115]
Elburg, -borg NFF von *Eilburg* [HARTIG 151; Linz 1963]
Eldrid nord. Umbildung des altengl. Namens *Æđelđryđ* = *Edeltraud*
Eleanor ['ɛlinɔ:r] engl. Form des mittelalterlichen provenzalischen Namens *Aliénor*, der zu *Helena* gehören soll [ODECN] oder zu arab. *Ellinor*, s. *Eleonore*
Elena ital. und span. Form von *Helena*
Eleonora, Eleonore viell. zu arab. *Ellinor* 'Gott ist mein Licht' [V. D. SCHAAR]; auch verkürzt: *Elenora*, *Elenore*
Elfe KF von Zss. mit *Elf-*
Elfgard zu ahd. *alb* 'Elf, Naturgeist' + *gard* 'Zaun, Schützerin' (?) oder Neubildung aus *Elf-* + *gard* [DUDEN-Lexikon]
Elfi KF von *Elfried*; auch *Elfie*
Elfriede NF von *Adalfriede*, ahd. *adal* 'edel, vornehm' + *fridu* 'Friede' [V. D. SCHAAR], viell. auch erst im 18. Jh. aus gleichbedeutendem engl. *Elfreda* entlehnt,

außerdem ist Kombination aus *El(isabeth)* und *Friede(rike)* möglich [Becke 1947, 25]

Elfrun NF von *Albrun*

Elftraud, -trud zu ahd. *alb* 'Elf, Naturgeist' + *trūd* 'Kraft, Stärke'

Elga nord. NF von *Helga*, auch amerikan. VN [Drama von G. Hauptmann, 1905, nach der Novelle *Das Kloster bei Sendomir* von F. Grillparzer, 1828]

Elgard NF von *Edelgard* oder *Eilgard*, german. *agil* 'Schneide, Schwert' (?) + *gard* 'Zaun, Schützerin' (?)

Elgin(e) Erw. von *Elga*? Erstmals verzeichnet bei B. v. Selchow, 1934; *Elgin* ist mehrmals in Nordwestdeutschland bezeugt, aber zwischen 1956 u. 66 auch in Zwickau [SP 1974, 88]. Die längere Form *Elgine* ist vorzuziehen, weil *Elgin* nicht eindeutig w. ist

Eliane frz. w. Form zu *Elie* = *Elias*, hebr. 'Jahwe ist Gott'; auch ältere NF von *Juliane* [s. Hartig 246: *Elyana*]

Elida nord., eigtl. Schiffsname (isländ. *Elliði* 'schneller Segler'); auch poln. Mädchenname, Herleitung unbekannt

Eliette frz. w. Form (Verkleinerung) zu *Elie* = *Elias*, hebr. 'Jahwe ist Gott'

Elina schwed. Form von *Helene* [Bremen 1968, Mackensen]

Elisa, Elise KFF von *Elisabeth*; die Schreibweise *Eliese* ist nicht zu empfehlen

Elisabeth(a) hebr. 'mein Gott ist Fülle'

Elka, Elke fries.-niederdt. KFF von *Adelheid*

Ella KF von *Elisabeth*, aber auch von *Elfriede, Eleonore, Gabriella*

Ellamargret DF aus *Ella* + *Margarete*

Ellen engl. NF von *Helen(e)*, auch KF von *Eleanor, Elinor*

Ellenlore DF aus *Ellen* + *Lore*

Elli KF von *Elisabeth*; auch: *Elly*

Ellinor arab. 'Gott ist mein Licht' [Görlitz vor 1884/85, Jecht II 152]; engl. *Elinor, Eleanor*

Elma Neubildung aus den Anfangsbuchstaben von *Else* (*Elisabeth*) und *Maria* (nord.) bzw. *Elizabeth* und *Mary* (engl., 1842); in den Vereinigten Staaten KF von *Guglielma* = *Wilhelma* [ODECN; Otterbjörk; Hvad skal barnet hedde?]

Elmira arab.-span. 'Fürstin' [Brockhaus-Enzykl.]

Elna dän. und schwed. KF von *Elina* [Görlitz vor 1884/85, Jecht II 152]

Elrike NF von *Alrike* [Hartig 135; Ldkr. Stade 1961, Malecki 813]

Elsa, Elsabe, Elsabea KFF von *Elisabeth*

Elsamaria DF aus *Elsa* (*Elisabeth*) + *Maria*

Elsbe, Elsbeth KFF von *Elisabeth*

Elscha, Elsche niederdt. KFF von *Elisabeth*

Else, Elseke (niederdt.) KFF von *Elisabeth*

Elselotte DF aus *Else* + (*Char*)*lotte*

Elsike niederdt. KF von *Elisabeth*

Elsine Erw. von *Elsa, Else*

Elsita KF von *Elisabetha* oder Erw. von *Elsa*

Elske, Elskea niederdt.-fries. KFF von *Elisabeth*

Elsmarie NF von *Elsamaria*

Elvira span., Herkunft und Bedeutung unsicher

Elwine NF von *Alwine* (?), ahd. *adal* 'edel, vornehm' + *wini* 'Freund' [Coburg vor 1900, WILHELM 21; Görlitz vor 1884-85, JECHT II 152; Heidelberg 1972]

Emanuela w. Form zu span. *Emanuel* = *Immanuel*, hebr. 'Gott mit uns'

Emerald engl. = *Esmeralda* [Heidelberg 1973]

Emerẹntia, Ẹmerenz lat. 'die Würdige, Verdienstvolle'

Emẹrita lat. 'die Würdige, Verdienstvolle', bes. schweizerisch [Fluntern-Zürich 1934, MÉTRAUX 33]

Emi, auch *Emy*, s. *Ehmi*; auch KF von *Emilie*

Emilia, Emilie w. Formen zu *Emil*, lat. *Aemilius* 'aus dem Geschlecht der Aemilier', zu lat. *aemulus* 'eifrig, nach-, wetteifernd'

Emily engl. = *Emilia* oder *Amelia*

**Emke* niederdt.-fries. KF von Zss. mit *Erm(en)*- oder *Ein*- [RAVELING]; nicht eindeutig w. VN

Emma KF von Zss. mit *Erm(en)*-

Emmeline Erw. von *Emma* oder KF von Zss. mit *Amal*- [ODECN]

Emmi KF von *Emma* oder (engl.) von *Amelia*; auch: *Emmy*

Emmilotte DF aus *Emmi* + *(Char)lotte*

Ẹmöke ungar. literarischer Mädchenname [G. GÁRDONY: *Der unsichtbare Mensch* (*A láthatatlan ember*), histor. Roman, 1902]; Bedeutung unsicher ('mit Muttermilch ernährtes Neugeborenes' ? LADÓ)

Ena KF von *Helena* (?), auch schwed. NF von *Eina* oder kelt. Ursprungs [Flensburg 1965]

**Engel* KF von Zss. mit *Engel*- [Görlitz um 1320/30, JECHT I 7; Heidelberg 1972]; wegen des Gleichlauts mit dem Wort *Engel* als Name nicht zu empfehlen

Engelberga ahd. *angil* 'aus dem Volk der Angeln' + *berga* 'Schutz, Zuflucht'

Engelberta w. Form zu *Engelbert*, ahd. *angil* 'aus dem Volk der Angeln' + *beraht* 'glänzend'

Engelburg(a) ahd. *angil* 'aus dem Volk der Angeln' + *burg* 'Schutz, Zuflucht'

Engelgard ahd. *angil* 'aus dem Volk der Angeln' + *gard* 'Zaun, Schützerin' (?)

Engelina, -line Erw. von *Engel* [Bremen 1966, MACKENSEN]

Engeltraud, -trud ahd. *angil* 'aus dem Volk der Angeln' + *trūd* 'Kraft, Stärke'

Engla (schwed.) KF von Zss. mit *Engel*- [Coburg vor 1900, WILHELM 21]

**Enke* fries. KF von Zss. mit *Ein*-, nicht eindeutig w. VN

Enni, Enny Herkunft und Bedeutung ungeklärt [Coburg vor 1900, WILHELM 27]

Enrica ital. w. Form zu *Enrico* = *Heinrich*

Eos griech. 'Morgenröte'

Ephrosine NF von *Euphrosine* [zw. 1690 und 1739, HEYD 58]

Erda von JACOB GRIMM erschlossener und von RICHARD WAGNER übernommener Name nach altnord. *Jörd*, dem Namen der german. Erdgöttin [Brockhaus-Enzykl.]

Erdmute Neubildung des 17. Jhs. (vgl. den m. VN *Erdmann*); die kürzere Form *Erdmut* ist heute nur noch als Jungenname eintragungsfähig

Erdtrud Neubildung zu ahd. *erda* 'Erde' + *trūd* 'Kraft, Stärke'

Erika w. Form zu *Erik* (*Erich*), as. *ē* 'Recht, Gesetz' + *rīki* 'mächtig, reich, Herrscher' [HARTIG 150]
Erkengard ahd. *erkan* 'ausgezeichnet, edel, echt' + *gard* 'Zaun, Schützerin' (?)
Erkenhild(e) ahd. *erkan* 'ausgezeichnet, edel, echt' + *hiltja* 'Kampf'
Erkentraud, -trud ahd. *erkan* 'ausgezeichnet, edel, echt' + *trūd* 'Kraft, Stärke'
Erla KF von Zss. mit *Erl-*
Erlfriede w. Form zu *Erlfried*, as. *erl* 'freier, edler Mann' + *frithu* 'Friede, Schutz'
Erlgard as. *erl* 'freier, edler Mann' + *gard* 'Zaun, Schützerin' (?)
Erltraud, -trud as. *erl* 'freier, edler Mann' + *thrūth*, ahd. *trūd* 'Kraft, Stärke'
Erlwine w. Form zu *Erlwin*, as. *erl* 'freier, edler Mann' + *wini* 'Freund'
Erma KF von Zss. mit *Erm(en)-*
Ermelina Erw. von *Erma*
Ermelinda, -linde zu german. *ermin* 'Erde, Welt, allumfassend' + ahd. *lind* 'sanft, mild'
Ermengard german. *ermin* 'Erde, Welt, allumfassend' + *gard* 'Zaun, Schützerin' (?); auch: *Ermingard*, *Ermgard*
Ermenhild(e) german. *ermin* 'Erde, Welt, allumfassend' + ahd. *hiltja* 'Kampf'; auch: *Erminhild(e)*, *Ermhild(e)*
Ermentraud, -trud german. *ermin* 'Erde, Welt, allumfassend' + ahd. *trūd* 'Kraft, Stärke'; auch: *Ermintr(a)ud*, *Ermtr(a)ud*
Ermgard, Ermhild s. *Ermen-*
Ermina ital., zu german. Namen, die mit *Ermen-*, *Ermin-* gebildet sind, oder w. Bildung zu *Ermes*, griech. *Hermes*, dem Namen des Götterboten [BURGIO 224; 1968, Gottesdienst 160]
Ermingard, Erminhild(e) s. *Ermen-*
Erminolde w. Form zu *Erminold*, german. *ermin* 'Erde, Welt, allumfassend' + ahd. *walt* 'walten, Herrscher'
Ermintraud, -trud s. *Ermen-*
Ermlinde german. *ermin* 'Erde, Welt, allumfassend' + ahd. *lind* 'sanft, mild'
Ermtraud, -trud s. *Ermen-*
Erna KF von *Ernesta* oder von Zss. mit *Arn-*
Ernesta latinisierte w. Form zu *Ernst*, ahd. *ernest* 'Ernst, Eifer, Entschlossenheit'
Ernestina, Ernestine Erw. von *Ernesta*
Ernfriede NF von *Arnfriede*
Ernstina, Ernstine NFF von *Ernesta*
Erwine w. Form zu *Erwin*, ahd. *heri* 'Heer' + *wini* 'Freund'
Esmeralda span. 'Smaragd, Edelstein' [Offenbach 1959, MACKENSEN]
Esta Herkunft und Bedeutung unbekannt [Bremen 1966, MACKENSEN]
Estella, Estelle [ɛs'tɛl] frz., zu lat. *stella* 'Stern'
Esther hebr. 'Stern'; auch: *Ester*
Estrella span., zu lat. *stella* 'Stern'; frz. auch: *Esterelle*
Estrid nord. NF von *Astrid* [Bremen 1968, MACKENSEN]
Eta KF von *Margareta* (?)
Ẹtelka ungar. w. Neubildung (A. DUGONICS, 1740—1818) zum m. VN *Etele* als Magyarisierung von *Ottilie*, später auch von *Adelheid* [LADÓ]
Etta NF von *Edda*, auch KF von *Henrietta*, *Marietta*, *Estrid*

Ettina Erw. von *Etta*
Eufemia s. *Euphemia*
Eugenia, Eugenie w. Formen zu *Eugen(ius)*, griech. 'wohlgeboren, von edler Abstammung'; frz. *Eugénie* [œʒeˈni:]
Eulalia, Eulalie griech. 'die Wohlredende, Beredte'
Euphemia, Euphemie griech. 'gute Vorbedeutung, Glück'; auch: *Eufemia*
Euphrosine, Euphrosyne griech. 'Frohsinn, Heiterkeit'
Europa Gestalt der griech. Mythologie, viell. zu semit. *ereb* 'dunkel' [LG München I 1968, StAZ 1969, 42f.]
Eusebia w. Form zu *Eusebius*, griech. 'fromm, gottesfürchtig'
Eutropia w. Form zu *Eutropius*, griech. 'von guter Art' (Name eines römischen Historikers, 4. Jh.) [Heyd 84]
Eva [ˈe:fa·, auch ˈe:va·] hebr. 'Leben' (?)
Evalotte DF aus *Eva* + *(Char)lotte*
Evamarete DF aus *Eva* + *Marete*, einer KF von *Margarete*
Evamaria DF aus *Eva* + *Maria*
Evangelina, -line [iˈvɛndʒəlain] engl. VN, abgeleitet von *Evangelium*, griech. 'gute Botschaft' [Titelgestalt eines erzählenden Gedichts von Longfellow, 1847]
Evarose DF aus *Eva* + *Rosa*
Evaruth DF aus *Eva* + *Ruth*
Eveke KF zu *Eva* oder *Ever-*
Eveliese DF aus *Eva* + *Liese*, KF von *Elisabeth*
Evelin(a), Eveline engl. VN, urspr. *Avelina*, w. Bildung zu as. *aval* 'Kraft' [ODECN]; auch Erw. von *Eva*
Evelinde DF aus *Eva* + *Linde*, einer KF von Zss. mit *-linde*, ahd. *lind* 'sanft, mild'
Evelyn engl. NF von *Evelina*
Everdina, -dine s. *Ewerdina*
Evi KF von *Eva*
Ewara zu ahd. *ē(wa)* 'Ewigkeit, Recht, Gesetz' + *wāra* 'Schutz, Huld' oder *wār* 'Wahrheit' ?
**Ewe* fries., gewöhnlich m. KF von Zss. mit *E-*, as. *ē*, ahd. *ē(wa)* 'Recht, Gesetz', s. *Ewald*, *Eward* [v. d. Schaar; Raveling]
Eweline w. Erw. von *Ewe*, auch andere Schreibweise für *Eveline*
Ewerdina, -dine w. Erw. von niederdt. *Ewert* = *Eberhard*, ahd. *ebur* 'Eber' + *harti* 'stark, fest'; auch: *Everdina*

Fabia w. Form zu *Fabius*, lat. 'aus dem Geschlecht der Fabier'; zu lat. *faba* 'Bohne'
Fabiane w. Form zu *Fabian*, einer Erw. von *Fabius*, s. *Fabia*
Fabienne [fabiˈɛn] frz. = *Fabiane* [SP 1975, 25; Gottesdienst 1968, 160: *Favienne*]
Fabiola spätröm., bes. in Spanien gebräuchliche Erw. von *Fabia* [SP 1962, 89]
Fanni im 18./19. Jh. aus dem Englischen übernommener VN, engl. *Fanny*, KF von *Franziska*, im Deutschen auch von *Stefanie* [Dalcher; SP 1967, 42]
Faralda NF von *Farhild*
Farhild(e) zu ahd. *faran* 'reisen, ziehen' + *hiltja* 'Kampf'
Fastrada, -rade w. Form zu *Fastrad*, ahd. *fasti* 'fest, stark' + *rāt* 'Rat(geber), Beratung'
Fatima, Fatime arab., Name der jüngsten Tochter Mohammeds, Bedeutung unsicher [Linz 1963; Heidelberg 1973]
Fausta w. Form zu *Faust(us)*, lat. 'glückbringend, günstig'
Faustina, Faustine Erw. von *Fausta*

Fee KF von *Felizitas, Felicia,* angelehnt an die Bezeichnung der Märchengestalt, span. *Fé* [Heidelberg 1974; Karlsruhe 1975]

Felicia w. Form zu *Felix,* lat. 'glücklich, glückbringend'; auch: *Felizia*

Felicitas s. *Felizitas*

Felizia s. *Felicia*

Felizitas lat. *Felicitas* 'Glück(seligkeit)'

Fenella engl. VN, urspr. gälisch 'weiße Schulter'; irisch *Finola*

Fenja, Fenna, Fenne niederdt.-fries. und niederländ. KFF, Lallformen von Zss. mit *frede* 'Friede, Schutz' [v. d. Schaar] oder KFF zum Namen *Aleferna,* dessen Ursprung und Bedeutung nicht geklärt sind [Hartig 135; Hamburg 1964, Flensburg 1967]; Koseformen: *Fenneke, Fenny*; die einsilbigen Formen *Fenn, Fänn* sind nicht zu empfehlen, da sie nicht eindeutig als w. zu erkennen sind

Feodora russ. = *Theodora* [Heidelberg 1973]

Ferdinanda, -nande w. Formen zu *Ferdinand,* german. *frithu* 'Friede' + *nantha* 'wagemutig, kühn'

Ferdinandine Erw. von *Ferdinande*

Fernanda, Fernande NFF von *Ferdinanda*

Fidelia w. Bildung zu *Fidelio,* zu lat. *fidelis* 'treu, zuverlässig' [Heyd 68]

**Fidelis* lat. 'treu, zuverlässig', hpts. als m. VN gebräuchlich, aber auch schon als Mädchenname zugelassen [LG Hagen 1956; Wicke in StAZ 1961, 202]

Fides lat. 'Glaube'

Fieke niederdt. KF von *Sofie*; schwed. *Fiken*

Fifi Lallform, viell. zu *Friederike* [Fifi Brix, Schauspielerin]

Fiken s. *Fieke*

Filiberta w. Form zu *Filibert,* ahd. *filu* 'viel' + *beraht* 'glänzend'

Filomela, Filomena s. *Ph-*

Fina, Fine KFF von *Josefina, Seraphina*

Finette Erw. (Verkleinerung) von *Fina*

Finja, Finne, Finni, Finnja NFF von *Fenna* (?) [Flensburg 1971, 1972: *Fin(n)ja*]

Fiona vermutl. zu gäl. *fionn* 'schön, weiß' [*Fiona Macleod* war das Pseudonym des schott. Romanschriftstellers William Sharp, 1855–1905; ODECN]

Fioretta ital. = *Floretta*

Fiorina ital. = *Florina*

Firmina w. Form von *Firmin(us),* zu lat. *firmus* 'fest, stark, standhaft'

Fita frz. KF von *Josefa* [Fita Benkhoff, Filmschauspielerin]

Flavia lat. 'aus dem Geschlecht der Flavier', zu lat. *flavus* 'blond' [Freiburg i. Br. 1973]

Fleur [flœ:r], **Fleurette** [flœ'rɛt] frz. = *Flora, Floretta*

Flora lat., Name der altröm. Frühlingsgöttin, zu lat. *flos* 'Blume Blüte'

Florence frz. [flo'rɑ̃s] und engl. ['flɔrəns] = *Florentia*

Florentia zu lat. *florens* 'blühend'

Florentina, -tine Erw. von *Florentia*

Florenzia, Florenze NFF von *Florentia, Florence* [*Florenze*: Mannheim 1923, Schott 232]

Floretta, -rette Erw. (Verkleinerung) von *Flora*; span. auch: *Floreta*

Floria NF von *Flora* [ab 1850, Heyd 64]

Floriane w. Form zu *Florian,* einer Erw. von *Florus* 'blühend'

**Florida* w. Form zu *Floridus*, lat. 'blühend' [Linz 1963, Heidelberg 1972]; Verwechslung mit dem Namen des amerikan. Bundesstaates liegt nahe

Florina Erw. von *Flora* [Heyd 84]

Florinda span. zu lat. *florens* 'blühend'

Florine = *Florina*

**Flura* Herkunft und Bedeutung ungeklärt [SP 1972, 106]

Fokka fries. w. KF von Zss. mit *Volk-*

Folina, Foline niederdt.-fries. w. Bildung zu Namen, die mit *Folk-/Volk-* gebildet sind [Raveling; Niedersachsen 1961, Malecki 813]

**Folke* KF von Zss. mit *Folk-/Volk-*, meist als m. VN gebräuchlich!

Fortuna lat., Name der röm. Glücks- und Schicksalsgöttin

Fortunata w. Form zu *Fortunatus*, lat. 'beglückt, gesegnet, glücklich'

Framgard german. *frama* 'tüchtig, hervorragend' + ahd. *gard* 'Zaun, Schützerin' (?)

Framhild german. *frama* 'tüchtig, hervorragend' + *hiltja* 'Kampf'

Franca s. *Franka*

Frances ['fra:nsis] engl., **Francesca** [fran'tʃɛska] ital. = *Franziska*

Francine [frã'si:n] frz. w. Verkleinerung zu *Franc* 'Franke' [Gottesdienst 1968, 160; Heidelberg 1974]

Francisca s. *Franziska*

Françoise [frã'sŏaz(ə)] frz. = *Franziska*

Franka w. Form zu *Frank* 'Franke'; auch: *Franca*

Frankhild(e) Neubildung aus *Frank* (s. *Franka*) + *Hilde*, ahd. *hiltja* 'Kampf'

Franzine w. Erw. zu *Franz*, einer KF von *Franziskus*, s. *Franziska*; auch Eindeutschung von *Francine*

Franziska w. Form zu *Franziskus*, lat. *Franciscus* 'Franke'; auch: *Franciska*, Koseformen: *Franzi*, *Fränzi*, *Fränze*

Frauke niederdt.-fries. KF, Herleitung ungeklärt, heute meist als Koseform von *Frau* verstanden, früher auch als KF von *Veronika*

Fraukeline Erw. von *Frauke*

Freda, Frede KF von schwed. *Frederika* (= *Friederike*) und anderen Zss. mit *Frede-*

Fredegard niederdt. = *Fried(e)gard*

Fredegonda, -gunde, -gundis niederdt. = *Friedegunde*

Freia nach dem Namen der altnord. Göttin *Freyja* 'Herrin, Herrscherin', angelehnt an *frei*; auch: *Freya*, schwed. *Freija*

Fricka KF von *Friederike*, s. *Frigga*

Fridoline w. Bildung zu *Fridolin*, einer Verkleinerung von *Friedrich* [Honnef 1939, Link T 8]

Frieda, Friede KF von Zss. mit *Fried(e)-* bzw. *-friede*; auch: *Frida*

Fried(e)berga ahd. *fridu* 'Friede' + *berga* 'Schutz, Zuflucht'

Friedeborg, Fried(e)burg, -burga ahd. *fridu* 'Friede' + *burg* 'Schutz, Zuflucht'

Fried(e)gard ahd. *fridu* 'Friede' + *gard* 'Zaun, Schützerin' (?)

Friedegund(e), Friedgund(e) ahd. *fridu* 'Friede' + *gund* 'Kampf'

**Friedel* KF von *Frieda* und von Zss. mit *Fried(e)-* bzw. *-friede*, aber auch von m. VNN, die dieses Namenglied enthalten

Friedelind NF von *Friedlinde*

Friedemarie DF aus *Frieda* + *Maria*
Friederike w. Form zu *Friedrich*, ahd. *fridu* 'Friede' + *rīhhi* 'mächtig, Herrscher'
Fried(e)run ahd. *fridu* 'Friede' + *rūna* 'Geheimnis, Zauber'
Friedgard ahd. *fridu* 'Friede' + *gard* 'Zaun, Schützerin' (?)
Friedhild(e) ahd. *fridu* 'Friede' + *hiltja* 'Kampf'
Friedlind(e) ahd. *fridu* 'Friede' + *lind* 'sanft, mild'
Frigga, Frigge niederdt. KFF von *Friederike*
Fritza, *Fritzi*, *Frizzi* KFF von *Friederike*; *Fritza* kann auch w. Neubildung zu *Fritz* sein
Froda KF von Zss. mit *Frode-*
Frodegard ahd. *frōt, fruot* 'verständig, klug' + *gard* 'Zaun, Schützerin' (?)
Frodehild(e) ahd. *frōt, fruot* 'verständig, klug' + *hiltja* 'Kampf'
Frodelinde ahd. *frōt, fruot* 'verständig, klug' + *lind* 'sanft, mild'
Frodemute w. Form zu *Frodemut*, ahd. *frōt, fruot* 'verständig, klug' + *muot* 'Sinn, Geist, Gemüt'
Frodewine w. Form zu *Frodewin*, ahd. *frōt, fruot* 'verständig, klug' + *wini* 'Freund'
Frogard, Frohild(e), Frolinde, Fromute, Frowine NFF von *Frode-*; in Anlehnung an *froh* manchmal auch *Frohlinde, Frohmute* usw.; die Form *Frohmut* darf nur als m. VN verwendet werden
Froma zweistämmige KF von Zss. mit *Frode-*, bes. *Fromute*
Fulberta NF von *Volkberta*, einer w. Bildung zu *Volkbert*, ahd. *folc* 'Heer, Volk' + *beraht* 'glänzend'

Gabi KF von *Gabriele*; auch: *Gaby*
Gabriele w. Form zu *Gabriel*, hebr. 'Mann Gottes' oder 'Gott hat sich stark gezeigt'
Gabriella, ital., **Gabrielle** frz. = *Gabriele*
Galdina ital., w. Form zu *Galdino*, Herkunft und Bedeutung unsicher [Burgio 266]
Galla lat. 'Gallierin'
Garbine viell. w. Form zu einer zweistämmigen fries. KF von Namen, die mit *Ger-*, ahd. *gēr* 'Speer', gebildet sind
Garda, Garde fries. KFF von *Gerharde* oder KF von Zss. mit *-gard*, auch NF von *Gerda*
Gardi KF von *Garda*; auch *Gardy*
Gardis KF von Namen auf *-gard(is)*
**Garnet* engl., urspr. m. VN, Verkleinerung eines anglonormann. Namens *Guarin* (neuengl. *Warren*), der auf den german. Völkernamen *Varin* zurückgeht; im Deutschen nicht ganz eindeutig w. [ODECN; Niedersachsen 1961, Malecki 815; Flensburg 1970]
Gea zu griech. *gē* 'Erde' (vgl. den Namen der Erdgöttin *Gäa*, griech. *Gaia*) oder KF von *Georgina*
Geba, Gebba KFF von *Gebharde* oder *Gerburg*
Gebharde w. Form zu *Gebhard*, ahd. *geba* 'Gabe, Geschenk' + *harti* 'fest, stark'
Gebine Erw. von *Geba*
Gebkea niederdt.-fries. KF von *Geba*
Geburg NF von *Gerburg* (?)
Geelke niederdt. KF von *Gela*
Geerta, Geertje, Geertke(n) niederdt.-niederländ. KFF von *Gerharde* oder *Gertr(a)ud*; auch *Gertje*
Geeske niederdt.-fries. KF von *Gertr(a)ud*
Gefion Name der altnord. Meeresgöttin, *Gefjon* 'die Gebende, Spenderin'

Gela KF von *Gertr(a)ud* und *Angela*
Gelja russ. KF von *Angelina* [SP 1966, 41; PETROVSKIJ]
Gemma lat. 'Edelstein, Kleinod, Juwel'
Geneviève [ʒənə'vĩɛ'v] frz. = *Genoveva*
Genia KF von *Eugenia* [1968, Gottesdienst 160]
**Geno* KF von *Genoveva*, nicht eindeutig als w. VN erkennbar [GENO(VEFA) HARTLAUB, Schriftstellerin, geb. 1915]
Genovefa, Genoveva Herkunft und Bedeutung ungeklärt
Georgette [ʒɔr'ʒɛt] frz. Verkleinerung von *Georgia*
Georgia w. Form zu *Georg*, griech. 'Landmann, Bauer'
Georgina, -gine Erw. von *Georgia*
Gepa NF von *Geb(b)a*, Name einer Stifterfigur im Naumburger Dom
Gera KF von Zss. mit *Ger-*, bes. *Gerharde*
Geralde w. Form zu *Gerald*, ahd. *gēr* 'Speer' + *walt* 'walten, Herrscher'
Geraldine [dt. geral'di:nə, engl. 'dʒɛrəldi:n oder -dain] Erw. von *Geralde*
Gerarda NF von *Gerharde*
Gerborg, Gerburg ahd. *gēr* 'Speer' + *burg* 'Schutz, Zuflucht'
Gerda aus dem Skandinav. übernommener Name, zu altnord. *Gerðr*, 'Zaun, Schützerin' (?), auch KF von *Gertr(a)ud*
Gerde, *Gerdi* NFF von *Gerda*; auch: *Gerdie*
Gerdis schwed. Neubildung aus den alten Namenbestandteilen *Ger-* (ahd. *gēr* 'Speer') + *-dis* (altnord. *dís* 'Göttin')
Gerharda, Gerharde w. Formen zu *Gerhard*, ahd. *gēr* 'Speer' + *harti* 'fest, stark'
Gerhardine Erw. von *Gerharde*
Gerhild(e) ahd. *gēr* 'Speer' + *hiltja* 'Kampf'
Gerit s. *Gerrit* [Freiburg i. Br. und Bielefeld 1976]
Gerke niederdt. KF von Zss. mit *Ger-*; kann auch zu m. Namen gebildet werden, doch ist *Gerke* als eingetragener VN meist w.
Gerlind(e), -lindis ahd. *gēr* 'Speer' + *lind* 'sanft, mild'
Gerlis Neubildung aus *Ger(hard)* + *Lis(elotte)*
Germa Herkunft und Bedeutung unbekannt
Germaine [ʒɛr'mɛ:n] frz. = *Germania* [Heidelberg 1974]
Germania lat., Personifizierung Germaniens, seit dem Mittelalter oft gleichgesetzt mit Deutschland
Gerolda, Gerolde w. Formen zu *Gerold* = *Gerald*, s. *Geralde*
**Gerrit*, auch *Gerit*, urspr. niederdt. Form von *Gerhard*; in jüngster Zeit vermutlich wegen der an Mädchennamen wie *Birgit, Berit, Margit, Edith, Judith* erinnernden Endung *-it* nicht selten als w. VN empfunden [vgl. DUDEN-Lexikon, PAUL, MACKENSEN] und sogar bereits amtlich anerkannt [LG Wiesbaden 1962, s. StAZ 1963, 125]; von der GESELLSCHAFT FÜR DEUTSCHE SPRACHE ist die Eintragung von *Ger(r)it* für ein Mädchen bislang abgelehnt worden [SD 1970, 59]
Gerritdina fries. w. Erw. zu *Gerrit* = *Gerhard*
Gerta, Gerti KFF von *Gertr(a)ud*
Gertje s. *Geertje*
Gertraud(e), Gertrud(e) ahd. *gēr* 'Speer' + *trūd* 'Kraft, Stärke'; auch: *Gertraut*
Gertrudis latinisierte Form von *Gertrud(e)*

Gervasia w. Form zu *Gervasius*, dem Namen eines Märtyrers (4. Jh.), Herkunft und Bedeutung ungeklärt.
Gerwine w. Form zu *Gerwin*, ahd. *gēr* 'Speer' + *wini* 'Freund'
Gesa, Gesche niederdt.-fries. KFF von *Gertrud*
Gesina, Gesine Erw. von *Gesa*
Geska, Geske niederdt.-fries. KF, hpts. von *Gertrud*
Getha Herkunft und Bedeutung unbekannt
Gila KF von *Gisela*
Gilberte w. Form zu *Gilbert* = *Giselbert*, germ. *gīsa(l)-*, *gīsil-* 'Sproß, Schößling' + ahd. *beraht* 'glänzend'
Gilda [dt. ˈgilda, ital. ˈdʒilda] w. KF zu *Ägidius* (s. d.) oder zu german. Zss. mit *geld-*, *gild-* 'Wert, Bezahlung; Vergeltung; Opfer', z. B. *Ermengilda* [BURGIO 282; V. D. SCHAAR; SD 1973, 137]
Gilla schwed. KF von *Gisela*
Gina, Gine KF von Namen, die auf *-gina*, *-gine* enden, bes. *Regina*, *Regine*; ital. *Gina* [ˈdʒi:na]
Ginette (ʒiˈnεt(ə)] frz. KF (Verkleinerung) von *Geneviève* = *Genoveva*
Gisa KF von *Gisela* und von Zss. mit *Gis(el)-*
Gisberga NF von *Giselberga*
Gisberta NF von *Giselberta*
Gisburg(a) NF von *Giselburg*
Gisela KF von Zss. mit *Gisel-*; frz. *Giselle* [ʒiˈzεl(ə)]; die Schreibweise *Giesela* ist nicht zu empfehlen
Giselberga german. *gīsa(l)*, *gīsil-* 'Sproß, Schößling' + ahd. *berga* 'Schutz, Zuflucht'
Giselberta w. Form zu *Giselbert*, german. *gīsa(l)-*, *gīsil-* 'Sproß, Schößling' + ahd. *beraht* 'glänzend'
Giselburg germ. *gīsa(l)-*, *gīsil-* 'Sproß, Schößling' + ahd. *burg* 'Schutz, Zuflucht'
Giselheid german. *gīsa(l)-*, *gīsil-* 'Sproß, Schößling' + ahd. *heit* 'Art, Wesen, Gestalt'
Giseltr(a)ud german. *gīsal-*, *gīsil-* 'Sproß, Schößling' + ahd. *trūd* 'Kraft, Stärke'
Gislind(e) german. *gīsa(l)-*, *gīsil-* 'Sproß, Schößling' + ahd. *lind* 'sanft, mild'
Gismara w. Form zu *Gis(el)mar*, german. *gīsa(l)-*, *gīsil-* 'Sproß, Schößling' + ahd. *māri* 'berühmt'
Gismunda, -munde w. Formen zu *Gis(el)mund*, german. *gīsa(l)-*, *gīsil-* 'Sproß, Schößling' + ahd. *munt* 'Schutz, Schützer'
Gistraud(e), -trud NFF von *Giseltraud*
Gita, Gitta, Gitte KFF von *Brigitte*
Gladys [ˈglεdis] engl., urspr. wohl irische w. Form zu *Claudius* [Heidelberg 1974 u. 1976]
Gloria lat. 'Ruhm'
Goda KF von Zss. mit *Gode-*
Godeberta w. Form zu *Godebert*, ahd. *got* 'Gott' + *beraht* 'glänzend'
Godela KF von Zss. mit *Gode-*
Godelewa NF von *Godolewa*
Godelind(e) NF von *Gotlind*
Godje KF von Zss. mit *Gode-*
Godolewa niederdt. w. Form zu dem altdt. Namen *Goteleib* (= nhd. *Gottlieb*), ahd. *got* 'Gott' + *-leip* 'Nachkomme, Sohn'
Golda Herkunft und Bedeutung unsicher, meist mit dem Wort *Gold* in Verbindung gebracht [V. D. SCHAAR]; Koseform: *Goldie*
Gölin schwed., auch *Gjölin*, Bedeutung unsicher, viell. KF von

Zss. mit *guð* 'Gott', vgl. die dt. Namen mit *Gode-* [Name einer Gestalt in Waldemar Augustinys Roman *Die große Flut*, 1934]

Gonda KF von Zss. mit *-gonde* = *gund(e)*, ahd. *gund* 'Kampf'

Gönke, Gönna niederländ.-fries. KFF, viell. zu Namen, die mit *-gund(e)*, ahd. *gund* 'Kampf', gebildet sind [*Gönke*: Flensburg 1965]

Gonsela Herkunft und Bedeutung unbekannt, viell. KF von Zss. mit *-gonde* = *gund(e)*, ahd. *gund* 'Kampf'

Göntje fries. KF von Zss. mit *-gonde* = *gund(e)*, ahd. *gund* 'Kampf' [SD 1969, 71f.]

Gosta KF von *Augusta*

Göta schwed. KF von Zss. mit *Göt-* (vgl. die dt. Bildungen mit *Gode-*), vor allem *Göt(h)ilda* = *Godehilde*, *Gotthild*

Gotelind(e) NF von *Gotlind(e)*

Gothild s. *Gotthild*

Gotje KF von Zss. mit *Got-*

Gotlind(e), -lindis ahd. *got* 'Gott' + *lind* 'sanft, mild'

Gottfriede w. Form zu *Gottfried*, ahd. *got* 'Gott' + *fridu* 'Friede, Schutz'

Gotthild(e) ahd. *got* 'Gott' + *hiltja* 'Kampf'; auch: *Gothild* [SP 1973, 186: Neubildung]

Gottliebe, Gottliebin w. Formen zu *Gottlieb* (s. d.), im 18. Jh. neu gebildet [*Gottliebe*: Reutlingen 1966, Mackensen]

Gottlobine w. Erw. zu *Gottlob*, einer pietist. Neubildung des 18. Jhs. [Hzt. Coburg vor 1900, Wilhelm 27]

Gracia s. *Grazia*

Grace (gre:ⁱs] engl. = *Gracia*

Grada KF von *Gerharda* [v. d. Schaar]

Grazia lat. *gratia* 'Anmut'

Graziella ital. Erw. von *Grazia*

Greet, Greetje, Gret, Greta, Grete, Gretje KFF von *Margarete*, Koseformen: *Gretel*, *Gretchen*

Gretlies DF aus *Grete*, KF von *Margarete*, + *Liese*, KF von *Elisabeth*

Gretlinde DF aus *Grete*, KF von *Margarete*, + *Linde*, KF von Zss. mit *-lind(e)*, ahd. *lind* 'sanft, mild'

Griet, Grietje niederländ.-fries. KFF von *Margarete* [*Grietje*: Bielefeld 1974/75]

**Grischa* russ. KF von *Grigorij* = *Gregor*, vermutl. wegen der Endung *-a* als Mädchenname mißdeutet [*Kursbuch* 17, 1969, 155]; als Mädchenname ungeeignet [Grischa Huber, Schauspielerin]

Griselda, Griseldis ital. Name (s. Boccaccios *Decamerone*, 1348 bis 1353) vermutl. german. Ursprungs, viell. zu *grisja* 'Sand' + *hiltja* 'Kampf'; er kann aber auch auf *Christhild* zurückgehen [v. d. Schaar; Linz 1963; Flensburg 1962]

Grit, Gritt, Gritta KFF von *Margherita*, *Margarete*

Guda KF von Zss. mit *Gud-* = *Gund-*, ahd. *gund* 'Kampf'

Güde aus nord. *Gyde*, einer KF von *Gyrid* (altnord. *Gudhfridh* 'Kampf' + 'schön'), entlehnt [Flensburg 1972]

Gudelore DF, vermutl. aus *Guda* + *Lore*, KF von *Eleonore* [Wolfsburg zw. 1935 und 1945, Herrle 21]

Gudrun aus dem Nord. entlehnter Name = ahd. *Gund(e)run*, ahd. *gund* 'Kampf' + *rūna* 'Geheimnis, Zauber'

Gudrune NF von *Gudrun*
Gudula Erw. von *Guda* und NF von *Gundula*
**Guggi* Lallname, Herkunft und Bedeutung unbekannt [Guggi Löwinger, Schauspielerin]
Gun nord. KF von Zss. mit *Gun-* = *Gund-*, ahd. *gund* 'Kampf', z. B. *Gunhild(a)*; auch: *Gunn*
Gunborg schwed., 'Kampf' (ahd. *gund*) + 'Schutz, Zuflucht' (ahd. *burg*)
Gunbritt schwed. DF aus *Gun* + *Britt*, KF von *Brigitte*
Gunda KF von Zss. mit *-gund(a)*
Gundalena DF aus *Gunda* + *Lena*, KF von *Magdalena, Helena*
Gunde KF von Zss. mit *-gunde*
Gundeberga NF von *Guntberga*
Gundel KF von Zss. mit *-gund(e)*, auch von *Gudrun*
Gundela KF von Zss. mit *-gund(e)*
Gundelinde NF von *Guntlind* [1968, Gottesdienst 160]
Gundula NF von *Gundela* [SD 1970, 43]
Gunhild, Gunild, Gunilla nord. Formen von *Gunthild*; auch: *Gunnhild*
Gunlinde NF von *Gundelinde, Guntlinde* [Waldesch/Vorderhunsrück 1955, Fleischer, Personennamen 70]
Gunn, Gunnhild s. *Gun, Gunhild*
Guntberga ahd. *gund* 'Kampf' + *berga* 'Schutz, Zuflucht'
Guntberta w. Form zu *Guntbert*, ahd. *gund* 'Kampf' + *beraht* 'glänzend'
Gunthild(e) ahd. *gund* 'Kampf' + *hiltja* 'Kampf'
Guntlind(e) ahd. *gund* 'Kampf' + *lind* 'sanft, mild'
Guntrada, -rade w. Form zu *Guntrad*, ahd. *gund* 'Kampf' + *rāt* 'Rat(geber), Beratung'
Guntrun ahd. *gund* 'Kampf' + *rūna* 'Geheimnis, Zauber'
Gurli pers. 'Rose', Gestalt aus *1001 Nacht* [Gurli Plesner, Altistin; s. a. Otterbjörk]
**Guschi, Gussi* KFF von *Auguste*
Gusta, Guste, *Gusti, Gust(e)l* KFF von *Auguste*
Gustava, -e w. Erw. zu *Gustav* (s. d.)
Gutrune NF von *Gudrune*
Gwen, Gwenda KFF von *Gwendolyn*
Gwendolin, -lyn engl., urspr. keltisch, Bedeutung unsicher, vermutl. zu *gwyn* 'weiß' mit Anspielung auf die Mondgöttin
Gyde s. *Güde*

Hadburg(a) ahd. *hadu* 'Kampf' + *burg* 'Schutz, Zuflucht'
Hadmut(e) ahd. *hadu* 'Kampf' + *muot* 'Sinn, Geist, Gemüt'
Hadumod, -moth ältere Formen für *Hadmut*
Haduwig, Hadwig ahd. *hadu* 'Kampf' + *wīg* 'Kampf', ältere Form von *Hedwig* [*Haduwig*: Gernsbach 1941, K. Wörter]
Hadwine w. Form zu *Hadwin*, ahd. *hadu* 'Kampf' + *wini* 'Freund'
Hai- s. *Hei-*
Haldis schwed. *Halldis*, zu *hall* 'Stein' + *dīs* 'Göttin'
Haḷina poln. = *Helene* [Bremen 1966, Mackensen]
Halinka KF von *Halina* [um 1900, Mackensen]
Halka poln. KF von *Halina*
Hallgard schwed. *Hallgärd, -gerd*, zu *hall* 'Stein' + *gard* 'Zaun, Schützerin' (?) [Gernsbach 1943, K. Wörter 46]
Hanja KF von *Johanna* [Flensburg 1966, 1970]; auch: *Hania*
Hanka slaw., **Hanke** fries. KF von *Johanna*

Hanna KF von *Johanna*
Hannah hebr. 'die Begnadigte' = *Anna*
Hannalies(e) s. *Hanneliese*
Hanne KF von *Johanna*
Hannedore DF aus *Hanne* (s. o.) + *Dora,* KF von *Dorothea, Theodora*
Hannegret DF aus *Hanne* (s. o.) + *Grete,* KF von *Margarete*
Hannelene DF aus *Hanna* (s. o.) + *Lene*
Hannelies(e) DF aus *Hanne* (s. o.) + *Lies(e),* KF von *Elisabeth*
Hannelore DF aus *Hanne* (s. o.) + *Lore,* KF von *Eleonore* oder NF von *Laura*
Hannelotte DF aus *Hanne* (s. o.) + *Lotte,* KF von *Charlotte*
Hannemarie DF aus *Hanna* (s. o.) + *Marie* [nach 1930, LAMPERT 222]
Hannerose DF aus *Hanne* (s. o.) + *Rosa*
Hanni KF von *Johanna*
**Hansi* eigtl. KF des m. VNs *Johannes* [HANSI KNOTEK, österreich. Filmschauspielerin]
Hansine w. Erw. von *Hans,* einer KF von *Johannes*
Haralda w. Form zu *Harald,* nord. 'Heer' + 'herrschen, Gebieter'
**Hardi* KF von *Bernhardine,* meist aber von m. VNN, die auf *-hard* enden
Harmina fries. w. Erw. von *Harm* = *Hermann*; vgl. *Hermine*
Harmke fries. (meist) w. KF zu *Harm* = *Hermann*
Harmkedina, -lina fries. w. Erw. zu *Harmke*
Harriet ['harĭɛt oder 'hɛrĭɛt] engl. w. Form von *Harry* = *Henry* (*Heinrich*)
Hartmute w. Form zu *Hartmut,* ahd. *harti* 'stark, fest' + *muot* 'Sinn, Geist, Gemüt'
Hed(d)a nord. KF von *Hedwig*
Hede, *Hedi, Hedy* KFF von *Hedwig*
Hedwig zu ahd. *hadu* 'Kampf' + *wīg* 'Kampf'; frz. *Edwige* [ɛd'vi:ʒ]
Heida, Heide KFF von *Adelheid(e)*
Heidegard Neubildung aus *Heide* (s. o.) und dem alten Namenglied *gard* 'Zaun, Schützerin'(?)
Heidegret DF aus *Heide* (s. o.) + *Grete,* KF von *Margarete*
Heidelinde Neubildung aus *Heide* (s. o.) und dem alten Namenglied *lind* 'mild, sanft'
Heidelore DF aus *Heide* (s. o.) + *Lore,* KF von *Eleonore* oder NF von *Laura*
Heidelotte DF aus *Heide* (s. o.) + *Lotte,* KF von *Charlotte*
Heidemarie DF aus *Heide* (s. o.) + *Maria*
Heiderose DF aus *Heide* (s. o.) + *Rosa*
Heidewig ahd. *heit* 'Art, Wesen, Gestalt' + *wīg* 'Kampf' [Görlitz 1371, JECHT I, 7]
**Heidgar* Neubildung aus den alten Namengliedern *heit* 'Art, Wesen, Gestalt' + *gar* 'Speer'; als w. VN abgelehnt, weil *-gar* nur männlichen Namen zukommt [SP 1962, 58]
Heidgard NF von *Heidegard*
Heidi, Heidje KFF von *Adelheid* [JOHANNA SPYRIS *Heidi*-Erzählungen erschienen 1881 ff.; als VN 1922, MÉTRAUX 51]
Heidrun ahd. *heit* 'Art, Wesen, Gestalt' + *rūna* 'Geheimnis, Zauber'
Heidwig NF von *Heidewig*
Heike niederdt.-fries. KF von Namen zu ahd. *hag* 'Einfriedung, Hag' oder von *Heinrike* und *Heinrich*; außerhalb des niederdt.-fries. Sprachgebietes nur

als Mädchenname gebräuchlich und auch in Norddeutschland häufig Mädchen gegeben [s. a. StAZ 1961, 203, 327]

Heila KF von Zss. mit *Heil-*

Heilburg ahd. *heil* 'gesund, heil' + *burg* 'Schutz, Zuflucht'

Heile KF von Zss. mit *Heil-*

Heilgard ahd. *heil* 'gesund, heil' + *gard* 'Zaun, Schützerin'(?)

Heilke norddt. KF von Zss. mit *Heil-*

Heiltraud, -trud ahd. *heil* 'gesund, heil' + *trūd* 'Kraft, Stärke'

Heilwig ahd. *heil* 'gesund, heil' + *wīg* 'Kampf'

Heima KF von Zss. mit *Heim-*

Heimberga, -burg(a) ahd. *heime* 'daheim' + *berg, burg* 'schützen, Schützer, Zuflucht'

Heimke norddt. KF von Zss. mit *Heim-*

Heimlinde Neubildung zu ahd. *heime* 'daheim' + *lind* 'mild, sanft'

Heimtraud, -trude(e) zu ahd. *heime* 'daheim' + *trūd* 'Kraft, Stärke'

Heinke norddt. KF von Zss. mit *Hein-* (s. *Heinrike*), im niederdt.-fries. Gebiet auch als m. VN möglich

Heinriette NF von *Henriette* [Coburg vor 1900, WILHELM 27; Niedersachsen 1961, MALECKI 813]

Heinrike w. Form zu *Heinrich*, ahd. *heime* 'daheim' oder *hag* 'Einfriedung' + *rīhhi* 'mächtig, Herrscher'

Hela, Hele NFF von *Hella*

Helda Neubildung, viell. zum nhd. Wort *Held* [1900, HEYD 80]

Helen engl. = *Helene*

Helena ['hɛlena oder hɛ'le:na],

Helene griech., Bedeutung ungeklärt ['leuchtend, lichtvoll, strahlend' ? SP 1967, 22]

Helga nord. Bildung zu *heil* 'gesund, heil'

Helgamaria DF aus *Helga* (s. o.) + *Maria*

Helgard nord. = *Heilgard*

**Helge* NF von *Helga*, konkurriert aber mit dem aus dem Schwed. übernommenen m. VN *Helge* und sollte daher höchstens in Verbindung mit einem zweiten, das Geschlecht eindeutig kennzeichnenden VN eingetragen werden; S. 16

Helgemarie NF von *Helgamaria*

Helgrit Herkunft und Bedeutung unbekannt

Heli KF von *Helene* [HELI FINKENZELLER, Filmschauspielerin]; auch *Hely* [Bremen 1966, MACKENSEN]

Heliane Erw. von *Heli* oder Abwandlung von *Eliane* (?)

Helinda Herkunft und Bedeutung unbekannt

Helke norddt. KF von Zss. mit *Heil-*

Hella, Helle, *Helli* KFF von *Helene*

Hellita Erw. von *Hella* (?)

Helleborg nord. = *Heilburg*

Helma KF von Zss. mit *Helm-* oder *-helma*, z. B. *Wilhelma*

Helmburg ahd. *helm* 'Helm, Schutz' + *burg* 'Schutz, Zuflucht'

Helmela Neubildung aus *Helm(ut)* + *(Gis)ela*; hat stark Koseformcharakter

Helmgard ahd. *helm* 'Helm, Schutz' + *gard* 'Zaun, Schützerin' (?)

Helmi KF von *Helma*; auch *Helmie*

Helmina, -mine KFF von *Wilhelmina*

Helmke norddt. KF von Zss. mit *Helm-*, auch m. VN!

Helmtraud, -trud(e) ahd. *helm* 'Helm, Schutz' + *trūd* 'Kraft, Stärke'

Heloise [elo'i:z] frz. *Héloise*, zu german. *hail-* 'gesund, heil' (?), bekannt aus der Liebesgeschichte von ABAELARD und HÉLOISE (um 1100) und dem Roman *La nouvelle Héloise* (*Die neue H.*) von JEAN-JACQUES ROUSSEAU, 1761

Helrun NF von älterem *Heilrun*, ahd. *heil* 'gesund, heil' + *rūna* 'Geheimnis, Zauber' [SP 1975, 106]

Helvi finn. = *Hedwig*, *Heta*? [VILKUNA]; im Schwed, NF von *Helvig* = *Heilwig* [OTTERBJÖRK; SP 1963, 217]; auch *Helwi* [Grimma 1963, NAUMANN]

Hemma NF von *Helma*

Hendrika, Hendrike w. Form zu *Hendrik* = *Heinrich*

Hendrikje niederländ.-fries. KF von *Hendrike*

Henna, *Henni* KFF von *Hen(d)rike*; auch *Henny*

Hennilotte DF aus *Henni* (s. o.) + *Lotte*, KF von *Charlotte*

Henny s. *Henni*

Henrietta, Henriette frz. w. Formen zu *Henri* = *Heinrich*

Henrika, Henrike NFF von *Heinrike*

Hera griech. 'die Starke' (?), Name der Gemahlin des Zeus [Weiden/Oberpfalz 1969]

Herborg (schwed.), **Herburg** ahd. *heri* 'Heer' + *burg* 'Schutz, Zuflucht'

Herdina fries. w. Erw. von Zss. mit *Her-*, ahd. *heri* 'Heer'

Herdis schwed., urspr. nord. (isländ.) VN, *her* 'Heer' + *dís* 'Göttin'

Herilt vermutl. zu ahd. *heri* 'Heer' + *hiltja* 'Kampf'

Herlinde, -lindis ahd. *heri* 'Heer' + *lind* 'sanft, mild'

Herma KF von *Hermine*

Hermandine w. Erw. zu *Hermann* (s. *Hermanna*)

Hermanna, -manne w. Formen zu *Hermann*, ahd. *heri* 'Heer' + *man* 'Mann, Mensch, Krieger'

Hermengild(e), Hermgild(e) vermutl. zu ahd. *ermin*, *irmin* 'Erde, Welt, allumfassend' + *gelt* 'Lohn, Opfer; Vergeltung' [HEYD 55]

Hermense vermutl. w. Bildung zu *Hermann* [Mannheim 1911, SCHOTT 232]

Hẹrmia w. Form zu *Hermes* (griech.), dem Namen des Götterboten, oder NF zu *Hermine*

Hermine w. Bildung zu *Hermann* (s. *Hermanna*)

Hermintrud vermutl. NF von *Irmintrud*

Hermio̱ne w. Erw. von *Hermes* (griech.), dem Namen des Götterboten

Herrada, Herrade w. Formen zu dem älteren m. VN *Herrad*, ahd. *heri* 'Heer' + *rāt* 'Rat(geber), Beratung'; *Herrad* und *Herrat* sind auch als Mädchennamen belegt, doch sind diese Formen eher als m. anzusprechen

Hersilie Herkunft und Bedeutung unbekannt [Gestalt in GOETHES Roman *Wilhelm Meister*, 1795 ff.]

Herta, *Hertha*, aus einer falschen Lesart des latein. überlieferten Namens der german. Fruchtbarkeitsgöttin *Nerthus* entstanden, Bedeutung ungeklärt

Hertrud ahd. *heri* 'Heer' + *trūd* 'Kraft, Stärke'

Hertwiga w. Form zu *Hertwig*, *Hartwig*, ahd. *harti* 'stark, fest' + *wīg* 'Kampf'

Herwiga w. Form zu *Herwig*, ahd. *heri* 'Heer' + *wīg* 'Kampf'

Herzeleide, -loide literar. Name, Gestalt in WOLFRAM V. ESCHENBACHS *Parzival*, Anfang 13. Jh.; auch: *Herzeloyde*

Heseke niederländ.-fries. KF, Herleitung unsicher

Hester niederländ. und engl. NF von *Esther*

Heta, Hete, Hetta, *Hetti*, KFF von *Hedwig*; auch: *Hetty*

Hidda KF von Zss. mit *Hild(e)-*

Hilaria lat. 'die Heitere'

Hilda, Hilde KF von Zss. mit *Hild(e)-*

Hildburg ahd. *hiltja* 'Kampf' + *burg* 'Schutz, Zuflucht'

Hildeberta w. Form zu *Hildebert*, ahd. *hiltja* 'Kampf' + *beraht* 'glänzend'

Hildegard ahd. *hiltja* 'Kampf' + *gard* 'Zaun, Schützerin' (?)

Hildegund(e) ahd. *hiltja* 'Kampf' + *gund* 'Kampf'

Hildelies DF aus *Hilde* (s. o.) + *Liesa*, KF von *Elisabeth*

Hildemara w. Form zu *Hildemar*, ahd. *hiltja* 'Kampf' + *māri* 'berühmt'

Hildemut ahd. *hiltja* 'Kampf' + *muot* 'Sinn, Geist, Gemüt'

Hildrun ahd. *hiltja* 'Kampf' + *rūna* 'Zauber, Geheimnis'; auch: *Hiltrun*

Hildtrud NF von *Hiltrud* [Flensburg 1962]

Hilja KF, vermutl. von Zss. mit *Hild(e)-*

Hilka, Hilke, Hilla, Hille niederdt. KFF von Zss. mit *Hild(e)-*

Hillegonde NF von *Hildegunde*

Hiltje fries. KF von Zss. mit *Hild(e)-* [Stuttgart 1969]

Hiltraud- -trud(e) ahd. *hiltja* 'Kampf' + *trūd* 'Kraft, Stärke'; auch: *Hiltraut*

Hiltrun NF von *Hildrun*

Hindrika, Hinrika w. Formen zu *Hin(d)rik* = *Heinrich*

Hiske fries. KF, vermutl. von Zss. mit *Hild(e)-*

Hjördis ['jœrdis] nord., zu isländ. *hjǫrr* 'Schwert' + *dís* 'Göttin'

Holda NF von *Hulda*

Holdine Erw. von *Holda*

Holkje fries. KF von Zss. mit *Hold-*, *Huld-* (s. *Hulda*) [SP 1973, 25]

Holle NF von *Holda*

Holma w. Form zu *Holm*, nord. 'Insel; der von der Insel, auf der Insel Geborene'

Höpke fries. KF von Zss. mit *Hug-*, ahd. *hugu* 'Denken, Sinn, Gedanke, Verstand', z. B. *Hugbald*, *Hugbert*, daher im Fries. auch als m. VN möglich

Höpkedina fries. w. Erw. von *Höpke*

Hortensia lat. 'aus dem Geschlecht der Hortensier', zu lat. *hortus* 'Garten', auch Pflanzenname; frz. *Hortense* [ɔr'tãs]

Huberta w. Form zu *Hubert*, ahd. *hugu* 'Denken, Sinn, Gedanke, Verstand' + *beraht* 'glänzend'

Hubertina, -tine Erw. von *Huberta*

Hulda zu ahd. *hold* 'gnädig, geneigt, zugetan' oder *holda* 'weibl. (guter) Geist'

Humberta w. Form zu *Humbert*; die Bedeutung des ersten Namengliedes ist unsicher, das zweite geht auf ahd. *beraht* 'glänzend' zurück

Huwaldine w. Erw. zu *Huwald*, älter *Hugwald*, ahd. *hugu* 'Denken, Sinn, Gedanke, Verstand' + *walt* 'walten, Gebieter' [1901 Siegen, IRLE 16]

Ida KF von nicht mehr gebräuchlichen Zss. mit *Ida-*, *Idu-*, Bedeutung unsicher, viell. zu ahd. *itis* 'Seherin, weise Frau'; gelegentlich auch KF von *Adelaida*

Idis NF von *Ida*

Iduna latinis. Form von *Iðunn* 'Verjüngung', dem altnord. Namen der Göttin ewiger Jugend

Ignatia w. Form zu *Ignatius*, lat., Bedeutung ungeklärt

Ignes NF von *Agnes* (?)

Ihnke, Ike, Iken fries. KFF, Ursprung unbekannt

Ildiko ostgerman. KF von Zss. mit *hild* (ahd. *hiltja* 'Kampf'), Name der Gattin des Hunnenkönigs ATTILA (ETZEL, 5. Jh.); wegen der Endung *-o* heute als Mädchenname formal nicht mehr erkennbar, aber standesamtlich zugelassen [LG Verden, 1966, MACKENSEN; s. a. SP 1973, 105 u. 170]; in Ungarn sehr beliebt, dort 1967 an 2. Stelle; auch: *Ildico* [Bielefeld 1974/75 und 1976]

Ileana, -e viell. NF von *Juliane* [Gernsbach 1946, Mutter Rumänin, K. WÖRTER 148f.; Bielefeld 1976]; auch in den Vereinigten Staaten gebräuchlich

Ilga Name einer nur aus der Sage bekannten Seligen (bei Bregenz am Bodensee), viell. zu *Ilg* = *Ägidius* [SD 1970, 58]

Ilia vermutl. KF von Namen auf *-ilia* [Niedersachsen 1961, MALECKI 815]

Iliane schwed. u. fläm. NF von *Juliane* [s. a. FÖRSTEMANN 774; *Yliane*: Görlitz 14. Jh., JECHT I, 7]

Iljana w. Erw. von slaw. *Il(i)ja* = *Elias* oder ukrain. NF von *Helene* [SP 1961, 169; Wiesbaden 1962, 42]

Ilka ungar. KF von *Ilona*, auch bulgar. w. Form zu *Ilko*, einer KF von *Ilija* = *Elias*, sowie russ. KF von *Ilarija* = *Hilaria* [SP 1972, 186]

Illa, Illy Herkunft und Bedeutung unbekannt [*Illa*: Hzt. Coburg vor 1900, WILHELM 27]

Ilona ['i:lona, dt. meist i'lo:na] ungar. = *Helene*

Ilonka ['i:lɔŋka, dt. auch i'lɔŋka] ungar. KF von *Ilona*

Ilsa, Ilse KF von *Elisabeth*

Ilsabe, Ilsabeth KFF von *Elisabeth* [*Ilsabeth*: Neckargemünd zw. 1925 und 1935, SCHUCH]

Ilsebill KF von *Elisabeth*, auch DF aus *Ilse* (s. o.) und einer KF von *Sibylle* (vgl. *Marizebill*)

Ilsedore DF aus *Ilse* (s. o.) + *Dora*, KF von *Dorothea* oder *Theodora* [Wermelskirchen 1939 und 1946, B. LINK E 12 u. T. 20]

Ilsegret DF aus *Ilse* (s. o.) + *Grete*, KF von *Margarete*

Ilselore DF aus *Ilse* (s. o.) + *Lore*, KF von *Eleonore* oder NF von *Laura*

Ilselotte DF aus *Ilse* (s. o.) + *Lotte*, KF von *Charlotte*

Ilsemarie DF aus *Ilse* (s. o.) + *Maria*

Ilsetraud(e), -trud(e) DF aus *Ilse* (s. o.) und dem alten Namenbestandteil *trūd* 'Kraft, Stärke'; auch: *Ilsetraut*

Ilske niederdt. KF von *Ilse*

Imelda NF von *Irmhild*

Imera, Imina Herkunft und Bedeutung unbekannt [*Imera*: Mannheim 1966, MACKENSEN]

Imke niederdt. KF von *Imma*

Imma, Imme KF von Zss. mit *Irm(en)-*; Koseformen: *Immi, Immy*

Imogen [i'mo:ᵘdʒin, auch 'i:mogɛn] engl., Bedeutung unsicher, viell. aus *Innogen*, zu altirisch *ingen* 'Tochter, Mädchen' [Gestalt aus SHAKESPEARES Schauspiel *Cymbeline*, 1609]

Imorla Herkunft und Bedeutung unbekannt

Ina KF von Namen, die auf *-ina* enden, z. B. *Katharina, Karolina, Regina*

Indira ind., bekannt durch die indische Ministerpräsidentin INDIRA GANDHI

Indra eigtl. Name eines altindischen Heldengottes, aber anscheinend wegen der Endung *-a* bei uns als Mädchenname empfunden [Heidelberg 1972; Freiburg i. Br. 1973; Bielefeld 1974/75; Heidelberg u. Freiburg i. Br. 1976]; auch im Niederländ. ist *I.* schon als w. VN eingetragen worden [V. D. SCHAAR 132], man kann daher die Eintragung von *I.* für ein Mädchen kaum noch strikt verweigern, doch sollte ein zweiter, eindeutig w. VN hinzugefügt werden [SD 1974, 66]; im Bulgar. ist *I.* eine w. Form zu *Indri*, einer NF von *Andrej* = *Andreas* [SP 1973, 88]

Ineke niederdt.-niederländ. KF von *Ina*

Ines aus span. *Inés* = *Agnes* entlehnt

Inga KF von Zss. mit *Ing(e)-*

Ingali(e)sa NF von *Ingelies*

Inge KF von Zss. mit *Ing(e)-*

Ingeborg, -burg aus *Ingi*, dem Namen eines germ. Gottes, + *borg, burg* 'Schutz, Zuflucht'

Ingegerd schwed., aus *Ingi* (s. *Ingeborg*) + *gerd* (ahd. *gard*) 'Zaun, Schützerin' (?)

Ingegund(e) aus *Ingi* (s. *Ingeborg*) + ahd. *gund* 'Kampf'

Ingehild aus *Ingi* (s. *Ingeborg*) + ahd. *hiltja* 'Kampf'

Ingela KF von *Inge* oder auch KF von Zss. mit *Engel-*

Ingelene DF aus *Inge* (s. o.) + *Lene*, KF von *Magdalene*

Ingelies(e) DF aus *Inge* (s. o.) + *Liese*, KF von *Elisabeth*

Ingelore DF aus *Inge* (s. o.) + *Lore*, KF von *Eleonore* oder NF von *Laura* [Gernsbach 40er Jahre, K. WÖRTER]

Ingelotte DF aus *Inge* (s. o.) + *Lotte*, KF von *Charlotte*

Ingelux Neubildung aus *Inge* (s. o.) + *Lux*, viell. zu lat. *lux* 'Licht'

Ingemaren DF aus *Inge* (s. o.) + *Maren*

Ingemarie DF aus *Inge* (s. o.) + *Maria*

Inger nord., aus *Ingi* (s. *Ingeborg*) + *gerd* (ahd. *gard*) 'Zaun, Schützerin' (?); auch KF von *Ingrid*

Ingerid nord. NF von *Ingrid*

Ingerose DF aus *Inge* (s. o.) + *Rosa*

Ingetraud, -trud aus *Ingi* (s. *Ingeborg*) + ahd. *trūd* 'Kraft, Stärke'

Inghild, Ingild NFF von *Ingehild* [*Ingild*: SD 1968, 23]; auch *Ingilt* (nicht zu empfehlen)

Ingrid nord., aus *Ingi* (s. *Ingeborg*) + *fridhr* 'schön'

Ingrun aus *Ingi* (s. *Ingeborg*) + ahd. *rūna* 'Geheimnis, Zauber'

Ingtraud, -trud NFF von *Ingetra(u)d*

Ingvild, Ingwelde NFF von *Ingehild* (ahd. *Inguhilt*); die Form *Ingfelde* [Karlsruhe 1967, MACKENSEN] ist unbegründet und daher nicht zu empfehlen

Inis NF von *Ina* oder *Ines*? [Neckargemünd zw. 1950 u. 1960, SCHUCH; Bremen 1968, MACKENSEN]

Inja Neubildung aus *Ingeborg* und *Jakob* [Kiel, 60er Jahre]; auch

russ. KF von *Innokentija* (= *Innocentia*) oder *Inna* (Ursprung unbekannt) [SD 1973, 88]
Inka, Inken fries. KFF, Ursprungsform heute nicht mehr erkennbar [*Inken*: Gestalt in GERHART HAUPTMANNS Drama *Vor Sonnenuntergang*, 1932]
Innocentia, Innozentia lat. 'die Unschuldige'
Inra Herkunft und Bedeutung unbekannt [SP 1962, 58]
Insa, Inska, Inske fries. KFF von Zss. mit *Ing*(*e*)-
Inula griech.-lat., urspr. Pflanzenname für eine Gattung der Korbblütler, auch *Alant* genannt
Iolanthe s. *Jolanthe*
Ira KF von *Irene, Irina* [die *Ira* genannte Prinzessin VON FÜRSTENBERG heißt eigtl. VIRGINIA CAROLINA THERESA PANCRAZIA GALDINA]
Ireen NF von *Irene* [SP 1974, 58]
Irene griech. 'Frieden', Name der Friedensgöttin; Koseform: *Iri*
Irina slaw. = *Irene* [Gernsbach 60er Jahre, K. WÖRTER; Karlsruhe 1973; Heidelberg 1975 + 1976]
Iris griech., Name der Götterbotin, übertragen auf den Regenbogen; heute eher in Verbindung gebracht mit dem Pflanzennamen *I.* (Schwertlilie); als Mädchenname zuerst in der (schwed.) Schäferpoesie des 18. Jhs., im Finnlandschwed. 1843, im Englischen Mitte des 19. Jhs. [OTTERBJÖRK; ODECN], im Deutschen spätestens seit 1936 [MÉTRAUX 33; Wermelskirchen 1946, B. LINK E12]
Irit Herkunft und Bedeutung unbekannt
Irma KF von Zss. mit *Irm*(*en*)-
Irmalotte DF aus *Irma* (s. o.) + *Lotte*, KF von *Charlotte*
Irmburg(a) NF von *Irmenburg*
Irmela Koseform von *Irma*
Irmelies DF aus *Irma* (s. o.) + *Lies*(*e*), KF von *Elisabeth*
Irmelin Erw. (Koseform) von *Irma*
Irmenburg ahd. *irmin* 'Erde, Welt, allumfassend' + *burg* 'Schutz, Zuflucht'
Irmene Erw. von *Irma*? [München 1974]
Irmengard ahd. *irmin* (s. *Irmenburg*) + *gard* 'Zaun, Schützerin' (?)
Irmenheid ahd. *irmin* (s. *Irmenburg*) + *heit* 'Art, Wesen, Gestalt'
Irmenhild ahd. *irmin* (s. *Irmenburg*) + *hiltja* 'Kampf'
Irmentraud, -trud ahd. *irmin* (s. *Irmenburg*) + *trūd* 'Kraft, Stärke'
Irmgard, Irmhild NFF von *Irmengard, Irmenhild*
Irmi KF von *Irma*
Irmina, Irmine Erw. von *Irma* [Gernsbach 1932, K. WÖRTER; Heidelberg 1975]
Irmingard, -hild, -tr(a)ud NFF von *Irmengard, -hild, -tr*(*a*)*ud*
Irmlind(e) ahd. *irmin* 'Erde, Welt, allumfassend' + *lind* 'sanft, mild'
Irmtraud, -trud NFF von *Irmentr*(*a*)*ud*
Isa KF von *Isabella*, auch *Isolde, L*(*o*)*uisa*, oder von Zss. mit *Is*(*en*)- [Hzt. Coburg vor 1900, WILHELM 27]
Isabe KF von *Isabella* oder NF von *Ilsabe*
Isabel span., viell. zu *Elisabeth* oder aus hebr. *'īzebel* 'Gott (Baal) hat erhoben' oder phönizischen Ursprungs, engl. *Isobel*; auch *Isabell*
Isabella, -belle ital. Formen von *Isabel*, angelehnt an *bella* 'die Schöne'

Isadora NF von *Isidora* [ISADORA DUNCAN, amerikan. Tänzerin, 1878–1927]

Isberga, Isburg(a) ahd. *īsan* 'Eisen, eiserne Waffe, Rüstung' + *berg, burg* 'Schutz, Zuflucht'

Ise NF von *Isa*

**Iselin* KF von *Isa* [Berlin 1967, MACKENSEN], auch im Französ. bekannt (DAUZAT), aber eher m. VN!

Isentraud, -trud ahd. *īsan* 'Eisen, eiserne Waffe, Rüstung' + *trūd* 'Kraft, Stärke'

Isgard ahd. *īsan* 'Eisen, eiserne Waffe, Rüstung' + *gard* 'Zaun, Schützerin' (?) [Flensburg 1969]

Ishild(e) ahd. *īsan* 'Eisen, eiserne Waffe, Rüstung' + *hiltja* 'Kampf'

Isidora, -dore w. Formen zu *Isidor*, griech. 'Geschenk der (Göttin) Isis'

Iska fries. KF von Zss. mit *Is(en)*- [I. GERI, Schauspielerin; Bielefeld 1976]

Ismunde w. Form zu *Ismund*, ahd. *īsan* 'Eisen, eiserne Waffe, Rüstung' + *munt* 'Schutz, Schützer'

Isolda, Isolde Herkunft und Bedeutung unsicher, viell. kelt., später angelehnt an *Ishild* (s. o.) oder *Iswalde*, zu ahd. *īsan* 'Eisen, eiserne Waffe, Rüstung' + *walt* 'herrschen, Gebieter'; ital. *Isotta*

Istraud, -trud ahd. *īsan* 'Eisen, eiserne Waffe, Rüstung' + *trūd* 'Kraft, Stärke'

Ita, Itta, Itte NFF von *Ida* [*Ita*: Bremen 1966, MACKENSEN], in der Schweiz auch von *Judith, Jutta* [WASSERZIEHER]; auch: *Itha*

Ivana, Ivanka s. *Iwana, Iwanka* [*Ivana*: SP 1972, 26]

Ivera vermutl. w. Form zu *Iver*, schwed. NF von *Ivar*, oder zu *Ivor*, schott.-ir.-walis. *ifor* 'Herr'

Ivette [i'vɛt] KF (Verkleinerung) von *Ivonne*; frz. *Yvette*

Ịvika ungar. KF von *Ivana, Ivette*; auch *Ivica*

Ivonne [i'vɔn] frz. w. Form zu *Ivo* (frz. *Yvon*), vermutl. abgeleitet von ahd. *īwa* 'Eibe, Bogen aus Eibenholz'; frz. *Yvonne*

Ivy ['aivi] engl. 'Efeu', eigtl. ein Pflanzenname, gegen Ende des 19. Jhs. aufgekommen

Iwana w. Form zu slaw. *Iwan* = *Johann(es)*; auch *Ivana*

Iwanka KF von *Iwana*; auch *Ivanka*

Jacintha w. Form zu *Hyazinth*, griech., Bedeutung ungeklärt

Jacqueline [ʒak(ə)'li:n, auch 'ʒakli:n] frz. w. Bildung zu *Jacques* = *Jakob*

Jadwiga poln. = *Hedwig*

Jakoba, Jakobea w. Formen zu *Jakob*, hebr. 'Gott schützt' (?) [1690 u. ö., HEYD 61 u. 66]; auch *Jacoba*

Jakobina, -bine Erw. von *Jakoba* [1660 u. ö., HEYD 32, 58, 73, 83]; auch *Jacobina*

Jama Neubildung aus *Ja(kob)* + *Ma(ria)*

Jana slaw. w. Form zu *Jan* = *Johann*; im Schwed. auch KF von Namen, die auf *-iana* enden, z. B. *Juliana, Mariana* [in der DDR seit 1969 recht beliebt, hier aus dem Tschech. entlehnt; Basel 1972, NABHOLZ 153; Karlsruhe und Heidelberg 1973]

Jane [dʒeːⁱn] engl. Form von *Johanna*, mit deutscher Aussprache ['ja:nə] auch KF von *Christiane* und anderen Namen, die auf *-iane* enden

Janet ['dʒɛnit] engl. Verkleinerung von *Jane*

Janette eingedeutschte Form von *Jeannette*
Janika bulgar. Verkleinerung von *Jana*, russ. von *Gajanija* [SP 1973, 88]
**Janin* Rückbildung aus *Janina, Janine* oder Eindeutschung von frz. *Jeannine* [Hamburg 1966; Bremen 1973]; nicht zu empfehlen
Janina, Janine Erw. von *Jana*, KF von *Johanna* oder Eindeutschung von frz. *Jeannine* [Frutigen/Schweiz 1960–64; BERGER 285; SD 1966, 87; Karlsruhe 1973; SP 1973, 105]
Janita w. Erw. von *Jan* = *Johann*
Janka ungar. KF von *Johanna*, russ. und bulgar. auch von *Anna, Bojana, Stojana* u. a. Namen [SP 1963, 122; 1972, 154]
Janna, Janne KFF von *Johanna*; *Janne* ist auch KF von *Marianne*; Koseformen: *Janni*, ndl. *Janny* [SP 1975, 106]
Jannetje fries. KF (Verkleinerung) von *Janna*
Jannette, Jannina Eindeutschungen von *Jeannette, Jeannine*
Jantina, -tine Erw. von *Jana*; amerikan. *Janthina*
Jantje = *Jannetje*
Janula vermutl. griech. KF (*Iannoula*) von *Johanna* [Flensburg 1972]
Jara Herkunft und Bedeutung unsicher [SD 1970, 168f.]; auch *Yara*
Jarla schwed. w. Form zu *Jarl* 'freier, vornehmer Mann'
Jarmila w. Form zu tsch. *Jarmil*, das viell. zu *Jaromir* 'ernst, streng' + 'Frieden, Welt' gehört [KOPEČNÝ], falls es sich nicht um eine literar. Neubildung des ausgehenden 18. Jhs. (zu *jaro* 'Frühling') handelt; die w. Form wurde bekannt durch die Verserzählung *Maj* [*Der Mai*] von K. H. MÁCHA, 1836, als VN belegt seit 1878, zeitweise im Tschech. sehr beliebt (1936 an 4. Stelle) [SD 1968, 170]
Jarste fries. Form von Namen, die mit *Ger-* beginnen [Gestalt in dem Roman *Das Volk am Meer* von AUGUST HINRICHS, 1929]
Jasmin(a), Jasmine eigtl. Pflanzenname persischen Ursprungs, aber schon in den Märchen aus *1001 Nacht* Name einer Sklavin [AG Nürnberg 1956, StAZ 1957, 128]
**Jean* [dʒi:n] schott. Form von *Jane*; im Schriftbild von dem frz. Männernamen *Jean* = *Johann* nicht unterscheidbar, daher nicht zu empfehlen
Jeanne [ʒan] frz. = *Johanna*
Jeannette [ʒa'nɛt] frz. Verkleinerung von *Jeanne*; die vereinfachende Schreibweise *Jeanette* [so schon Görlitz vor 1884/85, JECHT II, 153] ist nicht zu empfehlen, der Eindeutschungsversuch *Schanett* ist nicht zulässig [AG Braunschweig 1973, s. StAZ 1974, 156f.]
Jeannine [ʒa'ni:n] frz. Erw. von *Jeanne*; die vereinfachende Schreibweise *Jeanine* ist nicht zu empfehlen
Jehanne NF von *Johanna*
Jelena russ. = *Helena*
Jelenka KF von *Jelena* [HEYD 33]
Jelisaweta russ. = *Elisabeth*
Jelka fries. KF von Namen, die mit *geld* 'Wert, Bezahlung; Opfergabe' gebildet waren (?), südniederländ. auch von *Guilielma* = *Wilhelma*; außerdem russ. KF verschiedener Namen [V. D. SCHAAR, RAVELING, PETROVSKIJ]
Jella KF von *Gabriel(l)a*

Jenni KF von *Johanna* [schweiz. auch KF von *Eugen*; WICKE in StAZ 1961, 202]; auch *Jenny*

Jennifer ['dʒɛnifər] engl., urspr. kelt. Name (*Guenevere* hieß die Frau des Königs ARTUS); Bedeutung ungeklärt

Jenny s. *Jenni*

Jerra fries. w. Form zu *Jerre*, einer KF von *Erik* und *Gertrud*

Jessica ('dʒɛsika] engl., vermutl. aus hebr. *yiṣkāh* 'er (Gott) sieht, blickt an', bibl. *Jiska* Gestalt in SHAKESPEARES Drama *Der Kaufmann von Venedig*, 1597]; dt. *Jessika* ['jɛsika]

Jessie ['dʒɛsi·] schott. Verkleinerung von *Janet*

Jessine Erw. von *Jessie*?

Jester Herkunft und Bedeutung unbekannt

Jetta, Jette KF von *Henriette* [*Jette*: Mannheim 1911, SCHOTT 232]

Jindra tschech. zu *Jindřich* = *Heinrich*

Jitka tschech. KF von *Judith* [1969 in Prag an 6. Stelle, KOPEČNÝ 28]

**Jo* KF von m. und w. Namen, die mit *Jo-* beginnen

Joachime w. Form zu *Joachim*, hebr. 'Gott richtet auf'

Joan [dʒoun] engl. = *Johanna*

Joana [*jo'a:na*?] Erw. von *Joan*? [Flensburg 1969]

**Jocelyn* ['dʒɔsli·n] engl., aus der altfrz. Epik übernommen, urspr. wohl eine KF von Namen, die mit *Gos-* 'Gote' (?) gebildet waren, oder von *Jodocus* [V. D. SCHAAR]; im engl. vorwiegend m. VN!

Johanna, Johanne w. Formen zu *Johann*(*es*), hebr. 'Gott ist gnädig'; auch *Joanne*

Johannetta, -nette, Johannina, -nine Erw. (Verkleinerungen) von *Johanna*; die Schreibweise mit nur einem *-n-* [so z. B. Mannheim 1923, SCHOTT 232] ist nicht zu empfehlen

Joke fries. KF von *Johanna* [SD 1965, 103f.]

Jolanda, -lande, Jolanthe griech. 'Veilchen(blüte)' [*Jolande*: Fluntern b. Zürich ab 1921, MÉTRAUX 33; Frutigen/Schweiz zw. 1950—54, BERGER 275]

Jonilla Herkunft und Bedeutung unbekannt, viell. aus *Gunilla*?

Jonna schweizer. NF von *Johanna* [BERGER 115]

Jördis, Jordis NFF von *Hjördis* [Hamburg 1961]

Jorid schwed., zu altisländ. *jór* 'Pferd, Hengst' und altschwed. *fridh* 'schön'; vgl. aber den m. VN *Jorrit*!

Jorina fries. w. Form zu *Gregor*(*ius*), griech. 'der Wachsame'

Jorinde Herkunft und Bedeutung ungeklärt (zu *Georg, Gregor*?), bekannt aus dem Märchen *Jorinde und Joringel*, das die Brüder GRIMM der Autobiografie JOHANN HEINRICH JUNGS, gen. JUNG-STILLING, entnommen haben, deren ersten Teil GOETHE bearbeitet und 1777 herausgegeben hatte

Jorinna NF von *Jorina* [Niedersachsen 1961, MALECKI 815]

Jörna w. Form zu *Jörn* = *Jürgen*

Josefa w. Form zu *Josef*, hebr. 'er (Gott) möge vermehren' (nämlich die Zahl der Kinder Jakobs); auch *Josepha*, Koseform *Josi*

Josefina, -fine Erw. von *Josefa*; auch *Josephina, -phine*

Josette [ʒo·zɛt] frz. KF (Verkleinerung) von *Josefine*

Josiane frz. Koseform von *Josefine*; auch: *Josianne*

Josina fries. KF von *Josefina*
Josta w. Form zu Jost = *Jodocus*, kelt. 'Krieger'
Jovanka slaw. KF von *Johanna* [Name der Gattin des jugoslaw. Präsidenten TITO; Linz 1967, MACKENSEN]
Jovita amerikan. VN, Bedeutung ungeklärt [Essen-Werden 50er Jahre, HESTERKAMP 93]
Joy [dʒɔø] engl. 'Freude'
Juana [xu'a:na], *Juane*, span. = *Johanna* [Hamburg 1966; Karlsruhe 1967, MACKENSEN]; span. Verkleinerung: *Juanita*
Jucunda lat. 'die Angenehme, Liebenswürdige'; auch: *Jukunda*
Judenta, Judint(h)a NFF von *Judith*? [BACH § 287; BERGER 57 u. Anm. 82, S. 340]
Judica, Judika lat. *judica* 'richte!' (5. Fastensonntag)
Judith hebr. 'Frau aus Jehud, Jüdin'
Juditha Erw. von *Judith* [1680, HEYD 58 u. 73]; auch *Judita*
Judy ['dʒu:di] engl. KF von *Judith*
Juga Herkunft und Bedeutung unbekannt [1968, Gottesdienst 160]
Jukunda s. *Jucunda*
Jula, Jule KFF von *Julia*
Julia lat. 'aus dem Geschlecht der Julier', Bedeutung ungeklärt
Juliana, -ane Erw. von *Julia* [ab 1630, HEYD 83]
Julianka slaw. KF von *Julia(na)*
Julianna, -anne Erw. von *Julia*, viell. mit Anlehnung an *Anna*
Julienne [ʒy'lĩɛn] frz. = *Juliana*
Juliet ['dʒu:lĩɛt] engl., **Juliette** [ʒy'lĩɛt, dt. juli'ɛtə] frz. Verkleinerung von *Julia*
Julika, Julischka ungar. KFF von *Julia*, ungar. *Juliska* [*Julika*: SD 1965, 136; Heidelberg 1975]
Juline Erw. von *Julia* oder w. Neubildung zu *Julius* [Hzt. Coburg vor 1900, WILHELM 27]
Julita bulgar., **Julitta** russ. Erw. von *Julia* [SP 1973, 88]
Julka ungar. KF von *Julia*
Junia Neubildung 'im Juni Geborene'; vgl. schwed. *Junia* (1845), *Juni* [OTTERBJÖRK] und engl. *June* [20. Jh., ODECN]
Jurena Herkunft und Bedeutung unbekannt [Flensburg 1966, MACKENSEN]
Justa w. Form zu *Justus*, lat. 'der Gerechte' [Bremen 1966, MACKENSEN]
Justina, Justine w. Formen zu *Justinus*, einer Erw. von *Justus*, s. *Justa* [Görlitz 1388, JECHT I, 7; ab 1630, HEYD 83]
Jutta, Jutte KFF von *Judith(a)*; eine eigenwillige Deutung hat der Name bei G. E. LESSING erfahren, in dessen *Faust*-Fragment, 1781, einer der sieben Geister spricht (II/3): „Mein Name ist Jutta, denn ich fahre auf den Strahlen des Lichts."
Jytte dän. = *Jutta*

Kaarina finn. = *Katharina*
Kadidja Herkunft und Bedeutung unbekannt [K. WEDEKIND, Tochter des Schriftstellers FRANK WEDEKIND]
**Kai* vermutl. kelt. Ursprungs, Bedeutung ungeklärt, auch als m. VN gebräuchlich; in skandinavischen Ländern ist *Kaj* KF von *Katharina*; in Verbindung mit einem eindeutig w. VN zugelassen [StAZ 1962, 13; 1970, 128f.; SD 1969, 186f.], andere Schreibweise: *Kay*
Kaja eindeutig w. Form zu *Kai*; fries. KF von *Katharina*; auch *Kaya*, finn.-schwed. *Kaija*

Kajetana w. Bildung zu *Kajetan*, lat. 'aus der Stadt Gaëta' [1880, Heyd 77]
Kamilla etrusk.-lat. *Camilla* 'Opfer-, Altardienerin'
Kandida s. *Candida*
Kara s. *Cara*
Karda KF von *Rikarda*, einer w. Bildung zu *Richard*, ahd. *rīhhi* 'mächtig, Herrscher' + *harti* 'stark, fest'
Kareen [ka're:n] NF von *Karin*, *Karen*, gebildet mit Hilfe der irischen Verkleinerungsendung *-een*; engl. *Careen* ['kεri:n]
Karen dän. = *Karin*
Karena Erw. von *Karen* [SP 1975, 122]
Kari KF von *Katharina*? [K. Becker, Sopranistin]
Karianne niederländ. DF aus *Katharina* + *Johanna* oder *Anna*
Karin schwed. KF von *Katharina* [Fluntern-Zürich ab 1934, Métraux 51]
Karina Erw. von *Karin* oder dt. Schreibweise für ital. *Carina* [Honnef 1953, B. Link E 3; SP 1966, 249 und 1972, 41]
Karla w. Form zu *Karl* 'Mann, Ehemann'; auch *Carla*
Karola, Karolina, -line, Karolin s. unter *C-*; verkürzt zu *Karlin*: Freiburg i. Br. 1975
Karsta niederdt. Form von *Christa*; auch *Carsta*
Karstine Erw. von *Karsta*; auch *Carstine*
Kassandra griech. 'Frau, die Männer fängt'?; engl. *Cassandra* [Bielefeld 1976; „in letzter Zeit ... mehrfach zur Beurkundung gewünscht", SP 1976, 216]
Katalin ungar. = *Katharina* [1967 in Ungarn an 3. Stelle; SP 1973, 105; *Katalyn*: Heidelberg 1974]
Katarina s. *Katharina*
Kate, Käte s. *Kathe, Käthe*
Kateline mittelengl. Form von *Katharina*
Katerina russ. umgangssprachl. KF von *Jekaterina* [SP 1975, 186]; s. a. *Caterina*
Katharina griech., urspr. *Aikaterinē* (vgl. russ. *Jekaterina*), Bedeutung ungeklärt, später angelehnt an griech. *katharós* 'rein'; ital. *Caterina*, frz. *Cathérine*, engl. *Catherine*; die Schreibvarianten *Katarina, Kat(h)erina* sind nicht zu empfehlen; KF: *Kät(h)chen*
Kathe, Käthe KFF von *Katharina*; engl. *Kate* ['ke:ⁱt]
Käthemie DF aus *Käthe* (s. o.) und einer KF von *Maria*
Katherina s. *Katharina*
Kathi KF von *Katharina*; auch *Kati(e), Kat(h)y*
Kathinka s. *Katinka*
Kathleen [engl. 'kεθli:n, dt. 'katle:n oder kat'le:n] irisch = *Katharina*; auch *Cathleen* [Niedersachsen 1961, Malecki 815]
Kathrein oberdt. KF von *Katharina*; auch *Katrein*
Kathrina, Kathrin KFF von *Katharina*; heute meist *Katrin* [Waldesch/Vorderhunsrück 1955: *Kathrina*, Fleischer, Personennamen 70]
Kathy, Kati(e) s. *Kathi*
Katina bulgar. KF von *Katharina* [Ilčev]; auch *Catina* [Berger 109, 128]; neugriech. = *Katharina* [SP 1964, 42]
Katinka slaw. KF von *Katharina*; auch *Kathinka*
Katja russ. KF von *Jekaterina* = *Katharina*
Katjana Erw. von *Katja*
Katjuscha russ. KF von *Jekaterina* = *Katharina* [Karlsruhe 1973]

Katka ungar. KF von *Katharina*
Katna Herkunft und Bedeutung ungeklärt; KF von *Katharina*? [Flensburg 1966, MACKENSEN]
Katrein, Katrin s. *Kathrein, Kathrin*
Katrina Erw. von *Kat(h)rin*
Katrischa (bulgar.) KF von *Katharina*
Katy s. *Kathi*
Kay, Kaya s. *Kai, Kaja*
Kea Kurzform friesischer w. Koseformen auf *-ke(a)* [RAVELING; SP 1965, 216; die Herleitung von *Kea* (m.!), dem Namen einer Papageienart in Neuseeland und Polynesien, HARTWIG 150, ist unwahrscheinlich]
Keike fries. KF, Ursprung nicht mehr erkennbar [Flensburg 1963]
Kerry amerikan. w. VN, viell. gäl.-irischer Herkunft, Bedeutung ungeklärt [SD 1969, 72]
Kersti, Kerstin, Kerstina, -e schwed. NFF von *Kristina*
Kim engl. VN, vermutl. zu ir. *Kimball* 'Kriegsanführer' [v. D. SCHAAR], wird sowohl für w. als auch für m. Personen gebraucht [s. *Kim*, Roman von R. KIPLING, 1901]; im Russ. m. VN [SD 1969, 58 u. 144; SP 1972, 234]
Kira s. *Kyra*
Kirsten (dän.), **Kirsti, Kirstin** (schwed.) = *Christine*, ähnliche Formen gab es früher aber auch in deutschen Mundarten [vgl. *Kirstin, Kirstein* 1343 bzw. 1378 in Görlitz, JECHT I, 7]; im Norddeutschen war *Kirsten* früher auch als Mundartform von *Christian* gebräuchlich, heute ausschließlich Mädchenname [StAZ 1960, 247f., und 1962, 15]
Kirsty schott. KF von *Christine*
Kitty engl. KF von *Katharina*; auch *Kitti* [Honnef 1953, B. LINK E 3; 1938 Fluntern-Zürich, MÉTRAUX 31]
Klara lat. *clara* 'die Leuchtende, Helle; Berühmte'
Kläre dt. Schreibweise für frz. *Claire* = *Klara*
Klarina, Klarinda, -rinde Erw. von *Klara* (?)
Klarissa s. *Clarissa*
Klasina, -sine w. Erw. von *Kl(a)as* = *Klaus*
Klaudia, Klaudine, Klaudinette s. unter *C-*
Klea vermutl. KF von lat. w. Bildungen zu griech. Namen auf *-klēs* 'berühmt'; auch *Clea*
Klematis s. *Clematis*
Klemente, Klementina s. unter *C-*
Kleoph(e)a w. Form zu *Kleophas*, einer KF von ägypt.-griech. *Kleopatros* 'Ruhm des Vaters', Name einer bibl. Gestalt [*Kleophea*: Zürich, 19. Jh.]
Klivia s. *Clivia*
Klorinde eigtl. *Chlorinde*, Erw. von *Chloris* ['klo:ris], griech. 'hellgrün, frisches Grün, frisch, jung'
Klothilde ahd. *(h)lūt* 'laut, berühmt' + *hiltja* 'Kampf'
Kolomba zu frz. *Colombe*, lat. *Columba* 'Taube'; auch *Colomba*
Kolombine Erw. von *Kolomba*; auch *Colombine*
Konkordia s. *Concordia* [die Erw. *Konkordiana* um 1755 im Siegerland, IRLE 19]
Konrada, -rade w. Formen zu *Konrad*, ahd. *kuoni* 'kühn, tapfer' + *rāt* 'Rat(geber), Beratung'
Konradine w. Erw. von *Konrad* [Görlitz vor 1884, JECHT II, 153; Altötting/Oberbayern 30er Jahre, DEBUS u. a. 1973, 401] oder von *Konradin*

Konstantine w. Erw. von *Konstantin,* zu lat. *constans* 'standhaft, beständig'

Konstanze eingedeutschte Form von lat. *constantia* 'Standhaftigkeit, Beständigkeit' (eine der vier Haupttugenden)

Kora griech. 'Jungfrau, Mädchen' (Beiname der Göttin Persephone, lat. Proserpina), auch KF von *Cordula, Cordelia,* s. *Cora*

Kordelia s. *Cordelia*

Kordia KF von *Konkordia*

Kordula s. *Cordula*

Korinna griech., Erw. von *Kora*; auch *Corinna,* frz. *Corinne*

Kornelia, Korona, Kosima s. unter *C-*

Kreszentia lat. *Crescentia* 'die Wachsende, Aufblühende'

Kreszenz KF von *Kreszentia*

Kriemhild(e), Krimhild(e) ältere Form *Grimhild,* zu altsächs. *grīma* 'Helm, Maske' + *hild(i)* 'Kampf'

Krista, Kristiane s. *Christa, Christiane* [*Krista*: Fluntern-Zürich 1933—57: achtmal, MÉTRAUX 22]

Kristin junge KF von *Christine* nach skandinav. Vorbild [s. *Kristin Lavranstochter,* Romantrilogie von SIGRID UNDSET, 1920—22, dt. Übersetzung 1925—27]; entgegen den Entscheidungen des OVG Münster 1962 [StAZ 1964, 136] und des LG Hildesheim 1965 [StAZ 1966, 234] ist *Kristin* als Mädchenname eintragungsfähig und bereits mehrfach eingetragen worden

Kristina, Kristine s. *Christina*

Kuni KF von *Kunigunde* [Hzt. Coburg vor 1900: fünfmal, WILHELM 27]

Kunigunde ahd. *kunni* 'Geschlecht, Sippe' + *gund* 'Kampf'

Kyra w. Form zu griech. *kȳros* 'Herr', aus altpers. *khurush* 'Sonne' [Flensburg 1972]; auch *Kira* (russ.)

Kyrilla Erw. von *Kyra*; auch *Cyrilla*

Laetitia s. *Lätizia*

Laila finn. (lapp.), viell. Umbildung von *Aila* [OTTERBJÖRK]

Lale kindersprachl. Lallform [LALE = LISELOTTE HELEN ANDERSEN, Sängerin]

Lamberta w. Form zu *Lambert,* ahd. *lant* 'Land' + *beraht* 'glänzend'

Lana russ. KF von Namen, die auf *-lana* enden, z. B. *Ruslana, Swetlana* [Karlsruhe 1973]

Lara russ. NF von *Laura* [Karlsruhe 1967, MACKENSEN; Flensburg 1969; Basel 1972, NABHOLZ 153]

Larissa russ. Erw. von *Lara* oder identisch mit dem griech. Städtenamen *Larissa,* kaum zu griech. *láros* 'Möwe' [Celle 1967, MACKENSEN; SD 1969, 138; Heidelberg 1976]

Lassalline Neubildung (1875) nach dem Politiker FERDINAND LASSALLE (1825—64)

Lätizia lat. *laetitia* 'Freude'

Laura ital. KF von *Laurentia*

Laurentia lat. 'aus (der Stadt) Laurentum', durch Anlehnung an *laurus* 'Lorbeer(kranz)' umgedeutet zu 'lorbeerbekränzt'

Lauretta, -rette ital. und frz. Verkleinerungen von *Laura*

Laurine Erw. von *Laura* oder w. Bildung zu *Laurin*

Lavinia lat., Bedeutung ungeklärt [Basel 1966, MACKENSEN; Heidelberg 1973]

Lea hebr., Bedeutung unsicher ('Wildkuh' ?)

Leandra w. Form zu *Leander*, griech. *Leandros* 'Mann aus dem Volke' [Linz 1963]

Leda Name einer Gestalt der griech. Mythologie, Bedeutung unbekannt [Heidelberg 1974]

**Lee* Herkunft und Bedeutung unbekannt [Flensburg 1965, MACKENSEN]; nicht eindeutig w., als urkundliche Namensform kaum geeignet

Legardis NF von *Luitgard*? [HEYD 84]

Leila oriental. 'die Nacht' [Wiesbaden 1962, 42]

Lelia ital., aus lat. *Laelia*, einem altröm. Frauennamen, Bedeutung ungeklärt [SP 1962, 25]

Lena, Lene KFF von *Helene*, *Magdalene*

Lenelies DF aus *Lene*, KF von *Helene*, + *Louise* (so belegt!) oder *Liese*, KF von *Elisabeth*

Lenelore DF aus *Lene* (s. o.) + *Lore*, KF von *Eleonore* oder NF von *Laura*

Lenelotte DF aus *Lene* (s. o.) + *Lotte*, KF von *Charlotte*

Leni KF von *Helene*, *Magdalene*

Lenka (slaw.), **Lenke** (niederdt.) KF von *Helene*, *Magdalene*

Lenore NF von *Leonore*

Lenza KF von *Laurentia*, auch Neubildung für 'im Lenz (Frühling) Geborene'; Koseform: *Lenzi*

Leocadia, Leokadia Herkunft und Bedeutung unbekannt [Mannheim 1923, SCHOTT 232]

Leona w. Form zu *Leo*, frz. *Léo(n)*, ital. *Leone* (alle zu lat. *leo* 'Löwe'), oder KF von Zss. mit *Leon-* [G. MÜLLER 98—101]

Leon(h)arda w. Form zu *Leonhard*, dt.-lat. *leo* 'Löwe' + ahd. *harti* 'stark, fest'

Leonie NF von *Leona*, frz. *Léonie*

Leonilda viell. aus dt.-lat. *leo* 'Löwe' + *-hilda*, ahd. *hiltja* 'Kampf'

Leonille NF von *Leonilda* oder Erw. von *Leona*, *Leonie*

Leonore KF von *Eleonore*, arab. 'Gott ist mein Licht'; auch: *Leonor*

Leontine Erw. von *Leona* oder w. Form zu *Leontin(us)*, zu lat. *leontius* 'löwenhaft' [Zürich 19. Jh.]

Leopolda, -polde w. Formen zu *Leopold*, ahd. *liut* 'Volk, Leute' + *bald* 'kühn'

Leopoldine Erw. von *Leopolda* [Heidelberg 1975]

**Leslie* engl. und frz. VN, urspr. Familienname, Bedeutung ungeklärt; in England auch m. VN!

Letta KF von *Violetta*, *Taletta*, *Aletta* [RAVELING]; Koseform: *Letti*

Lexa KF von *Alex(andr)a*

Li KF, vermutlich von *Elisabeth* [LI STADELMANN, Cembalistin]

Lia KF von *Julia* und anderen Namen auf *-li(a)* [Görlitz 1408, JECHT I, 7]

Liana, Liane KF von *Juliane* [Gestalt in JEAN PAULS Roman *Titan*, 1800ff.]

Libera zu lat. *liber* 'frei' (?)

Liberta, -berte w. Formen zu dem ehem. Männernamen *Liebert* = *Liebrecht*, ahd. *liob* 'lieb' + *beraht* 'glänzend'

Libeth NF von *Liesbeth*, einer KF von *Elisabeth*

Libgart s. *Liebgard*

Libussa slaw. 'Liebling, Liebe' (?)

Lida, Lide vermutl. von *Ludmilla*, auch von *Louise*

Liddi, Liddy KF von *Lydia* [Görlitz vor 1884, JECHT II, 153]

Lidvina, Lidwina wahrscheinlich zu *Lutwin*, ahd. *liut* 'Volk, Leute'

+ *wini* 'Freund'; Gestalt aus der kathol. Legendenliteratur [nach 1900 im Siegerland, IRLE 12]
Liebetraud ahd. *liob* 'lieb' + *trūd* 'Kraft, Stärke'
Liebgard ahd. *liob* 'lieb' + *gard* 'Zaun, Schützerin' (?); auch: *Libgart*
Liebhild(e) ahd. *liob* 'lieb' + *hiltja* 'Kampf'
Liebtr(a)ud NF von *Liebetraud*
Lies, Liesa KFF von *Elisabeth*; auch: *Lis, Lisa,* Koseformen: *Liesel, Lisl, Lising* (niederdt.), *Lisi* [*Lisi*: Hzt. Coburg vor 1900, WILHELM 27]
Liesbeth, Liese KFF von *Elisabeth*; auch: *Lisbeth, Lise*
Lieselore DF aus *Liese* (s. o.) + *Lore,* KF von *Eleonore* oder NF von *Laura* [1930, HEYD 79]
Lieselotte DF aus *Liese* (s. o.) (s. o.) + *Lotte,* KF von *Charlotte*; auch: *Liselotte, Li(e)selott*
Liesemarie DF aus *Liese* (s. o.) + *Maria*
Lil s. *Lill* [LIL DAGOVER, Schauspielerin, eigtl. MARTA MARIA DAGHOFER, geb. LILITTS, *1897]
Lili s. *Lilli*
Lilian, Liliana (ital.), **Liliane** (dt.) urspr. engl. VN, viell. eine Erw. von *Lilly* [*Liliane*: 1901–17 siebenmal, ab 1922 dreißigmal, MÉTRAUX 50; Gernsbach 1948, K. WÖRTER; Frutigen (Berner Oberland) 1950–54, BERGER 274f.]
Lilith babylon. Sturmdämon, im Hebräischen umgedeutet zu Nachtdämon [BHH]
Lill KF von *Lilli*; auch: *Lil* [LILL BABS, schwed. Schlagersängerin, eigtl. BARBRO SVENSSON]
Lilli Lallform, hpts. von *Elisabeth* und davon abgeleiteten Formen; auch: *Lili, Lil(l)y*
Lilliluise DF aus *Lilli* (s. o.) + *Luise*
Lilly s. *Lilli*
Limone zu ital. *limone* 'Zitrusfrucht, Zitrone' (?)
Lina, Line KF von Namen, die auf *-lina* enden, z. B. *Karolina*
Linda, Linde KF von Zss. mit *-lind(e)*, z. B. *Dietlinde, Sieglinde*; im Engl. auch KF von *Belinda*
Lindgard ahd. *lind* 'sanft, mild' + *gard* 'Zaun, Schützerin' (?); auch: *Lindgart*
Linette frz. Erw. (Verkleinerung) von *Lina*
Lintrud aus älterem *Lindtr(a)ud,* ahd. *lind* 'sanft, mild' + *trūd* 'Kraft, Stärke'
Lioba KF von Zss. mit *Lieb(e)-* und *Liobgid*; Name aus der kathol. Legendenliteratur [nach 1900 im Siegerland, IRLE 12]
Liobgid eigtl. *Liobgyth,* zu altsächs. *liof* 'lieb' + *guth* 'Kampf'
Lis KF von *Elisabeth*; engl. *Liz*
Lis- s. a. *Lies-*
Lisabeth KF von *Elisabeth* [zw. 1590 und 1599, HEYD 29]
Lisanne DF aus *Li(e)se* (s. o.) + *Anna*; engl. *Lizanne* [SP 1963, 23; Stuttgart 1969]
Lisenka slaw. KF von *Elisabeth*
Liserose DF aus *Li(e)se,* (s. o.) + *Rosa* [1930–39, HEYD 28]
Lisette frz. Verkleinerung von *Lisa,* einer KF von *Elisabeth* [1810, HEYD 42]
Lisgret DF aus *Lisa,* einer KF von *Elisabeth,* + *Gret(e),* KF von *Margarete*; auch *Liesgret*
Liska schwed. NF von *Lisken,* einer KF von *Elisabeth*
Lissa, Lisse KF von *Elisabeth* [*Lissa*: Hzt. Coburg vor 1900, WILHELM 27]
Lissi, Lissy Koseform von *Lissa, Elisabeth*

Lita, Lite niederländ. KF von Zss. mit ahd. *liut* 'Volk, Leute', s. *Luit-*; amerikan. KF von *Carmelita*

Liut- s. *Luit-*

Liv nord. (norweg.) aus altisländ. *hlif* 'Wehr, Schutz', aber häufig assoziiert mit *liv* 'Leben' [OTTERBJÖRK; Heidelberg und Bielefeld 1976, offenbar nach der schwed. Filmschauspielerin LIV ULLMANN]

Livia lat. 'aus dem Geschlecht der Livier', Bedeutung ungeklärt; auch KF von *Olivia* [Hzt. Coburg vor 1900, WILHELM 27]

Liz s. *Lis*

Lizanne s. *Lisanne*

Lizzi [dt. 'litsi·], **Lizzy** [engl. 'lisi·] KFF von *Elisabeth* oder *Alice*; auch *Lizzie*

Ljuba slaw. 'Liebe'

Ljubinka slaw. KF von *Ljuba*; auch: *Lubinka* [Görlitz vor 1884, JECHT II, 153]

Loana Herkunft und Bedeutung unbekannt [Flensburg 1965, MACKENSEN]; vgl. *Luana*

Loisa KF von *Aloisia*; auch: *Loysa* [1670—79, HEYD 29; 1750, HEYD 80 u. 83]

Lola span., Lallform von *Dolores*, *Carola* oder *Carlota*

Lolita Erw. von *Lola* [Roman von V. NABOKOV, 1955; Linz 1963]

Lolli, *Lolly* engl. KF von *Laurentia*

Lona, Lone KFF von *Leona* und *Apollonia* [Neckargemünd 1950 bis 1960, SCHUCH]

Longina w. Form zu *Longin(us)*, lat. Geschlechtername, zu *longus* 'lang' [SP 1973, 25]

Loni, Lonni KFF von *Leonie*, *Apollonia* [*Loni*; Wermelskirchen ab 1921, B. LINK L 19]; auch *Lony*, *Lonny*

Lora, Lore KF von *Eleonore*, auch NF von *Laura*; Koseformen: *Lori*, *Lorle*

Loredana ital., zu lat. *laurus* 'Lorbeer(kranz)' [BURGIO; Basel 1965, MACKENSEN]

Lorelies DF aus *Lore* (s. o.) + *Lies*, KF von *Elisabeth*

Loremarie DF aus *Lora* (s. o.) + *Maria*

Lorena engl.-amerikan. Erw. von *Laura* [Niedersachsen 1961, MALECKI 815; Heidelberg 1975]

Loretta, Lorette ital. und frz. Form von *Lauretta*, häufig nach dem Wallfahrtsort Loreto in Italien; ital. auch *Lorit(t)a*, bulgar. *Lorita* [Zwickau zw. 1956 u. 1966, SP 1974, 88; München 1974; Bielefeld 1976]

Lorica, Lorina Erw. von *Lora*? [*Lorina*: HEYD 84]

Lorit(t)a s. *Loretta*

Lorna amerikan. VN, vermutl. eine Neuschöpfung des Schriftstellers R. D. BLACKMORE [*Lorna Doone*, Roman, 1869, ODECN; SP 1964, 23]

Lotte KF von *Charlotte*; Koseformen: *Lotti*, *Lottchen*

Lottelies(e) DF aus *Lotte* (s. o.) + *Liesa*, KF von *Elisabeth*; auch *Lottlisa*

Lotti s. *Lotte*

Lottlisa s. *Lotteliese*

Lou KF von *Louise*

Louise frz. w. Form zu *Louis* = *Ludwig*

Loulou kindersprachl. Verdoppelung von *Lou*; auch *Lulu*

Lowisa, Lowise niederdt. (auch schwed.) NF v. *Louise*; auch *Lovisa*

Lu KF von *Luise* und anderen Namen, die mit *Lu-* beginnen

Luana amerikan. VN, Herkunft und Bedeutung ungeklärt [RULE;

Offenbach 1957, MACKENSEN; Braunschweig 1961, MALECKI 813; Wiesbaden 1967, 163; Basel 1972, NABHOLZ 153]

Lubinka s. *Ljubinka*

Lucia, *Lucie* lat. 'die Leuchtende, Glänzende' oder 'die bei Tagesanbruch Geborene'; dt. Schreibweise: *Luzia, Luzie,* engl. *Lucy*

Luciane Erw. von *Lucia* [Name einer Gestalt in GOETHES Roman *Die Wahlverwandtschaften,* 1809]

Lucie s. *Lucia*

Lucienne [lü'siɛn] w. Form zu frz. *Lucien,* aus lat. *Lucianus,* einer Erw. von *Lucius* (vgl. *Lucia*)

Lucilla, Lucille [frz. lü'si·l] Erw. von *Lucia*

Lucinde Erw. von *Lucia*; auch: *Luzinde* [*Lucinde,* Roman von FR. SCHLEGEL, 1799]

**Lücke* vermutl. niederdt.-fries. KF von Zss. mit *Luit-,* z. B. *Luitgard* [BACH I, § 313a]; auch *Lüke(n)*; nicht eindeutig w.!

Lucretia lat. 'aus dem Geschlecht der Lukretier', Bedeutung ungeklärt (zu *lucrum* 'Gewinn' ?); dt. Schreibweise: *Lukrezia*

Lucy s. *Lucia*

Ludgardis NF von *Luitgard* [1760 u. 1790, HEYD 66]

Ludgera w. Form zu *Ludger,* ahd. *liut* 'Volk, Leute' + *gēr* 'Speer' [Essen-Werden 1952, HESTERKAMP 59; Niedersachsen 1961, MALECKI 815]

Ludmilla slaw. 'Volk' + 'lieb, angenehm'

Ludolfa w. Form zu *Ludolf,* ahd. *liut* 'Volk, Leute' + *wolf* 'Wolf'

Ludolfina, -fine Erw. von *Ludolfa*

Ludowika NF von *Ludwiga* [1760, HEYD 66 u. 77]; auch *Ludovika*

Ludwiga w. Form zu *Ludwig,* ahd. *hlūt* 'laut, berühmt' + *wīg* 'Kampf'

Ludwina NF von *Luitwine* [1710, HEYD 66]

Luisa, Luise dt. und span. Formen von *Louise* [ab 1810, HEYD 42]

Luiselotte DF aus *Luise* (s. o.) + *Lotte,* KF von *Charlotte*

Luitberga, Luitburg(a) ahd. *liut* 'Volk, Leute' + *berga, burg* 'schützen, Schutz, Schützer'; auch *Liut-*

Luitfriede w. Form zu *Luitfried,* ahd. *liut* 'Volk, Leute' + *fridu* 'Friede'

Luitgard ahd. *liut* 'Volk, Leute' + *gard* 'Zaun, Schützerin' (?); auch *Luitgard*

Luitgund(e) ahd. *liut* 'Volk, Leute' + *gund* 'Kampf'

Luithild(e) ahd. *liut* 'Volk, Leute' + *hiltja* 'Kampf'

Luitwine w. Form zu *Luitwin,* ahd. *liut* 'Volk, Leute' + *wini* 'Freund'

Lükardis NF von *Luitgard* [BERGER 57]

Lüke(n) s. *Lücke*

Lukrezia dt. Schreibweise von *Lucretia*

Lulu Lallform von Namen, die mit *Lu-* beginnen, bes. *Luise*

Lunetta amerikan., zu lat. *luna* 'Mond' ?

Lusia Herkunft und Bedeutung unbekannt [Karlsruhe 1967, MACKENSEN]

Lutgard(is) NF von *Luitgard*

Lutwine NF von *Luitwine*

Luzia, Luzie dt. Schreibweise von *Lucia, Lucie*

Luzinde s. *Lucinde*

Lyda verfremdete Schreibung von *Lida* oder NF von *Lydia* [Görlitz vor 1884, JECHT II, 153]

Lydia griech. 'aus Lydien (in Kleinasien), Lydierin'

Lykke nord. 'Glück' [SP 1973, 25; vgl. schwed. *Lycka* 1806, OTTERBJÖRK] oder verwandt mit niederdt.-fries. *Lücke*
Lys KF unbekannter Herkunft oder verfremdende Schreibung für *Lies* [LYS ASSIA, schweizer. Schlagersängerin]

Mabel ['me:ⁱbəl] engl. KF von *Amabel*
Madeleine [mad'lɛ:n] frz. = *Magdalena*; Koseform: *Madelon* [mad'lɔ̃·]
Mädi s. *Mady*
Madlen(e) KF von *Magdalene*, auch eingedeutschte Schreibweise von *Madeleine*
Mady ['me:ⁱdi] engl. KF von *Magdalene*; auch *Mädy*, *Mädi*
Mafalda Herkunft und Bedeutung unsicher [Mannheim 1923, SCHOTT 232]
Magda KF von *Magdalene*
Magdalena, -lene hebr., abgeleitet aus dem Namen *Maria Magdalena* 'Maria aus Magdala (am See Genezareth)'; auch *Magdalen*
Magdali KF von *Magda(lene)* ?
Magelone frz. literar. Name aus dem 16. Jh., viell. zu *Magdalena*
Magga, Maggie, Maggy ['mɛgi] engl. KFF von *Margarete*
Magna ['magna, auch: 'maŋna] w. Form zu *Magnus*, lat. 'groß'
Maia KF von *Maria*, auch 'die im Mai Geborene', s. *Maja*
Maidi KF, Herkunft ungeklärt
Maie KF von *Maria* [1342 *Maye*, Görlitz, JECHT I 7/8; Karlsruhe 1967, MACKENSEN]
Maika russ. KF von *Maria* [Bielefeld 1974/75]
Maike, Maiken niederdt. KFF von *Maria*, schwed. *Majken*; s.a. *Meike*
Mailin Herleitung unbekannt [Heidelberg 1974]
Maita Herkunft und Bedeutung ungeklärt, viell. zu *Margarita*, *Margita*
Maj nord. KF von *Maria*
Maja a) KF von *Maria* oder *Margit*; b) Name einer altröm. Göttin des Wachstums, lat. *Maia*; c) Name einer indischen Göttin (*Maya* 'Scheinwelt, Täuschung') [Fluntern-Zürich ab 1919, MÉTRAUX 33; Flensburg 1972]
Majella Erw. von *Maja* ?
Makarie w. Form zu *Makarios*, griech. 'begütert, glücklich'
Malberta KF von *Amalberta*
Male KF von *Amalie* und *Malwine*
Maleen, Malen, Malena, Malene nord. KFF von *Magdalena*; die Schreibweise *Malen* ist im Deutschen nicht zu empfehlen, weil aus ihr die richtige Aussprache und Betonung [ma'le:n] nicht hervorgeht
Malenka slaw. KF, russ. zu *Melanie* [PETROVSKIJ; Heidelberg 1973]
Malfriede ahd. *mahal* 'Zusammenkunft, Gerichtsplatz' + *fridu* 'Friede' [Gernsbach 1954, K. WÖRTER]
Mali KF von *Amalia*, schwed. mundartl. auch von *Magdalena* [Mannheim 1923, SCHOTT 232]
Malika Herkunft und Bedeutung unbekannt [Karlsruhe 1973]
Malin (schwed.), **Malina, Maline** KFF von *Magdalena* (russ. *Magdalina*), viell. angelehnt an russ. *malina* 'Himbeere' [Gestalt in TH. FONTANES Roman *Vor dem Sturm*, 1878; *Malina*, Roman von INGEBORG BACHMANN, 1971; Heidelberg 1975]

Malinda amerikan. VN, vermutl. zu *Magdalena*

Malli, Mally KFF von *Magdalena* oder *Amalie*

Malve, Malvida, *Malwida* Herkunft und Bedeutung ungeklärt [MALVIDA VON MEYSENBUG, 1816 bis 1903]; *Malve* ist auch ein Pflanzenname

Malvina, *Malwina, -wine* ahd. *mahal* 'Zusammenkunft, Gerichtsplatz' + *wini* 'Freund' oder Neuschöpfung MACPHERSONS (*Ossian*, 1760) zu gäl. 'glatte, feine Braue'

Malwida, Malwina, -wine s. *Malvida, Malvina*

Manda, *Mandi* KFF von *Amanda*, engl. *Mandy* ['mɛndi]

Manfreda w. Form zu *Manfred*, ahd. *man* 'Mann, Mensch, Krieger' + *fridu* 'Friede'

Mania s. *Manja*

**Manila* Herkunft und Bedeutung unbekannt [Gottesdienst 1968, 160]; auch Name einer Stadt und Provinz auf den Philippinen, daher als Vorname nicht geeignet

Manina Herkunft und Bedeutung unbekannt [Operette von NICO DOSTAL, 1942; München 1967]

Manja slaw. KF von *Maria*; auch *Mania* [„Bei der DDR-Eiskunstläuferin MANUELA GROSS entstand die auch in der Presse mitunter benutzte Koseform *Manja* aus einer Zusammenziehung ihrer beiden Vornamen *Man*uela und Tat*ja*na", SP 1974, 185 MANJA BEHRENS, DDR-Schauspielerin; Bielefeld 1976/77]; Erw. *Manjana* [SP 1975, 122]

Manon [ma'nɔ̃] frz. KF von *Maria(nne)*

Manuela KF von *Emanuela*, zu *Emanuel*, hebr. 'Gott mit uns'

Mara hebr. 'bitter' oder KF zu dem älteren Namen *Maralda*, einer w. Bildung zu *Marhold/Marwald*, ahd. *marah* 'Pferd, Streitroß' + *walt* 'walten, Gebieter'; bei den Sprachreinigern des 17. Jhs. war *Marhold* die dt. Übersetzung von *Philipp* [Bielefeld 1974/75 + 76]

Maralda s. *Mara*

Marcella w. Form zu *Marcellus*, einer Erw. von *Marcus*, abgeleitet vom Namen des röm. Kriegsgottes Mars; dt. Schreibweise: *Marzella*

Marcelline Erw. von *Marcella*; dt. Schreibweise: *Marzelline* [1780, HEYD 66]

Marcia amerikan. VN, viell. w. Bildung zu *Marcus*, lat. 'dem Kriegsgott Mars geweiht'

Mareen NF von *Marene* oder Erw. von *Maria* mit Hilfe der irischen Verkleinerungsendung *-een* [Niedersachsen 1961, MALECKI 815; SD 1969, 171; Bielefeld 1974/75 + 76]

Marei oberdt. Form von *Maria*

Mareike aus dem Niederländ. (*Marijke*) übernommene KF von *Maria* [Neckargemünd 1950—60, SCHUCH; Essen-Werden 1955, HESTERKAMP 61; Niedersachsen 1961, MALECKI 815; SD 1968, 14; Heidelberg 1976: 3×; Freiburg i. Br. 1976]

Mareile oberdt.-schweizer. KF von *Maria*

Mareilies DF aus *Marei* (s. o.) + *Lies(e)*, KF von *Elisabeth*

Maren dän. = *Marina*

Marene Erw. von *Maren*

Maresa Herkunft und Bedeutung unbekannt, viell. Erw. von *Maria*, vgl. *Marisa*

Maret, Mareta, Marete KFF von *Margarete*

Marfa russ. = *Martha*

Marfee Herkunft und Bedeutung unbekannt
Marga KF von *Margarete*
Margalita russ. NF von *Margarete*
Margard viell. zu ahd. *māri* 'berühmt' + *gard* 'Zaun, Schützerin' (?) [Mannheim 1923, SCHOTT 232]
Margareta, -rete griech.-lat. 'Perle', urspr. aus einer oriental. Sprache entlehnt, früher häufiger *Margarethe* geschrieben; engl. *Margaret*
Margaretha, -e s. *Margareta, -e*
Margarita (span.) NF von *Margareta*, meist in Verbindung gebracht mit dem Blumennamen *Marg(u)erite*
Margherita ital. = *Margareta*
Margit, Margitta KFF von *Margarete, Margarita*
Margone Erw. von *Marga*? [Niedersachsen 1961, MALECKI 815]
Margot frz. KF zu *Marguérite* = *Margarete*; frz. [mar'go:]
Margret, Margrit KFF von *Margarete, Margarita*; auch: *Margreet*
Marguérite frz. = *Margarete*
Margund viell. zu ahd. *māri* 'berühmt' + *gund* 'Kampf' [seit Ende der 40er Jahre belegt; Niedersachsen 1961, MALECKI 815; Linz 1963; SD 1966, 107]
Maria aram. *Mirjam*, Bedeutung ungeklärt; russ. *Marija*
Mariam ältere russ. und bulgar. Form für *Maria* [SP 1972, 105]
Mariamne NF von *Mirjam* = *Maria*
**Marian* viell. Verkürzung von *Marianne* [BERGER 115], als Mädchenname nicht geeignet, da es einen gleichlautenden m. VN gibt
Mariana, Mariane a) Erw. von *Maria*; b) dän. Form von *Marianne*; c) w. Form zu *Marian(us)*, einer Erw. von *Marius*, lat. 'aus dem der Geschlecht der Marier', Bedeutung ungeklärt
Marianita DF aus *Maria* (s. o.) + *Anita*, einer KF von *Juanita*
Marianka slaw. KF von *Maria*
Marianne DF aus *Maria* (s. o.) + *Anna*; kann auch aus *Mariamne* entwickelt sein
Mariantonia DF aus *Maria* (s. o.) + *Antonia*, lat. 'aus dem Geschlecht der Antonier'
Marie [ma'ri:, auch ma'ri:ə] NF von *Maria*
Mariehed DF aus *Maria* (s. o.) und einer KF von *Hedwig*
Marieke niederdt. und niederländ. KF von *Maria*
Mariele KF von *Maria*; auch *Marile*
Marielene DF aus *Maria* (s. o.) + *Lene*, KF von *Magdalene* oder *Helene*
Marielies(e) DF aus *Maria* (s. o.) + *Lies(e)*, KF von *Elisabeth*; auch *Marili(e)s*
Mariella ital. Erw. (Koseform) von *Maria* [Gernsbach 1939, K. WÖRTER; Karlsruhe 1967, MACKENSEN; Heidelberg 1976: 2×; Bielefeld 1976]
Marielore DF aus *Maria* (s. o.) + *Lore*, KF von *Eleonore* oder NF von *Laura*
Marieluise DF aus *Maria* (s. o.) + *Luise*
Marierose DF aus *Maria* (s. o.) + *Rosa*; engl. *Maryrose*
Marieta s. *Marita*.
Marietheres DF aus *Maria* (s. o.) + *Therese*; auch: *Mariethres*
Marietta ital. KF von *Maria*
Marigard zu ahd. *māri* 'berühmt' + *gard* 'Zaun, Schützerin' (?); s. *Margard*
Marika [dt. ma'ri·ka] ungar. KF von *Maria*; auch schwed.
Marile s. *Mariele*

Marilen (schweizer.) Zusammenziehung aus *Maria Magdalena*
Marilis s. *Marielies*
Marilu ital. DF aus *Maria* + *Luisa*
Marilyn ['mɛrilin] engl. Verkleinerung von *Mary* = *Maria*
Marina ital. Erw. von *Maria* oder w. Form zu *Marinus*, lat. 'zum Meer gehörig, am Meer lebend' [ab 1935, MÉTRAUX 33, Wermelskirchen 1952, B. LINK E 13; Bielefeld 1974 (zweimal) u. 1975; Heidelberg 1975 + 76]
Mariola (ital.) Erw. von *Maria*
Mariolina Erw. von *Mariola* (?)
Marion frz. Bildung zu *Marie*; frz. [ma'riɔ̃]
Mariona Erw. von *Marion*
**Maris* als Mädchenname nicht geeignet [SD 1972, 33f.; München 1974]
Marisa, Marise niederländ. *Maryse*, KF von *Maria* [*Marisa*: schweizer. Bundesgerichtsentscheid 69 (1943) I 63, s. ZZiv. 1965, 301, und 1971, 102]
Marischka ungar. *Mariska*, KF von *Maria*
Mariso Erw. von *Maria* (?), vgl. *Marisa* [Flensburg 1965]
Marit schwed. KF von *Margarete*
Marita KF von *Margarete*, *Margarita*, auch span. KF von *Maria*
Maritta ital. Verkleinerung von *Maria* [SP 1964, 42] oder KF von *Margherita*
Marizebill DF aus *Maria* (s. o.) + *Sibylle*
Marja (slaw.) NF von *Maria* [Landkreis Stade 1961, MALECKI 813]
Marleen, Marlen(e) DF aus *Maria* (s. o.) + *Lene*, KF von *Magdalene*; die Schreibweise *Marleen* gibt die Aussprache (Betonung) deutlicher wieder als *Marlen* und ist deshalb vorzuziehen
Marlies(e), Marlis DF aus *Maria* (s. o.) + *Lies(e)*, KF von *Elisabeth*
Marola Herkunft und Bedeutung ungeklärt, vgl. *Marula*
Mart(ha), Mart(h)e hebr. 'Herrin'
Martina, Martine w. Form zu *Martin*, lat. zu *Mars*, dem Namen des röm. Kriegsgottes
Martje fries. KF von *Mart(h)a*
Marula Herkunft und Bedeutung unbekannt [in dem Roman *Malchatun* von J. TRALOW, 1953, ist *M.* die griechische Form des Namens der türkischen Titelheldin, SP 1962, 58]
Maruschka, Marusja slaw. KFF von *Maria* [*Maruschka*: Heidelberg 1975]
Mary ['mɛːri·] engl. = *Maria*
Maryla poln. KF von *Maria* [SP 1974, 185]
Marylou ['mɛːriluː] engl. DF aus *Mary* (= *Maria*) und einer KF von *Louise*; s. a. *Marilu*
Maryrose ['mɛːrirouz] engl. = *Marierose*
Maryse s. *Marisa*
Maryvonne DF aus *Maria* + *Yvonne* (s. d.), bes. in der Schweiz [Heidelberg 1975]
Marzella, Marzelline s. *Marcella*, *Marcelline*
Mascha russ. KF von *Maria*
Mathilde, Matilda (ital.) ahd. *maht* 'Macht, Kraft, Vermögen' + *hiltja* 'Kampf'
Mattea (ital.), **Matthäa** w. Form zu *Matthäus*, ital. *Matteo*, hebr. 'Geschenk Gottes'
Maud ['mɔːt, dt. 'maot] engl. Form von *Mathilde*
Maura irisch = *Maria*

Maureen Verkleinerung von *Maura*

Maxence [ma'ksãs] frz. w. Form von *Maxentius*, abgeleitet von lat. *maximus* 'der Größte'

**Maxi* KF von *Maximiliane* [Gernsbach 1961, K. WÖRTER], aber auch von *Maximilian*!

Maxilie Erw. von *Maxi*

Maxime w. Form zu *Maxim*, der russ. KF von *Maximin* oder *Maximilian*

Maximiliane w. Form zu *Maximilian*, lat. 'aus dem Geschlecht des Maximus', zu lat. *maximus* 'der Größte'

May [me:ⁱ] engl. KF von *Mary* = *Maria*

Maya s. *Maja* [Zürich zw. 1854 und 1884]

Mechthild(e) NF von *Mathilde*; auch *Mechtild*, latinisiert *Mechthildis*

Medea griech. 'Rat, Klugheit, Verschlagenheit' (?), Gestalt der griech. Heldensage, Gattin JASONS [Basel 1966, MACKENSEN]

Meg(gi), *Meggy* engl. KFF von *Margarete*

Meike niederdt.-fries. KF von Zss. mit *Mein-*; s. a. *Maike*

Meina KF von Zss. mit *Mein-*

Meinarde NF von *Meinharde*

Meinberga, -burg(a) ahd. *magan*, *megin* 'Kraft, Macht, Vermögen' + *berga*, *burg* 'Schutz, schützen, Zuflucht'

Meinharde w. Form zu *Meinhard*, ahd. *magan*, *megin* 'Kraft, Macht, Vermögen' + *harti* 'stark, fest'

Meinhild(e) ahd. *magan*, *megin* 'Kraft, Macht, Vermögen' + *hiltja* 'Kampf'

Meinholde w. Form zu *Meinhold*, älter *Meinwald*, ahd. *magan*, *megin* 'Macht, Kraft, Vermögen' + *walt* 'walten, Gebieter'

Meinrade w. Form zu *Meinrad*, ahd. *magan*, *megin* 'Macht, Kraft, Vermögen' + *rāt* 'Rat(geber), Beratung'

Mela KF von Namen, die mit *Mel-* beginnen oder auf *-mela* enden

Melanie griech. 'die Dunkelfarbige, Schwarze'

Melina, Meline griech. 'aus Eschenholz' (?) oder KF von *Emmeline* [MELINA BRENTANO, um 1800; Zürich zw. 1854—84]

Melinda KF von *Ermelinda*?

Melisande frz. *Mélisande*, vermutl. zu *Melisenda* = *Amalaswintha* (Tochter KARLS DES GROSSEN), ahd. *amal*, Bedeutung ungeklärt, + *swind* 'stark, recht' [Oper *Pelléas et Mélisande* von C. DEBUSSY, 1902; Freiburg 1974]

Melissa griech., NF von *Melitta*

Melitta griech. 'Biene' [Görlitz vor 1884, JECHT II, 153; Honnef 1951, B. LINK, E 3]; auch *Melita* [Hzt. Coburg vor 1900, WILHELM 27]; die Schreibweise *Mellita* ist nicht zu empfehlen

Mella KF, Herkunft unbekannt [Mannheim 1911, SCHOTT 232]

Melse, Melsene fries., Herleitung ungewiß

Melusine frz. literarische Gestalt des 14. Jhs., Bedeutung des Namens ungeklärt [Gestalt in TH. FONTANES Roman *Der Stechlin*, 1899; Neckargemünd zw. 1900 und 1920, SCHUCH]

Memory amerikan. VN, engl. 'Erinnerung' [Freiburg i. Br. 1972]

Mena, Menna NFF von *Meina*

Mercedes span., aus dem Namen des Festes *Maria de mercede redemptionis captivorum* 'Maria von der Gnade der Gefangenenerlösung' (24. Sept.)

Meret schweizer. KF von *Emerentia, Emerita* [Heidelberg 1973, 1975]

Merete (dän.) KF von *Margarete*

Merilind viell. zu ahd. *māri* 'berühmt' + *lind* 'sanft, mild' oder Umgestaltung von *Marilyn*

Merit KF von *Margarete* (s. *Merita*) oder *Emerita*; auch Name der Tochter der ägypt. Königin NOFRETETE [Niedersachsen 1961, MALECKI 815; SP 1963, 42]

Merita schwed. KF von *Margarete*, schweizer. auch KF von *Emerita* [Fluntern-Zürich 1938, MÉTRAUX 33]

Merle amerikan. VN, zu lat. *merula*, frz. *merle* 'Amsel' (?) [Gottesdienst 1968, 160; München 1974; Bielefeld 1976]

Merlind(e) NF von *Merilind*

Merta KF von *Margarete*, dän.-schwed. *Märta*

Merula zu lat. *merula* 'Amsel' ?

Merve vermutl. w. Bildung zu engl. *Mervyn* m., niederländ. *Merv* m., aus ags. *Maerwine* 'berühmt' + 'Freund' oder kelt. *Myrddin* 'Anhöhe am Meer' (V. D. SCHAAR)

Meta KF von *Margarete* [1700, HEYD 80]

Metta, Mette niederdt. KFF von *Mechthild(e)*

Mi, Mia KFF von *Maria*

Michaela w. Form zu *Michael*, hebr. 'Wer ist wie Gott?'; ital., span., rumän. *Micaëla*, schwed. *Mikaela*

Michalina, -line Erw. von *Michaela*

Michèle, Michelle [mi'ʃɛ:l, mi'ʃɛl] frz. = *Michaela* [Gernsbach 1961, K. WÖRTER]; ohne Akzent kann die erstgenannte Form mit dem ital. Männername *Michele* ['mikɛlɛ] = *Michael* verwechselt werden und ist deshalb als Mädchenname nicht zu empfehlen

Micheline [miʃ'li:n] frz. Erw. von *Michèle* [Gernsbach 1946, K. WÖRTER]

Mie, Mieke (niederdt.) KFF von *Maria*; auch *Mika*

Mignon [min'jɔ̃, dt. 'minjɔŋ] frz., zu *mignon* m., *mignonne* w. 'allerliebst, Liebling, Geliebte(r)'; in Frankreich urspr. der geliebte Vertraute eines homosexuell veranlagten Fürsten (am bekanntesten dafür wurde König HEINRICH III., 1551–89). In GOETHES Roman *Wilhelm Meisters Lehrjahre* ist M. ein anmutiges, rätselhaftes, als Junge verkleidetes Mädchen; danach Titel einer Oper von A. THOMAS (1866); in Anknüpfung an GOETHES Romangestalt auch w. VN [Brockhaus-Enzyklopädie; F. R. LACHMANN: *Goethes Mignon. Entstehung, Name, Gestaltung*; in: German.-Roman. Monatsschrift 15, 1927, 100–116, zur Wortgeschichte bes. 103 bis 105; Heidelberg 1975]

Mila, Mile KFF von *Ludmilla* und *Emilie*

Milana Erw. von *Mila*

Milburg NF von *Mildburg*

Milda KF von Zss. mit *Mil(d)*-

Mildburg ahd. *milti* 'gnädig, barmherzig, freigebig' + *burg* 'Schutz, Zuflucht'

Mildred engl. = *Miltraud*

Milena slaw. Erw. von *Mila*

Milla, Milli KFF von *Emilia, Ludmilla, Camilla* u. ä. VNN; auch: *Milly*

Miltr(a)ud ahd. *milti* 'gnädig, barmherzig, freigebig' + *trūd* 'Kraft, Stärke'

Milva Herkunft und Bedeutung unbekannt [Frutigen (Berner Oberland) 1960–64, BERGER 286]

Mim(m)i Lallform von *Maria*

Mina, Mine KF von Namen, die auf *-mina/-mine* enden, z. B. *Wilhelmine, Hermine*

Minette frz. Erw. (Verkleinerung) von *Mina*

Minika Erw. von *Mina* oder KF von *Dominica* [Gottesdienst 1968, 160]

Minja vermutl. KF zu w. Namen, die auf *-mina* enden, z. B. *Wilhelmina* [SD 1969, 188]

Minka slaw. KF von *Wilhelmina* und anderen Namen auf *-mina*;

Minna, Minne KF von *Wilhelmina, Hermine*

Minnegard Neubildung, viell. zu ahd. *minn(e)a* 'Liebe, Zuneigung, Gedenken' + *gard* 'Zaun, Schützerin' (?)

Minni(e) KF von *Minna* [Görlitz vor 1884, JECHT II, 153]

Minona Herkunft und Bedeutung unbekannt [1813, Tochter JOSEPHINE VON BRUNSWICKS (und BEETHOVENS ?)]

Mira KF von *Mirabella*, auch indischer Name [MIRA BAI, 16. Jh., eine der bedeutendsten weibl. Hinduheiligen]

Mirabella ital., zu lat. *mirabilis* 'wunderbar, wundervoll', angelehnt an ital. *bella* 'die Schöne'

Miranda lat. 'die Bewundernswerte, -würdige'

Mireille [mi'rɛĭ(ə)] frz. = *Mirella, Mirabella* [Karlsruhe 1967, MACKENSEN; SP 1973, 105]

Mirella ital. KF von *Mirabella* [Wermelskirchen 1956, B. LINK E 13]

Miret(t)a Erw. von *Mira*

Miriam s. *Mirjam*

Mirja finn. = *Maria* [Dortmund 1970; Weiden/Oberpf. 1973; Bielefeld 1975]

Mirjam, *Miriam* aram., Bedeutung ungeklärt (griech.-lat. = *Maria*) [Fluntern-Zürich 1927 u. 1948, MÉTRAUX 22; SD 1965, 155]; die Schreibweise *Myriam* ist nicht zu empfehlen

Mirjana südslaw. w. Form zu *Mirjan*, einer Bildung zu *mir* 'Friede' [SP 1972, 26]; tschech. Erw. von *Mirjam*? [KOPEČNÝ; *Miryana*: Gottesdienst 1968, 160]

Mirka w. Form zu *Mirko*, einer KF von slaw. *Miroslaw* 'Friede' + 'Ruhm, Lob, Ehre' [SP 1965, 216]

Mitzi, Mizzi, KFF von *Maria*

Moana vermutl. w. Form zu dem breton. Namen (*Le*) *Moan* 'dünn'

Modesta, Modeste lat. 'die Bescheidene' [Mannheim 1911, SCHOTT 232]

Moike(n) fries. KF von Namen, die mit *-mut(e)*, ahd. *muot* 'Sinn, Geist, Gemüt' gebildet waren [V. D. SCHAAR]

Moira griech. 'Schicksal', im Engl. auch aus irisch *Maire* = *Marie* [Heidelberg 1972]

Molly Lallform von engl. *Mary* = *Maria*

**Momke* fries. KF von *Momme*, einer KF von *Mombert* und ähnlichen Namen, zu ahd. *muni* 'Sinn, Gedanke, Wille'; gewöhnlich m. VN!

Mona engl., wohl zu irisch *muadh* 'edel' [ODECN; SP 1962, 185]; ital. = *Madonna* (s. MONA LISA); auch KF von *Ramona*

Monarada Neubildung, vermutl. aus *Mona* (s. o.) und dem alten Namenbestandteil *rāt* 'Rat(geber), Beratung' [SP 1973, 186]

Monika Herkunft und Bedeutung ungeklärt; auch *Monica*; frz. *Monique* [mo'ni·k]
Monja amerikan. KF von *Harmonia* (?), griech. 'Wohlklang, Zusammenklang, Harmonie', russ. KF zu *Matrona*, lat. *matrona* 'verheiratete Dame von Stand' [Gottesdienst 1968, 160; SP 1973, 88; Bielefeld 1976]
**Monty* engl. KF des Familiennamens *Montague*, Bedeutung ungeklärt; auch m. VN!
**Mouche* Kosename (frz. *mouche* 'Fliege'), als Mädchenname nicht geeignet [SD 1970, 167; 1971, 64, 79f.]
Muthgard vermutl. Neubildung aus *Helmuth* und dem w. Namenbestandteil *-gard*, ahd. *gard* 'Zaun, Schützerin'
My s. *Mi*
Myga Herkunft und Bedeutung unbekannt [Gestalt in W. Raabes Erzählung *Die schwarze Galeere*, 1865]
Mylene s. *Milene*
Myriam s. *Miriam*
Myrtha, Myrthe eigtl. ein Pflanzenname hebr. Ursprungs mit der Bedeutung 'bitter' [Zürich zw. 1854—84; s. a. Heyd 33; Fluntern-Zürich ab 1925, Métraux 33]

Nada KF von *Nadjeschda* [Linz 1967, Mackensen]
Nades(c)hda s. *Nadjeschda*
Nadia s. *Nadja*
Nadine Erw. von *Nadia*; die Schreibweise *Nadin* (nach der frz. Aussprache na'di:n) ist nicht zulässig
Nadja russ. KF zn *Nadjeschda*
Nadjeschda russ. 'Hoffnung'
Naemi hebr. 'Lieblichkeit' (?); auch *Naomi, Noëmi*
Naja grönland. 'kleine Schwester'
Nana frz. KF von *Anna* [Stuttgart 1972: 2x]
Nancy ['nɛnsi] engl. KF von *Nanna* = *Anna*
Nanette s. *Nannette*
Nanda KF von *Ferdinanda*
Nanja russ. KF (zu *Nana*)
Nanna kindersprachl. Form für *Anna, Marianne* und andere Namen; auch Name einer altnord. Göttin, der Frau des Sonnengottes Balder
Nannette frz. Verkleinerung von *Anna*; auch *Nanette*
Nanni KF von *Anna, Marianne* [Görlitz vor 1884, Jecht II, 153; Wermelskirchen ab 1902, Link E 13]; auch *Nanny*
Nanon [*na'nɔ̃*] frz. KF von *Anna*
Nantje fries. KF von Zss. mit *-nande, Nant-*, zu german. *nanths* 'tapfer, kühn'
Naomi s. *Naemi*
Nastasja russ. KF von *Anastasia*
Natalia, Natalie lat., abgeleitet von *dies natalis* 'Geburtstag'; 'die am Tage der Geburt Christi (zu Weihnachten) Geborene'; auch *Natali, Nataly*, frz. *Nathalie* [nata'li:]
Natalina Erw. von *Natalia*
Natalja russ. = *Natalia*
Natascha russ. KF von *Natalja*
Nathalie s. *Natalie*
Neele, Neelkea, Neeltje fries. KFF von *Cornelia*
Nela (fries.) KF von *Cornelia*
Nelda KF von *Thusnelda*
Nele (fries.) KF von *Cornelia*
Nella, Nelleke KFF von *Cornelia, Petronella* [*Nella*: Hzt. Coburg vor 1900, Wilhelm 27; *Nelleke*: Görlitz 1340, Jecht I, 8; 1968, Gottesdienst 160]
Nelli KF von *Cornelia* oder kindersprachl. für *Elli, Helene, Eleo-*

nore, im Engl. auch für *Elizabeth*; engl. *Nelly*
Nena KF, Herleitung unbekannt
Neta, Nete (schwed., dän.) KFF von *Agneta*
Netta, Nette, Netti KFF von *Annette, Antoinette, Jeannette*; auch: *Netty*
Nicola s. *Nikola* (ital. *Nicola* = *Nikolaus*!)
Nicole [ni'kɔl] frz. w. Form zu *Nicolas* = *Nikolaus*, griech. 'Sieg' + 'Volk' [StAZ 1970, 75f.]
Nicoletta ital., **Nicolette** frz. [niko'lɛt] w. Form (Verkleinerung) von *Niccolò*, *Nicol* = *Nikolaus* (s. *Nicole*); dt. Schreibweise: *Nikoletta*
Nielsine niederdt.-fries. w. Erw. von *Niels*, einer KF von *Cornelius* oder *Nikolaus*
Nike griech., Name der Siegesgöttin [SP 1974, 250; Heidelberg 1976]
**Niki* KF von *Niklaus*, *Nikola* und verwandten Formen
Nikola w. Form (Rückbildung) zu *Nikolaus* (s. *Nicole*)
Nikoletta dt. Schreibweise für *Nicoletta*
Nikoline Erw. von *Nikola*; auch *Nicoline*
Nina, Nine KFF von Namen, die auf *-nina* enden, z. B. *Annina, Antonina*, auch von *Anna*
Ninette [ni'nɛt] frz. KF (Verkleinerung) von *Nina*
Ninja span., portugies. *Niña* = *Nina*
Ninon [ni'nɔ̃] frz. KF von *Nina*
Nita dän., schwed. KF von *Anita*
Noëmi s. *Naemi* [Karlsruhe 1973; Heidelberg 1974 + 76]
Nolda KF von *Arnolda*
Nona schwed., zu lat. *nōna* 'die Neunte' (?)
Nonke fries. KF von Zss. mit *-nande, Nant-*, zu german. *nanths* 'tapfer, kühn' [v. d. Schaar; Flensburg 1969]
Nonna schwed. KF von *Eleonora, Yvonne*
Nonnie niederländ. KF von *Eleonore, Nora*
Nora KF von *Eleonora*
Norberta w. Form zu *Norbert*, ahd. *nord* 'Norden' + *beraht* 'glänzend'
Nordrun Neubildung aus den alten Namengliedern ahd. *nord* 'Norden' + *rūna* 'Geheimnis, Zauber' [Karlsruhe 1973]
Noreen [engl. nɔ'ri:n, dt. nɔ're:n] irische Verkleinerung von *Nora* [SP 1964, 23]
Norgard ahd. *nord* 'Norden' + *gard* 'Zaun, Schützerin' (?)
Norhild(e) ahd. *nord* 'Norden' + *hiltja* 'Kampf'
Norina ital. Erw. von *Nora*
Norma urspr. engl. VN, zu lat. *norma* 'Richtschnur, Maßstab, Regel' (?) [Gestalt in W. Scotts Roman *The Pirate*, 1821; Oper von Bellini, 1831]
Notburga, -burgis ahd. *nōt* 'Bedrängnis (im Kampf), Gefahr' + *burg* 'Schutz, Zuflucht'
Nunzia KF von *Annunziata* [1968, Gottesdienst 160]
Nuria span., abgeleitet vom Namen des Muttergottesbildes *Nuestra Señora de Nuria* 'Unsere Frau von Nuria' (Name einer hl. Stätte in Nordspanien, Provinz Gerona) [Karlsruhe 1973]

Oceana s. *Ozeana*
Octavia s. *Oktavia*
Oda KF von Zss. mit *Od-, Ot-*
Odalberta NF von *Odilberta*
Odalinde zu altnord. *ōdhal* 'Gut, Besitz, Heimat' + ahd. *lind* 'sanft, mild'

Odette [o'dɛt] frz. Erw. (Verkleinerung) von *Oda*

Odila Verkleinerung von *Oda*, KF von Zss. mit *Odil-*

Odilberga altsächs. *ōdhil* 'Gut, Besitz, Heimat' + *berga* 'schützen, Schutz'

Odilberta w. Form zu *Odilbert*, altsächs. *ōdhil* 'Gut, Besitz, Heimat' + *berht* 'glänzend'

Odile [o'di:l] frz. = *Odilia* [1968, Gottesdienst 160]

Odilgard altsächs. *ōdhil* 'Gut, Besitz, Heimat' + *gard* 'Zaun, Schützerin' (?)

Odilia, Odilie NFF von *Odila*, *Ottilie*

Odina, Odine Erw. von *Oda*

**Oke* fries. KF von Zss. mit altsächs. *ōd-* '(Erb)gut, Besitz', nicht eindeutig w.! [Flensburg 1970]

Okka fries. KF von Zss. mit altsächs. *ōd-* '(Erb)gut, Besitz' [Niedersachen (Kr. Leer) 1961, MALECKI 813]

Oktavia lat. *Octavia* 'aus dem Geschlecht der Octavier', zu lat. *octavus* 'der Achte'

Olegard vermutl. NF von *Odilgard*

Olga russ. = *Helga*

Olinde NF von *Odalinde*

Oliva NF von *Olivia*, auch schwed. (aufgefaßt als w. Form zu *Olof*)

Olivia lat. 'aus dem Geschlecht der Olivier', zu lat. *oliva* 'Ölbaum, Olive'

Olla, *Olli*, KFF von *Olga*, *Olivia*, *Ottilie*; auch: *Olly*

Olofa w. Bildung zu *Olof* 'Nachkomme'

Olympia griech. 'vom Berge Olymp(os)' [Gestalt in der Oper *Hoffmanns Erzählungen* von J. OFFENBACH, 1881; München 1972!; München 1974: *Olimpia*]

Oona ['u:na] irischer VN, s. *Una* [Linz 1967, MACKENSEN]

Orania 'Oranierin' (?) [Offenbach 1959, MACKENSEN]

Orla Herkunft und Bedeutung unbekannt [Hamburg 1928; Essen-Werden 1955, HESTERKAMP 61]

Orthia (hess.) KF von *Dorothea* [WASSERZIEHER, s. a. JECHT I, 8; Bielefeld 1975 + 76]

Orthild(e) ahd. *ort* 'Spitze (der Waffe)' + *hiltja* 'Kampf'

Ortlind(e) ahd. *ort* 'Spitze (der Waffe)' + *lind* 'sanft, mild'

Ortr(a)ud ahd. *ort* 'Spitze (der Waffe)' + *trūd* 'Kraft, Stärke' [*Ortrud*: Gestalt in R. WAGNERS Oper *Lohengrin*, 1847]

Ortrun ahd. *ort* 'Spitze (der Waffe)' + *rūna* 'Geheimnis, Zauber'

Osberta w. Form zu *Osbert*, german. *ans* 'Gott' + ahd. *beraht* 'glänzend'

Ositha Herkunft und Bedeutung unbekannt

Osmunde w. Form zu *Osmund*, german. *ans* 'Gott' + ahd. *munt* 'Schutz, Schützer'

Ostara 'die im Ostermonat (April) Geborene', angeblich angelsächs. Frühlingsgöttin [Brockhaus-Enzyklopädie]

Osterhild viell. zu ahd. *ostar* 'östlich, im/nach Osten' + *hiltja* 'Kampf' [Görlitz um 1339, JECHT I, 8]

Osterlind viell. zu ahd. *ostar* 'östlich, im/nach Osten' + *lind* 'mild, sanft' [WASSERZIEHER]

Oswalda, -walde w. Form zu *Oswald*, german. *ans* 'Gott' + ahd. *walt* 'walten, Gebieter'

Oswine w. Form zu *Oswin*, german. *ans* 'Gott' + ahd. *wini* 'Freund'

Otberga, Otburg(a) zu ahd. *ōt* '(Erb)gut, Besitz' + *berga, burg* 'schützen, Schutz, Zuflucht'
Otfriede w. Form zu *Otfried*, zu ahd. *ōt* '(Erb)gut, Besitz' + *fridu* 'Friede'
Otgund(e) ahd. *ōt* '(Erb)gut, Besitz' + *gund* 'Kampf'
Othild(e) ahd. *ōt* '(Erb)gut, Besitz' + *hiltja* 'Kampf'
Othona vermutl. w. Neubildung zu *Otto* [in Ritter- und Räuberromanen des 19. Jhs., MACKENSEN]
Otlinde ahd. *ōt* '(Erb)gut, Besitz' + *lind* 'sanft, mild'
Ottegebe NF von *Ottogebe* [Gestalt in G. HAUPTMANNS Drama *Der Arme Heinrich*, 1902]
Otti KF von *Ottilie*
Ottilie NF von *Odilie*
Ottlinde NF von *Otlinde* [SP 1973, 186]
Ottogebe zu as. *ōd* '(Erb)gut, Besitz' + *geba* 'Geberin', Übersetzung des ags. Fürstinnennamens *Eadgivu*
Otwine w. Form zu *Otwin*, ahd. *ōt* '(Erb)gut, Besitz' + *wini* 'Freund'
Oxana ukrain. NF von *Xenia*
Ozeana Neubildung, abgeleitet vom Wort *Ozean* [H. NAUMANN in SP 1972, 99; 1875: OCEANA RENZ, Kunstreiterin, auf dem Überseedampfer geboren, BÄHMISCH 115, ZAHRENHAUSEN 74]

Palja slaw. KF von *Palladia* (im Russ. auch von m. VNN), zu griech. *palladion*, einem Kultbild der bewaffneten Pallas Athene
Pamela [dt. pa'me:la] engl. VN, wahrscheinlich eine Erfindung Sir PHILIP SIDNEYS für eine Gestalt in seinem Roman *Arcadia* (1590), im 18. Jh. bekannt geworden durch S. RICHARDSONS Roman *P. oder die belohnte Tugend* (1740, dt. 1772) [ODECN; SD 1966, 42; SP 1973, 42]
Pamina Name einer Gestalt in MOZARTS Oper *Die Zauberflöte* (1791), Herkunft und Bedeutung unbekannt
Pancratia s. *Pankrazia*
Panja KF verschiedener russ. VNN [Heidelberg 1976]
Pankrazia lat. *Pancratia*, w. Form zu *Pancratius*, griech. 'der alles Beherrschende'
Pascale [pas'kal] frz. w. Form zu *Pascal*, zu lat. *paschalis* 'österlich'
Patricia [pɛ'tri·ʃə] engl. = *Patrizia*
Patrizia w. Form zu *Patrizius*, lat. *patricius* 'edel, patrizisch'
Paula w. Form zu *Paul(us)*, lat. 'klein'
Pauletta, Paulette [frz. po'lɛt] w. Verkleinerung von *Paul* (s. *Paula*)
Pauline Erw. von *Paula*
Peggy engl., kindersprachl. Umgestaltung von *Meggy*, einer KF von *Margaret* [SD 1971, 122; Heidelberg 1973; München 1974; Karlsruhe 1975; Bielefeld 1976; in der DDR häufiger]
**Peka* norweg. ? [MACKENSEN]; finn. *Pekka* ist eine KF von *Peter*, also ein m. VN! [Berlin 1967, MACKENSEN]
Pelagia w. Form zu *Pelagius*, zu griech. *pélagos* 'Meer' [1820, HEYD 66f.; Mannheim 1923, SCHOTT 232]
Pepita span. w. KF (Verkleinerung) von *Josefa*
**Peppi* KF von *Josefa* und *Josef*, nicht eindeutig w.! [Hzt. Coburg vor 1900, WILHELM 21 u. 27]
Perdita lat. 'die Verlorene, Hoffnungslose' [Gestalt in SHAKESPEARES Schauspiel *Ein Wintermärchen*, 1610f.; StAZ 1958, 27]
Peregrina w. Form zu *Peregrin(us)*, lat. 'der Fremde, Pilger'

Pernetta NF von *Petronilla* [HARTIG 98f.]
Pernilla, -nille dän.-schwed. NFF von *Petronilla* [Heidelberg 1974]
Petra w. Form zu *Peter, Petrus,* lat. 'Fels'
Petrina Erw. von *Petra*
Petrissa lat. w. Bildung zu *Petrus* (s. *Petra*)
Petronella Erw. von *Petronia* [HEYD 84; Mannheim 1923, SCHOTT 232; Baasem/Eifel 1932, H. RENN 332]
Petronia lat. 'aus dem Geschlecht der Petronier', zu etrusk.-lat. *petro-* 'felsenhart' [WASSERZIEHER]
Petronika Erw. von *Petronia*
Petronilla NF von *Petronella* [HARTIG 253; 1750, HEYD 66]
Petula [pi'tju:la] engl., viell. zu lat. *petulans* 'mutwillig, keß, leichtfertig' [PAUL; PETULA CLARK, Schlagersängerin; Celle 1967, MACKENSEN]
Pflichttrud vermutl. Umgestaltung des altdt. Namens *Plektrude*, ahd. *blic* 'Glanz, Strahl, Blitz' + *trūd* 'Kraft, Stärke', angelehnt an das nhd. Wort *Pflicht*
Phenna s. *Fenna*
Philine griech. 'die Geliebte, Freundin'
Philippa w. Form zu *Philipp(us)*, griech. 'Pferdefreund'; auch *Filippa* [Bielefeld 1974/75 + 76]
Philippine Erw. von *Philippa* [um 1770, HEYD 37f., 83]; auch: *Filippine*
Philomela, -mele griech. 'Freundin des Gesanges', Bezeichnung der Nachtigall
Philomena, -mene griech. 'die Geliebte'
Phöbe griech. 'die Glänzende, Leuchtende', Beiname der Artemis als Mondgöttin und Schwester des (Sonnengottes) Phoebus Apollo; auch: *Phoebe*
Phyllis griech. 'Blatt, Zweig, Laub' (?), in der Schäferdichtung des 18. Jhs. beliebt
Pia lat. 'die Fromme'
Piata lat. 'die Geweihte'
Pierrette [pǐɛ'rɛt(ə)] frz. w. Verkleinerung von *Pierre* = *Peter*
Pilar span. 'Pfeiler, Säule', verkürzt aus *virgen (Maria) del Pilar* 'Jungfrau (Maria) vom Pfeiler', nach der Erscheinung der Madonna auf einer Säule [StAZ 1963, 193; 1964; 283f.; SD 1966, 59]
Pippa ital. FK von *Filippa* = *Philippa* [literar. Gestalt in R. BROWNINGS Dichtung *P. passes*, 1841, dt. 1903, und in G. HAUPTMANNS Drama *Und P. tanzt*, 1906]
Pirkko finn. KF von *Birgitta*; die Schreibweise *Pirko* ist nicht korrekt [*Pirko*: Hamburg 1964; PIRKKO MANOLA, Schlagersängerin]
Piroschka (dt.), **Piroska** ['pirɔʃka] ungar. = *Priska* [J. LADÓ; HEYD 84; Offenbach 1959, MACKENSEN; 1968, Gottesdienst 160]
Placida w. Form zu *Placidus*, lat. 'sanftmütig, friedlich'
Polli, Polly (engl.) KF von *Apollonia, Leopold(in)e*, im Engl. auch NF von *Molly*, einer kindersprachl. KF von *Maria*
Ponke fries., Ursprungsform unbekannt
Pretiosa, Preziosa lat. 'die Kostbare, Vortreffliche'
Primitiva lat. 'die erste in ihrer Art' [1824 Furtwangen, s. K. F. MÜLLER in SD 1972, 22], wegen der Beziehung zum Wort *primitiv* nicht zu empfehlen
Prisca s. *Priska*

Priscilla Erw. von *Prisca*
Priska lat., w. Form von *priscus* 'alt, ehrwürdig'
Prudentia lat. 'Klugheit, Besonnenheit', eine der vier Haupttugenden
Pulcheria lat. 'die Schöne'

Rabea vermutl. zu hebr. *rabja* 'ein Mädchen', bekannt geworden durch RABEA HARTMANN, eine Assistentin in WIM THOELKES Fernsehsendungen (ihr Vater stammt aus Ägypten); seit 1961 belegt [SD 1972, 34]; vgl. auch türk. *Rabia, Rabiye*
Rachel NF von *Rahel*
Rada KF von Zss. mit *-rada, Rade-*
Radegund(e) ahd. *rāt* 'Rat(geber), Beratung' + *gund* 'Kampf'
Radmilla (süd)slaw. *Radmila* 'froh' + 'lieb', angenehm' (?)
Raf(f)aela w. Form zu *Rafael*, hebr. 'Gott heilt'; auch *Raphaela*, ital. *Raffaella*
Ragna ['raŋna] skandinav. KF von Zss. mit *Ragn-* = dt. *Rein-*
Ragnhild ['raŋhilt] skandinav. = *Reinhild*
Rahel hebr. 'Mutterschaf'
Rai- s. *Rei-*
Raika, Raila slaw. (russ., bulgar.) KFF verschiedener Namen [PETROVSKIJ; ILČEV; *Raika* in der DDR: SP 1974, 233]; *Raila, Raili* auch finn. [VILKUNA 103]
Raja russ. KF von verschiedenen (auch m.) VNN [SP 1963, 233]
Ramona span. w. Form von *Ramón* = *Reimund* (s. *Reimunde*)
Randi nord. KF von älterem *Ragndi(d)*, einer Umbildung von altnord. *Ragnfridhr* 'Rat, Beschluß' + 'schön' [SD 1970, 43]
Rangea Herkunft und Bedeutung unbekannt [Zürich zw. 1854—84]
Ranka niederdt.-fries. KF, Ursprungsform unbekannt [Flensburg 1971]
Rantje fries. KF von Zss. mit *Rand-* (?), ahd. *rant* 'Schild', s. *Rantraud*
Raphaela s. *Rafaela*
Rata KF von Zss. mit *Rat-*
Ratberta w. Form zu *Ratbert*, ahd. *rāt* 'Rat(geber), Beratung' + *beraht* 'glänzend'
Ratburg(a) ahd. *rāt* 'Rat(geber), Beratung' + *burg* 'Schutz, Zuflucht'
Ratgard ahd. *rāt* 'Rat(geber), Beratung' + *gard* 'Zaun, Schützerin' (?)
Rathild(e) ahd. *rāt* 'Rat(geber), Beratung' + *hiltja* 'Kampf'
Raunhild NF von *Runhild*
Raute KF von *Rautgunde*, in Zusammenhang gebracht mit dem Pflanzennamen *Raute*
Rautgunde, -gundis Herkunft und Bedeutung des 1. Namengliedes (*Raut-*) ungeklärt + ahd. *gund* 'Kampf'
Rea Name einer Gestalt der röm. Mythologie (*Rea Silvia*); auch *Rhea*
Rebekka hebr., Bedeutung unsicher ('die Bestrickende, Fesselnde, Schmeichelnde'? SCHUMACHER); auch: *Rebecca*, engl. und schwed. *Rebecka*
Recha hebr. 'weich, zart' ? [SCHUMACHER; Gestalt in LESSINGS Schauspiel *Nathan der Weise*, 1779; Zürich zw. 1854—84: 2x]
Reda KF, Herkunft unbekannt
Rega vermutl. KF von Namen, die mit *Reg-* beginnen
Regelinde, -lindis zu ahd. *ragin, regin* 'Rat, Beschluß' + *lind* 'sanft, mild'
Regina, Regine lat. 'Königin'

Regiswinda, -swinde ahd. *ragin, regin* 'Rat, Beschluß' + *swind* 'stark, recht' [HEYD 84]

Reglinde, -lindis NFF von *Regelinde*

Regula vermutl. latinisierte Form eines german. Frauennamens, der mit *ragin, regin* 'Rat, Beschluß' gebildet war; lat. *regula* 'Regel, Norm, Maßstab'; vor allem schweizer., KF: *Regel* [z. B. in der Erzählung *Frau Regel Amrain und ihr Jüngster* von G. KELLER, 1856]

Reikhild niederländ.-fries. = *Richhild* [SD 1972, 200]

Reili KF, Ursprungsform unbekannt, oder eingedeutschte Schreibweise von finn. *Raili*, s. *Raila*

Reilinde NF von *Regelinde*

Reimara w. Form zu *Rei(n)mar*, ahd. *ragin, regin* 'Rat, Beschluß' + *māri* 'berühmt' [PAUL]

Reimodis NF von *Reimute*

Reimunde w. Form zu *Reimund*, ahd. *ragin, regin* 'Rat, Beschluß' + *mund* 'Schutz, Schützer'; auch *Raimunde, Raimonda*

Reimute w. Form zu *Reimut*, ahd. *ragin, regin* 'Rat, Beschluß' + *muot* 'Sinn, Geist, Gemüt'

Reina KF von Zss. mit *Rein-*, auch NF von *Regina* [FÖRSTEMANN 1011; Görlitz um 1305, JECHT I, 8]

Reinalde w. Form zu *Reinald*, älter *Reinwald*, ahd. *ragin, regin* 'Rat, Beschluß' + *walt* 'walten, Gebieter'

Reinberta w. Form zu *Reinbert*, ahd. *ragin, regin* 'Rat, Beschluß' + *beraht* 'glänzend'

Reinburg(a) ahd. *ragin, regin* 'Rat, Beschluß' + *burg* 'Schutz, Zuflucht'

Reinfrieda, -friede w. Form zu *Reinfried*, ahd. *ragin, regin* 'Rat, Beschluß' + *fridu* 'Friede'

Reingard ahd. *ragin, regin* 'Rat, Beschluß' + *gard* 'Zaun, Schützerin' (?) [Honnef 1942, LINK E4]

Reinharde w. Form zu *Reinhard*, ahd. *ragin, regin* 'Rat, Beschluß' + *harti* 'stark, fest'

Reinhild(e) ahd. *ragin, regin* 'Rat Beschluß' + *hiltja* 'Kampf'

Reinholde, -holdis w. Formen zu *Reinhold*, älter *Reinwald*, ahd. *ragin, regin* 'Rat, Beschluß' + *walt* 'walten, Gebieter'

Reinolde NF von *Reinalde, Reinholde*

Reintje fries. KF von Zss. mit *Rein-*

Reintraud(e), -trud ahd. *ragin, regin* 'Rat, Beschluß' + *trūd* 'Kraft, Stärke'

Rejane viell. zu *Reja*, einer russ. KF von *Awreja* = lat. *aurea* 'golden' [Zwickau 1956–66, SP 1974, 88]

Rela, Relly KFF, Ursprungsform unbekannt

Rena KF von *Renate* [Gernsbach 50er Jahre, K. WÖRTER]

Renata, Renate lat. 'die Wiedergeborene'

Renée frz. = *Renata*

Renette frz. Verkleinerung von *Renée* ? [SP 1972, 154]

Reni KF von *Renate, Irene*; auch: *Renie*

Renia Erw. von *Reni*

**Renke* niederdt. KF von Zss. mit *Rein-*; auch m. VN!

Renske, Renskea niederdt.-fries. KF von *Emerentia, Laurentia* und von Zss. mit *Rein-* [*Renskea*: Niedersachsen (Kr. Leer) 1961, MALECKI 813]

Rentje fries. KF von Zss. mit *Rein-*
Renzi KF von *Laurentia, Emerentia* und von Zss. mit *Rein-*
Resi oberdt. KF von *Therese*
Reta w. Form zu *Reto*, einem rätoromanischen Namen (daher hpts. schweizer.), Bedeutung unbekannt; auch KF von *Margareta*
Rhea Name einer Gestalt der röm. Mythologie, Bedeutung unbekannt; s. a. *Rea*
Rhena Herkunft und Bedeutung unbekannt
Rhonda Herkunft und Bedeutung unbekannt [SD 1967, 166]; auch: *Ronda*
Ria KF von *Maria*
Rica KF von *Ricarda* und von Zss. mit *-rike*
Ricarda, Riccarda (ital.) = *Richarda*
Richarda, Richardis urspr. = *Richgard*, ahd. *rīhhi.* 'mächtig, Herrscher' + *gard* 'Zaun, Schützerin' (?); später als w. Form von *Richard* verstanden [SP 1967, 105]
Richhild(e) ahd. *rīhhi* 'mächtig, Herrscher' + *hiltja* 'Kampf' [Gestalt in den *Volksmärchen* von Musäus, 1782ff.]
Richlind(e), -lindis ahd. *rīhhi* 'mächtig, Herrscher' + *lind* 'sanft, mild'
Richmodis NF von *Richmute*
Richmute w. Form zu *Richmut*, ahd. *rihhi* 'mächtig, Herrscher' + *muot* 'Sinn, Geist, Gemüt'
**Rickele* Koseform, vermutl. zu Namen, die mit *-rike* gebildet sind [1900, Heyd 80]
**Rickma* fries. ? [Flensburg 1966, Mackensen]
Ricksta s. *Rixta*
Rigmor dän., altdän. *rig* (= ahd. *rīhhi*) 'mächtig, Herrscher' + *mār* 'Jungfrau, Maid'
Rika, Rike, Rikea KFF von Zss. mit *-rike*; auch *Ricke*
Rina KF, hpts. von Namen, die auf *-rina* enden, z. B. *Katharina*
Rita KF von ital. *Margherita* [SD 1970, 43]
Rixa niederdt.-fries. KF von Zss. mit *Rich-/Rik-*, [Niedersachsen 1961, Malecki 815]
Rixta fries. KF von Zss. mit *Rich-/Rik-*, bes. *Rik-swind*, german. *rīk(i)a* 'mächtig, Herrscher' + ahd. *swind* 'stark, recht'
Roberta w. Form zu *Robert*, ahd. *hrōd* 'Ruhm' + *beraht* 'glänzend'
Robertine Erw. von *Roberta* [Zürich zw. 1854—84; 1930, Heyd 66f.]
Robina, Robine w. Form zu *Robin*, einer engl. KF von *Robert* (s. *Roberta*)
Roda KF von Zss. mit *Rode-* oder Übernahme des engl. VN *Rhoda*, zu griech. *rhōdon* 'Rose'; auch schwed.
Rodegard ahd. *hrōd* 'Ruhm' + *gard* 'Zaun, Schützerin' (?)
Rodehild(e) ahd. *hrōd* 'Ruhm' + *hiltja* 'Kampf'
Rolanda, Rolande w. Formen zu *Roland*, urspr. *Hrōdnand*, ahd. *hrōd* 'Ruhm' + german. *nanth-* 'wagemutig, kühn'
Rolfkea fries. w. Bildung zu *Rolf* KF von *Rudolf*, ahd. *hruod* 'Ruhm' + *wolf* 'Wolf' [Niedersachsen (Kr. Norden) 1961, Malecki 813]
Roma KF von *Romana*
Romana lat. 'Römerin'
Romi KF von *Rosemarie*; auch: *Romy*
Romika Neubildung aus *Rosemarie* + *Katharina* ? [Mackensen]
Romilda ital., vermutl. aus ahd. *(h)ruom* 'Ruhm' + *hiltja* 'Kampf'

[Burgio; Frutigen (Berner Oberland) 1940–44, Berger 266]
Romina NF von *Romana?*
Romy s. *Romi*
Rona KF von *Korona* oder *Verona,* einer oberdt. KF von *Veronika* [SP 1962, 169; Flensburg 1958]
Ronda s. *Rhonda*
Ronja Herkunft und Bedeutung unbekannt [München 1974; Heidelberg u. Bielefeld 1976]
**Ronny* KF von *Ronald, Hieronymus,* als Mädchenname nicht zu empfehlen
Rosa lat. 'Rose', auch KF von *Roswitha* [Gestalt in Vulpius' Roman *Rinaldo Rinaldini,* 1797 bis 1800]
Rosabella ital. 'schöne Rose'
Rosalba ital.-span. 'weiße Rose'
Rosalia, Rosalie ital., Erw. von *Rosa* [Gestalt in K. Ditters von Dittersdorfs Oper *Doktor und Apotheker,* 1786]
Rosalinde umgestaltet aus *Rodelinde,* ahd. *hrōd* 'Ruhm' + *lind* 'sanft, mild' [Gestalt in Shakespeares Lustspiel *Wie es euch gefällt,* 1599f., und in der Oper *Die Fledermaus* von Johann Strauss jun., 1874]; auch: *Rosalind*
Rosamunde umgestaltet aus ahd. *hrōd* 'Ruhm' + *mund* 'Schutz, Schützer'
Rosanna ital. DF aus *Rosa* + *Anna*
Rosaria Erw. von *Rosa* [Gernsbach 1965, K. Wörter]
Rose NF von *Rosa* [*R. Bernd,* Drama von G. Hauptmann, 1903]
Roselene DF aus *Rose* (s. o.) + *Lene,* KF von *Magdalene, Helene*
Roselinde NF von *Rosalinde*
Roselita Erw. von *Rosa*
Roselore DF aus *Rose* (s. o.) + *Lore,* KF von *Eleonore* oder NF von *Laura*
Rosemarie DF aus *Rose* (s. o.) + *Maria*; Koseform: *Rosemie*
Rosetta, Rosette frz. Erw. (Verkleinerung) von *Rosa* [*Rosette*: Hzt. Coburg vor 1900, Wilhelm 27; Berger 179, 265, 274, 285]
Rosi KF von *Rosa*
Rosika Erw. von *Rosa*
Rosina, Rosine Erw. von *Rosa*
Rosinie Erw. von *Rosa* (Hzt. Coburg vor 1900, Wilhelm 27]
Rosita span. Erw. von *Rosa* [Görlitz vor 1884, Jecht II, 153]
Rösla, Rösle, Rösli KFF von *Rosa,* bes. schweizer. [*Rösla*: 1850, Heyd 80; *Rösle*: 1860 u. ö., Heyd; *Rösli*: Frutigen (Berner Oberland) 1930–34 u. ö., Berger 247f.]; auch *Rösly* [Métraux 31]
Rosmarie NF von *Rosemarie,* bes. schweizer. [Métraux 33; Berger 248] und süddeutsch
Roswitha zu ahd. *hrōd* 'Ruhm' + *swind* 'stark, recht' [die ältere Form *Roswintha* bei Heyd 84]
Rotraud ahd. *hrōd* 'Ruhm' + *trūd* 'Kraft, Stärke'; auch: *Rotraut*
Rowena [ro'i:nə] engl., viell. zu altengl. *hreod* 'Ruhm' + *wine* 'Freund' [ODECN; Gestalt in W. Scotts Roman *Ivanhoe* 1819, dt. 1840; Duden-Lexikon; Paul]
Roxana (amerikan. auch) **Roxanne** aus pers. *Roschana* 'die Glänzende' oder 'Morgenröte' [Rybakin; *Roxane* hieß die Frau Alexanders des Grossen]
**Rudi* KF, hpts. vom m. VN *Rudolf*! [Hzt. Coburg vor 1900, Wilhelm 27]
Rudolfa w. Form zu *Rudolf,* ahd. *hruod* 'Ruhm' + *wolf* 'Wolf'
Rudolfina, -fine Erw. von *Rudolfa*

Rufina w. Form zu *Rufinus*, einer Erw. von *Rufus*, lat. 'der Rote, Rothaarige'
Rumena bulgar. w. Form zum m. VN *Rumen*, 'hellrot, mit roten Wangen' [SP 1974, 58]
Rumjana neue Form für *Rumena* [SP 1974, 151]
Runa KF von Zss. mit *Run-* oder *-run(e)*
**Runfried* Neubildung aus den alten Namengliedern ahd. *rūna* 'Zauber, Geheimnis' + *fridu* 'Friede'; der Form nach m. VN! [Karlsruhe 1972]
Runhild(e) ahd. *rūna* 'Zauber, Geheimnis' + *hiltja* 'Kampf'
Ruperta w. Form zu *Rupert*, ahd. *hruod* 'Ruhm' + *beraht* 'glänzend'
Rutgard ahd. *hruod* 'Ruhm' + *gard* 'Zaun, Schützerin' (?)
Ruth hebr. 'Freundschaft' ? [SCHUMACHER]; skandinav. *Rut*
Ruthild(e) ahd. *hruod* 'Ruhm' + *hiltja* 'Kampf' oder Neubildung aus *Ruth* + *Hilde* [Wermelskirchen 1935 und 1939, LINK E 13 + T 19]

Sabina, Sabine lat. 'Sabinerin'
Sabrina [dt. za'bri:na] angloamerikan. VN nach dem Namen der Nymphe des Flusses Severn (England) [Niedersachsen 1961, MALECKI 815; SP 1964, 23; Berlin 1967, MACKENSEN; SD 1970, 37]
Sad(d)ie amerikan. KF von *Sara(h)*
Salinde KF von *Rosalinde*, in der Schäferdichtung des 18. Jhs. [MACKENSEN]
Salka russ. und bulgar. KF von *Salwija*, zu lat. *salvus* 'wohlbehalten, unversehrt' [SP 1973, 105]; isländ., Bedeutung unbekannt [*Salka Valka*, Roman von H. LAXNESS, 1931 f., dt. 1951]
Sally KF von *Sara(h)*; hebr. auch m.! [WICKE in StAZ 1961, 202]
Salome ['zalome:] hebr. 'die Friedliche' ? [1669 Baasem/Eifel, H. RENN 329; 1922 Fluntern-Zürich, MÉTRAUX 22; Heidelberg 1975]
Salwa zu lat. *salvus* 'wohlbehalten, unversehrt' ? [vgl. *Salvina* bei V. D. SCHAAR; Bremen 1967, MACKENSEN]
Samantha amerikan. VN hebr. Ursprungs ('die Hörende, Zuhörerin' ?) [WELLS; Gestalt in H. KEMELMANS Kriminalroman *Am Sonntag blieb der Rabbi weg*; MACKENSEN]
Samira arab. 'Unterhalterin' [PAUL; MACKENSEN]
Sandra KF von *Alexandra* [SD 1968, 38]; angloamerikan. Erw.: *Sandrea*
Sandria NF von *Sandra* [1968, Gottesdienst 160]
Sandrina, -drine Erw. von *Sandra*, KF von *Alexandrine*
Sandy ['sɛndi·] engl. KF von *Sandra*, *Alexandra*, aber auch von *Alexander* [als nicht eindeutig w. abgelehnt: SP 1975, 151]
Sanetra Herkunft und Bedeutung unbekannt [1968, Gottesdienst 160]
Sanna, Sanne KFF von *Susanna* [*Sanna*: Görlitz 1341, JECHT I, 8]; Koseformen: *Sannchen* [Neckargemünd 1925—35, SCHUCH], *Sanni*, *Sanny*
Saphira hebr. 'die Schöne' [BHH; Heidelberg 1972]
Sara, engl. **Sarah** hebr. 'Fürstin'
Sarina Erw. von *Sara* [1968, Gottesdienst 160; SP 1973, 42]
**Sascha* russ. KF von *Alexander* und *Alexandra*, in Westeuropa aber als m. VN bekannt und gebräuchlich, daher als Mädchenname nicht geeignet [Heidelberg 1976]

Saskia w. Bildung zu *Sas(so)* 'Sachse', zu germ. *sahsa* 'Messer' [SD 1976, 82]

Scarlet(t) amerikan. VN, engl. *scarlet* 'scharlachrot' [Gestalt in dem — auch verfilmten — Roman *Vom Winde verweht* von M. Mitchell, 1936; Linz 1963]

Schirin pers., 'die Süße'? [SP 1962, 185; Linz 1963]

**Schneewittchen* Name einer Märchengestalt, 1957 als Mädchenname abgelehnt [Schweizer. Zs. f. Zivilstandswesen 1960/3, 95; s. a. Der Hamburger Standesbeamte 1960, Nr. 3, 33; auch die bei Mackensen angeführten Formen *Schneewitta, Sneewitta* sind nicht zu empfehlen]

Scholastika zu lat. *scholasticus* 'zur Schule (der Beredsamkeit) gehörig, gelehrt' [hierher *Shalaste*, Görlitz um 1310, Jecht I, 8?]

Schöntraud Neubildung aus *schön*, und dem alten Namenglied *-traud*, ahd. *trūd* 'Kraft, Stärke'

Schwabhild ahd. *svāba* 'Schwäbin, aus Schwaben' + *hiltja* 'Kampf' [Förstemann, Sp. 1373f.]

Schwan- s. *Swan-*

Sebalde w. Form zu *Sebald* = *Siegbald*, ahd. *sigi* 'Sieg' + *bald* 'kühn, mutig'

Sebastiane w. Form zu *Sebastian*, griech. 'erhaben, ehrwürdig'

Sedania Neubildung zum frz. Ortsnamen *Sedan*, in Erinnerung an die Schlacht von Sedan 1870 [Görlitz vor 1884, Jecht II, 153; Koblenz 1872: *Sedanie*, Fleischer, Personennamen 67; Bähnisch 115]

Segelke niederdt.-fries. KF von Zss. mit *Sieg-*; auch m. VN!

Selastika NF von *Scholastika*?

Selina engl. VN = frz. *Céline*, s. *Celina*

Selinde NF von *Sieglinde*? [Hzt. Coburg vor 1861, Wilhelm 20]

Seline = *Selina* [Zürich zw. 1854 bis 1884: 32x; Heidelberg 1974: 2x]

Selke niederdt.-niederländ. KF, Ursprung unbekannt

Selma aus der *Ossian*-Dichtung des Schotten Macpherson (1760) entlehnt, urspr. Name eines fiktiven Landes [Fleischer, Personennamen 63], auch KF von *Anselma*, im 19. Jh. beliebt [Görlitz vor 1884: 100x, bei Gemeindeschülerinnen an 10. Stelle, Jecht II, 153; Zürich zw. 1854—84: 4x]; arab.-türk. *Selma* = *Salome*

Senta KF von *Krescentia*? [Gestalt in R. Wagners Oper *Der Fliegende Holländer*, 1841]

Sephora hebr., Bedeutung unsicher ('Schönheit' ?) [Zürich zw. 1854—84]

Seraphia hebr. 'edel, flammend' ?

Seraphina, -phine Erw. von *Seraphia*; auch *Serafina, -fine*

Serena w. Form zu *Serenus*, lat. 'heiter, hell, klar' [1800, Heyd 83]

Sergia w. Form zu *Sergius*, lat. 'aus dem Geschlecht der Sergier', Bedeutung ungewiß ['Wächter, Diener' (?), v. d. Schaar; 1968, Gottesdienst 160]

Severa w. Form zu *Severus*, lat. 'streng, ernst, hart' [um 1900, Mackensen]

Severina, Severine [frz. 'sɛvɛ'ri:n] w. Form zu *Severinus*, einer Erw. von *Severus*, s. *Severa* [SP 1974, 106; Heidelberg 1974 + 76]

Shirin engl. Schreibweise für *Schirin* [Bielefeld 1976]; auch *Sherin* [Bielefeld 1976]

Shirley ['ʃə:li] engl., urspr. Ortsname, Bedeutung unbekannt [*Shirley*, Roman von Ch. Brontë, 1849; Shirley Temple, amerikan.

Filmschauspielerin; Karlsruhe u. Heidelberg 1973]

Sibyl engl. = *Sibylle*

Sibylla, Sibylle griech., Name einer Seherin, Bedeutung ungeklärt; häufig in der falschen Schreibung *Sybille* [StAZ 1955, 240; SD 1966, 150f]

Sida KF von *Sidonia* ? [Linz 1967, MACKENSEN]

Sidonia, Sidonie lat. 'aus Sidon (Phönizien, heute: Saida)' [Coburg 1837, WILHELM 22; Görlitz vor 1884; 5x, JECHT II, 153]

Siegberta w. Form zu *Siegbert*, ahd. *sigi* 'Sieg' + *beraht* 'glänzend'

Siegburg(a) ahd. *sigi* 'Sieg' + *burg* 'Schutz, Zuflucht'

Siegfriede w. Form zu *Siegfried*, ahd. *sigi* 'Sieg' + *fridu* 'Friede'

Sieghild(e) ahd. *sigi* 'Sieg' + *hiltja* 'Kampf'

Sieglinde ahd. *sigi* 'Sieg' + *lind* 'sanft, mild'; auch *Sig-*

Siegmona Neubildung aus *Sieg-*, ahd. *sigi* 'Sieg', und einem Namenbestandteil unbekannter Herkunft, viell. einer KF von *Ramona* [SP 1972, 186]

Siegrid s. *Sigrid*

Siegrun ahd. *sigi* 'Sieg' + *rūna* 'Geheimnis, Zauber'; auch *Sig-*

Siegtraud(e), -trud ahd. *sigi* 'Sieg' + *trūd* 'Kraft, Stärke'

Sieke niederdt. KF von Zss. mit *Sieg-*

Sig(g)i KF von Zss. mit *Si(e)g-*

Sigismunda, -munde w. Formen zu *Sigismund*, einer NF von *Siegmund*, ahd. *sigi* 'Sieg' + *mund* 'Schutz, Schützer' [1710—19, HEYD 37 u. 44]

Siglinde s. *Sieglinde*

Signe ['zinjə] nord., zu altnord. *sigr* 'Sieg' [SP 1962, 122 u. 250]

Sigrid nord., aus altnord. *sigr* 'Sieg' + *fridhr* 'schön'

Sigrun s. *Siegrun*

Sigune KF (?) von Zss. mit *Sieg-*, ahd. *sigi, sigu* 'Sieg'

Sigute Neubildung, möglicherweise aus *Sieg-* + *Ute* [SP 1973, 186]

Silesia lat., Personifikation Schlesiens [Essen-Werden 1972, s. SPIEGEL 1972, Nr. 39, 182]

Silja, Silka, Silke niederdt. KFF von *Cäcilia*; *Silja* auch schwed.

Silva lat. 'Wald', tschech. Form von *Silvia*

Silvelin KF von *Silv(i)a*

Silvetta, Silvette (frz.) Erw. von *Silvia* [SP 1974, 58]

Silvia zu lat. *silva* 'Wald'; auch *Sylvia*, frz. *Silvie, Sylvie* [zil'vi:]

Silvina Erw. von *Silv(i)a* [SP 1973, 149; 1975, 122]

Similde Herkunft des ersten Bestandteils (*Sim-*) unbekannt + *-hilde*, ahd. *hiltja* 'Kampf' [Mannheim 1923, SCHOTT 232]

Simke niederdt. zweistämmige KF von Zss. mit *Si(e)g-*; nicht eindeutig w.

Simone frz. w. Bildung zu *Simon*, hebr. 'kundbar (?), ruhmreich' [BHH]

Simonetta, -nette frz. Erw. (Verkleinerung) von *Simone*

Sina 1. KF von Namen, die auf *-sina* enden, z. B. *Rosina* [SP 1962, 122, und 1972, 257], *Ursina* [MÉTRAUX 39], *Gesina* [v. D. SCHAAR]; 2. hebr. 'Glanz, Zier' ? [SCHUMACHER]

Sinah engl. = *Sina* 2.

Sinikka finn., zu *sini* 'blau', als literar. Name 1907 in dem Schauspiel *Lalli* von E. LEINO [VILKUNA 113; SD 1975, 169; SP 1976, 24: wegen der im Deutschen ungewöhnlichen *-kk-* nicht empfohlen]

Sinja KF von *Gesine* oder von älteren Zss. mit ahd. *sind* 'Weg, Richtung, Seite' [Freiburg i. Br. 1974; Bielefeld 1976]

Sira vermutl. Neubildung aus *Si(egfried)* + *(Kla)ra* [Heidelberg 1975]

Sirena amerikan. VN griech. Ursprungs, in der griech. Mythologie Name für überirdische Wesen, die mit betörendem Gesang begabt sind; wegen der Verwandtschaft mit dem Wort (*Fabrik-, Luftschutz-*)*Sirene* als Personenname im Dt. nicht geeignet [Karlsruhe 1973]

Siri schwed. = *Sigrid*; finn. *Siiri*

Sirkka finn., wahrscheinlich 'Keimblatt, Sproß' [in der vereinfachten, aber nicht korrekten Schreibweise *Sirka*: Freiburg i. Br. 1973]

Sirun NF von *Si(e)grun* [Karlsruhe 1967, MACKENSEN]

Siska schwed. KF von *Franziska*

Sissi, Sissy KF von *Elisabeth*, im Engl. von *Cecily* = *Cäcilie* [Wiesbaden 1967, 6; Linz 1963; Karlsruhe 1973]

Sitta(h) Herkunft und Bedeutung ungewiß, viell. zu *Sidonia* [in LESSINGS Schauspiel *Nathan der Weise*, 1779, Name der Schwester des Sultans SALADIN; Mannheim 1911, SCHOTT 232]

Siw nord. 'Verwandte, Braut, Ehefrau', schwed. *Siv*

Sixta w. Form zu *Sixtus*, zu griech. *xystos*, 'glatt, fein', angelehnt an lat. *Sextus* 'der Sechste'

Sixtina Erw. von *Sixta*

Skadi skandinav., Gestalt der altnord. Sage, Bedeutung ungewiß [PAUL]

Slavka slaw. w. KF von Namen, die mit *-slaw(a)* 'Ruhm' gebildet sind

Smarula Herkunft und Bedeutung unbekannt [Flensburg 1969]

Sofia, Sofie [zo'fi:a, zo'fi:, auch 'zɔfi·] griech. 'Weisheit'; älter: *Sophia, Sophie*

Solli KF, viell. zu *Solveig*

Solveig norweg. 'Haus, Saal' + 'Kampf' (?) [Gestalt in H. IBSENS Drama *Peer Gynt*, 1867, dt. 1881; Honnef 1940, LINK E 4]; auch *Solvei, Solvej(g), Solvey, Solvi*

Sondra amerikan. VN, Herkunft und Bedeutung unbekannt

Sonja russ. KF von *Sofia*; auch *Sonia*

Sonngard Neubildung aus dem Wort *Sonne* und dem alten Namenglied *-gard*, ahd. 'Zaun, Schützerin' (?)

Sonnhild(e) Neubildung aus dem Wort *Sonne* und dem alten Namenglied *-hilde*, ahd. *hiltja* 'Kampf'

Sonntraud Neubildung aus dem Wort *Sonne* und dem alten Namenglied *-traud*, ahd. *trūd* 'Kraft, Stärke'; auch *Sonntraut*

Sonny KF von Zss. mit *Sonn-* ? Nicht eindeutig w. VN

Sontje fries. KF von Zss. mit *Sun-* (?) [Dresden 1967]

Sophia, Sophie s. *Sofia*

Soraya pers., Bedeutung unbekannt; seit etwa 1960 mehrfach belegt

Stanislawa w. Form zu *Stanislaw*, slaw., Bedeutung des ersten Bestandteiles ungeklärt + *slaw-* 'Ruhm'; auch *Stanislava*

Stasi KF von *Anastasia*, aber auch von *Anastasius*

Stefana, Stefanie w. Formen zu *Stefan*, griech. 'Kranz, Krone; bekränzt, bekrönt' [*Stefana*:

Gernsbach 1950, K. WÖRTER]; ältere Schreibweise: *Stephanie*

Steffi KF von *Stefanie*, aber auch von *Stefan* [Grimma 1963, NAUMANN]

Stella lat. 'Stern'

Stephanie s. *Stefanie*

Stephine frz. w. Bildung zu *Stefan*, s. *Stefanie*

Stine, Stintje (fries.) KFF von *Christine*, auch von *Augustine*

Su KF von *Susanne*; engl. *Sue* ['su:]

Sulamith hebr., Bedeutung ungeklärt

Suleika arab. 'Verführerin'

Sunhild(e) NF von *Swanhild(e)* [SP 1966, 249; Freiburg i. Br. 1973]

Sünja, Sünje, Sünke, Sunke niederdt.-niederländ.-fries. KFF, Ursprung ungewiß, viell. von Zss. mit *Sun-*, s. *Sunhild*

Sunna, Sünne KFF von Zss. mit *Sun-* (?), s. *Sunhild*; vgl. schwed. *Suna* [*Sunna*: Flensburg 1967, Freiburg i. Br. 1973]

Sunniva schwed. VN, Latinisierung eines altengl. Namens *Sunngifu* 'Sonne' + 'Geberin, Gabe'; Name einer norweg. Heiligen irischer Abkunft [Freiburg i. Br. 1973]

Suntje, Suntke fries.-niederdt. KFF von Zss. mit *Sun-* (?), s. *Sunhild*

Susa KF von *Susanne*

Susan ['su·zn] engl. = *Susanne*

Susanka slaw. KF von *Susanne* [SP 1962, 185]

Susann verkürzt aus *Susanne* [Heidelberg 1973; SP 1973, 186: „recht oft"]

Susanna, Susanne hebr. 'Lilie'; frz. *Suzanne* [sy'zan]

Suse, Susen (schwed.), *Susi* KFF von *Susanne*

Susette frz. KF (Verkleinerung) von *Susanne*; auch *Suzette* [sy'zɛt]

Susu kindersprachl. KF von *Susanne*

Svane = *Swana* [München 1974]

Svava zu ahd. *svāba* 'Schwäbin, aus Schwaben' (?) [Heidelberg 1974]

Svea schwed., Personifizierung Schwedens, seit 1818 auch als Vorname gebräuchlich [OTTERBJÖRK; SD 1976, 97; Bielefeld 1976]

Svenja nord., w. Bildung zu *Sven* oder KF von Zss. mit *Sven-* 'junger Mann, junger Krieger' [SD 1967, 9f.; Heidelberg 1975]

Svetlana s. *Swetlana* [Linz 1967, MACKENSEN; Heidelberg 1975]

Sveva Herkunft und Bedeutung unbekannt

Swaantje (fries.), **Swana** KFF von Zss. mit *Swan-*

Swanburg(a) ahd. *swan* 'Schwan' + *burg* 'Schutz, Zuflucht'; auch *Schwan-*

Swanhild(e) ahd. *swan* 'Schwan' + *hiltja* 'Kampf'; auch *Schwan-*

Swantje KFF von Zss. mit *Swan-*

Sweta KF von verschiedenen russ. (auch m.) VNN [SP 1974, 216]

Swetlana russ., zu *swetly* 'hell'; auch *Svet-* [SP 1973, 170]

Swidgard ahd. *swind* 'stark, recht' + *gard* 'Zaun, Schützerin' (?)

Swinde KF von altdt. Zss. mit *Swind-*, s. *Swidgard* [SD 1972, 200]

Sybille s. *Sibylle*

Sylvi schwed. NF von *Silvia*; auch finn.

Sylvana s. *Silvana* [Gernsbach 1960, K. WÖRTER]

Sylvelin, Sylvia, Sylvie, Sylvina s. *Sil-*

Synke s. *Sünke*

Symphorosa zu griech. *symphoros* 'zuträglich, angemessen, förderlich' [belegt für 1901]

Syndia = *Cynthia*? [1968, Gottesdienst 160]

Synne s. *Sünne*

Syra Herkunft und Bedeutung unbekannt

Syrina viell. zu finn. *Sirin* = *Sigrid*? [SP 1972, 234]

Tabea altlat. Form von *Tabitha* [Dresden 1962; Hamburg vor 1966; Heidelberg 1974: 2x; München 1974]

Tabitha zu hebr. *ṭabjā* 'Gazelle' [Zürich zw. 1854—84: 2x, s. a. H. FISCHER: *Schwäbisches Wörterbuch* II, 1908, Sp. 5: *Bitle*[in] = KF von *Tabitha*; *Tabita*: Wermelskirchen 1953, LINK E 14; SP 1961, 150, und 1976, 216; Heidelberg 1976]

**Taiga* russ. [tai'ga], geografische Bezeichnung für den sibirischen Waldgürtel, trotz Bedenken der GESELLSCHAFT FÜR DEUTSCHE SPRACHE [SD 1975, 62f.] vom AG Lüneburg (AZ 22 III 10/75) als w. VN anerkannt [BILD-Ztg., 9. 4. 1975; SD 1975, 142]

Taina Herkunft und Bedeutung unbekannt [Karlsruhe 1973]

Tale, Talea, Taletta niederdt.-fries. KFF für *Adelheid* [RAVELING]

Talida fries. w. Bildung von Zss. mit *Tjad-* = *Diet-* [RAVELING; Wiesbaden 1967, 163]; vgl. aber auch hebr. *Talitha* 'Mädchen' [v. D. SCHAAR]

Taline fries. w. Bildung von Zss. mit *Tjad-* = *Diet-*

Talke, Talkea niederdt.-fries. KFF für *Adelheid*

Tamara russ., zu hebr. *tāmār* 'Palme'

Tamila russ. VN, heute selten, NF von *Tomila*, zu altruss. *tomiti* 'quälen, peinigen, martern' [1975 in der DDR beurkundet: SP 1975, 215]

Tamina w. Bildung zu *Tamino* [Gestalt in MOZARTS Oper *Die Zauberflöte*, 1791], Herkunft und Bedeutung unbekannt, auch fries. w. Bildung von Zss. mit *Dank-*, vgl. den m. VN *Dankmar* [RAVELING: *Tamiena*; vgl. auch die Namensilbe *Tam* bei v. D. SCHAAR]

Tanja russ. KF von *Tatjana* [SD 1973, 137]

Tas(s)ja russ. KF von *Anastasia*

Tatjana russ., vermutl. zu lat. *Tatianus*, einer Erw. von *Tatius*, dem Namen eines Sabinerkönigs

Tela, Tele viell. KF von Zss. mit *Eil-* [s. *Tele* bei HARTIG 151; RAVELING stellt *Tela* zu *Diet-*; *Tela, Tele*: Görlitz 1310 u. 1414, JECHT I, 8]

Telsa, Telse niederdt.-fries. KF von *Elisabeth* [HARTIG 237]

Teresa span., engl. = *Theresa*

Tereska Erw. von *Teresa*

**Terry* amerikan. KF von *Teresa*, aber auch von den m. VNN *Terence* und *Theoderic* [SP 1975, 234]

Terzia lat. *Tertia* 'die Dritte' [1935 in Furtwangen, s. K. F. MÜLLER in SD 1972, 22]

Tess(a) *Tessy* engl. KFF von *Teresa*

Tete fries. KF von Zss. mit *Diet-* (?)

Teudelinde NF von *Dietlinde*; auch *Theu-*

Thea KF von *Dorothea*, *Theodora*

Theamaria DF aus *Thea* + *Maria*

Theda niederdt. w. KF von Zss. mit *Diet-*

Theia KF einer w. Bildung zu *Matthäus, Mattheus* ? [Vgl. *Tei* bei v. D. SCHAAR; Heidelberg 1975]
Theite fries. w. KF von Zss. mit *Diet-* [SD 1968, 38; 1970, 16]
Thekla griech. 'Gott' + 'Ruhm' [Zürich zw. 1854–84: 3x]
Themke fries. KF von Zss. mit *Diet-* [v. D. SCHAAR 66 unter *Dimme*] oder mit *Thank-, Dank-* [RAVELING]; nicht eindeutig w. VN [Bielefeld 1974/75]; auch *Temke*
Theoda w. KF von Zss. mit *Theode-* = *Diet-*
Theodelinde, Theodolinde NFF von *Dietlinde* [*Theodo-*: Zürich zw. 1854–84]
Theodora, -dore griech. 'Geschenk Gottes'
Theodosia griech. NF von *Theodora*
Theomilla DF aus *Theo-*, einer KF von *Theodor(a)* oder *Dorothea*, und dem slaw. Namenglied *-mila* (s. *Ludmilla*) ?
Theone Erw. von *Thea* ?
Theophora griech. 'Gottesträgerin'
Theresa, Therese, Theresia griech. 'von (der Insel) Thera'; auch *Te-*
Theresina Erw. von *Theresa*
Thery, Thesi, Thesy KFF von *Therese*, s. a. *Terry, Tessy*
Theudelinde s. *Teudelinde*
Thilde KF von *Mathilde*; häufiger *Tilde*
Thirza s. *Tirza*
Thomine w. Bildung zu *Thomas*, hebr. 'Zwilling'
T(h)onny niederländ. KF von *Antonie*
T(h)ona KF von *Antonia* [v. D. SCHAAR; BERGER 57]
Thora KF von Zss. mit *Thor-*; neuere Schreibweise: *Tora*
Thordis nord. 'Thor (Name eines german. Gottes)' + *dís* 'Göttin' [Heidelberg **1973**]; neuere Schreibweise: *Tordis*
Thorgard nord. 'Thor (Name eines german. Gottes)' + ahd. *gard* 'Zaun, Schützerin'; neuere Schreibweise: *Torgard*
Thorgund nord. 'Thor (Name eines german. Gottes)' + ahd. *gund* 'Kampf'; neuere Schreibweise: *Torgund*
Thorhild nord. 'Thor (Name eines german. Gottes)' + *hild* 'Kampf'; neuere Schreibweise: *Torhild*
Thorid NF von *Thurid*; auch *Torid*
Thorina Erw. von *Thora*; auch *Torina*
Thurid altisländ. 'Thor (Name eines german. Gottes)' + *fridhr* 'schön' [Flensburg 1963, MACKENSEN; SP 1963, 152; Freiburg i. Br. 1974]; auch: *Turid, T(h)orid*
Thusnelda german., Bedeutung ungeklärt
Thymiane abgeleitet vom Pflanzennamen *Thymian*, griech. 'Räucherwerk'
Thyra schwed., latinisierte Form eines altschwed. Namens, gebildet aus *Thor-* (s. o.) + *vig* 'Kampf'; neuere Schreibweise: *Tyra*
Tiana KF von *Christiana*
Tilde s. *Thilde*
Tilla KF von *Mathilde, Ottilie* [TILLA DURIEUX, österreich. Schauspielerin, eigtl. OTTILIE GODEFFROY, geb. 1880]
Tilli, Tilly KF von *Mathilde, Ottilie* [Görlitz vor 1884, JECHT II, 153]
Tina KF von *Bettina, Martina* u. a. Namen; Koseformen: *Tini, Tiny*
Tinette frz. Erw. (Verkleinerung) von *Tina*

Tinka KF von *Kat(h)inka*, einer slaw. KF von *Katharina*

Tirza hebr. 'Anmut, Liebreiz'; auch *Thirza, Thyrza* [diesen Namen gab der Schweizer Dichter SALOMON GESSNER der Frau Abels in seinem Prosa-Epos *Der Tod Abels*, 1758; SD 1970, 21]

Tita KF, Ursprungsform unbekannt, viell. kindersprachl. Lallform von *Christa, Christina*

Tizia KF von *Lätizia*

Tiziana ital. w. Form zu einem röm. Geschlechternamen *Titianus* einer Erw. von *Titus*, zu lat. *titus* 'Wildtaube' [V. D. SCHAAR; SP 1973, 186]

Tjadina fries. w. Bildung von Zss. mit *Diet-*

Tona s. *Thona*

Toni KF von *Antonia* und *Anton(ius)*; auch *Tony*

Tonja russ. KF von *Antonia*; auch *Tonia* (niederländ.)

Tony s. *Toni*

Topsy zu fries. *Toppe* = *Foppe*, zweistämmige KF von Zss. mit *Folk-* [V. D. SCHAAR], oder zu fläm. *top* 'kleines Wesen' [T. KÜPPERS, Chansonsängerin aus Aachen; Karlsruhe 1975]

Tor- s. *Thor-*

Tosca, Toska 'aus der Toskana' [Görlitz vor 1884, JECHT II, 153: 2x; Hzt. Coburg vor 1900, WILHELM 27; *Tosca*, Oper von G. PUCCINI, 1900]

Tove dän. KF von Zss. mit *T(h)or-*; im Schwed. gelegentlich auch m. VN

Traude KF von Zss. mit *-traud(e)*, z. B. *Gertraud(e)*; Koseformen: *Traudi, Traudel*

Traudhild(e) ahd. *trūd* 'Kraft, Stärke' + *hiltja* 'Kampf'; auch *Trudhild(e)*

Traudlinde ahd. *trūd* 'Kraft, Stärke' + *lind* 'sanft, mild'; auch *Trudlinde*

Traute KF von Zss. mit *-traut* = *-traud*, ahd. *trūd* 'Kraft, Stärke'

Tressa angloamerikan. KF von *Teresa*

Treulie Neubildung, abgeleitet von *treu* oder *Treue*, Koseform oder Zss. mit einer KF von *Elisabeth*

Treumunde w. Form zu *Treumund*, einer Neubildung aus *treu, Treue* und dem alten Namenglied *mund* 'Schutz, Schützer'

Trina, Trine KF von *Katharina* [Hzt. Coburg vor 1900, WILHELM 27]

Trinette Erw. (Verkleinerung) von *Trina, Trine*

Trix(a), *Trixi* KFF von *Beatrix* [SP 1963, 107; *Trixi*: Freiburg i. Br. 1973]

Trudberta w. Form zu *Trudbert*, ahd. *trūd* 'Kraft, Stärke' + *beraht* 'glänzend'

Trude KF von Zss. mit *-trud(e)*, bes. *Gertrud(e)*

Trudeli(e)se DF aus *Trude* (s. o.) + *Li(e)se*, KF von *Elisabeth*

Trudgard ahd. *trūd* 'Kraft, Stärke' + *gard* 'Zaun, Schützerin' (?)

Trudhild(e) s. *Traudhild(e)*

Trudi oberdt. KF von Zss. mit *-trud(e)*

Trudlinde s. *Traudlinde*

Tulla, Tulle kindersprachl. KF von *Ursula* [*Tulla*: Name einer Gestalt in der Novelle *Katz und Maus* von G. GRASS, 1961]; Koseform: *Tully*

Turid, Tyra s. *Th-*

Ubena afrikan., eigtl. Name eines dt. Afrikadampfers, der 1945 ostpreuß. Flüchtlinge aus der Danziger Bucht nach Kopenhagen brachte; mehrere der während der Überfahrt auf dem Schiff geborenen Mädchen erhielten als Zweitnamen (meist mit Bindestrich angeschlossen) den Namen dieses Schiffes [s. *Das Ostpreußenblatt* 4. 4. 1970 und 2. 5. 1970 (S. 11) mit Auszügen aus dem Buch des Kapitäns BRUSTAT-NAVAL: *Letztes Schiff nach Westen*, 1970]

Uda NF von *Ute, Oda*

Udith Neubildung, viell. w. Form zu *Udo* [Linz 1967, MACKENSEN]

Ula NF von *Ulla*

Uletta (schweizer.) Verkleinerung von *Ul(l)a* ?

Ulfhild schwed. = *Wolfhild*

Ulita russ. umgangssprachl. Form von *Julietta*, einer Erw. von *Julia* [SP 1973, 25]

Uljana russ. = *Juliana*

Ulla KF von *Ursula*

Ulrike w. Form zu *Ulrich*, ahd. *uodal* '(Erb)gut, Heimat' + *rīhhi* 'mächtig, Herrscher'

Una engl. VN irischen Ursprungs, ir. *Oona*, Bedeutung ungewiß; auch mit lat. *una* 'die Einzige' in Verbindung gebracht

Undine Name einer Wasserjungfrau, Nixe, zu lat. *unda* 'Welle' [PARACELSUS, 15./16. Jh.; Erzählung von F. DE LA MOTTE-FOUQUÉ 1811; Opern von E. TH. HOFFMANN, 1812ff., und A. LORTZING, 1845; UNDINE V. MEDVEY, Filmschauspielerin; Gernsbach 1954, K. WÖRTER 45; Niedersachsen 1961; 3x, MALECKI 814; Grimma 1963, NAUMANN; Heidelberg 1973; München 1974]

Unetta fries., Erw. von *Una*? [RAVELING]

Urd(a) schwed., altnord. Name einer german. Schicksalsgöttin ('Vergangenheit')

Urmina südniederländ. NF von *Hermine*

Ursel KF von *Ursula*

Ursina w. Form von *Ursinus*, zu lat. *ursus* 'Bär', oder latinisierte Form ahd. Bildungen mit *hros* 'Pferd'; bes. schweizer. [MÉTRAUX 33]

Ursula zu lat. *ursus* 'Bär' oder latinisierte Form ahd. Bildungen mit *hros* 'Pferd' [WENGELOH]

Ursulane, Ursuline Erw. von *Ursula* [URSULANE HEDWIG VON FELDHEIM, Mitglied der Deutschgesinnten Genossenschaft, 2. Hälfte des 17. Jhs.]

Urte vermutl. litauische (Kurz-)form eines urspr. dt. oder aus dem Deutschen übernommenen Namens, z. B. *Ortrud*; vgl. auch lett. *Orte* (gesprochen: *Uorte*) [SD 1966, 107]

Uschi Koseform von *Ursula*

Uta, Ute hochdt. Form von *Oda*

Utlinde Neubildung, vermutl. aus *Uta, Ute* und dem alten Namenglied *lind(e)* 'sanft, mild' oder NF von *Odalinde*

Utta NF von *Uta*

Valborg nord. = *Walburg*

Valenta (ital.) w. Bildung zu lat. *valens* 'kräftig, gesund' [Karlsruhe 1967, MACKENSEN]

Valentina, -tine w. Form zu *Valentin*, zu lat. *valens* 'kräftig, gesund'

Valeria, Valerie w. Bildung zu *Valerius*, lat. 'aus dem Geschlecht der Valerier', zu *valēre* 'stark, kräftig sein' [Zürich zw. 1854 bis 1884; Flunter-Zürich 1878, 1925, 1931, MÉTRAUX 32]; frz.: *Valérie* [valɛ'ri:]

Valeriane Erw. von *Valeria*

Valęska poln. Form zu *Valeria* [Görlitz vor 1884: 10x, JECHT II, 153; SD 1969, 149]

Vally s. *Wally*
Vanadis 'Vanengöttin', Beiname der german. Göttin Freyja, die zur Göttergruppe der Vanen (Bedeutung ungeklärt) gehörte [*Vanadis*, Roman von I. Kurz, 1931; Mannheim 1967]
Vanessa engl. VN, eine Erfindung J. Swifts, gebildet aus den Anfangssilben des Namens Esther Vanhomrigh und bekannt geworden durch Swifts Gedicht *Cadenus und Vanessa*, 1726 [ODECN; AG Bielefeld 1968, StAZ 1969, 43; SD 1975, 48f.]
Varinka vermutl. slaw. FK von *Warwara* = *Barbara*, russ. *Waren'ka*
Venja russ. KF verschiedener (auch m.) VNN; auch *Wenja*
Vera russ. *Wera* 'Glaube'
Veramaria DF aus *Vera* + *Maria*
Verena viell. zu lat. *verēri* '(sich) scheuen, verehren'; bes. schweizer. und oberdt.
Veritas lat. 'Wahrheit' [Bremen 1966, Mackensen]
Verna schwed. w. Bildung zu *Verner* = *Werner*; auch engl.-amerikan. VN
Verona, Verone KFF von *Veronika* [Paul; Flensburg 1965]
Veronika lat., urspr. griech. 'Siegbringerin' [Görlitz 1411 und 1414: *Fronike*, Jecht I, 7]; frz. *Véronique*
Veruschka russ. KF von *Vera* [SD 1971, 92f.]
Vesta lat., Name der röm. Göttin des Herdfeuers, häuslichen Herdes
Veva, *Vevi* KFF von *Genoveva*
Vicki, Vicky KF von *Viktoria*, aber auch von *Viktor* [Vicki Baum, österr. Schriftstellerin, 1888—1960]
Vidette engl., Erw. von *Vida*, einer w. KF zu *David* [Johnson & Sleigh; SP 1974, 250]
Viktoria lat. *Victoria*, Name der Siegesgöttin [1680, Heyd 58]
Viktorina, -rine Erw. von *Viktoria*; auch *Victorina* [1923, 1957, Métraux 33]
Vilja ungar., urspr. finnischer Frauenname, 'Reichtum, Güte' [Ladó; bekannt aus Léhars Operette *Die lustige Witwe*, 1905; Heidelberg 1974]
Vilma ungar. = *Wilhelmina* s. *Wilma*
Vineta bulgar. NF von *Veneta*, zu *Venetia* = *Venedig*? [SP 1974, 122]; auch Name einer sagenhaften untergegangenen Stadt (= *Julin* auf der Ostseeinsel Wollin?)
Vinzent(i)a w. Form zu *Vinzent*, zu lat. *vincens* 'der Siegende, Siegreiche'; auch *Vincent(i)a*
Vinzentina Erw. von *Vinzentia*; auch *Vincentina*
Viola lat. 'Veilchen' [Gestalt in Shakespeares Lustspiel *Was ihr wollt*, 1600: Zürich zw. 1854—84]
Violet engl. ['vaiəlɛt], **Violetta** frz., Erw. von *Viola*; auch *Violett*
Virginia, Virginie lat. 'aus dem Geschlecht der Virginier', Bedeutung ungewiß, angelehnt an lat. *virgo* 'Jungfrau' [Coburg vor 1900, Wilhelm 20]
Vita lat. 'Leben' oder w. Form zu lat. *Vitus*, Bedeutung ungeklärt [Niedersachsen 1961, Malecki 815]; auch schwed.
Viveka s. *Vivica*
Viviana, Viviane zu lat. *vivus* 'lebendig' [Gernsbach 40er Jahre, K. Wörter]; engl. *Vivien*; die engl. Form *Vivian* ist m.!

Vivica ältere (latinisierte) schwed. Form für dän. *Vibeke* = *Wiebke*; schwed. heute *Viveka*; ungar. *Vivike* = KF von *Viviana* [LADÓ 117]
Vivien s. *Viviane*
Vivienne (frz.) NF von *Viviane* [Heidelberg 1972]
Vola, Volla fries. KFF von Zss. mit *Volk-* [RAVELING; Berlin 1967, MACKENSEN]
Volkberta w. Form zu *Volkbert*, ahd. *folc* '(Kriegs)volk' + *beraht* 'glänzend'
Volkerdine fries. w. Erw. von *Volkhard*, ahd. *folc* '(Kriegs)volk' + *harti* 'stark, fest'
Volkhild(e) ahd. *folc* '(Kriegs)-volk' + *hiltja* 'Kampf'
Vreda niederdt. Form von *Frieda*; besser *Freda*
Vreni KF von *Verena*
Vroni oberdt. KF von *Veronika*

Walborg dt. Schreibung für *Val-borg*
Walburg(a) ahd. *walt* 'walten, Gebieter' + *burg* 'Schutz, Zuflucht'
Walda KF von Zss. mit *Wald(e)-*
Waldburga ältere Form von *Walburga* [Zürich zw. 1854—84]
Waldeberta w. Form zu *Waldebert*, ahd. *walt* 'walten, Gebieter' + *beraht* 'glänzend'
Waldegund(e) ahd. *walt* 'walten, Gebieter' + *gund* 'Kampf'
Waldtraut durch Anlehnung an *Wald* und *traut* entstandene NF von *Waltraud* [DUDEN-Lexikon]
Walfriede w. Form zu *Wal(d)-fried*, ahd. *walt* 'walten, Gebieter' + *fridu* 'Friede'
Walli KF von Namen, die mit *Wal-*/*Val-* beginnen, z. B. *Walburg*, *Valerie*; auch: *Wally* [*Wally, die Zweiflerin*, Roman von K. F. GUTZKOW, 1835; Görlitz vor 1884: 7x, JECHT II, 153]
Wally s. *Walli*
Walpurga, -purgis oberdt. NFF von *Walburg(a)*
Waltheide ahd. *walt* 'walten, Gebieter' + *heit* 'Gestalt, Art, Wesen, Rang' [Gernsbach 1933, K. WÖRTER]
Walthild(e) ahd. *walt* 'walten, Gebieter' + *hiltja* 'Kampf'
Waltraud, -trud(e), -trudis ahd. *walt* 'walten, Gebieter' + *trūd* 'Kraft, Stärke'; auch: *Waltraut*
Waltrun ahd. *walt* 'walten, Gebieter' + *rūna* 'Geheimnis, Zauber'
Wanda slaw. (poln.) Name, Bedeutung ungewiß
Wandeline Erw. von *Wanda* [V. D. SCHAAR]
Wangeline Herkunft und Bedeutung unbekannt, viell. Umgestaltung von *Wandeline* [W. VON BURGSDORFF, Gestalt in TH. FONTANES Roman *Vor dem Sturm*, 1878]
**Wanja* russ. KF, hpts. von *Iwan* = *Johann(es)*, daher als Mädchenname nicht geeignet; im Schwed. wird *Vanja* jedoch als Mädchenname aufgefaßt [OTTERBJÖRK; Flensburg 1971: *Wanja*]
Warja russ. KF von *Warwara* = *Barbara*
**Wasja* russ. KF verschiedener m. und w. VNN, nicht eindeutig w. VN
Weda, Wedis fries. KFF, viell. von Zss. mit *Wig-*, s. *Wigburg* [RAVELING; MACKENSEN]
Weerta w. Form zu *Weert*, einer fries. KF von *Wighard*, ahd. *wīg* 'Kampf' + *harti* 'stark, fest'
Wega, Wege fries. KF von Zss. mit *Wig-*, ahd. *wīg* 'Kampf' [vgl. *Weja* bei V. D. SCHAAR]

Weike fries. KF von Zss. mit altfries. *wīch* 'Kampf' [v. d. Schaar; in der DDR mehrfach: SP 1975, 58]

Welda KF von *Ingwelde* oder NF von *Walda* oder KF von Zss. mit *Wil-*

Wella Herkunft und Bedeutung unbekannt [Hzt. Coburg vor 1900, Wilhelm 27]

Welta NF von *Welda* ?

Wemkelina ostfries. w. Erw. von *Wemke*, einer KF von Zss. mit *Wil-*, bes. *Wilhelm*

Wencke norweg. (*Venche*, *Wenche* aus niederdt. KFF von Zss. mit *Wern-*, s. *Wernburg*, *-gard*, *-hild(e)*) [W. Myhre, norweg. Schlagersängerin; Hamburg 1966; Bielefeld 1976]

Wendelburg aus dem german. Stammesnamen *Wandilii*, *Vandali* + ahd. *burg* 'Schutz, Zuflucht'

Wendelgard aus dem german. Stammesnamen *Vandilii*, *Vandali* + ahd. *gard* 'Zaun, Schützerin'

Wendeline Erw. von *Wendel*, einer KF von Zss. mit *Wendel-*

Wendi KF von Zss. mit *Wendel-*; auch *Wendy* [Flensburg 1967, Mackensen; SP 1967, 171]

Wendula KF von Zss. mit *Wendel-*

Wendy s. *Wendi*; auch engl. KF, Herleitung unsicher [ODECN]

Wera russ. 'Glaube'; meist: *Vera*

Werburg NF von *Wernburg*

Werna w. KF von Zss. mit *Wern-* oder w. Bildung zu *Werner*; vgl. *Verna*

Wernburg zum german. Stammesnamen der Warnen + ahd. *burg* 'Schutz, Zuflucht'

Werngard zum german. Stammesnamen der Warnen + ahd. *gard* 'Zaun, Schützerin'

Wernhild(e) zum german. Stammesnamen der Warnen + ahd. *hiltja* 'Kampf'

Wiba zweistämmige KF von Zss. mit *Wib-*

Wibeke NF von *Wiba*

Wiberta NF von *Wigberta*

Wibke s. *Wiebke*

Wibrande w. Form zu *Wi(g)brand*, ahd. *wīg* 'Kampf' + *brand* 'Feuer, Schwert'

Wiburg NF von *Wigburg*

Wiebke KF von Zss. mit *Wig-*

Wieka, Wi(e)ke KF von Zss. mit *Wig-/-wiga*, *-wika* (*Ludowika*)

Wiesche(n) niederdt.-fries. KF von *Louise*

Wiete fries. KF, Ursprungsform nicht mehr eindeutig feststellbar [v. d. Schaar]

Wigberta w. Form zu *Wigbert*, ahd. *wīg* 'Kampf' + *beraht* 'glänzend'

Wigburg(a) ahd. *wīg* 'Kampf' + *burg* 'Schutz, Zuflucht'

Wika s. *Wieka*

Wilburg ahd. *willo* 'Wille, Verlangen, Wunsch' + *burg* 'Schutz, Zuflucht'

Wilfrieda, -friede w. Form zu *Wilfried*, ahd. *willo* 'Wille, Verlangen, Wunsch' + *fridu* 'Friede' [1930, Heyd 83; Honnef 1938, Link E 4]

Wilgard ahd., *willo* 'Wille, Verlangen, Wunsch' + *gard* 'Zaun, Schützerin'

Wilgund(e) ahd. *willo* 'Wille, Verlangen, Wunsch' + *gund* 'Kampf'

Wilhelma w. Form zu *Wilhelm*, ahd. *willo* 'Wille, Verlangen, Wunsch' + *helm* 'Schutz'

Wilhelmine Erw. von *Wilhelma*

Wilja, Willa, Willia KFF von Zss. mit *Wil-*

Willtr(a)ud s. *Wiltr(a)ud*
Wilma KF von *Wilhelma*
Wilrun ahd. *willo* 'Wille, Verlangen, Wunsch' + *rūna* 'Geheimnis, Zauber'
Wiltraud, -trud(is) ahd. *willo* 'Wille, Verlangen, Wunsch' + *trūd* 'Kraft, Stärke'; auch *Will-*
Windelgard NF von *Wendelgard*
Winfrieda, -friede w. Form zu *Winfried*, ahd. *wini* 'Freund' + *fridu* 'Friede'
Winifred engl. VN kelt. Ursprungs ('weiße Woge' ?), angelehnt an *Winfried* (s. *Winfrieda*); auch *Winifred, Win(n)ifried*, aber in der eingedeutschten Form *Win(n)ifried* nicht mehr eindeutig w.
Winka w. KF von Zss. mit *Win-*
**Winnetou* indian. *wintu* 'Indianer' (?), bekannt aus den Romanen Karl Mays, der im *Ölprinz* den Namen als 'Brennendes Wasser' deutet; die Tochter des Schriftstellers Carl Zuckmayer erhielt diesen Vornamen, der aber als Mädchenname ungeeignet ist
Winnie engl. KF von *Winifred* [W. Markus, österreich. Schauspielerin]
Wintrud ahd. *wini* 'Freund' + *trūd* 'Kraft, Stärke' [Ferndorf b. Siegen 1661, Irle 38]
Wisgard ahd. *wīsi* 'weise, erfahren' + *gard* 'Zaun, Schützerin'
Wisgund(e) ahd. *wīsi* 'weise, erfahren' + *gund* 'Kampf'
Witta NF von *Wiete*, angelehnt an niederdt. *witt* 'weiß' (?)
Wolfgund(e) ahd. *wolf* 'Wolf' + *gund* 'Kampf'
Wolfhild(e) ahd. *wolf* 'Wolf' + *hiltja* 'Kampf'
Wolfiris DF aus *Wolf*, einer KF von Zss. mit *Wolf-*, + *Iris*
Wolfrun ahd. *wolf* 'Wolf' + *rūna* 'Geheimnis, Zauber'
Wolftraud, -trud(e) ahd. *wolf* 'Wolf' + *trūd* 'Kraft, Stärke'
Wübke NF von *Wiebke*
Wulfhild NF von *Wolfhild*
Wunna KF von altdt. Zss. mit *wunna* 'Freude, Lust'

Xandra KF von *Alexandra* [Heidelberg 1973]
Xaveria w. Form zu *Xaver(ius)*, Beiname des hl. Fransziskus nach seinem Geburtsort, dem Schlosse Xavier (heute: Javier) in Navarra (Spanien) [1760, Heyd 66]
Xenia KF slaw. und griech. Namen auf *-xenia*, z. B. *Polyxenia*, zu griech. *xénios* 'gastlich, gastfreundlich'

Yara s. *Jara* [SD 1970, 168f.]
Yasmin(a) s. *Jasmin* [Flensburg 1972]
Yliane s. *Iliane*
Yolanda s. *Jolanda* [Frutigen (Berner Oberland) 1930—34, Berger 247]
Yvetta, Yvette frz., s. *Ivetta*
Yvonne frz., s. *Ivonne*

Zalona viell. w. Form zu bulgar. *Zalo* 'heil, gesund' [Zwickau 1956 bis 1966, SP 1974, 88]
Zäzilie dt. Schreibweise für *Cäcilie*
Zdenka tschech. = *Sidonia*
Zella KF von *Marzella*
Zenta KF von *Vinzenta, Kreszentia*
Zenzi KF von *Kreszenz*
Zilla KF von *Cäcilia*
Zilly KF von *Zäzilie*
Zippora hebr. 'Vogel' [Heidelberg 1974; Bielefeld 1976]

Ziska, *Zissi, Zissy* KFF von *Franziska*
Zita ital., Bedeutung ungewiß, auch KF von *Felizitas* [Niedersachsen 1961, MALECKI 815]
Zitta NF von *Zita*? [1900, HEYD 64]
Zoe ['tso:e:] griech. 'Leben'
Zölestine dt. Schreibweise für *Cölestine*

9.3. Vornamen für männliche Personen

Aalderk niederdt.-fries. = *Adalrich*; auch *Alderk*
Aaron hebr., Bedeutung ungewiß ['erleuchtet, erhaben'? SCHUMACHER, V. D. SCHAAR]; auch: *Aron*
Abbe, Abbo zweistämmige KFF von *Adalbert, -bero* u. ä. Namen, auch von *Abraham, Albin*
Abel hebr. 'Hauch'
Abi KF von *Abraham*; schweizer. *Äbi* auch von *Eberhard, Adalbert*
Abilo KF (Verkleinerung) von *Ab(b)o*
Abo NF von *Abbo*
Abraham hebr., urspr. wohl 'der Vater (Gott) ist erhaben', später 'Vater vieler Völker' [KFF *Aberle, Auberle*: zw. 1560—69, HEYD 30]
Absalom hebr. 'der väterliche Gott ist Heil'
Achatius, Achaz hebr. 'er (der Herr) hat ergriffen, hält fest' (?), einer der 14 Nothelfer
Achill(es) griech., Bedeutung ungeklärt
Achim KF von *Joachim*
Adalbald ahd. *adal* 'edel, vornehm' + *bald* 'kühn'
Adalbero ahd. *adal* 'edel, vornehm' + *bero* 'Bär'
Adalbert ahd. *adal* 'edel, vornehm' + *beraht* 'glänzend'
Adalbod ahd. *adal* 'edel, vornehm' + *boto* 'Bote, Gebieter'; auch: *Adalbot*
Adalbrand ahd. *adal* 'edel, vornehm' + *brand* 'Feuer, Schwert'
Adalbrecht NF von *Adalbert*
Adalfried ahd. *adal* 'edel, vornehm' + *fridu* 'Friede'
Adalger ahd. *adal* 'edel, vornehm' + *gēr* 'Speer'
Adalgis ahd. *adal* 'edel, vornehm' + *gīs-* 'Pfeilschaft' ? [FLEISCHER, Personennamen 33]
Adalhard ahd. *adal* 'edel, vornehm' + *harti* 'stark, fest'
Adalhelm ahd. *adal* 'edel, vornehm' + *helm* 'Helm, Schutz'
Adalmar ahd. *adal* 'edel, vornehm' + *māri* 'berühmt'
Adalmund ahd. *adal* 'edel, vornehm' + *munt* 'Schutz, Schützer'
Adalrad ahd. *adal* 'edel, vornehm' + *rāt* 'Rat(geber), Beratung'
Adalrich ahd. *adal* 'edel, vornehm' + *rīhhi* 'mächtig, Herrscher'
Adalrik niederdt. NF von *Adalrich*
Adalward ahd. *adal* 'edel, vornehm' + *wart* 'Hüter'
Adalwin ahd. *adal* 'edel, vornehm' + *wini* 'Freund'
Adalwolf, -wulf ahd. *adal* 'edel, vornehm' + *wolf, wulf* 'Wolf'

Adam hebr. 'Mensch, Menschheit'; ital. *Adamo* [Karlsruhe 1973]
Addi, **Addo** KFF von Zss. mit *Adal-*, *Ad(el)-*
Adelar ahd. *adal* 'edel, vornehm' + *aro* 'Adler' oder *hari* 'Heer'
Adelbert, -brand, -brecht, -ger, -hard, -helm NFF von *Adal-*
Adelher ahd. *adal* 'edel, vornehm' + *heri* 'Heer'
Adelmar, -mund, -rad, -rich, -ward, -win NFF von *Adal-*
Ademund NF von *Adalmund*
Adeodatus lat. 'von Gott gegeben' [v. d. Schaar; Heidelberg 1974]; s. a. *Deodatus*
Adhelm NF von *Adalhelm*
Adi, *Adje* KFF von Zss. mit *Adal-*, *Ad(el)-* [*Adi*: Wermelskirchen 1942, Link E 15]
Ado KF von Zss. mit *Adal-*, *Ad(el)-*
Adolar NF von *Adelar*
Adolf NF von *Adalwolf*
Adrian älter *Hadrian*, lat. 'aus Hadria (Stadt südl. von Venedig)'; niederländ. *Adriaan*, *Adriaen*, frz. *Adrien* [adri'ɛ̃·], ital. *Adriano*
Age KF von Zss. mit *Age-*, *Agi(l)-*; dän. *Åge*
Agemar, -mund, -nald NFF von *Agi-*
Agibert german. *agi(l)* 'Schwert' (?) + ahd. *beraht* 'glänzend'
Ägid(ius) griech. 'Schildhalter' (?) [Honnef 1901, 1941, Link E 5]; auch *Egidius*
Agilbert NF von *Agibert*
Agilhard german. *agi(l)* 'Schwert' (?) + ahd. *harti* 'stark, fest'
Agilo KF von Zss. mit *Agi(l)-*
Agilolf, Agilulf german. *agi(l)-* 'Schwert' (?) + ahd. *wolf*, *wulf* 'Wolf'
Agimar german. *agi(l)* 'Schwert' (?) + ahd. *māri* 'berühmt'
Agimo KF von *Agimar*, *-mund*
Agimund german. *agi(l)* 'Schwert' (?) + ahd. *munt* 'Schutz, Schützer'
Agin KF von Zss. mit *Agin-* [Heidelberg 1972]
Aginald german. *agi(n)-* 'Schwert' (?) + ahd. *walt* 'walten, Gebieter'
Aginolf, Aginulf german. *agi(n)-* 'Schwert' (?) + ahd. *wolf*, *wulf* 'Wolf'
Agnus lat. 'Lamm (Gottes)'
Ago KF von Zss. mit *Age-*, *Agi(l)-*, *Agin-*
Agomar NF von *Agimar*
Ahasver hebr., urspr. persisch, Bedeutung ungewiß ('der Mächtige' ?)
Ai- s. *Ei-*
Aimé [ɛ'me:] frz. = *Amatus*
Aimo finn., Bedeutung unbekannt
Ake niederländ.-fries. KF von Zss. mit *Ag-* [v. d. Schaar]; dän. und schwed. *Åke* ['o:kə] viell. zu ahd. *anicho*, einer Verkleinerung von *ano* 'Ahn', oder zu *Achatius* [Otterbjörk]
Akim KF von *Joakim*, einer NF von *Joachim*
Aladar NF von *Adelar* ?
Alain [a'lɛ̃·] frz. = *Alan*
Alan ['ɛlən] engl., urspr. kelt., Bedeutung ungeklärt; auch *Allan*, *Allen*
Alard NF von *Adalhard*; frz. *Al(l)ard* [zu den patronym. Formen *Allartz*, *Alaartz* s. SD 1965, 154]
Alarich NF von *Adalrich* oder zu ahd. *ala-* 'all, ganz' + *rīhhi* 'mächtig, Herrscher'
Alban lat. 'aus Alba (Stadt in Mittelitalien)'
Alberad NF von *Alfrad*
Albero NF von *Adalbero*

Alberich ahd. *alb* 'Elf, Naturgeist' + *rīhhi* 'mächtig, Herrscher'
Albert NF von *Adalbert,* latinis. *Albertus*
Albi KF von Namen, die mit *Alb-* beginnen
Albin NF von *Albwin* oder zu lat. *albus* 'weiß'
Albo KF von Namen, die mit *Alb-* beginnen, oder zweistämmige KF von *Adalbero* u. ä. Namen
Alboin NF von *Albwin*
Albot NF von *Adalbod*
Albrand, Albrecht NFF von *Adalbrand, -brecht*
Albuin NF von *Albwin*
Albwin ahd. *alb* 'Elf, Naturgeist' + *wini* 'Freund'
Alde KF von Zss. mit *Alde-* (= *Adel-*); nicht eindeutig m.
Aldebrand, Aldeger, Aldemar, Aldemund, Alderich NFF von *Adal-*(*brand* usw.)
Alderk s. *Aalderk*
Aldhelm, Aldiger NFF von *Adalhelm, Adalger*
Aldo KF von Zss. mit *Alde-* (= *Adel-*); ital. von *Aldobrando* = *Adalbrand* [Flensburg 1970; SP 1964, 42; SD 1974, 94]
Alec ['ɛlik] engl. KF von *Alexander*; auch *Alick*
Aleko bulgar. KF von *Alexis* oder *Alexander* [Ilčev; Paul]
Alenbert vermutl. Neubildung, erster Bestandteil ungeklärt + *bert* = ahd. *beraht* 'glänzend' [Naumann in SP 1972, 99]
Alessandro ital. = *Alexander*
Alessio ital. = *Alexius*
Alex KF von *Alexander*
Alexander griech. 'Verteidiger, Schützer'; frz. *Alexandre* [alɛk'sã·drə]; russ. *Aleksandr,* ungar. *Sándor* ['ʃa:ndɔr]
Alexej russ. *Aleksej* = *Alexi*(*u*)*s*
Alexis, Alexius griech. 'Hilfe, Schutz, Abwehr'
Alf KF von Namen, die mit *Alf-* beginnen, bes. von *Alfred,* aber auch von *Adolf*; Koseform: *Alfi*
Alfard NF von *Alfhard*
Alfger ahd. *alb, alf* 'Elf, Naturgeist' + *gēr* 'Speer'
Alfgis ahd. *alb. alf* 'Elf, Naturgeist' + *gīs* 'Pfeilschaft' (?)
Alfgot ahd. *alb, alf* 'Elf, Naturgeist' + *got* 'Gott'
Alfhard ahd. *alb, alf* 'Elf, Naturgeist' + *harti* 'stark, fest'
Alfhelm ahd. *alb, alf* 'Elf, Naturgeist' + *helm* 'Helm, Schutz'
Alfons ['alfɔns oder 'alfɔŋs, -fõs] vermutl. zu got. *athal-* (= ahd. *adal*) 'edel, vornehm' + *funs* 'bereit, eifrig, willig, tapfer'; frz. *Alphonse,* ital. *Alfonso,* span. *Alonso*
Alfrad ahd. *alb, alf* 'Elf, Naturgeist' + *rāt* 'Rat(geber), Beratung'
Alfred ags. = *Alfrad*
Alfried NF von *Adalfried* [Frutigen (Berner Oberland) 1875—79: 16x, Berger 185ff.]
Alfwin NF von *Albwin*
Alger, Algis, Alhard NFF von *Adalger, -gis, -hard*
Ali arab. oder KF von Namen, die mit *Al-* beginnen [Hzt. Coburg vor 1900, Wilhelm 26]
**Alja* russ. KF zahlreicher m. und w. VNN, nicht eindeutig m.
Aljoscha russ. KF von *Alexander*
Alker NF von *Adalger*
Alkmar ahd. *alah* 'Heiligtum' (?) + *māri* 'berühmt'
Alkmund ahd. *alah* 'Heiligtum' (?) + *munt* 'Schutz, Schützer'
Alkuin, Alkwin ahd. *alah* 'Heiligtum' (?) + *wini* 'Freund'

Allan s. *Alan*
Allo KF von Zss. mit *Al-* = *Adel-*
Al(l)rich, Almar NFF von *Adalmar, -rich*
Almerich NF von *Amalrich*
Almund NF von *Adalmund*
Alois ahd. *alwīsi* 'der sehr Erfahrene, in jeder Hinsicht Weise'; latinisiert: *Aloisius, Aloysius*; die Schreibweise *Aloys[ius]* ist veraltet
Alphard NF von *Alfhard*
Alphons s. *Alfons*
Alram NF von älterem *Adalram*, ahd. *adal* 'edel, vornehm' + *hraban* 'Rabe'
Alrich, Alrik (niederdt. u. schwed.) NFF von *Adalrich*
Altfried viell. aus älterem *Aldefried* = *Adalfried* [Mannheim 1923, SCHOTT 231; Essen-Werden 1960, HESTERKAMP 63]
Alto NF von *Aldo*
Alvar schwed. 'Elf, Naturgeist' + 'Heer'
Alvo KF von Zss. mit *Alf-* ?
Alwin NF von *Adal-* oder *Alfwin, Albin*; latinisiert *Alwinus*
Alwis = *Alois*
Amadeus lat. 'liebe Gott!' (vgl. *Theophil, Gottlieb, Bogumil*); französiert *Amadé*, ital. *Amadeo*
Amalbert zu *Amal-*, dem Namen des ostgotischen Königsgeschlechtes (*Amelungen*), Bedeutung ungewiß, + ahd. *beraht* 'glänzend'
Amalfried zu *Amal-* (s. *Amalbert*) + ahd. *fridu* 'Friede'
Amalius vermutl. m. Bildung zu *Amalia*, einer KF von Zss. mit *Amal-* [Hzt. Coburg vor 1900, WILHELM 28]
Amalrich zu *Amal-* (s. *Amalbert*) + ahd. *rīhhi* 'mächtig, Herrscher'
Amand, Amandus lat. 'der zu Liebende, Liebenswerte'
Amatus lat. 'der Geliebte'
Ambros, Ambrosius griech. 'unsterblich, göttergleich'
Amerigo ital. = *Amalrich* [in der DDR beurkundet: SP 1975, 25]
Ammo, *Amme* fries. KFF von Zss. mit *Amal-*
Amon hebr., Bedeutung unsicher, auch Name des ägyptischen Königs (*Amun*, 'Erhabenheit, Größe' ?) [Flensburg 1966; Linz 1963: *Ammon* = amerikan., s. L. RULE]
Amos hebr. 'er (Gott) hat getragen; der Beladene, Träger' (?)
Anastas(ius) zu griech. *anastasis* 'Auferstehung' [hierher viell. die Mundartform *Anstett*: zw. 1620 und 1629, HEYD 30]
Anatol griech. 'aus Anatolien (= Land des Sonnenaufgangs, Morgenland)'; russ. *Anatolij*
Anders NF von *Andreas*
Andi KF von *Andreas*
Andor ungar. NF von *András* ['ɔndra:ʃ] = *Andreas*; schwed. aus älterem *Arnthor* 'Adler' + 'Thor (Name eines german. Gottes)'
André [ã'dre:] frz. = *Andreas* [SD 1967, 74]
Andreas griech. 'mannhaft, tapfer'; engl. *Andrew*, KF *Andy*; russ. *Andrej*
Andre(e)s, Andries NFF von *Andreas*
Andrijan russ. NF von *Adrian* [Berlin-Ost 1962: ND 18. 8. 62]
Andriko ukrain. KF von *Andrej* = *Andreas* [SP 1966, 41]
Angelikus griech. 'engelhaft, -gleich', Erw. von *Angelus*; ital. *Angelico* [an'dʒɛlikɔ]
Angelo ['andʒɛlɔ] ital. = *Angelus* [Zürich zw. 1854—84: zweimal]

Angelus griech. 'Bote (Gottes), Engel'
Anjo bulgar. KF von *Angelus* [SP 1972, 249]
Anno KF von *Arnold*
Ansas litauisch = *Hans*
Ansbert german. *ans-* 'Gott' + ahd. *beraht* 'glänzend'
Anselm, Anshelm german. *ans-* 'Gott' + ahd. *helm* 'Helm, Schutz'
Ansfried german. *ans-* 'Gott' + ahd. *fridu* 'Friede'
Ansgar german. *ans-* 'Gott' + *gār* 'Speer'
Answald german., *ans-* 'Gott' + ahd. *walt* 'walten, Gebieter'
**Ante* schwed. KF von *Andreas* oder *Anton*; im Deutschen nicht eindeutig m.
Antek slaw. KF von *Anton*
Anton(ius) lat., Erw. zum röm. Geschlechternamen *Antius*, Bedeutung ungeklärt; frz. *Antoine* [ã'tŏan], ital. *Antonio*, finn. *Antti*
Antonin Erw. von *Anton*
Anzo KF von *Anselm* (?)
Apke niederdt.-fries. KF von *Adalbert* [Landkreis Friesland 1961, MALECKI 813]
Apollonius griech. '(dem Gott) Apoll geweiht'
Arbo KF von *Arbogast*
Arbogast ahd. *arbo* 'Erbe' + *gast* 'Fremdling, Gast'
Archibald NF von *Erkenbald*
Arduin NF von *Hartwin*
Arend NF von *Arnold*; auch *Arendt, Arent*
Arfst NF von *Arbogast* ? [Flensburg 1964, MACKENSEN]
Ari niederländ. KF von *Arian*, dt. auch von *Aribert*; auch *Arie, Ary*
Arian (frz.) NF von *Adrian*
Aribert frz. = *Herbert*
Arie s. *Ari*
Arik KF mehrerer russ. VNN [PETROVSKIJ; in der DDR beurkundet; SP 1975, 25]
**Arild* dän. = *Arnold*; wegen der Ähnlichkeit mit dem w. VN *Arhild* als Jungenname im Deutschen nicht zu empfehlen
Arist zu griech. *aristos* 'der Beste', KF von Zss. mit *Arist-*, z. B. frz. *Aristide*, griech. 'Sohn des Besten' [Heidelberg 1974]
Arkadius lat. *Arcadius* 'aus Arkadien'; russ. *Arkadij*
Arke, Arko KF von Zss. mit *Arn-*, aber auch von *Adrian* und *Erkenbald* [v. D. SCHAAR]; ungar. *Arkó* = KF von *Arnold*
Arland NF von *Erland* ?
Armas finn. 'lieblich, anmutig, hold' [OTTERBJÖRK; VILKUNA]
Armand [ar'mã·] frz. = *Hermann*
Armin viell. latinisiert aus ahd. *ermin-*, *irmin-* 'Erde, Welt, allumfassend' [FLEISCHER, Personennamen 44 f.]
Arnaud [ar'no:] frz. = *Arnold* [Gernsbach 1950, K. WÖRTER; Honnef 1950, LINK E 5]
Arnd KF von *Arnold*; auch *Arndt*
Arne nord. KF von Zss. mit *Arn-* 'Adler'
Arnfried ahd. *arn-* 'Adler' + *fridu* 'Friede'
Arngrim altsächs. *arn-* 'Adler' + *grīma* 'Maske, Helm'
Arnhard ahd. *arn-* 'Adler' + *harti* 'stark, fest'
Arnhelm ahd. *arn-* 'Adler' + *helm* 'Helm, Schutz'
Arniko Herkunft und Bedeutung unbekannt, viell. m. Form zu *Arnika*, einer ungar. KF von *Arnolde*
Arno KF von Zss. mit *-Arn*, bes. *Arnold*

Arnold ahd. *arn-* 'Adler' + *walt* 'walten, Gebieter'; ital. *Arnaldo*
Arnulf ahd. *arn-* 'Adler' + *wulf* 'Wolf'
Aron s. *Aaron* [Heidelberg 1973]
Arpad ungar. *Árpád*, wahrscheinl. Verkleinerung zu *árpa* 'Gerste(n-korn)'; Name eines ungar. Herrschers (889—907 n. Chr.)
Arsen(ius) griech. 'der Kraftvolle' [HEYD 84]
Art(h)ur kelt. Bedeutung ungeklärt; amerikan. KF *Art*, berlinisch *Atze*
Arved, Arvid nord. 'Adler' + 'Wald, Baum' (?)
Arwed dt. Schreibweise für *Arved*
Arwin ahd. *aro* 'Adler' + *wini* 'Freund' [Görlitz vor 1884: 5mal, JECHT II, 151]
Ary s. *Ari*
Asbjörn skandinav. *ås-* 'Gott' + *björn* 'Bär'
Aschwin aus älterem *Askwin*, ahd. *ask* 'Esche(nholz)' + *wini* 'Freund'; auch *Aswin*
Askan lat. *Ascanius*, latinisierte Form von *Askwin*, s. *Aschwin*
Askold ahd. *ask* 'Esche(nholz)' + *walt* 'walten, Gebieter'
Asmund skandinav. *ås-* 'Gott' + *mund* 'Schutz, Schützer'
Asmus KF von *Erasmus*
Aswin NF von *Aschwin* oder aus älterem *Answin*, ahd. *ans-* 'Gott' + *wini* 'Freund'
Athanasius griech. 'unsterblich'
**Athos* Name eines Berges in Nordgriechenland; als geografische Bezeichnung für Personen nicht geeignet [Hamburg 1961; MACKENSEN]
**Atomfried* Neubildung, vom AG Hamburg 1964 abgelehnt (SPIEGEL 1964, Nr. 48, 97]
Attila got. 'Väterchen' [Zürich zw. 1854—84: *Attilo*]
Audomar westfränk. = *Otmar*
August(us) lat. 'erhaben, ehrwürdig'
Augustin(us) Erw. von *August(us)*
Aurel KF von *Aurelius*
Aurelian(us) Erw. von *Aurelius*
Aurelius lat. 'aus dem Geschlecht der Aurelier' (zu lat. *aurum* 'Gold' ?)
Austen (niederdt.), **Austin** (engl. 'ɔːstin) KFF von *Augustin*
Axel schwed. = *Absalom*
Aye, *Ayko* KF von Zss. mit *Agi-* (s. *Eiko*) oder *Adel-* [*Ayko*: Flensburg 1962]
Ayold fries., aus älterem *Agiwald*, german. *agi(l)* 'Schwert' (?) + *walt* 'walten, Gebieter', oder *Adalwald* [V. D. SCHAAR: *Aaielt*]
Azzo KF von Zss. mit *Ad(al)-*, bes. von *Adolf*

Bahne fries., Ursprungsform ungewiß
Baldebert ahd. *baldo* 'kühn' + *beraht* 'glänzend'
Baldemar ahd. *baldo* 'kühn' + *māri* 'berühmt'
Balder NF von *Baldur*
Balderich ahd. *baldo* 'kühn' + *rīhhi* 'mächtig, Herrscher'
Baldo KF von Zss. mit *Bald,- -bald*
Balduin NF von *Baldewin*, s. *Baltwin*
Baldur nord., auf den Namen *Baldr* eines german. Licht- und Frühlingsgottes zurückgehend
Baldus KF von *Balthasar* oder latinisierte Form von *Baldo, -bald*
Balthasar babylon. 'Gott schütze den König' (BHH unter *Belsazer*)
Baltfried ahd. *baldo* 'kühn' + *fridu* 'Friede'; auch *Baldfried*

Balthard ahd. *baldo* 'kühn' + *harti* 'stark, fest'
Balthes KF von *Balthasar*
Baltram ahd. *baldo* 'kühn' + *hraban* 'Rabe'
Baltwin aus älterem *Baldewin*, ahd. *baldo* 'kühn' + *wini* 'Freund'
Balz, Balzer KFF von *Balthasar*; *Balz* kann auch KF von Zss. mit *Balt-* sein
Bandolf, Bandulf zu got. *bandwo*, langobard. *bandu* 'Banner, Feldzeichen' + 'Wolf'
Baptist griech. 'der Täufer'; ital. *Battista*, frz. *Baptiste*
**Baratini* Herkunft und Bedeutung unbekannt, kaum als Vorname anzusprechen [Mannheim 1923, SCHOTT 231]
Bardo KF von Zss. mit *Bard-*
Bardolf, Bardulf ahd. *barta* 'Streitaxt' + *wolf*, *wulf* 'Wolf'
Barnabas hebr., Bedeutung ungewiß (in der Apostelgeschichte 'Sohn des Trostes')
Barnd niederdt.-fries. = *Bernd*
Barnet mittelengl. = *Bernhard*
Barnim urspr. slaw. KF von Namen wie *Branimir* 'Streit, Kampf' + 'berühmt'; da seit langem nur noch als Orts- und Landschaftsname (nordöstl. Berlin) bekannt, sollte *B.* nur in Ausnahmefällen, etwa bei Familientradition, als VN Verwendung finden und eingetragen werden
Bart(h)el KF von *Bartholomäus*
Barthold NF von *Berthold* [Gernsbach 1949: *Bartheld*, K. WÖRTER]
Bartholomäus hebr. 'Sohn des Talmaj'; ital. *Bartolomeo*
Barto NF von *Bardo* oder KF von *Bartholomäus*
Bartolo KF von *Bartholomäus*
Baruch hebr. 'der Gesegnete'
Basko nordruss. VN, 'schön, hübsch, schmuck, fein'; span. *basco* 'Ekel' als Name abgelehnt [SP 1965, 55 und 170]
Basil(ius) griech. 'königlich'
Bastian KF von *Sebastian* [KFF *Bast, Basti* Anfang 17. Jh., HEYD 30]
Bauwen fries. = *Balduin* (?)
Beat(us) lat. 'glücklich' [*Beat*: ab 1927 19 mal, MÉTRAUX 27]
Beda ags., Bedeutung unbekannt
Bela ungar. *Béla* ['be:la], KF (Verkleinerung) von *Bél*, zu ungar. *bél* 'innerer Teil', oder Ableitung aus dem Türkischen ('vornehm') oder KF von slaw. *Beloslav* ('weiß, leuchtend' + 'Ruhm'); die Herleitung vom biblischen Personennamen *Bela* (hebr. 'beredt') ist ebenso unhaltbar wie die von Spracherneuerern hergestellte Gleichsetzung mit *Adalbert* [LADÓ]
Ben hebr. 'Sohn' oder engl. KF von *Benjamin*
Bendicht schweizer. NF von *Benedikt* [Frutigen (Berner Oberland) 1930—34, früher häufiger, BERGER 122 u. 245]
Bendix KF von *Benediktus*
Benedikt(us) lat. *Benedictus* 'der Gesegnete'; frz. *Benoît*, ital. *Benedetto*, *Benito*
Beneke niederdt. KF von Zss. mit *Bern-*
Bengt schwed. = *Benedikt*
Benignus lat. 'der Gütige'
Benjamin hebr. 'Sohn der Rechten = des Südlandes (rechts = Süden)', später umgedeutet zu 'Sohn des Glücks'
Bennet engl. NF von *Benedikt*
Benno KF von Zss. mit *Bern-*
Bent dän. = *Benedikt* [Karlsruhe 1973; Heidelberg 1976]

Benvenuto ital. 'der Willkommene'
Benz KF von *Benedikt* [Mackensen] oder von Zss. mit *Bern-*
Beppo ital. kindersprachl. KF von *Giuseppe* = *Josef*
Berald ahd. *bero* 'Bär' + *walt* 'walten, Gebieter'
Bercht(h)old NF von *Berthold*
Berend KF von *Bernhard*
Berengar roman. = *Bernger*
Bernald NF von *Bernwald*
Bernard frz. [bɛr'na:r] u. engl. ['bə:nəd] = *Bernhard*
Bernd KF von *Bernhard*; auch *Bernt*
Berndmark DF aus *Bernd* (s. o.) + *Mark(us)* oder dem altdeutschen Namenglied *mark*, ahd. *marcha* 'Grenze' (s. *Markward*)
Bernet KF von *Bernhard* [zw. 1670 u. 1710, Heyd 24]
Bernfried ahd. *bern-* 'Bär' + *fridu* 'Friede'
Bernger ahd. *bern-* 'Bär' + *gēr* 'Speer'
Bernhard ahd. *bern-* 'Bär' + *harti* 'stark, fest'
Bernhardin Erw. von *Bernhard*
Bernhelm ahd. *bern-* 'Bär' + *helm* 'Helm, Schutz'
Bernhold NF von *Bernwald*
Berno KF von Zss. mit *Bern-* [Niedersachsen 1961, Malecki 815]
Bernold NF von *Bernwald*
Bernt s. *Bernd*
Bernulf ahd. *bern-* 'Bär' + *wulf* 'Wolf'
Bernwald ahd. *bern-* 'Bär' + *walt* 'walten, Gebieter'
Bernward ahd. *bern-* 'Bär' + *wart* 'Hüter'; auch *Bernwart*
Bero KF von Zss. mit *Ber(n)-*
Berold ahd. *bero* 'Bär' + *walt* 'walten, Gebieter'
Bert KF von Zss. mit *Bert-*, *-bert*
Bertfried ahd. *beraht* 'glänzend' + *fridu* 'Friede'
Berthold ahd. *beraht* 'glänzend' + *walt* 'walten, Gebieter'; auch *Bertold, Bertolt*
Bertil schwed. = *Bertilo*
Bertilo KF von Zss. mit *Bert-* (bes. *Berthold*), *-bert*
Bertin KF von älterem *Albertin(us)* ?
Berto KF von Zss. mit *Bert-*, *-bert*; auch *Bertho*
Bertold s. *Berthold*
Bertolf ahd. *beraht* 'glänzend' + *wolf* 'Wolf'; auch *Bertulf*
Bertolt s. *Berthold*
Bertram ahd. *beraht* 'glänzend' + *hraban* 'Rabe'
Bertrand ahd. *beraht* 'glänzend' + *rant* 'Schild'; frz. *Bertrand* (bɛr'trã) = *Bertram*
Bertulf NF von *Bertolf*
Bertwald ahd. *beraht* 'glänzend' + *walt* 'walten, Gebieter'
Bertwin ahd. *beraht* 'glänzend' + *wini* 'Freund'
Bilibald s. *Billibald*
Bill engl. KF von *William* = *Wilhelm*
Billfried ahd. *billi* 'Schwert, Streitaxt' + *fridu* 'Friede'
Billhard ahd. *billi* 'Schwert, Streitaxt' + *harti* 'stark, fest'
Billibald ahd. *billi* 'Schwert, Streitaxt' + *baldo* 'kühn'; auch *Bilibald*
Billo KF von Zss. mit *Bill-*
Billy engl. KF von *Bill*
Birger nord. 'Helfer, Schützer'
Birk alemann. KF von *Burkhard*; auch *Bürk*
Bjarne (norweg.), **Björn** nord. 'Bär' [*Bjarne*: Flensburg 1963 u. 1965; *Björn*: Fluntern-Zürich 1930 u. 1932, Métraux 43]

Blasius lat., Herkunft und Bedeutung unbekannt, Name eines der Vierzehn Nothelfer; frz. *Blaise*
Bleikard zu ahd. *blīdi* 'froh' + *gēr* 'Speer', mhd. *Bligger*, mit späterer Anlehnung an das Namenglied *-hard*? [Heidelberg 1973: *Bleickard*]
Bo dän. und schwed. 'ansässig, seßhaft, Bewohner', verwandt mit got. **bauja*, [HARTIG 142 unter *Boio-*]
Bob engl. KF von *Robert*
Bodebert NF von *Bodobert*
Bodewald altsächs. *bodo* 'Gebieter' + *wald* 'walten, Gebieter'
Bodmar NF von *Bodomar*
Bodo KF von Zss. mit *Bode-*, *Bodo-*
Bodobert altsächs. *bodo* 'Gebieter' + *berht* 'glänzend'
Bodomar altsächs. *bodo* 'Gebieter' + *māri* 'berühmt'
Bogdan slaw. 'Geschenk Gottes'
Bogislaw NF von *Boguslaw*; auch *-lav*
Bogomir slaw. 'Gott' + 'berühmt'
Bogumil slaw. 'Gott' + 'lieb'; auch *Bohumil*
Boguslaw slaw. 'Gott' + 'Ruhm'; auch *Boguslav*, *Bohuslav*
Boi(e), Boj(e) fries., Ursprung ungewiß, zu *Bodo* oder german. **baug-* 'Bogen' oder wie engl. *boy* = 'Junge, junger Mann', [V. D. SCHAAR]; 'Bewohner', zu got. **bauja* [HARTIG 142]; auch *Boy*
Boleslaw slaw. 'mehr' (oder 'Trauer' ? PAUL) + 'Ruhm'; auch *Boleslav*
Bolko KF von *Boleslaw*
Bonaventura lat. 'gute Zukunft'
Bonifatius, Bonifaz(ius) lat., urspr. 'der gutes Geschick Verheißende', später umgedeutet zu 'der Gutes Tuende, Wohltäter'
Boppo kindersprachl. Lallform, Ursprung ungewiß ('Bube, Junge' ?)
Borchard niederdt. = *Burkhard*
Börge dän., jüngere Form für *Birger*; schwed. *Börje* [SD 1971, 140]
Borgward niederdt. = *Burgward*
Boris slaw. KF von Zss. mit *bor-* 'Kampf' oder KF von *Liborius*
Börje s. *Börge*
Bork niederdt. KF von *Burkhard*
Börre, Borris, Borries, Börries KFF von *Liborius*
Borwin altslaw., zu tschech. *Bořivoj* 'Kämpfer'? [KOPEČNÝ 47; „die beiden mecklenburgischen Häuser haben sogar jüngst a tempo den altslavischen Namen *Borwin* ausgegraben“: Arnold 1901, 39] [Neckargemünd 1950 bis 60, SCHUCH]; auch *Borvin*
Bosse niederdt. KF von *Burkhard*, schwed. von *Bo*
Bosso niederdt. KF von *Burkhard*
Bot(h)o NF von *Bodo*
Botmar ahd. *boto* 'Gebieter' + *māri* 'berühmt'
Botwin ahd. *boto* 'Gebieter' + *wini* 'Freund'
Boy s. *Boi*
Bozo vermutl. KF von Zss. mit *Bot-*, *Bod(e)-* [1968, Gottesdienst 160]
Bramwell Herkunft und Bedeutung unbekannt [Frutigen (Berner Oberland) 1960—64, nach dem Sohn eines religiösen Führers, BERGER 283]
Brand KF von Zss. mit *Brand-*, *-brand*
Brandolf, Brandulf ahd. *brand* 'Feuer, Schwert' + *wolf*, *wulf* 'Wolf'
Branko südslaw. KF von Zss. mit *Brani-*, z. B. *Branislaw*, 'schützen, verteidigen' + 'Ruhm, Ehre'

Brendan engl. VN irischer Herkunft, Bedeutung ungeklärt
Brian ['braiən] engl. VN, urspr. irische KF von Zss. mit **bre* 'Hügel' [Basel, Berlin 1966, MACKENSEN; Flensburg 1969; Karlsruhe 1973: *Bryan*; Heidelberg 1975]
Bringfried Neubildung des 20.Jhs., wörtlich 'Bring Frieden!' [SP 1972, 216]
Broder fries., dän., schwed. 'Bruder' ?
Bronislaw slaw. 'behüten, schützen' + 'Ruhm' [*Bronislaus*: Görlitz vor 1884, JECHT II, 151]
Bronno fries. NF von *Bruno* [v. D. SCHAAR]
Bros(e) KF von *Ambros(ius)*
Bror NF von *Broder* [hierher viell. auch *Braar*: Flensburg 1967]
Brun KF von Zss. mit *Brun-* [1360, HEYD 81]
Brunhard ahd. *brūn* 'braun' + *harti* 'stark, fest'
Bruno KF von Zss. mit *Brun-*
Brunold aus älterem *Brunwald*, ahd. *brūn* 'braun' + *walt* 'walten, Gebieter'
Burchard, Burghard NFF von *Burkhard*
Burgwald ahd. *burg* 'Schutz, Zuflucht' + *walt* 'walten, Gebieter';
Burgward ahd. *burg* 'Schutz, Zuflucht' + *wart* 'Hüter'
Burk, Bürk KFF von *Burkhard*
Burkhard ahd. *burg* 'Schutz, Zuflucht' + *harti* 'stark, fest'; auch *Burkert*
Busse, Busso KFF von *Burkhard* [SD 1974, 94]

Cäcilius lat. 'aus dem Geschlecht der Cäcilier', zu lat. *caecus* 'blind'
Caesar s. *Cäsar*
Caj s. *Kai*
**Calvin* eigtl. Familienname, nach JOHANN CALVIN (1509—1564), dem Begründer der reformierten Kirche [Bremen 1966, MACKENSEN]
Camill(o) s. *Kamillo*
Candid(us) lat. 'weiß, fleckenlos, lauter'
Carel, Carl s. *Karel, Karl*
Carlo (ital.) **Carlos** (span.), **Carol** (rumän.) aus lat. *Carolus* = *Karl* [*Carol*: AG Hamburg 1967, MACKENSEN]; auch *Karlo*
Carolus latinisierte Form von *Karl* [Heidelberg 1974]
Carsten s. *Karsten*
Carz Herkunft und Bedeutung unbekannt
Cäsar lat. *Caesar*, Bedeutung unsicher, oft in Verbindung gebracht mit lat. *caedere* 'schlagen, (heraus)schneiden' [Zürich 1854—84: 3mal; Fluntern-Zürich 1891, 1892, 1957, MÉTRAUX 27]; frz. *César* [se'za:r], ital. *Cesare* ['tʃɛsarɛ]
Casimir s. *Kasimir*
Cassian lat., Erw. von *Cassius*, dem Namen eines röm. Geschlechts, zu lat. *cassus* 'leer, arm, beraubt, nichtig'
Castor s. *Kastor*
Cecil ['sɛsil] engl. = *Cäcilius* [Heidelberg 1974]
Cedric ['si:drik] oder ['sedrik] engl., vermutlich aus altengl. *Cerdic* (kelt. 'liebenswürdig'?), dem Namen des sagenhaften Gründers des westsächs. Königreichs, bekannt geworden durch W. SCOTTS Roman *Ivanhoe*, 1820; frz. *Céd(é)ric* [ODECN; RYBAKIN; Zürich 1854—84: einmal; *Kennen Sie die seit 25 Jahren . . .*; München 1974; Wiesbaden 1976]
Charles engl. ['tʃa:rls] u. frz. [ʃarl], aus lat. *Carolus* = *Karl*; engl. Koseform: *Charlie*
Che [tʃe] span.-argentin., urspr. Zuruf 'Hallo! He! Hör mal!',

dessen Gebrauch in Südamerika so sehr auf Argentinien und die übrigen La-Plata-Länder beschränkt ist, daß in den anderen spanisch-amerikanischen Ländern die Argentinier die *Ches* oder *Cheyes* 'Che-Sager' heißen; in Kuba wurde *Che* dem revolutionären Politiker Dr. ERNESTO GUEVARA wahrscheinlich als Spitzname, seiner Herkunft aus Argentinien wegen, beigelegt [Auskunft von Dr. FRIEDRICH IRMEN, Univ. Heidelberg]; das Ansehen dieses Mannes und Unkenntnis der sprachlichen Herkunft haben jedoch dazu geführt, daß *Che*, zumindest im nicht-spanischen Ausland, als gewöhnlicher Vorname aufgefaßt und übernommen wurde; in Westberlin und der Bundesrepublik seit 1969 belegt. [Vgl. E. GÖTZ in ZZiv. 1972, 72]

Chlodwig s. *Klodwig*

**Chris* engl. KF von *Christian, Christopher,* aber auch von *Christabel, Christiana,* läßt daher das Geschlecht nicht eindeutig erkennen [SD 1968, 38]

Chonz schweizerdt. KF von *Konrad*

**Christel,* KF von *Christa, Christi(a)ne,* früher auch von *Christian* (z. B. zw. 1940–49, HEYD 30f.), heute nur noch als Mädchenname eintragungsfähig

Christer dän.-schwed. NF von *Christian* [Bremen 1966, MACKENSEN]; neuere Schreibung *Krister*

Christfried pietist. Neubildung des 18. Jhs. nach dem Muster von *Gottfried*

Christhard Neubildung aus *Christ(us), Christ(ian)* und dem alten Namenglied *-hard,* ahd. *harti* 'stark, fest'

Christian lat. 'Christ'

Christlieb pietist. Neubildung des 18. Jhs. nach dem Muster von *Gottlieb* [HEYD 84]

Christmar Neubildung aus *Christ(us)* und dem alten Namenglied *-mar,* ahd. *māri* 'berühmt' [1968, Gottesdienst 160]

Christo bulgar. KF von *Christophorus,* s. *Christopher* [SP 62, 58]

Christoph, Christopher griech. *Christophorus* 'Christusträger'; auch: *Christof, Christoffer* [*Christoff*: Essen-Werden 1960, HESTERKAMP 63; *Christof*: SD 1966, 74]

Christwart pietist. Neubildung des 18. Jhs. aus *Christ(us)* und dem bekannten Namenglied ahd. *-wart* 'Hüter' [SP 1974, 233]

Chrysostomus griech. 'Goldmund' [Gernsbach 1951, K. WÖRTER; 1530: *Chrisostomus,* HEYD 75]

Claas s. *Klaas*

Clamor lat. 'Ruf', aus dem Kirchengebet *Clamor meus ad te veniat* 'Laß mein Rufen zu dir gelangen' [Bremen 1966, MACKENSEN]

Clark amerikan. VN, über engl. *clerk* aus lat. (urspr. griech.) *clericus* 'Geistlicher, gebildeter Mann' [Heidelberg 1972]

Claudius s. *Klaudius*; frz. *Claude* ['klo:d], ital. *Claudio*

Claus s. *Klaus*

Clemens s. *Klemens*

Cliff KF von *Clifford* [Flensburg 1963]

Clifford engl., urspr. Beiname nach dem Herkunftsort, als VN erst seit Ende des 19. Jhs. gebräuchlich [ODECN]

Clive [klaiv] engl. VN, urspr. Familienname [SD 1974, 77f.]

Cölestin lat. *Coelestinus* 'zum Himmel gehörig, dem Himmel geweiht'; auch *Celestin, Zölestin*

Colin engl. KF von *Nikolaus*

**Colmar* Herkunft und Bedeutung unbekannt; wegen der Übereinstimmung mit den Ortsnamen *Colmar/Kolmar* im Elsaß und *Kolmar* (heute *Chodzież*) im Bezirk Posen nicht zu empfehlen

Coloman s. *Koloman*

**Conny* engl. KF von *Conrad*, aber auch von *Constance* (*Konstanze*), *Cornelia*, daher nicht eindeutig m. VN

Conrad s. *Konrad*

Constantin s. *Konstantin*

Conway [ˈkɔnwe:ⁱ] amerikan. VN vermutl. keltischen Ursprungs, Bedeutung ungewiß [SD 1972, 33]

Conz s. *Konz*

Corbinian s. *Korbinian*

Cord s. *Kord*

Corin NF von *Quirin*(*us*), lat., Name einer sabinischen Stammesgottheit, Bedeutung ungeklärt [1968 mehr als zehnmal, Gottesdienst 159]

Cornel(ius) lat. 'aus dem Geschlecht der Cornelier', Bedeutung ungeklärt [1710: zweimal, HEYD 65]

Cornelis (niederländ.) NF von *Cornelius*

Corvinus lat., Erw. von *corvus* 'Rabe'

Cosimo ital. VN, aus griech. *kosmios* (?) 'der Ordnungsliebende, Ordentliche, Sittsame' [Flensburg 1967]

Cosmas zu griech. *kosmein* 'ordnen, ausstatten, schmücken' (?) [Wiesbaden 1967, 159]; deutsche Schreibweise *Kosmas*

Crispin(us) lat., Erw. von *crispus* 'kraushaarig' [Karlsruhe 1973]

Christobal span. = *Christoph*(*er*)

Curd s. *Kurt*

Curdin rätoroman. (= *Konradin* ?) [Vornamen in der Schweiz 50; Basel 1965, MACKENSEN]

Cyprian lat. 'von Zypern stammend'; dt. Schreibweise *Zyprian*

Cyriac(us) griech. *kyriakos* 'zum Herrn (Christus, Gott) gehörig'; dt. Schreibweise *Zyriak*(*us*) [*Cyriaus*: Allendorf, Kr. Marburg 1656–92, HÖCK 89]

Cyrill(us) wahrscheinlich abgeleitet von griech. *kyrios* 'Herr, Herrscher (= Christus, Gott)'; frz. *Cyrille* [siˈril] [Basel 1972, NABHOLZ 153; München 1974]

Cyrus pers. Königsname, Bedeutung ungewiß ('Thron', 'Sonne' ?); als VN bes. im Englischen [ˈsairəs]

Dag nord., KF von Zss. mit *dag-* 'Tag'

Dagino erweiterte KF von Zss. mit *Dag-* 'Tag' oder *Dago-* (s. *Dagobert*); auch *Tagino* [SD 1970, 27; SP 1976; 216]

Dagobert vermutl. zu kelt. *dago* 'gut' + ahd. *beraht* 'glänzend'

Dagomar vermutl. zu kelt. *dago* 'gut' + ahd. *māri* 'berühmt'

**Dale* [ˈde:ⁱl] engl.-amerikan. m. und w. VN ('aus dem Tal, im Tal' ?) [RULE; WELLS; Hamburg 1962; Wiesbaden 1967, 159]

Damian griech. 'Bezwinger' (?) [HEYD 68; Honnef 1932, LINK E 5]

Dammo KF von *Dankmar*

Dan hebr. 'Richter' oder engl. KF [ˈdɛn] von *Daniel* [FAZ 1957; Flensburg 1969; Heidelberg 1972]

Dani, Däni schweizer. KFF von *Daniel* [DALCHER 336]; auch *Danni, Dänni*

Daniel hebr. 'Gott richtet' oder 'Gott ist mein Richter'

Danilo slaw. = *Daniel* [SP 1963, 122], auch ital. [BURGIO 183; Vornamen in der Schweiz 38]

Dankmar ahd. *danc* 'Denken, Gedanke, Erinnerung, Dank' + *hāri* 'berühmt'

Danko KF von Zss. mit *Dank-*, auch serbokroat. 'der Gegebene, Geschenkte' [SP 1966, 88]
Dankrad ahd. *danc* 'Denken, Gedanke, Erinnerung, Dank' + *rāt* 'Rat(geber), Beratung'
Dankward, -wart ahd. *danc* 'Denken, Gedanke, Erinnerung, Dank' + *wart* 'Hüter'
Danny ['dɛni] engl. KF von *Daniel* [SP 1962, 185; Heidelberg 1974; Bielefeld 1975: 2mal]
Dano bulgar. VN, Bedeutung ungewiß [SP 1974, 122]
Dario ital. = *Darius*
Darius lat., urspr. altpers. 'besitzen' + 'gut' (oder 'Schützer' ?)
David hebr. 'Liebling, Geliebter' (?); engl. *David* ['de:ⁱvid] darf nicht mit *Devid* wiedergegeben werden [belegt, s. SP 1972, 216]: engl. KF *Dave*
Dean ['di:n] engl., urspr. Familienname, 'Dekan, Dechant' [SP 1973, 152]
Debald niederdt. = *Dietbald*
Deddo, Dedo niederdt. KF von Zss. mit *Det-* = *Diet-*
Deert niederdt. = *Diethard*
Degenhard, Deinhard ahd. *degan* 'Krieger, Gefolgsmann, (junger) Held' + *harti* 'stark, fest'; auch *Deinert*
Delf KF von *Detlef*
Delfons KF von älterem *Adelfons*, s. *Alfons*
Demetrius griech. 'Sohn der (Erdgöttin) Demeter'
Denis [də'ni:] frz., **Denis, Dennis** ['dɛnis] engl. = *Dionys*(*ius*); [Uelzen 1962; Heidelberg 1973 bis 1976: 7mal]
Deodat(us) NF von *Adeodatus*, lat. 'von Gott gegeben'
Derek, Derik, Derk niederdt. KFF von *Diederik* = *Dietrich*; auch *Dereck, Derick*, engl. *Derek, Derrick* [Heidelberg 1973: *Derrik*, 1975: *Derk*]
Desiderius lat. 'der Ersehnte'
Dethard niederdt. = *Diethard*; auch *Deterd, Detert*
Detlef, Detlev niederdt. = *Dietleib* oder *Dietolf*
Detlof schwed. = *Detlef*
Detmar, Detwin niederdt. = *Dietmar, Dietwin*
Dewald niederdt. = *Dietbald* oder *Dietwald*
Dick engl. kindersprachl. Lallform für *Richard*
Diddo KF von Zss. mit *Diet-*
Diebald, -bold NFF von *Dietbald, -bold*
Diederich, Diederik NFF von *Dietrich*
Diego span. = *Jakob*
Diemo zweistämmige KF von Zss. mit *Diet-*, bes. *Dietmar*
Dierk s. *Dirk*
Dietbald, -bold ahd. *diot* 'Volk' + *baldo* 'kühn'
Dietbert ahd. *diot* 'Volk' + *beraht* 'glänzend'
Dietbrand ahd. *diot* 'Volk' + *brand* 'Feuer, Schwert'
Dietegen ahd. *diot* 'Volk' + *degan* 'Krieger, Gefolgsmann, (junger) Held' [Titelgestalt einer Novelle von Gottfried Keller, 1862]
Dieter ahd. *diot* 'Volk' + *heri* 'Heer'; älter auch *Diether*
Dietfried ahd. *diot* 'Volk' + *fridu* 'Friede'
Dietger ahd. *diot* 'Volk' + *gēr* 'Speer'
Diethard ahd. *diot* 'Volk' + *harti* 'stark, fest'
Diethelm ahd. *diot* 'Volk' + *helm* 'Helm, Schutz'
Diether ältere Form von *Dieter*, heute kaum noch gebräuchlich

Dietleib ahd. *diot* 'Volk' + *leiba* 'Erbe, Hinterlassenschaft' (?)
Dietmar ahd. *diot* 'Volk' + *māri* 'berühmt'
Dietmund ahd. *diot* 'Volk' + *munt* 'Schutz, Schützer'
Dieto KF von Zss. mit *Diet-*
Dietolf ahd. *diot* 'Volk' + *wolf* 'Wolf'; auch *Dietholf* [SP 1976, 42]
Dietram ahd. *diot* 'Volk' + *hraban* 'Rabe'
Dietrich ahd. *diot* 'Volk' + *rīhhi* 'mächtig, Herrscher'
Dietwald ahd. *diot* 'Volk' + *walt* 'walten, Gebieter'
Dietward, -wart ahd. *diot* 'Volk' + *wart* 'Hüter'
Dietwin ahd. *diot* 'Volk' + *wini* 'Freund'
Dietwolf ahd. *diot* 'Volk' + *wolf* 'Wolf'
Dietz oberdt. KF von Zss. mit *Diet-* [Essen-Werden 1944, HESTERKAMP 55; Freiburg i. Br. 1975]
Diktus KF von *Benediktus*
Dimitri(j) russ. NF von *Dmitrij* = *Demetrius*
Dimo NF von *Diemo*
Dinnies NF von *Dionys(ius)*
Dino ital. KF von Namen, die auf *-d(in)o* enden, z. B. *Rinald(in)o Bernard(in)o* [BURGIO 191; Niedersachsen 1961, MALECKI 815; Hamburg 1967; Heidelberg 1973]
Dionys(ius) griech. 'dem Gott Dionysos geweiht' [HEYD 68]
Dirk niederdt. KF von *Diederik* = *Dietrich*; auch *Dierk*
Dit(t)mar, Dittmer NFF von *Dietmar*; auch *Dithmar*
Dix KF von *Bendix* = *Benediktus*
Dmitrij russ. = *Demetrius*
**Dode, Dodo* fries. KFF (Lallformen) verschiedener Namen, z. B. *Ludolf, Luithold*; *Dode* ist von der Form her aber nicht als m. VN kenntlich, und *Dodo* wird auch als KF von *Dorothea* gebraucht, daher nicht zu empfehlen [*Dode*: Landkreis Norden 1961, MALECKI 813]
Dolf KF von *Adolf*
Domenico ital. = *Dominikus*
Dominic, Dominik(us) lat. 'dem Herrn (Christus, Gott) gehörend, geweiht' [Gernsbach 30er Jahre, K. WÖRTER; Flensburg 1964, Heidelberg 1972]; die frz. Form *Dominique* darf als Einzelname bei uns nur Mädchen gegeben werden
Don engl. KF von *Donald*; Koseform *Donny* [SP 1962, 89]
Donald engl. VN kelt. Ursprungs, 'Weltherrscher' ('Welt' + 'mächtig') [Berlin 1966, MACKENSEN]
Donat(us) lat. 'der (Gott oder von Gott) Gegebene, Geschenkte' [Baasem/Eifel 1956, H. RENN 332; Niedersachsen 1961, MALECKI 815]
Donny s. *Don*
Dothias fries., Ursprungsform ungewiß [RAVELING stellt *Dotias* (im Register: *Dothias*) zu *Dorothea*; TILEMANN DOTHIAS WIARDA, Verfasser eines Vornamenbuches, 1800, s. das Literaturverzeichnis]
Douglas engl. VN kelt. Ursprungs, 'dunkelblau'
Dragan, Drago (KF) jugoslaw., vermutl. zu slaw. *dorog-* 'lieb, teuer' [*Dragan*: Linz 1967, MACKENSEN; *Drago*: PAUL]
Drees, Dries KFF von *Andreas*
Ducko fries. VN, Ursprung ungewiß [RAVELING; Landkreis Norden 1961, MALECKI 813]
Dyke fries. KF von Zss. mit *Diet-*, nicht eindeutig m.

Earl [œ:rl] engl. VN, ags. *eorl* 'edler, freier Mann' [Wiesbaden 1962, 39; Heidelberg 1974]

Ebbo KF von *Eberhard*; auch *Eppo*
Eberfried ahd. *ebur* 'Eber' + *fridu* 'Friede'
Eberhard ahd. *ebur* 'Eber' + *harti* 'stark, fest'
Eberwin ahd. *ebur* 'Eber' + *wini* 'Freund'
Eck KF von Zss. mit *Eck-*
Eckart NF von *Eckehard*
Eckbert NF von *Egbert*
Ecke KF von Zss. mit *Ecke-*, bes. *Eckehard* [Honnef 1939, Link E 5]
Eckehard ahd. *ekka* 'Schneide, Spitze' + *harti* 'stark, fest'
Eckert NF von *Eckehard*
Eckeward, -wart ahd. *ekka* 'Schneide, Spitze' + *wart* 'Hüter'
Eckfried ahd. *ekka* 'Schneide, Spitze' + *fridu* 'Friede'
Eckhard NF von *Eckehard*
Eckward NF von *Eckeward*
Eckwin ahd. *ekka* 'Schneide, Spitze' + *wini* 'Freund'
Ed (engl.) KF von *Edward*
Edbert ags. NF von *Otbert*
Eddie engl. KF von *Edward* [Borna 1973: SP 1974, 233]
Ede KF von *Eduard* [Bremen 1966, Mackensen]
Edelbert NF von *Adalbert* [Wermelskirchen 1940, Link E 15]
Edelt niederdt.-fries. KF von Zss. mit *Edel-* = *Adel-* [Raveling; Mannheim 1923, Schott 232]
Edgar ags. *ead* 'Erbgut, Besitz' + *gār* 'Speer'
Edlef niederdt.-fries. VN, zu ags. *ead* 'Erbgut, Besitz' + *wulf* 'Wolf' oder altfries. *lēva* 'Erbe Hinterlassenschaft' [Raveling]; auch *Etlef*
Edmar NF von *Otmar*
Edmund ags. *ead* 'Erbgut, Besitz' + *mund* 'Schutz, Schützer'
Edo KF von *Eduard* und anderen Zss. mit *Ed-*
Edsert fries. = *Eckehard*
Edu KF von *Eduard*
Eduard ags. *ead* 'Erbgut, Besitz' + *weard* 'Hüter'
Edward engl. = *Eduard*; schwed.-dän. *Edvard*
Edwin ags. *ead* 'Erbgut, Besitz' + *wine* 'Freund'; NF von *Otwin*
Edzard fries. = *Eckehard* [Niedersachsen 1961: *Edzar* (nicht zu empfehlende Form), Malecki 815]
Efrem ital. = *Ephraim*
Egbert ahd. *egga* 'Schneide Spitze' + *beraht* 'glänzend'
Egge KF von Zss. mit *Eg-* [Niedersachsen 1961, Malecki 815]
Eggert niederdt., schwed. = *Eckehard*
Eggo KF von Zss. mit *Eg-*
Egidius NF von *Ägidius* [Gernsbach 1934, K. Wörter]; KFF: *Egidi, Egid* [München 1974]
Egil nord., KF von Zss. mit *Eg(il)*
Egilbert german. *agil-* 'Schwert' (?) + ahd. *beraht* 'glänzend'
Egilmar german. *agil-* 'Schwert' (?) + ahd. *māri* 'berühmt'
Egilo KF von Zss. mit *Egil-*
Egilward german. *agil'* 'Schwert' (?) + ahd. *wart* 'Hüter'
Eginald german. *agin-* 'Schwert' (?) + ahd. *walt* 'walten, Gebieter'
Eginbert german. *agin-* 'Schwert' (?) + ahd. *beraht* 'glänzend'
Eginhard german. *agin-* 'Schwert' (?) + ahd. *harti* 'stark, fest' [Honnef 1954, Link E 6]
Egino KF von Zss. mit *Egin-*
Eginolf, Eginulf german. *agin* 'Schwert' (?) + *wolf, wulf* 'Wolf'
Eglof(f) NF von *Egolf*; auch *Eklof*

Egmont, Egmund ahd. *egga* 'Schneide, Spitze' + *munt* 'Schutz, Schützer'

Egolf german. *agi-* 'Schneide, Schwert' (?) + *wolf* 'Wolf'

Egon NF von *Egino*

Ehm niederdt. KF von Zss. mit *Egin-*, *Ein-* [der Schriftsteller EHM WELK, 1884–1966, hieß mit bürgerlichem Namen THOMAS TRIMM]

Ehregott pietist. Neubildung des 18. Jhs. [Coburg 1783 und vor 1823, WILHELM 16]

Ehrenfried protestant. Neubildung um 1600, viell. Umdeutung von älterem *Erinfried* = *Arnfried* [HEYD 84; SP 1972, 216]; schwed. *Ernfrid*

Ehrenreich protestant. Neubildung [zw. 1670 und 1729, HEYD 75]

Ehrfried NF von *Ehrenfried* aus älterem *Erfried*, ahd. *ēra* 'Ehre, Ansehen' + *fridu* 'Friede'

Ehrhard NF von *Erhard*

Eibe, Eibo fries. zweistämmige KF von Zss. mit *Eg-*, bes. *Egbert* [*Eibe*: Flensburg 1964]

Eigel vermutl. KF von Zss. mit *Eg(il)-*

Eike niederdt. KF von Zss. mit *Eg(in)-*, *Eck-*; nicht eindeutig m. und heute — vor allem außerhalb des niederdt. Sprachgebietes — meist als Mädchenname gebräuchlich; der Zusatz eines zweiten, das Geschlecht des Namensträgers eindeutig kennzeichnenden Vornamens ist empfehlenswert; auch *Eicke*

Eiko eindeutig m. Form von *Eike*

Eilbert german. *agil-* 'Schwert' (?) + ahd. *beraht* 'glänzend'

Eilert niederdt. NF von *Eilhard*; auch *Eylert*

Eilfried german. *agil-* 'Schwert' (?) + ahd. *fridu* 'Friede'

Eilhard german. *agil-* 'Schwert' (?) + ahd. *harti* 'stark, fest'

Eilmar german. *agil-* 'Schwert' (?) + ahd. *māri* 'berühmt'

Eilt niederdt.-fries. KF zu german. *agil-* 'Schwert' (?) + ahd. *walt* 'walten, Gebieter' [Niedersachsen 1961: 2 mal, MALECKI 814]

Eilward, -wart german. *agil-* 'Schwert' (?) + ahd. *wart* 'Hüter'

Einar nord. 'Allein-Kämpfer' (?) [OTTERBJÖRK; Kr. Salzgitter 1961, MALECKI 813; Hamburg 1966]

Einhard NF von *Eginhard*

Eitel urspr. wurde das Wort *eitel* 'rein, unverfälscht; nur, alleinig' einem Namen vorangestellt, um zu kennzeichnen, daß der Betreffende nur einen Namen hat (z. B. *Eitel Friedrich* = 'nur Friedrich'); daraus entwickelten sich Verbindungen wie *Eitelfritz*, *Eiteljörg*, und schließlich wurde *Eitel*, dessen urspr. Bedeutung nicht mehr erkannt wurde, auch als selbständiger VN aufgefaßt und eingetragen [Wiesbaden 1957, 5]

Eitelfritz, -jörg, -wolf s. *Eitel*

Ekfried NF von *Eckfried*

Ekkolf, Eklof NFF von *Eglof(f)*

Ekke NF von *Ecke*

Ekkehard NF von *Eckehard*

Elard niederdt. = *Adelhard* oder *Eilhard*

Elbert NF von *Eilbert* [SP 1962, 169]

Elef ältere NF von *Elof*

Elert niederdt. NF von *Eilhard* oder *Adalhard*

Elger NF von *Adalger* oder zu german. *agil-* 'Schwert' (?) + *gēr* 'Speer'

Elgo KF von *Eligius* (?) [MACKENSEN]
Elias hebr. 'Jahwe ist Gott'
Elieser hebr. 'Gott ist Hilfe' (?); auch *Eliezer*
Eligius lat. 'der Auserwählte' [Baasem/Eifel 1826, H. RENN 331]
Elimar NF von *Adalmar* [Hzt. Coburg vor 1900, WILHELM 26; SD 1967, 166]
Elk KF von *Elkmar* oder von Zss. mit *Adal-* [*Elk-Reiner*: Wolfsburg 1936—45, HERRLE 21]
Elkmar vermutl. NF von *Alkmar*, ahd. *alah* 'Heiligtum' (?) + *māri* 'berühmt'
Elko niederdt. KF von Zss. mit *Adal-*
Ellis engl. VN hebr. Ursprungs (= *Elias* oder *Elisha* 'Gott ist hehr', ODECN); könnte im Deutschen auch als Mädchenname aufgefaßt werden
Elmar NF von *Adalmar* oder *Eilmar* [Essen-Werden 1900, HESTERKAMP 63; Basel 1972, NABHOLZ 153; Heidelberg 1975]; auch *Ellmar*
Elmer engl. und schwed. = *Elmar* [SD 1967, 166]
Elmo zweistämmige KF von Zss. mit *Adal-* oder *Eil-*; ital. KF von *Erasmus* [V. D. SCHAAR]
Elof schwed. 'Alleinerbe, einziger Nachkomme' (?); auch *Eloff*
Elso fries. KF von Zss. mit *Adal-* (?) [RAVELING; Niedersachsen 1961: 2 mal MALECKI 814]
Elvis amerikan. VN, Herkunft und Bedeutung ungeklärt
Emanuel NF von *Immanuel*, hebr. 'Gott mit uns'
Emeram s. *Emmeram*
Emerich s. *Emmerich*
Emil im 18. Jh. aus frz. *Émile* entlehnt, urspr. lat. *Aemilius* 'aus dem Geschlecht der Aemilier', zu *aemulus* 'eifrig, nach-, wetteifernd'
Emmeram ahd. *heim* 'Heim, daheim' + *hraban* 'Rabe'; auch *Emeram*
Emmerich ahd. *heim* 'Heim, daheim' + *rīhhi* 'mächtig, Herrscher'; auch *Emerich*
Emmo fries. KE, Ursprungsform ungewiß
Enders, Endres NFF von *Andreas*
Endrich, Endrik NFF von *Heinrich* [*Endrich*: Zürich zw. 1854 und 1884]; auch *Endric*
Engbert NF von *Ingbert*
Engelbert, -brecht ahd. 'aus dem Stamm der Angeln' + *beraht* 'glänzend'
Engelfried ahd. 'aus dem Stamm der Angeln' + *fridu* 'Friede'
Engelhard ahd. 'aus dem Stamm der Angeln' + *harti* 'stark, fest'
Engelmar ahd. 'aus dem Stamm der Angeln' + *māri* 'berühmt'
Engelram ahd. 'aus dem Stamm der Angeln' + *hraban* 'Rabe'
Enno fries. KF, Ursprungsform ungewiß, viell. von Zss. mit *Ein-*
Enrico ital. = *Heinrich*
Enrik NF von *Heinrich* [Flensburg 1965]
Ephraim hebr. 'doppelte Fruchtbarkeit' (?) [BHH]
Eppo NF von *Ebbo*
Eraldo ital. = *Harald* [Linz 1963]
Erasmus griech. 'der Liebenswerte'
**Erbgut* wahrscheinl. Neubildung, hat jedoch kaum Namencharakter [Görlitz vor 1884, JECHT II, 151]
Erdmann pietist. Neubildung als Übersetzung von *Adam* [FLEISCHER, Personennamen 6]; früher auch NF von *Hartmann*
Erdmut NF von *Hartmut* [AG München 1955, StAZ 1955, 265; MACKENSEN]

Erdwin vermutl. NF von *Hartwin*
Erek NF von *Erich, Erik*? Name einer Gestalt aus der kelt. Artussage [Karlsruhe 1973]
Erfried NF von *Ehrenfried* oder Neubildung nach dem Muster von *Erwin, Erhard* [SP 1972, 216]
Erhard ahd. *ēra* 'Ehre, Ansehen' + *harti* 'stark, fest'
Erich, Erik aus dem Nord. übernommener VN, 'der allein Mächtige' [H. ANDERSEN]; engl. *Eric*

Eris Herkunft und Bedeutung unbekannt, nicht eindeutig m. [HERMANN ERIS BUSSE, badischer Volkskundler und Erzähler, 1891 bis 1947]
Erk KF von *Erik* [Hamburg 1961; Flensburg 1963]
Erkenbald ahd. *erkan* 'ausgezeichnet, echt, wahr' + *bald* 'kühn'
Erkenbert, -brecht ahd. *erkan* (s. *Erkenbald*) + *beraht* 'glänzend'
Erkenfried ahd. *erkan* (s. *Erkenbald*) + *fridu* 'Friede'
Erkenrad ahd. *erkan* (s. *Erkenbald*) + *rāt* 'Rat(geber), Beratung'
Erkenwald ahd. *erkan* (s. *Erkenbald*) + *walt* 'walten, Gebieter'
Erkmar ahd. *erkan* (s. *Erkenbald*) + *māri* 'berühmt'
Erko KF von Zss. mit *Erk(en)-*
Erland niederländ., dän., schwed. VN, zu ahd. *ēra* 'Ehre, Ansehen' + *land* 'Land' [v. d. SCHAAR] oder zu altisländ. *jarl* 'Häuptling', ahd. *erl* 'edler, freier Mann' [DUDEN-Lexikon], auch Herleitung von einem Beinamen mit der Bedeutung 'Ausländer, Fremdling' ist möglich [OTTERBJÖRK; Bremen 1966, MACKENSEN]; auch *Erlend*
Erlfried ahd. *erl* 'edler, freier Mann' + *fridu* 'Friede'
Erling nord., Herkunft und Bedeutung ungewiß, viell. zu ahd. *erl*, ags. *eorl* 'edler, freier Mann' [Flensburg 1964]
Erlwin ahd. *erl* 'edler, freier Mann' + *wini* 'Freund'
Ermanarich NF von *Ermenrich*
Ermenbald german. *ermin* 'Erde, Welt, allumfassend' + ahd. *bald* 'kühn'
Ermenbrecht german. *ermin* (s. *Ermenbald*) + ahd. *beraht* 'glänzend'
Ermenfried german. *ermin* (s. *Ermenbald*) + ahd. *fridu* 'Friede'
Ermenhard german. *ermin* (s. *Ermenbald*) + ahd. *harti* 'stark, fest'
Ermenrad german. *ermin* (s. *Ermenbald*) + ahd. *rāt* 'Rat(geber), Beratung'
Ermenrich german. *ermin* (s. *Ermenbald*) + ahd. *rīhhi* 'mächtig, Herrscher'
Ermenolf german, *ermin* (s. *Ermenbald*) + ahd. *wolf* 'Wolf'
Ermenwald german. *ermin* (s. *Ermenbald*) + ahd. *walt* 'walten, Gebieter'
Erminald, Erminold NFF von *Ermenwald*
Ermo KF von Zss. mit *Erm(en)-*

Ernfrid s. *Ehrenfried*
Erno NF von *Arno*; ital. KF von *Ernesto* = *Ernst* [Bremen 1966, MACKENSEN]
Ernest(in)us latinisierte Formen von *Ernst*
Ernst ahd. 'ernst, entschlossen', urspr. Beiname
Erpo KF von *Arbogast* oder zu ahd. *erp* 'dunkelfarbig' [WASSERZIEHER]
Errol engl., NF von *Earl* (?). [Gernsbach 1956, K. WÖRTER; SD 1974, 167]

Erwin älter *Herwin*, ahd. *heri* 'Heer' + *wini* 'Freund'
Esmond engl., gleichbedeutend mit *Osmund* (s. d.) oder aus altengl. *est* 'Grazie, Schönheit' und *mund* 'Schutz, Schützer' [ODECN]
Esra hebr. '(Gott ist) Hilfe'; auch *Ezra*
Ethelbert engl. = *Adalbert*
**Etkar* Verschreibung des Standesbeamten für *Edgar*? [1894, SP 1974, 88]
Etzel KF von Zss. mit *Adal-*, ahd. *Azilo*; auch hochdt. Form von *Attila* [Heidelberg 1972]
Euchar(ius) griech. 'Dankbarkeit' (?)
Eugen griech. 'wohlgeboren, von edler Abkunft'
Eulogius griech. 'Lob, Segen; wohlredend' [HEYD 68]
Euricius aus *Heinrich* über *Henricus, Ricus, Ricius* entstellter Name mit vorangestelltem griech. Adverb *eu* 'gut' = 'guter Heinrich' [O. SCHÜTTE in der Zs. d. Allg. Dt. Sprachvereins 26, 1911, Sp. 338]
Eusebius griech. 'der Fromme, Gottesfürchtige'
Eustach(ius) griech. 'ährenreich, fruchtbar'
Evangelist griech. 'Verkünder des Evangeliums' [1750 u. ö., HEYD 49f.; Gernsbach 1932, K. WÖRTER]
Evarist griech. 'der Wohlgefällige' [HEYD 68]
Everhard niederdt. = *Eberhard*
Evert niederdt. KF von *Eberhard* [Niedersachsen 1961, MALECKI 815; Heidelberg 1976]
Ewald ahd. *ē(wa)* 'Recht, Gesetz, Ordnung' + *walt* 'walten, Gebieter'
Eward ahd. *ē(wa)* 'Recht, Gesetz, Ordnung' + *wart* 'Hüter'
Eylert s. *Eilert*
Ezechiel hebr. 'Gott ist stark'(= *Hesekiel*)
Ezra s. *Esra*
Ezzo ital. KF von *Adolfo* = *Adolf* [DUDEN-Lexikon; MACKENSEN]

Fabian Erw. von *Fabius*
Fabius lat. 'aus dem Geschlecht der Fabier', zu lat. *faba* 'Bohne'; ital. *Fabio*
Falk jüngere NF von *Falko* [SP 1973, 234; Heidelberg 1975]
Falkmar Neubildung aus *Falk* und dem alten Namenglied *-mar*, ahd. *māri* 'berühmt'
Falko 'Falke', urspr. Beiname
Faramund zu ahd. *faran* 'reisen, fahren' + *munt* 'Schützer'
Farfried zu ahd. *faran* 'reisen, fahren' + *fridu* 'Friede'
Farold zu ahd. *faran* 'reisen, fahren' + *walt* 'walten, Gebieter'
Fastmar ahd. *fasti* 'fest' + *māri* 'berühmt'
Fastmund ahd. *fasti* 'fest' + *munt* 'Schützer'
Fastrad ahd. *fasti* 'fest' + *rāt* 'Rat(geber), Beratung'
Faustus lat. 'der Glückbringende'
Feddo fries. KF von Zss. mit *fred* = *fried*
Fedor ältere Wiedergabe von russ. *Fjodor* [Zürich zw. 1854—84: 2mal]
Feike, **Feiko** fries., vermutl. kindersprachliche KF von Zss. mit *fred* = *fried* [*Feike*: Niedersachsen 1961, MALECKI 815]
Felix lat. 'der Glückliche'
Feodor russ. = *Theodor*
Ferdi KF von *Ferdinand* [Trier 1966, MACKENSEN]

Ferdinand german. *frithu* 'Friede' + *nantha* 'mutig, kühn'; oberdt. Koseform *Ferdl*; span. *Hernando*
Ferfried NF von *Farfried*
Fernando ital. = *Ferdinand* [Gernsbach 1964, K. Wörter]
Ferry frz. KF von *F(r)édéric* = *Friedrich* [SP 1963, 152; 1968, Gottesdienst 160]
Fidel KF von *Fideli(u)s*
Fidelio ital. = *Fidelius*
Fidelis, Fidelius lat. 'der Treue, Zuverlässige' [*Fidelius*: Heyd 55]; *Fidelis* tritt gelegentlich auch als w. VN auf
Fiete niederdt. KF von *Friedrich*
Filibert ahd. *filu* 'viel' + *beraht* 'glänzend'; früher auch *Philibert*

**Findesieg* der bei Mackensen als „eigene Bildung 1918" erwähnte Name ist im angegebenen Jahr in Siegen einem in der *Sieg*straße aufgefundenen *Findel*kind, und zwar einem Mädchen, von der Behörde gegeben worden: *Johanna Emma Findesieg Namenlos* [Irle 10]
Finn nord., Bedeutung unsicher ('Finne', älter 'Wanderer' ? Otterbjörk), auch engl. VN kelt. Ursprungs ('schön' oder 'weiß' ?) [Flensburg 1965]; auch *Fynn*
Firmin(us) Erw. von *Firmus*
Firmus lat. 'der Feste, Standhafte'
Fjodor russ. = *Theodor*
Flavio ital., von lat. *Flavius* 'aus dem Geschlecht der Flavier', zu lat. *flavus* 'blond'
Flodoard vermutl. aus fränk. *Chlōdward* (wie frz. *Flobert, Flaubert* aus *Chlōdbert*; Dauzat), zu german. *hlūtha-* 'laut, berühmt' + *warda-* 'Hüter' [Flodoard: fränk. Geschichtsschreiber 894 bis 966; Fl. Frhr. von Biedermann, Goetheforscher, 1858 bis 1934]
Florens lat. 'der Blühende'
Florent ndl. und frz. [flo'rã] = *Florentius*
Florentin(us) Erw. von *Florentius*
Florentius zu lat. *florens* 'blühend'
Florenz dt. Form von *Florentius* [Hzt. Coburg vor 1900: 3mal, Wilhelm 26]
Florian Erw. von *Florus*
Floribert viell. Mischbildung aus *Florus* und dem alten Namenglied *-bert*, ahd. *beraht* 'glänzend'
Florin NF von *Florian*
Floris ndl. NF von *Florus, Florentius*; nicht eindeutig als m. VN erkennbar
Florus lat. 'der Blühende, Prächtige'
Focke, Focko, Fokke, Fokko niederdt.-fries. KFF von Zss. mit *Folk-, Volk-*
Folbert NF von *Volkbert*
Folker NF von *Volker*
Folke, **Folko** KFF von Zss. mit *Folk-, Volk-*; *Folke* kann im Niederdt. auch als w. VN gebraucht werden
Folkert (niederdt.), **Folkhart** NFF von *Volkhard*
Folkwein NF von *Volkwin*
Fons KF von *Alfons*
Fortunat(us) lat. 'der Beglückte, Gesegnete, Glückliche'
Frajo vermutl. Neubildung aus *Fra(nz)* + *Jo(sef)* oder *Jo(hann)* [Hamburg 1967]
Francis ['fra:nsis] engl. = *Franziskus* [Heidelberg 1974]
Franciscus s. *Franziskus*
Franek poln. KF von *Franciszek* = *Franziskus*
Frank 'der Franke, Freie', urspr. Beiname; *Fränk* [Essen-Werden

60er Jahre, HESTERKAMP 105] ist eine unzulässige Wiedergabe der englischen Aussprache des Vornamens

**Franklin* [engl. 'frɛŋklin, dt. auch 'fraŋkli:n] vermutl. nach dem amerikan. Staatsmann und Physiker BENJAMIN FRANKLIN (1706 bis 1790); auch *Darwin,* der Familienname des berühmten engl. Biologen CHARLES DARWIN ist (lt. einer Todesanzeige) um 1910 als VN eingetragen worden

Franko 'der Freie, Franke' [Berchtesgaden 1959, MACKENSEN]

Frankobert, Frankomar, Frankowig Neubildungen aus *Frank*(*o*) und den alten Namengliedern *-bert,* ahd. *beraht* 'glänzend', *-mar,* ahd. *māri* 'berühmt', und *-wig,* ahd. *wīg* 'Kampf'

Frankward Neubildung aus *Frank* und dem alten Namenglied *-ward* ahd. *wart* 'Hüter'

Franz KF von *Franziskus,* niederländ. *Frans,* ungar. *Ferenc*

Franziskus lat. *Franciscus* 'der Franke'; frz. *François,* ital. *Francesco*

Fred KF von *Alfred, Manfred*

Freddi, Freddo KFF von *Frederik* = *Friedrich*; engl. *Freddy*

Freddy s. *Freddi*

Fredegar niederdt. = *Friedeger*

Frederik niederdt. = *Friedrich*

Fredi, Fredo KFF von *Alfred, Manfred, Frederik* [*Fredi*: Hzt. Coburg vor 1900, WILHELM 26]; auch *Fredy*

Fredrik schwed. = *Friedrich*

Fredy s. *Fredi*

Freerik, Freerk niederdt.-fries. = *Friedrich*

Frei NF von *Freio*

Freimund, Freimut nhd. Neubildungen [*Freimund*: 1812, Sohn A. v. Arnims, ARNOLD, 24; *Freimut*: 1830, CANZLER 92; Görlitz vor 1884: 2 mal, JECHT II, 151]

Freio 'der Freie', eigtl. Beiname

Frerich, Frerk NFF von *Frederich/-rik* = *Friedrich*

Frid- s. *Fried-*

Friddo KF von Zss. mit *Fried-/-fried,* bes. *Friedrich*; auch *Frido*

Fridiger NF von *Friedeger*

Frido s. *Friddo*

Fridolin oberdt. KF von *Friedrich*; auch *Friedolin* (selten)

Fried KF von Zss. mit *Fried-/-fried*

Friedbert, Friedbrand NFF von *Friedebert, -brand*

Friedebald ahd. *fridu* 'Friede' + *bald* 'kühn' [Hzt. Coburg vor 1900, WILHELM 26]

Friedebert ahd. *fridu* 'Friede' + *beraht* 'glänzend'

Friedebrand ahd. *fridu* 'Friede' + *brand* 'Feuer, Schwert'

Friedeger ahd. *fridu* 'Friede' + *gēr* 'Speer'

Friedel, auch *Friedl,* KF von Zss. mit *Fried-/-fried,* bes. *Friedrich* [*Friedel*: Wermelskirchen 1923: 2mal, LINK T 19; *Friedl*: Gernsbach 1934, K. WÖRTER]; auch KF von w. VNN auf *-friede*!

Friedemann ahd. *fridu* 'Friede' + *man* 'Mann, Mensch', auch KF von Zss. mit *Fried*(*e*)-

Friedemar ahd. *fridu* 'Friede' + *māri* 'berühmt'

Friedemund ahd. *fridu* 'Friede' + *munt* 'Schützer'

Friedenand NF von *Ferdinand*

Frieder KF von *Friedrich*

Friederich ältere Form von *Friedrich*

Friedewald ahd. *fridu* 'Friede' + *walt* 'walten, Gebieter'

Friedeward ahd. *fridu* 'Friede' + *wart* 'Hüter'
Friedger NF von *Friedeger*
Friedhard ahd. *fridu* 'Friede' + *harti* 'stark, fest'; auch *Friedhart*
Friedhelm ahd. *fridu* 'Friede' + *helm* 'Helm, Schutz'; auch Neubildung aus *Fried(rich)* + *(Wil)helm*
Friedhold Neubildung aus *Fried-*, ahd. *fridu* 'Friede', + *hold*, urspr. *-wald*, ahd. *walt* 'walten, Gebieter' [Hzt. Coburg vor 1900, WILHELM 26; 1954: SP 1976, 152]
Friedhorst DF aus *Fried-*, ahd. *fridu* 'Friede' + *Horst*
Friedjof s. *Frithjof* [Niedersachsen 1961: 2mal, MALECKI 814]
Friedl s. *Friedel*
Friedlieb pietist. Neubildung oder Umgestaltung von älterem *Friedleib*, ahd. *fridu* 'Friede' + *leiba* 'Erbe, Hinterlassenschaft' (?)
Friedmar, Friedmund NFF von *Friede-*
Friedo KF von Zss. mit *Fried-/-fried*
Friedolf ahd. *fridu* 'Friede' + *wolf* 'Wolf'
Friedolin s. *Fridolin*
Friedrich ahd. *fridu* 'Friede' + *rīhhi* 'mächtig, Herrscher'; frz. *F(r)édéric*, engl. *Frederic(k)*, ital. *Federico*, span. *Federigo*, poln. *Fryderyk*
Friedrichkarl DF aus *Friedrich* + *Karl*
Friedwald, Friedward NFF von *Friede-*; auch *Friedwart*
Friso 'Friese' (?), urspr. Beiname
Frithjof nord. VN, altnord. *fridhr* 'Friede' + *jöfurr* 'Fürst' (eigtl. 'Eber; junger Streiter') [v. D. SCHAAR] oder eine nord. Entsprechung von altengl. *theow* 'Diener' [OTTERBJÖRK] oder altisländ. *thjófr* 'Dieb, Räuber' [DUDEN-Lexikon], neuschwed. *Fritjof*; die eindeutschende Schreibweise *Friedjof* ist nicht zu empfehlen
Fritz KF von *Friedrich*
Frobenius latinisierte NF von *Frowein* [1670, HEYD 59]
Frodebert ahd. *frōt* 'klug, weise' + *beraht* 'glänzend'
Frodeger ahd. *frōt* 'klug, weise' + *gēr* 'Speer'
Frodemund ahd. *frōt* 'klug, weise' + *munt* 'Schützer'
Frodewald ahd. *frōt* 'klug, weise' + *walt* 'walten, Gebieter'
Frodewin ahd. *frōt* 'klug, weise' + *wini* 'Freund'
Frohmut pietist. Neubildung oder Umdeutung von älterem *Fromut* = *Frodemut*, ahd. *frōt* 'klug, weise' + *muot* 'Sinn, Geist, Gemüt'; vor allem für Kinder, die zu Pfingsten geboren sind, früher auch für Mädchen [1929 *Fromut* in Ostpreußen w. VN]; der Eindeutigkeit halber sollte jedoch für Mädchen nur die Form *Fro(h)mute* gebraucht werden
Frommhold Umbildung aus älterem *Frommwald*, ahd. *fruma* 'Nutzen, Vorteil, Gewinn' + *walt* 'walten, Gebieter', in Anlehnung an nhd. *fromm* und *hold*
Fromund NF von *Frodemund*
Fromut s. *Frohmut*
Frowein, Frowin NFF von *Frodewin* oder aus altsächs. *frōho, frōio, frāho* 'Herr' [HARTIG]
Frowald NF von *Frodewald*
Fulbert NF von *Volkbert*
Fulko KF von Zss. mit *Folk-*, *Volk-*
Fulrad NF von *Volkrad*
Fürchtegott pietist. Neubildung des 17./18. Jhs., Übersetzung von

Timotheus; als Beivorname gelegentlich auch für Mädchen [OLG Hamburg 26. 9. 1966, StAZ 1967, 15f.]
Fynn s. *Finn*

Gabriel hebr. 'Mann Gottes' oder 'Gott hat sich stark gezeigt' [BHH]; ungar. *Gábor*
Gallus lat. 'Gallier' (oder 'Hahn' ?)
Gandolf, Gandulf altnord. *gandr* 'Werwolf' + *ulfr* 'Wolf'
Gangolf Umkehrung von *Wolfgang*
Garbrand fries. NF von *Gerbrand*
Gard fries. NF von *Gerd*, KF von *Gerhard*
Garlef fries. = *Garlieb*
Garlieb NF des älteren Namens *Gerleib*, ahd. *gēr* 'Speer' + *leiba* 'Erbe, Hinterlassenschaft' (?), umgedeutet zu 'der ganz, sehr Liebe'
Garrelf fries. = *Garlieb*; der zweite Bestandteil kann auch auf *wolf* 'Wolf' zurückgehen
Garrelt fries. = *Gerold*
Garrit fries. = *Gerhard*
Gaspard [gas'pa:r] frz. = *Kaspar*; ital. *Gasparo, Gaspare*
Gastold ahd. *gast* 'Gast, Fremdling' + *walt* 'walten, Gebieter'
Gaston [gas'tõ] frz. = *Vedastus* (auch *St. Vaast, Waast, Vedasius*), Name eines flämischen Heiligen, Bedeutung ungeklärt [Gernsbach 1946, K. Wörter]
Gaudentius zu lat. *gaudens* 'sich freuend' (vgl. *Hilarius*)
Gaudenz dt. Form von *Gaudentius* [Fluntern-Zürich ab 1942: 4mal, Métraux 28]
Gebbert niederdt. NF von *Gebhard*
Gebbo KF von Zss. mit *Geb-* oder *Ger-* (*Gerbod, Gerbrand* u. ä.)
Gebhard ahd. *geba* 'Gabe' + *harti* 'stark, fest'
Gebino Erw. von *Gebbo*
Gedeon griech. NF von *Gideon*
Geert KF von *Gerhard*
Geerto Erw. von *Geert*
Geo KF von *Georg*
Georg(ius) griech. 'Landmann, Bauer', Name eines der Vierzehn Nothelfer; engl. *George* ['dʒɔrdʒ], frz. *Georges* [ʒɔrʒ]; oberdt. Koseform: *Schorsch(l)*
Gerald NF von *Gerwald*
Gerard NF von *Gerhard*, frz. *Gérard* [ʒe'ra:r] [Flensburg 1970]
Gerbald ahd. *gēr* 'Speer' + *bald* 'kühn'
Gerbert ahd. *gēr* 'Speer' + *beraht* 'glänzend'
Gerbod ahd. *gēr* 'Speer' + *boto* 'Bote, Gebieter'
Gerbold NF von *Gerbald*
Gerbrand ahd. *gēr* 'Speer' + *brand* 'Feuer, Schwert'
Gerd KF von *Gerhard*; auch *Gert*
Gereon griech. 'Ältester, Greis' (?)
Gerfried ahd. *gēr* 'Speer' + *fridu* 'Friede'
Gerhard ahd. *gēr* 'Speer' + *harti* 'stark, fest'; auch *Gerhart*
Gerion NF von *Gereon* [SD 1972, 199]
Gerit niederdt. KF von *Gerhard*; auch als w. VN gebräuchlich [s. unter den Mädchennamen; SP 1966, 234]
Gerlach ahd. *gēr* 'Speer', Bedeutung des zweiten Bestandteils ungeklärt [um 1765, Irle 19]
German(us) 'Germane', russ. auch = *Hermann*; NF *Germann* [Zürich zw. 1854—84]
Germar ahd. *gēr* 'Speer' + *māri* 'berühmt'
Germo zweistämmige KF von Zss. mit *Ger-*, bes. *Germar* [Heidelberg 1976]

Gernhard vermutl. Neubildung aus *gern* und dem alten Namenglied *-hard*, ahd. *harti* 'stark, fest'

Gernot ahd. *gēr* 'Speer' + *nōt* 'Bedrängnis (im Kampf), Gefahr' [SD 1966, 26]; die Schreibweise *Gernod* ist nicht zu empfehlen

Gero KF von Zss. mit *Ger-*

Gerold NF von *Gerwald*

Gerolf NF von *Gerwulf*

Gerrit niederdt. KF von *Gerhard* [s. auch unter den Mädchennamen!]

Gerry KF von *Gerhard* und anderen Zss. mit *Ger-*

Gersom, Gerson hebr., Bedeutung ungeklärt; auch *Gerschom*

Gert s. *Gerd*

Gerthold Neubildung aus *Gert* und dem alten Namenglied *-hold*, urspr. *-walt* 'walten, Gebieter' [Heidelberg 1973; München 1974]

Gerulf NF von *Gerwulf*

Gervasius vermutl. griech. Ursprungs, Bedeutung unsicher

Gerwald ahd. *gēr* 'Speer' + *walt* 'walten, Gebieter'

Gerwig ahd. *gēr* 'Speer' + *wīg* 'Kampf'

Gerwin ahd. *gēr* 'Speer' + *wini* 'Freund'

Gerwulf ahd. gēr 'Speer' + *wolf, wulf* 'Wolf'

Gesinus fries. m. KF von Zss. mit *Ger-* [Niedersachsen 1961, MALECKI 813]

Gevehard niederdt. NF von *Gebhard*

Géza ['ge:zɔ] ungar. m. VN, eine irrtümliche deutsche Lesart des *Gesa* geschriebenen, urspr. türkischen Ehrentitels aus heidnischer Zeit (richtige Aussprache eigentlich: 'dje:ʃa) [LADÓ]

Gian ital.-schweizer. = *Johann* [Frutigen/Berner Oberland 1960 bis 1964, BERGER, 283; Heidelberg 1974]

Gideon hebr., Bedeutung unsicher ('Zertrümmerer'? V. D. SCHAAR, PAUL) [Frutigen/Berner Oberland 1930—34, BERGER 245]

Gies- s. **Gis-**

Gil KF von *Ägidius* oder *Gilbert*

Gilbert, Gilbrecht NFF von *Giselbert, -brecht* oder *Gildebert, -brecht*

Gildebert, Gildebrecht zu ahd. *gelt* 'Vergeltung, Lohn, Opfer' + *beraht* 'glänzend'

Gildo KF von *Gildebert, -brecht*

Gilg KF von *Ägidius* [zw. 1600 und 1609, HEYD 30, hierher viell. auch *Ilg* zw. 1610—1619, HEYD ebda.]

Gilgian KF von *Ägidius* [BACH §34; BERGER 120 u. ö.], bes. schweizer., auch: *Gillian* [Frutigen/Berner Oberland: *Gilgian* als Traditionsname 1798 77 mal, BERGER 158]

Gillian schweizer. NF von *Gilgian*; engl. *Gillian* ['dʒiliɛn] ist NF von *Juliana*!

Gillo KF von *Ägidius*

Gilmar NF von *Giselmar*

Gils KF von *Ägidius*

Gion schweizer. NF von *Johann(es)*

Gisbert, Gisbrand NFF von *Giselbert, -brand*

Giseke niederdt. KF von Zss. mit *Gis-*, auch w. VN!

Giselbert, Giselbrecht ahd. *gīsal* 'Geisel, Kind von edler Abkunft' (?) + *beraht* 'glänzend'

Giselbrand ahd. *gīsal* (s. *Giselbert*) + *brand* 'Feuer, Schwert'

Giselher ahd. *gīsal* (s. *Giselbert*) + *heri* 'Heer, Kriegsvolk'

Giselmar ahd. *gīsal* (s. *Giselbert*) + *māri* 'berühmt'

Giselmund ahd. *gīsal* (s. *Giselbert*) + *munt* 'Schützer'

Gismar, Gismund NFF von *Giselmar, -mund*
Gismut Neubildung aus *Gis(ela)* + *(Hel)mut*, auch NF von älterem *Giselmut*, ahd. *gīsal* (s. *Giselbert*) + *muot* 'Sinn, Geist, Gemüt'
Giso KF von Zss. mit *Gis(el)*-
Glaubrecht pietist. Neubildung des 17./18. Jhs.
Gleb russ. VN skandinav. Ursprungs, zu *Gudleifr* = *Gottlieb* [Berlin 1967, MACKENSEN]
Glenn engl.-amerikan. VN kelt. Ursprungs ('Talbewohner' ?); [Heidelberg 1975]; auch: *Glen* [SD 1969, 24ff.]
Glorius m. Form zu *Gloria*, lat. 'Ruhm, Ehre' ? [„nach Ausweis des Zinsbuches des Klosters Helfta ... ein verbreiteter VN im Mansfelder Gebiet", B. SOWINSKI: *Zur Mundart in den Dramen Martin Rinckharts*; in: *Festschrift f. Karl Bischoff*, Köln/Wien 1975, 98—116, Fußn. 66]
Gobbo zweistämmige KF von Zss. mit *Gode-, Gott-*
Godebert, NF von *Gottbert*
Godehard, *Godhard* NFF von *Gotthard*
Godo KF von Zss. mit *Gode-*
Gody schweizer. KF von Zss. mit *Gode-, Gott-*
Göde niederdt. KF von Zss. mit *Gode-* [vgl. RAVELING: *Gödeke*]
Göke niederdt.-fries. KF von Zss. mit *Gode-, Gott-* [RAVELING]
Golo KF von Zss. mit *Gode-, Gott-*
Gombert NF von *Guntbert*
Gontard [gɔ̃'ta:r] frz. = *Gunthard*

**Goofy* ['gu:fi] engl., Name einer lächerlichen Figur in WALT DISNEYS Comicstrips [Düsseldorf 1968, MACKENSEN], ein das Ansehen seines Trägers schädigender Name, unbedingt abzulehnen
Göpf schweizer. KF von *Gottfried*
Goran jugoslaw. VN, KF von *Grigor* = *Gregor*
Göran ['jöran] schwed. = *Georg*

Gorch niederdt. NF von *Georg* [der Name des norddt. Schriftstellers GORCH FOCK ist ein Pseudonym für HANS KINAU, 1880—1916]
Görd niederdt. KF von *Gotthard* [RAVELING]; auch *Gört*
Gordian lat. 'aus Gordium (einer Stadt in Phrygien/Kleinasien)'
Gordon [gɔ:dn] engl. VN, urspr. schott. Familienname [Fluntern-Zürich ab 1937: 3mal, MÉTRAUX 43]
Gorius KF von *Gregorius* [BERGER 112, 123, 159]
Gorm dän. KF von *Guttorm*, altnord. *gudh* 'Gott' + *thyrma* 'Ehre' [OTTERBJÖRK; Flensburg 1971]
Görres, Görs KFF von *Georg(ius), Gregor(ius)*
Gört s. *Görd*
Görtz Herkunft und Bedeutung unbekannt [Görlitz vor 1884, JECHT II, 151]
Gosbert vermutl. 'Gote' + ahd. *beraht* 'glänzend'
Gösta schwed. = *Gustav* [Flensburg 1966]
Goswin vermutl. 'Gote' + ahd. *wini* 'Freund'
Gotmar NF von *Gottmar*
Gottbert ahd. *got* 'Gott' + *beraht* 'glänzend'
Gottfried ahd. *got* 'Gott' + *fridu* 'Friede'
Gottgetreu pietist. Neubildung [Görlitz vor 1884, JECHT II, 151]
Gotthard ahd. *got* 'Gott' + *harti* 'stark, fest'
Gotthelf, Gotthilf pietist. Neubildung des 17./18. Jhs.

Gotthelm ahd. *got* 'Gott' + *helm* 'Helm, Schutz'

Gotthold pietist. Neubildung des 17./18. Jhs. für *Johannes*; auch Umbildung von älterem *Gottwald* (s. d.)

Gottlieb pietist. Neubildung des 17./18. Jhs. für *Theophil*, *Amadeus*; auch Umbildung von älterem *Gottleib*, ahd. *got* 'Gott' + *leiba* 'Erbe, Hinterlassenschaft' (?)

Gottlob pietist. Neubildung des 17./18. Jhs.

Gottmar ahd. *got* 'Gott' + *māri* 'berühmt'

Gottschalk ahd. *got* 'Gott' + *scalk* 'Knecht, Diener' (vgl. den bibl. Namen *Obadja*, hebr. 'Diener Jahwes'); schles. KF *Gotsche*

Gottwald ahd. *got* 'Gott' + *walt* 'walten, Gebieter'

Gottwert pietist. Neubildung [Johann Gottwerth Müller, 1743 bis 1828, satirischer Schriftsteller]

Gottwin ahd. *got* 'Gott' + *wini* 'Freund'; auch *Godwin*, *Gotwin*

Götz KF von Zss. mit *Gott-*, bes. *Gottfried*

Govert niederdt. KF von *Gottfried*

Gralf NF von *Garlef*, *Garrelf* [Hamburg 1960]

Grazian lat. *Gratianus*, zu *gratia* 'Anmut, Huld'

Gregor(ius) griech. 'der Wachsame, Wächter', russ. *Grigorij*, engl. *Gregory* [Karlsruhe 1975; Heidelberg 1976]

Grimald NF von *Grimwald*

Grimbald zu altsächs. angelsächs., altnord. *grīma* 'Maske, Helm', in Verbindung gebracht mit *grim* 'grimmig, streng', + ahd. *bald* 'kühn'

Grimbert zum 1. Bestandteil s. *Grimbald*, + ahd. *beraht* 'glänzend'

Grimwald auch *Grimoald*, zum 1. Bestandteil s. *Grimbald*, + ahd. *walt* 'walten, Gebieter'

Grischa russ. KF von *Grigorij* = *Gregor* [Linz 1967]

Gudmund nord. VN, 'Gott' + 'Schützer'

Guido ['gi:do] romanis. KF von german. Zss. mit *witu* 'Holz, Wald'

Guillermo span. = *Wilhelm*

Gullbrand schwed. VN aus älterem *Gudhbrand* 'Gott' + 'Feuer, Schwert'

Gumpert, Gumprecht NFF von *Guntbert*

Gundo KF von Zss. mit *Gundo-*, *Gunt-*

Gundobald ahd. *gund* 'Kampf' + *bald* 'kühn'

Gundobert ahd. *gund* 'Kampf' + *beraht* 'glänzend'

Gundolf ahd. *gund* 'Kampf' + *wolf* 'Wolf' [Gernsbach 1960, K. Wörter]

Gundomar ahd. *gund* 'Kampf' + *māri* 'berühmt'

Gunnar nord. = *Gunther*, *Günther*; auch *Gunar*

Guntbert, Guntbrecht ahd. *gund* 'Kampf' + *beraht* 'glänzend'

Gunter, Günter neuere Schreibweisen für *Gunther*, *Günther*

Guntfried ahd. *gund* 'Kampf' + *fridu* 'Friede'

Gunthard ahd. *gund* 'Kampf' + *harti* 'stark, fest'

Gunthelm ahd. *gund* 'Kampf' + *helm* 'Helm, Schutz'

Gunther, Günther ahd. *gund* 'Kampf' + *heri* 'Heer, Kriegsvolk'

Guntmar ahd. *gund* 'Kampf' + *māri* 'berühmt'

Guntrad ahd. *gund* 'Kampf' + *rāt* 'Rat(geber), Beratung'

Guntram ahd. *gund* 'Kampf' + *hraban* 'Rabe'
Guntwin ahd. *gund* 'Kampf' + *wini* 'Freund'
Gurinus NF von *Quirinus* [1713, BERGER 119]
Gustaf, Gustav schwed., zu altschwed. **Götstaf* 'Gott' + 'Stab, Stütze' (?) oder Umbildung von slaw. *Gostislav* 'Fremdling' + 'Ruhm' [G. HOLM]
**Gustel* KF von *August, Gustav*, aber auch von *Auguste*! [Honnef 1937, LINK E 6]
Gustinus KF von *Augustinus*
Guy frz. ['gi:], engl. [*gai*] = *Guido* [Basel 1966, MACKENSEN]
Gwer schweizer. KF von *Quirin(us)* [Frutigen/Berner Oberland 1950—54: 2mal, BERGER 270; früher häufiger, Erstbeleg 1492, BERGER 118]

Hadamar ahd. *hadu* 'Kampf' + *māri* 'berühmt' [Siegen 1624 als Mädchenname, 1623 als Jungenname, IRLE 15 u. Fußn. 19]
Hadebrand ahd. *hadu* 'Kampf' + *brand* 'Feuer, Schwert'
Hademar NF von *Hadamar*
Hademund ahd. *hadu* 'Kampf' + *munt* 'Schützer'
Hadewin ahd. *hadu* 'Kampf' + *wini* 'Freund'
Hadrian ältere Form von *Adrian*
Hadwin NF von *Hadewin*
Hagen KF älterer Zss. mit *hagan* 'Einhegung, Hag'
Haider s. *Heider*
Haie, auch *Haio*, fries. KF von Zss. mit *Hag-* (s. *Hagen*) oder *Heil-*, möglicherweise auch altfries. Form von *Hugo* [STARK 128]; auch *Haye, Heie, Hayo, Heyo*

Haiko s. *Heiko*
Haimo s. *Heimo*
Haio s. *Haie*
Hajo NF von *Haie*, auch Neubildung aus den Anfangsbuchstaben von *Hans* und *Joachim* (oder *Josef*)
Haldor norweg., 'Fels, Stein' + 'Thor'; auch *Halldor*
Halfred nord. 'Fels, Stein' + Friede'; auch *Hallfred*
Halvor nord., jüngere NF von *Halvard* 'Fels, Stein' + 'Hüter'
Hammo fries. KF von Zss. mit *Had(e)-*, ahd. *hadu* 'Kampf', oder von *Hermann*
Hanfried Neubildung aus (*Jo*)*hann* + *Fried*(*rich*); auch *Hannfried*
Hanjo Neubildung aus (*Jo*)*hann* + *Jo*(*achim*) oder *Han*(*s*)*jo*(*chen*)
Hanko niederdt. und slaw. KF von *Johann*
Hannes KF von *Johannes*
Hannfried s. *Hanfried*
Hannibal phönik. '(der Gott) Baal ist gnädig'
Hanno KF von *Johann*(*es*) oder von *Hagano* = *Hagen*; auch Neubildung aus (*Jo*)*hann* + (*Hug*)*o*
Hans KF von *Johannes*; auch *Hanns*
Hansbernd DF aus *Hans* (s. o.) + *Bernd*, KF von *Bernhard* [Wermelskirchen 1956, LINK E 16]
Hansbert DF aus *Hans* (s. o.) + *Bert*, KF von Zss. mit *Bert-*, *-bert*, ahd. *beraht* 'glänzend'
Hansdieter DF aus *Hans* (s. o.) + *Dieter*
Hansferdinand DF aus *Hans* (s. o.) + *Ferdinand*
Hansgeorg DF aus *Hans* (s. o.) + *Georg*
Hansgerd DF aus *Hans* (s. o.) + *Gerd*, KF von *Gerhard* [Wer-

melskirchen 1932—36: 7 mal, LINK E 16]

Hansheinz DF aus *Hans* (s. o.) + *Heinz*, KF von *Heinrich* [Wermelskirchen 1938, LINK E 16]

**Hansi* KF von *Hans*, aber auch von *Johanna*; bisher nur für Mädchen eingetragen

Hansjakob DF aus *Hans* (s. o.) + *Jakob*

Hansjoachim, Hansjochem, -jochen DF aus *Hans* (s. o.) + *Joachim*

Hansjörg DF aus *Hans* (s. o.) + *Jörg*, KF von *Georg* [1710 u. 1850, HEYD 79]

Hansjosef DF aus *Hans* (s. o.) + *Josef*

Hansjürg, Hansjürgen DF aus *Hans* (s. o.) + *Jürg, Jürgen*, KFF von *Georg*

Hanskarl DF aus *Hans* (s. o.) + *Karl*

Hanspeter DF aus *Hans* (s. o.) + *Peter*

Hansrolf DF aus *Hans* (s. o.) + *Rolf*, KF von *Rudolf*

Hansruedi schweizer. DF aus *Hans* (s. o.) + *Ruedi*, KF von *Rudolf*

Hanswalter DF aus *Hans* (s. o.) + *Walter*

Hanswerner DF aus *Hans* (s. o.) + *Werner*

Harald nord. 'Heer' + 'walten, Gebieter'

Harbert NF von *Herbert*

Harder, Hardi KFF von Zss. mit *Hart-*, *-hard*

Harding engl. NF von *Hardwin* = *Hartwin*

Hardo, *Hardy* KFF von Zss. mit *Hart-*, *-hard*

Haribert NF von *Herbert*

Hariolf, Hariulf ahd. *heri* 'Heer' + *wolf*, *wulf* 'Wolf'

Hark(e) fries.-niederdt. KF von Zss. mit *Har-* = *Her-* [*Hark*: Flensburg 1965]

Harm, Harmen fries. = *Hermann*

Haro NF von *Harro*

Harold ahd. *heri* 'Heer' + *walt* 'walten, Gebieter'; engl. = *Harald*

Harras Herkunft und Bedeutung ungeklärt

Harri dt. Schreibweise für *Harry*

Harro (fries.) KF von Zss. mit *Har-* = *Her-* [Heidelberg 1976]

Harry engl. NF von *Henry* = *Heinrich*; dt. Schreibweise *Harri*

Hartbert ahd. *harti* 'stark, fest' + *beraht* 'glänzend'

**Hartel* KF von Zss. mit *Hart-*, *-hard* [Wiesbaden 1967, 159]

Hartfried ahd. *harti* 'stark, fest' + *fridu* 'Friede'

Hartger ahd. *harti* 'stark, fest' + *gēr* 'Speer', Umkehrung von *Gerhard*

Hartlef (niederdt.), **Hartlieb** ahd. *harti* 'stark, fest' + *liob* 'lieb' oder Umdeutung von älterem *-leib*, ahd. *leiba* 'Erbe, Hinterlassenschaft' (?)

Hartmann ahd. *harti* 'stark, fest' + *man* 'Mann, Mensch'; auch KF von Zss. mit *Hart-*, *-hard* [Zürich zw. 1854—84: 5 mal]

Hartmut ahd. *harti* 'stark, fest' + *muot* 'Sinn, Geist, Gemüt'

Harto KF von Zss. mit *Hart-*, *-hard*

Hartwig ahd. *harti* 'stark, fest' + *wīg* 'Kampf'

Hartwin ahd. *harti* 'stark, fest' + *wini* 'Freund'; engl. *Hardwin*

Hasko fries. KF von *Johannes* [V. D. SCHAAR]

Hasso, Hasse, KFF, Ursprungsform ungewiß, viell. zu *Hartmann* [SP 1967, 153]

Hatto KF von Zss. mit *Had(e)-*, ahd. *hadu* 'Kampf' [Heidelberg 1976]

Haug, Hauke fries. KFF von Zss. mit *Hug-*, ahd. *hugu* 'Geist, Sinn, Verstand'; *Hauke* kann im Niederdt. auch als Mädchenname gebraucht werden

Haye, Haymo, Hayo s. *Hai-*, *Hei-* [*Haymo*: Gernsbach 1956, K. Wörter]

Hedde, **Heddo** NF von *Hatto* [*Hedde*: Heidelberg 1976]

Heibert viell. aus älterem *Hedebert* = *Hadebert*, ahd. *hadu* 'Kampf' + *beraht* 'glänzend'

Heider KF von *Heiderich*; auch *Haider*

Heiderich ahd. *heit* 'Art, Wesen, Gestalt' + *rīhhi* 'mächtig, Herrscher'

Heie s. *Haie*

Heiko niederdt. KF von *Heinrich*, auch von Zss. mit *Heil-*

Heilko KF von Zss. mit *Heil-*, s. *Heilmar*

Heilmar ahd. *heil* 'heil, gesund' + *māri* 'berühmt'

Heilo KF von Zss. mit *Heil-*, s. *Heilmar*

Heimbert, -brecht ahd. *heim* 'daheim, Heim' + *beraht* 'glänzend'

Heime KF von Zss. mit *Heim(e)-*

Heimeran ahd. *heim* 'daheim, Heim' + *hraban* 'Rabe'; auch *Heimeram*, latinisiert *Em(m)eram*

Heimerich ahd. *heim* 'daheim, Heim' + *rīhhi* 'mächtig, Herrscher'

Heimfried ahd. *heim* 'daheim, Heim' + *fridu* 'Friede'

Heimito Erw. von *Heimo* [H. von Doderer, österreich. Schriftsteller, geb. 1896]

Heimko, Heimo KFF von Zss. mit *Heim(e)-*

Heimrich NF von *Heimerich*

Hein, Heinar, Heiner KFF von *Heinrich*

Heinfried Neubildung aus *Hein(rich)* + *Fried(rich)* [Niedersachsen 1961, Malecki 815]

Heinhard Neubildung aus *Hein(rich)* und dem alten Namenglied *hard*, ahd. *harti* 'stark, fest'

Heini, **Heinko, Heino** KFF von *Heinrich* [*Heini*: Wermelskirchen 1906, Link E 16; 1910, Heyd 81]

Heinrich jüngere NF von *Heim(e)rich* oder KF von älteren Zss. mit *Hein-*, aus *hagan-*, s. *Hagen*

Heinsaß Neubildung aus *Hein(rich)* und niederdt. *Sass(e)* = *Sachse* (?)

Heintje (fries.), **Heinz** KFF von *Heinrich*

Heinzkarl DF aus *Heinz* (s. o.) + *Karl*

Heinzpeter DF aus *Heinz* (s. o.) + *Peter*

Heio s. *Haie*

Heiri schweizer. KF von *Heinrich*

Hektor griech. 'der festhält, überwindet' (?); auch *Hector*

Helferich ahd. *helfa* 'Hilfe, Beistand' + *rīhhi* 'mächtig, Herrscher'; vgl. den altfränk. Königsnamen *Chilperic(h)*

Helfgott pietist. Neubildung des 17./18. Jhs., Umkehrung von *Gotthelf*

Helfried NF von *Helmfried* [Linz 1967, Mackensen; Karlsruhe 1973]; die Schreibweise mit *-ll-* ist unbegründet

Helge, Helgi nord. 'heil, gesund, unversehrt; geweiht' [*Helge*: Hzt. Coburg vor 1900, Wilhelm 26]

Helgo NF von *Helge* [Wiesbaden 1967, 159]

Helias ältere Schreibweise für *Elias* [Heyd 33]

Helimar Neubildung oder NF von *Heilmar*; s. a. *Elimar*

Helko niederdt. KF von Zss. mit *Heil-*, s. *Heilmar*

Hellfried, Hellwig s. *Helfried, -wig*

Helm KF von Zss. mit *Helm-, -helm*

Helmar NF von *Heilmar* oder *Hilmar*

Helmbod ahd. *helm* 'Helm, Schutz' + *boto* 'Bote, Gebieter'

Helmbald, -bold ahd. *helm* 'Helm, Schutz' + *bald* 'kühn'

Helmbrecht ahd. *helm* 'Helm, Schutz' + *beraht* 'glänzend'

Helmer schwed., vermutl. nach dt. *Heilmar*

Helmfried ahd. *helm* 'Helm, Schutz' + *fridu* 'Friede' auch Neubildung aus (*Wil*)*helm*(*ine*) + (*Sieg*)*fried* [Debus u. a. 1973, 400]

Helmgerd Neubildung aus dem alten Namenglied ahd. *helm* 'Helm, Schutz' (z. B. *Helmut, Wilhelm, Helma*) + *Gerd*, KF von *Gerhard*

Helmke, **Helmko, Helmo** KFF von Zss. mit *Helm-, -helm*; *Helmke* ist auch als Mädchenname gebräuchlich

Helmold ahd. *helm* 'Helm, Schutz' + *walt* 'walten, Gebieter'

Helmut ahd. *helm* 'Helm, Schutz' oder *heil* 'heil, gesund' oder *hiltja* 'Kampf' (s. *Hild-*) + *muot* 'Sinn, Geist, Gemüt' [SD 1967, 165]

Helmward ahd. *helm* 'Helm, Schutz' + *wart* 'Hüter'

Helmwig ahd. *helm* 'Helm, Schutz' + *wīg* 'Kampf'

Helwig NF von *Heilwig*, ahd. *heil* 'heil, gesund' + *wīg* 'Kampf'; während aber *Heilwig* vorzugsweise als Mädchenname gebraucht wird, ist *Helwig* nur m. VN; die Schreibweise mit *-ll-* ist unbegründet

Hemke, Hemmo niederdt.-fries. KFF von Zss. mit *Heim*(*e*)-

Hendrik niederdt. = *Heinrich*

Henk, Henneke niederdt. KF von *Hen*(*d*)*rik* = *Heinrich* [*Henk*: Heidelberg 1976]; die NF *Henke* [Heidelberg 1975] ist auch w. KF von *Hen*(*d*)*rike*!

Henner KF von *Heinrich*

Hennes rhein. KF von *Johannes*

Hennig, Henning niederdt. KFF von *Heinrich*, auch von *Johannes*

Henno KF von *Heinrich*

**Henny* KF von *Heinrich*, gewöhnlich aber von *Henriette*, daher als Jungenname ungeeignet [Hans Henny Jahnn, Schriftsteller, 1894—1959]

Henrico, auch *Henriko*, Vermengung von niederdt. *Henrik* mit ital. *Enrico* = *Heinrich* [Gernsbach 1955 und 60er Jahre, K. Wörter]

Henrik niederdt. = *Heinrich* [Gernsbach 1968: *Henrick*, K. Wörter]; poln. *Henryk* [Wermelskirchen 1952, Link E 17]

Henry engl. = *Heinrich*; frz. *Henri* [ã'ri:]

Herald NF von *Herwald*

Herbald ahd. *heri* 'Heer' + *bald* 'kühn'

Herbert ahd. *heri* 'Heer' + *beraht* 'glänzend'

Herbie engl. KF von *Herbert*

Herbrand ahd. *heri* 'Heer' + *brand* 'Feuer, Schwert'

Herfried ahd. *heri* 'Heer' + *fridu* 'Friede' [1968, Gottesdienst 160]

Heribert NF von *Herbert*

Herko niederdt. KF von Zss. mit *Her-*

Herlof, Herluf ahd. *heri* 'Heer' + *wolf, wulf* 'Wolf'

Hermann ahd. *heri* 'Heer' + *man* 'Mann, Mensch'

Hermin Neubildung [HERMIN ESSER, Sänger (Tenor); nach dessen eigenen Worten sollte er eigentlich den Vornamen *Erwin* erhalten, doch der Standesbeamte hatte sich offenbar verhört; immerhin gibt es im Niederländ. *Hermien* als NF von *Hermann*, s. v. D. SCHAAR]

Hermio zu *Hermes*, dem Namen des griech. Götterboten? [Heidelberg 1974]

Hermo KF von *Hermann*

Herold NF von *Herwald*

**Herrad, Herrat* s. unter dem Mädchennamen *Herrada*

Hertwig NF von *Hartwig*

Herwald ahd. *heri* 'Heer' + *walt* 'walten, Gebieter'

Herward ahd. *heri* 'Heer' + *wart* 'Hüter'; auch *Herwart(h)*

Herwig ahd. *heri* 'Heer' + *wīg* 'Kampf'

Herwin ahd. *heri* 'Heer' + *wini* 'Freund'

Hesso NF von *Hasso*, auch als 'Hesse' aufgefaßt

Heyman(n) Eindeutschung von hebr. *Hajim* [HEYMAN (= HAJIM) STEINTHAL, Sprachforscher und Philosoph, 1823—1899]

Hiddo fries. KF von Zss. mit *Hild(e)*-

Hieronymus griech. '(mit einem) heiligen Namen' [Karlsruhe 1973]; frz. Jérôme [ʒeˈroːm]

Hilarius lat. 'der Heitere, Fröhliche' [1956 Baasem/Eifel, H. RENN 332]

Hilbert, Hilbrecht NFF von *Hildebert, -brecht*

Hildebald ahd. *hiltja* 'Kampf' + *bald* 'kühn'

Hildebert ahd. *hiltja* 'Kampf' + *beraht* 'glänzend'

Hildebrand ahd. *hiltja* 'Kampf' + *brand* 'Feuer, Schwert'

Hildebrecht ahd. *hiltja* 'Kampf' + *beraht* 'glänzend'

Hildefons ahd. *hiltja* 'Kampf' + *funs* 'bereit, eifrig, willig'

Hildeger ahd. *hiltja* 'Kampf' + *gēr* 'Speer'

Hildemar ahd. *hiltja* 'Kampf' + *māri* 'berühmt'

Hildemund ahd. *hiltja* 'Kampf' + *munt* 'Schützer'

Hilderich ahd. *hiltja* 'Kampf' + *rīhhi* 'mächtig, Herrscher'

Hildeward ahd. *hiltja* 'Kampf' + *wart* 'Hüter'; auch *Hildewart*

Hildewin ahd. *hiltja* 'Kampf' + *wini* 'Freund'

Hildger NF von *Hildeger*

Hilding nord., abgeleitet von *hildr* 'Kampf'

Hildolf ahd. *hiltja* 'Kampf' + *wolf* 'Wolf'

Hildor nord., wahrscheinlich Neubildung des 19. Jhs. zum alten Namenglied *hild* 'Kampf' [Gernsbach 1958, K. WÖRTER]

Hilger KF von *Hildeger*

Hildwin NF von *Hildewin*; auch *Hiltwin*

Hilko niederdt.-fries. KF von Zss. mit *Hild(e)*-

Hillebrand NF von *Hildebrand*

Hilmar KF von *Hildemar*

Hilpert NF von *Hildebert*

Hiltwin s. *Hildwin*

Hinderk, Hinnerk niederdt. NFF von *Hinrik* = *Heinrich*

Hinrich, Hinrik (niederdt.) NFF von *Heinrich*

Hinz KP von *Hinrich, -rik* = *Heinrich*

Hinzpeter DF aus *Hinz* (s. o.) + *Peter*

Hiob hebr. 'Wo ist der Vater (= Gott)?'

Hippo vermutl. fries. zweistämmige KF von Zss. mit *Hild(e)-*; auch KF von *Hippolyt*

Hippolyt griech. 'der die Pferde losmacht, ausspannt'

Hjalmar nord. (isländ.) 'Helm' + 'Krieger'

Hoiko vermutl. fries. KF, viell. von Zss. mit *Hug-*

Hoimar Herkunft und Bedeutung ungeklärt, viell. zu ahd. *hag-* 'Einhegung, Hag' oder *hugu* 'Sinn, Geist, Verstand' + *māri* 'berühmt' [Prof. HOIMAR VON DITFURTH]

Holger nord., älter *Holmger* 'Insel' + 'Speer' [OTTERBJÖRK]

Holk fries. KF von älteren Zss. mit *hold, huld*, ahd. *huldi* 'Huld, Gunst, Gnade'? [Name einer Gestalt in TH. FONTANES Roman *Unwiederbringlich*, 1891]

Holm nord. KF von Zss. mit *Holm-* 'Insel(bewohner)' [Görlitz vor 1884, JECHT II, 151]

Honko fries. KF von *Johann(es)* [RAVELING] oder von Zss. mit *Hun-* ?

Honorius lat., zu *honor* 'Ehre'

Horatio ital., zu lat. *Horatius* 'aus dem Geschlecht der Horatier', Bedeutung ungewiß

Horsa ags. 'Pferd', *Hengist* und *Horsa* hießen nach der Überlieferung die beiden Führer der Angelsachsen, die sich im Südosten Englands festsetzten

Horst Umgestaltung des angelsächs. Namens *Horsa* (s. o.) in Anlehnung an *horst* 'Wald, Gebüsch' und lautlich auch an *Heng(i)st* [zuerst 1424 in der niederdt. *Weltchronik* des DIETRICH ENGELHUS, s. H. BECKERS]

Horstmar Neubildung aus *Horst* (s. o.) und dem alten Namenglied *-mar*, ahd. *māri* 'berühmt'

Hosea hebr. 'Errettung, Befreiung'

Hubald NF von *Hugbald*

Hubert, latinis. **Hubertus** NFF von *Hugbert*

Hugbald ahd. *hugu* 'Sinn, Geist, Verstand' + *bald* 'kühn'

Hugbert ahd. *hugu* 'Sinn, Geist, Verstand' + *beraht* 'glänzend'

Hugdietrich DF aus *Hugo* + *Dietrich*

Hugibert NF von *Hugbert*

Hugo KF von Zss. mit *Hug-*

Huldreich oberdt. Umformung von *Uldricus* = *Ulrich*; schweizer. auch *Huldrych*

Humbert, -brecht 1. Bestandteil ungeklärt + ahd. *beraht* 'glänzend'; ital. *Umberto*

Humfried, Hunfried 1. Bestandteil ungeklärt + ahd. *fridu* 'Friede'

Hunno KF von Zss. mit *Hun-*, Bedeutung ungeklärt

Hunold 1. Bestandteil ungeklärt + ahd. *walt* 'walten, Gebieter'

Hyazinth griech., Bedeutung ungeklärt

Ib, Ibo fries. KFF, Ursprung ungewiß, zu ahd. *īwa* 'Eibe(nholz)'? [*Ib*: Flensburg 1964 u. 1966]

Idris arab. 'der Gelehrte' für hebr. *Enoch* [V. D. SCHAAR unter *Enoch*; Gernsbach 1962, K. WÖRTER]; im Deutschen nicht als Jungenname erkennbar

Igino ital. VN griech. Ursprungs, viell. zu griech. *hygieinós* 'gesund' [BURGIO]

Ignaz lat. *Ignatius*, zu *ignis* 'Feuer' (?) [ab 1760, HEYD 81]; die Schreibweise *Ignatz* ist nicht zu empfehlen

Igor russ. VN skandinav. Ursprungs = *Ingvar*
Ihno fries. KF, Ursprung unbekannt [Essen-Werden 50er Jahre, HESTERKAMP 97]
Ildefons NF von *Hildefons* [Gernsbach 1933, K. WÖRTER]
Ilg KF von *Ägidius* (s. *Gilg*)
Ilja russ. = *Elias* [Flensburg 1970; Heidelberg 1976]
Illo KF, Ursprung unbekannt, viell. fries. KF von *Ägidius* [SP 1975, 122]; mit dem Familiennamen *Illo* = *Ilow* (WALLENSTEINS Feldmarschall, 1585—1634) hat der VN *Illo* urspr. nichts zu tun
Immanuel hebr. 'Gott mit uns'
Immo, Imo KFF von Zss. mit *Irm(en)-*
Imre ungar. = *Emmerich*
Indra Name eines altindischen Heldengottes [Heidelberg 1976], wegen der Endung *-a* im Deutschen als w. empfunden; s. unter den Mädchennamen
Ingbert zu *Ingi, Ingwio* (Name eines german. Gottes) + ahd. *beraht* 'glänzend' [Essen-Werden 1960, HESTERKAMP 63]
Ingemar nord., zu *Ingi, Ingwio* (s. *Ingbert*) + ahd. *māri* 'berühmt'
Ingenuin latinisierte Form von *Ingwin* (?) [1665 Pfalzen/Südtirol, HÖCK 576]
Ingewert NF von *Ingward* [Flensburg 1958, MACKENSEN]
Ingfried zu *Ingi, Ingwio* (s. *Ingbert*) + ahd. *fridu* 'Friede'
Inghard zu *Ingi, Ingwio* (s. *Ingbert*) + ahd. *harti* 'stark, fest'
Ingmar NF von *Ingemar*
Ingo KF von Zss. mit *Ing(e)-*, *Ingo-*
Ingobald zu *Ingi, Ingwio* (s. *Ingbert*) + ahd. *bald* 'kühn'
Ingobert NF von *Ingbert*
Ingold NF von *Ingwald* [SD 1966, 107]
Ingolf zu *Ingi, Ingwio* (s. *Ingbert*) + ahd. *wolf* 'Wolf'
Ingomar NF von *Ingemar*
Ingraban, Ingram zu *Ingi, Ingwio* (s. *Ingbert*) + ahd. *hraban* 'Rabe'
Ingvar nord. VN, zu *Ingi, Ingwio* (s. *Ingbert*) + ahd. *heri* 'Heer, Kriegsvolk'
Ingwald zu *Ingi, Ingwio* (s. *Ingbert*) + ahd. *walt* 'walten, Gebieter'
Ingwar, Ingwer (fries.) = *Ingvar*
Ingward zu *Ingi, Ingwio* (s. *Ingbert*) + ahd. *wart* 'Hüter'
Ingwin zu *Ingi, Ingwio* (s. *Ingbert*) + ahd. *wini* 'Freund'
Inko KF von Zss. mit *Ing(e)-*, *Ingo-* [SD 1970, 59]
Inno KF, Ursprung ungewiß, auch KF von *Innozenz* [Hzt. Coburg vor 1900: 2mal, WILHELM 26]
Innozenz lat. *Innocentius*, zu *innocens* 'unschuldig'
Irego Herkunft und Bedeutung unbekannt [Niedersachsen 1961, MALECKI 815]
Irg Herkunft und Bedeutung unbekannt [Freiburg i. Br. 1975]
Irenäus zu griech. *eirēnē* 'Friede'
Irin Herkunft und Bedeutung unbekannt [1968, Gottesdienst 160]
Iring Herkunft und Bedeutung unbekannt
Irmenbert ahd. *irmin* 'Erde, Welt, allumfassend' + *beraht* 'glänzend'
Irmenfried ahd. *irmin* (s. *Irmenbert*) + *fridu* 'Friede'
Irmenhard ahd. *irmin* (s. *Irmenbert*) + *harti* 'stark, fest'
Irmenrad ahd. *irmin* (s. *Irmenbert*) + *rāt* 'Rat(geber), Beratung'
Irmfried NF von *Irmenfried*; auch *Irnfried*

Irmo KF von Zss. mit *Irm(en)*-
Irving ['ərviŋ] engl., NF von *Irwin* ?
Irwin NF von *Erwin* ? [Raveling]
Isaak hebr. 'Gott lacht'
Isbert KF von *Isenbert*
**Iselin* KF von Zss. mit *Is(en)*-, auch w. VN!
Isenbert ahd. *īsan* 'Eisen' + *beraht* 'glänzend'
Isenbrand ahd. *īsan* 'Eisen' + *brand* 'Feuer, Schwert'
Isenger ahd. *īsan* 'Eisen' + *gēr* 'Speer'
Isenhard ahd. *īsan* 'Eisen' + *harti* 'stark, fest'
Isfried, Isger NFF von *Isenfried, -ger*
Isidor griech. 'Geschenk der (Göttin) Isis'
Ismael hebr. 'Gott hört'
Ismar ahd. *īsan* 'Eisen' + *māri* 'berühmt'
Iso KF von Zss. mit *Is(en)*-
Ithamar altdt. Name, zu german. *idh*- 'Arbeit, Tätigkeit, Fleiß' + ahd. *māri* 'berühmt' [Förstemann, Sp. 945], aber auch bibl. Name zu hebr. *T(h)amar* 'Palme'
Ivan s. *Iwan* [Basel 1945, 1965, Mackensen]
Ivar nord., Bedeutung ungewiß, viell. NF von *Ingvar* [Hamburg 1965, Flensburg 1969]
Iver schwed. NF von *Ivar*
Ivo NF von *Iwo*, auch slaw. KF von *Ivan*
Iwan russ. = *Johann(es)*
Iwar dt. Schreibweise für *Ivar*
Iwo vermutl. zu ahd. *īwa* 'Eibe(nholz)'

Jabbe, Jabbo fries. KFF (zu *Jakob* ?)
Jack [dʒɛk] engl. KF für *John* = *Johann(es)*
Jacob s. *Jakob*
Jacques [ʒak] frz. = *Jakob* [Trier 1966, Mackensen]
Jakob hebr. 'Gott schützt'; span. *Jago*
Jam fries. (?) KF, Ursprung unbekannt
James [dʒeːⁱms] engl. = *Jakob*
Jan KF von *Johann*; auch *Jaan*
Janek (west)slaw. KF von *Johann* [SP 1973, 58; 1974, 233]
Janfried Neubildung aus *Jan* (s. o.) und dem alten Namenglied *fried*, ahd. *fridu* 'Friede'
Janheinz DF aus *Jan* (s. o.) + *Heinz*, KF von *Heinrich*
Janis litauisch = *Johannes* [Karlsruhe 1973; in der DDR beurkundet: SP 1974, 233]
Janko fries., slaw. und ungar. (*Jankó*) KF von *Johann*
Jannik dän. KF von *Jan* (in Norwegen w. VN); vgl. auch *Yannic*
Janning niederdt. KF von *Jan*
Jannis niederländ.-fries. KF von *Johannes*
Janno KF von *Johann* [Gernsbach 1968, K. Wörter]
Jano slowak. und ungar. (*Janó*) KF von *Johann*
János ['jaːnoʃ] ungar. = *Johannes* [Heidelberg 1974: *Janosch*]
Janpeter DF aus *Jan* (s. o.), + *Peter*
Jarg Herkunft und Bedeutung unbekannt [Nürnberg 1939]; vgl. *Jerg*
Jarno Herkunft und Bedeutung unbekannt [Gestalt in Goethes Roman *Wilhelm Meisters Wanderjahre*, 1821; Karlsruhe 1973]; auch finn. NF von *Jarmo, Jermo* = *Jeremias* [SP 1976, 106]
Jaro KF von *Jaromir, Jaroslaw* ? [Bad Dürkheim 1966, Mackensen]
Jaromir slaw. 'mutig, heftig, eifrig' (?) + 'Frieden, Welt'

Jaroslaw slaw. 'mutig, heftig, eifrig' + 'Ruhm'

Jascha russ. KF von *Adrian, Jakov,* auch von *Jadwiga* [PETROVSKIJ; Bielefeld 1974/75 + 76]; nicht eindeutig m.

Jasper fries. = *Kaspar*

Jauss s. *Jos*

Jean [ʒã] frz. = *Johann*

Jeldrik fries. = *Adalrich*

Jelger, fries. = *Adalger*

Jelle, Jelto fries. KFF von Zss. mit *geld* 'Wert, Lohn; Vergeltung, Opfer' (?) [*Jelto*: SD 1974, 199]

Jendrik NF von *Heinrich* (?) [Hamburg 1973, 288]

**Jenni* schweizer. KF von *Eugen* und *Johann(es)*; nicht eindeutig m. VN

Jenning niederdt. KF von *Jan* = *Johann*

Jenő ungar. = *Eugen* [in der DDR beurkundet: SP 1973, 249]

Jens KF von *Johannes* [SD 1964, 138; *Jensen* als VN abgelehnt: SD 1966, 74]

Jephtha hebr. 'er (Gott) öffnet, möge öffnen' (SCHUMACHER; SD 1970, 13f., 64, 126]; eindeutschende Schreibweise *Jefta*; im Deutschen wegen der Endung *-a* nicht als m. erkennbar

Jeremias hebr. 'Jahwe erhöht, möge erhöhen'? [Hamburg 1973, 288]

Jerg veraltete KF von *Georg* [1559 und früher, HEYD 30; 1660 bis 1749: 20 mal, HEYD 43]; heute *Jörg*

Jerk, Jerker schwed. mundartliche NFF von *Erich*

Jeronimus, Jeronimo NFF von *Hieronymus*

Jerrit fries. = *Gerhard*

Jerry [ˈdʒɛri] engl. KF von *Jeremy* = *Jeremias*

Jes NF von *Jens*?

Jesko slaw. KF (eigtl. *Ješko, Ježko*) von *Jaroslaw, Jaromir*; die Schreibweise *Jesco* [Heidelberg 1975] ist nicht zu empfehlen

Jesper NF von *Jasper* [Heidelberg 1976]

**Jill* [dʒil] engl. KF von *Gillian* = *Juliana*!

Jim [dʒim], **Jimmy** engl. KFF von *James* = *Jakob(us)*

Jindrich tschech. *Jindřich* = *Heinrich*

Jirka*, **Jirko slaw. KFF von *Jiři* = *Georg* [SP 1963, 122; *Jirko*: Flensburg 1971]; die im Tschech. männl. KF *Jirka* [KOPEČNÝ 81] kann im Deutschen nur als w. verstanden werden und ist deshalb als Jungenname abzulehnen [*Jirka*: München 1974; Großenhain 1972: 2 mal, *Jirko*: Großenhain 1973: 1 mal, SP 1976, 234]

**Jo* KF von m. und w. VN, die mit *Jo-* beginnen (z. B. *Joachim, Joseph, Johann, Johanna, Josefine*), läßt daher das Geschlecht des Namensträgers nicht eindeutig erkennen

Joachim hebr. 'den Gott aufrichtet'; nord. *Joakim*

Job NF von *Hiob*

Jobst aus der Vermengung von *Job* und *Jost* (oder aus *Jobs*, einer KF von *Jakobus* ?) entstandener Name [1390, HEYD 81]

Jochem, Jochen, Jochim KFF von *Joachim*

Jockel, Jocki, Jocky oberdt.-schweizer. KFF von *Jakob*; auch *Joki, Joky*

Joder schweizer. KF von *Theodor* [Frutigen/Berner Oberland 1488, BERGER 61 u. ö.; auch *Jodel*, BERGER 341, Anm. 92]

Jodokus kelt. (breton.) 'Krieger'; auch *Jodocus*

Joe [dʒo:] engl. KF von *Joseph*
Joel hebr. 'Jahwe (ist) Gott'
Jofried Neubildung, vermutl. aus *Jo(hann)* + *Fried(rich)* [Honnef 1932, LINK E 8]
Johann, Johannes hebr. 'Jahwe ist gnädig'; dän. u. schwed. *Johan*
Johanno Erw. von *Johann*
John engl. [dʒɔn, norddt. Aussprache: jo:n] = *Johann*; schwed. *Jon*
Johnny ['dʒɔni, norddt. Aussprache: 'jɔni] engl. KF von *John* = *Johann*
Johst s. *Jost*
Joky s. *Jocki*
Jonas hebr. 'Taube'
Jonathan hebr. 'Jahwe hat gegeben'; KF: *Jonat(h)*
Jonko KF von *Johann* oder *Jonas* [vgl. schwed. *Jonke*, OTTERBJÖRK; 1968, Gottesdienst 160]
Jonni, Jonny niederdt. = *Johnny*

Joost s. *Jost*
Jöran schwed. NF von *Göran* = *Georg*
Jordan urspr. german. Name ('Erde' + 'kühn, wagemutig' ?), seit den Kreuzzügen mit dem Flußnamen *Jordan* in Verbindung gebracht
Jorg, Jörg KFF von *Georg* [ab 1500, HEYD 81]
Jorge span. = *Georg*
Jörgen dän. = *Jürgen*
Jorin fries., viell. = *Eberwin*
Joris fries. = *Georg(ius)* oder *Gregor(ius)* [BACH § 121; Flensburg 66]
Jorit NF von *Jorrit*
Jork fries. KF von Zss. mit *Eber-*, *Ever-* [v. D. SCHAAR]; ostdt., urspr. slaw. = *Georg* [SP 1962, 234]
Jorma finn. (karel.) KF von *Jeroma* = *Jeremias* [Heidelberg 1974]; im Deutschen wegen der Endung *-a* leicht als Mädchenname mißdeutbar
Jorn fries. = *Eberwin* [v. D. SCHAAR]
Jörn niederdt. NF von *Jürgen*
Jorrit fries. = *Eberhard*
Jos KF von *Josef* und anderen Namen, die mit *Jos-* beginnen [1390, HEYD 81; *Jos, Joss* = *Josias*, ab 1559 mehrfach, HEYD 24; *Jauss* ab 1660, HEYD 81; Bielefeld 1976: *Joß*]
Joscha ungar. KF von *Josef*, russ. auch von *Jow* = *Hiob*; auch bibl. Name, hebr. 'der Herr ist ein Geschenk'? [SCHUMACHER; Heidelberg 1973, 1975]
Josef ältere Schreibweise *Joseph*, hebr. 'er (Gott) möge (weitere Kinder) hinzufügen', span. *José*; Erw. *Josephin* [Nürnberg 1966, MACKENSEN]
Josias hebr. 'der Herr heilt, (unter)stützt' [SCHUMANN]
Jost aus altfranzös. *Josse* = *Jodokus* entwickelte Namensform; auch *Johst, Joost*
Josua hebr. 'Jahwe ist Rettung'
**Josy* KF von *Josef*, aber auch von *Josefa, Josefine*
Jovan südslaw. = *Johann* [PAUL]
Juan [xu'an] span. = *Johann*
Julian Erw. von *Julius*; frz. *Julien* [ʒyli'ɛ̃]
Julius lat. 'aus dem Geschlecht der Julier', Bedeutung ungeklärt; frz. *Jules* [ʒy:l]
Jupp rhein. KF von *Josef*
Jurek slaw. Verkleinerung von *Juri*
Jürg KF von *Georg*
Jürgen niederdt. = *Georg*
Juri slaw. = *Georg*
Jürn KF von *Jürgen*, auch fries. Form von *Eberwin* [v. D. SCHAAR]
Jürnjakob DF aus *Jürn* (s. o.) + *Jakob* [*J. Swehn der Amerika-*

fahrer, Roman von JOHANNES GILLHOFF, 1917]
Jürnjochen DF aus *Jürn* + *Jochen*
Just verkürzte Form von *Justus*
Justin(us) Erw. von *Justus*
Justus lat. 'der Gerechte'

Kai, Kaie vermutl. kelt. Ursprungs, Bedeutung ungeklärt; *Kai* ist – im Gegensatz zum Beschluß des LG München I vom 6. 2. 1961 [StAZ 1962, 13] – auch als w. VN gebräuchlich, daher nur in Verbindung mit einem eindeutig m. VN als Jungenname zugelassen; auch *Kay(e)*, *Kei(e)*, dän. *Kaj*
Kajetan lat. *Cajetan* 'aus der Stadt Gaëta'
Kalman ungar. *Kálmán* = *Koloman*
Kamill(o) etrusk.-lat. *Camillus* 'Opfer-, Altardiener'
Kanut ältere Form von *Knut*
Karel niederländ., tschech., poln. = *Karl*
Karl 'Mann, Ehemann; freier Mann'; auch *Carl*
Karlfred, Karlfried Neubildungen aus *Karl* und dem alten Namenglied *fried*, ahd. *fridu* 'Friede'; *-fred* ist auch KF von *Alfred* [*Karlfried*: Honnef 1952, LINK E 8]
Karlhans DF aus *Karl* + *Hans*, KF von *Johannes*
Karlheinrich DF aus *Karl* + *Heinrich*
Karlheinz DF aus *Karl* + *Heinz*, KF von *Heinrich* [1930, HEYD 79]
Karlludwig KF aus *Karl* + *Ludwig*
Karlmann KF von *Karl*
Karris KF von *Makarius* (?) [vgl. WASSERZIEHER: rhein. *Keris*]
Karol poln. = *Karl*
Károly ['ka:rolj] ungar. = *Karl* [Hamburg 1966, Karlsruhe 1967]
Karsten niederdt. Form von *Christian*; auch *Carsten* (heute häufig)
Karysius Erw. von *Karris* ? [Hzt. Coburg vor 1900, WILHELM 28]
Kasimir slaw. 'Friedensverkünder, -stifter' [Heidelberg 1975]
Kaspar pers. 'Schatzbewahrer, -hüter' ?; auch *Caspar*
Kastor zu griech. *kas-* 'sich auszeichnen' [WASSERZIEHER], gleichlautend mit griech. *Kastor* 'Biber'; auch *Castor*
Kay s. *Kai*
Kees niederländ. KF von *Cornelis*

Kei(e) s. *Kai*
Keith [ki:θ] engl. VN, urspr. schott. Orts- und Familienname, 'Wald, Busch' (?) [Flensburg 1972]
Kenneth [kɛnɛθ] engl. VN kelt. (gäl.) Ursprungs, 'hübsch, tüchtig, flink' [Basel 1965, MACKENSEN]; KF *Ken*
Keno fries. = *Kuno*
Kermit angloamerikan. VN, kelt. 'der Dunkle und Freie' [WELLS] oder NF von *Diarmid*, verwandt mit *Dermot*, kelt. 'ein freier Mann' (?), irisch auch für *Jeremy* = *Jeremias* [SD 1975, 191 f.]
Kerry engl. KF, Ursprung unbekannt
Kersten niederdt. Form von *Christian* [Karlsruhe 1965: 6 mal]
Kevin engl. VN irischen Ursprungs, 'hübsch, anmutig von Geburt' [ODECN; Heidelberg 1972/73/74; Bielefeld 1975 u. 1976, Freiburg i. Br. 1975; SD 1975, 62]; in Amerika auch w. VN!
Kilian kelt. 'Kirchenmann' ?
Kim engl. VN, vermutl. KF von irisch *Kimball* 'Kriegsanführer' [v. D. SCHAAR; Titelgestalt einer

Novelle von R. KIPLING, 1906]; auch KF von bulgar. und schwed. *Joakim*, russ. *Jakim* = *Joachim*, im Russ. außerdem Abkürzungsname aus den Anfangsbuchstaben von *Kommunističeskij Internacional Molodëži* 'Kommunistische Internationale der Jugend' [PETROVSKIJ]; im Angloamerikan. auch w. VN ! [Karlsruhe 1967; SD 1969, 58, 144; SP 1972, 234; Freiburg i. Br. 1973, Heidelberg 1974]
**Kin* Herkunft und Bedeutung unbekannt [Niedersachsen 1961, MALECKI 815]
**Kirsten* ältere niederdt. Form von *Christian*, heute nur noch als Mädchenname gebräuchlich [StAZ 1962, 15]
Kjeld dän. 'Helm' ?; schwed. *Kjell*
Klaas KF von *Nikolaus*; auch *Claas*
**Klaif* s. *Clive*
Klaudius lat. *Claudius* 'aus dem Geschlecht der Claudier', zu lat. *claudus* 'lahm'
Klaus KF von *Nikolaus*
Klausdieter DF aus *Klaus* + *Dieter*
Klausjürgen DF aus *Klaus* + *Jürgen* (= *Georg*)
Klemens, Klement, lat. *Clemens* 'mild, gnädig'
Klod(e)wig älter *Chlodwig*, fränk. Name zu german. *hlūtha-* 'laut, berühmt' + ahd. *wīg* 'Kampf'
Klothar fränk. = *Lothar*
Knud (dän.), **Knut** nord. 'keck, freimütig'
Köbes rhein. KF von *Jakobus*
Kolbert Herkunft des 1. Namenbestandteils unbekannt + *-bert*, ahd. *beraht* 'glänzend'
Kolja russ. KF von *Nikolaj* = *Nikolaus* [Gernsbach 1962, K. WÖRTER; Flensburg 1971; Bielefeld 1974—75:3 mal Freiburg i. Br. 1976; Heidelberg 1976: 2 mal]
Koloman kelt. 'Einsiedler'
**Kolmar* s. *Colmar*
Konrad ahd. *kuoni* 'kühn, tapfer' + *rāt* 'Rat(geber), Beratung'
Konradin Erw. (Verkleinerung) von *Konrad*
Konstantin lat., zu *constans* 'standhaft, beständig' [Gernsbach 1951 und 1964, K. WÖRTER]
Konz KF von *Konrad*
Korbinian Herkunft und Bedeutung ungeklärt
Kord niederdt. KF von *Konrad*; auch *Kort* [Heidelberg 1974]
Kornel(ius) s. *Cornel(ius)* [*Kornel*: Gernsbach 1951, K. WÖRTER]
Kosimo, Kosmas dt. Schreibweisen für *Cosimo, Cosmas*
Kostja russ. KF von *Konstantin*
Kraft urspr. Beiname, 'Kraft, Macht'
Krein mundartl. KF von *Quirinus* [Baasem/Eifel 1557: 2 mal, H. RENN 328]
Krishna ind. 'der Schwarze', mythischer indischer König [Heidelberg 1974]
Krister nord. KF von *Kristian*
Kristian nord. Schreibweise für *Christian*
Kristof nord. Schreibweise für *Christoph* [Heidelberg 1974]
Kühnemund Neubildung oder Umbildung von altdt. *Kunimund*, ahd. *kunni* 'Geschlecht, Sippe' + *munt* 'Schützer' [FÖRSTEMANN 382; Name eines Sohnes ACHIM VON ARNIMS, 19. Jh., ARNOLD 24]
Kunibald ahd. *kunni* 'Geschlecht, Sippe' + *bald* 'kühn'
Kunibert ahd. *kunni* 'Geschlecht, Sippe' + *beraht* 'glänzend'
Kuno KF von *Konrad* und von Zss. mit *Kuni-*

Kunz KF von *Konrad*
Kurt oberdt. KF von *Konrad*; auch *Curd, Curt*
Kurtmartin KF aus *Kurt* + *Martin*
Kyrill griech. 'dem Herrn (= Christus) gehörig', lat. *Cyrillus*; verkürzt *Cyrill*

Laci ['latsi] ungar. KF von *László* = *Ladislaus* [LADÓ]; eingedeutschte Schreibweise: *Latzi* [Heidelberg 1974]
Ladewig niederdt. NF von *Ludwig*
Ladislaus latinisierte Form des slaw. Namens *Wladislaw*, 'Herrschaft, Macht' + 'Ruhm'
Lado KF von *Ladislaus*? [Flensburg 1972]
Lajos ['lajɔʃ] ungar. = *Ludwig*
Lambert, Lambrecht ahd. *lant* 'Land' + *beraht* 'glänzend' [*Lambrecht*: zw. 1690–1739, HEYD 60]
Lampert, Lamprecht NFF von *Lambert, -brecht* [*Lampert*: HEYD 68]
Lancelot frz. Name eines Ritters aus der sagenhaften Tafelrunde des Königs ARTUS, Bedeutung unsicher [Heidelberg 1976]; auch *Lanzelot*
Landerich ahd. *lant* 'Land' + *rīhhi* 'mächtig, Herrscher'
Landewin ahd. *lant* 'Land' + *wini* 'Freund'
Landfried ahd. *lant* 'Land' + *fridu* 'Friede'
Lando KF von Zss. mit *Land*(*e*)- [Heidelberg 1973]
Landolf, ahd. *lant* 'Land' + *wolf* 'Wolf'
Landolin Erw. (Verkleinerung) von *Lando* [Mannheim 1911, SCHOTT 231]
Landulf NF von *Landolf*
Lantwin NF von *Landewin*
Lanzelot s. *Lancelot* [Heidelberg 1976]
Larry ['lɛri] engl. KF von *Lawrence* = *Laurentius* [Münster/W. 1948; Offenbach 1958, MACKENSEN; Karlsruhe 1973]
Lars schwed. = *Laurentius*
Laslo eindeutschende Schreibweise von ungar. *László* ['la:slo:] = *Ladislaus*
Lasse schwed. KF von *Lars* [Bielefeld 1976]
Laurentius, Laurenz lat. 'aus (der Stadt) Laurentum', durch Anlehnung an *laurus* 'Lorbeer(kranz)' umgedeutet zu 'lorbeerbekränzt'; frz. *Laurent* [lórã]
Laurids dän. = *Laurentius*
Laurin Herkunft und Bedeutung unbekannt, Name des Zwergenkönigs in der Heldendichtung (Dietrichsage)
Lauritz dt. Schreibweise für *Laurids*
Lazar(us) latinisierte Form von hebr. *Eleasar* 'Gott hilft', frz. *Lazare* [la'za:r] [Zürich zw. 1854 und 1884; *Lazar*: Saarburg 1966, MACKENSEN]
Leander griech. *Leandros* 'Volk' + 'Mann'
Leberecht pietist. Neubildung des 17./18. Jhs. [GEBHARD LEBERECHT VON BLÜCHER, preuß. General, 1742–1819; KARL LEBERECHT IMMERMANN, Schriftsteller, 1796 bis 1840]; auch *Lebrecht*, möglicherweise auch Umdeutung von *Liebrecht, Luitbrecht*
Leif nord. (norweg.) KF von Zss. mit *leifr* 'Erbe, Hinterlassenschaft' (?)
Leik norweg. KF von *Godleik, Joleik* u. ä. Namen [SD 1973, 58 und 127]
**Leisler* der Bundestagsabgeordnete und CDU-Schatzmeister WALTHER L. KIEP verdankt seinen

VN *Leisler* dem Andenken an seinen Vorfahren JAKOB LEISLER, der 1691 von den britischen Kolonialbehörden in New York als Rebell wider die Krone hingerichtet worden ist; *Leisler* ist also ein Familienname und darf nur von den m. Nachkommen der Familie KIEP als traditioneller Beivorname geführt werden [Bericht von CARL-FRIEDRICH THEILL im STERN, Febr. 1975, 124 bis 126]

Len engl. KF von *Leonhard* [SD 1975, 48]

Lenard NF von *Leonhard*

Lenardo ital. = *Leonhard*

Lennart, Lennert niederdt. und schwed. NFF von *Leonhard* [*Lennart*: Gernsbach 1930–68, K. WÖRTER]

Lenz KF von *Laurentius, Laurenz*

Leo lat. 'Löwe' oder KF von *Leonhard, Leopold*

Leodebrecht, Leodegar, -ger, Leodewin NFF von *Luitbrecht, Luitger, Luitwin*

Leon KF von *Leonhard* [Zürich zw. 1854–84; Flensburg 1970]; frz. *Léon* [le'ɔ̃] = *Leo*

Leonardo ital. = *Leonhard*

Leonhard zu german. **lewa(n)-*, Bedeutung ungewiß, später angelehnt an ahd.-lat. *leo* 'Löwe' + ahd. *harti* 'stark, fest' [G. MÜLLER 98–101]

Leonid russ. = griech. *Leonidas* 'der Löwengleiche, Löwenstarke'

Leopold NF von *Luitbald*

Lernhard Neubildung, vermutl. Umgestaltung von *Lernet*, einer KF von *Leonhard* [HEYD 84]

Leschek dt. Schreibweise für poln. *Leszek*, KF von *Alexander* [Niedersachsen 1961, MALECKI 815]

**Leslie* engl. und frz. VN, urspr. Familienname, Bedeutung ungeklärt; auch w. VN !

Lester engl., Bedeutung ungewiß [Karlsruhe 1967, MACKENSEN]

Leutfried, Leuthold, Leutwin NFF von *Luitfried, -hold, -win*

Lev s. *Lew*

Levi hebr., Bedeutung ungeklärt

Levin s. *Lewin*

Lew russ. = *Leo*; auch *Lev*

Lewin niederdt. = *Liebwin*; auch *Levin*

Lex KF von *Alexander*

Liborius lat., Bedeutung ungeklärt [Gernsbach zw. 1950–59, K. WÖRTER]

Liebfried ahd. *liob* 'lieb' + *fridu* 'Friede'

Liebhard ahd. *liob* 'lieb' + *harti* 'stark, fest'

Liebmann jüd.-dt. Name f. *Meyer, Meijer*, hebr. *Meir* [der dt. Komponist GIACOMO MEYERBEER, 1791–1864, hieß eigtl. JAKOB LIEBMANN BEER]

Liebrecht ahd. *liob* 'lieb' + *beraht* 'glänzend' oder NF von *Luitbrecht*

Liebwald ahd. *lieb* 'lieb' + *walt* 'walten, Gebieter'

Liebward ahd. *liob* 'lieb' + *wart* 'Hüter'

Liebwin ahd. *liob* 'lieb' + *wini* 'Freund'

Lienhard oberdt. NF von *Leonhard*

Lieuwe ['liuvə] niederländ.-fries. KF von Zss. mit *liaf* 'lieb' ? [v. d. SCHAAR; Mannheim 1923, SCHOTT 232]

Linnart NF von *Leonard*

Linus griech., Bedeutung ungewiß ('der Klagende'?), auch KF von *Paulinus, Wendelinus, Marzellinus*

Lion vermutl. zu frz. *Léon* [LION FEUCHTWANGER, dt. Schriftsteller, 1884–1958]
Lionardo ital. = *Leonhard*
Lionel frz. und engl. VN, Verkleinerung von *Leo*
Litthard vermutl. NF von *Luithard* [Mannheim 1923, SCHOTT 232]
Liut- s. *Luit-*
Livio ital. = lat. *Livius* 'aus dem Geschlecht der Livier', Bedeutung ungeklärt
Lobgott pietist. Neubildung des 17./18. Jhs.
Lodewik niederdt. NF von *Ludwig*
Loi s. *Loy*
Lois KF von *Alois*
Longin(us) lat., zu *longus* 'lang' [Mannheim 1911, SCHOTT 231; Heidelberg 1974 u. 1975]
Lorenz eingedeutschte Form von *Laurentius*
Loretto m. Form zu *Loretta*, nach dem Wallfahrtsort Loreto in Italien [Karlsruhe 1967, MACKENSEN]
Lothar german. *hlūtha-* 'laut, berühmt' + *harja* 'Heer'
Louis frz. ['lu:i] = *Ludwig*
Lovis, Lowis niederdt. NFF von *Ludwig*
Loy KF von *Eligius* oder *Lodewik* (= *Ludwig*) [Heidelberg 1973]; auch *Loi*
Lübbe fries. zweistämmige KF von Zss. mit *Luit-* [Niedersachsen 1961, MALECKI 815]; auch *Lüppe, Lüppo*
Lucas s. *Lukas*
Lucian Erw. von *Lucius*, dt. Schreibweise *Luzian*; frz. *Lucien* [ly'sĭɛ̃]
Lucius zu lat. *lux* 'Licht', dt. Schreibweise *Luzius*
Ludbert NF von *Luitbert*
Lüde, Lüdeke niederdt. KFF von Zss. mit *Luit-*
Lüder niederdt. NF von *Luither*
Ludger NF von *Luitger*; latinisiert *Ludgerus*
Ludo KF von Zss. mit *Lud-*, *Lut-*, älter *Luit-* [1620, HEYD 65]; auch *Luto*
Ludovico ital. = *Ludovicus*, latinisierte Form von *Ludwig*
Ludolf NF von *Luitolf*
Ludwig german. *hlūtha-* 'laut, berühmt' (oder *hlōthō* 'Schar', E. ROOTH) + ahd. *wīg* 'Kampf'
Luggi schweizer.-österreich. KF von *Ludwig*
Luigi ['luidʒi] ital. = *Ludwig*
Luis span. = *Louis*; auch eindeutschende Schreibweise für frz. *Louis*
Luitbald ahd. *liut* 'Volk' + *bald* 'kühn'; auch *Liut-*
Luitbert ahd. *liut* 'Volk' + *beraht* 'glänzend'; auch *Liut-*
Luitbrand ahd. *liut* 'Volk' + *brand* 'Feuer, Schwert'; auch *Liut-*
Luitbrecht NF von *Luitbert*; auch *Liut-*
Luitfried ahd. *liut* 'Volk' + *fridu* 'Friede'
Luitger ahd. *liut* 'Volk' + *gēr* 'Speer'
Luithard ahd. *liut* 'Volk' + *harti* 'stark, fest'
Luither ahd. *liut* 'Volk' + *heri* 'Heer'
Luithold aus älterem *Luitwalt*, ahd. *liut* 'Volk' + *walt* 'walten, Gebieter'; auch *Liut-*
Luitolf ahd. *liut* 'Volk' + *wolf* 'Wolf'; auch *Liut-*
Luitpold NF von *Luitbald*
Luitprecht NF von *Luitbrecht*
Luitwin ahd. *liut* 'Volk' + *wini* 'Freund'; auch *Liut-*

Lukas lat. *Lucas*, älter *Lucanus* 'aus (der Landschaft) Lucania stammend'
Lüke, Lüken niederdt.-fries. KFF von Zss. mit *Luit-*
Lupold NF von *Luitbald*
Lüppe, Lüppo s. *Lübbe*
Lütjen fries. KF von Zss. mit *Luit-*
Luto s. *Ludo*
Lütmer niederdt.-fries. Form von älterem *Luitmar*, ahd. *liut* 'Volk' + *māri* 'berühmt'; auch *Lüttmer*
Lutwin NF von *Luitwin*
Lutz KF von *Ludwig*
Lux KF von *Lukas*
Luzian, Luzius dt. Schreibweisen für *Lucian, Lucius*
Lysander griech., 'lösen, befreien' (oder 'vernichten' ?) + 'Mann' [Heidelberg 1974]

Magnar norweg., Neubildung nach dem Muster von *Ragnar* oder Entsprechung für altdt. *Mein(h)er*, ahd. *magan*, *megin* 'Kraft, Macht, Vermögen' + *heri* 'Heer'
Magnus lat. 'der Größe'
Maik eindeutschende Schreibweise für engl. *Mike* (s. d.) und Variante von *Meik(o)* [Seibicke in: StAZ 1968, 81—83]
Maio, Majo fries. KF von Zss. mit *Mein-*
Makkabäus hebr. 'Hammer' (?) [BHH; 1670—1729, Heyd 76]
Malte dän., viell. KF von *Helmold* [SP 1966, 217; SD 1972, 103]
Mamme, Mammo fries. kindersprachl. KF, Ursprungsform unbekannt
Mandus KF von *Amandus*
Manfred normann. = *Manfried*, ahd. *man* 'Mann, Mensch' + *fridu* 'Friede'
Mango, Manko bulgar. KFF von *Emanuel* [SP 1973, 58]
Manhard, -hart ahd. *man* 'Mann, Mensch' + *harti* 'stark, fest'
Mani KF von *Hermann, Manfred* u. a. VNN; auch Name des Begründers des Manichäismus (pers.) [E. Götz in ZZiv. 1971, 104]; auch *Many*
**Männe* KF von *Hermann*, auch Kosename für den Ehemann; als offizieller VN unangemessen [Bremen 1966, Mackensen]
Manolito span. Erw. (Verkleinerung) von *Manolo*, einer KF von *Emanuel, Immanuel* [Stuttgart 1969, Freiburg i. Br. 1972; Heidelberg 1975]
Manu (schweizer.) KF von *Emanuel, Immanuel* (?)
Manuel KF von *Emanuel, Immanuel*
Marbod ahd. *marah* 'Pferd' + *boto* 'Gebieter, Bote'
Marbert ahd. *marah* 'Pferd' + *beraht* 'glänzend'
Marc s. *Mark*
Marcel [marˈsɛl] frz. = *Marzell(us)*; ital. *Marcello* [marˈtʃɛlɔ]
Marcellinus s. *Marzellinus*
Marco ital. und span. = *Markus*; auch *Marko*
Marcus s. *Markus*
Marek poln., tschech. = *Markus*
Marhold ahd. *marah* 'Pferd' + *walt* 'walten, Gebieter'; im 17. Jh. als Übersetzung von *Philipp*, griech. 'Pferdefreund', neu belebt [Fleischer, Personennamen 62]
Marian Erw. von *Marius*
Marinus lat. 'am Meer lebend, von der See' (?)
Mario ital. = *Marius*
Marius lat. 'aus dem Geschlecht der Marier', Bedeutung ungewiß
Mark KF von *Markus* oder von Zss. mit *Mark-*, s. *Markolf, Markward*; auch *Marc*

Marke, Marko KFF von Zss. mit *Mark-*, s. *Markolf, Markward*

Markolf ahd. *marcha* 'Grenze, Gebiet' + *wolf* 'Wolf'

Markus lat. *Marcus*, abgeleitet von *Mars*, dem Namen des röm. Kriegsgottes

Markward auch *Marquard*, ahd. *marcha* 'Grenze, Gebiet' + *wart* 'Hüter'

Marquard s. *Markward*

Marlon engl. VN, Herkunft und Bedeutung ungewiß, viell. als Künstlername für den amerikan. Schauspieler MARLON BRANDO erfunden [THEWES 88; Aachen 1973; SD 1973, 152; Heidelberg 1974; SP 1975, 42]

Marsilius NF von *Marcellus* ?

Marten, Märten NFF von *Martin*

Martin lat. *Martinus*, abgeleitet von *Mars*, dem Namen des röm. Kriegsgottes

Marvin engl., auch *Merwin*, entspricht ahd. *māri* 'berühmt' + *wini* 'Freund' [Heidelberg 1973; Bielefeld 1974/75; München 1974]

Marzell(us) lat. *Marcellus*, Erw. von *Marcus*

Marzellinus Erw. von *Marzellus*, lat. *Marcellinus*

Mathis KF von *Matthias*

Matteo ital. = *Matthäus*

Matthäus NF von *Matthias* [Heidelberg 1973]

Matthias hebr. 'Geschenk Gottes'; nicht selten auch *Mathias* (nicht zu empfehlen); auch *Mattias* (ökumen. Schreibung)

Matti finn. = *Matthias*

Maurice ['mɔ'ris] frz. = *Mauritius* [Gernsbach 1965, K. WÖRTER]

Mauritius Erw. von *Maurus*

Maurizio ital. = *Mauritius* [Gernsbach 1962, K. WÖRTER]

Mauro ital., **Maurus** lat. 'Maure, Mauretanier, Mohr'

Max KF von *Maximilian*

Maxbert Neubildung aus *Max* und dem alten Namenglied *bert*, ahd. *beraht* 'glänzend' [Wermelskirchen 1932, LINK E 17]

**Maxi* KF von *Maximilian* und *Maximiliane*!

Maxim Verkürzung von *Maximus*

Maximilian lat., urspr. *Maximinianus* 'aus dem Geschlecht des Maximus', s. *Maximus*

Maximin KF von *Maximinianus*, s. *Maximilian*

Maximus lat. 'der Größte'

Medard KF von *Medardus*

Medardus latinisierte Form von *Machthard* (?), ahd. *maht* 'Macht, Kraft, Vermögen' + *harti* 'stark, fest'

Meik, Meiko niederdt. KFF von Zss. mit *Mein-* [*Meik*: Niedersachsen 1961: 4 mal, MALECKI; Das Bayerische Standesamt 1969, 138; vgl. *Meike, Meyke* aus *Meyneke, Maginhard* in Braunschweiger Urkunden des 14.—17. Jhs., O. SCHÜTTE 1901]; s. auch *Maik*

Meinald NF von *Meinwald*

Meinbod ahd. *magan, megin* 'Kraft, Macht, Vermögen' + *boto* 'Gebieter, Bote'

Mein(d)ert niederdt.-niederländ. NFF von *Meinhard*

Meinfried ahd. *magan, megni* 'Kraft, Macht, Vermögen' + *fridu* 'Friede'

Meinhard ahd. *magan, megin* 'Kraft, Macht, Vermögen' + *harti* 'stark, fest' [Niedersachsen 1961: 3 mal, MALECKI 814]

Meinhold NF von *Meinwald*

Meino KF von Zss. mit *Mein-*

Meinold NF von *Meinwald*

Meinolf ahd. *magan, megin* 'Kraft, Macht, Vermögen' + *wolf* 'Wolf' [1968, Gottesdienst 160]; auch *Meinolph* (veraltet)

Meinrad ahd. *magan, megin* 'Kraft, Macht, Vermögen' + *rāt* 'Rat(geber), Beratung'

Meinulf NF von *Meinolf* [1968, Gottesdienst 160]

Meinwald ahd. *magan, megin* 'Kraft, Macht, Vermögen' + *walt* 'walten, Gebieter'

Meinward ahd. *magan, megin* 'Kraft, Macht, Vermögen' + *wart* 'Hüter'

Meir hebr. 'der Leuchtende', jidd. Name; auch *Meijer, Mejer, May(e)r*

Melcher KF von *Melchior*; fries. auch *Melchert* [v. d. Schaar; Bremen 1966, Mackensen]

Melchior hebr. 'mein König ist Licht' [Zürich zw. 1854—84: 3mal]

Memke fries. KF von Zss. mit *Mein-*, auch als w. VN möglich

Menard niederdt. = *Meinhard*

Mendel KF von *Immanuel*

Menno, Meno, Mense, Menso fries. KFF von Zss. mit *Mein-* [*Menno*: Landkreis Norden 1961, Niedersachsen 1961, Malecki 813 u. 815; Menno Simons, fries. Priester, Gründer der Sekte der Mennoniten; *Meno*: Hamburg 1966]

**Merano* ital. Form des Ortsnamens Meran (Südtirol) [Berchtesgaden 1961, Mackensen]

Merten NF von *Martin*

Meto KF von bulgar. *Metodi* oder *Metód* = *Methodius*, zu griech. *methodos* 'Weg der Untersuchung, das Nachspüren', Name eines Slawenapostels (7. Juli) [in der DDR beurkundet: SP 1973, 234]

Mewes KF von *Bartholomäus*

Micha bibl. Name, KF von *Michaja*, hebr. 'Wer ist wie Jahwe ?', im Deutschen aber auch KF von *Michael* und *Michaela*, deshalb und wegen der Endung *-a* in erster Linie als w. Form aufgefaßt, so daß die Hinzufügung eines zweiten, eindeutig m. VNs erforderlich ist [Nürnberg 1966, Mackensen; Saarbrücken 1973; Heidelberg 1976]

Michael hebr. 'Wer ist wie Gott ?'; russ. *Michail*, rumän. *Mihai*, ungar. *Mihály*, span. *Miguel*, poln. *Michał*, frz. *Michel*, ital. *Michele* [Gernsbach 1968, K. Wörter]; die Aussprache von engl. *Michael* [= maikl] darf nicht in der Form *Meikel* ins Deutsche übertragen werden

Michel KF von *Michael*; frz. *Michel* [miˈʃɛl] = *Michael*

Michiel NF von *Michael* [Karlsruhe 1967, Mackensen]

Mikael schwed. = *Michael*

Mike [maik] engl. KF von *Michael* [StAZ 1968, 48; StAZ 1967, 17 noch abgelehnt]; eingedeutschte Schreibweise *Maik, Meik*

Miklas slaw. NF von *Nikolaus*; ungar. *Miklós* [ˈmikloːʃ], ukrain. *Mikola*

Milan slaw. KF von *Miroslaw, Miloslaw*; Koseform *Milenko* [Karlsruhe 1973]

Milian vermutl. KF von *Maximilian* [Hzt. Coburg vor 1900, Wilhelm 26]

Milko KF von *Miloslaw* [Niedersachsen 1961, Malecki 815]

Milo KF von *Kamill(o), Emil* [v. d. Schaar; Trier 1966, Mackensen; auch slaw. KF; SP 1974, 185]

Miloslaw slaw. 'lieb' + 'Ruhm'

Mingo KF von *Domingo*, span. = *Dominikus*

Mirek KF von *Miroslaw* oder *Jaromir* [SP 1966, 57; Heidelberg 1972]
Mirko KF von *Miroslaw*, auch *Mirco* (nicht zu empfehlen)
**Miro* in Heidelberg 1973 in der Verbindung *Jan-Miro* eingetragen, viell. nach dem span. Maler und Grafiker Joan Miró
Miroslaw slaw. 'Friede' + 'Ruhm'
Mischa russ. KF von *Michael*
Mitja russ. KF von *Dmitrij* = *Demetrius* [Heidelberg 1975]
Modest lat. *Modestus* 'der Bescheidene, Sanftmütige, Sittsame' [ital. *Modesto*: Basel 1965, Mackensen]
Mombert NF von *Munibert*
Momke, **Momme, Mommo** fries. KFF von Zss. mit *Muni-* (s. *Munibert, Mombert*); *Momke* kann auch als w. VN gebraucht werden

**Montgomery* engl. Familienname, im Amerikanischen auch als VN verwendet [E. Wells]; im Deutschen als VN nicht geeignet [Flensburg 1972]
Monty engl. KF von *Montague*, urspr. frz. Herkunftsname (*Mont Aigu* bei Caën)
Morgan engl. VN kelt. Ursprungs, 'zur See gehörig, seegeboren' (?), als Übersetzung von *Pelagius* verwendet
Moritz eingedeutschte Form von *Mauritius*, früher häufig *Moriz* geschrieben
Morris engl. = *Mauritius*
Morten dän. = *Martin* [Flensburg 1969; Bielefeld 1974/75]
Mortimer engl., urspr. Familienname, Herkunftsname (*Mortemer* in der Normandie)
Moses urspr. ägypt. 'Sohn'
Mumme NF von *Momme*
Munibert german. *muni* 'Geist, Gedanke, Wille' + *beraht* 'glänzend'
Munolf german. *muni* 'Geist, Gedanke, Wille' + *wolf* 'Wolf' [ca. 1963, SP 1973, 170]
**Mylius* humanist. Übersetzung des Familiennamens *Müller*, vor 1900 auch als VN verwendet [Hzt. Coburg vor 1900, Wilhelm 22 u. 26]

Nabor hebr. 'Prophet des Lichts'? [Heyd 84]
Nahne fries. kindersprachl. Lallform, z. T. wohl von Zss. mit german. *nantha* 'wagemutig, kühn', vgl. *Nanno*; auch *Nane*
Nahum hebr. 'Tröster'; auch *Naum*
Nando KF von Zss. mit german. *nantha* 'wagemutig, kühn'
Nandolf german. *nantha* 'wagemutig, kühn' + ahd. *wolf* 'Wolf'
Nanno KF von Zss. mit german. *nantha* 'wagemutig, kühn'
Nante KF von *Ferdinand*
Nantwig german. *nantha* 'wagemutig, kühn' + ahd. *wīg* 'Kampf'
Nantwin german. *nantha* 'wagemutig, kühn' + ahd. *wini* 'Freund'
Nathan hebr. KF von *n·tanjā* 'Jahwe hat gegeben'; auch KF von *Nathanael* und *Jonathan* [Heidelberg 1975]
Nathanael hebr. 'Gott hat gegeben'; engl. auch *Nathaniel*
Naum s. *Nahum*
Ned engl. KF von *Edward*
Neel KF von *Cornelius* [die Koseform *Neeltje* — Bremen 1966, Mackensen — sollte nur als Mädchenname verwendet werden]
Nehemia hebr. 'Tröstung Jahwes'
Neidhard auch *Neidhart, Neithard*, älter *Nithard*, ahd. *nīd* 'Feindschaft, Haß, Bosheit' + *harti* 'stark, fest' [Hamburg 1965; Reutlingen 1966, Mackensen]

Nelson engl., urspr. Orts- und Herkunftsname [Trier 1966, MACKENSEN; SP 1975, 122: als VN abgelehnt]
Nepomuk slaw., nach dem Geburtsort Nepomuk (Pomuk, südöstl. Pilsen) des hl. JOHANNES von Nepomuk, 1350—93, des Landespatrons von Böhmen
Nestor griech. 'der (immer) Zurückkehrende' ? [Nagold 1966, MACKENSEN]
Nicholas engl. = *Nikolaus*
Nick (engl.), *Nicki*, KFF von *Nikolaus*; *Nicki* auch w.!
Nicol s. *Nikol* [1968 zw. 10- und 20mal, Gottesdienst 160]
Nicolas [niko'la] frz. = *Nikolaus*; in deutscher Schreibweise und Aussprache auch *Nikolas*
Nicolaus s. *Nikolaus*
Nidger ahd. *nīd* 'Feindschaft, Haß, Bosheit' + *gēr* 'Speer'
Niels KF von *Cornelius*, dän. von *Nikolaus*
**Niki* KF von *Nikolaus* und *Nicole*!
Nikita russ. KF von *Nikolai*
Niklas, Niklaus, Niko KFF von *Nikolaus*
Nikodemus griech. 'Sieg' + 'Volk'
Nikol KF von *Nikolaus* [Hzt. Coburg vor 1900: 3mal, WILHELM 26; AG Bielefeld 1967, MACKENSEN; Heidelberg 1968]; auch *Nicol* (Verwechslung mit dem Mädchennamen *Nicole* liegt nahe!)
Nikolai, Nikolaj russ. = *Nikolaus*
Nikolaus griech. 'Sieg' + 'Volk'; auch *Nicolaus*, frz. *Nicolas*, ital. *Nicola*(!)
Nils schwed. KF von *Nikolaus*
Nino ital. KF von *Giovanni* = *Johann*(*es*)
Nis KF von *Dionys*(*ius*)
Nithard s. *Neidhard*
Noah zu hebr. *nwḥ* 'ruhen (= Ruhe schaffen)' [Bremen 1966, MACKENSEN]
Nolde, Nolte KFF von *Arnold*
Nonfried Neubildung, vermutl. aus *Nonno* und dem alten Namenglied *fried*, ahd. *fridu* 'Friede' [Bremen 1966, MACKENSEN]
Nonno fries. KF von Zss. mit german. *nantha* 'wagemutig, kühn'
Norbert ahd. *nord* 'Norden' oder german. *northo* 'Kraft' [V. D. SCHAAR] + ahd. *beraht* 'glänzend'
Nordwin zu *nord* (s. *Norbert*) + ahd. *wini* 'Freund'
Norfried zu *nord* (s. *Norbert*) + ahd. *fridu* 'Friede' oder Neubildung
Norman engl. 'Normanne' ('Mann aus dem Norden' oder 'kräftiger Mann', vgl. *Norbert*) [Wiesbaden 1962, 39; Heidelberg 1973 u. 1974); auch *Normann*
Norwin NF von *Nordwin*
Notker ahd. *nōt* 'Bedrängnis (im Kampf), Gefahr' + *gēr* 'Speer', Umkehrung von *Gernot*

Obbe, Obbo fries. zweistämmige KFF von Zss. mit *Od-* 'Erbgut'
Oberon frz. = *Alberich*
Ocke s. *Okke* [Flensburg 1969]
Octavian s. *Oktavian*
Odde fries. KF von Zss. mit *Od-* 'Erbgut'
Odilo KF von Zss. mit altsächs. *ōdhil* 'Gut, Besitz, Heimat'
Odin nord. Göttername, 'der Rasende' (?); schwed. NF *Oden* [Wiesbaden 1967, 159]
Odkar NF von *Otger* [Honnef 1900, LINK E 9]; besser *Otkar*
Odo KF von Zss. mit *Od-* 'Erbgut'
Odomar NF von *Otmar*
Odoardo ital. NF von *Eduard*

Offe, Offo fries. zweistämmige KFF von Zss. mit *Od-* 'Erbgut'

Okke, Okko fries. KFF von Zss. mit *Od-* 'Erbgut'; auch *Ocke*

Oktavian lat. *Octavianus*, Erw. von *Octavius* 'aus dem Geschlecht der Octavier', zu lat. *octāvus* 'der Achte'

Olaf nord. 'Nachkomme des (göttlich verehrten) Urahns'; norweg.-schwed. *Olav*

Oldrik NF von *Adalrich*

Olberich NF von *Alberich*

Oldwig NF von *Adalwig*, ahd. *adal* 'edel, vornehm' + *wīg* 'Kampf'

Ole KF von Zss. mit *Od-* 'Erbgut' oder altsächs. *ōdhil* 'Gut, Besitz, Heimat'

Oleg russ. = *Helge*

Olf KF von Zss. mit *wolf* 'Wolf'

Olfert altsächs. *ōdhil* 'Gut, Besitz, Heimat' + *frethu* 'Friede'

Oliver engl. = *Olivier* (Fluntern-Zürich ab 1935: 4mal, Métraux 43]

Olivier [ɔli'vie:] frz., zu lat. *olivarius* 'Ölbaum(pflanzer)' ? [Heidelberg 1974]

Olof fries. KF von *Odulf*, *ōd* 'Erbgut' + *wulf* 'Wolf'; schwed. = *Olaf*

Olrik NF von *Adalrich*

Oltman(n) fries.-niederländ., vermutl. KF von Zss. mit *adal* 'edel, vornehm' oder *ōdhil* 'Gut, Besitz, Heimat'

Oluf NF von *Olof*

Olympus griech. 'vom (Berge) Olympos' [München 1972!]

Omke, Omme, Ommo fries. zweistämmige KF von Zss. mit *Od-* 'Erbgut'; auch *Oomke*

Onno fries. KF, Ursprung ungewiß [Flensburg 1971]

Optatus lat. 'der Erwünschte, Willkommene'

Orell schweizer. = *Aurelius* [Karlsruhe 1973]

Orf Herkunft und Bedeutung unbekannt [Offenbach 1957, Mackensen]

**Orfuld* Herkunft und Bedeutung unbekannt [Naumann in SP 1972, 99]

Orlando ital. = *Roland* [Fluntern-Zürich 1933, Métraux 43; Hamburg 1963]

Ortfried ahd. *ort* 'Spitze (der Waffe)' + *fridu* 'Friede'

Ortger ahd. *ort* 'Spitze (der Waffe)' + *gēr* 'Speer'

Ortlieb ahd. *ort* 'Spitze (der Waffe)' + *liob* 'lieb' oder Umdeutung von *leiba* 'Erbe, Hinterlassenschaft' (?)

Ortnit ahd. *ort* 'Spitze (der Waffe)' + *nīd* 'Feindschaft, Haß, Bosheit'

Ortolf ahd. *ort* 'Spitze (der Waffe)' + *wolf* 'Wolf'

Ortolt NF von *Ortwald*

Ortulf NF von *Ortolf*

**Ortulog* Herkunft und Bedeutung unbekannt [Naumann in SP 1972, 99]

Ortwald ahd. *ort* 'Spitze (der Waffe)' + *walt* 'walten, Gebieter'

Ortwin ahd. *ort* 'Spitze (der Waffe)' + *wini* 'Freund'

Osbert NF von *Ansbert*, german. *ans-* 'Gott' + ahd. *beraht* 'glänzend'

Oskar aus der Ossian-Dichtung des Schotten Macpherson (18. Jh.) übernommener Name, vermutl. altnord. Herkunft, entspricht altdt. *Ansgar*, german. *ans-* 'Gott' + ahd. *gēr* 'Speer'

Osmar german. *ans-* 'Gott' + ahd. *māri* 'berühmt' [Görlitz vor 1884, Jecht II, 151]

Osmund german. *ans-* 'Gott' + ahd. *munt* 'Schützer'
Ossi KF von Namen, die mit *Os-* beginnen [Freiburg i. Br. 1975]; auch *Ossy*
Ossip russ. = *Josef*
Ossy s. *Ossi*
Ostian lat. 'aus Ostia'?
Oswald german. *ans-* 'Gott' + ahd. *walt* 'walten, Gebieter'
Oswin german. *ans-* 'Gott' + ahd. *wini* 'Freund'
Ot KF von Zss. mit *Ot(t)-*, *Od-*; Koseformen: *Otl*, schweizer. *Otli*, *Ötli*
Otbert ahd. *ōt* '(Erb)gut, Besitz' + *beraht* 'glänzend'
Otfried ahd. *ōt* (Erb)gut, Besitz' + *fridu* 'Friede'
Othenio vermutl. Erw. von *Ot-*
Otger, Otker ahd. *ōt* '(Erb)gut, Besitz' + *gēr* 'Speer'
Otmar ahd. *ōt* '(Erb)gut, Besitz' + *māri* 'berühmt'; auch *Ottmar*, *Othmar*
Otmund ahd. *ōt* '(Erb)gut, Besitz' + *munt* 'Schützer'
Ott KF von Zss. mit *Ott-*
Ottar zu ahd *ōt* '(Erb)gut, Besitz' + german. *harja* Heer'(?)
Otte KF von Zss. mit *Ot(t)-*; schwed. = *Otto*
Ottfried NF von *Otfried*
Otthein, Ottheinrich DFF aus *Otto* + *Heinrich*
Ottheinz DF aus *Otto* + *Heinz*, KF von *Heinrich*
Otthermann DF aus *Otto* + *Hermann*
Ottmar NF von *Otmar*
Otto KF von Zss. mit *Ot-*, *Od-*
Ottokar aus älterem *Odoaker*, *Odowakar*, altsächs. *ōd* 'Erbgut, Besitz' + ahd. *wakar* 'wachsam, munter'
Ottomar NF von *Otmar* [Görlitz vor 1884, Jecht II, 151]
Ottomax DF aus *Otto* + *Max*
Ottorino ital Erw. (Verkleinerung) von *Otto*
Otwald ahd. *ōt* '(Erb)gut, Besitz' + *walt* 'walten, Gebieter'
Otward ahd. *ōt* '(Erb)gut, Besitz' + *wart* 'Hüter'
Otwin ahd. *ōt* '(Erb)gut, Besitz' + *wini* 'Freund'
Ove (dän., schwed.), **Owe** KF, Ursprung ungeklärt

Paavo finn., **Pablo** span. = *Paul*
Palle fries.-niederländ. kindersprachl. KF von Zss. mit *Bald(e)-* oder zu *Paul*; auch dän. und schwed. VN, zu altdän. *Palne*, Herkunft und Bedeutung ungeklärt [Flensburg 1972]
Pankratius, Pankraz griech. 'der Allesbeherrscher', lat. *Pancratius*
Pantaleon griech. 'All-Erbarmer'?
Paolo ital. = *Paul*
Parsifal s. *Parzival*
Parsimonius lat., zu *parsimonia* 'Sparsamkeit' [1540, Heyd 75]
Parzival altfrz. *Perceval* 'Taldurchstreifer'; auch *Parsifal*
Pascal frz., zu lat. *paschalis* 'österlich (zu Ostern geboren)'
Patricius s. *Patrizius*
Patrick [engl. 'pɛtrik, dt. 'patrik], irische Form von *Patrizius* [Fluntern-Zürich ab 1954: 3mal, Métraux 43; Hamburg 1961; seitdem öfter]
Patrizius lat. *Patricius* 'Patrizier, Edler'
Paul lat. *Paulus* 'der Kleine'
Paulinus Erw. von *Paulus*
Paulus s. *Paul*
Pawel russ. = *Paul*
Pay in Schleswig-Holstein vorkommender VN, Herkunft und

Bedeutung ungeklärt [zu *Paul*? Der Hamburger Standesbeamte 1 (15. Febr.), 1961, 6]

Pedro span. = *Peter* [Görlitz vor 1884, JECHT II, 151]

Peer, Peet KFF von *Peter*

Peko fries. KF von *Peter* [1887: *Peco*]

Pekka, **Pekko** fries. KFF von *Peter*; die Form *Pekka* wird im Deutschen als w. verstanden und sollte deshalb nicht für einen Jungen gewählt werden

Pelagius zu griech. *pelagos* 'Meer' [1730, HEYD 49]

Pepe span., **Peppo** ital. KF von *Josef*

Per skandinav. KF von *Peter*

Percy ['pœ:si] engl., urspr. Familienname (Herkunftsname) nach dem Ort Perci in der Normandie; auch als KF von *Percival* = *Parzival* aufgefaßt

Peregrin(us) lat. 'Fremdling, Ausländer' [Mannheim 1923, SCHOTT 232]

Perikles griech. 'sehr berühmt' [Freiburg i. Br. 1973]

Pero vermutl. KF von *Peter* [Gernsbach 1957, K. WÖRTER]

Perry engl. KF von *Peregrin* und *Peregrina* [Hamburg 1961]

Peter griech. 'Fels', Übersetzung von aramäisch *kepha(s)*

Petrus lat. = *Peter*

Phil engl. KF von *Philipp*

Philhard Neubildung aus *Phil(ipp)* + *(Ger)hard* oder zu ahd. *filu* 'viel' + *harti* 'stark, fest'

Philibert ältere Schreibweise für *Filibert*

Philipp griech. 'Pferdefreund'; engl. *Philip*

Philippbert Umbildung von *Filibert*, angelehnt an *Philipp*, der zweite Bestandteil *-bert* geht auf ahd. *beraht* 'glänzend' zurück

Philo griech. 'Freund'

Pierre [pjɛ:r] frz. = *Peter*

Piet (KF), **Pieter** niederdt.-niederländ. = *Peter*

Pietro ital. = *Peter*

Pinkas hebr. (urspr. ägypt.) 'Mohr'

Pinkus NF von *Pinkas* oder hebr. 'der Gesegnete' (?) [DUDEN-Lexikon]

Pirmin Herkunft und Bedeutung ungeklärt

Pitt (KF), **Pitter** rhein. Formen für *Peter*

Pius lat. 'der Fromme'

Pjotr russ. = *Peter*

Placidus lat. 'ruhig, friedlich, freundlich, gütig'; (schweizer.) KF *Plazi*

Placitius Erw. von *Placidus* ? [HEYD 68]

Plazi s. *Placidus*

Poldi KF von *Leopold*, aber auch von *Leopolda, -dine*!

Pontian lat. 'Bewohner von (der Insel) Pontia' oder zu osk. *ponto-* 'der Fünfte' (?) [V. D. SCHAAR]

Primus lat. 'der Erste'

Proper(us), ital. *Prospero*, lat. 'glücklich, glückhaft'

Protasius griech., Bedeutung ungewiß [HEYD 68]

Quint(us) lat. 'der Fünfte'

Quirin(us) urspr. der Name des Kriegsgottes der Sabiner, 'Lanzenschwinger' (?), oder 'Mann aus Quirinum' [WASSERZIEHER; zur Verbreitung s. KOSS 1976]

Raban, latinis. **Rabanus,** KF von Zss. mit ahd. *hraban* 'Rabe'

Radenko jugoslaw., KF von Zss. mit *Rad-* 'froh' (?) [Karlsruhe 1965]

Radolf, Radulf ahd. *rāt* 'Rat(geber), Beratung' + *wolf* 'Wolf'

Raf(f)ael s. *Raphael* [Niedersachsen 1961, Malecki 815]
Ragnar nord. = *Reiner*
Rai- s. a. *Rei-*
Rainald s. *Reinald*
Rainer s. *Reiner*
Ralf KF von *Raduljf*; engl. *Ralph*

Ralph s. *Ralf*
Rambald ahd. *hraban* 'Rabe' + *bald* 'kühn'
Rambert ahd. *hraban* 'Rabe' + *beraht* 'glänzend'
Rambod ahd. *hraban* 'Rabe' + *boto* 'Gebieter, Bote'
Ramón span. = *Reimund* [Karlsruhe 1967; Freiburg i. Br. 1973]
Randal engl. = *Randolf*
Rando KF von Zss. mit *Rand-*
Randolf, Randulf ahd. *rant* 'Schild' + *wolf* 'Wolf'; engl. *Randolph, Randal*
Randwig, Rantwig ahd. *rant* 'Schild' + *wīg* 'Kampf'
Raoul [ra'u:l] frz. = *Radolf*; span. *Raúl*
Raphael hebr. 'Gott heilt'
Rappert NF von *Ratbert*
Rappold NF von *Ratbald*
Rasmus KF von *Erasmus*
Rasso KF von Zss. mit *Rat-*, *Rad-* [1887]
Ratbald ahd. *rāt* 'Rat(geber), Beratung' + *bald* 'kühn'; auch *Ratbold*
Ratbert ahd. *rāt* 'Rat(geber), Beratung' + *beraht* 'glänzend'
Ratbod ahd. *rāt* 'Rat(geber), Beratung' + *boto* 'Gebieter, Bote'
Ratfried ahd. *rāt* 'Rat(geber), Beratung' + *fridu* 'Friede'
Ratger ahd. *rāt* 'Rat(geber), Beratung' + *gēr* 'Speer'
Rathold aus älterem *Ratwald*, ahd. *rāt* 'Rat(geber), Beratung' + *walt* 'walten, Gebieter'; auch *Ratold*
Ratilo Erw. (Verkleinerung) von *Rato*
Ratko KF von Zss. mit *Rat-* oder aus slaw. *Radko*, einer KF von Zss. mit *rad-* 'froh', z. B. *Radomir, Radoslav* [SP 1976, 87]
Ratmar ahd. *rāt* 'Rat(geber), Beratung' + *māri* 'berühmt'
Rato KFF von Zss. mit *Rat-*
Räto, latinis. **Rätus,** s. *Reto*
Ratward ahd. *rāt* 'Rat(geber), Beratung' + *wart* 'Hüter'
Ray [re:[i]] engl. KF von *Raymond* = *Reimund* [Wiesbaden 1962, 39; Nürnberg 1966, Mackensen]
Redelf, Redlef, Redlof fries. = *Radolf*
Reemt fries. = *Reinbod* (?)
Reginald NF von *Reinhold, Reinwald*
Regino KF von *Reginald* und anderen Zss. mit ahd. *regin-* = *Rein-*
Regnerus latinis. Form von *Reiner*, dän. *Regner*
Reichard NF von *Richard*
Reik, Reiko fries. KFF von Zss. mit *Rein-*
Reimar NF von *Reinmar* [Gernsbach 1957, K. Wörter]
Reimbert ahd. *ragin, regin* 'Rat, Beschluß' + *beraht* 'glänzend'
Reimbod ahd. *ragin, regin* 'Rat, Beschluß' + *boto* 'Gebieter, Bote'
Reimbrecht NF von *Reimbert*
Reimert niederdt.-fries. NF von *Reimbert*
Reimo zweistämmige KF von Zss. mit *Rein-*
Reimund ahd. *ragin, regin* 'Rat, Beschluß' + *munt* 'Schützer'; auch *Raimund*; frz. *Reymond, Raymond*, engl. *Raymond*
Reinald NF von *Reinhold, Reinwald*; auch *Rainald*
Reinar NF von *Reiner*

Reineke niederdt. KF von Zss. mit *Rein-*
Reiner ahd. *ragin, regin* 'Rat, Beschluß' + *heri* 'Heer'; häufig *Rainer*
Reinfried ahd. *ragin, regin* 'Rat, Beschluß' + *fridu* 'Friede'
Reinhard ahd. *ragin, regin* 'Rat, Beschluß' + *harti* 'stark, fest'
**Reinherz* Neubildung oder Umbildung von *Reinert* (= *Reinhard*) in der Genitivform des Vatersnamens (Patronymikons): *Reinerts* 'Reinhards (Sohn)'
Reinhold NF von *Reinwald*
Reinke niederdt. KF von Zss. mit *Rein-*; auch als w. VN möglich
Reinmar ahd. *ragin, regin* 'Rat, Beschluß' + *māri* 'berühmt'
Reinmund NF von *Reimund*
Reinold NF von *Reinwald*
Reinulf ahd. *ragin, regin* 'Rat, Beschluß' + *wolf* 'Wolf'
Reinwald ahd. *ragin, regin* 'Rat, Beschluß' + *walt* 'walten, Gebieter'
Reinward ahd. *ragin, regin* 'Rat, Beschluß' + *wart* 'Hüter'
Relef, Relf fries. KFF von *Radulf*
Rembert NF von *Reimbert*
Remi KF von *Remigius* [Frutigen/Berner Oberland 1960—64, Berger 283]
Remigius lat. 'Ruderer'
Remko fries. KF von *Reinmar* und *Ratmar*
Remmert niederdt.-fries. NF von *Reimbert*
Remo ital. = lat. *Remus*, Name eines der sagenhaften Gründer Roms
Renard [rə'na:r] frz. = *Reinhard*
Renatus lat. 'der Wiedergeborene'
René [rə'ne:] frz. = *Renatus*
Renke, **Renko** niederdt.-fries. KFF von Zss. mit *Rein-*; *Renke* kann auch w. VN sein!
Rentius KF von *Laurentius*
Renz, Renzo KFF von Zss. mit *Rein-*, auch von *Lorenz, Laurentius* [*Renzo*: Fluntern-Zürich ab 1932, Métraux 28; Wermelskirchen 1945, Link E 17]
Reto schweizer. 'Räte, Rätoromane' [Fluntern-Zürich ab 1925: 14mal, Métraux 27]; der Abstammung und Aussprache nach korrekter: *Räto*
Rex engl. VN, KF von *Reginald*
Riccardo ital. = *Richard*; auch *Ricardo*
Ricco KF von *Riccardo* [*Ricco-Utz*: Zwickau zw. 1956—66, SP 1974, 88]
Richard ahd. *rīhhi* 'mächtig, Herrscher' + *harti* 'stark, fest'
Richbald ahd. *rīhhi* 'mächtig, Herrscher' + *bald* 'kühn'
Richbert ahd. *rīhhi* 'mächtig, Herrscher' + *beraht* 'glänzend'
Richmar ahd. *rīhhi* 'mächtig, Herrscher' + *mari* 'berühmt'
Richmut ahd. *rīhhi* 'mächtig, Herrscher' + *muot* 'Sinn, Geist, Gemüt'
Richwald ahd. *rīhhi* 'mächtig, Herrscher' + *walt* 'walten, Gebieter'
Richwin ahd. *rīhhi* 'mächtig, Herrscher' + *wini* 'Freund'
Rick engl. KF von *Richard*
Rickert niederdt. = *Richard*
Ricklef s. *Riklef*
Rickmer niederdt. = *Richmar*
Rico s. *Riko*
Ridsert, Ridzard fries. = *Richard*
Riek KF von niederdt. *Frederik, Hendrik* [Hamburg 1967]; auch *Rik*
Rienzo ital. KF von *Laurentius*
Rigbert NF von *Richbert*
Righard NF von *Richard* [Naumann in SP 1972, 99]

Riglef s. *Riklef*
Rigo KF von Zss. mit *Rig(o)-* = *Rich-* [Gernsbach 1965, K. WÖRTER]
Rigobert NF von *Richbert* [Bremen 1966, MACKENSEN]
Rigomar NF von *Richmar*
Rik s. *Riek*
Riklef altsächs. *rīki* 'mächtig, Herrscher' + *lēf* = ahd. *leiba* 'Erbe, Hinterlassenschaft' (?); auch *Riglef, Ricklef*
Riko KF von Zss. mit *rik* = ahd. *rīhhi* 'mächtig, Herrscher'; auch *Rico*, latinis. *Ricus, Rikus*
Rikus s. *Riko*
Rimbert NF von *Reimbert*
Rinaldo ital. = *Reinhold*
Ringo KF von *Ringolf* und anderen Zss. mit ahd. *regin* 'Rat, Beschluß'
Ringolf, Ringulf zu ahd. *regin* 'Rat, Beschluß' (vgl. fries. *Renger, Ringer*, V. D. SCHAAR) oder *ring* 'Ring' + *wolf* 'Wolf'
Rinke* fries. KF von Zss. mit *Rein-*; auch **w. VN!
Rino ital. KF von *Rinaldo, Ottorino, Marino* u. a. Namen
Rito KF, Herkunft und Bedeutung ungeklärt [SD 1965, 166]
Rix (fries.) KF von Zss. mit *rik* (= *rich*), bes. *Hendrik*; auch *Rixt, Rikst*
Roald norweg. = *Rodewald*
Rob, Robby engl. KFF von *Robert* [*Rob*: Karlsruhe 1967, MACKENSEN]
Röbbe fries. KF von *Robert, Robrecht*
Robert älter *Rodebert, -brecht*, german. *hrōth* 'Ruhm' + ahd. *beraht* 'glänzend'
Roberto ital. = *Robert*
Robin engl. KF von *Robert*, bekannt vor allem durch ROBIN HOOD [Wiesbaden 1962, 39; 1967, 159; Karlsruhe 1967, 1972, 1975; München 1974; Heidelberg 1972 bis 76: 6mal]
Robrecht NF von *Rodebrecht* = *Robert*
Rocco ital. = *Rochus*
Rochus vermutl. latinisierte Form eines german. Namens, der mit ahd. *rohōn* 'schreien, den Schlachtruf ausstoßen' zusammenhängen soll
Rodebert, -brecht ältere Formen von *Robert, Robrecht*
Rodegang german. *hrōth* 'Ruhm' + ahd. *gang* 'Waffengang'
Roderich german. *hrōth* 'Ruhm' + ahd. *rīhhi* 'mächtig, Herrscher' [Honnef 1954, LINK E 10]; auch *Roderik*
Rodewald german. *hrōth* 'Ruhm' + ahd. *walt* 'walten, Gebieter'
Rodger NF von *Rutger*
Rodolfo ital. = *Rudolf*
Rodrigo span. = *Roderich*
Roger niederdt. ['ro:gər], engl. ['rɔdʒər] frz. [rɔ'ʒe:] = *Rüdiger* [Fluntern-Zürich ab 1931: 4mal, MÉTRAUX 28; Hamburg 1965; SD 1966, 141f.]
Roland aus älterem *Hrōdnand*, german. *hrōth* 'Ruhm' + *nantha* 'wagemutig, kühn'
Rolf KF von *Rudolf*
Rolfpaul DF aus *Rolf* + *Paul* [Wermelskirchen 1944, LINK E 18]
Rollo KF von *Roland, Rudolf*; schwed. *Rolle*
Rolof, Roluf niederdt. KFF von *Rudolf* [*Rolof*: zw. 1920—29, HEYD 30f.; *Roluf*: Flensburg 1966]
Roman(us) lat. 'Römer', sehr beliebt in Polen [*Roman*: Neckargemünd zw. 1940—45, SCHUCH]; ital. *Romano*

Romek poln. KF von *Roman* [PAUL]
Romuald NF von *Rumold*
Romulus lat., Name eines der sagenhaften Gründer Roms [vor 1880]
Ron engl. KF von *Ronald*
Ronald schott. VN aus nord. *Ragnvald* = *Reinhold*
Ronnie, Ronny engl. KFF von *Ronald* [Karlsruhe 1967, MACKENSEN; Karlsruhe 1972]; aber auch w. VN! [v. D. SCHAAR]
Ror viell. NF von norweg. *Roar* = *Rüdiger* [v. D. SCHAAR] oder *Rother* [OTTERBJÖRK; ROR WOLF, dt. Schriftsteller, geb. 1932 in Saalfeld]
Rörd fries. = *Ratward* [Itzehoe 1971; vgl. niederländ. *Reurd*: v. D. SCHAAR]
**Rosamond* engl. = *Rosamunde*! [Trier 1966, MACKENSEN]
Roswin vermutl. zu ahd. *hros* 'Roß, Pferd' + *wini* 'Freund' [Übersetzung von *Philipp*? Vgl. *Horswine* bei FÖRSTEMANN, Sp. 867]
Rötger niederdt. NF von *Rüdiger*
Rothard german. *hrōth* 'Ruhm' + ahd. *harti* 'stark, fest'
Rother german. *hrōth* 'Ruhm' + ahd. *heri* 'Heer'
Rouven neuere Form von hebr. *Ruben* 'Seht, ein Sohn!' [Heidelberg 1972 + 76 (2mal); Karlsruhe 1972 (3mal) + 73; Biele SD 1973, 138]; auch *Ruven, Ruwen*
**Rowy* KF, Herkunft und Bedeutung unbekannt [Hzt. Coburg vor 1900, WILHELM 26, 27]; nicht eindeutig m.
Roy engl. VN kelt. Ursprungs, 'der Rote' [Flensburg 1962; der Schlagersänger ROY BLACK heißt eigtl. GERHARD HÖLLERICH]
Ruben hebr. 'Seht, ein Sohn!' [Celle 1967, MACKENSEN; Heidelberg 1972, 1975]
Rudgar NF von *Rüdiger* [Flensburg 1962; Bremen 1966, MACKENSEN]
Rudhard NF von *Rothard*
Rudi KF von *Rudolf*; schweizer. *Ruedi*
Rudibert Neubildung aus *Rudi* und dem alten Namenglied *bert*, ahd. *beraht* 'glänzend', oder NF von *Rodebert* [Honnef 1951: *Rudbert*, LINK E 10]
Rüdiger german. *hrōth* 'Ruhm' + ahd. *gēr* 'Speer'
**Rudlif* Herkunft und Bedeutung unbekannt, NF von *Rutlieb*? [Neckargemünd zw. 1870—95, SCHUCH]
Rudmar german. *hrōth* 'Ruhm' + ahd. *māri* 'berühmt'; auch *Rutmar*
Rudo KF von *Rudolf*
Rudolf german. *hrōth* 'Ruhm' + ahd. *wolf* 'Wolf'; ältere Schreibweise: *Rudolph*
Ruetger s. *Rütger*
Rufus lat. 'der Rote', urspr. Beiname
Rufin(us) lat., Erw. von *Rufus*
Rul KF von *Rudolf*, niederländ. *Roel* [ru:l] auch von *Roeland* = *Roland* [v. D. SCHAAR]
Rumold ahd. *hruom* 'Ruhm' + *walt* 'walten, Gebieter'; auch *Rumolt*
Rune nord. (schwed.) KF von Zss. mit *Run-*, vgl. ahd. *rūna* 'Geheimnis, Zauber'; kann im Deutschen wegen der Endung *-e* leicht als Mädchenname mißverstanden werden [SD 1967, 73f.; Das Bayer. Standesamt 1969, 20]
Runfried ahd. *rūna* 'Geheimnis, Zauber' + *fridu* 'Friede'

Rupert, Ruprecht german. *hrōth* 'Ruhm' + ahd. *beraht* 'glänzend'; auch *Ruppert* [Zürich zw. 1854 bis 1884], *Rupprecht*
Rurik nord. und russ. = *Roderich*
Rutger, Rütger NFF von *Rüdiger*; auch *Ruetger, Rüttger* [Honnef 1954, LINK E 10]
Ruthard NF von *Rothard*
Rutland NF von *Roland* [Neckargemünd zw. 1900—20, SCHUCH]
Rutlieb ahd. *Ruodlieb*, german. *hrōth* 'Ruhm' + ahd. *liob* 'lieb'
Rutmar s. *Rudmar*
Rüttger s. *Rütger*
Ruven, Ruwen s. *Rouven*

Sacha frz. [sa'ʃa] = *Sascha* [SD 1974, 31]
Sachar russ. = *Zacharias*
Sachso 'Sachse', urspr. Beiname
Saladin arab. 'Heil des Glaubens'
Salentin NF von *Saladin* [1718 Baasem/Eifel, H. RENN 329f.; um diese Zeit auch sonst im Moselgebiet, im Trierischen und in Luxemburg verbreitet, BACH II, § 295; vgl. *Salentijn* bei V. D. SCHAAR]
**Salli, Sally* KF von *Salomon* [Görlitz vor 1884: 4mal *Sally*, JECHT II, 151], aber auch von *Sara(h)*!; NF *Sallo* [Mannheim 1966, MACKENSEN]
Salomo(n) hebr. 'der Friedliche, Friedfertige' (?) [*Salomon*: Zürich zw. 1854—84: 10mal]
Salvator, ital. *Salvatore*, lat. 'der Retter, Erlöser' [Gernsbach 1966 bis 1968: 3mal, K. WÖRTER]
Sam [sɛm], **Sammy** ['sɛmi] engl. KFF von *Samuel*; die der englischen Aussprache angepaßte Schreibweise *Sämi* [Berlin 1967, MACKENSEN] ist nicht zulässig
Samson griech. beeinflußte NF von *Simson*
Samuel hebr., Bedeutung umstritten [BHH; 'von Gott erhört', DUDEN-Lexikon; 'der Name ist Gott', V. D. SCHAAR; Fluntern-Zürich 1909 und 1930, MÉTRAUX 17; München 1974; Heidelberg 1975]
Sander KF von *Alexander*
**Sandy* ['sɛndi] engl. KF von *Alexander* und *Alexandra*! [Heidelberg 1971]
Santo ital., zu lat. *sanctus* 'heilig' [Karlsruhe 1967, MACKENSEN; Karlsruhe 1973]
Sascha russ. KF von *Alexander* (im Russ. auch von *Alexandra*)
Sasso niederdt. NF von *Sachso*
Saturnin(us) lat., Erw. von *Saturnus*, dem Namen eines altitalischen Gottes (des Ackerbaus)
Saul hebr. 'der Gefragte, Begehrte' oder 'der Fragende, Begehrende' ? [Hzt. Coburg vor 1900: 2mal, WILHELM 26]
**Schaggi* dt. KF von frz. *Jacques* = *Jakob*
Schorsch volkstümliche KF für *Georg*, nach frz. *Georges* [ʒɔrʒ]
Schura über die Zwischenstufen *Sascha* > *Saschura* entwickelte russ. KF von *Alexander* (im Russ. auch von *Alexandra, Marija Susanna*)
Schweder aus älterem *Swi(n)dher*, s. *Sweer*
**Scott* engl. 'Schotte', eigtl. Familienname [Offenbach 1959, MACKENSEN; Wiesbaden 1967, 159]; als VN im Deutschen nicht geeignet
Sebald, latinis. **Sebaldus,** NF von *Siegbald*
Sebastian griech. 'aus Sebastia' oder Erw. von *sebastos* 'verehrungswürdig, erhaben'
**Sedan* frz. Ortsname, [JECHT II, 125: »1870 auf dem Schlachtfeld

von Sedan von einer Marketenderin geboren«]

Segimer, Segimund ältere Formen von *Siegmar, Siegmund*

Seibel NF von *Siegbald?* [zw. 1656–92, Allendorf, Kr. Marburg/Lahn, HÖCK 89]

Selmar m. Neubildung KLOPSTOCKS zu *Selma* (s. d.) in Anlehnung an das alte Namenglied *-mar*, ahd. *māri* 'berühmt' [FLEISCHER, Personennamen 63; Hzt. Coburg vor 1900, WILHELM 22, 26, 27]

Sepp oberdt. KF von *Josef*

Seraphin(us) lat. Erw. zu *Seraph*, hebr. 'himmlisches Wesen, Engel', verwandt mit hebr. *śaraph* 'verbrennen' [BHH; HEYD 68]

Serenus lat. 'der Heitere'

Serge [sɛrʒ] frz. = *Sergius*

Sergej russ. = *Sergius*

Sergius lat. 'aus dem Geschlecht der Sergier', urspr. Bedeutung viell. 'Wächter, Diener' [V. D. SCHAAR; Fluntern-Zürich 1888, 1930, 1957, MÉTRAUX 17]

Serlo Herkunft und Bedeutung unbekannt [Gestalt in GOETHES Roman *Wilhelm Meister*, 1795ff.]

Servas ältere NF von *Servatius* [Baasem/Eifel 1669: 6mal, 1718: 6mal, 1649: *Vaas*, H. RENN 328 bis 330]

Servatius zu lat. *servare* 'retten, bewahren'

Severin(us) lat., Erw. von *Severus*

Severus lat. 'der Strenge, Ernsthafte'

Sibo zweistämmige KF von Zss. mit *Sieg-*; auch *Siebo*

Sibrand NF von *Siegbrand*

Sidonius lat. 'aus (der phönizischen Stadt) Sidon (heute Saida)'

Siebo s. *Sibo*

Siebold NF von *Siegbald*

Siegbald ahd. *sigi* 'Sieg' + *bald* 'kühn'

Siegbert ahd. *sigi* 'Sieg' + *beraht* 'glänzend'

Siegbod ahd. *sigi* 'Sieg' + *boto* 'Gebieter, Bote'

Siegbrand ahd. *sigi* 'Sieg' + *brand* 'Feuer, Schwert'

Siegbrecht NF von *Siegbert*

Sieger aus älterem *Siegher*, ahd. *sigi* 'Sieg' + *heri* 'Heer'

Siegfried ahd. *sigi* 'Sieg' + *fridu* 'Friede'

Sieghard ahd. *sigi* 'Sieg' + *harti* 'stark, fest'

Siegheld Neubildung aus *Sieg* und *Held* [Neckargemünd 1940 (!), SCHUCH]

Sieghelm ahd. *sigi* 'Sieg' + *helm* 'Helm, Schutz'

Siegmar ahd. *sigi* 'Sieg' + *māri* 'berühmt'

Siegmund ahd. *sigi* 'Sieg' + *munt* 'Schutz, Schützer'

Siegolf ahd. *sigi* 'Sieg' + *wolf* 'Wolf'

Siegram ahd. *sigi* 'Sieg' + *hraban* 'Rabe'

Siegulf NF von *Siegolf*

Siegwald ahd. *sigi* 'Sieg' + *walt* 'walten, Gebieter'

Siegward, -wart ahd. *sigi* 'Sieg' + *wart* 'Hüter'

Siegwin ahd. *sigi* 'Sieg' + *wini* 'Freund'

Siem KF von *Simon*

Sierk s. *Sirk*

Sievert niederdt. = *Siegward*

Sig- s. *Sieg-*; alle hiervor genannten Zss. mit *Sieg-* werden gelegentlich auch *Sig-* geschrieben

Siggo KF von Zss. mit *Sieg-*; auch *Sigo*

**Sigi* KF von Zss. mit *Sieg-*, bes. *Siegfried*, aber auch von Mädchennamen, die mit *Sieg-* oder *Sig-* beginnen, z. B. *Siglinde*!

Sigilo Erw. (Verkleinerung) von *Sigo*

Sigismund ältere NF von *Siegmund*

Sigiswald ältere NF von *Siegwald*

Sigo s. *Siggo*

Sigurd nord. = *Siegward*

Sikko niederdt.-niederländ. KF von Zss. mit *Sieg-* [Niedersachsen 1961, MALECKI 815]

Silko m. KF zu *Cäcilius* wie *Silke zu Cäcilie*? [Grimma 1963, NAUMANN]

Silvan(us) lat., zu *silva* 'Wald' [Freiburg i. Br. 1973]; frz. *Silvain* [sil'vɛ̃; Fluntern-Zürich 1933 bis 1936: 4mal, MÉTRAUX 17]; ital. *Silvano* [Wiesbaden 1962, 39]; die Schreibweise *Sylvan* [Flensburg 1969] ist unbegründet und daher nicht zu empfehlen

Silvester lat., zu *silva* 'Wald'; die Schreibweise *Sylvester* ist unbegründet und daher nicht zu empfehlen

Silvio ital., zu lat. *Silvius*, abgeleitet von *silva* 'Wald' (?)

Simeon s. *Simon*

Simon gräzisierte Form von *Simeon*, hebr. 'kundbar (sic!), ruhmreich' [BHH]; die Schreibweise *Siemon* [Heidelberg 1972] ist unbegründet und daher nicht zu empfehlen

Simson hebr., abgeleitet von hebr. *schemesch* 'Sonne'

Sintbald ahd. *sind* 'Weg, Richtung, Seite' + *bald* 'kühn'

Sintbert ahd. *sind* 'Weg, Richtung, Seite' + *beraht* 'glänzend'

Sintram ahd. *sind* 'Weg, Richtung, Seite' + *hraban* 'Rabe'

Sirk niederdt. KF von *Siegerich*, ahd. *sigi* 'Sieg' + *rīhhi* 'mächtig, Herrscher' [V. D. SCHAAR]; auch *Sierk* [Heidelberg 1974: *Sirks*]

Sixt(us) lat. Umbildung von griech. *Xystos* 'der Glatte, Feine', in Verbindung gebracht mit lat. *Sextus* 'der Sechste'

Sizzo KF von Zss. mit *Sieg-*

Sjard fries. = *Sieghard*

Slavko slaw. KF von Zss. mit *-slaw* 'Ruhm' [Linz 1963]

Sofus s. *Sophus*

Solbert vermutl. Neubildung, Herkunft des 1. Bestandteils unbekannt, + *-bert*, ahd. *beraht* 'glänzend' [Flensburg 1957, MACKENSEN]

Solms viell. fries. Vatersname (Patronymikon) zu *Salomon* [RAVELING]; Koseform *Solmy*

Sönke niederdt.-fries. 'Söhnchen' oder KF von Zss. mit *Sun-* = *Swan-* 'Schwan' (?)

Sonnfried vermutl. Neubildung aus *Sonne* und dem alten Namenglied *-fried*, ahd. *fridu* 'Friede' [SP 1972, 216, und 1975, 234] obwohl *Suni-*, *Sonifred* schon ahd. bezeugt sind [DUDEN-Lexikon; FÖRSTEMANN, Sp. 1353ff. und 1370f.]

Sophus griech. 'der Weise'

Sören dän. = *Severin*

**Stammatis* Herkunft und Bedeutung unbekannt [Neckargemünd zw. 1870—95, SCHUCH]

Stan [stɛn] engl. KF von *Stanley*

Stanislaus latinis. Form von slaw. *Stanislaw*, 'werden, beständig sein' (?) + 'Ruhm'; KF *Stani*

Stanley engl. VN, urspr. Familienname aus einer Örtlichkeitsbezeichnung 'steiniges Feld'

Steen dän. Schreibweise für schwed. *Sten* [Flensburg 1964]

Stefan griech. *stephanos* 'Kranz, Krone'; ältere Schreibweise *Ste-*

phan; ital. *Stefano*, frz. *Étienne*, ungar. *István* [ˈiʃtva:n]
Steffen NF von *Stefan*
Sten [ste:n] nord. (schwed. und norweg.) 'Stein'
Stephan s. *Stefan*
Stephen [ˈsti:vən] engl. = *Stefan*
Steve [sti:v], engl. KF von *Stephen*
Steven engl. [ˈsti:vən] und niederländ. [ˈste:vən] NF von *Stefan*
Stig nord. (dän.) 'Wanderer' [SP 1975, 250: nicht empfohlen]
Stillfried ahd. *stilli* 'still' + *fridu* 'Friede'
Stillo KF von *Stillfried*
Stinnes rhein. KF von *Augustinus*
Stoffel, Stoffer KFF von *Christophorus* [*Stoffel*: 1570 und zw. 1590—99, Heyd 30, 71]
Stuart [ˈstju:ərt] engl., urspr. Familienname, 'Haus-Bewahrer'
Sturmi(us) zu einem german. Wort, das 'Sturm, ungestüme Bewegung, heftiger Anfall' bedeutet
Suitbert NF von *Swindbert*
Sulpiz lat. *Sulpicius* 'aus dem Geschlecht der Sulpizier'
Svante schwed. KF von slaw. *Svantopolk* 'stark, kräftig' + 'Kriegsvolk' [Otterbjörk, Kopečný unter *Svatopluk*]; dt. Schreibweise: *Swante*
Sven, dän. **Svend,** nord. 'junger Mann'; dt. Schreibweise: *Swen*
Swante, latinis. **Swantus,** s. *Svante*
Sweer aus älterem *Swidher*, altsächs. *swīth*(*i*) 'stark, recht' + *heri* 'Heer' [Niedersachsen 1961, Malecki 815]
Swen s. *Sven*
Swidbert, Swidger NFF von *Swind-*
Swindbert ahd. *swind* 'stark, recht' + *beraht* 'glänzend'; auch *Swidbert, Suitbert*
Swindger ahd. *swind* 'stark, recht' + *gēr* 'Speer'; auch *Swidger*
Syl- s. *Sil-*

Taddäus s. *Thaddäus*
Tage dän. 'Bürge, Gewährsmann'
Tagino Erw. von *Tage* und NF von *Dagino*
Tammo, *Tammy, Tanko* KFF von *Thankmar* = *Dankmar* [*Tammy*: 1968, Gottesdienst 160]
Tankred normann. = *Dankrad*
Tarcisius lat., auch *Tarsicius,* Bedeutung ungeklärt [v. d. Schaar]
Tarek, Tarik arab., Bedeutung unbekannt [Linz 1967, Mackensen; Flensburg 1969]
Tassilo Erw. (Verkleinerung) von *Tasso*; auch *Thassilo*
Tasso altdt. Name, Bedeutung ungeklärt
Täve KF von *Gustav*
Tebbo zweistämmige fries. KF von Zss. mit *Diet-* (*Dietbert*)
Ted, *Teddy* engl. KFF von *Edward* oder *Theodore*
Teetje fries. KF von Zss. mit *Diet-*; auch *Tetje, Thetje*
Teilhard vermutl. nach dem Namen des frz. Paläontologen, Philosophen und Theologen Marie-Joseph Pierre Teilhard de Chardin, 1881—1955 [Karlsruhe 1967, Mackensen]
Teja fries. KF von Zss. mit *Diet-* (?)
Tell vermutl. nach dem Schweizer Nationalhelden Wilhelm Tell [Freiburg i. Br. 1973]
Temmo zweistämmige fries. KF von Zss. mit *Diet-* (*Dietmar*) [Landkreis Norden 1961, Malecki 813]
Teodolius s. *Theodolius*
Tetje, latinis. **Tetjus,** fries. KF von Zss. mit *Diet-*

Teut KF von Zss. mit *Diet-*; Fantasiename der KLOPSTOCKzeit (2. Hälfte 18. Jh.) für einen altgerman. Gott, nach der Stammesbezeichnung *Teutonen* [Freiburg i. Br. 1972]
Teutobald NF von *Dietbald*, ahd. *diot* 'Volk' + *bald* 'kühn'
Teutobert NF von *Dietbert*, ahd. *diot* 'Volk' + *beraht* 'glänzend'
Teutobod NF von *Dietbod*, ahd. *diot* 'Volk' + *boto* 'Gebieter, Bote'
Teutomar NF von *Dietmar*, ahd. *diot* 'Volk' + *māri* 'berühmt'
Teutwart NF von *Dietwart*, ahd. *diot* 'Volk' + *wart* 'Hüter' [T. SCHMITSON, Maler, 1830—63]
Tewes KF von *Matthäus*
Thaddäus hebr., Bedeutung ungeklärt [Gernsbach 1942, K. WÖRTER]; auch *Taddäus*
Thankmar NF von *Dankmar*
Thassilo s. *Tassilo*
Theis KF von *Matthias* [hierher viell. auch *Tays*: Karlsruhe 1967, MACKENSEN]
Theo KF von *Theodor* und von Zss. mit *Theo(de)-*; neuerdings auch *Teo*
Theobald, Theodebald NFF von *Dietbald*, ahd. *diot* 'Volk' + *bald* 'kühn'
Theodebert NF von *Dietbert*, ahd. *diot* 'Volk' + *beraht* 'glänzend'
Theodegar, -ger NF von *Dietger*, ahd. *diot* 'Volk' + *gēr* 'Speer'
Theodemar NF von *Dietmar*, ahd. *diot* 'Volk' + *māri* 'berühmt'
Theoderich NF von *Dietrich*, ahd. *diot* 'Volk' + *rīhhi* 'mächtig, Herrscher'
Theodolf NF von *Dietwolf*, ahd. *diot* 'Volk' + *wolf* 'Wolf'
Theodolius lat. Umgestaltung von griech. *Theodulos* 'Gottesknecht' (s. *Gottschalk*) ?; auch *Teodolius*
Theodor griech. 'Geschenk Gottes'
Theodosius griech. 'von Gott geschenkt'
Theodulf NF von *Theodolf*
Theofried NF von *Dietfried*, ahd. *diot* 'Volk' + *fridu* 'Friede'
Theophil griech. 'Freund Gottes, Gott lieb' (s. *Gottlieb*, *Amadeus*)
Theopont griech. 'Gott' + 'Meer' ?
Thetje s. *Tetje*
Theunis niederländ. KF von *Antonius*
Theuß KF von *Matthäus* [1740, HEYD 65]
Thewald NF von *Dietwald*, ahd. *diot* 'Volk' + *walt* 'walten, Gebieter'
Thiedemann, Thielemann KFF von Zss. mit *Diet-*
Thiemo KF von *Thietmar*, auch *Thimo* [SD 1968, 38]
Thies, Thiess, Thieß KFF von *Matthias* [Niedersachsen 1961, MALECKI 815; Hamburg 1962, 1964]
Thietmar NF von *Dietmar*, ahd. *diot* 'Volk' + *māri* 'berühmt'
Thilo KF von Zss. mit *Diet-* (?) [Fluntern-Zürich 1935, 1947, MÉTRAUX 42]; auch *Tilo*
Thio KF, Ursprung nicht bekannt [*Hans-Thio*: Nürnberg, MACKENSEN]
This KF von *Matthias*
Thomas hebr. 'Zwilling'; auch *Tomas* (selten)
Thoralf nord., 'Thor' (Name eines german. Gottes) + 'Elf, Naturgeist'; neuere Schreibweise *Toralf*
Thorbjörn nord., 'Thor' (s. *Thoralf*) + 'Bär'; neuere Schreibweise *Torbjörn*
Thorbrand nord., 'Thor' (s. *Thoralf*) + 'Feuer, Schwert'

Thore nord., 'Thor' (s. *Thoralf*), 2. Bestandteil ungewiß ('Mann, Kämpfer' ?) [AG Hamburg 1968: nicht eindeutig m. VN, MACKENSEN; die Form *Thoren* wurde von uns abgelehnt: SD 1969, 69]; neuere Schreibweise *Tore*

******T*(*h*)*orge* verkürzte Form von *Thorger* (schwed. mundartlich *Törje*) ? [Hamburg 1962]. Nicht eindeutig m. VN

Thorger nord., 'Thor' (s. *Thoralf*) + 'Speer'; neuere Schreibweise *Torger*

Thorgert vermutl. Neubildung aus *Thor* + *Gert*, KF von *Gerhard*, oder Umdeutung von *Thorger* [Hamburg um 1889]

Thorismund s. *Thurismund*

Thorleif nord., 'Thor' + 'Erbe, Hinterlassenschaft'; neuere Schreibweise *Torleif*

Thorolf nord., 'Thor' (s. *Thoralf*) + 'Wolf'; neuere Schreibweise *Torolf*

Thorsten nord., 'Thor' (s. *Thoralf*) + 'Stein'; neuere Schreibweise *Torsten* [SD 1968, 23]

Thorwald dt. Schreibweise für nord. *Torvald*, 'Thor' (s. *Thoralf*) + 'walten, Gebieter' [SD 1971, 13]

Thure NF von *Thore*; neuere Schreibweise *Ture*

Thurecht pietist. Neubildung des 17./18. Jhs. [Coburg vor 1829, WILHELM 16]

Thurismund altnord. *thurs* 'Riese' (?) + ahd. *munt* 'Schützer'; auch *Thorismund*

Tiberius lat. 'dem (Fluß)gott Tiberis geweiht'

Tibor ungar. = *Tiberius* [Heidelberg 1975]

Tido s. *Tiedo*

Tiede, Tiedo KFF von Zss. mit *Diet-*; auch *Tido*

Tiemo s. *Thiemo*

Tietje fries. KF von Zss. Mit *Diet-*

Till KF von Zss. mit *Diet-*, bes. *Dietrich*; auch *Til*

Tillmann, Tilman(n) Erw. (Verkleinerung) von *Till*

Tillo KF von Zss. mit *Diet-*, bes. *Dietrich*

Tilo s. *Thilo*

Tim, Timm KFF von *Dietmar* oder engl. *Timothy* = *Timotheus*

Timmo, Timo KFF von *Dietmar*

Timon griech., abgeleitet von *timē* 'Ehre, Ansehen'; auch gräzisierte Formen zweistämmiger fries. KFF von Zss. mit *Diet-*

Timotheus griech. 'Ehre' + 'Gott'; russ. *Timofej*, engl. *Timothy*

Tino ital. KF von *Valentino* u. a. Namen, die auf *-tino* enden

Titus lat. 'Wildtaube' [V. D. SCHAAR; Zürich zw. 1854—84]

Tjaard s. *Tjard*

Tjabbe zweistämmige fries. KF von Zss. mit *Diet-*

Tjade fries. KF von Zss. mit *Diet-*

Tjalf fries. = *Detlef* [Flensburg 1965]

Tjard fries. = *Diethard* oder *Dietward*; auch *Tjaard*

Tjark fries. = *Dietrich*; auch *Tjerk*

Tjarko Erw. von *Tjark*

Tjerk s. *Tjark*

Tobi KF von *Tobias* [SD 1970, 58]; engl. *Toby*

Tobias hebr. 'Gott ist gut, gütig'

Toby engl. KF von *Tobias*

Tolde KF von *Berthold*(*e*), nicht eindeutig m. VN [SD 1972, 215]

Tom engl. KF von *Thomas*; dt. KF *Tomi* [TOMI UNGERER, Karikaturist, geb. 1931 in Straßburg, heißt eigtl. JEAN THOMAS U.]

Tomas s. *Thomas*

Tomheinz Neubildung, DF aus *Tom* + *Heinz*, KF von *Heinrich*
Tomislaw slaw. 'quälen, peinigen' (?) + 'Ruhm'
Tommy engl. KF von *Thomas*
Toms KF von *Thomas* [Karlsruhe 1972]; niederländ. *Tooms*
Toni KF von *Anton(ius)* und *Antonia*! Engl. *Tony*
Tonio ital. KF von *Antonio* = *Antonius*
Tönjes (niederdt.), **Tonke** (preuß.) KFF von *Antonius*
Töns, Tönnies niederdt. KFF von *Antonius*
Tony s. *Toni*
Torald NF von *Thorwald*? [Hzt. Coburg vor 1900, WILHELM 26]
Toralf s. *Thoralf*
Torben dän., NF von *Thorbjörn* oder aus *St. Urban* [BACH I, § 28; Hamburg 1961 u. ö.; Bielefeld 1974—75: 4mal; Heidelberg 1975]
Tord nord., KF von Zss. mit *T(h)or-*
Tore s. *Thore*; auch ital. KF von *Salvatore*
Torolf, Torsten Torwald s. *Thor-*
**Tove* nord., zweistämmige KF von Zss. mit *T(h)or-*, heute meist als Mädchenname gebraucht
Traugott pietist. Neubildung des 17./18. Jhs. [urspr. auch w.: *T. Christiana Dorothea Löber*, 1725 bis 1788, ARNOLD 20]
Trauthelm ahd. *trūd* 'Kraft, Stärke' + *helm* 'Helm, Schutz'
Trauthold aus älterem *Trautwald*, ahd. *trūd* 'Kraft, Stärke' + *walt* 'walten, Gebieter'
Trautmann ahd. *trūd* 'Kraft, Stärke' + *man* 'Mann, Mensch', auch KF von Zss. mit *Traut-*
Trautmar ahd. *trūd* 'Kraft, Stärke' + *māri* 'berühmt'
Trautmund ahd. *trūd* 'Kraft, Stärke' + *munt* 'Schützer'
Trautwein, Trautwin ahd. *trūd* 'Kraft, Stärke' *wini* 'Freund'
Tristan kelt., Bedeutung ungewiß [1968: zw. 2- und 10mal, Gottesdienst 160; München 1974; Karlsruhe 1975]
Trudbert ahd. *trūd* 'Kraft, Stärke' + *beraht* 'glänzend'; auch *Trudpert*
Trudo KF von Zss. mit *Trud-* (s.a. *Traut-*), ahd. *trūd* 'Kraft, Stärke'
Trudpert NF von *Trudbert*
Trutz 'Trotz, Gegenwehr, Widerstand' [*Jürgen-Trutz*; Reutlingen 1966, MACKENSEN; SP 1974, 122]

Tuisko(n) Herkunft und Bedeutung unbekannt, viell. zu *Tuisto*: nach dem Bericht des röm. Geschichtsschreibers TACITUS Name eines erdgeborenen Gottes der Germanen [*Tuisko*: HEYD 55]
Tünnes rhein. KF von *Antonius*
Ture s. *Thure*
Turjo Erw. von *Ture*? [Flensburg 1963]
Tycho humanist. Form des dän. Namens *T(h)yge*, Bedeutung ungewiß, angelehnt an griech. *tychē* 'Glück, Schicksal, Fügung'
Tyrmin Herkunft und Bedeutung unbekannt [Mannheim 1966, MACKENSEN]

Ubbo fries. KF von Zss. mit *-ulf* 'Wolf' oder zweistämmige KF von Zss. mit *Od(al)-*, z. B. *Od(al)bert*
Udo KF von Zss. mit *Uodal-* (s. *Ulrich*) oder NF von *Odo*
Ueli schweizer. KF von Zss. mit *Ul-*, bes. *Ulrich* [Frutigen/Berner Oberland 1960—64: 5mal, BERGER 282]

Uffe, Uffo zweistämmige KFF von *Od-*, z. B. *Otfried*, oder KF von Zss. mit *-ulf* 'Wolf'
Ugo ital. = *Hugo*
Ugolino Erw. (Verkleinerung) von *Ugo*
Uhland ahd. *nodal* 'Erbgut, Heimat' + land 'Land' oder *nand-* 'wagemutig, kühn' [Förstemann 1189: *Odollant*; Bahlow, Namenlexikon 527; Heidelberg 1976; Bielefeld-Bruckwede 1977]; auch *Uhland*
Ule NF von *Ole* und KF von *Ulrich*
Ulbert ahd. *uodal* 'Erbgut, Heimat' + *beraht* 'glänzend'
Ulf, Ulfo KFF von Zss. mit *-ulf* 'Wolf'
Ulfert aus älterem *Uodalfried*, ahd. *uodal* 'Erbgut, Heimat' + *fridu* 'Friede'
Ulfilas gräzisierte Form des got. Namens *Wulfila*, einer KF (Verkleinerung) von *wulfs* 'Wolf' [Zwickau zw. 1956—66, SP 1974, 88]
Ulfried ahd. *uodal* 'Erbgut, Heimat' + *fridu* 'Friede'
Uli, Ulli KFF von Zss. mit *Ul-*, bes. *Ulrich*
Ulrich, Ulrik (nord.) ahd. *uodal* 'Erbgut, Heimat' + *rīhhi* 'mächtig, Herrscher'
Ulysses lat. = *Odysseus*, griech., Bedeutung ungeklärt [Zürich zw. 1854—84: *Ullysses*]
Ummo zweistämmige fries. KF von Zss. mit *Od-*, z. B. *Otmar*
Unno NF von *Onno* oder verwandt mit ahd. *unnan* 'zufrieden sein' (?)
Uno NF von schwed. *Une* = *Unno* (?), in Verbindung gebracht mit lat. *unus* 'der eine, einzige'
Urban(us) lat. 'aus der Stadt (Rom), Städter'
Uri KF von *Uriel*
Urias hebr. 'Jahwe ist Licht' (?)
Uriel hebr. 'Gott ist Licht' (?)
Urs, Ursus lat. 'Bär' oder zu ahd. *hros* 'Pferd' [Fluntern-Zürich ab 1931: 30mal, Métraux 27]
Ursinus Erw. von *Urs(us)*
Usmar erster Bestandteil ungeklärt + *-mar*, ahd. *māri* 'berühmt'
Uthelm Neubildung aus *Ut(e)* + *Helm(ut)* [Düsseldorf 1967]
Uto NF von *Udo*
Utz KF von Zss. mit *Uodal-*, *Ul-*; auch *Uz*
Uvo, Uwe, Uwo fries. KFF, Ursprung ungeklärt [KF von Zss. mit *uodal-* 'Erbgut, Heimat' ? Duden-Lexikon]
Uz s. *Utz*

Valentin(us) zu lat. *valens* 'kräftig, gesund'
Valerian Erw. von *Valerius*
Valer(ius) lat. 'aus dem Geschlecht der Valerier', zu *valēre* 'kräftig, gesund sein'
Valten, Valtin KFF von *Valentin*
Vasco span.-portugies. 'Baske' [Hamburg 1973, 288; Heidelberg 1975]
Veit zu lat. *Vitus*, Bedeutung ungeklärt
Velten, Veltin KFF von *Valentin*
Ventur vermutl. zu lat. *Venturus* 'der kommen wird'
Verfried verfremdende Schreibweise für *Ferfried*
Vicente [viˈtʃɛntə] ital. = *Vinzenz* [Niedersachsen 1961, Malecki 815]
Vico KF von *Victor, Viktor*
Viggo dän. KF von Zss. mit *Wig-*, auch als KF von *Viktor* aufgefaßt

Vigoleis Name einer Gestalt aus der ARTUSsage (Sohn GAWANS), auch *Wigoleis*, mhd. *Wigalois*, entstanden aus *Gwi* (*li*) *Galois* = 'Guy, der Gallier (oder Gäle)' [ALBERT V. THELEN, Schriftsteller, geb. 1903 in Süchteln/Niederrhein]

Viktor lat. *Victor* 'Sieger'

Vilem tschech. = *Wilhelm*

Vilmar ahd. *filu* 'viel' + *māri* 'berühmt'

Vilmos ['vilmoʃ] ungar. = *Wilhelm*

Vincent(ius), Vinzent(ius), Vinzenz zu lat. *vincens* 'der Siegende'

Virgil(ius) lat., vermutl. etruskischen Ursprungs [V. D. SCHAAR], Bedeutung ungeklärt

Vital(is) lat. 'zum Leben gehörig, lebenskräftig' [Zürich zw. 1854 und 1884]

Vitus s. *Veit*

Volbert, Volbrecht, Volhard NFF von *Volk-*

Volkard, Volkart NFF von *Volkhard*

Volkbert ahd. *folc* '(Kriegs)volk' + *beraht* 'glänzend'; auch *Volkbrecht*

Volkbrand ahd. *folc* '(Kriegs)volk' + *brand* 'Feuer, Schwert'

Volker ahd. *folc* '(Kriegs)volk' + *heri* 'Heer'

Volkert NF von *Volkhard*; auch *Folkert*

Volkhard ahd. *folc* '(Kriegs)volk' + *harti* 'stark, fest'

Volkhold NF von *Volkwald*

Volkmann ahd. *folc* '(Kriegs)volk' + *man* 'Mann, Mensch' oder KF von Zss. mit *Volk-*

Volkmar ahd. *folc* '(Kriegs)volk' + *māri* 'berühmt'

Volko KF von Zss. mit *Volk-*

Volkrad ahd. *folc* '(Kriegs)volk' + *rāt* 'Rat(geber), Beratung'

Volkram ahd. *folc* '(Kriegs)volk' + *hraban* 'Rabe'

Volkwald ahd. *folc* '(Kriegs)volk' + *walt* 'walten, Gebieter'

Volkward ahd. *folc* '(Kriegs)volk' + *wart* 'Hüter'

Volkwin ahd. *folc* '(Kriegs)volk' + *wini* 'Freund'; die verfremdende Schreibweise *Volquin* ist nicht zu empfehlen

Vollrad NF von *Volkrad*

Volprecht NF von *Volkbrecht* (s. *Volkbert*)

Volrad, Volrat NF von *Volkrad*

Walbert, Waldebert ahd. *walt* 'walten, Gebieter' + *beraht* 'glänzend'

Waldemar ahd. *walt* 'walten, Gebieter' + *māri* 'berühmt'

Waldfried ahd. *walt* 'walten, Gebieter' + *fridu* 'Friede', auch Neubildung ist möglich [Gernsbach 1932, K. WÖRTER]

Waldmann KF von Zss. mit *Wald(e)-*, *-wald* [Zürich zw. 1854 und 1884]

Waldo KF von Zss. mit *Wald(e)-*, *-wald*

Waldomar NF von *Waldemar*

Walfried aus älterem *Waldefried* (s. *Waldfried*) oder zu *walah* 'der Welsche'

Walo KF von Zss. mit *Wal(d)-*

Walram NF von *Waltram*

Walter ahd. *walt* 'walten, Gebieter' + *heri* 'Heer'

Walthard ahd. *walt* 'walten, Gebieter' + *harti* 'stark, fest'; auch *Walthart* [BERGER 112, 159]

Walther ältere Schreibweise für *Walter*

Waltram ahd. *walt* 'walten, Gebieter' + *hraban* 'Rabe'

Wanja russ., **Wanko** bulgar., KFF von *Iwan* = *Johann*
Warmund älter *Waramund*, zu german. *warjan* 'wehren, verteidigen' + *munt* 'Schutz, Schützer'
Warner NF von *Werner* [Bremen 1960, Mackensen]
Warnfried NF von *Wernfried*
Wasja russ. KF von *Wassilij*
Wassili(j) russ. = *Basilius*
Wedekind niederdt. NF von *Widukind*
Wedigo niederdt. KF von Zss. mit altsächs. *widu* 'Holz, Wald'
Weert niederdt.-fries. KF von *Wighard, Wichard*
Wehrhart NF von *Werhart*
Weigand NF von *Wiegand* [Allendorf, Kr. Marburg 1656—92: 3mal, Höck 89]
Weikhard NF von *Wighard, Wichard*
Welf 'Welfe', urspr. 'Tierjunges, junger Hund' [Hamburg 1965; Bielefeld 1975/76]
Welfhard Neubildung aus *Welf* und dem alten Namenglied *-hard* oder NF von *Wolfhard*
Wellem rhein. NF von *Wilhelm*
Wendel KF von Zss. mit *Wendel-*
Wendelbert 'aus dem Stamm der Wandalen' + ahd. *beraht* 'glänzend'
Wendelin Erw. (Verkleinerung) von *Wendel* [Neckargemünd 1900—20, 1950—60, Schuch; Flensburg 1962; Heidelberg 1975]
Wendelinus latinisierte Form von *Wendelin* [Honnef 1952, Link E 10]
Wendelmar 'aus dem Stamm der Wandalen' + ahd. *māri* 'berühmt'
Wenzel KF von *Wenzeslaus* [Mannheim 1966, Mackensen]
Wenzeslaus latinisierte Form eines slaw. Namens, 'mehr Ruhm' [Heyd 68: *Venzislaus*]; tschech. *Václav* ['va:tslaf], russ. *Wjatscheslaw*
Werhart NF von *Wernhard* oder Umdeutung von *Weert*
Weriand ahd. 'der Wehrende, Verteidigende, Schützer'
Werner 'aus dem Stamm der Warnen' + ahd. *heri* 'Heer'
Wernhard 'aus dem Stamm der Warnen' + ahd. *harti* 'stark, fest'
Wernher ältere Schreibweise von *Werner*
Wernfried 'aus dem Stamm der Warnen' + ahd. *fridu* 'Friede'
Werno KF von Zss. mit *Wern-*
Wernt zweistämmige KF von Zss. mit *Wern-*
Wiard, latinis. **Wiardus,** fries. = *Wighard* [Bremen 1966, Mackensen]
Wibald NF von *Wigbald*
Wibo zweistämmige KF von Zss. mit *Wig-*
Wichard ahd. *wīg* 'Kampf' + *harti* 'stark, fest'
Wichert NF von *Wichard*
Widar nord. *Vidar* 'Holz, Wald' + 'Heer'
Wido KF von Zss. mit altsächs. *widu* 'Holz, Wald'
Widukind altsächs. *widu* 'Holz, Wald' + *kind* 'Kind' [Linz 1963]
Wiegand s. *Wigand*
Wieland altengl. *Wēland* 'Goldschmied' [Kabel]
Wienand s. *Winand*
Wigand ahd. *wīgant* 'der Kämpfende, Kämpfer'; auch *Wiegand* [Bremen 1966, Mackensen]
Wigbald ahd. *wīg* 'Kampf' + *bald* 'kühn'
Wigbert, Wigbrecht ahd. *wīg* 'Kampf' + *beraht* 'glänzend'
Wiggo KF von Zss. mit *Wig-*

Wighard ahd. *wīg* 'Kampf' + *harti* 'stark, fest'
Wigmar ahd. *wīg* 'Kampf' + *māri* 'berühmt'
Wigmund ahd. *wīg* 'Kampf' + *munt* 'Schützer'
Wignand ahd. *wīg* 'Kampf' + german. *nantha* 'wagemutig, kühn'
Wigo KF von Zss. mit *Wig-*
Wikhart NF von *Wighard*
Wil KF von Zss. mit *Wil(l)-*
Wilbert ahd. *will(i)o* 'Wille, Verlangen, Wunsch' + *beraht* 'glänzend'
Wilbrand ahd. *will(i)o* 'Wille, Verlangen, Wunsch' + *brand* 'Feuer, Schwert'
Wilbur amerikan. VN, viell. zu dt. *Wilburg* (w. VN!), ahd. *will(i)o* 'Wille, Verlangen, Wunsch' + *burg* 'Schutz, Zuflucht' [SLEIGH/JOHNSON]
Wilderich ahd. *wildi* 'wild' + *rīhhi* 'mächtig, Herrscher' [Heidelberg 1972]
Wildfried ahd. *wildi* 'wild' + *fridu* 'Friede' [SD 1968, 23]
Wildor auch *Willdor*, Herkunft und Bedeutung unbekannt
Wilferd, Wilfred NFF von *Wilfried*
Wilfried ahd. *will(i)o* 'Wille, Verlangen, Wunsch' + *fridu* 'Friede'
Wilhard ahd. *will(i)o* 'Wille, Verlangen, Wunsch' + *harti* 'stark, fest'
Wilhelm ahd. *will(i)o* 'Wille, Verlangen, Wunsch' + *helm* 'Helm, Schutz'
Wilke, Wilko KFF von Zss. mit *Wil(l)-* [*Wilke*: Niedersachsen 1961: 2mal, MALECKI 814; *Wilko*: Berlin 1967, MACKENSEN]
Will KF von Zss. mit *Will-*
Willard NF von *Wilhard*
Willbrecht NF von *Wilbert*
Willdor s. *Wildor*
Willegis s. *Willigis*
Willehad ahd. *will(i)o* 'Kampf' + *hadu* 'Kampf'
Willehalm NF von *Wilhelm*
Willem KF von *Wilhelm*
Willhart NF von *Wilhard*
Willi KF von Zss. mit *Will-*, bes. *Wilhelm*; auch *Willy* (engl.)
William [ˈviliɛm] engl. = *Wilhelm*
Willibald ahd. *will(i)o* 'Wille, Verlangen, Wunsch' + *bald* 'kühn' [HEYD 68: *Willibold*]
Willibernd DF aus *Willi* + *Bernd*, KF von *Bernhard* [PAUL]
Willibert ahd. *will(i)o* 'Wille, Verlangen, Wunsch' + *beraht* 'glänzend'
Willibrand ahd. *will(i)o* 'Wille, Verlangen, Wunsch' + *brand* 'Feuer, Schwert'
Willibrord altengl. *willa* 'Wille' + *brord* 'Spitze, Speer'
Willigis ahd. *will(i)o* 'Wille, Verlangen, Wunsch', zweiter Bestandteil ungeklärt
Willimar ahd. *will(i)o* 'Wille, Verlangen, Wunsch' + *māri* 'berühmt'
Williram ahd. *will(i)o* 'Wille, Verlangen, Wunsch' + *hraban* 'Rabe'
Willo, Willy KFF von Zss. mit *Wil(l)-*, bes. *Wilhelm*
Wilm KF von *Wilhelm*
Wilmar NF von *Willimar* [StAZ 1953, 109f.: nur m.!]; auch *Willmar*
Wilmont ahd. *will(i)o* 'Wille, Verlangen, Wunsch' + *munt* 'Schützer'
Wilmut ahd. *will(i)o* 'Wille, Verlangen, Wunsch' + *muot* 'Sinn, Geist, Gemüt'
Wim KF von *Wilhelm*
Wimar NF von *Wigmar*

Winald ahd. *wini* 'Freund' + *walt* 'walten, Gebieter'
Winand ahd. *wīg* 'Kampf' + german. *nantha* 'wagemutig, kühn' [Honnef 1911, 1914, LINK E 10]
Windekilde Herkunft und Bedeutung unbekannt
Winfred, Winfried ahd. *wini* 'Freund' + *fridu* 'Friede' [engl. *Winifred* ist w. VN!]
Wingolf erster Bestandteil ungewiß + *wolf* 'Wolf' [Ode KLOPSTOCKS 1767; Name einer Studentenverbindung, gegründet 1841]
Winibald ahd. *wini* 'Freund' + *bald* 'kühn'
Winibert ahd. *wini* 'Freund' + *beraht* 'glänzend'
Winimar ahd. *wini* 'Freund' + *māri* 'berühmt'
Winnefred NF von *Winfried* [NAUMANN in SP 1972, 99]
Winno KF von Zss. mit *Win-*
Winrich ahd. *wini* 'Freund' + *rīhhi* 'mächtig, Herrscher' [Bremen 1966, MACKENSEN]
Wipert NF von *Wigbert*
Wippo zwei-stämmige KF von Zss. mit *Wig-*
Wiprecht NF von *Wigbert*
Witiko KF von Zss. mit ahd. *witu* 'Holz, Wald' [Titelgestalt eines Romans von A. STIFTER, 1865 bis 1867]; auch *Wittiko*
Wito KF von Zss. mit ahd. *witu* 'Holz, Wald'
Witold ahd. *witu* 'Holz, Wald' + *walt* 'walten, Gebieter'; poln. *Witold* geht zurück auf litauisch *Vytautas* [DUDEN-Lexikon; Görlitz vor 1884: 2mal, JECHT II, 151]
Wittekind NF von *Widukind* [Gernsbach 1935, K. WÖRTER]
Wittiko s. *Witiko*
Wladimir russ. 'herrschen' + 'berühmt'
Wladislaw slaw. 'Herrschaft, Macht' + 'Ruhm', s. *Ladislaus*
Wok angelsächs. *Vōc* 'Ertrag, Frucht' (?) [FÖRSTEMANN, Sp. 1628f.; FÖRSTEMANN-KAUFMANN, Ergänzungsband 413]
Woldemar NF von *Waldemar*
Wolf KF von Zss. mit *Wolf-*, *-wolf*
Wolfbert ahd. *wolf* 'Wolf' + *beraht* 'glänzend'
Wolfdieter, Wolfdietrich DF aus *Wolf* + *Dieter*, *Dietrich*
Wolfgang ahd. *wolf* 'Wolf' + *gang* '(Waffen)gang'
Wolfger ahd. *wolf* 'Wolf' + *gēr* 'Speer'
Wolfgerd DF aus *Wolf* + *Gerd*, KF von *Gerhard*
Wolfgisbert DF aus *Wolf* + *Gisbert*
Wolfgünter DF aus *Wolf* + *Günter*
Wolfhard ahd. *wolf* 'Wolf' + *harti* 'stark, fest' [Niedersachsen 1961, MALECKI 815]; auch *Wolfhart*
Wolfheinrich DF aus *Wolf* + *Heinrich* [Hzt. Coburg vor 1900, WILHELM 26]
Wolfhelm ahd. *wolf* 'Wolf' + *helm* 'Helm, Schutz'
Wolfhorst DF aus *Wolf* + *Horst*
Wolfrad ahd. *wolf* 'Wolf' + *rāt* 'Rat(geber), Beratung'; auch *Wolfrat*
Wolfram ahd. *wolf* 'Wolf' + *hraban* 'Rabe'
Wolfried ahd. *wolf* 'Wolf' + *fridu* 'Friede'
Wolter NF von *Walter*
Woyten altpreuß. (balt.) Personenname [Königsberg/Ostpreußen 1944; München 1969]; als VN nicht zu empfehlen
Wulf NF von *Wolf*
Wulfdietrich NF von *Wolfdietrich*

Wulfila KF (Verkleinerung) zu *Wulf*
Wulfrin ahd. *wolf, wulf* 'Wolf', Bedeutung des zweiten Bestandteils ungewiß [viell. zum Flußnamen *Rhein*, SP 1974, 106]
Wun(n)ibald ahd. *wunn(i)a* 'Verlangen, Lust, Wonne' + *bald* 'kühn'
Wybren fries. = *Wigbern*, ahd. *wīg* 'Kampf' + *bero* 'Bär', oder *Wigbrand*, ahd. *wīg* 'Kampf' + *brand* 'Feuer, Schwert'
Wyn fries. KF von Zss. mit *Win(i)*-, bes. von *Winfried* [Schlagersänger WYN HOOP, Pseudonym für WINFRIED LÜSSENHOP]

Xander KF von *Alexander*
Xaver(ius) urspr. Beiname des heiligen FRANZ XAVER (*Franciscus Xaverius*) nach seinem Geburtsort, dem Schloß Xavier (heute Javier) in Navarra (Spanien)
Xerxes griech. Form eines altpersischen Königsnamens, hebr. *Ahasver* [Stuttgart um 1966]

Yannic breton. KF von frz. *Jean* = *Johann*; auch *Yannick* [Karlsruhe 1967, MACKENSEN; Freiburg i. Br. 1973: *Yannich*; Hamburg 1961: *Yannik*; auch verfremdende Schreibweisen für dän. *Jannik*]
Ygglev erster Bestandteil ungewiß (= *Yngve*?) + *lev*, nord. Form für ahd. *leiba* 'Erbe, Hinterlassenschaft, Nachkomme' [Flensburg 1965]
Yngve nord. = *Ingwin* (?) 'Ingi, Ingwio (Name eines german. Gottes)' + 'Freund' [Hamburg vor 1961]
York (dän.) KF von *Georg* [Celle 1967, MACKENSEN; Heidelberg 1976]; auch *Yorck* [Bielefeld 1977] engl. *Yorick* [Heidelberg 1974]; s. auch *Jork*
Yso verfremdende Schreibweise für *Iso*
Yves ['i:v] frz. = *Iwo, Ivo*
Yvo verfremdende Schreibweise für *Ivo, Iwo*

Zacharias gräzisierte Form von *Sacharja*, hebr. 'Jahwe hat sich erinnert'
Zdenko slaw. = *Sidonius* 'aus Sidon (heute Saida)'
Zeno(n) griech. KF von Zss. wie *Zenobio* oder *Zenodotos* 'Geschenk des Zeus' [München 1974: *Zeno*]
Zenobio ital.-span. VN griech. Ursprungs, 'Zeus' + 'Leben'
Zlatko slaw. KF von Zss. mit *Zlato*- 'Gold, golden' [Linz 1967, MACKENSEN]
Zölestin dt. Schreibweise für *Cölestin*
**Zorro* amerikan., vermutl. span. Ursprungs, als Name eines Comic-Helden bei uns bekannt geworden und deshalb als VN nicht zu empfehlen [Hamburg 1972; Wiesbaden 1973]
Zwi hebr. 'Hirsch' [R. KATZ 67]
Zyprian dt. Schreibweise von *Cyprian*

10. Rückläufig geordnete Liste sämtlicher Vornamen

Ein rückläufig, d. h. vom letzten zum ersten Buchstaben (oder von rechts nach links), alphabetisch geordnetes Verzeichnis der Vornamen findet man schon in St. Ilčevs Buch der bulgarischen Personennamen (1969) und in F. Kopečnýs tschechischem Vornamenbuch (1974). Wozu ist so etwas nützlich? Standesbeamte, Sprachwissenschaftler und Auskunftgeber wie die Gesellschaft für deutsche Sprache stehen nicht selten vor der Frage, ob ein neuer oder bisher ungebräuchlicher Vorname als männlich oder als weiblich einzuordnen ist. Um eine begründete Entscheidung fällen zu können, muß man wissen, welche ähnlich gebauten Vornamen es gibt, und das kann man nur feststellen, wenn man vor Augen hat, welche Namen auf gleiche oder ähnliche Weise enden. Die Liste zeigt uns außerdem, welche Zweitglieder in den zusammengesetzten Vornamen besonders häufig vorkommen; in sprachwissenschaftlichen Untersuchungen kann man künftig vielleicht die wechselnde Beliebtheit bestimmter Namensformen daran messen. Es sind aber noch andere Nutzungsmöglichkeiten denkbar.

Die rückläufig geordnete Liste erfaßt lediglich die in der alphabetischen Folge auftretenden Namen, nicht auch die in den Artikeln zusätzlich erwähnten Formen. Nur die männlichen Vornamen sind gekennzeichnet, und zwar durch ein beigesetztes *m*; Namen ohne Zusatz sind weiblich, Wenn *m/w* daneben steht, findet man den Namen in beiden Vornamenalphabeten, weil er sowohl für männliche als auch für weibliche Personen verwendet wird. Die Angaben *(w)* oder *(m)* besagen: Der betreffende Name ist zwar unter den Vornamen für weibliche bzw. unter denen für männliche Personen aufgeführt und erläutert, doch ist er seiner Form nach nicht eindeutig einzuordnen; es handelt sich um Zweifelsfälle.

Matthäa
Ebba
Gebba
Bobba
Deba
Geba
Wiba
Alba
Rosalba
Kolomba
Columba
Lioba
Jakoba
Ljuba
Anica
Judica
Domenica
Dominica
Rica
Enrica
Lorica
Aurica
Jessica
Vivica
Bianca
Franca
Francesca
Francisca
Prisca
Tosca
Ada
Nada
Rada
Monarada
Albrada
Alfrada
Grada
Konrada
Herrada
Guntrada
Bertrada
Fastrada

Adda
Edda
Dedda
Hedda
Didda
Hidda
Eda
Beda *m*
Deda
Theda
Frieda
Amalfrieda
Adelfrieda
Wilfrieda
Reinfrieda
Winfrieda
Arnfrieda
Leda
Coleda
Reda
Freda
Alfreda
Manfreda
Vreda
Weda
Agda
Magda
Nad(j)es(c)hda
Ida
Aida
Adelaida
Placida
Candida
Kandida
Heida
Aleida
Brigida
Lida
Talida
Elida
Armida
Florida

Sida
Davida
Malvida
Malwida
Alda
Balda
Mafalda
Faralda
Haralda
Esmeralda
Walda
Oswalda
Helda
Imelda
Nelda
Thusnelda
Griselda
Welda
Gilda
Hilda
Milda
Romilda
Leonilda
Matilda
Golda
Holda
Bertholda
Nolda
Leopolda
Gerolda
Isolda
Bertolda
Hulda
Blanda
Jolanda
Rolanda
Yolanda
Manda
Amanda
Nanda
Ferdinanda
Fernanda

Branda
Miranda
Wanda
Brenda
Gwenda
Linda
Alinda
Malinda
Belinda
Helinda
Melinda
Amelinda
Ermelinda
Clarinda
Klarinda
Dorinda
Florinda
Regiswinda
(Frede)gonda
Algonda
Adelgonda
Rhonda
Bionda
Blonda
Edmonda
Ronda
Jucunda
Gunda
Amalgunda
Bergunda
Dietgunda
Edmunda
Gismunda
Sigismunda
Oda
Theoda
Goda
Almoda
Froda
Roda
Carda
Ri(c)carda

Garda
Richarda
Leonharda
Eberharda
Gerharda
Leonarda
Bernarda
Gerarda
Erda
(Anne)gerda
Urda
Auda
Guda
Lyda
Bea
Rabea
Elsabea
Tabea
Bilbea
Jakobea
Dea
Medea
Gea
Rangea
Cleophea
Kleophea
Rhea
(Doro)thea
Kea
Gebkea
Rolfkea
Eikea
Rikea
Talkea
Neelkea
Elskea
Renskea
Lea
Talea
Azalea
Clea
Basilea

Klea
Bart(h)olomea
Rea
Andrea
Hosea *m*
Mattea
Svea
Josefa
Genovefa
Alfa
Adolfa
Ludolfa
Rudolfa
Olofa
Marfa
Rega
Wega
Magga
Brigga
Frigga
Taiga
Briga
Jadwiga
Ludwiga
Herwiga
Hertwiga
Elga
Helga
Ilga
Olga
Inga
Marga
Fried(e)berga
Gundeberga
Alberga
Adalberga
Amalberga
Adelberga
Engelberga
Giselberga
Odilberga
Heimberga

Meinberga
Isberga
Gisberga
Ansberga
Dietberga
Luitberga
Guntberga
Ortberga
Birga
(Had)burga
Edburga
Friedburga
Waldburga
Friedeburga
Siegburga
Wigburga
(Am)alburga
Walburga
Adelburga
Edelburga
Engelburga
Heimburga
Irmburga
S(ch)wanburga
Meinburga
Reinburga
Isburga
Gisburga
Ratburga
Luitburga
Otburga
Notburga
Sacha *m*
Recha
Micha (*m*)
Jascha *m*
Mascha
Sascha *m*
Natascha
Mischa *m*
Grischa *m*
Katrischa
Elscha
Joscha *m*
Aljoscha *m*
Anjuscha
Katjuscha
Anuscha
Adolpha
Cleopha
Kleopha
Agatha
Elisabetha
Getha
Aretha
Margaretha
Jephtha *m*
Tabitha
Editha
Juditha
Ositha
Roswitha
Samantha
Chrysantha
Jacintha
Judintha
Martha
Hertha
Myrtha
Aglaia
Maia
Fabia
Eusebia
Gracia
Felicia
Patricia
Marcia
Lucia
Leocadia
Leokadia
Nadia
Syndia
Clodia
Concordia
(Kon)kordia
Claudia
Klaudia
Lydia
Theia
Freia
Sofia
Pelagia
Sergia
Georgia
Seraphia
Sophia
Cynthia
Orthia
Saskia
Lia
Athalia
Eulalia
Amalia
Rosalia
Natalia
Celia
Delia
Fidelia
Cordelia
Kordelia
Angelia
Lelia
Clelia
Amelia
Carmelia
Cornelia
Kornelia
Clarelia
Aurelia
Ilia
Cilia
Cäcilia
Cecilia
Dilia
Odilia
Emilia

Basilia
Consilia
Auxilia
Willia
Julia
Mia
Eufemia
Nehemia *m*
Euphemia
Hermia
Dania
Sedania
Mania
Germania
Orania
Genia
Eugenia
Renia
Xenia
Binia
Albinia
Virginia
Lavinia
Adonia
Sidonia
Begonia
Apollonia
Petronia
Antonia
Mariantonia
Junia
Pia
Olympia
Eutropia
Ria
Daria
Maria
Theamaria
Helgamaria
Biankamaria
Annamaria
Veramaria

Elsamaria
Christamaria
Evamaria
Hilaria
Rosaria
Sandria
Desideria
Pulcheria
Valeria
Xaveria
Floria
Gloria
Viktoria
Nuria
Aspasia
Anastasia
Gervasia
Silesia
Theresia
Aloisia
Crisia
Hortensia
Theodosia
Ambrosia
Lusia
Aloysia
Bonifatia
Ignatia
Pancratia
Lucretia
Laetitia
Innocentia
Crescentia
Prudentia
Clementia
Emerentia
Florentia
Laurentia
Vinzentia
Innozentia
Kreszentia
Flavia

Octavia
Oktavia
Livia
Clivia
Klivia
Olivia
Silvia
Sylvia
Alexia
Grazia
Pankrazia
Lukrezia
Felizia
Patrizia
Tizia
Lätizia
Florenzia
Nunzia
Terzia
Luzia
Kaja
Aglaja
Maja
Naja
Raja
Nadja
Kadidja
Teja *m*
Alja *m/w*
Palja
Natalja
Gelja
Ilja *m*
Hilja
Silja
Vilja
Wilja
Kolja *m*
Anja
Danja
Hanja
Manja

Nanja
Panja
Tanja
Wanja *m/w*
Fenja
Venja
Svenja
Inja
Cinja
Finja
Draginja
Minja
Ninja
Brinja
Sinja
Axinja
Finnja
Monja
Ronja
Bronja
Sonja
Tonja
Dunja
Sünja
Darja
Marja
Warja
Mirja
Asja
(Nas)tasja
Wasja *m/w*
Tassja
Marusja
Katja
Mitja *m*
Kostja *m*
Fricka
Eka
Wieka
Peka *(w)*
Viveka
Julischka
Marischka
Piroschka
Anuschka
Maruschka
Veruschka
Maika
Raika
Judika
Eika
Suleika
Malika
Angelika
Julika
Romika
Anika
Janika
(Do)minika
Arnika
Annika
Monika
Baronika
Veronika
Petronika
(Ma)rika
Hendrika
Hindrika
Erika
Henrika
Hinrika
Dorika
Rosika
Selastika
Scholastika
Ivika
(Ludo)wika
Rebekka
Pekka *m*
Sinikka
Okka
Fokka
Sirkka
Halka
Salka
Elka
Jelka
Etelka
Ilka
Hilka
Silka
Julka
Anka
Danka
Hanka
Bianka
Bibianka
Julianka
Marianka
Janka
Blanka
Ranka
Aranka
Branka
Franka
Susanka
Ivanka
Jovanka
Iwanka
Zdenka
Lenka
Alenka
Malenka
Jelenka
Lisenka
Inka
Binka
L(j)ubinka
Kathinka
Minka
Anninka
Varinka
Tinka
Katinka
Winka
Ilonka

Arnka
Arka
Biserka
Birka
Jirka *m*
Mirka
Geska
Valeska
Tereska
Iska
Liska
Criska
Priska
Siska
Ziska
Franziska
Inska
Piroska
Toska
Katka
Jitka
Slavka
Dubravka
Barbla
Ancla
Edla
Ela
Raf(f)aela
Michaela
Raphaela
Béla *m*
Dela
Adela
Gundela
Godela
Gela
Angela
Ingela
Hela
Aniela
Daniela
Anniela

Mela
Pamela
Filomela
Philomela
Carmela
Irmela
Nela
Danela
Rela
Gisela
Gonsela
Tela
(E)manuela
Engla
Aila
Laila
Raila
Odila
Eila
Heila
Leila
Gila
Archila
Dalila
Delila
Mila
Tamila
Jarmila
Manila
Attila *m*
Avila
Thekla
Ankla
Alla
Calla
Galla
Ella
Bella
Amabella
Annabella
Arabella
Mirabella

Isabella
Rosabella
Cella
Marcella
Della
Hella
Daniella
Mariella
Gabriella
Graziella
Jella
Majella
Mella
Armella
Nella
Fenella
Petronella
Antonella
Cinderella
Mirella
Estrella
Stella
Estella
Wella
Zella
Marzella
Illa
Priscilla
Lucilla
Gilla
Hilla
Milla
Camilla
Kamilla
Radmilla
Ludmilla
Theomilla
Armilla
Jonilla
Petronilla
Pernilla
Gunilla

Kyrilla
Tilla
Villa
Zilla
Olla
Volla
Ulla
Tulla
Sibylla
Nicola
Fabiola
Mariola
Viola
Nikola
Lola
Carola
Karola
Marola
Vola
Carla
Jarla
Karla
Erla
Orla
Imorla
Ula
Paula
Wendula
Gundula
Cordula
Kordula
Gudula
Regula
Jula
Janula
Inula
Marula
Smarula
Merula
Ursula
Petula
Maryla

Ama
Jama
Heima
Cosima
Kosima
Fatima
Diotima
Rickma
Alma
Elma
(Wil)helma
(An)selma
Vilma
Wilma
Holma
Emma
Gemma
Hemma
Imma
Roma
Froma
Erma
Germa
Herma
Irma
Jorma *m*
Norma
Bluma
Ana
Dana
Loredana
Bogdana
Bohdana
Andreana
Oceana
Ozeana
Stefana
Bibiana
Diana
Liana
Juliana
Liliana

Mariana
Adriana
Tiana
Christiana
Viviana
Tiziana
Jana
Iljana
Uljana
Rumjana
Mirjana
Katjana
Tatjana
Lana
Milana
Svetlana
Swetlana
Romana
Nana
Joana
Loana
Moana
Kajetana
Juana
Luana
Ivana
Silvana
Sylvana
Iwana
Swana
Oxana
Roxana
Adna
Edna
Ena
Ubena
Rhena
Lena
Alena
Magdalena
Gundalena
Malena

Annalena
Elena
Helena
Jelena
Milena
Mena
Filomena
Philomena
Rumena
Nena
Amoena
Rena
Karena
Brena
Serena
Verena
Sirena
Lorena
Jurena
Rowena
Agna
Magna
Ragna
Edigna
Benigna
Krishna *m*
Ina
Aina
Taina
Bina
Sabina
Albina
Balbina
Columbina
Kolumbina
Jakobina
Robina
Dina
Adina
Tjadina
Harmkedina
Höpkedina

Aldina
Galdina
Blandina
Barendina
Berendina
Odina
Eberhardina
Edwardina
Herdina
Everdina
Ewerdina
Gerritdina
Eina
Meina
Reina
Edina
Fina
Serafina
Josefina
Adolfina
Ludolfina
Rudolfina
Rufina
Gina
Regina
Longina
Georgina
Seraphina
Josephina
Adolphina
Bethina
Lina
Alina
Halina
Michalina
Malina
Natalina
Elina
Belina
Abelina
Celina
Adelina

Angelina
Evangelina
Engelina
Wemkelina
Harmkelina
Melina
Carmelina
Ermelina
Selina
Evelina
Aquilina
Achillina
Folina
Mariolina
Carolina
Karolina
Akulina
Mina
Amina
Pamina
Tamina
Imina
Helmina
Romina
Carmina
Harmina
Ermina
Irmina
Firmina
Urmina
Jasmina
Yasmina
Nina
Janina
Manina
Annina
Johannina
Jannina
Antonina
Rina
Kaarina
Carina

Katharina
Karina
Clarina
Klarina
Marina
Sarina
Cäsarina
Cesarina
Katarina
Sabrina
Barberina
Katherina
Caterina
Katerina
Severina
Sandrina
Alexandrina
Peregrina
Kathrina
Irina
Corina
Dorina
Thorina
Fiorina
Jorina
Lorina
Florina
Norina
Viktorina
(Ka)trina
Petrina
Syrina
Sina
Asina
Clasina
Klasina
Gesina
Theresina
Josina
Rosina
Ursina
Tina

Katina
Antina
Jantina
Valentina
Clementina
Klementina
Florentina
Vinzentina
Bartina
Martina
(Al)bertina
Hubertina
Cortina
Celestina
Cölestina
Ernestina
Christina
Kristina
Ernstina
Kerstina
Faustina
Augustina
Justina
Ettina
Bettina
Sixtina
Davina
Lidvina
Malvina
Silvina
Sylvina
Edwina
Lidwina
Ludwina
Malwina
Elna
Anna
Hanna
Johanna
Julianna
Arianna
Janna

Hermanna
Nanna
Sanna
Rosanna
Susanna
Fenna
Henna
Phenna
Menna
Minna
Corinna
Jorinna
Korinna
Gönna
Jonna
Nonna
Sunna
Wunna
Bona
Aldona
Leona
Chrischona
Thona
Othona
Fiona
Mariona
Lona
Zalona
Delona
Ilona
Mona
Amöna
Ramona
Siegmona
Nona
Minona
Oona
Rona
Verona
Corona
Korona
Tona

Erna
Berna
Verna
Werna
Jörna
Lorna
Katna
Una
Iduna
Runa
(Al)bruna
Alruna
Fortuna
Gepa
Europa
Beppa
Philippa
Pippa
(Anna)barbara
Annebarbara
Cara
Jara
Kara
Lara
Clara
Klara
Mara
Tamara
Hildemara
Reimara
Gismara
Sara
Ostara
Ewara
Alwara
Yara
Debra
Andra
Leandra
Sandra
Cassandra
Kassandra

Alessandra
Xandra
Alexandra
Indra *m/w*
Jindra
Sondra
Ibera
Gera
Ludgera
Hera
Imera
Vera
Severa
Ivera
Wera
Afra
A(l)legra
Ira
Indira
Saphira
Kira
Mira
Annamira
Samira
Elmira
Belmira
Edelmira
Moira
Sira
Elvira
Inra
Debora
Cora
Dora
Isadora
Isidora
Feodora
Theodora
Sephora
Theophora
Christophora

Thora
Kora
Lora
Nora
Eleonora
Flora
Zippora
Aurora
Jerra
Esra *m*
Sanetra
Petra
Anitra
Laura
Maura
Schura *m*
Flura
Bonaventura *m*
Artura
Thyra
Kyra
Syra
Tyra
Ezra *m*
Gesa
Liesa
Ingeliesa
Maresa
T(h)eresa
Isa
Gisa
Bergisa
Lisa
Alisa
Annalisa
Elisa
Ingelisa
Lottlisa
Loisa
Marisa
Luisa
Lowisa

Elsa
Telsa
Ilsa
Insa
Alfonsa
Alphonsa
Pretiosa
Preziosa
Rosa
Horsa *m*
Alessa
Vanessa
Tressa
Tessa
Lissa
Melissa
Anissa
Larissa
Clarissa
Klarissa
Petrissa
Libussa
Susa
Beata
Deodata
Piata
Annunziata
Amata
Renata
Donata
Fortunata
Rata
Adorata
Benedicta
Eta
Deta
Heta
Dieta
Marieta
Meta
Neta
Agneta

Vineta
Reta
Areta
Margareta
Mareta
Greta
Mireta
Jelisaweta
Sweta
Ita
Maita
Dita
Perdita
Fita
Gita
Bergita
Nikita *m*
Lita
Alita
Margalita
Roselita
Hellita
Lolita
Ulita
Julita
Nita
Anita
Marianita
Janita
Juanita
Benita
Agnita
Antonita
Pepita
Rita
Margarita
Clarita
Marita
Brita
Merita
Emerita
Dorita

Lorita
Elsita
Rosita
Tita
Bertita
Vita
Jovita
Zita
Benedikta
Welta
Centa
Judenta
Valenta
Senta
Zenta
Vinzenta
Judinta
Assunta
Göta
Marta
Berta
Trudberta
Eberta
Waldeberta
Hildeberta
Godeberta
Egberta
Siegberta
Wigberta
Liberta
Filiberta
Wiberta
Alberta
Adalberta
Odalberta
Malberta
Amalberta
Adelberta
Edelberta
Engelberta
Giselberta
Odilberta

Fulberta
Lamberta
Humberta
Reinberta
Roberta
Norberta
Gisberta
Osberta
Ratberta
Dietberta
Guntberta
Huberta
Geerta
Weerta
Gerta
Herta
Merta
Ruperta
Asta
Esta
Modesta
Ernesta
Vesta
Arista
Christa
Krista
Ricksta
Gosta
Gösta *m*
Josta
Carsta
Karsta
Fausta
Gusta
Augusta
Justa
Etta
Betta
Benedetta
Hetta
Arietta
Marietta
Henrietta
Jetta
Letta
Aletta
Taletta
Coletta
Nicoletta
Violetta
Nikoletta
Uletta
Pauletta
Metta
Netta
Minetta
Johannetta
Simonetta
Pernetta
Unetta
Lunetta
Miretta
Coretta
Fioretta
Loretta
Floretta
Lauretta
Cosetta
Rosetta
Silvetta
Yvetta
Itta
Gitta
Brigitta
Margitta
Birgitta
Melitta
Doolitta
Julitta
Maritta
Britta
Gritta
Loritta
Sitta
Witta
Zitta
Carlotta
Utta
Jutta
Anjutta
Uta
Anjuta
Danuta
Biruta
Josua *m*
Rixta
Sixta
Lexa
Alexa
Rixa
Trixa
Ava
Gustava
Svava
Eva
Veva
Genoveva
Oliva
Sunniva
Primitiva
Milva
Silva
Stanislawa
Bronislawa
Godelewa
Godolewa
Salwa
Kaya
Maya
Soraya
Géza *m*
Lenza
T(h)irza
Fritza

Friedlieb *m*

Garlieb *m*
Dietlieb *m*
Hartlieb *m*
Ortlieb *m*
Christlieb *m*
Gottlieb *m*
Rutlieb *m*
Gleb *m*
Ib *m*
Bob *m*
Jacob *m*
Hiob *m*
Job *m*
(Jürn)jakob *m*
Hansjakob *m*
Gottlob *m*
Rob *m*

Cyriac *m*
Alec *m*
Dominic *m*
Yannic *m*
Cedric *m*
Marc *m*

Arpad *m*
Willehad *m*
Alberad *m*
Alfrad *m*
Wolfrad *m*
Dankrad *m*
Volkrad *m*
Adalrad *m*
Adelrad *m*
Vol(l)rad *m*
Fulrad *m*
Erkenrad *m*
Ermenrad *m*
Irmenrad *m*
Meinrad *m*
Conrad *m*
Konrad *m*
Herrad *m/w*
Guntrad *m*
Fastrad *m*
Ed *m*
Mariehed
Fried *m*
Liebfried *m*
Waldfried *m*
Wildfried *m*
Landfried *m*
Siegfried *m*
Ingfried *m*
Bringfried *m*
E(c)kfried *m*
Alfried *m*
Adalfried *m*
Amalfried *m*
Walfried *m*
Engelfried *m*
Helfried *m*
Eilfried *m*
Hellfried *m*
Billfried *m*
Stillfried *m*
Wolfried *m*
Karlfried *m*
Erlfried *m*
Ulfried *m*
Heimfried *m*
Helmfried *m*
Atomfried *m*
Irmfried *m*
Humfried *m*
Anfried (*w*)
Hanfried *m*
Janfried *m*
Erkenfried *m*
Ermenfried *m*
Irmenfried *m*
Ehrenfried *m*
Heinfried *m*
Meinfried *m*
Reinfried *m*
Winfried *m*
Hannfried *m*
Sonnfried *m*
Nonfried *m*
Arnfried *m*
Warnfried *m*
Bernfried *m*
Wernfried *m*
Hunfried *m*
Runfried *m*
Theofried *m*
Jofried *m*
Farfried *m*
Erfried *m*
Eberfried *m*
Ferfried *m*
Gerfried *m*
Herfried *m*
Verfried *m*
Ehrfried *m*
Norfried *m*
Isfried *m*
Ansfried *m*
Ratfried *m*
Dietfried *m*
Luitfried *m*
Altfried *m*
Baltfried *m*
Guntfried *m*
Otfried *m*
Hartfried *m*
Bertfried *m*
Ortfried *m*
Christfried *m*
Ottfried *m*
Gottfried *m*
Leutfried *m*
Ned *m*
Mildred
Fred *m*
Winnefred *m*

Winifred
Alfred *m*
Halfred *m*
Wilfred *m*
Karlfred *m*
Manfred *m*
Winfred *m*
Tankred *m*
Ted *m*
Arved *m*
Arwed *m*
Candid *m*
Alheid
Adelheid
Giselheid
Irmenheid
Ägid *m*
Liobgid
Leonid *m*
Eldrid
Ingerid
Ernfrid *m*
Si(e)grid
Ingrid
Jorid
T(h)orid
T(h)urid
Astrid
Estrid
David *m*
Arvid *m*
Debald *m*
Friedebald *m*
Hildebald *m*
Theodebald *m*
Diebald *m*
Sebald *m*
Siegbald *m*
Wigbald *m*
Hugbald *m*
Richbald *m*
Archibald *m*

Bil(l)ibald *m*
Willibald *m*
Winibald *m*
Wunnibald *m*
Kunibald *m*
Wunibald *m*
Wibald *m*
Adalbald *m*
Rambald *m*
Grimbald *m*
Helmbald *m*
Erkenbald *m*
Ermenbald *m*
Gundobald *m*
Theobald *m*
Ingobald *m*
Teutobald *m*
Gerbald *m*
Herbald *m*
Ratbald *m*
Dietbald *m*
Luitbald *m*
Sintbald *m*
Hubald *m*
Grimald *m*
Agenald *m*
Rainald *m*
Meinald *m*
Reinald *m*
Aginald *m*
Eginald *m*
Reginald *m*
Erminald *m*
Winald *m*
Donald *m*
Ronald *m*
Bernald *m*
Roald *m*
Harald *m*
Berald *m*
Gerald *m*
Herald *m*

Emerald
Torald *m*
Romuald *m*
Liebwald *m*
Friedwald *m*
Ewald *m*
Dewald *m*
Friedewald *m*
Bodewald *m*
Rodewald *m*
Frodewald *m*
Thewald *m*
Siegwald *m*
Ingwald *m*
Burgwald *m*
Richwald *m*
Volkwald *m*
Adalwald *m*
Grimwald *m*
Erkenwald *m*
Ermenwald *m*
Meinwald *m*
Reinwald *m*
Bernwald *m*
Frowald *m*
Gerwald *m*
Herwald *m*
T(h)orwald *m*
Sigiswald *m*
Answald *m*
Oswald *m*
Dietwald *m*
Bertwald *m*
Ortwald *m*
Otwald *m*
Gottwald *m*
Siegheld *m*
Kjeld *m*
Herm(en)gild
Ingild
Schwabhild
Liebhild

Traudhild
Friedhild
Blidhild
Trudhild
Rodehild
Frodehild
Ingehild
Alfhild
Wolfhild
Ulfhild
Wulfhild
Sieghild
Inghild
Borghild
Burghild
Richhild
Reikhild
Volkhild
Frankhild
Birkhild
Adelhild
Bilhild
Framhild
Kri(e)mhild
Ermhild
Irmhild
S(ch)wanhild
Erkenhild
(H)ermenhild
Irmenhild
Ragnhild
Meinhild
Reinhild
Erminhild
Irminhild
Sonnhild
Gunnhild
Arnhild
Bernhild
Wernhild
Raunhild
Gunhild

Runhild
Brunhild
Brünhild
Frohild
Arhild
Farhild
Eberhild
Gerhild
Osterhild
Thorhild
Norhild
Torhild
Ishild
Rathild
Diethild
Mechthild
Luithild
Balthild
Walthild
Gunthild
Othild
Bothild
Gothild
Berthild
Orthild
Christhild
Gotthild
Gunild
Arild *m*
Ingvild
Diebold *m*
Siebold *m*
Helmbold *m*
Gerbold *m*
Dietbold *m*
Ingold *m*
Friedhold *m*
Volkhold *m*
Frommhold *m*
Meinhold *m*
Reinhold *m*
Bernhold *m*

Marhold *m*
Rathold *m*
Berchthold *m*
Luithold *m*
Barthold *m*
Berthold *m*
Gerthold *m*
Gotthold *m*
Trauthold *m*
Leuthold *m*
Askold *m*
Helmold *m*
Rumold *m*
Meinold *m*
Reinold *m*
Erminold *m*
Arnold *m*
Bernold *m*
Hunold *m*
Brunold *m*
Leopold *m*
Rappold *m*
Luitpold *m*
Lupold *m*
Farold *m*
Harold *m*
Berold *m*
Gerold *m*
Herold *m*
Berchtold *m*
Witold *m*
Bertold *m*
Gastold *m*
Ayold *m*
Orfuld *m*
Wiegand *m*
Weigand *m*
Wigand *m*
Weriand *m*
Wieland *m*
Roland *m*
Arland *m*

Erland *m*
Rutland *m*
Amand *m*
Armand *m*
Friedenand *m*
Wienand *m*
Wignand *m*
Ferdinand *m*
Hansferdinand *m*
Winand *m*
Brand *m*
Friedbrand *m*
Hadebrand *m*
Friedebrand *m*
Aldebrand *m*
Hildebrand *m*
Hillebrand *m*
Siegbrand *m*
Willibrand *m*
Sibrand *m*
Volkbrand *m*
Albrand *m*
Adalbrand *m*
Adelbrand *m*
Giselbrand *m*
Wilbrand *m*
Gullbrand *m*
Isenbrand *m*
Garbrand *m*
Gerbrand *m*
Thorbrand *m*
Gisbrand *m*
Dietbrand *m*
Luitbrand *m*
Bertrand *m*
Arend *m*
Berend *m*
Svend *m*
Wedekind *m*
Wittekind *m*
Widukind *m*
Rosalind
Fried(e)lind
Godelind
Gotelind
Burglind
Richlind
Merilind
Irmlind
Gerlind
Merlind
Osterlind
Gislind
Dietlind
Guntlind
Gotlind
Ortlind
Rosamond *(m)*
Esmond *m*
Arnd *m*
Barnd *m*
Bernd *m*
Friedgund
Radegund
Friedegund
Aldegund
Baldegund
Waldegund
Hildegund
Ingegund
Wolfgund
Adelgund
Wilgund
Margund
Ebergund
T(h)orgund
Wisgund
Dietgund
Luitgund
Otgund
Faramund *m*
Edmund *m*
Friedmund *m*
Gudmund *m*
Ademund *m*
Hademund *m*
Friedemund *m*
Aldemund *m*
Hildemund *m*
Frodemund *m*
Agemund *m*
Kühnemund *m*
Egmund *m*
Siegmund *m*
Wigmund *m*
Reimund *m*
Freimund *m*
Agimund *m*
Segimund *m*
Alkmund *m*
Almund *m*
Adalmund *m*
Adelmund *m*
Giselmund *m*
Reinmund *m*
Fromund *m*
Warmund *m*
Asmund *m*
Gismund *m*
Sigismund *m*
Thorismund *m*
Thurismund *m*
Osmund *m*
Otmund *m*
Fastmund *m*
Trautmund *m*
Siegbod *m*
Adalbod *m*
Rambod *m*
Reimbod *m*
Helmbod *m*
Meinbod *m*
Teutobod *m*
Marbod *m*
Gerbod *m*
Herbod *m*

Ratbod *m*
Hadumod
Tjaard *m*
Medard *m*
Alfard *m*
Gard *m*
Liebgard
Friedgard
Swidgard
Lindgard
Trudgard
Friedegard
Fredegard
Heidegard
Hildegard
Rodegard
Frodegard
Olegard
Annegard
Minnegard
Elfgard
Muthgard
Marigard
Adalgard
Amalgard
Elgard
Adelgard
Edelgard
Wendelgard
Windelgard
Engelgard
Helgard
Odilgard
Heilgard
Wilgard
Hallgard
Erlgard
Framgard
Helmgard
Armgard
Ermgard
Irmgard
Erkengard
Ermengard
Irmengard
Ehrengard
Reingard
Ermingard
Irmingard
Sonngard
Arngard
Berngard
Werngard
Frogard
Dargard
Margard
Ebergard
Thorgard
Norgard
Torgard
Ansgard
Asgard
Isgard
Wisgard
Ratgard
Rutgard
Dietgard
Lu(i)tgard
Gebhard *m*
Liebhard *m*
Reichard *m*
Richard *m*
Wichard *m*
Borchard *m*
Burchard *m*
Friedhard *m*
Neidhard *m*
Godhard *m*
Rudhard *m*
Godehard *m*
Eckehard *m*
Ekkehard *m*
Gevehard *m*
Alfhard *m*
Welfhard *m*
Wolfhard *m*
Sieghard *m*
Righard *m*
Wighard *m*
Burghard *m*
Eckhard *m*
Weikhard *m*
Volkhard *m*
Burkhard *m*
Alhard *m*
Adalhard *m*
Adelhard *m*
Engelhard *m*
Eilhard *m*
Teilhard *m*
Agilhard *m*
Philhard *m*
Wilhard *m*
Billhard *m*
Volhard *m*
Manhard *m*
Degenhard *m*
Lienhard *m*
Ermenhard *m*
Irmenhard *m*
Isenhard *m*
Einhard *m*
Deinhard *m*
Heinhard *m*
Meinhard *m*
Reinhard *m*
Eginhard *m*
Leonhard *m*
Arnhard *m*
Bernhard *m*
Gernhard *m*
Lernhard *m*
Wernhard *m*
Brunhard *m*
Alphard *m*
Erhard *m*

Eberhard *m*
Gerhard *m*
Everhard *m*
Ehrhard *m*
Dethard *m*
Diethard *m*
Neithard *m*
Nithard *m*
Luithard *m*
Balthard *m*
Walthard *m*
Gunthard *m*
Rothard *m*
Christhard *m*
Litthard *m*
Gotthard *m*
Ruthard *m*
Wiard *m*
Sjard *m*
Tjard *m*
Bleikard *m*
Volkard *m*
Alard *m*
Elard *m*
Willard *m*
Lenard *m*
Menard *m*
Renard *m*
Bernard *m*
Flodoard *m*
Gaspard *m*
Gerard *m*
Gontard *m*
Eduard *m*
Marquard *m*
Liebward *m*
Eward *m*
Edward *m*
Fried(e)ward *m*
Hildeward *m*
Eckeward *m*
Siegward *m*
Ingward *m*
Borgward *m*
Burgward *m*
Eckward *m*
Volkward *m*
Dankward *m*
Frankward *m*
Markward *m*
Adalward *m*
Adelward *m*
Eilward *m*
Egilward *m*
Helmward *m*
Meinward *m*
Reinward *m*
Bernhard *m*
Herward *m*
Ratward *m*
Otward *m*
Wolferd *m*
Gerd *m*
Ingegerd
Wolfgerd *m*
Helmgerd *m*
Hansgerd *m*
Cord *m*
Clifford *m*
Görd *m*
Kord *m*
Rörd *m*
Willibrord *m*
Tord *m*
Urd
Curd *m*
Sigurd *m*
Kurd *m*
Aud
Maud
Arnaud *m*
Lieb(e)traud
Annetraud
Ingetraud
Ilsetraud
Ansetraud
Elftraud
Wolftraud
Siegtraud
Ingtraud
Altraud
Waltraud
Adeltraud
Edeltraud
Engeltraud
Giseltraud
Eiltraud
Heiltraud
Hiltraud
Miltraud
Wi(l)ltraud
Erltraud
Heimtraud
Helmtraud
Ermtraud
Irmtraud
Erkentraud
Ermentraud
Irmentraud
Ehrentraud
Isentraud
Reintraud
Ermintraud
Irmintraud
Anntraud
Sonntraud
Schöntraud
Arntraud
Rotraud
Bertraud
Gertraud
Ortraud
Istraud
Knud *m*
Liebtrud
Hildtrud

Erdtrud
Ingetrud
Annetrud
Ilsetrud
Alftrud
Elftrud
Wolftrud
Siegtrud
Ingtrud
Altrud
Adeltrud
Edeltrud
Engeltrud
Giseltrud
Eiltrud
Heiltrud
Hiltrud
Miltrud
Wil(l)trud
Erltrud
Heimtrud
Helmtrud
Ermtrud
Irmtrud
Erkentrud
Ermentrud
Irmentrud
Ehrentrud
Isentrud
Reintrud
Lintrud
(H)ermintrud
Irmintrud
Wintrud
Arntrud
Hertrud

Isabe
Elsabe
Ilsabe
Abbe *m*
Jabbe *m*
Tjabbe *m*
Obbe *m*
Röbbe *m*
Lübbe *m*
Ottegebe
Ottogebe
Gottliebe
Eibe *m/w*
Phöbe
Barbe
Elsbe
Grace
Alice
Beatrice
Maurice *m*
Florence
Maxence
Tjade *m*
Dankrade
Meinrade
Konrade
Herrade
Dietrade
Guntrade
Bertrade
Fastrade
Hedde
Odde *m*
Ede *m*
Hede
Friede
Siegfriede
Bringfriede
Malfriede
Walfriede
Elfriede
Adelfriede
Wilfriede
Erlfriede
Reinfriede
Winfriede
Arnfriede
Ernfriede
Bernfriede
Luitfriede
Otfriede
Gottfriede
Bertfriede
Tiede *m*
Frede
Adelaide
(Anne)heide
Adelheide
Waltheide
Bertheide
Aleide
Herzeleide
Brigide
Lide
Alide
Blide
Armide
Herzeloide
Alde *m*
Sebalde
Reinalde
Arnalde
Bernalde
Geralde
Oswalde
Ingwelde
Herm(en)gilde
Hilde
Traudhilde
Friedhilde
Blidhilde
Trudhilde
Rodehilde
Frodehilde
Alfhilde
Wolfhilde
Sieghilde
Burghilde
Richhilde

Volkhilde
Frankhilde
Adelhilde
Bilhilde
Kri(e)mhilde
S(ch)wanhilde
Erkenhilde
Ermenhilde
Meinhilde
Reinhilde
Erminhilde
Sonnhilde
Arnhilde
Bernhilde
Wernhilde
Runhilde
Brunhilde
Brünhilde
Frohilde
Farhilde
Eberhilde
Gerhilde
Norhilde
Ishilde
Thilde
Bathilde
Mathilde
Rathilde
Diethilde
Mechthilde
Luithilde
Balthilde
Walthilde
Gunthilde
Othilde
Bothilde
Chlothilde
Klothilde
Berthilde
Orthilde
Christhilde
Gotthilde

Ruthilde
Windekilde *m*
Similde
Tilde
Annetilde
Meinholde
Reinholde
Bertholde
Nolde *m*
Reinolde
Erminolde
Arnolde
Bernolde
Leopolde
Gerolde
Isolde
Tolde *m*
Bertolde
Jolande
Rolande
Fer(di)nande
Wibrande
Melisande
Lucinde
Linde
Alinde
Odalinde
Amalinde
Salinde
Rosalinde
Traudlinde
Friedlinde
Trudlinde
Adelinde
Edelinde
Heidelinde
Gundelinde
Theodelinde
Godelinde
Frodelinde
T(h)eudelinde
Regelinde

Amelinde
Ermelinde
Selinde
Roselinde
Gotelinde
Evelinde
Sieglinde
Reglinde
Siglinde
Burglinde
Richlinde
Frohlinde
Reilinde
Heimlinde
Ermlinde
Irmlinde
Gunlinde
Berlinde
Gerlinde
Herlinde
Merlinde
Olinde
Theodolinde
Frolinde
Gislinde
Dietlinde
Gretlinde
Guntlinde
Bertlinde
Ortlinde
Otlinde
Gotlinde
Ottlinde
Utlinde
Clarinde
Klarinde
Dorinde
Jorinde
Klorinde
(Regi)swinde
Luzinde
Hillegonde

Algonde
Adelgonde
Gunde
Friedgunde
Radegunde
Fr(i)edegunde
Aldegunde
Baldegunde
Waldegunde
Hildegunde
Ingegunde
Wolfgunde
Kunigunde
Algunde
Amalgunde
Adelgunde
Wilgunde
Bergunde
Burgunde
Wisgunde
Dietgunde
Luitgunde
Otgunde
Bertgunde
Rautgunde
Rosamunde
Edmunde
Reimunde
Ismunde
Gismunde
Sigismunde
Osmunde
Dietmunde
Treumunde
Dode *m*
Göde *m*
Garde
Gebharde
Einharde
Meinharde
Reinharde
Bernharde
Eberharde
Gerharde
Meinarde
Bernarde
Eduarde
Gerde
Traude
Annetraude
Siegtraude
Reintraude
Bertraude
Gertraude
Gistraude
Güde
Lüde *m*
Trude
Ilsetrude
Wolftrude
Waltrude
Hiltrude
Heimtrude
Helmtrude
Bertrude
Gertrude
Gyde
Fee
Marfee
Dorothee
Lee *(w)*
Azalee
Aimée
Renée
Andrée
Desirée
Offe *m*
Uffe *m*
Elfe
Age *m*
Tage *m*
Wege
Egge *m*
Frigge
Helge *m/w*
Inge
Serge *m*
Börge *m*
Thorge *(m)*
Jorge *m*
Che *m*
Blanche
Gesche
Wiesche
Elsche
Agathe
Kathe
(Anne)käthe
Margarethe
Iolanthe
Jolanthe
Marthe
Birthe
Dorthe
Dörthe
Myrthe
Haie *m*
Kaie *m*
Maie
Herbie *m*
Lucie
Sadie
Addie
Saddie
Eddie *m*
Heie *m*
Keie *m*
Sofie
Maggie
Sophie
Adalie
Nathalie
Eulalie
Amalie
Coralie
Rosalie

Natalie
Amelie
Annelie
Aurelie
Cäcilie
Odilie
Emilie
Hersilie
Ottilie
Maxilie
Zäzilie
Leslie *m/w*
Treulie
Mie
Euphemie
Annemie
Käthemie
Stefanie
Stephanie
Melanie
Eugenie
Virginie
Rosinie
Minnie
Winnie
Connie
Nonnie
Ronnie *(m)*
Sidonie
Leonie
Boie *m*
Arie *m*
Makarie
(Friede)marie
Heidemarie
Helgemarie
Ingemarie
(H)annemarie
Loremarie
Liesemarie
Ilsemarie
Rosemarie
Elsmarie
Rosmarie
Chérie
Valerie
Carrie
Corrie
Bessie
Jessie
Katie
Sylvie
Luzie
Adje *m*
Heidje
Godje
Hendrikje
Alkje
Holkje
Sünje
Boje *m*
Börje *m*
Deetje
Greetje
Teetje *m*
Thetje *m*
Grietje
Tietje *m*
Jannetje
Gretje
Tetje *m*
A(a)ltje
Neeltje
Hiltje
Antje
Swaantje
Jantje
Nantje
Rantje
Swantje
Bentje
Rentje
Heintje *m*
Reintje
Stintje
Göntje
Sontje
Bruntje
Suntje
Gotje
Claartje
Martje
Ge(e)rtje
Do(o)rtje
Ake *m*
Wi(e)bke
Wübke
Ecke *m*
Wencke
(F)ocke *m*
Lücke *(w)*
Beke
Wibeke
Lüdeke *m*
Beeke
Fieke
Mieke
Marieke
Sieke
Wieke
Aleke
Nelleke
Beneke *m*
Reineke *m*
Anneke
Henneke *m*
Bruneke
Heseke
Giseke *m*
Eveke
Düveke
Dyveke
Ike
Maike
Eike *m/w*
Deike

Feike *m*
Heike
Keike
Meike
Mareike
Weike
Mike *m*
(Bere)nike
Moike
Rike
Hendrike
Diederike
Friederike
Alrike
Elrike
Ulrike
Henrike
Heinrike
Elsike
Ekke *m/w*
Okke *m*
Fokke *m*
Lykke
Alke
Talke
Elke
Abelke
Geelke
Neelke
Segelke *(w)*
Helke
Selke
Bilke
Heilke
Silke
Wilke *m*
Folke *m/w*
Amke
Emke
Hemke *m*
Themke *w/m*
Memke *m*
Imke
Heimke
Simke
Helmke *m/w*
Omke *m*
Momke *m/w*
Harmke
Anke
Beanke
Hanke
Enke *(w)*
Lenke *(w)*
Renke *w/m*
Ihnke
Binke
Heinke
Reinke *m*
Rinke *(m)*
Gönke
Nonke
Ponke
Sönke *m*
Tonke *m*
Sunke
Sünke
Synke
Oke
Joke
Emöke
Apke *m*
Höpke
Arke *m*
Harke *m*
Marke *m*
Gerke
Birke
Ge(e)ske
Eiske
Hiske
Elske
Ilske
Renske
Inske
Suntke
Geertke
Hauke *m*
Frauke
Lüke *m*
Dyke *m*
Pascale
Dale *m/w*
Lale
Male
Tale
Bele
Adele
Neele
Hele
Michèle
Mariele
Gabriele
Rickele
Filomele
Philomele
Nele
Tele
Odile
Heile
Mareile
Mile
Marile
Palle *m*
Nicole
Jule
Isabelle
Helle
Michelle
Danielle
Gabrielle
Jelle *m*
Bibernelle
Estelle
Bille
Sybille

Lucille
Mireille
Hille
Leonille
Pernille
Holle
Tulle
Sibylle
Ole *m*
Merle
Rösle
Ule *m*
Aimé *m*
Heime *m*
Joachime
Fatime
Maxime
Amme *m*
Mamme *m*
Imme
(M)omme *m*
Mumme *m*
Salome
Ileane
Fabiane
Bibiane
Luciane
Diane
Liane
Eliane
Heliane
Iliane
Liliane
Maximiliane
Juliane
Yliane
Thymiane
Ariane
Mariane
Adriane
Valeriane
Floriane
Josiane
Sebastiane
Christiane
Kristiane
Viviane
Jane
Rejane
Ursulane
Svane
Ariadne
(Magda)lene
Malene
(H)annalene
Madlene
Annelene
Ingelene
Helene
Marielene
Roselene
Arlene
Marlene
Mylene
Filomene
Philomene
Irmene
René *m*
Marene
Irene
Melsene
Arsene
Dafne
Signe
Bahne *m*
Nahne *m*
Daphne
Charmaine
Germaine
(Sa)bine
Gebine
Albine
Balbine
Kolombine
Jakobine
Gottlobine
Robine
Garbine
Francine
Nadine
Konradine
Geraldine
Huwaldine
Holdine
Arnoldine
Leopoldine
Blandine
Hermandine
Ferdinandine
Bendine
Blondine
Arndine
Berendine
Undine
Odine
Bernhardine
Eberhardine
Gerhardine
Eduardine
Edwardine
Volkerdine
Everdine
Ewerdine
Claudine
Klaudine
Madeleine
Fine
Serafine
Josefine
Delfine
Adolfine
Ludolfine
Rudolfine
(Re)gine
Elgine
Georgine

Seraphine
Josephine
Stephine
Delphine
Adolphine
Christophine
Line
Aline
Michaline
Maline
Taline
Abeline
Celine
Wandeline
Wendeline
Micheline
Wangeline
Engeline
Wemkeline
Fraukeline
Meline
Emmeline
Anneline
Seline
Kateline
Jacqueline
Eveline
Eweline
Philine
Lassalline
Marcelline
Marzelline
Fridoline
Foline
Nikoline
Caroline
Karoline
Pauline
Juline
Ursuline
Mine
Annemine
Helmine
Wilhelmine
Hermine
Irmine
Jasmine
Thomine
Nine
Janine
Annine
Jeannine
Johannine
Philippine
Caesarine
Cesarine
Sandrine
Alexandrine
Severine
Florine
Viktorine
Trine
Laurine
Klasine
Gesine
Elsine
Nielsine
Hansine
Alfonsine
Alphonsine
Cosine
Rosine
Ambrosine
E(u)phrosine
Jessine
Melusine
Antine
Jantine
Konstantine
Valentine
Clementine
Klementine
Florentine
Leontine
Martine
(E)bertine
Egbertine
Albertine
Robertine
Hubertine
Stine
Celestine
Cölestine
Zölestine
Annestine
Ernestine
Christine
Kristine
Ernstine
Carstine
Karstine
Kerstine
Austine
Faustine
Augustine
Justine
Hadwine
Edwine
Frodewine
Alwine
Malwine
Elwine
Erlwine
Frowine
Darwine
Erwine
Gerwine
Oswine
Luitwine
Otwine
Lutwine
Franzine
Mariamne
Anne
Änne
Männe *m*

Jeanne
Hanne
Jehanne
Johanne
Dianne
Julianne
Karianne
Marianne
Janne
Hermanne
Sanne
Lisanne
Susanne
Roxanne
Cezanne
Lizanne
Fenne
Fabienne
Lucienne
Julienne
Adrienne
Bastienne
Finne
Minne
Ivonne
(Mar)yvonne
Brünne
Sünne
Synne
Theone
Margone
Hermione
Lone
Abelone
Magelone
Amöne
Anemone
Limone
Simone
Verone
Alraune
Sigune

Arne *m*
Bjarne *m*
Alraune
Sigune
Rune *m*
Albrune
Gudrune
Alrune
Adelrune
Gutrune
Euphrosyne
Joe *m*
Chloe
Zoe
Pepe *m*
Lüppe *m*
Kläre
André *m*
Deirdre
Claire
Edelmire
Imre *m*
Dore
Annedore
Hannedore
Ilsedore
Isidore
Theodore
Christdore
Thore *m*
Lore
Heidelore
Gudelore
Ingelore
Marielore
Lenelore
Annelore
Hannelore
Lieselore
Ilselore
Roselore
Duglore

Ellenlore
Tore *m*
Salvatore *m*
Pierre *m*
Börre *m*
T(h)ure *m*
Liese
Hannaliese
Trudeliese
Ingeliese
Marieliese
Anneliese
Hanneliese
Lotteliese
Eveliese
Marliese
Agnese
Therese
Ise
Elise
Trudelise
Annelise
Denise
Françoise
Heloise
Marise
Luise
Marieluise
Anneluise
Lilliluise
Louise
Lowise
Else
Melse
Telse
Ilse
Mense *m*
Hermense
Brose *m*
Rose
Biankarose
Christarose

Evarose
Heiderose
Ingerose
Marierose
(H)annerose
Liserose
Christelrose
Maryrose
Hasse *m*
Lasse *m*
Bosse *m*
Busse *m*
Beate
Kate
(Anne)käte
Renate
Hete
Wiete
(Ag)nete
Margarete
(Eva)marete
Merete
Grete
Tete
Edite
Theite
Lite
Margherite
Marguérite
Benedikte
Malte *m*
Nolte *m*
Ante *m/w*
Nante *m*
Amarante
Svante *m*
Swante *m*
Bente
Vicente *m*
Clemente
Klemente
Marte
Berte
Egberte
Liberte
Adalberte
Adelberte
Edelberte
Gilberte
Birte
Dorte
Dörte
Urte
Dürte
Modeste
Cöleste
Alste
Jarste
Guste
Auguste
Bette
Babette
Bernadette
Vidette
Odette
Claudette
Georgette
Blanchette
Eliette
Juliette
Henriette
Heinriette
Jette
Alette
Nicolette
Arlette
Paulette
Mette
Nette
Anette
Janette
Anjanette
Nanette
Renette
Claudinette
Klaudinette
Finette
Ginette
Linette
Ninette
Antoinette
Trinette
Tinette
Annette
Jeannette
Johannette
Jannette
Nannette
Simonette
Bernette
Bibrette
Corette
Pierrette
Dorette
Lorette
Florette
Laurette
Fleurette
Lisette
Cosette
Josette
Rosette
Susette
Ivette
Silvette
Yvette
Itte
Ditte
(Bri)gitte
Otte *m*
Lotte
Irmalotte
Annalotte
Evalotte
Heidelotte
Ingelotte

Lenelotte
Annelotte
Hannelotte
Li(e)selotte
Luiselotte
Elselotte
Ilselotte
Emmilotte
Hennilotte
Charlotte
Jutte
Jytte
Hadmute
Erdmute
Frodemute
Frohmute
Reimute
Adelmute
Fromute
Hartmute
Dominique
Täve *m*
Geneviève
Steve *m*
Yngve *m*
Clive *m*
Malve
Merve
Ove *m*
Tove *m/w*
Ewe *m/w*
Uwe *m*
Lieuwe *m*
Aye *m*
Constanze
Konstanze
Florenze

Olaf *m*
Gustaf *m*
Edlef *m*
Redlef *m*
Elef *m*
Relef *m*
Riglef *m*
Ri(c)klef *m*
Garlef *m*
Detlef *m*
Hartlef *m*
Josef *m*
Hansjosef *m*
Cliff *m*
Egloff *m*
Klaif *m*
Leif *m*
Thorleif *m*
Rudlif *m*
Alf *m*
Tjalf *m*
Ralf *m*
Gralf *m*
T(h)oralf *m*
Delf *m*
Redelf *m*
Gotthelf *m*
Relf *m*
Garrelf *m*
Welf *m*
Gotthilf *m*
Olf *m*
Dolf *m*
Adolf *m*
Radolf *m*
Friedolf *m*
Hildolf *m*
Bandolf *m*
Gandolf *m*
Landolf *m*
Nandolf *m*
Randolf *m*
Brandolf *m*
Gundolf *m*
Theodolf *m*
Bardolf *m*
Ludolf *m*
Rudolf *m*
Egolf *m*
Siegolf *m*
Gangolf *m*
Ingolf *m*
Ringolf *m*
Wingolf *m*
Hariolf *m*
Ekkolf *m*
Markolf *m*
Agilolf *m*
Ermenolf *m*
Aginolf *m*
Eginolf *m*
Meinolf *m*
Munolf *m*
Rolf *m*
Gerolf *m*
Hansrolf *m*
T(h)orolf *m*
Dietolf *m*
Luitolf *m*
Bertolf *m*
Ortolf *m*
Wolf *m*
Adalwolf *m*
Eitelwolf *m*
Dietwolf *m*
Ulf *m*
Radulf *m*
Bandulf *m*
Gandulf *m*
Landulf *m*
Randulf *m*
Brandulf *m*
Theodulf *m*
Bardulf *m*
Siegulf *m*
Ringulf *m*
Hariulf *m*
Agilulf *m*

Aginulf *m*
Eginulf *m*
Meinulf *m*
Reinulf *m*
Arnulf *m*
Bernulf *m*
Gerulf *m*
Bertulf *m*
Ortulf *m*
(Adal)wulf *m*
Gerwulf *m*
Friedjof *m*
Frithjof *m*
Redlof *m*
E(g)lof *m*
Eklof *m*
Olof *m*
Rolof *m*
Herlof *m*
Detlof *m*
Christof *m*
Kristof *m*
Göpf *m*
Orf *m*
Oluf *m*
Roluf *m*
Herluf *m*

Dag *m*
Findesieg *(m)*
Oleg *m*
Meg
Solveig
Hennig *m*
Stig *m*
Hadwig
Hedwig
Oldwig *m*
Randwig *m*
Chlodwig *m*
Klodwig *m*
(Karl)ludwig *m*

Ladewig *m*
Heidewig
Klodewig *m*
Ludewig *m*
Helwig *m*
Heilwig
Hellwig *m*
Frankowig *m*
Gerwig *m*
Herwig *m*
Nantwig *m*
Rantwig *m*
Hartwig *m*
Hertwig *m*
Haduwig
Ilg *m*
Gilg *m*
Rodegang *m*
Wolfgang *m*
Hilding *m*
Harding *m*
Erling *m*
Janning *m*
Henning *m*
Jenning *m*
Iring *m*
Irving *m*
Ortulog *m*
Jarg *m*
Jerg *m*
Irg *m*
Asbirg
Friedeborg
Ingeborg
Helleborg
Valborg
Walborg
Elborg
Gunborg
Gerborg
Herborg
(Hans)georg *m*

Jorg *m*
Jörg *m*
Eiteljörg *m*
Hansjörg *m*
Hadburg
Edburg
Friedburg
Hildburg
Mildburg
Friedeburg
Geburg
Ingeburg
Siegburg
Wigburg
Wiburg
Alburg
Adalburg
Amalburg
Walburg
Elburg
Wendelburg
Engelburg
Giselburg
Eilburg
Heilburg
Milburg
Heimburg
Helmburg
Irmburg
S(ch)wanburg
Irmenburg
Meinburg
Reinburg
Wernburg
Gerburg
Herburg
Werburg
Isburg
Gisburg
Ratburg
Dietburg
Luitburg

Otburg
Jürg *m*
Hansjürg *m*
Haug *m*

Delilah
Hannah
Dinah
Sinah
Noah *m*
Sarah
Deborah
Sittah
Gerlach *m*
Eustach *m*
Huldreich *m*
Ehrenreich *m*
Alarich *m*
Ermanarich *m*
Friedrich *m*
Endrich *m*
Jindrich *m*
Erich *m*
Alberich *m*
Olberich *m*
Frerich *m*
Diederich *m*
Friederich *m*
Heiderich *m*
Alderich *m*
Balderich *m*
Hilderich *m*
Wilderich *m*
Helferich *m*
Emerich *m*
Heimerich *m*
Almerich *m*
Emmerich *m*
Landerich *m*
Theoderich *m*
Roderich *m*
Alrich *m*
Adalrich *m*
Amalrich *m*
Adelrich *m*
Allrich *m*
Ulrich *m*
Ermenrich *m*
Heimrich *m*
Heinrich *m*
Wolfheinrich *m*
Karlheinrich *m*
Ottheinrich *m*
Hinrich *m*
Winrich *m*
Dietrich *m*
Wolfdietrich *m*
Wulfdietrich *m*
Hugdietrich *m*
Gorch *m*
Schorsch *m*
Baruch *m*
Joseph *m*
Ralph *m*
Christoph *m*
Annabeth
Lisabeth
Elisabeth
Ilsabeth
Libeth
Li(e)sbeth
Elsbeth
Algeth
Kenneth *m*
Edith
Udith
Judith
Keith *m*
Lilith
Sulamith
Dorith
Hyazinth *m*
Hadumoth
Ruth
Evaruth
Kai *m/w*
Nikolai *m*
Abi *m*
Gabi
Bib(b)i
Albi *m*
Tobi *m*
Barbi
Laci *m*
Adi *m/w*
Skadi
Mädi
Addi *m*
Freddi *m*
Liddi
Hedi
Fredi *m*
Hansruedi *m*
Maidi
Heidi
Poldi *m*
Andi *m*
Mandi
Randi
Wendi
Gardi
Hardi *m/w*
Ferdi *m*
Gerdi
Rudi *m/(w)*
Trudi
Kei *m*
Akelei
Marei
Annemarei
Frei *m*
Amrei
Effi
Steffi
Elfi
Schaggi *m*

Meggi
Biggi
Siggi
Guggi
Luggi *m*
Sigi *m/w*
Luigi *m*
Helgi *m*
Bengi
Uschi
Guschi
Kathi
Nicki *(m)*
Vicki
Jocki *m*
Niki *m/w*
Li
Ali *m*
Magdali
Mali
Barbli
Heli
Anneli
Ueli *m*
Reili
Wassili *m*
Alli
Malli
Salli *m/w*
Walli
Elli
Helli
Nelli
Cilli
Lilli
Milli
Willi *m*
Olli
Lolli
Polli
Solli
Ulli *m*
Gurli
Rösli
Uli *m*
Mi
Emi
Naemi
Noemi
Remi *m*
Ehmi
Mimi
Helmi
Emmi
Mimmi
Naomi
Romi
Irmi
Sturmi *m*
Dani *m*
Däni *m*
Mani *m*
Leni
Reni
Vreni
Heini *m*
Baratini *m*
Anni
Fanni
Hanni
Nanni
Enni
Henni
Jenni *m/w*
Finni
Minni
Jonni *m*
Lon(n)i
Vroni
Toni *m/w*
Berni *(w)*
Kuni
Bruni
Boi *m*
Loi *m*
Peppi *(w)*
Ari *m*
Kari
Heiri *m*
Siri
Harri *m*
Dimitri *m*
Uri *m*
Juri *m*
Stasi *(w)*
Thesi
Resi
Hansi *m/w*
Rosi
Lissi
Sissi
Zissi
Ossi *m*
Susi
Gussi
Kati
Gerti
Kersti
Kirsti
Gusti
Matti *m*
Betti
Netti
Otti
Lotti
Evi
Levi *m*
Vevi
Helvi
Sylvi
Zwi *m*
Maxi *m/w*
Trixi
Plazi *m*
Renzi
Zenzi

Mitzi
Fritzi
Dotzi
Lizzi
Mizzi
Frizzi

Caj *m*
Nikolaj *m*
Maj
Sergej *m*
Alexej *m*
Wassilij *m*
D(i)mitrij *m*
Boj *m*

Isaak *m*
Jack *m*
Eck *m*
Dick *m*
Nick *m*
Rick *m*
Patrick *m*
Leschek *m*
Riek *m*
Romek *m*
Janek *m*
Franek *m*
Marek *m*
Tarek *m*
Erek *m*
Derek *m*
Mirek *m*
Jurek *m*
Antek *m*
Maik *m*
Leik *m*
Meik *m*
Reik *m*
Dominik *m*
Jannik *m*
Arik *m*
Tarik *m*
Fredrik *m*
Jeldrik *m*
Oldrik *m*
Endrik *m*
Hendrik *m*
Jendrik *m*
Erik *m*
Derik *m*
Diederik *m*
Fre(d)erik *m*
Alrik *m*
Adalrik *m*
Olrik *m*
Ulrik *m*
Enrik *m*
Henrik *m*
Hinrik *m*
Rurik *m*
Lodewik *m*
Falk *m*
Gottschalk *m*
Elk *m*
Holk *m*
Frank *m*
Henk *m*
Wok *m*
Hark *m*
Tjark *m*
Clark *m*
Mark *m*
Berndmark *m*
Erk *m*
Derk *m*
A(a)lderk *m*
Hinderk *m*
Freerk *m*
Dierk *m*
Sierk *m*
Jerk *m*
Tjerk *m*
Hinnerk *m*
Frerk *m*
Birk *m*
Dirk *m*
Sirk *m*
Bork *m*
Jork *m*
York *m*
Burk *m*
Bürk *m*
Nepomuk *m*

Hannibal *m*
Christobal *m*
Pascal *m*
Randal *m*
Parsifal *m*
Eral *m*
Vital *m*
Chantal
Parzival *m*
Friedl *(m)*
Raf(f)ael *m*
Michael *m*
Raphael *m*
Mikael *m*
Ismael *m*
Nathanael *m*
Abel *m*
Mabel
Isabel
Christabel
(Anne)bärbel
Seibel *m*
Marcel *m*
Friedel *m/w*
Fidel *m*
Mendel *m*
Wendel *m*
Gundel
Neel *m*
Stoffel *m*
Engel

Ra(c)hel
Michel *m*
Barthel *m*
Ezechiel *m*
Michiel *m*
Daniel *m*
Gabriel *m*
Uriel *m*
Jockel *m*
Lionel *m*
Cornel *m*
Kornel *m*
Joel *m*
Carel *m*
Karel *m*
Aurel *m*
Ursel
Eitel *m*
Bartel *m*
Hartel *m*
Christel *m/w*
Gustel *m/w*
Manuel *m*
Emanuel *m*
Immanuel *m*
Samuel *m*
Pawel *m*
Axel *m*
Wenzel *m*
Etzel *m*
Abigail
Cecil *m*
Bodil
Gil *m*
Egil *m*
Virgil *m*
Phil *m*
Theophil *m*
Lil
Emil *m*
Bogumil *m*
Basil *m*

Bertil *m*
Wil *m*
Annabell
Bibernell
Orell *m*
Tell *m*
Marzell *m*
Bill *m*
Ilsebill
Marizebill
Achill *m*
Jill *(m)*
Lill
Camill *m*
Kamill *m*
Cyrill *m*
Kyrill *m*
Till *m*
Will *m*
Nicol *m*
Nikol *m*
Carol *m/w*
Karol *m*
Errol *m*
Carl *m*
Karl *m*
Friedrichkarl *m*
Hanskarl *m*
Heinzkarl *m*
Christl
Gustl
Paul *m*
Rolfpaul *m*
Saul *m*
Raoul *m*
Rul *m*
Sibyl
Beryl

Adam *m*
Abraham *m*
William *m*

Mariam
Miriam
Jam *m*
Mirjam
Myrjam
Em(m)eram *m*
Wolfram *m*
Siegram *m*
Ingram *m*
Williram *m*
Volkram *m*
Alram *m*
Walram *m*
Engelram *m*
Dietram *m*
Baltram *m*
Waltram *m*
Sintram *m*
Guntram *m*
Bertram *m*
Sam *m*
Jochem *m*
Hansjochem *m*
Siem *m*
Vilem *m*
Wellem *m*
Willem *m*
Efrem *m*
Ehm *m*
Ephraim *m*
Achim *m*
(Hans)joachim *m*
Jochim *m*
Jim *m*
Kim *m/w*
Akim *m*
Barnim *m*
Arngrim *m*
Tim *m*
Wim *m*
Maxim *m*
Willehalm *m*

Helm *m*
Adhelm *m*
Friedhelm *m*
Aldhelm *m*
Alfhelm *m*
Wolfhelm *m*
Sieghelm *m*
Adalhelm *m*
Adelhelm *m*
Wilhelm *m*
Arnhelm *m*
Bernhelm *m*
Anshelm *m*
Diethelm *m*
Gunthelm *m*
Gotthelm *m*
Uthelm *m*
Trauthelm *m*
Anselm *m*
Wilm *m*
Holm *m*
Timm *m*
Absalom *m*
Gersom *m*
Tom *m*
Harm *m*
Gorm *m*
Na(h)um *m*

Raban *m*
Ingraban *m*
Alban *m*
Urban *m*
Dan *m*
Sedan *m*
Bogdan *m*
Brendan *m*
Jordan *m*
Dean *m*
Jean *m/w*
Stefan *m*
Dragan *m*
Morgan *m*
Stephan *m*
Nathan *m*
Jonathan *m*
Fabian *m*
Lucian *m*
Gordian *m*
Gian *m*
Gilgian *m*
Aurelian *m*
Kilian *m*
Lilian
Milian *m*
Maximilian *m*
Gillian *m*
Julian *m*
Damian *m*
Corbinian *m*
Korbinian *m*
Arian *m*
Marian *m/(w)*
Brian *m*
Adrian *m*
Hadrian *m*
Valerian *m*
Florian *m*
Viktorian *m*
Cyprian *m*
Zyprian *m*
Cassian *m*
Pontian *m*
Bastian *m*
Sebastian *m*
Christian *m*
Kristian *m*
Ostian *m*
Octavian *m*
Oktavian *m*
Grazian *m*
Luzian *m*
Jan *m*
Andrijan *m*
Askan *m*
Alan *m*
Milan *m*
Allan *m*
Kalman *m*
Tilman *m*
Coloman *m*
Koloman *m*
Roman *m*
German *m*
Norman *m*
Oltman *m*
Heyman *m*
Joan
Heimeran *m*
Goran *m*
Göran *m*
Jöran *m*
Susan
Kajetan *m*
Stan *m*
Tristan *m*
Juan *m*
Ivan *m*
Silvan *m*
Jovan *m*
Iwan *m*
Ben *m*
Torben *m*
Ruben *m*
Maleen
Cathleen
Kathleen
Eileen
Marleen
Careen
Kareen
Mareen
Ireen
Doreen
Noreen
Maureen

Steen *m*
Steffen *m*
Hagen *m*
Dietegen *m*
Imogen
Jörgen *m*
Jürgen *m*
Hansjürgen *m*
Klausjürgen *m*
Eugen *m*
(Jürn)jochen *m*
Hansjochen *m*
Wieschen
Stephen *m*
Vivien
Lütjen *m*
Iken
Maiken
Fiken
Moiken
Inken
Geertken
Lüken
Len *m*
Malen
Madlen
Helen
Annelen
Marilen
Ellen
(Anne)marlen
Carmen
Harmen *m*
Caren
Karen
Maren
Ingemaren
Wybren *m*
Sören *m*
Arsen *m*
Susen
Valten *m*

Velten *m*
Märten *m*
Merten *m*
Morten *m*
Dürten
Sten *m*
Carsten *m*
Karsten *m*
Kersten *m*
Kirsten
T(h)orsten *m*
Austen *m*
Woyten *m*
Steven *m*
Sven *m*
R(o)uven *m*
Gwen
Swen *m*
Bauwen *m*
Ruwen *m*
Cayen *(w)*
John *m*
Alain *m*
Gottliebin
Albin *m*
Robin *m*
Saladin *m*
Konradin *m*
Odin *m*
Bernhardin *m*
Curdin *m*
(Ott)hein *m*
Kathrein
Krein *m*
Katrein
Folkwein *m*
Frowein *m*
Trautwein *m*
Rufin *m*
Agin *m*
Elgin
Longin *m*

Seraphin *m*
Kin *m*
Malin
Katalin
Wendelin *m*
Irmelin
Iselin *m/w*
Evelin
Silvelin
Mailin
Franklin *m*
Colin *m*
Fridolin *m*
Landolin *m*
Gwendolin
Gölin
Carolin
Karolin
Benjamin *m*
Maximin *m*
Armin *m*
Hermin *m*
Firmin *m*
Pirmin *m*
Tyrmin *m*
Jasmin
Janin
Antonin *m*
Saturnin *m*
Alboin *m*
Crispin *m*
Karin
Severin *m*
Wulfrin *m*
Peregrin *m*
Kathrin
Annekathrin
Irin *m*
S(c)hirin
Quirin *m*
Corin *m/w*
Florin *m*

Katrin
Annekatrin
Laurin *m*
Christin
Kristin
Kerstin
Kirstin
Albuin *m*
Balduin *m*
Arduin *m*
Alkuin *m*
Ingenuin *m*
Valtin *m*
Veltin *m*
Martin *m*
Kurtmartin *m*
Bertin *m*
Constantin *m*
Konstantin *m*
Salentin *m*
Valentin *m*
Florentin *m*
Cölestin *m*
Austin *m*
Augustin *m*
Justin *m*
Kevin *(m)*
Levin *m*
Calvin *m*
Marvin *m*
Liebwin *m*
Albwin *m*
Hadwin *m*
Edwin *m*
Hildwin *m*
Erdwin *m*
Nordwin *m*
Hadewin *m*
Hildewin*m*
Landewin *m*
Leodewin *m*
Frodewin *m*

Lewin *m*
Alfwin *m*
Siegwin *m*
Ingwin *m*
Richwin *m*
Aschwin *m*
Eckwin *m*
Alkwin *m*
Volkwin *m*
Alwin *m*
Adalwin *m*
Adelwin *m*
Erlwin *m*
Frowin *m*
Arwin *m*
Eberwin *m*
Gerwin *m*
Herwin *m*
Irwin *m*
Borwin *m*
Norwin *m*
Aswin *m*
Oswin *m*
Goswin *m*
Roswin *m*
Detwin *m*
Dietwin *m*
Luitwin *m*
Baltwin *m*
Hiltwin *m*
Lantwin *m*
Nantwin *m*
Guntwin *m*
Ortwin *m*
Botwin *m*
Hartwin *m*
Bertwin *m*
Ortwin *m*
Gottwin *m*
Trautwin *m*
Leutwin *m*
Lutwin *m*

Ann
Johann *m*
Liebmann *m*
Waldmann *m*
Erdmann *m*
Thiedemann *m*
Friedemann *m*
Thielemann *m*
Volkmann *m*
Til(l)mann *m*
Karlmann *m*
Hermann *m*
Otthermann *m*
Oltmann *m*
Hartmann *m*
Trautmann *m*
Heymann *m*
Susann
Glenn *m*
Finn *m*
Gunn
Fynn *m*
Don *m*
Gordon *m*
Gedeon *m*
Gideon *m*
Leon *m*
Pantaleon *m*
Simeon *m*
Gereon *m*
Egon *m*
Gefion
Gion *m*
Lion *m*
Marion
Gerion *m*
Tuiskon *m*
Marlon *m*
Amon *m*
Ramón *m*
Simon *m*
Timon *m*

Salomon *m*
Manon
Nanon
Zenon *m*
Mignon
Ninon
Ron *m*
A(a)ron *m*
Oberon *m*
Alison
Nelson *m*
Samson *m*
Simson *m*
Gerson *m*
Anton *m*
Gaston *m*
Jorn *m*
Jörn *m*
Björn *m*
Asbjörn *m*
T(h)orbjörn *m*
Jürn *m*
Gun
Brun *m*
Albrun
Friedrun
Heidrun
Hildrun
Nordrun
Gudrun
Friederun
Alfrun
Elfrun
Wolfrun
Si(e)grun
Ingrun
Sirun
Alrun
Adelrun
Helrun
Wilrun
Dietrun

Baltrun
Waltrun
Hiltrun
Guntrun
Bertrun
Ortrun
Dawn
Jocelyn *(w)*
Evelyn
Marilyn
Gwendolyn
Wyn *m*

Bo *m*
Ab(b)o *m*
Jabbo *m*
Ebbo *m*
Gebbo *m*
Tebbo *m*
Obbo *m*
Gobbo *m*
Ubbo *m*
Siebo *m*
Ibo *m*
Eibo *m*
Sibo *m*
Wibo *m*
Albo *m*
Arbo *m*
Ricco *m*
Rocco *m*
Domenico *m*
Rico *m*
Enrico *m*
Henrico *m*
Vico *m*
Ludovico *m*
Marco *m*
Vasco *m*
Ado *m*
Lado *m*
Addo *m*

Deddo *m*
Feddo *m*
Heddo *m*
Freddo *m*
Diddo *m*
Hiddo *m*
Friddo *m*
Edo *m*
Dedo *m*
Friedo *m*
Tiedo *m*
Fredo *m*
Dido
Frido *m*
Tido *m*
Guido *m*
Wido *m*
Aldo *m*
Baldo *m*
Rinaldo *m*
Eraldo *m*
Waldo *m*
Gildo *m*
Lando *m*
Orlando *m*
Nando *m*
Fernando *m*
Rando *m*
Gundo *m*
Odo *m*
Bodo *m*
Gerbodo *m*
Dodo *m/w*
Godo *m*
Bardo *m*
Riccardo *m*
Hardo *m*
Le(o)nardo *m*
Lionardo *m*
Odoardo *m*
Udo *m*
Ludo *m*

Rudo *m*
Trudo *m*
Geo *m*
Theo *m*
Leo *m*
Matteo *m*
Offo *m*
Uffo *m*
Rodolfo *m*
Ulfo *m*
Ago *m*
Drago *m*
Diego *m*
Eggo *m*
Irego *m*
Siggo *m*
Viggo *m*
Wiggo *m*
Wedigo *m*
Rigo *m*
Rodrigo *m*
Amerigo *m*
Sigo *m*
Wigo *m*
Elgo *m*
Helgo *m*
Mango *m*
Ingo *m*
Mingo *m*
Ringo *m*
Ugo *m*
Hugo *m*
Tycho *m*
Botho *m*
Maio *m*
Haio *m*
Zenobio *m*
Freio *m*
Thio *m*
Fidelio *m*
Hermio *m*
Othenio *m*
Tonio *m*
Dario *m*
Mario *m*
Alessio *m*
Horatio *m*
Flavio *m*
Livio *m*
Silvio *m*
Maurizio *m*
Jo *m/w*
Hajo *m*
Majo *m*
Frajo *m*
Anjo *m*
Hanjo *m*
Turjo *m*
Focko *m*
Ducko *m*
Aleko *m*
Peko *m*
Haiko *m*
Ildiko
Eiko *m*
Feiko *m*
Heiko *m*
Meiko *m*
Reiko *m*
Niko *m*
Arniko *m*
Hoiko *m*
Riko *m*
Henriko *m*
Wit(t)iko *m*
Pekko *m*
Sikko *m*
Okko *m*
Fokko *m*
Pirkko
Falko *m*
Helko *m*
Heilko *m*
Hilko *m*
Milko *m*
Silko *m*
Wilko *m*
Bolko *m*
Folko *m*
Volko *m*
Fulko *m*
Remko *m*
Heimko *m*
Helmko *m*
Danko *m*
Hanko *m*
Janko *m*
Manko *m*
Branko *m*
Franko *m*
Tanko *m*
Wanko *m*
Zdenko *m*
Radenko *m*
Renko *m*
Inko *m*
Heinko *m*
Honko *m*
Jonko *m*
Arko *m*
Marko *m*
Tjarko *m*
Erko *m*
Herko *m*
Jirko *m*
Mirko *m*
Basko *m*
Hasko *m*
Jesko *m*
Tuisko *m*
Zlatko *m*
Ratko *m*
Slavko *m*
Ayko *m*
Walo *m*
Pablo *m*

Angelo *m*
Abilo *m*
Odilo *m*
Heilo *m*
Agilo *m*
Egilo *m*
Sigilo *m*
Philo *m*
Thilo *m*
Milo *m*
Danilo *m*
T(h)assilo *m*
Ratilo *m*
Bertilo *m*
Allo *m*
Illo *m*
Billo *m*
Gillo *m*
Camillo *m*
Kamillo *m*
Tillo *m*
Stillo *m*
Willo *m*
Rollo *m*
Paolo *m*
Bartolo *m*
Golo *m*
Carlo *m*
Serlo *m*
Laslo *m*
Diemo *m*
T(h)iemo *m*
Remo *m*
Imo *m*
Aimo *m*
Haimo *m*
Dimo *m*
Heimo *m*
Reimo *m*
Agimo *m*
Jeronimo *m*
Cosimo *m*

Kosimo *m*
Timo *m*
Elmo *m*
Helmo *m*
Ammo *m*
Dammo *m*
Hammo *m*
Mammo *m*
Tammo *m*
Emmo *m*
Hemmo *m*
Temmo *m*
Immo *m*
Timmo *m*
Ommo *m*
Mommo *m*
Ummo *m*
Salomo *m*
Ermo *m*
Germo *m*
Hermo *m*
Guillermo *m*
Irmo *m*
Haymo *m*
Dano *m*
Jano *m*
Merano *m*
Geno *(w)*
Jenö *m*
Keno *m*
Meno *m*
Zeno *m*
Ihno *m*
Aino
Gebino *m*
Dino *m*
Heino *m*
Meino *m*
Dagino *m*
Tagino *m*
Egino *m*
Regino *m*

Igino *m*
Ugolino *m*
Nino *m*
Rino *m*
Ottorino *m*
Tino *m*
Anno *m*
Hanno *m*
Johanno *m*
Janno *m*
Nanno *m*
Enno *m*
Henno *m*
Menno *m*
Inno *m*
Winno *m*
Onno *m*
Nonno *m*
Bronno *m*
Unno *m*
Hunno *m*
Arno *m*
Jarno *m*
Erno *m*
Berno *m*
Werno *m*
Uno *m*
Kuno *m*
Bruno *m*
Ayno
Eppo *m*
Beppo *m*
Peppo *m*
Hippo *m*
Wippo *m*
Boppo *m*
Lüppo *m*
Erpo *m*
Haro *m*
Jaro *m*
Ba(r)bro
Pedro *m*

Alessandro *m*
Bero *m*
Albero *m*
Adalbero *m*
Gero *m*
Pero *m*
Prospero *m*
Miro *m*
Harro *m*
Zorro *m*
Pietro *m*
Mauro *m*
Sachso *m*
Iso *m*
Giso *m*
Mariso
Friso *m*
Elso *m*
Menso *m*
Hasso *m*
Rasso *m*
Sasso *m*
Tasso *m*
Hesso *m*
Bosso *m*
Busso *m*
Yso *m*
Rato *m*
Räto *m*
Dieto *m*
Meto *m*
Reto *m*
Manolito *m*
Heimito *m*
Rito *m*
Wito *m*
Alto *m*
Jelto *m*
Santo *m*
Boto *m*
Barto *m*
Harto *m*

Berto *m*
Roberto *m*
Geerto *m*
Christo *m*
Hatto *m*
Loretto *m*
Otto *m*
Uto *m*
Luto *m*
Benvenuto *m*
Paavo *m*
Ivo *m*
Alvo *m*
Uvo *m*
Yvo *m*
Iwo *m*
Uwo *m*
Hayo *m*
Anzo *m*
Renzo *m*
Rienzo *m*
Bozo *m*
Azzo *m*
Ezzo *m*
Sizzo *m*

Ossip *m*
Sepp *m*
Philipp *m*
Jupp *m*

Aladar *m*
Widar *m*
Edgar *m*
Heidgar *(w)*
Fredegar *m*
Theodegar *m*
Leodegar *m*
Rudgar *m*
Berengar *m*
Ansgar *m*
Sachar *m*

Euchar *m*
Lothar *m*
Klothar *m*
Odkar *m*
Ottokar *m*
Oskar *m*
Etkar *m*
Adelar *m*
Pilar
Adolar *m*
Hadamar *m*
Ithamar *m*
Edmar *m*
Friedmar *m*
Bodmar *m*
Rudmar *m*
Hademar *m*
Friedemar *m*
Aldemar *m*
Baldemar *m*
Waldemar *m*
Hildemar *m*
Woldemar *m*
Theodemar *m*
Agemar *m*
Ingemar *m*
Siegmar *m*
Dagmar
Wigmar *m*
Ingmar *m*
Richmar *m*
Reimar *m*
Agimar *m*
Elimar *m*
Helimar *m*
Willimar *m*
Winimar *m*
Hoimar *m*
Wimar *m*
Alkmar *m*
Falkmar *m*
Elkmar *m*

Volkmar *m*
Dankmar *m*
Thankmar *m*
Erkmar *m*
Almar *m*
Adalmar *m*
Hjalmar *m*
Elmar *m*
Adelmar *m*
Wendelmar *m*
Engelmar *m*
Helmar *m*
Selmar *m*
Giselmar *m*
Eilmar *m*
Heilmar *m*
Gilmar *m*
Egilmar *m*
Hilmar *m*
Vilmar *m*
Wilmar *m*
Colmar *m*
Kolmar *m*
Reinmar *m*
Waldomar *m*
Odomar *m*
Bodomar *m*
Gundomar *m*
Audomar *m*
Agomar *m*
Dagomar *m*
Rigomar *m*
Ingomar *m*
Frankomar *m*
Ottomar *m*
Teutomar *m*
Germar *m*
Ismar *m*
Gismar *m*
Osmar *m*
Usmar *m*
Ratmar *m*

Detmar *m*
Dietmar *m*
Thietmar *m*
Ditmar *m*
Guntmar *m*
Otmar *m*
Botmar *m*
Gotmar *m*
Fastmar *m*
Christmar *m*
Horstmar *m*
Dittmar *m*
Ottmar *m*
Gottmar *m*
Trautmar *m*
Rutmar *m*
Magnar *m*
Ragnar *m*
Einar *m*
Heinar *m*
Gunnar *m*
Kaspar *m*
Cäsar *m*
Balthasar *m*
Caesar *m*
Ottar *m*
Ingvar *m*
Ivar *m*
Alvar *m*
Iwar *m*
Lazar *m*
Frieder *m*
Schweder *m*
Haider *m*
Heider *m*
Balder *m*
Leander *m*
Sander *m*
Lysander *m*
Xander *m*
Alexander *m*
Joder *m*

Broder *m*
Harder *m*
Lüder *m*
Peer *m*
Sweer *m*
Stoffer *m*
Christoffer *m*
Jennifer
Friedger *m*
Nidger *m*
Swidger *m*
Hildger *m*
Swindger *m*
Rodger *m*
Ludger *m*
Friedeger *m*
Aldeger *m*
Hildeger *m*
Theodeger *m*
Leodeger *m*
Frodeger *m*
Sieger *m*
Alfger *m*
Wolfger *m*
Fridiger *m*
Aldiger *m*
Rüdiger *m*
Alger *m*
Adalger *m*
Elger *m*
Adelger *m*
Hilger *m*
Holger *m*
Isenger *m*
Inger
Bernger *m*
Roger *m*
Birger *m*
Thorger *m*
Isger *m*
Ratger *m*
Dietger *m*

Ruetger *m*
Luitger *m*
Otger *m*
Rötger *m*
Ortger *m*
Rüttger *m*
Rutger *m*
Rütger *m*
Melcher *m*
Adelher *m*
Giselher *m*
Wernher *m*
Christopher *m*
Diether *m*
Luither *m*
Walther *m*
Gunther *m*
Günther *m*
Rother *m*
Esther
Olivier *m*
Valer *m*
Alker *m*
Folker *m*
Volker *m*
Jerker *m*
Otker *m*
Notker *m*
Leisler *m*
Segimer *m*
Mortimer *m*
Rickmer *m*
(H)elmer *m*
Dittmer *m*
Lütmer *m*
Rainer *m*
Reiner *m*
Heiner *m*
Henner *m*
Warner *m*
(Hans)werner *m*
Per *m*

Jasper *m*
Jesper *m*
Prosper *m*
Elieser *m*
Dieter *m*
Wolfdieter *m*
Hansdieter *m*
Klausdieter *m*
Pieter *m*
Peter *m*
Janpeter *m*
Hanspeter *m*
Heinzpeter *m*
Hinzpeter *m*
Walter *m*
Hanswalter *m*
Wolter *m*
Gunter *m*
Günter *m*
Wolfgünter *m*
Ester
Hester
Jester
Lester *m*
Silvester *m*
Christer *m*
Krister *m*
Pitter *m*
Xaver *m*
Iver *m*
Oliver *m*
Ahasver *m*
Gwer *m*
Ingwer *m*
Balzer *m*
Meir *m*
Wladimir *m*
Casimir *m*
Kasimir *m*
Bogomir *m*
Jaromir *m*
Nabor *m*

Tibor *m*
Fedor *m*
Isidor *m*
Haldor *m*
Hildor *m*
Wil(l)dor *m*
Andor *m*
Feodor *m*
Theodor *m*
Fjodor *m*
Gregor *m*
Igor *m*
Melchior *m*
Clamor *m*
Rigmor
Eleanor
Ellinor
Ror *m*
Bror *m*
Salvator *m*
Victor *m*
Hektor *m*
Viktor *m*
Castor *m*
Kastor *m*
Nestor *m*
Halvor *m*
Pjotr *m*
Wilbur *m*
Baldur *m*
Fleur
Arthur *m*
Ventur *m*
Artur *m*

Claas *m*
Klaas *m*
Barnabas *m*
Lucas *m*
Andreas *m*
Tobias *m*
Dothias *m*

Matthias *m*
Elias *m*
Helias *m*
Jeremias *m*
Zacharias *m*
Urias *m*
Josias *m*
Pinkas *m*
Dorkas
Lukas *m*
Douglas *m*
Ulfilas *m*
Miklas *m*
Niklas *m*
Nic(h)olas *m*
Thomas *m*
Armas *m*
Cosmas *m*
Kosmas *m*
Jonas *m*
Harras *m*
Ansas *m*
C(h)aritas
Felicitas
Felizitas
Anastas *m*
Servas *m*
Laurids *m*
Köbes *m*
Frances
Mercedes
Fides
Kees *m*
Drees *m*
Andrees *m*
Balthes *m*
Thies *m*
Lies
Hannalies
Hildelies
Ingelies
Marielies
Irmelies
Lenelies
Annelies
Hannelies
Lorelies
Lottelies
Mareilies
Marlies
Gretlies
Dinnies *m*
Tönnies *m*
Dries *m*
Andries *m*
Borries *m*
Börries *m*
Jes *m*
Tönjes *m*
Perikles *m*
Achilles *m*
Charles *m*
James *m*
Agnes
Ignes
Ines
Hannes *m*
Johannes *m*
Hennes *m*
Stinnes *m*
Tünnes *m*
Endres *m*
Marietheres
Dolores
Görres *m*
Moses *m*
Ulysses *m*
Jacques *m*
Yves *m*
Mewes *m*
Tewes *m*
Xerxes *m*
Francis *m*
Vanadis
Bertradis
Wedis
Idis
Alheidis
Haldis
Griseldis
Bathildis
Reinholdis
Amalindis
Reg(e)lindis
Richlindis
Berlindis
Gerlindis
Herlindis
Betlindis
Dietlindis
Gotlindis
Bertlindis
Fredegundis
Amalgundis
Adelgundis
Rautgundis
Richmodis
Reimodis
Almodis
Gardis
Legardis
Ludgardis
Lutgardis
Richardis
Lükardis
Gerdis
Herdis
Thordis
Jordis
(H)jördis
Tordis
Waltrudis
Wiltrudis
Gertrudis
Theis *m*
Vigoleis *m*

Willegis *m*
Alfgis *m*
Willigis *m*
Algis *m*
Adalgis *m*
Alburgis
Notburgis
Walpurgis
This *m*
Mathis *m*
Lis
Vitalis *m*
Fidelis *m/w*
Annelis
Cornelis *m*
Marilis
Ellis *m*
Phyllis
Amaryllis
Marlis
Gerlis
Nis *m*
Janis *m*
Dennis *m*
Inis
Theunis *m*
Lois *m*
Alois *m*
Idris *(m)*
Charis
Maris *(w)*
Damaris
Eris *m*
Chris *m/w*
Iris
Wolfiris
Boris *m*
Doris
Joris *m*
Floris *m*
Karris *m*
Borris *m*

Morris *m*
Clematis
Klematis
L(o)uis *m*
Elvis *m*
Lovis *m*
Lowis *m*
Alexis *m*
Niels *m*
Gils *m*
Nils *m*
Solms *m*
Toms *m*
Hans *m*
Karlhans *m*
Jens *m*
Clemens *m*
Klemens *m*
Fons *m*
Ildefons *m*
Hildefons *m*
Alfons *m*
Delfons *m*
Alphons *m*
Töns *m*
Eos
Athos *m*
Jos *m*
Lajos *m*
Carlos *m*
Amos *m*
Vilmos *m*
János *m*
Bros *m*
Ambros *m*
Lars *m*
Anders *m*
Enders *m*
Görs *m*
Urs *m*
Heinsass *m*
Bess

Thiess *m*
Tess
Jauss *m*
Theuss *m*
Makkabäus *m*
T(h)addäus *m*
Matthäus *m*
Claus *m*
Klaus *m*
Niklaus *m*
Nicolaus *m*
Nikolaus *m*
Wenzeslaus *m*
Ladislaus *m*
Stanislaus *m*
Bartholomäus *m*
Irenäus *m*
Cyriacus *m*
Marcus *m*
Franciscus *m*
Placidus *m*
Candidus *m*
Baldus *m*
Sebaldus *m*
Mandus *m*
Amandus *m*
Medardus *m*
Wiardus *m*
Amadeus *m*
Timotheus *m*
Sofus *m*
Rufus *m*
Rochus *m*
Sophus *m*
Fabius *m*
Eusebius *m*
Euricius *m*
Patricius *m*
Lucius *m*
Arkadius *m*
Ägidius *m*
Egidius *m*

Claudius *m*
Klaudius *m*
Pelagius *m*
Eligius *m*
Remigius *m*
Eulogius *m*
Sergius *m*
Georgius *m*
Eustachius *m*
Amalius *m*
Fidelius *m*
Cornelius *m*
Kornelius *m*
Aurelius *m*
Cäcilius *m*
Virgilius *m*
Basilius *m*
Marsilius *m*
T(h)eodolius *m*
Julius *m*
Mylius *m*
Sturmius *m*
Frobenius *m*
Arsenius *m*
Sidonius *m*
Apollonius *m*
Parsimonius *m*
Antonius *m*
Pius *m*
Darius *m*
Eucharius *m*
Hilarius *m*
Marius *m*
Tiberius *m*
Desiderius *m*
Valerius *m*
Xaverius *m*
Liborius *m*
Gorius *m*
Gregorius *m*
Glorius *m*
Honorius *m*

Demetrius *m*
Blasius *m*
Athanasius *m*
Protasius *m*
Anastasius *m*
Gervasius *m*
Tarcisius *m*
Aloisius *m*
Theodosius *m*
Ambrosius *m*
Dionysius *m*
Aloysius *m*
Karysius *m*
Bonifatius *m*
Achatius *m*
Pankratius *m*
Servatius *m*
Placitius *m*
Mauritius *m*
Gaudentius *m*
Rentius *m*
Florentius *m*
Laurentius *m*
Alexius *m*
Bonifazius *m*
Patrizius *m*
Luzius *m*
Tetjus *m*
Angelikus *m*
Dominikus *m*
Rikus *m*
Pinkus *m*
Jodokus *m*
Markus *m*
Franziskus *m*
Angelus *m*
Gallus *m*
Marzellus *m*
Cyrillus *m*
Carolus *m*
Paulus *m*
Romulus *m*

Nikodemus *m*
Jeronimus *m*
Primus *m*
Maximus *m*
Chrysostomus *m*
Firmus *m*
Asmus *m*
Rasmus *m*
Erasmus *m*
Hieronymus *m*
Rabanus *m*
Urbanus *m*
Aurelianus *m*
Viktorianus *m*
Romanus *m*
Germanus *m*
Silvanus *m*
Serenus *m*
Agnus *m*
Magnus *m*
Benignus *m*
Rufinus *m*
Longinus *m*
Seraphinus *m*
Linus *m*
Wendelinus *m*
Marcellinus *m*
Marzellinus *m*
Paulinus *m*
Firminus *m*
Saturninus *m*
Crispinus *m*
Marinus *m*
Severinus *m*
Peregrinus *m*
Quirinus *m*
Gurinus *m*
Gesinus *m*
Ursinus *m*
Valentinus *m*
Florentinus *m*
Ernestinus *m*

Gustinus *m*
Augustinus *m*
Justinus *m*
Corvinus *m*
Olympus *m*
Lazarus *m*
Regnerus *m*
Prosperus *m*
Severus *m*
Florus *m*
Petrus *m*
Maurus *m*
Cyrus *m*
Ursus *m*
Deodatus *m*
Adeodatus *m*
Beatus *m*
Amatus *m*
Renatus *m*
Donatus *m*
Fortunatus *m*
Rätus *m*
Optatus *m*
Benedictus *m*
Titus *m*
Vitus *m*
Diktus *m*
Benediktus *m*
Swantus *m*
Quintus *m*
Hubertus *m*
Modestus *m*
Ernestus *m*
Faustus *m*
Augustus *m*
Justus *m*
Sixtus *m*
Gladys
Lys

Beat *m*
Donat *m*
Fortunat *m*
Volrat *m*
Herrat *m/w*
Peet *m*
Greet
Bridget
Juliet
Griet
Doriet
Harriet
Piet *m*
Violet
Scarlet
Janet
Bennet *m*
Barnet *m*
Garnet *(w)*
Bernet *m*
Maret
Meret
(Heide)gret
Annegret
Hannegret
Ilsegret
Margret
Ellamargret
Annemargret
Lisgret
Kraft *m*
Gildebrecht *m*
Hildebrecht *m*
Leodebrecht *m*
Rodebrecht *m*
Liebrecht *m*
Siegbrecht *m*
Wigbrecht *m*
Albrecht *m*
Adalbrecht *m*
Adelbrecht *m*
Engelbrecht *m*
Giselbrecht *m*
Gilbrecht *m*
Hilbrecht *m*
Wilbrecht *m*
Volbrecht *m*
Lambrecht *m*
Heimbrecht *m*
Reimbrecht *m*
Helmbrecht *m*
Humbrecht *m*
Erkenbrecht *m*
Ermenbrecht *m*
Robrecht *m*
Luitbrecht *m*
Guntbrecht *m*
Glaubrecht *m*
Leberecht *m*
Wiprecht *m*
Volprecht *m*
Lamprecht *m*
Gumprecht *m*
Luitprecht *m*
Ruprecht *m*
Thurecht *m*
Bendicht *m*
Al(h)eit
Veit *m*
Margit
Bergit
Birgit
Burgit
Kermit *m*
Ortnit *m*
Arit *(w)*
Marit
Brit
Berit
Gerit *m/w*
Merit
(Hel)grit
Angrit
Margrit
Irit
Amrit *(w)*

Dorit
Jorit *m*
Garrit *m*
Gerrit *m/(w)*
Jerrit *m*
Dorrit
Jorrit *m*
Benedikt *m*
Eilt *m*
Edelt *m*
Garrelt *m*
Herilt
Bertolt *m*
Ortolt *m*
Reemt *m*
Bent *m*
Klement *m*
Florent *m*
Vinzent *m*
Quint *m*
Egmont *m*
Wilmont *m*
Theopont *m*
Wernt *m*
Ot *m*
Albot *m*
Alfgot *m*
Margot
Lancelot *m*
Lanzelot *m*
Gernot *m*
Libgart
Neidhart *m*
Wikhart *m*
Volkhart *m*
Willhart *m*
Manhart *m*
We(h)rhart *m*
Eckart *m*
Volkart *m*
Lennart *m*
Linnart *m*
Stuart *m*
Siegwart *m*
Dankwart *m*
Eilwart *m*
Bernwart *m*
Dietwart *m*
Christwart *m*
Teutwart *m*
Bert *m*
Gebbert *m*
Edbert *m*
Friedbert *m*
Swi(n)dbert *m*
Ludbert *m*
Trudbert *m*
Friedebert *m*
Baldebert *m*
Waldebert *m*
Gildebert *m*
Hildebert *m*
Bodebert *m*
Theodebert *m*
Godebert *m*
(F)rodebert *m*
Annebert *(w)*
Wolfbert *m*
Egbert *m*
Siegbert *m*
Rigbert *m*
Wigbert *m*
Engbert *m*
Ingbert *m*
Richbert *m*
Rudibert *m*
Heibert *m*
Agibert *m*
Hugibert *m*
Filibert *m*
Philibert *m*
Willibert *m*
Winibert *m*
Kunibert *m*
Wunibert *m*
Aribert *m*
Haribert *m*
Heribert *m*
Floribert *m*
Eckbert *m*
Volkbert *m*
Albert *m*
Adalbert *m*
Amalbert *m*
Walbert *m*
Elbert *m*
Adelbert *m*
Edelbert *m*
Wendelbert *m*
Engelbert *m*
Ethelbert *m*
Giselbert *m*
Eilbert *m*
Gilbert *m*
Agilbert *m*
Egilbert *m*
Hilbert *m*
Wilbert *m*
Folbert *m*
Kolbert *m*
Solbert *m*
Volbert *m*
Ulbert *m*
Fulbert *m*
Lambert *m*
Rambert *m*
Rembert *m*
Heimbert *m*
Reimbert *m*
Rimbert *m*
Grimbert *m*
Gombert *m*
Mombert *m*
Humbert *m*
Erkenbert *m*
Irmenbert *m*

Isenbert *m*
Eginbert *m*
Gundobert *m*
Bodobert *m*
Dagobert *m*
Rigobert *m*
Ingobert *m*
Frankobert *m*
Robert *m*
Teutobert *m*
Philippbert *m*
Harbert *m*
Marbert *m*
Gerbert *m*
Herbert *m*
Norbert *m*
Isbert *m*
Gisbert *m*
Wolfgisbert *m*
Ansbert *m*
Hansbert *m*
Osbert *m*
Gosbert *m*
Ratbert *m*
Dietbert *m*
Suitbert *m*
Sintbert *m*
Guntbert *m*
Otbert *m*
Hartbert *m*
Gottbert *m*
Hubert *m*
Maxbert *m*
Meindert *m*
Deert *m*
Geert *m*
Weert *m*
Olfert *m*
Ulfert *m*
Gert *m*
Eggert *m*
Thorgert *m*

Wichert *m*
Eckert *m*
Rickert *m*
Folkert *m*
Volkert *m*
Elert *m*
Eilert *m*
Eylert *m*
Reimert *m*
Remmert *m*
Meinert *m*
Lennert *m*
Trudpert *m*
Wipert *m*
Hilpert *m*
Lampert *m*
Gumpert *m*
Rappert *m*
Rupert *m*
Edsert *m*
Ridsert *m*
Evert *m*
Sievert *m*
Govert *m*
Gottwert *m*
Gört *m*
Kurt *m*
Arbogast *m*
Jobst *m*
Modest *m*
Arfst *m*
Johst *m*
Evangelist *m*
Arist *m*
Evarist *m*
Baptist *m*
Ernst *m*
Jo(o)st *m*
(Fried)horst *m*
Wolfhorst *m*
Just *m*
Violett

Scarlett
Pitt *m*
(Ann)britt
Gunbritt
Gritt
Ott *m*
Scott *m*
Lobgott *m*
Ehregott *m*
Fürchtegott *m*
Helfgott *m*
Traugott *m*
Annelott
Anncharlott
Waldtraut
Teut *m*
Erbgut *m*
Hadmut
Erdmut *m*
Demut
Hildemut
Richmut *m*
Frohmut *m*
Freimut *m*
Almut
Adelmut
Helmut *m*
Wilmut *m*
Fromut *m*
Gismut *m*
Hartmut *m*
K(a)nut *m*
Hippolyt *m*
Sixt *m*

Edu *m*
Gottgetreu *m*
(Mari)lu
Lulu
Manu *m*
Lou
Loulou

Marylou
Winnetou *(w)*
(Su)su

Gustav *m*
Lev *m*
Ygglev *m*
Detlev *m*
Liv

Boleslaw *m*
Wladislaw *m*
Bogislaw *m*
Tomislaw *m*
Bronislaw *m*
Miloslaw *m*
Jaroslaw *m*
Miroslaw *m*
Boguslaw *m*
Lew *m*
Siw

Max *m*
Ottomax *m*
Lex *m*
Alex *m*
Rex *m*
Dix *m*
Bendix *m*
Alix
Felix *m*
Rix *m*
Trix *m*
Beatrix
Lux *m*
Ingelux

Kay *m/w*
May
Pay *m*
Ray *m*

Conway *m*
Robby *m*
Toby *m*
Percy *m*
Lucy
Nancy
Ady
Mady
Addy
Freddy *m*
Teddy *m*
Liddy
Fredy *m*
Andy *m*
Sandy *m/w*
Wendy
Cindy
Gody *m*
Cardy
Hardy *m*
Judy
Stanley *m*
Shirley
Audrey
Goofy *m*
Maggy
Meggy
Peggy
Kathy
Vicky *(w)*
Jo(c)ky *m*
Adely
Amely
Cecily
Emily
Ally
Mally
Sally *m/w*
Vally
Wally
Relly
Illy

Billy *m*
Cilly
Lilly
Willy *m*
Zilly
Dolly
Lolly
Molly
Polly
Károly *m*
Carly *(w)*
My
Amy
Sammy *m*
Tammy *m*
Jimmy *m*
Tommy *m*
Romy
Dany *(w)*
Dagny
Anny
Danny *m*
Enny
Henny *m/w*
Jenny
Johnny *m*
Conny *m/w*
Donny *m*
Thonny
Jonny *m*
Ronny *m/w*
Tonny
Tony *m/w*
Boy *m*
Joy
Loy *m*
Roy *m*
Ary *m*
Mary
Thery
Montgomery *m*
Henry *m*

Dory
Memory
Carry
Harry *m*
Larry *m*
Ferry (*m*)
Gerry *m*
Jerry *m*
Kerry *m*
Perry (*m*)
Terry
Corry
Thesy
Daisy
Josy *m*
Topsy
Bessy
Tessy
Cissy
Lissy
Sissy
Zissy
Ossy *m*
Katy
Monty *m/w*

Kirsty
Betty
Kitty
Ivy
Alwy
Rowy *m*
Lizzy

Bonifaz *m*
Achaz *m*
Ignaz *m*
Pankraz *m*
Liz
Sulpiz *m*
Balz *m*
Franz *m*
Benz *m*
Gaudenz *m*
Lenz *m*
Renz *m*
Emerenz
Lorenz *m*
Florenz *m*
Laurenz *m*
Vinzenz *m*

Innozenz *m*
Kreszenz
Heinz *m*
Karlheinz *m*
Tomheinz *m*
Janheinz *m*
Hansheinz *m*
Ottheinz *m*
Hinz *m*
C(h)onz *m*
Konz *m*
Kunz *m*
Carz *m*
Reinherz *m*
Dietz *m*
Fritz *m*
Eitelfritz *m*
Moritz *m*
Lauritz *m*
Götz *m*
Görtz *m*
Utz *m*
Lutz *m*
Trutz *m*
Uz *m*

11. Literaturverzeichnis

Das Verzeichnis nennt nur vornamenkundliche Literatur. Von den Standardwerken für die älteren Epochen und die Nachbarsprachen abgesehen, habe ich vor allem Literatur zu den Vornamen im Deutschen ab 1600 gesammelt. Vollständigkeit war angestrebt, aber für einen einzelnen Bearbeiter nicht erreichbar. Nicht alle aufgeführten Titel habe ich selbst eingesehen. Die Liste soll denen weiterhelfen, die sich mit speziellen Fragen der Vornamengebung befassen wollen. Wegen der Sorglosigkeit, mit der man in früheren Arbeiten bibliographiert hat, waren oftmals keine genauen Angaben zu ermitteln. Ich bin mir daher bewußt, daß das Verzeichnis noch manche Lücken, Ungenauigkeiten und Fehler enthält. Bibliographische Nachweise zur Verbesserung und Vervollständigung des Verzeichnisses sind deshalb stets willkommen.

ABEL, HEINRICH FRIEDRICH OTTO: *Die deutschen Personennamen*; Berlin 1853; zweite Aufl., besorgt von WALTER ROBERT-TORNOW 1889.

ADAM-WALT, F.: *Unsere Vornamen. Schweizerisches Hausbuch zur Mehrung des Verständnisses unserer heimischen Vornamen* [...]; Olten 1950.

ADAMEK, ED.: *Die Rätsel unserer deutschen Schülernamen* [...]; Wien 1894.

Allgäuer Vergleichendes Vor- und Taufnamenbüchlein; Riedlingen 1895.

AMON, KARL: *Namengebung und Heiligenkalender;* in: *Gottesdienst*, 3 (1969), H. 19–20, S. 158f.

ANDERSEN, HARRY: *Om navnet Erik;* in: *Namn och Bygd* (Uppsala), 60 (1972), S. 127–137.

ANGERMANN, C.: *Zur Geschichte unserer Rufnamen.* (= Wissenschaftliche Beilage der *Leipziger Zeitung*, Nr. 99/1887.)

ANKENBRAND, STEPHAN: *Unsere Vornamen. Erklärung und Pflege*; München 1953.

APPEL s. *Westberlin 1967.*

D'ARDENNE, S.: *Tentative etymology of the name Catherine*; in: *Studia Germanica Gandensia* (Gent), 12 (1970), S. 111–118.

ARNOLD, ROBERT FRANZ: *Die deutschen Vornamen;* Wien ^{2}1901.

ATZERODT, F., u. H. KAISER: *Wie soll das Kindlein heißen? Oder: Die Bedeutung der Taufnamen*; Quedlinburg 1835.

AUDEBERT, ANTOINE: *Dictionnaire analytique des prénoms*; Paris 1956.

BACH, ADOLF: *Deutsche Namenkunde*; Bd. I: *Die deutschen Personennamen*, 2 Teile; Heidelberg ²1952/53.

BACHMANN: *Vornamen in lateinischer Form und Vornamen mit Zusätzen;* in: *StAZ*, 1953, S. 214.

BAESECKE, GEORG: *Der Name Karl und die Karlingen*; in: *Muttersprache*, LIX (1949), S. 97–103.

BAHLOW, HANS: *Unsere Vornamen im Wandel der Jahrhunderte.* (= *Grundriß der Genealogie*, 4.) Limburg (Lahn) 1965.

BAHLOW, HANS: *Deutsches Namenlexikon. Familien- und Vornamen nach Ursprung und Sinn erklärt.* (= *Keysers Nachschlagewerke.*) München 1967. (Auch = *suhrkamp-Taschenbuch*, 65).

BÄHNISCH, ALFRED: *Die deutschen Personennamen.* (= *Aus Natur und Geisteswelt*, 296.) Berlin/Leipzig 1910, ²1914, ³1920.

BARDENHEWER, O.: *Der Name Maria. Geschichte der Deutung desselben.* (= *Bibl. Studien*, I, 1.) Freiburg i. Br. 1895.

BASS, ALFRED: *Beiträge zur Kenntnis deutscher Vornamen;* Leipzig 1903. (2.–5. Aufl. 1909 u. d. T.: *Deutsche Vornamen.*)

BAUSINGER, HERMANN: *Volkskultur in der technischen Welt*; Stuttgart 1961, (über Vornamengebung:) S. 72f., 98f.

BECKE, BERNHARD: *Was wurde aus Hans und Grete? Betrachtungen über die Vornamen der Jungen und Mädchen unseres Gymnasiums*; in: *Jahrbuch des Markgräfin-Wilhelmine-Gymnasiums Bayreuth 1969/70*; Bayreuth 1970, S. 3–14.

BECKE, BERNHARD: *Volkskundliche Untersuchungen zu Wesen und Wandel der deutschen Vornamengebung;* (masch.-schr.) 1947.

BECKERS, HARTMUT: *Horst und Horsa. Ein namenkundliches Problem bei Klopstock und in der älteren historiographischen Literatur*; in: *BzN*, 8 (1973), S. 13–25.

BEELERS, MADISON S.: *A new etymology: Germanic *erma/in(a)-reconsidered*; in: *Dichtung und Deutung.* (= *Gedächtnisschrift für Hans M. Wolff*, hrsg. von *K. S. Guthke.*) Bern/München 1961, S. 9–21.

BENEKEN, GEORG WILHELM FRIEDRICH: *Teuto, oder Urnamen der Deutschen, gesammelt und erklärt*; Erlangen 1816.

BERGER, HANS: *Volkskundlich-soziologische Aspekte der Namengebung in Frutigen (Berner Oberland).* (= *Sprache und Dichtung*, N. F., 14; Sonderreihe: *Berner Arbeiten zur Dialektologie und Volkskunde.*) Bern 1967.

BERGMANN, HERBERT: *Die männlichen Vornamen der Schwelmer zwischen 1593 und 1648;* in: *Beiträge zur Heimatkunde der Stadt Schwelm und ihrer Umgebung*, N.F. XIV (Dez. 1964), S. 74–80.

BERGMANN, KARL: *Familien- und Vornamen in ihrer Wirkung auf Geist und Seele des Menschen, zugleich ein Beitrag zu Familienkunde*; in: *Zeitschrift für Deutschkunde*, 1934 (= *Zeitschrift für den deutschen Unterricht*, 48 [1934]), S. 75–80, 115–119.

Berlin s. *Westberlin.*

Bern = HERZOG, HANS: *Markus und Sandra an der Spitze. Berner Vornamenstatistik*; in: *Der Bund* (Bern), 2. 6. 1968.

Bernau 1973/74 = SCHULTHEIS, JOHANNES: *Unsere Namenecke* (Bernau 1973/74); in: *SP*, 25 (1976), S. 58, 87.

BERTSCHE, KARL: *Die volkstümlichen Personennamen einer oberbadischen Stadt* [Möhringen/Donau]. *Ein Beitrag zur Geschichte der alemannischen Namengebung* (mundartliche Formen der Ruf-, Schimpf- und Spitznamen); Diss. Freiburg i. Br. 1905.

BETZ, WERNER: *Zur Namenphysiognomik*; in: *Namenforschung* (= *Festschrift Adolf Bach*); Heidelberg 1965, S. 184–189.

BHH = *Biblisch-historisches Handwörterbuch. Landeskunde, Geschichte, Religion, Kultur, Literatur;* hrsg. von BO REICKE u. LEONHARD ROST; 3 Bde., Göttingen 1962–66.

BIRNBAUM, JOHANNA: *Unsere Vornamen und ihre Bedeutung*. Neubearbeitung. (= *Miniatur-Bibliothek*, 273/74 a–d.) Hildesheim 1955.

BISCHOFF, KARL: *Personenbezeichnungen in einer kleinen Stadt;* in: *Festgabe für Ulrich Pretzel;* Berlin 1963, S. 390–397.

BLANKE, FRITZ: *Vornamengebung in ihrer Beziehung zur Kirchengeschichte;* in: *Religion in Geschichte und Gegenwart*, Bd. 6; Tübingen ^{3}1962, Sp. 1494–1496.

BOESCH, BRUNO: *Die Eigennamen in ihrer geistigen und seelischen Bedeutung für den Menschen*; in: *Der Deutschunterricht*, 9 (1957), H. 5, S. 32–50.

BOLL, HERMANN: *430 deutsche Vornamen, als Mahnruf für das deutsche Volk* [...]; Leipzig 1889.

BOLLNOW, HERMANN: *Anklamer Vornamen seit der Reformation*; in: *Heimatkalender für Stadt und Kreis Anklam*, 129, S. 37f.

BONDALETOV, V. D.: *Der russische Vornamenschatz, seine Zusammensetzung, statistische Struktur und die Besonderheiten seiner Veränderung*; in: *Zeitschrift für Slawistik*, 1972, S. 3–18.

Borna = PAUL, KARL: *Unsere Namenecke*; in: *SP*, 18 (1969), S. 170; 19 (1970), S. 123; 20 (1971), S. 123. – SCHULTHEIS, JOHANNES: *Unsere Namenecke*; in: *SP*, 21 (1972), S. 170; 22 (1973), S. 122; 23 (1974), S. 170; 24 (1975), S. 122; 25 (1976), S. 122.

BOSSHART, LOUIS: *Motive der Vornamengebung in Stein a. Rh. (1960–69)*; in: *Mém. licence des lettres;* Fribourg 1970, S. 67f.

BOSSHART, LOUIS: *Motive der Vornamengebung im Kanton Schaffhausen von 1960 bis 1970*; Diss. Freiburg i. Ue. 1972 [1973].

BOSSHART, LOUIS: *Wege der Vornamensgebung*; in: *Z. Ziv.*, 1973, S. 2–4, 38–40, 61–62.

BRACHFELD, OLIVER: *Name und Charakter. Problemstellung einer anthroponymischen Charakterologie*; in: *Zeitschrift für Menschenkunde* (Wien), 6 (1930), S. 336–342.

BRANDT-CASPERSEN, MOGENS, u. SVEN TITO ACHEN: *Hvad skal barnet hedde?* (= *Politikens Håndbøger*, 134.) Kopenhagen ^{2}1961, ^{6}1970.

BRAUN, KARL: *Etwas über deutsche Vornamen*; in: *Westermanns Jahrbuch der Illustrierten Deutschen Monatshefte*; Braunschweig 1872, S. 23–30.

BREITENEDER, ALOIS: *Das Recht der Vornamengebung*; in: *Österreichisches Standesamt*, H. 6/1949, S. 47f.

BRENDER, M.: *Some hypothese about the psychodynamic significance of infant name selection;* in: *Names*, 1963, S. 1–9.

BRITSCHGI, EZECHIEL: *Name verpflichtet.* (= *Arena-Taschenbücher*, 8/9.) Würzburg [4]1964.

BRONS, BERNHARD, JR.: *Friesische Namen und Mittheilungen darüber*; Emden 1877.

BRUSTGI, FRANZ GEORG: *Ich suche einen Vornamen für mein Kind. Neue und alte Vornamen erläutert.* (= *Fackelbücherei*, 59.) Olten/Stuttgart/Salzburg [5]1968.

BUCH, DIETER s. *Hamburg 1973.*

BUCKENHÜSKES, HANS: *Vornamen in alter und neuer Zeit* [Grefrath bei Krefeld]; in: *StAZ*, 1964, S. 313.

BURGIO, ALFONSO: *Dizionario dei nomi propri di persona.* (= *Biblioteca italiana di opere di consultazione.*) Milano (1970).

BURGSDORFF, HANS-HERMANN VON: *Untersuchungen zur Assoziation und Motivation bei Rufnamengebung und Rufnamengebrauch.* Hausarbeit in »Deutsche Sprache und Literaturgeschichte« zum 1. Staatsexamen für Volks- und Realschullehrer; masch.-schr.; Hamburg, 24. 5. 1973 (Prof. Dr. DIETER MÖHN).

BUSSERT, R.: *Zur Berichtigungsfähigkeit der Schreibweisen von Vornamen;* in: *StAZ*, 1964, S. 253–255.

BUSSMANN, E.: *Unsere Vornamen im Volksmund Westfalens*; in: *Die Heimat, Monatsschrift für Land, Volk und Kunst in Westfalen*, X (1928), S. 371–374.

BzN = *Beiträge zur Namenforschung* (Heidelberg), 1949/50ff.

CANZLER, FRANZ: *Die deutschen Vor- und Zunamen, etymologisch abgeleitet und erklärt*; Hamburg 1830.

CASCORBI, PAUL: *Die Rufnamen der Mündener Schuljugend im Jahre 1890.* (= *Progr.*, 330.) Minden 1891, S. 2–11.

CASPARI, W.: *Taufpaten und Taufnamen;* in: *Jahrbuch der ev.-luther. Landeskirche Bayerns*, 1905, S. 1–15.

CHRIST: *Beliebte Vornamen in Bremen* [1951]; in: *StAZ*, 1953, S. 21.

CHRISTMANN, ERNST: *Deutsche Vornamen!*; Kaiserslautern 1939.

CHRISTMANN, ERNST: *Von neuen und alten Einflüssen auf die Rufnamengebung*; in: *Deutsche Volkskunde* (München), 5 (1943), S. 135f.

CRECELIUS, W.: *Kosenamen*; in: *Zeitschrift für deutsche Philologie*, 4 (1873), S. 344–347.

CRULL: *Vornamen in Meklenburg*; in: *Quartalsbericht des Vereins für meklenburgische Geschichte und Alterthumskunde*, 51 (1891), H. 1, S. 8ff.

DALCHER, PETER: *English names in Swiss-German usage;* in: *Onoma*, 13 (1968), S. 333–342.

DANCK, GOTTONIUS FRÖLICHARPUS: *Neue erfundene, doch Alt-gewohnte deutlich-Teutsche Tauffnamen;* Ulm 1708.

DANGKROTZHEIM, KONRAD: *Das heilige Namenbuch,* hrsg. von K. PIKKEL. (= *Elsässische Literaturdenkmäler,* 1.), Straßburg 1878.

DAUZAT, ALBERT: *Dictionnaire étymologique des noms de famille et prénoms de France;* Paris ³1951.

DEBUS, FRIEDHELM: *Soziologische Namengeographie. Zur sprachgeographisch-soziologischen Betrachtung der Nomina propria*; in: *Wortgeographie und Gesellschaft.* (= *Festschrift für Ludwig Erich Schmitt.*) Berlin 1968, S. 28–48.

DEBUS, FRIEDHELM: *Namengebung. Möglichkeiten zur Erforschung ihrer Hintergründe*; in: *Onoma,* XVIII (1974), H. 3, S. 456–469.

DEBUS, FRIEDHELM, JOACHIM HARTIG, HUBERTUS MENKE u. GÜNTER SCHMITZ: *Namengebung und soziale Schicht. Bericht über ein Projekt zur Personennamenkunde*; in: *Naamkuunde* (Leuven), 5 (1973), H. 3–4, S. 368–400 (mit Diskussion: S. 400–405).

DESCHKA, F. s. *Fremdländische Vornamen...*

DIVO-Pressedienst (Frankfurt a. M.), II ([Januar] 1961), S. 3–7.

DOLZ, JOHANN CHRISTIAN: *Die Moden in den Taufnamen, mit Angabe der Wortbedeutung dieser Namen*; Leipzig 1825.

DOMRÖSE, E.: *Der richtige Name für mein Kind. Namensbuch von A bis Z;* München 1970.

DROSDOWSKI, GÜNTHER (Bearb.): *Duden-Lexikon der Vornamen. Herkunft, Bedeutung und Gebrauch von mehr als 3000 Vornamen.* (= *Duden-Taschenbücher,* 4.) Mannheim/Wien/Zürich ²1974.

Duden-Lexikon der Vornamen, s. DROSDOWSKI.

EICHHOFF, JÜRGEN: *Vornamen. Ein Blick über den Atlantik;* in: *DS* XX (1976), S. 50–53.

EIS, GERHARD: *Vom Zauber der Namen. Vier Essays.* (1. *Tests über suggestive Personennamen in der modernen Literatur und im Alltag.* 2. *Rufnamen der Tiere.* 3. *Über die Namen im Kriminalroman der Gegenwart.* 4. *Zur Diskussion über die Namenphysiognomien.*) Berlin 1970.

ELLIS, J. M.: *Names in Faust and Die Wahlverwandtschaften*; in: *Seminar* (Toronto), I (1965), H. 1, S. 25–30.

ENGELHARDT: *Weibliche Vornamen für ein Kind männlichen Geschlechts?;* in: *StAZ,* 1961, S. 203.

ESK, J.: *Die ostfriesischen Personennamen*; in: *Niedersachsen,* 23 (1917/18), S. 221ff.

ETZ, A.: *Vier deutsche Vornamenbücher und keines für deutsche Vornamen;* in: *Wiener Sprachblätter,* 20 (1970), S. 115–118.

FAHRENKROG, ROLF LUDWIG: *Deutschen Kindern — deutsche Vornamen!*; Berlin 1942.

FICKER I = FICKER, HANS G.: *Das Recht des bürgerlichen Namens.* (= *Kleine Fachbibliothek des Standesbeamten,* VIII.) Frankfurt 1950.

FICKER II = FICKER, HANS G.: *Öffentliches Namenrecht.* (= *Kleine Fachbibliothek des Standesbeamten,* VIII A.) Frankfurt 1952.

FINKE, G.: *Der Vorname Adam im Kirchspiel Schönberg (Holstein)*; in: *Genealogie* (Neustadt a. d. Aich), 9/18 (1969), H. 10, S. 742–745.

FISCHER, FRANZ: *Entwicklung der Taufnamen in Oberplan*; in: *Sudetendeutsche Zeitschrift für Volkskunde* (Prag), 7 (1934), S. 183f.

FLEISCHER, WOLFGANG: *Wie nennen wir unser Kind? Einige Bemerkungen zur Rufnamengebung im Deutschen*; in: *SP*, 8 (1959), S. 132–134.

FLEISCHER, WOLFGANG: *Die deutschen Personennamen. Geschichte, Bildung und Bedeutung.* (= *Wissenschaftliche Taschenbücher*, 20.) Berlin ²1968.

FLEISCHER, WOLFGANG: *Eigennamen in phraseologischen Wendungen;* in: *Namenkundliche Informationen* (Leipzig), Nr. 28/1976, S. 1–6.

FLEISCHNER, JOH. MICHAEL: *Onomatologie, oder Versuch eines lateinischen Wörterbuchs unserer Taufnamen* [...]; Erlangen 1826.

Flensburg = Stadt Flensburg, Hauptamt Statistik: *Namensgebung bei der Beurkundung von Geburten*; masch.-schr.

FLIRI, F.: *Tiroler Vornamen*; in: *Tiroler Heimat,* XII (1948), S. 141.

FLÜHMANN, FRITZ s. *Zürich 1951–68.*

FÖRSTEMANN, ERNST: *Altdeutsches Namenbuch*; Bd. I: *Personennamen*; Bonn ²1901 (Neudruck: München/Hildesheim 1966).

FÖRSTEMANN, ERNST: *Altdeutsche Personennamen.* Ergänzungsband, verfaßt von HENNING KAUFMANN; München/Hildesheim 1968.

FRANK, RAINER: *Kosenamenbildung und Kosenamengebungstendenzen im Ruhrgebiet;* in: *Onoma* XIX (1975), S. 511–527.

FRAUENFELD, K. VON: *Brünner Vornamen des 14. bis 19. Jahrhunderts*; Brünn ²1913.

Fremdländische Vornamen, Ersetzung durch entsprechende deutsche Vornamen; in: *Österreichisches Standesamt,* 19 (1965), H. 7/8, S. 53–57. Dazu F. DESCHKA, *ebenda,* H. 9, S. 62f.

FRICKE, O.: *T statt D im Anlaut niederdeutscher Ruf- und Familiennamen*; in: *Niederdeutsches Jahrbuch,* 74 (1951), S. 34f.

Gebt gute ostfriesische Vornamen! Ein Verzeichnis für unsere Landsleute auf Veranlassung der Ostfries. Landschaft zusammengestellt; Aurich 1956.

GLÄSER, R.: *Sprachliche Probleme bei der Beurkundung englischer Vornamen im Deutschen*; in: *Namenkundliche Informationen* (Leipzig), Nr. 25/1974, S. 14–21.

GOEBEL, OTTO: *Die Namen unserer Schüler* (Verzeichnis der Schüler im Wintersemester 1928/29, mit einer Erklärung ihrer Ruf- und Familiennamen); in: *Festschrift der Gelehrtenschule des Johanneums zur Feier des 400jährigen Bestehens der Hamburger St. Johannisschule 1529–1929*; Hamburg 1929, S. 18–30.

GÖSCHEL, JOACHIM: *Zur Frage eines deutschen Namenatlasses*; in: *BzN*, 16 (1965), S. 268–297.

Gottesdienst 1968 = N. N.: *Vorarbeiten für einen »Namenstagskalender«* [Bericht über eine Befragung im Jahre 1968]; in: *Gottesdienst, Information und Handreichung der Liturgischen Institute Deutschlands, Öster-*

reichs und der Schweiz (Freiburg/Wien/Einsiedeln), 3 (1969), H. 20 (29. 10. 1969), S. 157–160.

GOTTSCHALD, MAX: *Die deutschen Personennamen.* (= *Sammlung Göschen*, 422.) Berlin 1940.

GÖTZ, ERNST: *Über Vornamen. Aufgabe des Zivilstandsbeamten*; in: *Z. Ziv.*, 1971, S. 102–105.

GÖTZ, ERNST: *Seminar über Vornamen in Zermatt*; in: *Z. Ziv.*, 1971, S. 245–247, 299–304.

GRAEBISCH, FRIEDRICH: *Die Glatzer Taufnamen im Mittelalter*; in: *Mitteilungen der Schlesischen Gesellschaft für Volkskunde* (Breslau), 36 (1935), S. 125–187.

GRAESSE, J. G. TH.: *Unsere Vor- und Taufnamen, in ihrem Ursprung und ihrer Bedeutung*; Dresden 1876.

GRAF, A. E.: *Vornamen einst und jetzt, am Beispiel der Priegnitz*; in: *Jahresbericht 1965 des Bezirkshauses für Volkskunst Potsdam* (Abt. *Sammlung und Forschung*), 1956, S. 4–31.

HACKEMANN, A.: *Zur Geschichte unserer mehrfachen Vornamen;* in: *Zeitschrift des Allgemeinen Deutschen Sprachvereins*, 21 (1906), Sp. 353–356.

Hamburg 1973 = BUCH, DIETER: *Die Vornamen der Hamburger*; in: *Hamburg in Zahlen* (Monatsschrift des Statistischen Landesamtes der Freien und Hansestadt Hamburg), H. 9/1974, S. 284–288.

HANKE, MANFRED: *Ausgerechnet Manuela. Die Mode und die Vornamen.* (= Typoskript der Sendung im *WDR*, II. Programm, Abt. *Kulturelles Wort*, 6. 3. 1966, 10.20–11.00 Uhr.) 22 Seiten.

HANSEN, CARSTEN: *Die Vornamen;* in: *StAZ*, 1950, S. 187ff.

HARDT-STREMAYR, WOLFGANG: *Wie heißen in Fürstenfeld und Feldbach die Kinder des Jahrganges 1960?;* in: *Wiener Sprachblätter*, 15 (1965), S. 125f.

HARMUTH, A. A. : *Eisenstadt im Spiegel seiner Familien- und Taufnamen*; in: *Volk und Heimat* (Eisenstadt), Nr. 2, S. 8 (abgedruckt in: *Wiener Sprachblätter*, 15 (1965), S. 88).

HARTIG, JOACHIM: *Die münsterländischen Rufnamen im späten Mittelalter.* (= *Niederdeutsche Studien*, 14.) Köln/Graz 1967.

HARTIG, JOACHIM: *Versuche zur namengeographischen Struktur des niederdeutschen Sprachgebietes*; in: *Actes du XIe congres international des sciences onomastiques*, Bd. 1; Sofia 1974, S. 371–374.

HARTWIG, A.: *Die Beurteilung diskutabler Vornamen*; in: *Z. Ziv.*, 1972, S. 150–152.

HARWEG, ROLAND: *Zur Textologie des Vornamens. Perspektiven einer Großraum-Textologie*; in: *Linguistics*, Nr. 61/1970, S. 12–28.

Heimerans Vornamenbuch. Geschichte und Deutung; erw. und bearb. von HELLMUT ROSENFELD. (= *Heimeran-Buch*, 46.) München 1968.

HEINRICH, HERBERT: *Ungewöhnliche Vornamen von A bis Z*; in: *SP*, 9 (1960), S. 182f., 199f.

HEINRICH, HERBERT, u. RUTH KÜFNER: *Gefragte Vornamen.* (= Sonderveröffentlichung der Zeitschrift *Sprachpflege* [*SP*].) Leipzig 1964.

Heinrichs, Heinrich Matthias: *Namengebung in einem niederrheinischen Dorf vor 40 Jahren*; in: *Namenforschung.* (= *Festschrift Adolf Bach.*) Heidelberg 1965, S. 178–183.

Heinrichs, Karl: *Studien über die Namengebung im Deutschen seit dem Anfang des 16. Jahrhunderts*; Stuttgart 1908.

Heinrichs, Karl: *Die Entstehung der Doppelvornamen*; Diss. (Teildruck) Gießen 1908.

Heinsohn, Wilhelm: *Die Rufnamen Hamburger Kinder der Geburtsjahrgänge 1947 bis 1950*; masch.-schr.

Henkel, Karl-Heinz: *Gabriele und Peter sind sehr beliebt* [Münster/Westf.]; in: *StAZ*, 1951, S. 280f.

Hergemöller, Bernd-Ulrich: *(4400) Gebräuchliche Vornamen. Herkunft, Deutung, Namensfest*; Münster ³1972.

Herrle, Theo: *Die Mode in den Vornamen*; in: *Muttersprache*, LXVI (1956), S. 18–21. (Siehe auch: *Reclams Namenbuch...*)

Hertel, Engelbert: *Deutsche Vornamen. Für die Mittelstufe zusammengestellt von Dr.* Engelbert Hertel. (= *Diesterwegs deutschkundliche Schülerhefte*, 1. Reihe, 2. Heft.) Frankfurt a. M. 1926.

Herzog, Hans s. *Bern.*

Hess, K.: *Nicht mehr verstandene Vornamen;* in: *Südwestdeutsche Blätter für Familien- und Wappenkunde* (Stuttgart), XI (1962/63), S. 351f.

Hesterkamp, Wilhelm: *Die Vornamengebung in Essen-Werden von 1914 bis zur Gegenwart*; Staatsexamensarbeit (masch.-schr.) Münster 1964.

Hesterkamp, Wilhelm: *Einflüsse sozialer Verhältnisse auf die Namenwahl (dargestellt an der Vornamengebung in Essen-Werden seit der Jahrhundertwende)*; in: *Muttersprache*, LXXV (1965), S. 33–40.

Heyd, Werner Paul: *Die Taufnamen in Nehren, Hausen (a. d. L.), Hörschwag und Trochtelfingen/Hohz. seit dem 16. Jahrhundert. Beiträge zu den Untersuchungen über die Namengebung in Württemberg*; Diss. (masch.-schr.) Tübingen 1951.

Hinderling, Robert: *Eine Lanze für deutsche Vornamen*; in: *Sprachspiegel*, 25 (1969), S. 1–8.

Hobbing, Peter: *Ostfriesische Vornamen*; in: *Zeitschrift des Allgemeinen Deutschen Sprachvereins*, 35 (1920), Sp. 38.

Höck, Alfred: *Vornamen in der Pfarrei Pfalzen in der zweiten Hälfte des 17. Jahrhunderts*; in: *Der Schlern*, 46 (1972), S. 575–576.

Höck, Alfred: *Zum Taufregister 1656–1692 aus Allendorf, Kr. Marburg*; in: *Hessische Blätter für Volkskunde*, Nr. 51/52, 1960, S. 84–92.

Hoffmann, Werner: *In welcher Weise kann der Standesbeamte auf die Vornamengebung Einfluß nehmen?;* in: *StAZ*, 1951, S. 62.

Holm, Gösta: *Namnet Gustav;* in: *Namn och Bygd* (Uppsala), 62 (1974), S. 1–4, 61–77.

Honselmann, Wilhelm: *Familiennamen als Vor- oder Rufnamen und Frauen mit Männernamen in Westfalen im 16. und 17. Jahrhundert;* in: *Westfälische Zeitschrift*, 118 (1968), S. 375–381.

HORNBY, RIKARD: *Danske Navne;* Kopenhagen 1951.

HUIZINGA, A.: *Encyclopedie van voornamen*; Amsterdam 1957.

ILČEV, STEFAN: *Rečnik na ličnite i familni imena u balgarite* [Wörterbuch der Vor- und Familiennamen der Bulgaren]; Sofia 1969.

ILWOF, FRANZ: *Zur Geschichte der Taufnamen*; in: *Zeitschrift für allgemeine Geschichte...*, III, S. 630–632.

INGENHORST: *Klaus und Maria sind am meisten gefragt* [Landkreis Rees 1954]; in: *StAZ*, 1956, S. 42.

IONESCU, CHRISTIAN: *Mică enciclopedie onomastică* [Kleine Namen-Enzyklopädie]; București 1975.

IRLE, LOTHAR: *Die Vornamengebung im Siegerland* (Diss. Frankfurt a. M. 1931); Siegen 1932.

JABUSCH, P.: *Bildung und Bedeutung der deutschen Eigennamen mit besonderer Berücksichtigung der ostfriesischen Namen.* 3 Vorträge; Norden [1910].

JECHT I = JECHT, R.: *Beiträge zur Görlitzer Namenskunde;* in: *Neues Lausitzisches Magazin*, 68 (1892), S. 1–49.

JECHT II = JECHT, R.: *Die Rufnamen der Schuljugend in der Stadt Görlitz*; in: *Neues Lausitzisches Magazin*, 62 (1886), S. 149–154.

KABEL, AA.: *Wieland*; in: *BzN*, 9 (1974), S. 102–114.

KAHLO, GERHARD: *Personennamen und ihre Bedeutung*; in: *SP*, 8 (1959), S. 67–69.

KAPFF, REINOLD: *Deutsche Vornamen mit den von ihnen abstammenden Geschlechtsnamen, sprachlich erläutert.* (= Auszug aus dem »Deutschen Namenbuche« = Besonderer Abdruck aus dem »Studienkalender«.) Nürtingen 1889.

Karlsruhe 1965 = *Die beliebtesten Vornamen der 1965 geborenen Kinder*; in: *Karlsruhe im Zahlenbild*, hrsg. vom Statistischen Amt der Stadt Karlsruhe; 1965, S. 20–25.

Karlsruhe 1972 [ff.] = *Die häufigsten Vornamen der 1972*[ff.] *in Karlsruhe geborenen Kinder;* masch.-schr.

KATZ, ROSA: *Psychologie des Vornames.* (= Beiheft 48 zur *Schweizer Zeitschrift für Psychologie und ihre Anwendungen.*) Bern/Stuttgart 1964.

KAUFMANN, HENNING: *Untersuchungen zu altdeutschen Rufnamen.* (= *Grundfragen der Namenkunde*, 3.) München 1965. (Vgl. auch: FÖRSTEMANN, *Altdeutsche Personennamen.* Ergänzungsband...)

KEGEL, ERNST: *Die Verbreitung der mittelhochdeutschen erzählenden Literatur in Mittel- und Norddeutschland, nachgewiesen auf Grund von Personennamen.* (= *Hermaea.* 3.) Halle 1905 (Neudruck: Wiesbaden 1972).

Kennen Sie die seit 25 Jahren in der Schweiz beliebtesten Vornamen von Mädchen und Knaben?; hrsg. von der Schweizerischen Lebensversicherungs- und Rentenanstalt, Zürich Selbstverlag [1975].

KETTMANN, GERHARD: *Zur Rufnamengebung bei Jungen in Halberstadt und Aspenstedt (Kr. Halberstadt) vom Ende des 19. Jahrhunderts bis in die Gegenwart*; in: *Muttersprache*, LXXIV (1964), S. 237–240.

KHULL, FERDINAND: *Deutsches Namenbüchlein. Ein Hausbuch zur Mehrung des Verständnisses unserer heimischen Vornamen und zur Förderung deutscher Namengebung.* (= *Verdeutschungsbücher des Deutschen Sprachvereins*, 4.) Berlin [10]1930. (Vgl. auch LANGER, MAX.)

Kiel 1957/58 = Michael und Sabine führen mit Abstand; in: *Statistische Monatsberichte der Stadt Kiel*, 40 (1959), Nr. 2, S. 32.

KIND, P.: *Glarner Namenbüchlein. Unsere Taufnamen nach ihrer Herkunft;* Schwanden 1892.

KINTZEL, NIKOLAUS: *Die Vor- und Taufnamen. Hilfsbuch für Standes- und andere Ämter*; Kaiserslautern 1889.

KLEINPAUL, RUDOLF: *Die deutschen Personennamen.* (= *Sammlung Göschen*, 422.) Leipzig 1909, [2]1921.

KLEMM, J. K.: *Über doppelte deutsche Vornamen*; in: *Zeitschrift des Vereins für Volkskunde*, 7 (1897), S. 370–375.

KLUGE, FRIEDRICH: *Deutsche Namenkunde*; 26.–28. Tausend besorgt von ALFRED GÖTZE; Leipzig 1937.

KNOBLOCH, JOHANN: *Profanierte Heiligennamen*; in: *Studien zur Namenkunde und Sprachgeographie.* (= *Festschrift für Karl Finsterwalder.*) Innsbruck 1971, S. 401–403.

KNOBLOCH, JOHANN: *Jakob*; in: *Studien zu Volkskultur, Sprache und Landesgeschichte.* (= *Festschrift Matthias Zender*; 2 Bde., hrsg. von E. ENNEN u. G. WIEGELMANN.) Bonn 1972, S. 988–992.

KNUDSEN, GUNNAR, u. MARIUS KRISTENSEN: *Danmarks gamle Personnavne;* Bd. I, 1 u. 2: *Fornavne*; Kopenhagen 1936–1948.

KÖHN, GERHARD: *Rufname und Stand in der 1. Hälfte des 17. Jahrhunderts*; in: *Soester Zeitschrift des Vereins für die Geschichte von Soest und der Börde* (Soest), H. 83/1971, S. 87–92.

KÖHR, DIETRICH: *Wie soll es heißen? Ein Vornamenbuch für unentschlossene Eltern.* (= *Falkenbücherei*, 211.) Wiesbaden 1966.

KOPEČNÝ, FRANTIŠEK: *Průvodce našimi jmény;* Prag 1974.

KOSS I = KOSS, GERHARD: *Benennungsmotive bei der Vornamengebung. Eine Befragung in Weiden;* in: *Oberpfälzer Heimat* (Weiden), 16 (1972), S. 143–158.

KOSS II = KOSS, GERHARD: *Motivationen bei der Wahl von Rufnamen*; in: *BzN*, 7 (1972), S. 159–175.

KOSS III = KOSS, GERHARD: *St. Quirin in der Rufnamengebung;* in *Oberpfälzer Heimat* (Weiden), 20 (1976), S. 25–30.

KÖSTER, GÜNTER: *Unsere Vornamen. Ihre Herkunft und Bedeutung.* (= Sammlung *Hilf dir selbst*, 250.) Bonn 1962.

KRÄMER, H.: *Vornamen für mein Kind. Über 1000 schöne alte und moderne Vornamen für Jungen und Mädchen mit allen bekannten Kurzformen.* (= *Heyne-Bücher, Praktische Reihe*, Nr. 4345.) München 1970.

KRESSE, OSKAR: *Verdeutschung entbehrlicher Fremdwörter. Mit Anhang: Deutsche Vornamen und ihre Bedeutung.* Berlin (o.J.)

KRIEN, REINHARD: *Psychologische Tests in der Namenkunde*; in: *Muttersprache*, LXXVI (1966), S. 364–373.

KRIEN, REINHARD: *Namenphysiognomik. Untersuchungen zur sprachlichen Expressivität am Beispiel von Personennamen, Appellativen und Phonemen des Deutschen*; Tübingen 1973.

KROCKOW, W. V. VON: *Namen und Titel. Vornamen, Familiennamen, Adels- und Diensttitel nach Ursprung und Sinn erklärt;* Frankfurt a.M. (Selbstverlag) 1968.

KROWATSCHEK, DIETER: *Vornamenmode und Vornamenphysiognomik. Ein sozialempirischer Modellversuch zur Motivation der Vornamengebung.* Staatsexamensarbeit (masch.-schr.) Marburg 1967/68.

KRÜGER, WOLFGANG: *Onomasticon oder Deutsches Nahmen Büchlein;* Leipzig 1611.

KURZMANN, F.: *Weg mit den undeutschen Tauf- und Familiennamen!*; Melk a. d. Donau 1938.

LACHMANN, F. R.: *Goethes Mignon: Entstehung, Name, Gestaltung;* in: *Germanisch-Romanische Monatsschrift* 1927, S. 100–116.

LADÓ, JÁNOS: *Magyar utónévkönyv* [Ungarisches Vornamenbuch]; Budapest 1972.

LAMPE, WALTHER: *Vornamen und ihre Bedeutung. Eine Auswahl*; Frankfurt/Berlin 1949, ²1968.

LAMPERT, WALTER: *Vornamen vergangener Zeit an dem Beispiel Grünstadt a. d. Weinstraße. Eine heimatgeschichtliche Untersuchung;* in: *StAZ*, 1967, S. 221f.

LANGER, MAX, u. HEINZ WAMSER: *Unsere deutschen Vornamen. Heimischer Ratgeber für die Namenwahl, nach* FERDINAND KHULL. (= *Eckart-Schriften*, 17b.) Wien 1965.

LATENDORF, F.: *Beispiele einer sprichwörtlichen Anwendung von Vornamen aus Mecklenburg-Strelitz;* in: *Korrespondenzblatt des Vereins für niederdeutsche Sprachforschung*, X (1885), S. 3–4.

LENGLER, K.: *Vornamen in der oberen Nahegegend;* in: *Rheinische Heimatblätter*, 1924, S. 275–277.

LINDEMANS, J.: *Is Joos een Germaansche naam?;* in: *Verslagen en Medelingen der Koninklijke Vlaamsche Academie voor Taal- en Letterkunde*, 1943, S. 791ff.

LINK, BERNHARD: *Die Rufnamengebung in Honnef und Wermelskirchen von 1900 bis 1956;* Diss. Köln 1966.

LINNARTZ, KASPAR: *Unsere Familiennamen*; Bd. II: *Aus deutschen und fremden Vornamen im Abc erklärt*; Bonn ³1958.

Linz 1961 = *Die Linzer Taufnamen 1961*; in: *Wiener Sprachblätter*, 13 (1963), S. 96f. (Quelle: *Linzer Rathaus-Pressedienst*, 9/13).

Linz 1963 = *Christian ist geblieben – Gabriele kam wieder*; in: *Wiener Sprachblätter*, 14 (1964), S. 110f. (Quelle: *Linzer Rathaus-Pressedienst*, 11/30).

Linz 1965 = *Die Linzer Vornamen 1965*; in: *Wiener Sprachblätter*, 16 (1966), S. 135.

LIST, ALOIS s. *Wien 1918–1972*; *Wien 1972.*

LITTGER, KLAUS WALTER: *Das Auftreten der Heiligennamen im Rheinland.* (= *Münstersche Mittelalter-Schriften*, 20.) München 1975.

LUITINGH, J. C. s. MEIJERS, J. A.

MACKENSEN, LUTZ: *3876 Vornamen. Herkunft, Ableitungen und Koseformen, Verbreitung, berühmte Namensträger, Gedenk- und Namenstage*; München ²1974.

MADER, EUGEN: *Vornamen von Abel bis Zoe.* (= *Humboldt-Taschenbücher*, 117.) Berlin/München 1966.

MALECKI, HANS JOACHIM: *Die Vornamen der Neugeborenen in Niedersachsen*; in: *Studium sociale, Ergebnisse sozialwissenschaftlicher Forschung der Gegenwart*, hrsg. von K. G. SPECHT u.a. (= *Festschrift Karl Valentin Müller.*) Köln/Opladen 1963, S. 803—818.

MARTIN, ERNST, u. HANS LIENHART: *Elsässische Vornamen*; in: *Jahrbuch für Geschichte, Sprache und Literatur Elsaß-Lothringens* (Straßburg), X (1894), S. 269ff.

MAUTHE, WILLI: *Vom Wandel der Taufnamen. Ein statistischer Versuch aus dem Weilheimer Stadtarchiv;* in: *Lech-Isar-Land* (*Der Huosigau*) Weilheim 1964, S. 87—89.

MEHL, ERWIN: *Dagmar und Wladimir.* (*Zu germanisch-slawisch-finnischen Sprachbeziehungen.*) In: *Wiener Sprachblätter*, 20 (1970), S. 153f.

MEHL, ERWIN: *Woher kommt der Name Oskar?*; in: *Wiener Sprachblätter*, 19 (1969), S. 11.

MEISINGER, OTHMAR: *Hinz und Kunz. Deutsche Vornamen in erweiterter Bedeutung*: Dortmund 1924.

MENGES, H.: *Die Rufacher Vornamen*; in: *Jahrbuch für Geschichte, Sprache und Literatur Elsaß-Lothringens* (Straßburg), XII (1896), S. 81ff.

MÉTRAUX, HANS: *Unsere Taufnamen. Über Wahl und Wandel der Taufnamen und deren Deutung am Beispiel einer Kirchgemeinde* [Fluntern-Zürich]; Zürich 1971.

METZNER, ERWIN: *Die deutschen Vornamen;* Goslar 1934, ²1941.

MEYER, HANS: *Namen kommen und gehen. Betrachtungen an ostpommerschen Vornamen;* in: *Das Bollwerk, Zeitschrift für pommersche Heimat* (Stettin), 9 (1938), S. 150f.

MEYER, HANS: *Die Vornamen in einem ostpommerschen Kirchspiel 1670—1930.* (= *Beiträge zur Volkskunde Pommerns* [10 Jahre Volkskundearchiv für Pommern], *Pommernforschung*, Reihe 2: *Veröffentlichungen des Volkskunde-Archivs der Pommern*, Bd. 8.) Greifswald 1939.

MEYER, K.: *Die Wahl der Vornamen*; in: *Sprachspiegel*, 25 (1969), S. 86—88.

Michael und Sabine. Die beliebtesten Kindernamen des Jahres (= *Glücksklee-Mütterdienst.*) Hamburg [1963].

MICHAELIS, G.: *Vergleichendes Wörterbuch der gebräuchlichsten Taufnamen;* Berlin 1856.

MÜHLE, G.: *Rolle und Rollenbewußtsein als entwicklungspsychologisches Problem;* in: *Archiv für die gesamte Psychologie*, 116 (1964), S. 267—278, [über Vornamen z.B. S. 271].

MÜLLER, FRITZ C.: *Wer steckt dahinter? Namen, die Begriffe wurden*; Düsseldorf/Wien 1964.

MÜLLER, GUNTER: *Studien zu den theriophoren Personennamen der Germanen*. (= *Niederdeutsche Studien*, 17.) Köln/Wien 1970.

MÜLLER, GUNTER: *Namenkunde*; in: *Niederdeutsch, Sprache und Literatur. Eine Einführung*, hrsg. von JAN GOOSSENS; Bd. 1: *Sprache*; Neumünster 1973, S. 199ff. (Kap. 2.1: *Rufnamen*, S. 200–204).

MÜLLER, KARL FRIEDRICH: *Lateinische Ordnungszahlen als Vornamen im Hochschwarzwald;* in: *SD*, XVI (1972), S. 21f.

München 1958 = Dr. SCHM.: *Eine Blütenlese aus den Münchener Taufnamen der Gegenwart*; in: *Münchener Statistik*, hrsg. vom Statistischen Amt der Landeshauptstadt, Nr. 7/1959, S. 180–185.

München 1965 = Dr. SCHM.: *Welche Taufnamen sind in München zur Zeit am beliebtesten?*; in: *Münchener Statistik*, hrsg. vom Statistischen Amt der Landeshauptstadt, Nr. 7–8/1965, S. 164–168.

München 1970 = Dr. SCHM.: *Welche Vornamen sind in München am beliebtesten?*; in: *Münchener Statistik*, hrsg. vom Statistischen Amt der Landeshauptstadt, Nr. 4/1970, S. 178–184.

München 1974 = HU.: *Zur Vornamensgebung in München*; in: *Münchener Statistik*, hrsg. vom Statistischen Amt der Landeshauptstadt, Nr. 3/1976, S. 70–78.

MÜNZ, P. J.: *Taufnamen als Gattungsnamen in sprichwörtlichen Redensarten Nassaus*; in: *Nassauische Annalen*, 10 (1870), S. 89ff.

NABHOLZ, ANDREAS: *Vornamensentwicklung in Basel. Untersuchung der Geburten 1 bis 1000 in Basel 1972*; in: *Z. Ziv.*, 1972, S. 153.

Der Name des Kindes; in: *Das Kind.* (= *Kleine Enzyklopädie.*) Leipzig 1967, S. 272–276.

NAUMANN, HORST: *Zu einigen Fragen moderner Namengebung*; in: *Wissenschaftliche Zeitschrift der Karl-Marx-Universität Leipzig*, Gesellschafts- und sprachwissenschaftliche Reihe, 13 (1964), S. 387–390.

NAUMANN, HORST: *Vornamen heute*; in: *SP*, 21 (1972), S. 97–100.

NAUMANN, HORST: *Noch einmal: Vornamen heute*; in: *SP*, 22 (1973), S. 212–215.

NAUMANN, HORST: *Entwicklungstendenzen in der modernen Rufnamengebung der DDR;* in: *Der Name in Sprache und Gesellschaft, Beiträge zur Theorie der Onomastik.* (= *Deutsch-slawische Forschungen zur Namenkunde und Siedlungsgeschichte*, 27.) Berlin 1973, S. 147–191.

NAUMANN, HORST: *Tatjana und Fernando. Eine Betrachtung über solche und solche Namen;* in: *Der Rundblick*, 18/5, 1971, S. 16–19 u. 32.

NEUBAUER, J.: *Über Egerländer Tauf- und Heiligennamen*; in: *Mitteilungen des Vereins für Geschichte der Deutschen in Böhmen* (Prag) 23 (1895), S. 112f.

NEUMANN, GÜNTER: *Horst – ein Pferdename*; in: *BzN*, 8 (1973), S. 343–344.

NEUMANN, I[SOLDE]: *Namen im Wörterbuch der obersächsischen Mundarten;* in: *Namenkundliche Informationen* (Leipzig), Nr. 24/1974, S. 6–15.

NIED, EDMUND: *Heiligenverehrung und Namengebung, sprach- und kulturgeschichtlich mit Berücksichtigung der Familiennamen.* (Diss. Freiburg i. Br. 1923.) Freiburg i. Br. 1924.

NIKONOV, V. A.: *Die Periodisierung der russischen Anthroponymie von den Anfängen bis 1917* (vorläufiges Schema); in: *Sowjetische Namenforschung,* hrsg. von E. EICHLER, W. FLEISCHER und A. V. SUPERANSKAJA; Berlin 1975, S. 103–115.

NIKONOV, V. A.: *Die russischen Personennamen der Gegenwart*; in: *Sowjetische Namenforschung,* hrsg. von E. EICHLER, W. FLEISCHER und A. V. SUPERANSKAJA; Berlin 1975, S. 117–133.

ODECN = Oxford Dictinary of English Christian Names, compiled by E. G. WITHYCOMBE; 2nd edition, Oxford 1973.

Offenbach 1953–58 s. WASENMÜLLER, K.

Ökumenisches Verzeichnis der biblischen Eigennamen nach den Loccumer Richtlinien, hrsg. von den Deutschen Bischöfen, dem Rat der Evangelischen Kirche in Deutschland und dem Evangelischen Bibelwerk; Stuttgart 1971.

ORTJOHANN, FERDINAND: *Unsere Vornamen. Ihr Ursprung und ihre Bedeutung*; Paderborn 1893, ²1919.

OTTERBJÖRK, ROLAND: *Svenska förnamn. Kortfattat namnlexikon.* (= *Skrifter utgivna av Nämnden för svensk språkvård,* 29.) Stockholm ²1973.

PAUL, KARL: *Das kleine Vornamenbuch*; Leipzig 1966, ⁸1974. (Vgl. auch: *Borna*...)

PETROVSKIJ, N[IKANDR] A[LEKSANDROVIČ]: *Slovar' russkich ličnych imen* [Wörterbuch russischer Vornamen]; Moskau 1966.

POLENZ, PETER VON: *Name und Wort. Bemerkungen zur Methodik der Namendeutung*; in: *Mitteilungen für Namenkunde,* 1960/61, H. 8, S. 1–11.

PRAGER, G.: *Die Rufnamen von Weißenburg/Bayern von 1569 bis 1720.* Staatsexamensarbeit (Prof. Dr. E. SCHWARZ), Erlangen 1959; masch.-schr.

PREUSS, H.: *Johannes in den Jahrhunderten*; Gütersloh 1939.

PULVERMACHER, NATHAN: *Berliner Vornamen. Eine statistische Untersuchung.* (= *Wissenschaftliche Beilage zum Jahresbericht des Lessing-Gymnasiums zu Berlin*; Progr. Nr. 63 u. 66.) Teil I: Berlin 1902; Teil II: Berlin 1903.

QUADFLIEG, J.: *Das große Buch von den heiligen Namenspatronen* [für Kinder]; Düsseldorf 1966.

RAST, FRIEDEMANN: *Modenamen. Merkmale heutiger Vornamengebung, dargestellt am Beispiel der Stadt Kiel.* Seminararbeit am Germanistischen Seminar der Universität Kiel (Prof. Dr. FRIEDHELM DEBUS), Sommersemester 1971; masch.-schr.

RAVELING, IRMA: *Die ostfriesischen Vornamen. Herkunft, Bedeutung und Verbreitung.* (= Arbeitsgemeinschaft der Vorstände der Sparkassen Ostfrieslands, Einzelschrift 14.) Aurich ²1972.

Reclams Namenbuch. Die wichtigsten deutschen und fremden Vornamen mit ihren Ableitungen und Bedeutungen; hrsg. von THEO HERRLE. (= *Reclams Universal-Bibliothek,* 7399.) Stuttgart [11]1973.

REINHARDT, GERTRUD: *Getauft auf den nordfriesischen Inseln*; 1. Teil: *Einflüsse des Christentums auf die Namengebung. 2300 Friesennamen auf Amrum, Föhr, Sylt*; Hamburg1975. (Vgl. TIMMERMANN, ULF [Rezension].)

RENN, HEINZ: *Dorfgeschichte im Spiegelbild der Namen. Untersuchungen aus dem Dorfe Baasem (Eifel)*; in: *Festschrift Adolf Bach,* Teil 2. (= *Rheinische Vierteljahrsblätter,* 21.) Bonn 1956, S. 326–340.

RENNICK, R.-M.: *The Nazi Name Decrees of the Nineteen Thirties;* in: *Names,* 18 (1970), 65–88.

RIECKMANN, G.: *Die Personennamen der Kirchspiele Hanstedt, Pattensen und Ramelsloh im Landkreise Harburg mit besonderer Berücksichtigung der Hofnamen*; Diss. (masch.-schr.) Hamburg 1954.

RIEHL, WILHELM HEINRICH: *Naturgeschichte des Volkes*; 3. Teil: *Die Familie*; Stuttgart [9]1882, (über Namengebung:) S. 153.

ROELANDTS, K.: *Die Namenkunde als Schlüssel zur psychologischen Erforschung der Sprachentwicklung*; in: *VI. Internationaler Kongreß für Namenforschung,* München 1958, *Kongreßberichte,* Bd. 3. (= *Studia Onomastica Monacensia,* IV). München 1961, S. 642–648.

ROOTH, ERIK: *Zur Forschungslage in betreff des Names Ludwig;* in: *BzN,* 6 (1971), S. 207–214. (Vgl. auch E[RIK] ROOTH: *Westfäl. lout N.* '*Menge, Schar (Kinder)*' *und seine Vorfahren*; in: *Gedenkschrift für William Foerste.* [= *Niederdeutsche Studien,* 18.] Köln/Wien 1970, S. 167–176.)

ROSENFELD, HELLMUT: *Der Name Wieland*; in: *BzN,* 4 (1969), S. 53–62. (Vgl. auch: *Heimerans Vornamenbuch...*)

ROSSI, ALICE S.: *Naming children in middle-class families;* in: *American Sociological Review,* 30 (1965), S. 499–513.

RULE, LAREINA: *Name your baby*; New York 1963.

RUPRECHT, L.: *Zu den ostfriesischen Kosenamen;* in: *Germania,* 13 (= N. F., 1, Wien), 1868, S. 301–310.

RYBAKIN, A. I.: *Slovar' anglijskich ličnych imen* [Wörterbuch der englischen Vornamen]; Moskau 1973.

SALLMANN, K.: *Unsere Vornamen*; in: *Baltische Monatsschrift,* XXIX, H. 5, S. 335–348.

SCHAAL, G.: *Vornamen aus vier Jahrhunderten. Eine namenkundliche Untersuchung im Ortsteil Remesgrün/Auerbach*; in: *Mitteldeutsche Blätter für Volkskunde,* XIV (1939), H. 2.

SCHAAR, J. VAN DER: *Woordenboek van voornamen. Inventarisatie van de doop- en roepnamen met hun etymologie.* (= *aula-boek,* 176.) Utrecht/Antwerpen 1964, [7]1974.

SCHELLER, THILO: *Ein deutscher Namenskalender*; in: *Deutsche Volkskunde,* 2; München 1940, S. 200f.

SCHERER, A.: *Zum Sinngehalt der germanischen Personennamen;* in: *BzN,* 4 (1953), S. 1ff.

SCHILLER, WILLI: *Die Rufnamen der Schulkinder im Kreis Döbeln (nach dem Stande vom Lenzing 1934)*; in: *Mitteldeutsche Blätter für Volkskunde*, 10 (1935), S. 54f.

SCHLIMPERT, GERHARD: *Zu einigen Fragen der Vornamengebung in der DDR;* in: *SP*, 24 (1975), S. 241–253.

SCHMIDT, OTTO: *Die Vor- und Taufnamen mit Angabe von deren Abstammung und Deutung. Eine Sammlung von mehr als 1200 männlichen und weiblichen Vornamen*, 3. Aufl.; Zwickau o. J.

SCHNACK, ANTON: *Mädchenmedaillons;* Berlin 1946.

SCHNACK, ANTON: *Schöne Mädchennamen;* Zürich/Stuttgart 1961.

SCHNACK, HEINRICH CHRISTIAN: *Vollständige, alphabetisch geordnete Sammlung Deutscher Vor- und Taufnamen*; Hamburg 1888; 3. Aufl. besorgt von REINHOLD BENEKE; ^{4}1901.

SCHNYDER, H.-R.: *Familien- und Vornamen nach schweizerischem Recht;* in: *StAZ*, 1964, S. 177–182.

SCHNYDER, H.-R.: *Familien- und Vornamen*. Vortrag; Bern 1964, 26 Bll.

SCHOOF, WILHELM: *Schwälmer Vornamen*; in: *Zeitschrift für Deutsche Mundarten*, [6] (1911), S. 337–344.

SCHOTT, SIGMUND: *Über die Vornamen im Wechsel der Volksgunst*; in: *Allgemeines Statistisches Archiv* (München/Berlin/Leipzig), 15 (1925), S. 225–237.

SCHRAMM, GOTTFRIED: *Namenschatz und Dichtersprache. Studien zu den zweigliedrigen Personennamen der Germanen.* (= Ergänzungsheft 15 zur *Zeitschrift für vergleichende Sprachforschung.*) Göttingen 1957.

SCHRAMM, GOTTFRIED: *Der Name Kriemhilt*; in: *Zeitschrift für deutsches Altertum* (Wiesbaden), XCIV (1965), S. 39–57.

SCHREIBER, RUDOLF: *Vornamen als Quelle volkskundlicher Forschung*; in: *Sudetendeutsche Zeitschrift für Volkskunde*, 5 (1932), S. 142f.

SCHREIBMÜLLER, H.: *Zur Geschichte des Namens Karl*; in: *Volk und Heimat*, 14 (1938), S. 61f.

SCHRÖDER, EDWARD: *Deutsche Namenkunde. Gesammelte Aufsätze zur Kunde deutscher Personen- und Ortsnamen;* Göttingen 1938, 2. Aufl. besorgt von LUDWIG WOLFF; Göttingen 1944.

SCHRÖDER, EDWARD: *Ostfriesische Vor- und Familiennamen*; in: *StAZ*, 1929, S. 136.

SCHRÖDER, KL.: *Niedersächsische Personennamen*; in: *Stader Archiv*, VIII (1918), S. 55–69.

SCHUCH, INGEBORG: *Die Moden in der Rufnamengebung, unsere Namen gestern und heute* [Neckargemünd]. Typoskript einer Seminararbeit; Freiburg i. Br. 1961.

SCHUKOWITZ, H.: *Über volkstümliche Namengebung*; in: *Zeitschrift des Vereins für Volkskunde*, 1897, S. 100f.

SCHULTHEIS, JOHANNES s. *Bernau*; *Borna.*

SCHULTZ, RENATE: *Von Abel bis Zenzi. Vornamensbüchlein.* (= *Hyperion-Bücherei.*) Freiburg i. Br. [1957].

SCHUMACHER, HEINZ (Hrsg.): *Die Namen der Bibel und ihre Bedeutung im Deutschen*; Stuttgart [4]1970.

SCHÜTTE, OTTO: *Braunschweiger Kosenamen*; in: *Braunschweigisches Magazin*, 5 (1899), S. 190–192, 197–200.

SCHÜTTE, OTTO: *Ein seltsamer Vorname* [Euricius]; in: *Zeitschrift des Allgemeinen Deutschen Sprachvereins*, 26 (1911), Sp. 338.

SCHÜTTE, OTTO, u. H. MENGES: *Die Doppelvornamen in Braunschweig;* in: *Zeitschrift des Allgemeinen Deutschen Sprachvereins*, 22 (1907), Sp. 72–74.

SCHÜTZEICHEL, RUDOLF: *Zum Stand und zur Methode der deutschen Personennamenforschung*; in: *Aus dem Namengut Mitteleuropas (Festgabe für Eberhard Kranzmayer).* (= *Kärntner Museumsschriften*, 53.) Klagenfurt 1972, S. 71–77.

SCHWARZ, ERNST: *Deutsche Namenforschung*, Teil I: *Ruf- und Familiennamen*; Göttingen 1949.

SCHWEER, H. A.: *Etwas über Grafschafter Vornamen*; in: *Bentheimer Heimatkalender 1937*. (= *Das Bentheimer Land*, XII.) S. 76–80.

SD = *Der Sprachdienst*, hrsg. im Auftrag der Gesellschaft für deutsche Sprache (Wiesbaden), I ff. (1957 ff.).

SEIBICKE, WILFRIED: *Wie nennen wir unser Kind? Ein Vornamenbuch.* Hrsg. von der Gesellschaft für deutsche Sprache; Lüneburg 1962.

SEIBICKE, WILFRIED: *Karl-Ludwig ist ein Vorname*; in: *StAZ*, 1964, S. 285f.

SEIBICKE, WILFRIED: *Die Vornamen Mike und Maik (Meik)*; in: *StAZ*, 1968, S. 81–83.

SEIBICKE, WILFRIED: *Modenamen*; in: *SD*, XIV (1970), S. 51–55.

SEIBICKE, WILFRIED: *Der Modeteufel von Flensburg*; in: *SD*, XV (1971), S. 40–42.

SEIBICKE, WILFRIED: *Vornamenauskünfte*; in: *SD*, XIX (1975), S. 161–164.

SEIBICKE, WILFRIED: *Vorsicht, Falle!* Offener Brief an die Zeitschrift *Eltern*; in: *SD*, XX (1976), S. 131–133.

SEIBICKE, WILFRIED: *Thomas oder Tomas? Zur Rechtschreibung biblischer Eigennamen, die auch als Vornamen gebraucht werden*; in: *SD*, XX (1976), S. 159–161.

SELCHOW, BOGISLAW VON: *Das Namenbuch*; Leipzig o. J. [[4]1934].

SENTI, A. s. *Zürich 1951.*

SIEBS, BENNO EIDE: *Die Vatersnamen der Weserfriesen*; in: *Festschrift Buma (Flecht op 'e koai).* (= *Fryske Akademy*, 382.) Grins 1970.

SLEIGH, LINWOOD, u. CHARLES JOHNSON: *The book of boys' names*; London [3]1967.

SLEIGH, LINWOOD, u. CHARLES JOHNSON: *The book of girls' names*; London 1962.

Słownik imion [Wörterbuch der Namen], bearb. von W. JANOWOWA, A. SKARBEK, B. ZBIJOWSKA, J. ZBINIOWSKA; Wrocław, Warszawa, Kraków, Gdańsk 1975.

SOCIN, ADOLF: *Mittelhochdeutsches Namenbuch. Nach oberrheinischen Quellen des 12. und 13. Jahrhunderts*; Basel 1903 (Neudruck: Darmstadt 1966).

SOMMER, HANS: *Kleine Namenkunde;* Bern 1944.

Sonny Boy; in: *Z. Ziv.*, 1972, S. 152.

SP = Sprachpflege. Zeitschrift für gutes Deutsch; Leipzig, Iff. (1952ff.).

STARK, FRANZ: *Die Kosenamen der Germanen;* Wien 1866 (Neudruck Wiesbaden 1967).

STARK, FRANZ: *Über friesische Kosenamen;* in: *Germania*, 13 (=N.F.1), Wien 1868, S. 392—399.

STAVE, JOACHIM: *Namen, hauteng wie Blue Jeans;* in: STAVE, JOACHIM: *Wörter und Leute. Glossen und Betrachtungen über das Deutsch in der Bundesrepublik* (= *Muttersprache*, Beiheft 1); Mannheim/Zürich 1968, S. 54f.

StAZ = Das Standesamt. Zeitschrift für Standesamtswesen, Personenstandsrecht, Ehe- und Kindschaftsrecht, Staatsangehörigkeitsrecht; hrsg. vom Bundesverband der deutschen Standesbeamten e. V., Frankfurt a. M.

STEIGER, AUGUST: *Wie soll das Kind heißen?* (= *Volksbücher des Deutschschweizerischen Sprachvereins*, 7.) Basel 1918.

STEIGER, AUGUST, u. RUDOLF J. RAMSEYER: *Wie soll unser Kind heißen?* (= *Schriften des Deutschschweizerischen Sprachvereins*, 4.) Frauenfeld 1968.

STEINHAUSEN, GEORG: *Vornamenstudien*; in: *Zeitschrift für den deutschen Unterricht* (Leipzig), 7 (1893), S. 616ff. (S. 621f.: Der Vorname *Johannes*).

STICHART, FRANZ OTTO: *Namensbüchlein. Kurze Belehrung über die Taufnamen für den Bürger und Landmann*; Zwickau 1849.

SUPERANSKAJA, A. V.: *Personennamen in amtlicher und nichtamtlicher Verwendung*; in: *Sowjetische Namenforschung*, hrsg. von E. EICHLER, W. FLEISCHER und A. V. SUPERANSKAJA; Berlin 1975, S. 135—141.

SUPERANSKAJA, A. V.: *Kurznamen und Namen mit Suffixen der subjektiven Bewertung;* in: *Sowjetische Namenforschung*, hrsg. von E. EICHLER, W. FLEISCHER und A. V. SUPERANSKAJA; Berlin 1975, S. 143—165.

Taschenbuch der Vornamen. (= *Humboldt-Taschenbücher*, 210.) München 1973. [Gekürzte Ausgabe des *Duden-Lexikons der Vornamen* von GÜNTHER DROSDOWSKI.]

TETZNER, FRANZ: *Namenbuch.* (= *Reclams Universal-Bibliothek*, 3107/8.) Leipzig 1895, ^{3}1925.

THOMAS, M. Z. [d. i. MICHAEL ZOTTMANN]: *Der schönste Name für unser Kind*; 1. Teil: *Vornamen für Jungen*, 2. Teil: *Vornamen für Mädchen*; München 1966.

Thomas und Sabine. Die beliebtesten Kindernamen. (= *Glücksklee-Mütterdienst.*) Hamburg [1962].

THOMSSEN, H.: *Kleines Dithmarscher Namenbuch*; 1. *Die Herkunft und Bedeutung der in Dithmarschen vorkommenden Vornamen*; Heide 1937.

TILSCHER, GEORG: *Entwicklung der Taufnamen*; in: *Sudetendeutsche Zeitschrift für Volkskunde* (Prag), 8 (1935), H. 1, S. 21f.

TIMMERMANN, ULF: *Friesische Rufnamen in modernen Namenlexika*; in: *Nordfriesisches Jahrbuch 1972* (N. F. Bd. 8), hrsg. vom Nordfriisk Instituut Bräist/Bredstedt 1972, S. 185–192.

TIMMERMANN, ULF: *Ein Beitrag zur inselnordfriesischen Personennamenkunde?*; in: *Nordfriesisches Jahrbuch 1975* (N. F. Bd. 11), hrsg. vom Nordfriisk Instituut Bräist/Bredstedt 1975, S. 193–197 [Rezension zu G. REINHARDT, *Getauft auf den nordfriesischen Inseln;* 1. Teil].

TRAUTMANN, REINHOLD: *Die altpreußischen Personennamen*; Göttingen ²1974.

TRIER, JOST: *Der heilige Jodocus. Sein Leben und seine Verehrung, zugleich ein Beitrag zur Geschichte der deutschen Namengebung.* (= *Germanistische Abhandlungen*, 56.) Breslau 1924.

TRÜMPY, H.: *Gwer*; in: *Schweizerische Volkskunde*, 59 (1969), S. 76–78.

TÜMPEL, H.: *Die Häufigkeit des Vornames Johannes*; in: *Zeitschrift für den deutschen Unterricht*, 8 (1894), S. 776.

ULRICH, HANS: *Was bedeutet mein Vorname? 3000 Vornamen, deren Sinn und Bedeutung.* (= *Pechan's Perlen-Reihe*, 303.) Wien/München/Zürich ²1958.

VETTER, FERDINAND: *Über Personennamen und Namengebung in Bern und anderswo.* Rektoratsrede. (= *Berner Universitätsschriften*, 1.) Bern 1910.

VIEHBECK, FRIEDRICH WILHELM: *Die Namen der alten Deutschen als Bild des sittlichen und bürgerlichen Lebens dargestellt*; Erlangen 1818.

VILKUNA, KUUSTA: *Oma nimi ja lapsen nimi* [Der eigene Name und der des Kindes]; Helsinki ²1960.

VILMAR, AUGUST FRIEDRICH CHRISTIAN: *Deutsches Namensbüchlein*, 8. Aufl. von RUDOLF HOMBERG; Marburg a. d. L. 1926.

Vornamen in der Schweiz; hrsg. vom Schweizerischen Verband der Zivilstandsbeamten; [Aarau] ¹¹1972.

Vornamen in ihrer richtigen Schreibung und Bedeutung. Eine Auswahl von über 3000 deutschen und fremden Vornamen, besorgt und hrsg. vom Fachverband der Österreichischen Standesbeamten. (= Sonderdruck der Zeitschrift *Österreichisches Standesamt.*) Wien 1953.

VRIES, W. DE: *Friese persoonsnamen.* (= *Utjeften fan de Fryske Akademy*, 11.) Assen 1952.

WALTER, HEINZ ERICH: *Recht und Rechtschreibung deutscher Vornamen;* in: *Sprachwart*, 11 (1961), S. 28–31.

WALTHER, HANS: *Zur Namenforschung als Gesellschaftswissenschaft*; in: *Wissenschaftliche Zeitschrift der Karl-Marx-Universität Leipzig*, 4 (1965), Gesellschafts- und sprachwissenschaftliche Reihe, H. 1, S. 111–115.

WALTHER, HANS, u. JOHANNES SCHULTHEIS: *Soziolinguistische Aspekte der Eigennamen*; in: *Beiträge zur Soziolinguistik*, hrsg. von R. GROSSE u. A. NEUBERT; Leipzig 1974.

WASENMÜLLER, KARL: [Über die Vornamengebung in Offenbach]; in: *StAZ*, 1954, S. 71; 1955, S. 48; 1956, S. 91; 1957, S. 81; 1958, S. 110; 1959, S. 307.

WASSERZIEHER, ERNST: *Hans und Grete. 2500 Vornamen erklärt.* 18., neubearb. Aufl. von PAUL MELCHERS; Bonn 1972.

WEISE, OSCAR: *Die deutsche Sprache als Spiegel deutscher Kultur*; Jena 1923 (S. 125ff.: *Unsere weiblichen Vornamen im Wandel der Jahrhunderte*).

WELLS, EVELYN: *What to name your baby*; New York 1946.

WENGELOH, BRIGITTE: *Ein Mädchen namens Ursula. Bär oder Pferd — das ist hier die Frage*; in: *SP*, 9 (1960), S. 248f.

WENTSCHER, ERICH: *Die Rufnamen des deutschen Volkes*; Halle 1928.

WESCHE, HEINRICH: *Bäuerliche niederdeutsche Ruf- und Familiennamen*; in: *Niederdeutsches Jahrbuch* (Neumünster), 83 (1960), S. 91—106.

Westberlin 1697 [und *1959*] = APPEL: *Die Häufigkeit der Rufnamen Neugeborener in Berlin (West) 1967*; in: *Berliner Statistik 1967*, Nr. 12, S. 342—345 [mit Vergleichsdaten aus dem Jahre *1959*].

WIARDA, TILEMANN DOTHIAS: *Über deutsche Vornamen und Geschlechtsnamen*; Berlin/Stettin 1800.

WICKE, KARL: *Männlich und weiblich gebrauchte Vornamen;* in: *StAZ*, 1961, S. 202.

WIEDNER, K. H.: *Was Kinder zu ihren Vornamen sagen;* in: *Die Kommenden, unabhängige Zeitschrift für freies Geistesleben* (Freiburg i.Br.), XVII (1963), Nr. 14, S. 23.

Wien 1918—1972 = LIST, ALOIS: *Vornamen 1918—1972 in Wien*; in: *Mitteilungen aus Statistik und Verwaltung der Stadt Wien*, 1974, Nr. 1, S. 8—10.

Wien 1972 = LIST, ALOIS: *Vornamen in Wien*; in: *Mitteilungen aus Statistik und Verwaltung der Stadt Wien*, 1973, Nr. 1, S. 2—4.

Wiesbaden 1957 = *Heute heißt man anders. Gabriele und Michael: Modenamen von 1957*; in: *Statistische Berichte der Landeshauptstadt Wiesbaden*, 1. Vj. 1958, S. 3—6.

Wiesbaden 1962 = *Vornamen-Mode wandelt sich*; in: *Statistische Berichte der Landeshauptstadt Wiesbaden*, 1963/1, S. 37—42.

Wiesbaden 1967 = *Vornamen heute und zehn Jahre zuvor. Ein Vergleich der Häufigkeit der Rufnamen Neugeborener in Wiesbaden 1957, 1962 und 1967;* in: *Statistische Berichte der Landeshauptstadt Wiesbaden*, 1967/4, S. 157—164.

WILHELM, OTTOMAR: *Tauf- und Rufnamen im Herzogtum Coburg. Ein Beitrag zur Geschichte der deutschen Namengebung.* (= *Programm* Nr. 783 *der Herzoglichen Oberrealschule* [Ernestinum] *in Coburg.*) Coburg 1902, S. 3—33.

WILLBERG, MAX (d.i. WILL BERGANDER): *Abgewertete Vornamen;* in: *Muttersprache*, LXXV (1965), S. 330—342.

WIMMER, OTTO: *Handbuch der Namen und Heiligen. Mit einer Geschichte des christlichen Kalenders;* Innsbruck/Wien/München ³1966.

WIMMERT, P.: *Eigennamen des Dorfes Laubach. Kr. Cochem. Ein Beitrag zur Kenntnis der Eifeler Mundart*; in: *Zeitschrift für deutsche Mundarten*, [6] (1911), S. 36—40 (Vornamen: S. 36—38).

WITHYCOMBE, E. G. s. *ODECN*.

WITKOWSKI, TEODOLIUS: *Grundbegriffe der Namenkunde* (= *Deutsche Akademie der Wissenschaften zu Berlin, Vorträge und Schriften*, H. 91), Berlin 1964.

WITKOWSKI, TEODOLIUS: *Personennamengebung und Personennamengebrauch in der DDR*; in: *Namenkundliche Informationen* (Leipzig), Nr. 23/1973, S. 7—14.

WÖRTER, KARIN: *Die Taufnamen in Gernsbach von 1930 bis 1968*. Staatsexamensarbeit (Prof. Dr. BRUNO BOESCH), Freiburg i. Br. o. J.; masch.-schr.

WOSSIDLO, RICHARD: *Der typische Gebrauch der Vornamen im meklenburger Platt;* in: *Korrespondenzblatt des Vereins für niederdeutsche Sprachforschung*, IX, 1884, S. 81—88.

ZAHN, J. VON: *Über steiermärkische Taufnamen*; in: *Mitteilungen des historischen Vereins für die Steiermark* (Graz), H. 29/1881, S. 3—56 (s. auch J. VON ZAHN: *Styriaca. Gedrucktes und Ungedrucktes zur steiermärkischen Geschichte und Kulturgeschichte*, Bd. I, Graz 1894, S. 33ff.).

ZAHRENHUSEN, HINRICH: *Ostfriesische Vornamen. Die in Ostfriesland gebräuchlichen Rufnamen.* Mit einem Anhang: *Verzeichnis guter ostfriesischer Vornamen;* Emden 1939 (Neudruck Walluf-Nendeln 1974).

ZAHRENHUSEN, HINRICH: *Gebt gute ostfriesische Vornamen! Ein Verzeichnis für unsere Landsleute*; Emden o. J. [²1937].

ZENDER MATTHIAS: *Räume und Schichten mittelalterlicher Heiligenverehrung in ihrer Bedeutung für die Volkskunde. Die Heiligen des mittleren Maaslandes und des Rheinlandes in Kultgeschichte und Kultverbreitung*; Düsseldorf 1959.

ZENDER, MATTHIAS: *Über Heiligennamen*; in: *Der Deutschunterricht* (Stuttgart), 9 (1957), H. 5, S. 72—91.

Zofingen = Zivilstandsamt Zofingen: *Vornamen in Zofingen 1970/71*; in: *Z. Ziv.*, 1972, S. 71f.

ZOPFY, FRANZ: *Die Vornamen der Neugeborenen in den niederbayerischen Landkreisen*; in: *Bayern in Zahlen, Monatshefte des Bayerischen Statistischen Landesamtes*, H. 7 (Juli)/1966, S. 209—211.

Zürich 1854—84 = A. SCH.-B.: *Zürcherische Taufnamen*; in: *Zürcher Taschenbuch auf das Jahr 1886*, hrsg. von einer Gesellschaft zürcherischer Geschichtsfreunde (Zürich), 9 (1886), S. 204—210.

Zürich 1951 = A. SENTI: *Zürichs Bevölkerung im Jahre 1951*; in: *Zürcher Statistische Nachrichten*, 29 (1952), S. 107—138 (über Vornamengebung: S. 120f.).

Zürich 1966 = W.-E.: *Auf welche Namen taufen die Zürcher ihre Kinder? Claudia und Markus sind am beliebtesten*; in: *Die Tat* (Zürich), 16. 2. 1967.

Zürich 1951—68 = FRITZ FLÜHMANN: *Die häufigsten Vornamen der 1951 bis 1968 geborenen Kinder in der Stadt Zürich*; in: *Zürcher Statistische Nachrichten*, 46 (1969), S. 79—105.

Z. Ziv. = *Zeitschrift für Zivilstandswesen*, Fachorgan des schweizerischen Zivilstandsbeamtenverbandes.

Nachträge

BIRUS, HENDRIK: *Poetische Namengebung. Studien zur Bedeutung der Namen in Lessings ‚Nathan' und ihrer Tradition.* Diss. (masch.-schr.) Heidelberg 1976.

BÜKY, BÉLA: *Namengebrauch — Namengebung. Funktionsparallelismus zwischen Eigennamen und Appellativen*; in: *BzN*, 11 (1976), S. 361—374.

DEBUS, FRIEDHELM: *Deutsche Namengebung im Wandel, dargestellt am Beispiel Schleswig-Holsteins*; in: *BzN*, 11 (1976), S. 388—410.

FLEISCHER, WOLFGANG: *Zur Struktur des deutschen Namenschatzes*; in: *Namenkundliche Informationen* (Leipzig), Nr. 15/1969, S. 5—14.

HENEL, H.: *Der Sinn der Personennamen*; in: *Deutsche Vierteljahrsschrift für Literaturwissenschaft und Geistesgeschichte*, 16 (1938), S. 401—434.

KOSS IV = KOSS, GERHARD: *Eigennamen als Warennamen*; in: *BzN*, 11 (1976), S. 411—424.

LUTHER, MARTIN [tatsächlich wohl JOH. CARION]: *Namen-Büchlein*; hrsg. von GOTTFRIED WEGENER; Leipzig 1674 (fotomechan. Neudruck Leipzig 1974).

MARCUS, MARY G.: *The Power of a Name*; in: *Psychology Today*, October 1976, S. 75f. u. 108.

MAYNC, HARRY: *Nomen et omen. Von bürgerlicher und dichterischer Namengebung*; in: *Westermanns Monatshefte*, Jg. 62, Bd. 123/2 (1917/18), S. 653—664.

NAUMANN, HORST: *Vorname — Rufname — Übername*; in: *Namenkundliche Informationen* (Leipzig), Nr. 29/1976, S. 1—25.

POTT, AUGUST FRIEDRICH: *Die Personennamen*; Leipzig 1853.

PRÜSER, FRIEDRICH: *Alte niederdeutsche Vornamen*; Hannover 1939.

SENGER, BASILIUS: *2000 Vornamen*; St. Augustin [4]1976.

THEWS, KLAUS H.: *Ich heiße Egon. Finden Sie das schön?*; in: *Vital*, März 1977, S. 59—61.

WITKOWSKI, T(EODOLIUS): *Zu einigen Problemen der Bedeutungserschließung bei Namen*; in: *Onoma*, 18 (1974), S. 319—336 (über Vornamen: S. 327ff.).